くびき野
文化事典

◆編集◆
NPO法人
頸城野郷土資料室

◆監修◆
村山和夫

昭和初期まで頸城地方の沿岸漁業、特に地引網漁に用いられた
木造小型の和舟「ドブネ」。関連項目「ドブネ」

社会評論社

高田の町の雪下ろし（上越写真連盟提供）。近世、「この下に高田あり」の言葉で表現された高田は日本有数の豪雪地。関連項目「豪雪」「雪に備える家や町」

雁木に敷かれた大光寺石（上越市戸野目）。大光寺石は上越地方特産「くびきのストーン」の一つ。関連項目「大光寺石」「くびき野ストーン」

石仏を池に放り投げる雨乞い儀礼（三和区）。「雨を降らさんと放り投げるぞ！」関連項目「雨乞い祈願」「大光寺石」

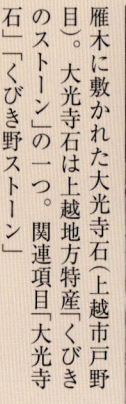

街づくりイベント「町家三昧」で上越名物「するてん」（塩スルメの天ぷら）を商う大鋸町ますや（上越市仲町）。関連項目「大鋸町ますや」「町家」

高田瞽女文化の保存と理解のために平成21年2月に再現された瞽女（ごぜ）の門付け（上越市仲町）関連項目「瞽女（ごぜ）」

町家の雁木に吊るされたダイコン（上越市仲町）。店の内部から臨むダイコン干しの風景。関連項目「大鋸町ますや」

伝統技術を未来に受け継ぐ新作木造水車（上越市中ノ俣地区）。小水力発電に用いられる。関連項目「頸城野郷土資料室」

日月神社の木彫狛犬(上越市飯田)。鎌倉時代に造られた上越特有の造形。関連項目「一木彫仏像」

日枝神社の神使(眷属)。普段は拝殿の左右に鎮座する猿像の一対だが、神輿巡幸の際には台車に載って先導する。

平安時代後期の木造大日如来坐像(上越市虫生)。新潟県下で最初に指定された国宝第一号。関連項目「一木彫仏像」

親鸞聖人ゆかりの浄興寺本堂(上越市寺町)。本堂は入母屋造り、新潟県下最大規模の真宗寺院建築。関連項目「浄興寺本堂」

高田別院山門(寺町)。虹梁、斗栱の彫刻、中央扉の「登り竜・降り竜」、十二支彫刻など、市内で最も豪壮な山門。関連項目「高田別院山門」

平成五年、高田公園(高田城跡)に再建された三重の櫓。
関連項目「高田公園」「高田城跡」

弥生時代の古代米を栽培する水田(上越市稲荷)。近くに釜蓋遺跡などの弥生住居址。関連項目「遺跡」

中山石採掘場跡(柿崎区)。中山石は上越地方特産「くびき野ストーン」の一つ。関連項目「中山石」「くびき野ストーン」

水盤「なつかわ」に使用された大光寺石(上越市三和区)。大光寺石は上越地方特産「くびきのストーン」の一つ。関連項目「大光寺石」「くびき野ストーン」

頸城三山の一つ妙高山。二重式火山で、主峰は標高2,454メートル。山岳信仰のメッカ。関連項目「妙高山」「妙高信仰」

上越市の海岸近い丘陵に多産するホクリクムヨウラン。ラン科の多年草。関連項目「ホクリクムヨウラン」

上杉謙信ゆかりの春日山城跡遠景(上越市木田)。現在は杉林が伐採され城跡を遠望できるようになりつつある。関連項目「春日山城跡」

小川未明文学碑（高田公園）。未明は「おとぎばなし」と総称される子ども向けの童話を、内容豊かな文学に高めた。関連項目「小川未明」

平成20年初冬の朝日池に着水するハクガンの群れ（大潟区）。岡庭永一撮影。関連項目「朝日池、鵜の池」

高田降臨教会・聖公会紅葉幼稚園。木造平屋建て、赤褐色の塩釉瓦葺き屋根に赤いトタン屋根の変則八角形の尖塔が目を引く。関連項目「高田降臨教会・聖公会紅葉幼稚園」

低地や湿地に生えるサトイモ科の多年草マイヅルテンナンショウ。関川水系の河川敷に自生している絶滅危惧種。関連項目「水草」

上越市のホームページより転載。

刊行にあたって

くびき野とは、現在の新潟県上越市を中心とする地域、すなわち高田平野（頸城平野）およびその周囲の山間地域全体を指す。その西には糸魚川市、南には妙高市、東には柏崎市が隣接する。また、「上越」とは「かみえちご（上越後）」という意味である。くびき野は、日本列島の日本海側、北陸地方の中部に位置する。新潟県（越後）は北東から南西にかけて縦長の県域を有しており、上越は京都の方角からみてもっとも上《かみ》に当たる。

一九七一年四月、旧高田市と旧直江津市が合併して旧上越市が成立した。その後さらに二〇〇四年、旧上越市を核にして周囲一三諸町村が合併し、新上越市が成立し、法定人口二〇万人を越える特例市となった。くびき野とは、そのような歴史的経緯を有しつつ、それに見合うオンリーワンの郷土文化を育んできた地域である。

くびき野は、古来、交通の要衝として歴史上にその意義を有してきた。それは、たんに日本列島に限らない。環日本海文化圏にあっても重要な位置を占めてきた。とりわけ朝鮮半島から日本海沿岸にもたらされる文物制度の一部はくびき野で交差し、くびき野色を添えられ、さらに信濃・上野などヒンターランドに峠を越えて送られた。そのような歴史風土の中で、あるときは吹上・釜蓋など弥生文化として、あるときは菅原・水科など古墳文化として、さらには中世府中文化や城郭文化として、くびき野はしだいにその個性・特性を醸成していった。直江津今町湊の商業交通文化、頸城諸村の農耕漁労文化、そして高田城下の町家雁木文化がその輪郭を鮮明にしていったのである。

そのような歴史的背景を有するくびき野は、しかし他方で、幕藩体制下の中央集権的動向に大きく左右されるようになった。その経緯は、例えば高田藩主のたび重なる交代（改易）に示されている。さらには明治政府の富国強兵政策は、くびき野に軍都高田の印象を強めはしたものの、民衆生活圏・地域経済圏の維持には困難を強いるようになった。その傾向は、経済成長至上で臨む二〇世紀後半に至っても減じることがなかった。農村部の過疎化、都市部のシャッター街化が進行していった。

けれども二一世紀の今日、日本はスクラップ・アンド・ビルドの発展型社会からサスティナブル・ディベロップメントの循環型社会に移行を余儀なくされている。中央からというよりは地域からの建て直しに迫られるようになっている。官から民へという上意下達的政策にかわって、官と民をつなぐ「新たな公」による地域活性化が求められている。そのような時代的要請にこたえるべくして登場した「新たな公」の一つがＮＰＯ（特定非営利活動法人）である。

本ＮＰＯ法人頸城野郷土資料室は、新潟県上越地方の郷土文化を保存・研究し、それに付随する資料の収集と整理、そして郷土文化教育を目的としている。くびき野では、すでに一九五〇年代に上越郷土研究会が設立され学術誌『頸城文化』を刊行し、郷土研究者の業績を継続的に発表してきた。その意義は力説してしすぎることはない。本事典は、その足跡を前提にしている。なるほど『上越市史』をはじめとして、近年になってあらたに編集された市町村史誌のもつ学術的な意義はすでに充分に証明されている。しかし、郷土の研究者たちが長い年月を費やして積み上げてきたローカルな業績は、行政の支えと地方税の支弁でまとめられる市町村史誌のそれとは別の意義があるといえる。

今回この事典を編集するに当たって、なによりも第一に地域住民の目線からみた郷土遺産・文化財に意味を持たせた。専門研究者が認定する学術的価値のほかに、地域住民が生活上で実感する生活文化的価値に重きをおいた。本事典でくびき野文化の基本を学び知る人は、郷土における就労や生活において明日からの目的意識が明確になる、そのような郷土人の育成、これが今回の編集目的である。

監修者　頸城野博学士　**村山和夫**

くびき野文化事典・関係者一覧

監修者　村山　和夫（頸城野博学士）
編集委員長　植木　宏（頸城野博学士）
編集委員　青山　増雄／石川　伊織／石塚　正英／大場　厚順（頸城野大学士）／久米　満／清水　恵一／清水　尚之／菅原　邦生／関　由有子／花ケ前盛明（頸城野大学士）／松田　愼也
山本　明
執筆者　青山　増雄／青山　始義／安達　恩／安斎　雄基／石川　伊織／石塚　正英／今村　美由紀／植木　宏／梅林　正／太田　空賢／大坪　晃／春日　良樹／唐澤　太輔／北峰　義巳／久米　満／桑野　なみ／小池　豊一／古賀　治幸／坂井　龍輔／佐藤　富司／佐藤　正清／佐藤　幸雄／清水　恵一／清水　尚之／菅原　邦生／杉山　精一／関　由有子／髙野　恒男／高橋　卓／瀧田　寧／田村　敬／谷　眞知子／富取　満／内藤　隆／中島　浩貴／長谷川　正／秦　繁治（頸城野大学士）／花ケ前盛明／米田　祐介／南　智信／宮越紀祢子／宮腰　英武／山本　明／山本　希一／山本　敬一／吉村　博（故人）／渡邉　三四一
事務局　石塚　正英／桑野　なみ／高野　雄介

凡　例

一、本書は、くびき野（現在の新潟県上越市を中心とする地域）の文化に関して、以下の三区分を基準に、小項目主義に立って編集されている。

①部門　自然（地形・気候・生物）・歴史（考古・古代・中世・近世・近代・現代）・民俗（農耕・生活・信仰）・学術・教育・文芸・産業（特産・地場）・宗教（神道・仏教）

②地域　上越市（旧上越市、安塚区、浦川原区、大島区、牧区、柿崎区、大潟町区、頸城区、吉川区、中郷区、板倉区、清里区、三和区、名立区）。必要に応じて糸魚川市、妙高市、および柏崎市を記述の範囲に含めている。

③項目の種別　人名・地名・事項

二、配列は五〇音順として目次に示す。

三、項目の見出しは漢字および平仮名読みを原則とし、読み仮名は（　）をもちいて付記した。項目名に別称、通称があれば平仮名読みのあとに列記する。

四、参照項目は「→〇〇」と表記する。

五、固有名詞・術語以外、漢字は原則として常用漢字を使用する。仮名遣いは現代仮名遣いによる。送りがなは、標準的な表記法による。引用文は「　」で括り出典を記す。書名は『　』、論文名や章名などは「　」で括る。人名や固有名詞などは新字体に改めたところがある。

六、ルビが必要な語句については読み仮名を記す。

七、項目に関連する写真は、当該項目との関連を記した上で口絵として数ページ設けてまとめて掲載する。

八、参考文献は項目ごとには記さず、主要なものに限定して巻末の資料篇に一括して記す。

九、項目立てをするよりも付表にするほうが適切な事項については、資料篇に一括して収録してある。

十、本書に収録した写真の一部は上越市・上越写真連盟の提供による。

くびき野文化事典＊目次

あ行

か行

さ行

た行

な行

は行

ま行

や行

資料篇収録項目（巻末）

あ行

あ

哀訴諫諍（あいそかんそう）
幕末の高田藩主榊原政敬は、徳川幕府および朝廷（新政府）に対する態度を決定するため高田において家臣を招集し「決意書」を示した。その中で政敬は、一方で朝廷に対して徳川家の存続を求め（哀訴）、他方で徳川慶喜に対して朝廷への謝罪を求めた（諫諍）。（石塚正英）

会津墓地（あいづぼち）
戊辰戦争（一八六八～六九年）に敗北し領地を没収された会津藩士を預かった高田藩が同藩士を弔うために造営した墓地。官軍の降人となった同藩士（捕虜）は、一八六九（明治二）年一月、高田藩と信濃国松代藩の預かるところとなった。高田藩には総勢一七四二名が生活したが、一八七〇（明治三）年六月に新政府は会津藩（二三万石）を青森県の斗南藩（三万石）に復活させ、旧会津藩士はそちらに再移住した。ただし、わずか一年余りとはいえ高田在住中に六七名の病死者がでたため、金谷山北東麓に会津藩士を弔う墓地が造営されることとなった。ちなみに、金谷山には、おなじ戦争で亡くなった官軍兵士の墓地も造営され今日にのこる。（石塚正英）→戊辰戦争（ぼしんせんそう）

会津八一（あいづ・やいち、一八八一～一九五六）
新潟生まれの歌人・美術史家・書家。雅号は秋艸道人。一九〇六（明治三九）年から四年間、私立有恒学舎（県立有恒高等学校）に英語科教師となる。奈良旅行をきっかけに仏教美術を学び、多くの短歌を創作。『自注鹿鳴集』がある。母校早稲田大学に芸術専攻科が設置されると主任教授となる。板倉区の増村朴斎記念館に同僚や教え子の似顔絵や俳句などを書き付けた手帳や英文の手紙が展示してある。（青山増雄）→木村秋雨（きむら・しゅうう）、有恒学舎（ゆうこうがくしゃ）

アイヌ（あいぬ）
北海道を中心に日本列島北部、樺太、千島列島などに居住する先住民族。コタンと呼ばれる集落を作り、狩猟、漁労、採集を主とした生活を営んでいた。江戸時代に入り、松前藩の強力なアイヌ支配で急速に和人との同化、混血が進み、今日では純粋なアイヌ人は極めて少ない。言語にアイヌ語があり、かつて日本語と相互に単語の借用が行われていて、北海道、東北の地名等にアイヌ語が残る。ユーカラという口承文芸やイオマンテという宗教儀礼など独特の文化を有していたが、同化政策や人口激減のもと、多くが失われた。一九九七（平成九）年、アイヌの人々の民族としての誇りが尊重されるよう、「アイヌ文化振興法」が制定された。（米田祐介）

愛の風（あいのかぜ）

①地層

高田平野西縁のJR北陸本線のトンネル付近から妙高市籠町付近に至る山麓地帯に断続的に分布する愛の風段丘は、標高二〇～八〇メートルある。段丘を構成する愛の風層は、最終間氷期の、およそ一二～一三万年前に堆積した地層で、粘土、シルト、砂、礫などの不規則な互層からなる。下部は礫層が優勢、中部は青灰色の粘土、シルト、砂質シルトなどの互層に礫層を挟む。上部は黄褐色の粘土とシルトが優勢だが、籠町付近では堆積物は礫層が優勢である。段丘の表面は全体にローム層が載っているが、風化が進み赤色化が激しい点に特徴がある。下位のシルト層には火山砂が挟まれ、妙高火山の外輪山形成期の火砕流に由来すると推察される。（米田祐介）

②風文化

上越市の西方、滝寺から下正善寺にかけての小高い丘を吹き抜ける風、あるいはその丘陵地帯の名称。古来、風は「風土」に象徴されるように土と深くかかわってきたが、もう一つ海との関係も強かった。それを象徴する言葉に「あゆのかぜ（東の風）」があり、日本海沿岸で吹く東よりの風を指す。国守として越中にあった大伴家持は「東の風《あゆ》いたく吹くらし奈呉《なご》、海人《あま》の釣りする小舟《おぶね》漕ぎ隠る見ゆ」と詠んだ。（石塚正英）

③景観

高田平野の西部に突出した丘陵地を、愛の風と呼んで、昔は小学校の子供達の遠足など方々より集まり賑わった。北側に日本海が遠くに見え、東は高田平野が一望に見られる。南は南葉山から妙高の山々が見える絶景地である。松林には松茸が沢山出て愛風楼等での松茸料理や酒宴も盛んに行われた。また自然の中の植物も豊富で楽しませてくれた。この地は、北からの海風と、南からの陸風が一日朝夕ぶつかり合い、さわやかな風がまさに会いの風にふさわしいところからいつしか愛の風と呼ばれるようになった。愛の風公園として市民より親しまれてきたが松は枯れ、山の雑木も年々手入れをしないため茂り、昔の面影を無くしてしまったことが、非常に残念である。（内藤　隆）

青木崑山（あおき・こんざん、一八〇五～七五）

江戸時代後期の日本画家。字は美石、名は正揺。崑山は雅号。稲田町の大肝煎（名主）の家に生まれる。尾張出身の匂田台嶺のもとで山水画を学び、篆刻も良くした。茶道にも通じ、庸軒流茶人・浄興寺二四世厳正らと交流。文久三年正月、厳正の茶事記録に客として崑山の名が残っている。明治四年一月一七日死去。享年六七歳。（桑野なみ）

青木保（あおきほう）

頸城郡内にあり、鎌倉初期から確認できる国衙領の保の一つ。武蔵に本貫を持つ小代行平が中河保とともに地頭職に補任されている（「関東下知状案」県史資料編４３２６号）。この時、横曽根保に同じ武蔵の阿佐美氏、沼河保と松山保に北条氏が補任されている。現在の上越市青木を中心とする地域が想定され、近くに上越

市地頭方があり鎌倉後期の下地中分が行われた例証と見ることもできる地名が残っている。（北峰義巳）

青苧（あおそ）

苧（お）、カラムシとも呼ばれ、中世には盛んに栽培され、その皮から繊維をとり布に織った。越後の布は質が良く「越後上布」と称され珍重された。上杉時代、越後の重要な産物で、謙信は青苧座を支配し、京都などへの交易によって莫大な利益を得ていたという。しかし、上杉氏の会津移封後は、青苧畑も布の生産も減少し、今は織る技術を伝承する人もほとんど居なくなってしまい、県内では十日町、小千谷、塩沢（南魚沼市）、県外では会津、米沢などに細々と受け継がれているに過ぎない。青苧は、現在、当地では栽培放棄され、丈一m以上の雑草として土手などに繁茂しているが、製品化には適さない。（久米　満）↓麻・麻繊維（あさ・あさせんい）

青葉祭り（あおばまつり）

城下町であった高田の町には、今も四〇社近くの神社があり、青葉繁る五月には一斉に祭りを行う。特に、一五・一六日の日枝神社（山王社・三王社）は高田総鎮守の祭りとされている。町の古い諺に「三王社の鯛祭り・関町神明社の風祭り・川原町神明社の降り祭り」と言われ、例年ふしぎに三王社［寺町三］の祭り（一五・一六日）には鯛魚が来、関町［南本二］神明社の祭り（二五・二六日）には南風が吹き、そして川原町［北城一］神明社の祭り（一九・二〇日）には雨が降るという。（久米　満）

アオマツムシ

バッタ目コオロギ科。中国大陸が原産の外来種で、コオロギの仲間だが木の上にすみ緑色をしている。日本に入ってきたのは明治時代で一九七〇年代から急速に数が増え始めたとされ、現在では本州から四国、九州まで分布している。上越市では一九八三年に春日山近くの山麓線の街路樹上で発見されたのが最初とされるが、現在は全域に住処を広げ、秋にはどこででも、リーリーとにぎやかに鳴いている。（富取　満）

赤井景韶（あかい・かげあき、一八五九～八五）

頸城自由党の結成に参加した政治運動家。高田藩士の家系。自由民権運動に共鳴して運動を激化させた。一八八三（明治一六）年に生じた一斉検挙、いわゆる高田事件で内乱罪を科せられ石川島に投獄の身となるが、翌年脱獄した。しかし逃亡中に殺人を犯し、一八八五（明治一八）年、絞首刑に処せられた。高田事件自体が一種のフレームアップであったため、のちに自由民権そのものの再評価に合わせるようにして、赤井の名誉も回復された。（石塚正英）↓高田事件（たかだじけん）、頸城自由党（くびきじゆうとう）

赤倉温泉（あかくらおんせん）

妙高山の地獄谷から湧き出る温泉を利用するには、妙高山一帯が関山権現の社領であったため、宝蔵院の許可が必要であった。

一八〇三年、二俣村庄屋畑山三十郎・田切村庄屋中島源八等がこれを引湯して温泉場を設け、その残水で新田を開きたいと、高田藩を通じて宝蔵院へ願い出た。本山（東叡山）の許可が中々下りないうちに三十郎が病死したため、源八は各地を奔走して、新たに六名の金主を請願人に加え、松本斧次郎の協力も得て、一八一四年高田藩へ正式に願い出た。翌年本山の許可が下りると藩主榊原政令は斧次郎に温泉の開発を命じた。一八一七年二俣村一本木に共同浴場と一一軒の温泉宿からなる赤倉温泉が誕生した。その後、苦難の時代もあったが、鹿島組の関わる近代的旅館「香嶽楼」が開業すると、多くの知名人が訪れ、それにともない都市資本が導入され別荘の開発も進められた。岡倉天心山荘・細川侯爵別邸・久邇宮別邸・一流企業の別荘等が相次いで建てられた。こうして知名度も上り新たな発展の道が開かれた。その後、スキーの大衆化により赤倉はさらなる発展を遂げた。（青山始義）

↓岡倉天心（おかくら・てんしん）

赤倉観光ホテル（あかくらかんこうホテル）

一九三四（昭和九）年鉄道省観光局が国際観光ホテルの建設計画を発表。長野県が志賀高原に一本化して誘致活動を展開したのに対抗して、名香山村も村を挙げて各界に働きかけ、新潟県人会の強力な支持を得た活動が奏功、翌年一二月両者で予算を折半する事に成功。昭和一一年一月県出身の大倉喜七郎を取締役会長とする赤倉観光ホテル株式会社設立。一二年一二月田切山の神に我が国初の三階建山岳ホテルが完成し、同月一二日一二時各界の来賓を招いて開業式を挙行。戦後アメリカ進駐軍に接収されたが二七年六月解除。スキー場やゴルフ場を建設・整備して、開業時を凌ぐ盛況を呈した。三一年には皇太子殿下、三九年には昭和天皇・皇后両陛下が宿泊された由緒ある建物が四〇年六月の火災で焼失したが、翌年一二月再建。（青山始義）

アカネズミとヒメネズミ

ネズミ目ネズミ科。両種は、森林環境に適応した日本固有種。上越地方では、アカネズミは海岸平野部から標高二四〇〇メートル以上の妙高山・火打山の山頂まで広く分布する。旧上越市内で実施した捕獲調査では、延べ一一四六台のトラップを設置し八六頭捕獲できた。同市内に生息する野ネズミ類の中で最優占種であった。頭胴長八五～一三四ミリメートル、尾長六八～一一三ミリメートルで、一般に尾長は頭胴長より短い。後述のヒメネズミに似るが、本種の方が大形で目が大きく相対的に尾が短いこと、背中の体毛が赤みを帯びていることなどから識別できる。森林棲であるが、関川の河川敷などの草原状の環境にも多数生息する。餌とする食物は、植物の根茎部、種子、クルミ、ドングリ、昆虫類などである。

ヒメネズミは、アカネズミより小さく頭胴長七二～一〇〇ミリメートル、尾長七五～一一〇ミリメートルである。頭胴に対して尾長の割合が長いことが特徴で、体重も三分の一程度。上越地方における分布域は、アカネズミと重なるが、より自然度の高い森林に生息する傾向がある。山地の森林では、アカネズミ、ヒメネズミの両種が同一林内に共存することが多く、大型のアカネズミが優勢である。しかし、敏捷性に勝るヒメネズミは、樹上一〇メートル程度の高さまで生活域を広げることで競合を避け「棲み分け」ている。（春日良樹）→ドブネズミとクマネズミ、ヤチネズミとハタネズミ

麻・麻繊維（あさ・あさせんい）

日本における麻繊維は大きく分けると高級織物用の苧麻（ちょま）と農作業用、夏用の衣類、漁網、蚊帳、その他生活に必要な用具に利用されている大麻繊維に分けられる。昭和の始め頃まで大麻繊維は名立区、桑取地区を中心に広く栽培されていた。春に種を蒔き、夏に刈り取り、秋に繊維を取り出し、冬仕事として糸を作り、布を織った。この作業は女性中心の仕事であり、また女性にとって唯一の現金収入であった。一九四八（昭和二三）年から許可制となり、化学繊維の普及で県内では栽培されていない。（高野恒男）→青苧（あおそ）

朝市（あさいち）→市（いち）

朝日池、鵜ノ池（あさひいけ、うのいけ）

①地形

直江津から柿崎に至る砂丘は潟町砂丘と呼ばれているが、この砂丘の内陸側で、高田平野との接点に出入りの多い複雑な形をしたいくつもの湖沼が分布している。このなかで最も大きいのが朝日池、次に大きいのが鵜ノ池である。潟町砂丘は歴史時代に形成された新砂丘の下に、数万年前の氷河時代に形成された古砂丘があり、この古砂丘の堆積によって、平野部には大きな潟湖（せきこ）が形成された。朝日池などの湖沼群は、この潟湖のなごりである。古砂丘は西北西〜東南東に延びた縦列砂丘をなしており、池の形はこの地形を反映したものである。この一帯は新潟県立大潟水と森公園として整備され、野鳥、植物、歴史の学習や憩いの場として利用されている。（長谷川正）

②朝日池・鵜ノ池の猛禽類

猛禽類はわが国ではタカ目とフクロウ目をさしている。朝日池・鵜ノ池とその周辺には多くの猛禽類が飛来しまた越冬する。環境がよく餌となる鳥や魚、小型陸生動物などが多いからである。ミサゴはほぼ通年現れて魚を獲る。天然記念物のオジロワシは、ペアの二羽で毎シーズン一一月下旬から一二月上旬に渡来し、二月上旬頃まで越冬する。時としてこのペアの子と思われる若鳥一羽が来ることがある。オオタカも秋から春先まで時々池の畔の林に姿をみせ狩をする。またノスリ、チュウヒ、ハヤブサなども池や周辺で獲物をねらう。時たまハイタカ、ツミ、コミミズクなども現れることがある。朝日池・鵜ノ池にはこのように猛禽類の希少種（レッドデータブックに登録されているもの）が多い。（山本明）

③朝日池・鵜ノ池の水鳥類

水鳥類とは海洋・河川・湖沼などの水域を生活の場とする鳥で、広い意味の水禽類とも言われる。わが国で記録された鳥は外来種

を除くと五四〇種余りとなるが、水鳥類はその半数を超える。朝日池・鵜ノ池では迷鳥や希な飛来も含めて、これまで一〇〇種以上の水鳥類が観察されている。多いのは冬鳥を主としたカモ類とガン類である。多い時はカモ類の一万数千羽、中でもマガモが最も多く最多時一万羽ほどになる。ガン類はマガンとヒシクイ合わせて多い時は五千羽を超える。サギ類ではダイサギ・チュウサギ・コサギ・アマサギなどのシラサギ類と大型のアオサギが目立ち、夏から秋に相当な数が両池に入る。最近カワウが増え、朝日池に一〇〇羽以上が入ることがある。カイツブリ類はカンムリカイツブリが冬場に多くても一〇羽前後で他の種は少ない。シギ・チドリの類は春秋の渡り期に現れるが多くはない。鵜ノ池で秋に水が引いた所に若干のシギ・チドリ類が入っているのが見られる。カモメ類は時々入って来るが少ない。アジサシ類は春秋の渡り期に飛来し二〇羽以上になることがある。なお水鳥ではないが、水辺の陸鳥としてカワセミとセキレイ類がいる。両池とも夏は留鳥のカルガモ、カイツブリ、少数のバンやヨシゴイなどのほか水鳥類は見られない静かな水面となる。カモ類ではコガモなど早いものは八月半ば頃から姿を見せ始め、その後次第に種類も数も増えてくる。八月九月頃のカモ類は非生殖羽（エクリプス）でオスも地味な羽色で、種の判別がしにくい。一一月には水鳥類も出揃い数もほぼピークとなる。朝日池は県設の鳥獣保護区となっているので、一一月一五日からの猟期に入ると、近くの保護区でない池にいる水鳥類は一斉に朝日池に逃げ込んでくる。鵜ノ池は「大潟水と森公園」となっている北半分だけ保護区のため、水鳥類はやはり朝日池に逃げ込んでくる。厳冬期に両池は全面凍結して雪に覆われると、水鳥類は殆ど姿を消すが、小数のガン類が残っていることがある。また水面が少し出ていると、その水際にカモ類が集まっているのが見られる。なお、朝日池・鵜ノ池には時に珍鳥が飛来して話題になる。これまでハイイロペリカン、クビワキンクロ、メジロガモ、アカガシラサギ、オオアジサシ、シロハライナなどが観察されている。（山本　明）→写真ページ

足軽長屋（あしがるながや）→町家（まちや）

アスファルト塗土玉（アスファルトぬりつちだま）

アスファルト塗土玉とは、棗玉《なつめだま》に近似した形態（丸玉の両端を引っ張って伸ばした形）をした表面にアスファルトを塗った痕跡が見られる土玉である。アスファルトが主に使用されたのは、縄文時代中期以降、晩期終末期までで、弥生時代に入るとほとんど廃れてしまう。土玉以外にも、土器の割れ口や、石鏃、あるいは骨角製矢鉐の根元にアスファルトが付着したものがある。このことから、縄文人がアスファルトを接着剤としても用いていたことが分かる。またアスファルトを入れた小形の土器なども確認されており、縄文人が目的をもってアスファルトを採集し、蓄え、利用していたと考えられる。分布範囲は新潟県から秋田県にかけて、日本のいわゆる「石油生産地」を中心に、東北一円から北海道南部に密に見られる。翡翠などに比べて遠隔的な交易は行われず、比較的狭い範囲での交易がなされたようだが、このアスファルト

塗土玉は、古代日本海側つまり「裏日本」を特徴付ける遺物であると考えることができる。宮口古墳群、水科古墳群などから出土している。（唐澤太輔）→石油（せきゆ）、水科古墳群出土・アスファルト塗土玉（みずしなこふんしゅつど・アスファルトぬりつちだま）、宮口古墳群出土・アスファルト塗土玉（みやぐちこふんしゅつど・アスファルトぬりつちだま）

遊日（あそびび）

遊日（アソビビが一般的呼称）とは、近世において村の休日を定めた日で、農作業をしてはいけない日として村全体の取り決めとして位置付けられていた。一般的には、正月、盆、五節句、祭礼など村の年中行事に合わせて決められる場合が多かった。遊日の史料は一七世紀末から見られ、その後一八世紀中期以降、幕末にかけてその数が増えて行く。これは、祭礼などの実行役として若者たち（若者組）が中心となって行われることが多く、こうした地域では、願い出て農作業を新に休みにする「願い遊び」の要望が多く彼等から村役人に出されるようになったことも要因の一つとして挙げられる。長岡村でも、願い遊びは、若者たちに直接係わらず、今後組頭、百姓代が相談のうえ庄屋へ願い出ることを取り決めた一八五九（安政六）年の史料が残っている（平野団三家文書）。さらに、遊日における若者たちによる奢侈化や風紀の乱れも見られるようになり、村極めなどでそれらの規制をしている史料なども時代が下がるにつれ多く見られる。山王新田村の安政五年の村極史料にも、遊日に若者たちが寄合いを開き、酒を飲んで大声を出して騒ぐなど種々迷惑な行為に対する過料五貫文を課すことにしたことが書かれている（野崎勝家文書）。（田村　敬）

愛宕神社（あたごじんじゃ）

上越市国府一丁目、愛宕山麓に鎮座。祭神は伊弉諾尊・火産霊神である。火産霊神は防火の守護神、火の用心の神として崇敬されてきた、もと、春日山城の山麓、愛宕池の付近にあったのを、上杉謙信が永禄年中（一五五八〜七〇）、現在地に移したと伝える。いつの時代にか、山城愛宕山の愛宕神社（京都市右京区嵯峨愛宕町）を分霊勧請したものである。神社には、上杉謙信が奉納した軍配団扇が所蔵されている。謙信が戦勝祈願のために奉納したものであろう。長さ四九センチメートル、扇幅一七センチメートル、日の丸直径一一センチメートル、布張りの黒漆塗り、扇の部分に金地の日の丸がある。市の文化財に指定されている。軍配の入っている箱は、高田城主戸田能登守忠真が一七〇三（元禄一六）年に奉納したものである。江戸時代、朱印地二百石を賜っていた。（花ヶ前盛明）

アナグマ

ネコ目イタチ科。タヌキに似た体形だがイヌ科ではなくイタチ科の動物。足跡は、タヌキは四本の指跡が残るが、アナグマではテンやイタチと同様に五本の指跡が残り、穴を掘るために発達した長い爪跡も残る。佐渡や北海道を除く日本全土に分布する。個体数は減少傾向にある。「セット」と呼ばれる横に広がった沢山の出入口をもつ巣穴を掘り集団で生活する。雌の当歳子がヘルパーとして巣穴に残り、母親の翌年の子の世話をしたり母親への給餌をしたりする場合があるためである。上越地方では、アナグマのことをムジナとよぶ地域がある。また、タヌキとアナグマの両種を区別せずムジナとよぶ地域もある。狩猟獣で肉は、タヌキより臭みがなく美味。冬季は活動が不活発になり冬眠（冬ごもり）するが、眠りは浅く暖かい日には餌を求めて巣穴を出て採食する。

（春日良樹）

阿比多神社（あぴたじんじゃ）

上越市長浜字阿比多神社に鎮座。配神は菅原道真・建御名方命・迦具《か》土命《ぐつちのみこと》・大山祇命《おおやまつみのみこと》・大鷦鷯尊《おおさざきのみこと》である。国家守護の神として朝廷から崇敬をうけ、六九四（持統天皇八）年三月、案下の幣帛を賜わったと社伝にある。一〇五〇（永承五）年、陸奥守源頼義が奥州征伐の際、戦勝を祈願して太刀一振を奉納、一二二一（承久三）年、順徳上皇が佐渡へ御遷幸の際、当社に参拝し、菅原道真の肖像と和歌一首「天ツミヤ世ヲ長浜ニアトタレテ、カカルウキメヲ見テカハセ給ヘ」を神前に奉納、一二九七（永仁五）年、大納言藤原為兼が佐渡に左遷の折、当社に参拝し、帰洛を祈願して和歌一首「アフコトヲ又イツカワトユフタスキ、カケシ誓ヲ神ニ任セテ」を神前に奉納したと伝える。神社には次の宝物が所蔵されている。菅原道真神像は醍醐天皇の政策で、承元三年、順徳上皇が佐渡へ御遷幸の際、当社に奉納したと伝えるものである。横笛は竹黒漆一尺二寸八分で、春日山城主堀秀治所用と伝える。慶長四年、秀治が神楽笛二管を奉納したうちの一管であるという。

（花ヶ前盛明）

アマガエル

カエル目アマガエル科。ニホンアマガエルといい、成体の体長は二～四センチメートル程度で、身近では一番よく見られるカエル。背面の体色は緑又は灰色で目の後ろに黒い筋がある。上越地方全域で広く普通に見られる種である。水田に水がはいると、どこからともなく集まってくる。田植え時期が産卵期にあたり、夜ともなると雌を呼ぶ雄の大合唱が始まる。産卵期以外はほとんど水の中に入らない。両生類の減少が叫ばれている中、水田と密接に結びついて繁栄している種である。（梅林　正）↓ウシガエル、カジカガエル、シュレーゲルアオガエル、トノサマガエル、モリアオガエル、ヤマアカガエル

雨乞い祈願（あまごいきがん）

雨乞いとは、ひでりの時に雨を降らせるため行う呪術的・宗教的な儀礼である。日本各地の雨乞いは、山野で火を焚く、神仏に芸能を奉納する、禁忌を犯す、神社に参籠するなどのさまざまな形態が見られ、雨乞い唄や雨乞い踊りが各地に伝わる。現上越地域では、江戸時代、高田藩が一八世紀から一九世紀にかけて五回ほど雨乞いの祈祷を行い、また、諸村の農民は、戸隠山や野尻湖（弁財天社）に出向き、雨乞い儀礼をおこなっている。上越では、戸隠山や野尻湖からの他「米山の七塘（ななとう）池」「清里の

坊ヶ池」「牧のサイが池」「大島・板山の池」などが有名で、それぞれ霊験あらたかな伝説などがある。また、吉川区梶の「降雨大明神」の縁起などが知られている。その他、「雨乞い地蔵」とされるものは頸城区島田新田のほか各地に存在する。中でも三和区越柳（下越）や井ノ口では、旱魃ともなると村人が地蔵を縄で縛り池に投げ込んだり、池に沈めたりして降雨を強要する風習があり、吉川区の鹿島社や西野島にも似たような風習があったとされる。また、板倉区猿供養寺に宇婆神社があり、黒倉山の頂上近くの宇婆ヶ池の辺りに居る高龍神・闇龍神のための社殿を建立すると雨乞いに必ず応える、という伝説がある。（杉山精一、久米 満）

↓大光寺石（だいこうじいし）↓写真ページ

雨乞い地蔵（あまごいじぞう）↓**雨乞い祈願**（あまごいきがん）、**大光寺石**（だいこうじいし）、**用水祭り**（ようすいまつり）

甘酒祭り（あまざけまつり）

板倉区栗沢では、一〇月九日、祭礼の朝の暗いうちから、村人が我先にと白山神社の神前に甘酒を供える。昔、村人が白山神社の御神体の目を胡麻の柄（から）で突いてしまった。恐れ多いことなので、遠慮して胡麻は畑では栽培するべきではないのだが、胡麻は農家にとっても大切な作物なので作らせてもらわなくてはならず、そこで甘酒を神前に供えてお許しを得るのだ、と伝えられている。なお、かつて神・仏の怒りを恐れて、集落中で「〇〇しない」伝統のある所があった。例えば、麻の栽培はしない（板倉区長塚）、白い鳥を飼わない（牧区倉下）、胡麻は栽培しない（清里区棚田、牧区片町）、犬を飼わない（板倉区田屋・機織）などである。（久米 満）

天津神社（あまつじんじゃ）

糸魚川一の宮に鎮座。祭神は天津彦火瓊々杵尊、天太玉命、天児屋根命で、伊勢外宮相殿の三神を勧請したものである。一四三二（永享四）年九月九日銘の梵鐘（経王寺蔵）に「奉 建立 天津社神宮寺鐘一口」、一四四九（文安六）年六月二一日の懸仏銘に「奉懸御正体一社越後沼河保一宮天津社宮司金玉丸」（天津神社蔵）とある。天津神社に神宮寺が存在したこと、沼河保（ぬまがわのほ）の一宮であったことがわかる。明治六年、村社に、大正七年二月一日、郷社に、昭和一八年三月一日、県社に昇格した。天津神社には木造女神坐像三体・舞楽面（県彫刻）、文安六年六月二一日の墨書銘の懸仏、一五四〇（天文九）年一〇月六日銘の木造天津神社随神像二体、天文一一年六月銘の鰐口一口などが所蔵されている。舞楽（国民俗芸能）は稚児舞ともいわれ、伝承されている。（花ヶ前盛明）↓けんか祭り（けんかまつり）

飴（あめ）↓**粟飴**（あわあめ）

雨降り地蔵（あめふりじぞう）↓**雨乞い祈願**（あまごいきがん）、**大光寺石**（だいこうじいし）

アメリカザリガニ

エビ目アメリカザリガニ科。北アメリカ原産。世界各国に移入され、日本・ハワイ諸島・アフリカ東部に繁殖している。体長は八センチメートル～一二センチメートルまで成長するが、八センチメートル程度までのものが多い。体色は赤や褐色で、オスの大きな鋏は特徴的である。日本には一九三〇（昭和五）年六月にニューオリンズ市から神奈川県鎌倉市の養蛙池にウシガエル（既に食用として一九一八（大正七）年に日本へ移入）の餌として、最初の二〇匹が移入された。そこから逃げ出したと思われる個体が分布域を広げ、現在では北海道を除く日本各地に分布する。高田地区においては一九六二（昭和三七）年に大曲（現・上越市新光町一）の連光寺の池で見つかったのが最初の記録とされ、現在ではほとんどの河川や農業用水路などに生息している。水田ではイネの根を食い荒らす悪者として知られるが、子供たちの水辺でのよき遊び相手にもなっている。また日本では好まれていないが、養殖して食材種として用いられることもあり、特に本場ルイジアナでは様々な郷土料理に用いられ広く販売されている。（安斎雄基）→淡水産エビ類（たんすいさんえびるい）

アユ

キュウリウオ目アユ科。春から夏にかけて海から川に遡上し、秋までに中流域で成長し、産卵後に死亡する年魚（一年で一生を終える魚）である。関川をはじめに頸城野を流れる諸川で、その姿をみることができる。また、釣り人のために放流事業も行われている。しかし、頸城地方では自然遡上する個体も多く、五月の連休前後は直江津港近辺に群れる若アユが多くみられる。この魚は川に入ると、石に付着する珪藻類を食す。そのため、魚体からスイカに似た植物性の薫りがすることから香魚と呼ばれることもある。（高橋　卓）

荒井賢太郎（あらい・けんたろう、一八六三～一九三八）→高田中学

新井陣屋（あらいじんや）

一七〇一年幕府領の大崎郷五四ケ村・上板倉郷四〇ケ村・下板倉郷三ケ村（五万石余）を支配するために、郷蔵屋敷といわれた所に設置された。質地騒動に際し、高田藩に一時預けられたが、一八〇九年新井村が高田藩領に組み入れられるまで存続した。陣屋は東西四九間・南北四六間の敷地を有し、横四間半・長さ一〇間半の長屋に手代等の下役人が居住した。陣屋には鉄砲八挺・金箱四・簞笥一・手錠一二・刺す股・突く棒・袖搦め等が常備された。（青山始義）

新井別院（あらいべついん）

浄興寺・願生寺の両有力寺院の教説を巡る紛争に対し、一六八五年東本願寺は願生寺追放の裁断を下し、その一切を召し上げ新井道場（三年後に掛所）とし、頸城地方の末寺・門徒を統括させた。その法務を遂行させるために、元禄年中に願楽寺・聞称寺・照光

寺を相次いで掛所山内に移転。焼失した東本願寺再建の為に馳せ参じて格別の尽力があったとして、一八〇一年乗如上人の墨衣の影像に賛と裏書を記した軸を下付された。これは門徒を労うためのものであったから、当初「御影」は川西・川東の順番で掛所の肝煎衆が、後には掛所が保管して毎年管内を巡回した。これを「墨衣の御影」の回檀、御坊の回檀という。明治元年新井別院と改称された。（青山始義）

有間川漁港（ありまがわぎょこう）
上越市大字有間川にある第一種漁港。特定漁港である直江津港と共に、上越市域の漁業の中心である。上越の漁業は刺網が中心であるが有間川漁港も同様であり、二〇〇六（平成一八）年度の漁業種類別陸揚量に占める刺網の割合は九七パーセントである。同年度の港勢調査によると総陸揚量は七七トン、陸揚される主要魚種はさざえ（三三・六トン、四四パーセント）、ぶり類（一六・〇トン、二一パーセント）、その他ひらめ・かれい類、たい類、さけ・ます類などがある。（安斎雄基）

粟飴（あわあめ）
越後名産品の一つ。文禄年間（一五九二～九六）に高田の大杉九朗右衛門が粟飴（水飴）を創製したのが始まりで、惣兵衛が水飴を固形にした。大杉屋は寛永年間（一六二四～四四）から粟飴・翁飴・笹飴を製造販売してきた。また、同じ寛永年間に高田の高橋孫左衛門も粟飴を製造し販売を開始した。『東海道中膝栗毛』の著者十返舎一九は、「金《かね》の草鞋《わらじ》」に「横春日町というに、粟にして製した水飴、至って上品にて風味よく此処名物なり」と記した。また、夏目漱石は、『坊ちゃん』の中で「清が越後の笹飴を・・・」と記している。ここに笹飴が登場する所以は、漱石の主治医であった高田出身の森成麟造が漱石に笹飴を紹介していたことによると思われる。（石塚正英）→高橋飴屋（たかはしあめや）、十返舎一九（じっぺんしゃ・いっく）

粟津キヨ（あわず・きよ、一九一九～八八）
上越市枚区出身の社会教育家。旧姓・金井。一九三七年に高田盲学校卒業後、陽光学院に学び、東京女子大学へ進む。高田盲学校教諭となる。同大学の同級生らと「失明女子を考える会」を設立、活動開始。また同大学一期生の先駆者斎藤百合を発掘。「弱い者がどう扱われているかによって、その国の文化程度が分かる」と言い、盲目女子の学園設立を目指したその生涯を、著作『光に向かって咲け』（岩波新書、一九八六年）にまとめた。（青山増雄）
→市川信夫（いちかわ・のぶお）

安寿と厨子王の物語（あんじゅとずしおうのものがたり）
安寿姫と厨子王丸の物語は、謡曲「婆相天」、説教（節）「さんせう大夫」、浄瑠璃、森鷗外の『山椒大夫』などによって知られる。もともとは中世成立の説教の「さんせう大夫」が浄瑠璃などの演目で演じられてきたものを改変したものであり、ゆかりのある各地で民話化している。物語の骨格は、磐城国の官人の子、安寿と厨子王の姉弟が人買いの奸計により母と離ればなれになり、安寿の犠牲の後、厨子王が母と再会するというものである。応下橋は直江津の関川に架かる橋で、この付近で安寿と厨子王一行は人買いにだまされ売られることとなる。この橋は高田城築城と共に廃され、以後旅人は明治初頭まで高田城下を通り稲田橋を通らねばならなかった。この頃まで水が涸れるときには橋杭が見えたと伝えられている。荒川橋近くに安寿と乳母の供養塔が建てられていたが、一九八七年三月に関川改修のため現在地の関川河口にある琴平神社に移された。この供養塔は林芙美子の『放浪記』で紹介されている。人買いにだまされた一行は、母と乳母は佐渡へ、安寿と厨子王は丹後の山椒大夫のもとへと売られてしまう。そこで姉弟は脱出の機会をうかがっていたが、姉の安寿は弟を逃がすために捕らえられ、ひどい拷問にあい命を落とす。一方、無事逃れた厨子王は上洛して、父の無実を証明、旧領と丹後五郡を領有し、山椒大夫を討った後、母をさがして佐渡に渡る。島内を巡っている時、「安寿恋しやほうやれほう、厨子王恋しやほうやれほう、鳥も情（生）あるものなれば、とうとう逃げよ追わずとも」と歌う母と再会する。しかし、佐渡の民話では、安寿と厨子王の両者が母をさがして佐渡へ渡り、安寿がまちがって母の杖に打たれて死んでしまう、という話になっている。上越市寺町の妙国寺に山椒大夫の墓と称するものが伝わる。佐渡には、相川町南片及び畑野町畑野に安寿塚がある。（杉山精一）

安養寺（あんにょうじ）
上越市東本町三丁目四－七二。真宗大谷派の寺院。開基の覚善は、親鸞聖人が越後配流となったおりに、聖人のご教化によって越後国において初めてお弟子となったと言い伝えられている。覚善は聖人が越後から去った後、聖人がおられた草庵を念仏道場として開いた。これが後の安養寺である。一四五七（長禄元）年、真言宗の僧侶であった円戒法印が安養寺を借寺していたところに、諸国布教に巡っていた蓮如上人が、越後に七日間滞在され、その間に円戒を勧化された。円戒は蓮如上人のお弟子となり、法名を性智と号して、安養寺の住職となった。（坂井龍輔）

鞍馬寺（あんばんじ）
浦川原区岩室字北沖一一八三。真宗大谷派。創立者は赤川左衛門尉家政という人で阿闍梨玄栄といった。春日山城主長尾高景の位牌所として、山城国鞍馬寺を田員《たかつ》（三和区山高津）に分寺、吉祥山長尾院新鞍馬寺と称した。後に岩室に移り、一五九七（慶長二）年の検地帳に岩室寺（鞍蔵馬）領は御料所と記されている。一六九七（元禄一〇）年に東本願寺に願って、真言宗から転宗した。その後一七四七（延享四）年専修寺派に転派し、一七八〇（安永九）年に再び東本願寺派に転派した。（太田空賢）

安楽寺（あんらくじ）
上越市中郷区二本木三三一にある浄土真宗本願寺派の寺。山号は春日山（または竹田山）。旧除地高一石四斗八合。竹田浄貞が真宗に帰依、信濃国水内郡小境（大川）村に道場を始めた。三代浄尊の時妙高市大鹿に移り、四代浄西が本願寺九世実如から一五一九（永正一六）年勝願寺（現・上越市南本町三丁目瑞泉寺）門徒として方便法身像を下付され、その年に現在地へ移転した。長尾為景の一向宗弾圧の最中も当地で潜り抜けた珍しい寺でもある。地中に浄光寺を有し、また、妙高市堀之内の菓成寺は、この安楽寺の別れである。（安達　恩）

い

異安心事件（いあんじんじけん、願生寺事件）

近世前期において、新井（現・妙高市）の願生寺（がんしょうじ）が教説の相違を巡り、真宗浄興寺派本山である高田の浄興寺と争い東本願寺に訴えたが敗れ、国外追放処分となった事件。異安心とは、広くは仏教各派においてその祖師の伝える教義・信仰に違背するものを異端・異義・異流といいその総称を示す言葉である。一般的には、とくに真宗における教義上の異端をいう。事件は、一六八四（貞享元）年、願生寺の門徒の一人が浄興寺末寺の極楽寺の説教を聞き、願生寺の教えの方が優れていると感じ離檀したいと言い出したことに始まった。これに端を発し、浄興寺側は、願生寺の教えである「小児の往生ができない」、「雑行雑集は行者が捨てなければ往生が不可能である」、「念仏は行者の自力によって励む必要がある」といった三つの教説が異安心であると考え、本寺である東本願寺に訴え、判断を仰いだ。東本願寺では、この訴えを受けて両者を呼び出し、何度も事情聴取が行われたが、貞享二年に願生寺の教説は異安心であるとの評決が下され、追放処分という重い処分が課された。この評決を不服として翌年の貞享三年に寺社奉行へ直訴し、その結果貞享五年に再詮議となったが結局は願生寺の追放処分は覆ることがなかった。この背景には、当時における浄興寺勢力の大きさ、東本願寺と浄興寺の関係の深さなども影響されているとの指摘もある。この事件に対する影響は大きく、東本願寺では、事件後教義の専門職の養成など学寮（宗派における研究教育機関）の充実に努めていった。（田村　敬）

飯（いい）

飯は高田平野の西部に張り出した台地を含む地形の地名を「イヽ《いい》」と呼び仏教用語から来ている。古くは津村荘、都宇郷に属しその後頸城郡が三郡に分れ中頸城郡下ノ郷となる。飯は高田町に近い方を上飯（元屋敷）、川を挟んで対岸を下飯（古屋敷）の部落があった。高田藩の跡継ぎ綱賢の病死をめぐる一六七九（延宝七）年のお家騒動で小栗美作親子が死罪、家臣の遠島等の親裁が延宝九年六月に再審された。高田藩の下級家臣団の山屋敷（山麓別荘地）が空屋敷になったため「元禄十一年惣百姓屋敷替願い奉り候」と請願した元禄一二年一二月高田藩より三〇両を拝借、これを元に元禄一三〜一六年の間までに所替した、所替したとき二つの部落が混在、現在の北側を北飯、南側を南飯と呼び、それぞれ庄屋所を置いて一村とした珍しい集落である。現在昭和町一丁目、二丁目、上昭和町、御殿山、土橋（一部）などが市街地化により分離独立し発展している。（内藤　隆）→御殿山（ごてんやま）

飯田茂勝（いいだ・しげかつ、一八七六〜一九四四）→**中央電気株式会社**（ちゅうおうでんきかぶしきがいしゃ）

医王寺（いおうじ）

上越市大字大貫一四三九。金谷山公園への坂途中右手に所在する。国指定重要文化財に指定されている銅造の薬師如来坐像が本尊で真言宗豊山派の寺院。名称は金谷山医王寺。創設年は不詳。由緒によれば八一六（弘仁七）年弘法大師がこの地に宿泊した歳に堂宇を建立し薬師如来を安置したとあり、また一八三五（天保六）年の薬師如来縁起には薬師如来は、板倉区の山寺三千坊から移設安置したとの記述も見られる。寺伝によれば寛永年間（一六二四〜一六四四）に高田城主松平光永の母、高田姫勝子がこの薬師如来を篤く信仰し薬師堂を寄進された。と伝えている。現在の堂宇は一八六九（明治二）年の再建。（南　智信）→山寺三千坊（やまでらさんぜんぼう）

いかや旅館（いかやりょかん）

歴史的建造物。『いかや旅館上棟式』の古写真に写された立て看板の記載によれば、竣工は一九一三（大正二）年頃と考えられる。瓦葺き二階建ての主屋には瓦葺きの八角塔が付き、その外壁は一階が漆喰仕上げ、二、三階は下見板張りで、建設当初はミルクホールや待合室として利用された。八角塔一階部分の柱の柱頭にはコリント風の飾りがつく。一九八六（昭和六一）年に取り壊された。（菅原邦生）

イカ類（イカるい）

十腕形上目。日本海で最も漁獲量の多い種類がスルメイカである。スルメイカをねらうイカ釣り船の電灯が夏の海の風物詩であり、遠く衛星から、日本海沖に眩しい輝きがみることもできる。日本海のスルメイカは九州の沖合、朝鮮半島沿岸で仔稚が発生し成長しながら北上していく。頸城地方に来遊してくるのは夏頃である。このほかに、ヤリイカ、アカイカ、ソデイカ、アオリイカなどの種類がある。（高橋　卓）

五十君神社（いきみじんじゃ）

上越市三和区大字所山田に鎮座する延喜式内社である。祭神は第一一代垂仁天皇の第五皇子五十日帯日子命《いかたらしひこのみこと》である。『古事記』では五十日帯日子王、『日本書紀』は五十日足彦命と記している。社伝によると、祭神五十日帯日子命は大賀・不盡の二臣を従えて来国し、池溝の開発にあたったが、この地で亡くなられた。二臣はこの地にとどまり、命の神霊を奉祀したという。一五六〇（永禄三）年九月一九日、関白近衛前嗣が西洞院時房らを従えて越後へ下向したとき、五十君神社の神主が故あって奉仕者に選ばれた。神主が関白に従って上洛したので、郡司が社務を預かった。（花ヶ前盛明）

池尻川揚水式発電所（いけじりがわようすいしきはつでんじょ）→**国友末蔵**（くにとも・すえぞう）

池田嘉一（いけだ・かいち、一八九八～一九八〇）
上越の文化人。はやくから、郷土の歴史研究に打ち込み、きめ細かく歴史を蒐集してきた。一九五六（昭和三一）年から一九七一（昭和四六）年まで『広報高田』に連載した「生活と文化　郷土アルバム」は一八一回にもおよんだ。題名の示すとおり、生活の中に文化を見る姿勢で、高田中心に文化の足跡を市民に、分かりやすいことばで案内した。渡邉慶一との共著『じょうえつ市の郷土歴史散歩』二冊にそれを見ることが出来る。上越市文化財調査委員長としても活躍した。（青山増雄）→上越郷土研究会（じょうえつきょうどけんきゅうかい）

池田和夫（いけだ・かずお、一九〇五～四五）→**増村朴斎**（ますむら・ぼくさい）

池払い（いけはらい）
諏訪保倉地区や三和区・吉川区には、ため池が多い。頸城区でも大池など多くのため池に毎年鯉を放す。秋、田に水が不要になると、池の泥浚いや堤防修理のために溜めていた水は堰を払って落す。池には鯉のほか鮒なども大きく育っている。特に大勢の人が集まって盛大なのは「青野池の池払い」、そして毎年、一〇月一七日の「大池の鯉揚げ（池払い）」である。池の中だけでなく池から出る用水路においても、獲物を求めて沢山の人が三角網・三日月網・タモ網などを持って水中に入る。捕らえた大きな鯉は、一時自宅の池に放ち暮れの料理に、鮒などは干したり焼いたりして保存し、これも暮れの料理のダシにした。高田地区青田川は、用水としても利用されていて、毎年九月に入ると（二百十日）三つの堰（下から五分一堰・馬喰堰・中島堰）を順次払う「堰払い」を行い、人々が競って網を持って川に入り鯉・鮒・鯰などを捕り、河床は人で埋め尽くされた。（久米　満）

池舟城跡（いけふねじょうあと）
中世山城跡・史跡。上越市牧区池舟字庄司山。池舟城は、池舟集落の南側にそびえる、標高二九九メートルの庄司山から城《じょう》の峯《みね》にかけて存在する山城である。東頸城丘陵から平野部へ向かう支尾根の先端部に位置するので、ほぼ三六〇度の展望を可能にし、春日山城をはじめ周辺の山並みに点在する数多くの城跡を眺望することができる。主郭は一三〇×一〇〇メートルのわずかに段差のある削平地で、四郭から構成され、かなり広い。ブタイ、屋敷跡、侍清水、馬かくし場などの小字名や通称名が残る。築城時期は不明であるが、南北朝期から戦国期にかけ拠点城として活躍したのではないかといわれている。（植木　宏）

イサザ獲り（イサザとり）
イサザ漁は四・五月頃で、解禁は四月一〇日頃とされる。和名は「シロウオ」上越地方では「イサザ」と呼ぶ。ハゼ科の魚で全長四・五センチメートルの小魚、体は細長く透明でやや飴色をしている。鱗はなく、生きているときは半透明だが死ぬと白くなる。浅い海で生活し産卵期になると河口に集まり、きれいな水がさらさら流れる川を遡上し砂礫の下に卵を産む。寿命は一年。遡上は五月に入る頃まで、うつぎの花が咲くと漁も終りとされた。谷浜・有間川一帯の小河川の流出する海岸近くでも笊や四角網などでよく獲れるが、有間川では遡上する性質をみて、地区の人が考案した底に網を張ったハコを川に設置して沢山獲る。また、その権利は入札で手に入れている。最近、漁獲量は減ったが、弱い魚を生きたまま運ぶ技術も進み、遠方まで出荷できるようになった。獲れたてで生きたままを、酢（又は山葵《わさび》）醤油をかけて食べる「シロウオの踊り食い」という食べ方がある。その他、味噌汁や吸い物、炊き込みご飯、天ぷらにする。（久米　満）→シロウオ

石井乙麿（いしい・おつまる、一八八七〜一九七七）→**上越郷土研究会**（じょうえつきょうどけんきゅうかい）

石田耕吾（いしだ・こうご、一九一八〜九八）
郷土史研究家。県下の中学校教育で、新社会科、習字教育、国語学習、学校経営などの多くの分野で指導的立場にあった。関係の著書も多い。一方、頸城の人と生活に多大なる関心を寄せ、膨大な時間と綿密な聞き取り調査を通して、民俗、祭りと民間信仰、書と人などを次々と拾い上げ，蒐集、貴重な民間の財産を記録として遺した。大著『頸城新風土記』はその集大成となった。頸城の民俗、民間信仰等の研究者は手放せない各著作である。（青山増雄）

石田善佐（いしだ・ぜんさ、一八九三〜一九四七）→**高田中学**（たかだちゅうがく）

石塚六三郎（いしづか・ろくざぶろう、生没年未詳）
直江津の大商人。明治二三年から明治二八年に行われた天王川切替、荒川（関川）護岸工事、海岸湊囲工事を福永弥平とともに取りまとめた。明治二四年から三年間、第二代直江津町長を務める。明治三一年四月、直江津艀株式会社を設立。のちに直江津商業会議所会頭を務め、頸城鉄道（現・頸城自動車株式会社）の直江津地区の敷設に関して、大竹謙治に意見書を提出した。（桑野なみ）

石山合戦（いしやまがっせん）
全国統一をめざす織田信長と大坂の石山本願寺が一五七〇（元亀元）年から一五八〇（天正八）まで一一年間戦った。各地から末寺坊主や門徒らが石山本願寺に集まり籠城する者もあり、各地に一向一揆も起こった。本願寺は戦国大名の毛利氏・武田氏・上杉氏などと結び、その支援を受け、優勢な時期もあったが、一五八〇（天正八）年に敗北した。浄興寺・本誓寺やその門徒末寺などが、石山本願寺へ軍資金や兵糧米を送り、戦いに参加した。（太田空賢）

泉　鏡花（いずみ・きょうか、一八七三〜一九三九）
石川県生まれ小説家。五智国分寺、光源寺を舞台に謙信時代の武将村上吉清を戯曲『戦国茶漬』一九二六年として発表。また糸魚

川市の親不知の海辺に住む少年の不思議な体験をつづった少年文学『海戦の余波』がある。名作『滝の白糸』のヒロインは『越後国の産にして』と川端康成『雪国』に登場する女性につながる越後の女性の愛の典型として登場させた。（青山増雄）

泉沢久秀（いずみさわ・ひさひで、生年不詳～一六一五）
上杉景勝の奉行で上田衆の一人。生年不詳、一六一五年病死。太閤検地に先だち検地や領地確定の作業に関わり、「知行定納之覚」を差し出させて「文禄三年定納員数目録」を策定した。また、御料所と呼ばれる蔵入地の管掌にあたるなど、景勝政権では直江兼続、大国実頼に次いで三番目の五六四三石を知行した。蒲原郡大面城番、柏崎町代官などを歴任し、会津移封後は、出羽の荒砥城一万一〇〇〇石などを知行。嗣子なく改易となる。（北峰義巳）

遺跡（いせき）
①縄文遺跡（じょうもんいせき）
頸城野で発見された縄文遺跡の最古の事例は、縄文前期の鍋屋町遺跡（一九五八年調査、柿崎区）である。本遺跡で発掘された土器は「鍋屋町式土器」と呼称されている。次いで、善光寺浜遺跡（一九六三年調査、上越市五智海岸）があげられる。ここでも鍋屋町式土器が出土している。さらには、縄文時代中・後・晩期と推定される土橋遺跡（一九六八年、七四年調査、上越市春日字土橋）がある。縄文中期の山屋敷遺跡（一九七七年調査開始、上越市山屋敷）では、土器のほかヒスイ、黒曜石、磨製石器、住居跡などが出土している。
②弥生遺跡（やよいいせき）
頸城野で発見された弥生遺跡の代表的な事例は、吹上遺跡（二〇〇〇年調査開始、上越市大字稲荷字吹上）・釜蓋遺跡（一九二六年調査開始、妙高市大字宮内）である。関川の扇状地に位置する吹上遺跡からは、弥生時代中期中葉から古墳時代前期までの遺物・遺構が発見されている。また、ヒスイ製勾玉を製造したとみられる工房跡が、未完成の製品と一緒に発見されている。出土土器には北陸系・信州系などの特徴が見られ、ヒスイ原石ともども、交易圏の広さをうかがわせる。吹上遺跡から約一・五キロメートル北に位置する釜蓋遺跡からも、弥生時代後期中葉から古墳時代中期までの遺物・遺構が発見されている。主な遺物として、土器、木製品、勾玉・管玉製作資料、フイゴの羽口などがあげられる。総じて吹上遺跡と同様の特徴を備えている。これに対して、弥生時代後期後半に存在した斐太遺跡は扇状地の上流に位置し、丘陵に環濠をめぐらした集落という特徴がある。しかし、広域交流という点は前二者の遺跡と類似しており、ここに三遺跡は「斐太遺跡群」（二〇〇八年、文部科学省告示第七九号）という総称で括られることとなった。（石塚正英）→付録「頸城地方（糸魚川市・柏崎市・妙高市の一部を含む）の遺跡一覧」、斐太遺跡群（ひだいせきぐん）→写真ページ

イタコ・ヨイヤナ

盆踊り唄。昭和初期、上越地方一帯では、夏ともなると各集落の青年たちが中心となって、盛んに盆踊りを開催していた。日が暮れて太鼓の音が響くと、人々が三々五々と寺社の境内などの櫓の周りに集まり、多くは先ず、音頭とりに誘われてイタコが歌われ、続いてヨイヤナ（八社五社）が、或いは古代詞その他が歌われ、それに合わせて踊った。起源については、イタコは関東の潮来地方の唄からとか、板子即ち船頭たちの唄からとか諸説ある。また、踊り手が「ヨイヤナー」と囃すヨイヤナについては、かつて寺社を建立するとき神官僧侶が、その縁起を七・七・七・七の二八文字にし、木遣り口説き（仕事唄）として普及したのが起こりとする説、頸城には格式の高い式内社が関川の西に八社、東に五社あるのを称えたことからとする説など、共に諸説あり定かでない。上曽根、上小船津浜でも人々の協力で伝承されている。さらに盆踊り唄には「しげさ節」「柿崎」「古代詞」「米大舟《べいだいしゅう》」の他、アリャリャンリャ（長浜）、ヨーホイ、ぼんおどり（桑取地区）、岡沢甚句（中郷区）、しょんがいや（浦川原区）、おいな（柿崎区）、十三夜（柿崎区・吉川区西野島）などがある。その他、仕事唄、祝い唄、行事唄など多くの民謡が存在した。（久米　満）→古代詞（こうだいじ）、高野しげさ（こうやしげさ）、米大舟（べいだいしゅう）

イタチ

ネコ目イタチ科。本種は、朝鮮、中国、チベットなどに分布。日本には、本州、四国、九州、佐渡島、隠岐島にホンドイタチ、屋久島にコイタチの二亜種が生息する。利尻島、礼文島、伊豆諸島、西南諸島、北海道では、ネズミ駆除の目的で移入した個体が定着した。ネズミ類、鳥類、昆虫類、甲殻類などを餌にしている。泳ぎが巧みで魚類や貝類を捕食する。四国や紀伊半島では、この性質を利用して、本種の毛皮を竹の先に付け魚を追い込む川漁がある。上越地方では、平野部の用水路や河川敷、低山から山地まで広く生息している。（春日良樹）→テン

井田年之助（いだ・としのすけ、一八四六～七二）→戊辰戦争（ぼしんせんそう）

伊丹末雄（いたみ・まつお、一九二六～二〇〇五）

白根（現・新潟市）生まれ。万葉集研究家。中学や短期大学の教員として県内外各地に勤務後、上越市（寺町二）で研究を本格化。著書に『万葉集成立考』『越後と万葉集』『越後のうた』『万葉の香・一心に』等。『良寛、寂寥の人』など良寛に関する研究書も出したほか、『雪の高田物語～城下町の散策』（杉みき子との共著）など郷土文化に関連する出版物もある。良寛や会津八一等の個性的な文学者に重きを置きながら「越後の文芸」発掘に力を注がねばならないとした。また、『梁塵秘抄』巻2が高田の室直助宅で発見されたことを、ことのほか重視した。斉藤茂吉、山田孝雄、久松潜一ほかの文学者と交流した。（青山増雄）

市（いち）

特産物交易や商品売買の場として頸城野において市・市場が意義を有するようになるのは松平光長の治世、いわゆる越後中将時代（寛永元〜天和元一六二四〜八一）以後である。この動向は、領主による意識的な市場政策に促されていた。むろん、それ以前から海上交通の要衝だった直江津の港では頻繁に交易が繰り返されてきたが、そうした遠隔地交易をいっそう活発化させた要因として、江戸期になってからの市の発達がある。なお、市内各地に、近くの農漁業者が自分の生産した物を並べる朝市がある。中でも高田地区や直江津地区の六歳市は、大勢の市民が買い付けに集まる。一九〇七（明治四〇）年、第一三師団の誘致にともない大量の野菜供給要請があり、高田・本町二（現在大町三）に二七の市が一九一〇（明治四三）年に開設された。さらに、仲町二（現在大町四）に四九の市が一九二〇（大正九）年にでき、他に直江津にも（現在中央三）三八の市が明治四四年に開かれている。当初から場所は移動しているが、共に歴史は古い。また、柿崎には一の日市（明治三九）、隣の妙高市には六十市があり、その他、近年、市内各地に農家などが収穫したものを店頭に並べた直売所が、凡そ三四か所に点在している。また、一九五〇年に一五の市が開かれたが、これは自然消滅した。さらには、高田地区には一八七八年に本町で夜店も開かれたが、現在は自然消滅している。

（久米　満、石塚正英）

市川信次（いちかわ・しんじ、一九〇一〜八二）

上越の民俗学研究者、日本常民文化研究所同人。桑取谷の民俗ほかを調査研究した。また高田瞽女に関心をもち、長年に亘って瞽女たちと交流し、その生活と芸能に関して考察した。桑取谷でのフィールド調査を通じ、実業家にして民俗学者の渋沢敬三と交流し、また写真家の濱谷浩を民俗学にいざなった。その過程で、渋沢は一六ミリフィルム「谷浜桑取谷」「谷浜」（ともに一九三五年）の映像を残し、濱谷は写真集『雪国』（一九五六年）を刊行した。高田瞽女に関して市川は、次の文章を残している。「高田に現存する親方の杉本きくえさんは六十歳。七歳で弟子入りしたと言いますから五十余年の修業を積んだわけです。ゴゼのうたう歌は「祭文松坂」とか「段物」と称して五説教に類した葛の葉、小栗判官、山椒大夫、俊徳丸など物語ふうなものですが、杉本さんは一段三十分一曲三段ぐらいの長い歌を十数曲も暗唱しています。盲目ですから台本なしで。全部師匠の口から耳へ伝承するため当然ではありますが驚くべき記憶力で、文化財的存在です。また杉本さんは今も昔ながら「いちょう返」という髪以外にゆわず、台所いっさいはもちろん、つけ物なども自分でつけ、身だしなみもきちんとしていて立派に家計をたてている点、非常に古風のよさを守りぬいています。こうして弟子のしづえさん（四一）、きよさん（四二）の二人と高田市東本町四丁目に住居を持っています。」市川信次「高田ゴゼ」『頸城文化』第一四号、昭和三四年、六頁参照。（石塚正英）→瞽女（ごぜ）、濱谷　浩（はまや・ひろし）

市川信夫（いちかわ・のぶお、一九三二〜　）

教育者・小説家・高田瞽女研究家。高田に生まれる。父は民俗学者の市川信次。長く、高田盲学校等に勤務。高田地区盲人福祉協会顧問等を勤めた。日本児童文学者協会会員。粟津キヨをモデルとした小説『ふみ子の海』（理論社、一九九〇年）作者。同作品は、映画化された。ほかに『雪と雲の歌』（ポプラ社、一九七五年）『たった一つのお菓子』、『雪国から・新北越雪譜』（田畑書店、一九八三年）などの作品がある。（青山増雄）→粟津キヨ（あわず・きよ）

一人前（いちにんまえ）

昭和初期まで農村の青年は、集落運営の一翼を荷い、祭礼の設営や農休日の決定、その他集落活動で重要な責任を負っていた。一人前の青年男子と認められるには、一応一五歳以上、田仕事は全て心得、家畜の扱いや縄ないなど藁仕事、農作業でも一定の力量を見せることが要求された。俵・蓑など農作業に使う一切の藁細工についても心得、薪つくりなどに関する作業もでき、牛馬も使いこなせる。俵は一日に一〇枚編み、米俵（六〇キログラム）を上げ下ろしできる筋力を持つこともその一つ、集落の一画に六〇キログラム前後の自然石の大小（盤持ち石）三個くらい置き、日常、仲間が寄ると持ち上げて鍛錬し力を競った。その延長で、村々では相撲が盛んだった。女子も同じく、畑仕事をこなし、田植えは一日三畝から五畝を分担、針仕事や料理・保存食つくりもできることが求められた。また、若者の中には己の独立心を試す意味で、秋のある日、家人に気付かれずに（東京へ）家出し、春戻って来る「江戸逃げ」を密かに実行する者もあり、これに成功すると肩身が広かったという。（久米　満）→草相撲（くさずもう）、田植え（たうえ）

市振関所跡（いちぶりせきしょあと）

史跡。糸魚川市青海区市振。市振関所は、市振集落西側のごく狭いところで、南側は切り立った山々、北側は日本海で、関所を設けるには好適の場所である。西へ一・五キロメートルで境川に至り、川を隔てて加賀藩の境番所があった。市振関所の創設については、詳らかでないが『市振村誌』では寛永（一六二四〜四四）の初めに江戸幕府が高田城主松平光長に命じて設置とある。また一六八三（天和三）年の『市振村御検地御水帳』では、この関所に御番所と遠見御番所があり、前者は北陸街道の検問をし、後者は海上交通の監視をしたとある。一八六九（明治二）年に廃止された。一九九九（平成一一）年七月跡地の市振小学校グランド内に関所跡の石碑、説明板、高札が建てられた。（植木　宏）

一木彫仏像（いちぼくぼりぶつぞう）

一木から彫りだした木造の仏像・神像の彫刻の技法。像の主要部分を複数の材をよせてつくる寄木造に対して、一本の丸太から彫りだす。多くの場合、頭・胴・脚を一材から彫りだし、腕・台座が別材の場合もある。一一世紀に定朝によって寄木造が完成されるまで、一木造は木造彫刻の一般的技法だったが、巨木を得にくいことから大型仏像の手法は寄木造りに移った。現世における無病息災などを祈願して樹木を信仰してきた古代日本人は、奈良時代になると、鑑真の指導もあって、大地に根を張った生命力あふれる大木から十一面観音などの仏像を彫りだすようになった。あるいは、一木で高名な僧侶が彫られるようにもなった。一木彫仏像によせる信仰にはその土地に固有の自然神への信仰が根っこにあったのである。頸城野では、国分寺奥の院の岩殿山に祀られている木造大日如来坐像がその代表である。「この大日如来は、県下で最初に指定された国宝第一号である。この大日如来の製作は今から約八〇〇年前藤原時代であつた。カヤの一木で造られ、古い様式をつたえている。」（平野団三「上越市の誇り　国宝大日如来（郷津岩殿山）」『頸城文化』第三〇号、一九七一年、一七頁）また、浦川原区熊沢にのこる木造十一面観音立像は欅の一木造であり、平安後期の技法を刻印している。

自然をそのままに崇敬するという精神はまた、頸城野の居多神社（上越市五智）や五十君神社（上越市三和区所山田）ほかに伝わる一木造りの狛犬においても貫かれている。居多神社には鎌倉時代後期に桧で造られたとされる阿吽一対の狛犬（上越市指定文化財）がいる。また、五十君神社には室町時代に造られたとされる阿形のみの狛犬がいる。仏像では、牧区に室町時代に地元仏師がつくったと考えられる一木仏が二体（地蔵菩薩立像・観音菩薩立像）残っている。いずれも頸城という辺境にあって自然と人間を一つにした森羅万象をつらぬく「ちきゅうの鼓動」をいまに伝えているのである。それが平安時代になると、仏像は西方浄土あるいは来世に心を向ける信仰の対象にかわった。仏像はやがて一木でなく寄木造（定朝様）で表現されるようになっていく。頸城野では板倉区の山寺薬師堂の薬師三尊像（釈迦如来、薬師如来、阿弥陀如来、新潟県指定文化財）が寄木造である。これは地元に育った樹木ではなく、京都から運んだ部材を組み立てたものである。けれども、樹木の霊にこだわって一木で仏像を造る技法は、以後地方に残存することとなり、やがて江戸初期になって円空において、中期には木喰において、一木造は庶民のあいだに復活するのであった。とくに木喰仏は頸城野では、毘沙門天像（大潟区円蔵寺）、木喰上人自刻像（大島区）という事例を得ている。（石塚正英、山本希一）→木喰上人（もくじきしょうにん）→写真ページ

一鎮倚像（いっちんいぞう）

国指定文化財。彫刻。上越市寺町二－一一－一二。称念寺。像高一一〇・八センチメートル。称念寺の開基とされる一鎮（一二七七～一三五五）七七歳の寿像。一鎮は越後国妻有庄（十日町市）の出身で、後に時宗の開祖一遍から数えて六代目の宗主遊行に就任した。本像は、ヒノキ材の寄木造による等身の木彫像で、合掌する姿は時宗の上人像の特徴を示しているといわれる。写実性豊かな表現等から、仏師運慶の技法を継承した京都七条仏所による作と考えられる。慶派の肖像彫刻として県内唯一の遺品。示寂一年前の一三五四（文和三）年に制作された。（植木　宏）

糸魚川城跡（いといがわじょうあと、清崎城）
近世城郭跡。糸魚川市大町（消滅）。糸魚川城は、市内大町の市民会館とその周辺の高台が遺跡地で、清崎城ともいう。当時の影響をしのばせるものはなく、断片的に堀、井戸、古道を残すのみである。糸魚川の地に城ができる記録としては、古くは一五八三（天正一一）年、上杉景勝が糸魚川に新城を築き、秋山定綱を在城させた「上杉年譜」とあるが、その位置は明らかでない。一六〇一（慶長六）年、堀秀治の一族堀備中守清重が、糸魚川南郊に清崎城を築いたと「糸魚川町史年表」に記している。堀氏の清崎城が、景勝の糸魚川城と同一地か否かは明らかでないが、以降、松平信直、稲葉正成（二万石）、荻田主馬（一万四千石）と在城した。一六八一（天和一）年、荻田主馬（前記主馬の孫）の時に越後騒動が起り、幕府は高田城と糸魚川城を接収し、糸魚川城は取り壊しとなった。以後は陣屋として存続し、一八七一（明治四）年の廃藩まで続いた。（植木　宏）

稲田橋（いなだばし）
高田藩は城下繁栄策として関川に架かる直江津の橋（往下橋）を廃止し、城下の鍋屋町（現・東本町）と稲田の間に橋を架するのみとした。これにより稲田が北国街道（奥州街道）への出入り口となる（稲田口の木戸と番所は鍋屋町に設置）。また稲田口は、松之山街道から魚沼へ、安塚街道から信州へも通じていた。藩は交通量の多いこの橋を重視、その架け替えなどは藩費による御用普請とし、掃除や雪かきは稲田町に給米を出して勤めさせた。（瀧田　寧）→街道・峠（かいどう・とうげ）

稲葉正道（いなば・まさみち、一六四〇～一七一六）→高田藩（たかだはん）

稲荷信仰（いなりしんこう）
京都市の伏見稲荷大社に寄せられる信仰が主流である。稲を象徴する穀霊神、農耕神である。「稲成り」の意味だったが、稲を荷なう神像から「稲荷」の字を充てたという。近世にかけて商工業が発達するにつれて生業守護、医薬、福神などに神観念が変貌。民俗的稲荷神の祭祀場所は山や田野、川や池、泉などであり、山の神、水神、蚕神など多様。上越地方では現在、信仰の祭りは残っていない。（青山増雄）

稲荷中江用水（いなりなかえようすい）→用水（ようすい）

稲藁（いなわら）**・ネイゴ**
稲藁は全て無駄なく利用した。すなわち、藁はハサ（稲架）で干したものが最上で、先ず丈の短い葉を選（すぐ）ったもの（クズ）を綿代わりにし布団をつくり、残ったものは家畜小屋の敷き藁にし糞になじませた後、堆肥にした。精選した藁を打ち軟らかくしもの（叩き藁）で縄や草鞋・草履・藁沓・深沓・莚・叺などを、打たない長い藁で俵・サンバイシなどをつくる。さらに、硬い穂茎（ネイゴまたはネング・ネンゴ）で重い荷を動かす荷縄やミノなどをつくった。その他、刻んで（スサ）壁土に混ぜ、野菜や餅を干すときに編んで吊るし、納豆をつくるとき、頂いたご馳走を持ち帰るとき（つとっこ）等々にも藁を用いた。もちろん、家畜の飼料、冬囲いや保温にも使い、残ったものは燃料にし、灰は炬燵・火鉢に入れ、更に野菜の灰汁抜きや肥料として用いるなど、こうして藁は全てを使い尽くした。（久米　満）↓冬仕事（ふゆしごと）

犬伏城跡（いぬぶせじょうあと）

中世山城跡・史跡。十日町市犬伏字城山。市指定文化財。犬伏城は、旧松代町犬伏集落の西端から北西方向の裏山で、標高三六五メートルの城山に所在する山城である。山頂に三角点がある。遺構は山頂主郭から四方に派生する尾根筋を中心に、東西三五〇×南北三〇〇メートルの要害の地に削平地、堀切、井戸などが施工され、主郭は三五×一五メートル程で東南隅が虎口（出入口）である。山城としては大きな城構えである。犬伏城は三国街道の要衝に位置しているため、戦国時代には上杉謙信の領国支配や関東出兵の番城として活躍した。歴史的には、南北朝時代から戦国時代、さらに御館の乱と関連し、堀氏時代に廃城となった。館跡は犬伏集落内に存在していたといわれる。（植木　宏）

イヌワシ

タカ目タカ科。両翼を広げた横の長さはメスでは二メートル以上（ワシタカ類ではオスよりメスが大きい）トビのメスの約二倍、日本にすむ陸の猛禽類では最大級。上越地方では関田山脈、妙高・火打山系で繁殖しているようで、上越市域全体がその行動圏となっている。高田平野にも時折現れる。成鳥は全体黒褐色だが、幼鳥は翼に目立つ白紋がある。生息数が減ってきて全国でも五〇〇羽程度と言われている。国の天然記念物、環境省レッドデータブックでは、絶滅危惧ⅠBと二番目に高くランク付けされている。（山本　明）

井上平三郎（いのうえ・へいざぶろう、一八六二〜没年不詳）

士族出身の自由民権家。高田士族・八木原九右衛門とシケの子として出生し、井上家の養子となる。八木原繁祉は実兄。明治一五年九月二三日の長岡政談演説会で、上越地方の弁士六名が演説。そののち井上は運動の表舞台に登場し、二〇歳の時には「何ぞ正して其花を取らざるや」の演題で演説を行った。明治一六年の高田事件で捕えられたのち、一八八七（明治二〇）年に上越地方でおこった安政五か国条約改正運動に参加。政府の無責任を追及する活動をした井上らは、一八八八（明治二一）年三月に捕えられ、軽禁固一年六か月、罰金一五〇円という厳しい判決を下された。（桑野なみ）↓高田事件（たかだじけん）

井部香山（いべ・こうざん、一七九四〜一八五三）

江戸時代中期の儒学者、教育者。西野島村（現・上越市吉川区）の出身。幼名は万三郎、名は鳴、字は子鶴、のちに香山・五華山人と号する。江戸時代築地に塾を開き、諸侯や旗本に学問を教え、老中水野忠邦から重用された。高田においては藩主榊原政令から藩士やその子弟の教育を依頼され、門下として木村愚山、木村容斎、中村柳坡、田村新田、井部健斎などが育った。幕府に命じられた『明史稿』の翻刻を木村愚山とともに完成させた。墓は東京都港区赤坂の報土寺。（桑野なみ）

今井染物屋（旧）（いまいそめものや・きゅう）

上越市大町五丁目（旧下職人町）、上越市所有。建築年代は江戸時代末頃と推定されている。当時より染物屋を営み、広い作業場と土蔵があり、家族以外にも住み込み職人達が雁木上までかかる天井の低い表二階で生活した。複数の細長い町家を横につないで改造しながら間口を広げたと考えられる。吹き抜けのチャノマは広く棟が高い割に細い梁組で貫が整然と組まれている。側面の高窓から採光しているため、天窓はない。雁木は古い形式といわれる造り込み式であり、開口部には格子が嵌められていた。二〇〇四（平成一六）年より上越市の所有となり定期的に公開見学を行っている。（関由有子）→町家（まちや）

今町・今町湊（いままち・いままちみなと）

日本最古の海洋法規集である『廻船式目』（室町時代）には、日本の一〇大港湾として三津七湊が記さており、今町湊は七湊の一つとして数えられていた。中世には朝鮮半島や大陸との交易で栄えた。近世の今町湊の繁栄は北前船の活動に支えられていたと言ってよい。漁獲物の流通が盛んで、全国各地からさまざまな漁獲物が入津した。越中からは塩魚・干魚、能登国からは塩鰤《しおぶり》・塩《しお》鱈《だら》・黒作烏賊《くろづくりいか》、上方からは鰹節、奥州からは南部塩蛸《なんぶしおたこ》、松前からは鮭・昆布・数の子・鯡《にしん》、佐渡からは鯨・干烏賊等が今町湊に入津した。現在の直江津港の前身である。（唐澤太輔）

今町分校（いままちぶんこう、現・直江津小学校）

明治政府は一八七二（明治五）年、学制を発布した。直江津で漢学塾を開いていた渡辺芹渓《きんけい》は、同じく私塾を開いていた小林百哺を中心にして、福永弥平らと協力し、寄町（現住吉町）の長徳寺に柏崎県管内の今町分校として開校。上越地方では最も早い小学校である。児童は三〇人であった。翌年、至徳寺地内（現・直江津小学校の場所）に新校舎を建てて移った。（青山増雄）→小林百哺（こばやし・ひゃっぽ）

移民（いみん）

労働の目的で外国に移住すること、または移住する人。上越地方における移民は、北海道への屯田兵入植以来、ハワイ、ブラジル、満州へと向かっている。北海道への屯田兵としての入植は、廃藩置県・秩禄処分後の士族授産のために行われ、一八七五（明治八）年より札幌に道内および東北の士族を配置し兵村が建設された。高田士族は一八八六（明治一九）年、和田地区（現・根室市）に三五戸、一八九〇年に太田地区（現・厚岸町）に二七戸の入植を行った。その後、各種産業に従事する目的での近代移民は、一八八〇年代からハワイ・北米移民が本格化し、一八九八～九九年には渡航者が最大を数える。このとき新潟県内からは上越地方からの者四名を含めて四五三名の移民を送り出した。しかし、その後、多数の低賃金・未熟練の労働者の移入にアメリカで排斥運動が起きると、日本人移民は厳しく制限が加えられるようになり、その後は移民目的地は中南米へと移り、農業労働に従事するため現地に定住する移民が主流となった。ブラジル移民は一九〇九（明治四二）年に始まり、上越地方からは二〇世帯五一名がブラジルへと渡った。昭和期になると、満州事変以後、一九三二年から毎年武装した試験移民が満州へ送られたが、日中戦争が本格化すると満州移民が奨励され敗戦までに二七万人に達した。上越地方からは第二次、四次、六次、八次、九次、一三次移民に参加者があったほか自由移民で渡った者もあった。（杉山精一）

芋の年取り（いものとしとり）
野菜の収穫時期を「年取り」と呼びあらわしている。中郷、牧、頸城などでは、芋（里芋）の年取りは一〇月一三日（過ぎ）とする。また、一〇月一〇日は、山芋を採ってよいとされている所がある。大根の年取りを、一一月一〇日（大島区）、一一月一五日（中郷区）、一一月二〇日（吉川区・牧区）などとされている。また、かぼちゃの年取りと呼んで、冬至の日に食べると「年中風邪ひかぬ、中風にならない」とする所もある。（久米　満）

イモリ
有尾目イモリ科。アカハライモリといい体長一〇センチメートル前後で尾を持っている。上越地方では、山地、平野部の水田や池沼に生息する。アカハラという名前が付いているとおり、背側は黒色で腹側は濃いオレンジ色に不規則な黒い模様がある。卵は一つずつ水草に産まれるため発見しにくい。よく「イモリの卵」といわれるのは、クロサンショウウオの卵のようである。かつては水田や池で普通に生息していたが、圃場整備等で個体数が減少傾向にある。（梅林　正）

いもり池（いもりいけ）
妙高市池の平の広大な湿原地帯にある池。江戸時代、田口村は赤倉山の麓の低湿地に約二〇〇メートル四方の堤を廻らし、飲み水・田用水として利用し、これを池平堤と称していた。大正一二年妙高温泉土地株式会社が池の平の開発に着手。その際、この通称いもり池を浚渫して景観を整えた。ミズバショウ・ミツガシワ・ズミ等の湿性植物や珍しい小動物が生息する「いもり池」の自然を守ろうとする世論が高まり、新潟県は昭和五四年より周辺地の買収に着手。五六年には第一種特別保護区の指定を受け、妙高高原ビジターセンターがオープン。遊歩道も整備されファミリー層をはじめ観光客の憩いの場として親しまれる。（青山始義）

五郎八姫（いろはひめ、一五九四～一六六一）
米沢城主伊達政宗の長女、母は政宗の正室愛（めご）姫。政宗二八歳、愛姫二七歳のとき。一五九九（慶長四）年、徳川家康は政宗と結ぶため、堺の茶匠今井宗薫を介して、家康の六男松平忠輝と五郎八姫の婚約をかわした。姫は幼少のおりから和歌・書道・茶道などをたしなんだ。今日のこされている姫の和歌や書簡から、豊かな教養がしのばれる。一六〇六（慶長一一）年一二月二四日、忠輝と姫は結婚式をあげた。一六一四（慶長一九）年八月、二人は新築なった高田城に入った。ところが二年後の元和二年七月五日、忠輝は高田城を没収され、伊勢の朝熊《あさま》（現・三重県伊勢市）に流された。二五歳であった。このとき五郎八姫は忠輝と別れ、仙台城に帰った。万治元年、剃髪して天隣院と号した。一六六一（寛文元）年死去。六八歳。墓は瑞巌寺にある。（花ヶ前盛明）→松平忠輝（まつだいら・ただてる）

イロリ

かつて農村の家の多くは萱葺き屋根であった。通用口（トマグチ）を入ると土間に続いて一段高い板張りの居間（茶の間・ヨコザ）があり、多くの場合この部屋の中に大きなイロリ（地炉）がきってあった。中央はホド（火床）と呼び薪が燃され、天井から自在鉤（カギツケ）が吊り下げられていて、鉄瓶や大鍋をかけて湯沸しや煮炊きをした。角には火消し・渡し・五徳・水壷が置かれ、灰の熱で餅・団子などを焼いた。上には、木枠でつくられた棚（火棚）が下げられていて、冬には雪で湿ったワラグツ、フカグツなどを乾かした。この煙は萱葺き屋根を守り、この火の熱は部屋や家の暖房の役を果たし、この火の明かりで夜なべ仕事をした。炊事以外では、太く大きな薪（クイゾ・ドンゴロ）を入れておき、太い火箸でこれを突付きながら火を絶やさずに、そしてこの周りに家族が集まり、炉ぶちは広く平らで磨かれていて茶碗も置かれ、茶飲み話に花が咲き、こうしてイロリの周りは家族団らんの場所でもあった。家族の座る位置も定まっていて、他人が勝手にそれを犯すことは出来なかった。すなわち、神棚・座敷に近い方を上座（イワカタ・ヨコザ）、上座以外は下座であるが、上座の左（デンジマ側）は、普通はタナモトなどと呼び、姑や客の座、右はワキザ（シイタキジロなど）は息子などが座り、向い側はシモジロ（シタカタ・ヨメッコジロ）で嫁の座であって、家族構成により下座の内容も変わった。しかし上座だけは絶対で、座れるのは一家の主人だけで、偉いお坊さんなどの客には譲った。そこで上座に座れるのは、主人以外「猫と坊さん」と言われた。家内の統制、火の管理・安全確保の面から、イロリの回りでの秩序は厳しく守られた。（久米　満）

岩手城跡（いわでじょうあと、赤沢城）

中世山城跡・史跡。上越市柿崎区岩手・吉川区赤沢。岩手城は、尾神岳が平野に向かって延びる尾根の先端に位置する標高一一五メートルを主郭とする山城である。岩手集落から登る。黒川谷を押さえる要地にあり、軍事上、重要な役割を果たし、また城下には柿崎川、大出口川が流れ、港との舟による物資の輸送にも恵まれていた。城域は、東西六〇〇×南北四五〇メートルにおよび、かなり規模は大きい。主郭の広さ二五×一〇メートルを中心に、放射状に派生する尾根に三六ヶ所の堀切がある。堀巾は五～一一メートルが多く、堀切の断面も薬研堀や箱堀など多様で、その多くは竪堀になっている。複雑な尾根城の特徴であろうか。館跡は主郭の北側で山麓の小字「たてのうち」にあった。また主郭の北東方向（鬼門）に霊山米山の山頂が位置している。歴史的背景としては、一五一四（永正一一）年、守護上杉定実と守護代長尾為景の権力抗争で、守護方であった宇佐美房忠は小野城（柿崎区）で敗れ、岩手城へ後退して交戦したが、五月一六日、岩手城も落城し、房忠以下一族はことごとく討死したという。（植木　宏）

イワナ・ヤマメの仲間（イワナ・ヤマメのなかま）

サケ目サケ科。これらの仲間は、日本の山間地の水のきれいな渓流域に生息する代表的な魚種である。頸城野に生息するイワナの多くはニッコウイワナという種が多い。この種は体側に黄色や橙色の斑紋を有し、山間地の奥深い小沢にまで生息する。妙高地域の小沢には中国地方に生息分布するゴギという種に似て、頭部に丸点斑紋を持つ個体が確認されている。ヤマメはイワナよりやや下流域に生息している。これらイワナ・ヤマメの仲間の中には海に下り成長して川にもどってくる個体がいる。そうしたイワナをアメマス、ヤマメをサクラマスと呼んでいる。（高橋　卓）

岩屋堂の観音堂（いわやどうのかんのんどう）

名立区大字名立大町字岩屋堂。七〇二（大宝二）年、泰澄の草創と伝えられる。秘仏の本尊聖観音菩薩像も泰澄作と伝えられるが、鎌倉期の作と鑑定されている。一二五六（康元元）年に、北条時頼が訪れ、越後三十三番札所中第一番の観音霊場に定めたと伝えられている。戦国期には上杉氏に信仰され、長尾景直が母円妙院のために建てた墓もあり、仏餉料として土地を寄進したと伝えられている。境内には多くの石仏があり、山側の岩石には弘法大師の筆跡もあるという。（太田空賢）

インパール作戦（インパールさくせん）

一九四四年に行われたインパール作戦は、第二次世界大戦で日本の兵士たちが置かれたもっとも過酷な戦場の一つであったことで知られている。第二次世界大戦の東南アジア・ビルマ（現在のミャンマー）で行われたインパール作戦では、南方軍第十六軍が作戦に参加したが、高田からは第五十八連隊が所属する第三十一師団、同じく第一一五連隊が所属する第三十三師団が作戦に参加した。インド進攻への足がかりを作るという目的と、太平洋戦線での劣勢をインド方面で挽回したいという大本営の要望があいまって作戦は実行された。牟田口廉也中将の指揮する南方軍第十六軍は、インド侵攻への足がかりを作るべくインパール地域の攻略に当たったが、強力なイギリス軍による反撃と、補給を無視した無謀な作戦指導によって莫大な人命が失われた。戦いは熾烈を極め、歩兵第一一五連隊では、連隊長である笹原政彦（陸士二六期）が戦死するほどであった。インパールでも、多くの高田出身の若者が生命を落とすこととなった。（中島浩貴）→師団（しだん）

う

植木直一郎（うえき・なおいちろう、一八七八～一九五九）→高田中学（たかだちゅうがく）

上杉景勝（うえすぎ・かげかつ、一五五五～一六二三）
坂戸城（新潟県魚沼市坂戸）主長尾政景の次男。母は上杉謙信の姉仙桃院。幼名顕景、喜平次、卯松と称す。謙信の養子となり天正三年、名を景勝と改め、弾正少弼に叙任された。天正六年三月一三日、上杉謙信が死去すると、養子の景虎と家督相続をめぐって争った。御館（おたて）の乱である。この乱で勝利を得た景勝は謙信の遺領を継ぎ、越後の大名となった。天正一四年、上洛して豊臣秀吉に臣下の礼をとった。ついで参内し、正親町天皇から天盃を賜わり、従四位下、左近衛権少将に任ぜられた。天正一六年にも上洛し、従三位、参議、中将に任ぜられ、秀吉から豊臣、羽柴の姓を賜わった。慶長三年、秀吉の命で会津へ移り、五大老に列す。同六年八月八日、徳川家康に謁見して同一七日米沢城（山形県米沢市丸の内一丁目）三〇万石に移封となる。大阪冬の陣、大阪夏の陣に出陣。元和九年三月二〇日死去。六九才。（花ヶ前盛明）→御館の乱（おたてのらん）

上杉景虎（うえすぎ・かげとら、一五五四～七九）
小田原城（神奈川県小田原市）主北条氏康の七男。一五五四（天文二三）年誕生。三郎と称す。甲駿相三国同盟が結ばれたとき、武田信玄の養子となった。永禄一〇年、同盟が破られると、小田原城に帰った。元亀元年、上杉謙信と北条氏康が越相《えっそう》同盟を結ぶと、春日山城に来て、謙信の養子となった（一七歳）。謙信の幼名「景虎」を賜わり、上杉景勝の姉を妻に迎えた。天正六年三月一三日、謙信が死去すると、御館の乱が起こった。翌天正七年三月一七日、景虎の立て篭もる御館（上越市五智一丁目）は落城した。この時、前関東管領《かんれい》上杉憲政は景虎の長子道満丸（九歳）を伴い、和議仲裁のため春日山城へ向かう途中、四ツ屋砦（上越市春日野）で景勝の兵に惨殺された。敗北した景虎は兄氏政の小田原城へ逃亡しようと鮫ヶ尾城（妙高市宮内）に立ち寄った。ところが城主堀《ほり》江《え》宗親《むねちか》の謀反にあい、三月二四日、この城で自害した（二六歳）。法名徳源院要山浄公。墓は未詳。（花ヶ前盛明）→御館の乱（おたてのらん）

上杉家（うえすぎけ）
藤原鎌足の子孫勧修寺高藤の庶流の公家。鎌倉時代、重房の時、丹波国上杉荘（京都府綾部市上杉町）を領し、土地の名にちなんで「上杉」を称した。一五九九（慶長四）年、重房は鎌倉六代将軍宗尊親王に従って鎌倉に下向した。重房の孫清子が源氏の子孫足利貞氏に嫁し、尊氏・直義兄弟をもうけた。こうして上杉家と足利家は姻戚となった。正慶二年、足利尊氏が後醍醐天皇を擁立し、京都の六波羅探題を攻略して鎌倉幕府を倒した。その際、尊氏の従兄弟の上杉憲顕《のりあき》は、足利軍の参謀として活躍した。憲顕は越後南朝軍を討伐するため、尊氏から越後守護に補任された。入国した憲顕は観応二年（正平六）八月一三日、居多神社に荒蒔《あらまきの》

保々司分《ほほじぶん》を所領として寄進した。以後、越後上杉家は定実が天文一九年二月二六日に死去するまで続いた。（花ケ前盛明）

上杉家家中名字尽手本（うえすぎけかちゅうみょうじづくしてほん）

上杉謙信は一五七七（天正五）年九月二三日、織田信長軍を加賀手取川（石川県白山市）で撃破。謙信はひとまず関東を平定してから上洛しようと、春日山城に凱旋した。同年一二月二三日、謙信は上杉軍団八一名の動員名簿「上杉家家中名字尽手本」（謙信自筆、『新潟県史』史料編3、第八八六号）を作成。明年三月一五日を関東出陣野日と決めた。八一名の中心は越後武将で、越中・能登・加賀・上野国の武将たちも含まれていた。天正五年当時における謙信の勢力範囲を示している。上洛を想定しての動員名簿であった。ところが一五七八（天正六）年三月九日、謙信はにわかに「虫気《ちゅうき》」（中風、脳溢血）で倒れ、一三日、春日山城で上洛の夢を見つつ、帰らぬ人となった。毘沙門天の化身になれず、さぞかし無念であったろう。（花ケ前盛明）

上杉家軍役帳（うえすぎけぐんえきちょう）

上杉謙信は一五七五（天正三）年二月一六日、家臣団の軍役を定めた。これは謙信麾下《きか》の有力武将三九名と、出陣のさい軍役で出さねばならない鑓（鎗）・手明《てあき》（兵糧を積んだ馬を引く兵士）・鉄砲・大小旗・馬上（騎馬兵）が記されている（『新潟県史』史料編3、第八四〇号）。軍役帳によると、上杉軍団の動員兵力は武将三九名、槍三、六〇九丁、手明六五〇名、鉄砲三一六丁（他に弓五張）、大小旗三六八本、馬上五六六騎の五，五五三名であった。これに記載されていない武将もいることから、上杉軍団「麾《き》下《か》八千」と伝えられているように、動員可能な兵力は、八〇〇〇名であったろう。この中には臨時に農民から徴発した地下人《じげにん》や右《ゆう》筆《ひつ》（書記官）、医者、馬医、鍛冶、具足《ぐそく》（甲冑）師、研《とぎ》師、槍細工、鋳物師、出家（僧侶）なども含まれていた。総兵力のうち、鉄砲は全体の約六パーセントで、不十分な装備であった。（花ケ前盛明）

上杉謙信（うえすぎ・けんしん、一五三〇〜七七）

享禄三年一月二一日、守護代長尾為景（ためかげ）の末子として春日山城（上越市）で誕生した。母は栖吉城（長岡市）主長尾家の娘虎御前（とらごぜん）であった。幼名虎千代、元服して景虎、政虎、輝虎と名を改め、晩年には仏門に入って謙信と号した。七歳から一四歳まで、春日山城下の林和泉寺に入り、名僧天室光育禅師から厳しい禅の修行と文武の道を学んだ。一五四八（天文一七）年、一九歳のとき春日山城に入り、兄春景《はるかげ》に代わって守護代長尾家を相続した。以後四九歳で死去するまでの三〇年間、春日山城を根拠地に越後を統治する一方、京都、信濃川中島、関東、北陸へと兵を進めた。この間、七〇全回戦ったといわれている。一五五三（天文二二）年、村上義清・高梨政頼《たかなしまさより》らの信濃武将が武田信玄に領地を奪われ、援助を求めてきた。この願いを受けて天文二二年、弘治元年、弘治三年、永禄四年、永禄七年の五回にわたって川中島に出陣し、信玄と戦った。天文二一年、関東管領上杉憲政が小田原城（神奈川県小田原市）主北条氏康に破れ、謙信を頼ってきた。謙信は永禄三年、三国峠を越えて関東平野に出陣し、厩橋《まやばし》城（群馬県前橋市）に入った。翌永禄四年二月には小田原城を攻囲した。閏三月一六日、鎌倉鶴岡八幡宮で上杉憲政のたっての頼みで山内上杉家を相続し、関東管領に就任した。こうして関東の平和実現のため一三回にわたって関東に出陣し、うち八回関東で新年を迎えた。天正五年一二月二三日、謙信は上杉軍団八一名の動員名簿「上杉家家中名字尽手本」を作成し、翌六年三月一五日を関東出陣と決めた。ところが三月九日、にわかに脳溢血で倒れ、一三日、春日山城で死去した。四九歳。遺骸に甲冑をつけ、甕に入れて埋葬した。法名は不識院殿心光謙信。上杉家廟所（米沢市）に葬られている。（花ケ前盛明）

上杉謙信に因む歌（うえすぎけんしんにちなむうた）

謙信公は「義」と「愛」の基本理念を貫いたが、その精神は川中島合戦に関連する「鞭声粛々」や、中秋の名月能登七尾城の陣中で酒宴を催し吟じたときに関連する「霜は軍営に満ちて」などを通じて今日に伝わる。また、地元でも民謡や校歌の歌詞に織り込まれて、親しく歌われて伝えられることとなった。以下にその事例を挙げる。

＊信濃川中島第四回の戦い（一五六一年）
鞭声粛々夜河を渡る、暁に見る千兵の大牙　遺恨十年一剣を磨き、流星光底長蛇を逸す

＊能登七尾城陥落近し（一五七七年）
霜は軍営に満ちて、秋気清し、数行の過雁月三更、越山合わせえたり。能州の景さもあ　らばあれ、家郷の遠征を思うは。

＊高田中学校・校歌下段
思えば昔霜台公、能信越をきり靡け、七尾城頭月清く、戦勝の宴たけなわに、矛横たえて歌いてし、威風ぞ今に芳しき

＊当地春日山節
戦するなら謙信公の様な、アリャ謙信公の様な、敵も情けに泣くような、そうだそうだその意気だ、その心意気（佐藤正清）

上杉定実（うえすぎ・さだざね、一四七八～一五五〇）

兵庫頭。上条《じょうじょう》城（柏崎市黒滝）城主上条房実の子。上条氏は守護上杉房方の子清方を祖とする。一五〇三（文亀三）年、定実は守護上杉房能の養嗣子となる。永正四年八月七日、守護代長尾為景に擁立されて養父上杉房能を自害させた。永正五年一一月六日、越後守護に就任。永正七年六月二〇日、関東管領上杉顕定を長森原（南魚沼市）で討つ。定実は嗣子がなかったので天文九年、奥州伊達稙宗の子時宗丸を養子に迎えようとしたが、守護代長尾晴景に反対されて断念した。天文一一年四月五日、定実は今後、政治から引退するという起請文を長尾晴景に提出した。その際、越後一の宮居多大明神に偽りのないことを誓った。守護上杉家は居多神社を越後一の宮として崇敬していたのである。天文一七年一二月三〇日、晴景と景虎（上杉謙信）との間を調停した。謙信を晴景の養子とし、守護代長尾家を相続させ、春日山城主にした。

天文一九年二月二六日死去。法名永徳院殿夫仲玄清。定実の死で越後守護上杉家が断絶した。（花ヶ前盛明）

上杉道満丸（うえすぎ・どうまんまる、生没年不詳）

父は小田原城（神奈川県小田原市）主北条氏康の七男で、上杉謙信の養子となった三郎景虎。母は長尾政景の娘で上杉景勝の姉。景虎は一五七〇（元亀元）年四月二五日、上杉謙信の幼名「景虎」を賜わり、上杉景勝の姉と結婚。道満丸が誕生したのは、翌年の元亀二年であった。一五七五（天正六）年、謙信が死去すると、御館《おたて》の乱が起こった。道満丸は父景虎とともに御館（上越市五智一丁目）に立て籠もった。翌天正七年三月一七日、御館は上杉景勝の猛攻撃を受けて落城した。一八日、道満丸は上杉憲政とともに和議仲裁のため春日山城へ向かう途中、四ツ屋砦（上越市春日野一丁目）で景勝の兵に憲政とともに斬殺された。ときに九歳。了空童子。『上杉家御年譜』中の「藤姓上杉氏」によると、「道満丸、母長尾政景女天正七年三月十八日御館之乱被害年九法名了空」とある。（花ヶ前盛明）→御館の乱（おたてのらん）

上杉憲顕（うえすぎ・のりあき、生没年不詳）

足利尊氏は新田義貞討死一三三八（暦応元／延元三）年閏七月二日）年の翌月も八月一日、征夷大将軍に任じられ、室町幕府を開いた。翌一三三九（暦応二／延元四）年八月、後醍醐天皇が崩御され、南朝軍も後退を余儀なくされた。一三四一（暦応四／興国二）年、尊氏は越後南朝軍を討伐するため、従兄弟の上杉憲顕（のりあき）を越後に派遣した。ここで越後と上杉氏との関係が生じたのである。この時は「大将」として文献に見えるが（『武家年代記』『越佐史料』巻二）、越後守護としての入国であった。六月七日、憲顕は越後南朝軍の諸城を陥落させたことを、飛脚をもって鎌倉の足利基氏《もとうじ》に報じている。このとき越後新田軍を三百余人討ちとり、残りも降参か逃亡したという。一三四二（康永元／興国三）年一二月二三日、尊氏の母清子（憲顕の叔母）が死去した時にも、越後南朝軍の蜂起がやまず、国内が静謐を欠いている、との理由で葬儀に参列せず、子の憲将《のりまさ》を名代として上洛させた。越後に入国した憲顕は、越後府中（府内、上越市五智地区）に本拠を構え、越後南朝軍の討伐にあたった。越後府中には聖武天皇勅願の越後国分寺、越後一の宮居多神社などがあった。越後府中に入った上杉憲顕は、南朝勢力討伐のため、まず居多神社に越後鎮定を祈願したことであろう。一三四七（貞和三／正平二）年一一月一六日、室町幕府は居多神社に社殿修造費として、田井保（上越市板倉区田井）三分の二を寄進した。さらに憲顕は一三五一（観応二／正平六）年八月一三日、居多神社に荒蒔保《あらまきのほ》（上越市清里区荒牧）保司分を、社領として寄進した。（花ヶ前盛明）

上杉憲政（うえすぎ・のりまさ、一五二三〜七九）

山内上杉家当主上杉憲房の子。父の没後、享禄四年、関東管領となる。平井城（群馬県藤岡市西平井）を本拠地とする。天文二一年三月一〇日、小田原城主北条氏康に敗れ、上杉謙信を頼って越後府中（上越市）に来る。謙信は憲政の館として御館《おたて》を築造した。永禄四年閏三月一六日、鎌倉鶴岡八幡宮で山内上杉家と関東管領職を上杉謙信に譲った。天正六年、御館の乱の際、謙信の養子景虎と御館に立て篭もった。翌天正七年三月一七日、御館は景勝軍の猛攻撃をうけて落城。憲政は景虎の長男道満丸（九歳）を伴い、和議仲裁のため春日山城へ向かう途中、四ツ屋砦（上越市春日野）で景勝の兵に惨殺された。法名臨川寺殿立山光建。墓は照陽寺（米沢市城南町五丁目）にある。墓には慶雲院殿泰公宋大居士の法名と命日が刻まれている。（花ヶ前盛明）→御館の乱（おたてのらん）

上杉房朝（うえすぎ・ふさとも、生没年不詳）

越後守護上杉朝方の病死（一四二二（応永二九）年一〇月一四日）で、嫡男幸龍丸（のちの房朝）が幼少（四歳）であったので、朝方の弟の山浦上杉七郎頼方が一時、後見人として守護の座を相続したようである。その期間は不明である。一四二五（応永三二）年二月九日、守護代長尾邦景は守護上杉房朝の命で越後一宮居多神社神主花ヶ前保長に神事を沙汰した。居多神社の神事に在庁等が違乱煩いを致さば、在庁等を改易する。もし神子で同心の儀あらば、神子在庁とも改易すると申し渡した。神主花ヶ前保長は『花ヶ前家系図』（花ヶ前盛明蔵）によると、社務二五代であった。守護上杉房朝は一四三九（永享一一）年一一月七日、越後一宮居多神社に社領（田・畑・屋敷）を寄進した。柳原は上越市三和区内か、末野新保は上越市三和区末野、飯田は上越市飯田、石神は上越市頸城区石神、吉川西方は上越市吉川区である。上杉房朝は一四四九（文安六）年二月二七日、痢病《りびょう》（赤痢）で死去、二九歳であった。法名常春院建幢常勝。（花ヶ前盛明）

上杉房能（うえすぎ・ふさよし、生没年不詳）

守護上杉房定には定昌・顕定・房能という三人の息子があった。次男顕定はすでに一四六七（応仁元）年、将軍足利義政の要請で関東管領山内上杉家を相続していた。一四八七（長享元）年、顕定と扇谷上杉定正とが戦端を開くと。兄定昌は弟顕定救援のため越後軍を率い、三国峠を越えて関東に出陣した。ところが翌年、上野国白井（群馬県北群馬郡子持村）で自害してしまった。定昌の死で三男の房能が越後上杉家を相続することになった。

一四九四（明応三）年、房能は父房定の死で越後上杉家を相続した。ところが房能に嗣子がなかったので、一五〇三（文亀三）年、娘かみの婿に上条《じょうじょう》城主（柏崎市）上条房実の子定実を迎えようとした。結婚式は同年八月一九日と決定していたのであるが、花嫁に瘡気《くさけ》（はれ物）ができた。そのため祝言を延期し、松之山温泉へ湯治に出かけた。やがて姫の瘡気もなおり、暮れにはめでたく祝言をあげたことであろう。一五〇六（永正三）年、能景は越中守護畠山尚順の要請で越中に出陣し、越中一向一揆と般若野（富山県砺波市）で戦った。ところが越中守護代神保慶宗の寝返りで、九月一九日家臣とともに壮烈な戦死を遂げた。能景の戦死で、子の為景が守護代を相続した。この人が上杉謙信の父である。一五〇七（永正四）年八月一日、為景は房能の養子定実を擁立し、房能排斥の兵を挙げた。八月二日、房能は為景に府中を追われた。八月二日、房能は兄顕定を頼って松之山まで落ち延びた。先年、娘が湯治したところである。さぞかし無念であったろう。七日未刻（午後二時）、天水越（十日町市）で自害した。家臣山本寺定長・平子朝政など数百人ことごとく討死した。（花ケ前盛明）

上田良平（うえだ・りょうへい、一八六一～一九五一）
自由民権家。一八八三（明治一六）年の高田事件で捕えられる。上越地方の民権運動は、主張の異なるグループの対立や分裂、合同を繰り返し展開していく。一八九八（明治三一）年六月、頸城自由党と進歩党が合同し憲政党となり、上田は頸城支部の幹事に選出される。明治三一年から県内各地で起こった師範学校の誘致運動に、上越地方の有力者の一人として上田が活躍。明治三二年、高城村（現・西城町二丁目）に新潟県第二師範学校が開校した。（桑野なみ）→頸城自由党（くびきじゆうとう）、高田事件（たかだじけん）

宇垣軍縮（うがきぐんしゅく）
宇垣軍縮は、陸軍大臣宇垣一成によって、一九二五（大正一四）年断行された。第一次世界大戦以降の不況とデモクラシー思想の広がりによって、軍事費の削減が重要な課題となったことがこの軍縮の背景に挙げられる。また、軍部の側でも軍縮によって、師団数を減少させ、その分の費用で近代戦に対応するための装備を調えることが計画されていた。つまり、宇垣軍縮は一種の合理化としての傾向を強く持っていたのである。新設の師団であった高田の第十三師団は、軍縮の対象となった。高田では、熱心に師団を慰留するべく運動が繰り広げられたが、最終的に師団の撤退が決まり、代わって第三十連隊が残留することで、軍都としての高田の役割を維持することとなった。しかしながら都市の経済的な落ち込みは大きく、特に人口の減少は商業の面での不景気にいっそう拍車をかけた。（中島浩貴）→師団（しだん）

宇喜世（うきよ）→**料亭「宇喜世」**（りょうていうきよ）

ウグイ
コイ目コイ科。頸城野の川に生息する魚類としては最も知られている。やや上流域から河口までの広い範囲に生息しているが、当地ではハヤと呼ぶ所が多い。一生を川ですごすものの他に海に下り成長して戻る個体もいる。また、海に降河する個体の中にはマルタウグイという別種もみられる。ウグイの産卵期は頸城地方では五月頃、その頃になると体色は黒く、体側に橙色のラインが出現する。表面のきれいな握り拳大の石場に群れて産卵を行う。
（高橋　卓）

宇佐美定満（うさみ・さだみつ、一四八九～一五六四）
駿河守。宇佐美房忠の子。琵琶島城《びわじま》（新潟県柏崎市元城町）主。定満は一五三五（天文四）年五月二九日、上条城《じょうじょう》（柏崎市黒滝）主上条定憲に味方し、守護代長尾為景に抵抗。天文一八年六

月五日、坂戸城（南魚沼市坂戸）主長尾政景が長尾景虎（上杉謙信）に謀反を企てているという風説があり、定満の居城琵琶島城に放火しようとする者がいた。天文二〇年一月一八日、定満は謙信に味方し、長尾政景軍と戦った。一五六四（永禄七）年、定満は長尾政景に招かれ、野尻池（湯沢町の谷後の池）で舟を浮かべて遊宴中、二人とも溺死した。定満七六歳、政景三九歳であったという。謙信の命で定満が殺害したらしい。政景こそ、上杉謙信のあと、越後の大名となった上杉景勝の父である。直江兼続の父樋口兼豊は、長尾政景の家臣であった。定満の墓は雲洞庵（南魚沼市雲洞）にある。（花ヶ前盛明）

ウシガエル

カエル目アカガエル科。世界最大のカエルで、体長二〇センチメートルになる。上越地方では高田公園の堀、平野部の河川、池沼に広く生息している。背面の体色は緑黄色である。牛のような鳴き声がすることからウシガエル、別名食用ガエルと呼ばれている。このカエルはアメリカから食用のために輸入されて増えた帰化動物である。行動はとても早く、人など気配を感じると素早く察知しジャンプして水中へ逃げる。幼生（オタマジャクシ）で越冬するため、春先に見られる大きなオタマジャクシは本種であることが多い。（梅林　正）→アマガエル、カジカガエル、シュレーゲルアオガエル、トノサマガエル、モリアオガエル、ヤマアカガエル

ウスタビガ

チョウ目ヤママユガ科。小型のヤママユガの一種。北海道を除く日本列島に分布する。成虫は他の昆虫がほとんど姿を消す一一月から一二月頃になって姿を現す。はねの色は明るい褐色から黄色で、四枚のはねのそれぞれ中央に透明の丸い紋をもつ。繭は非常に特徴的で、鮮やかな緑色をした卵状。食樹である広葉樹の枝先に細い柄でぶら下がっていて、枯葉が散った後の雑木林でよく目立つ。ツリカマスとも呼ばれる。（富取　満）

鵜の池（うのいけ）→**朝日池**（あさひいけ）

馬塚古跡（うまづかこせき）

四五〇年ほど前、上杉謙信は川中島で何回も武田信玄と戦を交えた。一五六一（永禄四）年の激戦で謙信の愛馬「放生《ほうしょう》月毛」が負傷、越後へ引き揚げの途中、ついにこの地で力つき命絶えた。謙信は不憫に思われて倒れた所に埋葬し塚を建て墓とし、懇ろに供養したと伝えられている。その場所が、かつての馬塚町（現・南本町二丁目八—三六）にある馬塚古跡の碑の所であるという。（久米　満）→猫又稲荷（ねこまたいなり）

馬屋（うまや、まや）

古代における交通・通信の中継点。六四五年大化の改新後、飛鳥・奈良時代の古代日本では、交通・通信制度として官道が整備され、うまや（駅、駅家）が発達した。これは馬を使って物や人、

情報をはこぶ制度である。情報通信だけであれば狼煙があったが、それでは物や人は運べない。うまやには駅馬《えきば》（はゆま）と伝馬《でんま》（つたわりうま）が配置された。物資の運搬にはやはり馬が最適だった。古代の北陸道には、海岸にそって滄海駅（青海付近）、鶉石駅（能生付近）、名立駅、水門駅（直江津）、佐味駅（柿崎付近）、三嶋駅（柏崎付近）などが設置されていた。

例えば、清里区に地名としてのこる「馬屋《まや》」は、清里が古代から信濃などとの交通の要衝として意義をもっていた傍証ではないかと推測される。「古代中世上越後（頸城）の交通路」（一九六七年）をまとめた平野団三は、その中でこう記している。「山腰街道。この道は、高田平野東山山麓を北から南へ走り、北陸道から信濃路へ連絡する山腰道である。」「この道はまた幾多の峠道を合せ横切っている。黒岩峠、安塚街道、牧峠、櫛池峠、関田峠がそれである。」清里区の「馬屋は交通路の転馬所であり、大日堂附近に条里制が認められるとしている。こうした諸条件を置き重ねると、山腰街道は関川水系東山山麓諸荘を貫く、荘園聚落の一大幹線であったことが知られよう。」（平野団三『頸城古仏の探究』東京電機大学石塚正英研究室、二〇〇〇年、七九～八〇頁）。

現在の長野県東筑摩郡に位置した錦織《にしごり》駅で東山道（近江→美濃→信濃→上野→下野→陸奥→出羽）から分岐した古道は、現在の上水内郡信濃町あたりに位置した沼辺《ぬまべ》駅から妙高山麓を経由して頸城に入った。その間、上記の山腰街道を経由したり、いろんな峠を越えたことだろう。そうして、大きくみて水門駅に向かう道と佐味駅に向かう道の二方向へと更に分岐したことだろう。また、深坂峠（松之山付近）を越えて三嶋駅で北陸道に合流するルートもあったと考えられる。

さて、鎌倉時代になると、はゆま（早馬）が普及した。いわば快速便である。ようするに後代になるほど、馬はいっそう速く走らされたようである。そうなってくると、あまりに酷使しすぎた馬は休息させ、いたわってやる必要が生じる。古来、馬を飼育する小屋をうまや（厩）と称した。例えば清里区内の各地に、かつて馬を飼育していた場所があったことの傍証となる地名がいまも残る。「馬つくり場」（荒牧、梨平）、「馬療場」（馬屋）、「馬つくろい場」（赤池）。そこは古道脇であっただろうし、路傍には馬頭観音石塔が置かれていた。けれども、石塔は今は他所に移動している場合が多い。（石塚正英）

ウラギンシジミ

チョウ目シジミチョウ科。現在はシジミチョウ科に含まれているが、以前は独立した科を設けられていたこともあり、形態的にもほかのシジミチョウとはかなり違いがみられる。この仲間は元々南方系のグループで、ウラギンシジミも以前は上越市ではほとんど採集記録がなかったが、一九八〇年頃から少しずつ姿を見かけるようになり、今では、夏から秋にかけて町中でもふつうに見かけるようになった。（富取　満）

裏日本（うらにほん）

「裏日本」の地理的範囲は、新潟県・富山県・石川県・福井県・

鳥取県・島根県とされ、場合によっては青森県・秋田県・山形県が含まれる。また日本海に面する地域を有している京都府北部・兵庫県北部・山口県北部も「裏日本」に含まれることがある。冬季降雪が多い地域でもある。「裏日本」は、幕末の開国以前、さらに古代においては日本の「表玄関」だった。大陸からは様々な文物が入ってきた。人々も移住してきた。人々だけでなく「神々（信仰）」も海を渡ってきた。「裏日本」という語は、この「裏」という表現が侮蔑的な響きをもつということから、最近ではほとんど使われることはなくなった。「裏日本」という語は、地理学者の矢津昌永（一八六三〜一九二二年）が『中学日本地誌』（一八八五年）において初めて用いたと言われている。それまでは「裏日本」は「内日本」、逆に「表日本（太平洋側）」は「外日本」などと呼ばれていた。明治時代以降、港湾・軍制・高等教育機関などへの設備投資が太平洋側に集中し、日本海側にはあまり行われなかった。そして「裏日本」という語は近代化の遅れを表す言葉として次第に定着していった。太平洋戦争後、日本の最大の貿易国がアメリカになったことで、日本の表玄関は完全にアメリカ側つまり太平洋側になった。一方、日本海側は、ソ連・北朝鮮といった日本海に面した国々の脅威のため、特に「対立」と「緊張」の場として認識されるようになっていった。もう一つ挙げるとすれば、「原子力発電所」の乱立が日本海側、特に若狭湾を中心に見られることなども、「裏日本」を暗く危険な場としてイメージさせる要因になっているように思われる。しかし、現在東アジア諸地域との交流が再び見直され始めている。それに伴い、二一世紀の巨大市場・ニューフロンティアとしての東アジア諸地域と日本との交流の中で、今後「裏日本」が重要な役割を果たすようになることは言うまでもない。（唐澤太輔）

裏日本の軍制（うらにほんのぐんせい）

近代の軍制は、明治初期（一八七一〜一八八八年）、東京・仙台・名古屋・大阪・広島・熊本の六つの鎮台が設置されることによって形成されたが、「裏日本」に最初に置かれた師団は、金沢の第九師団（一八九八年）のみだった。各種の軍事工場は太平洋側を中心に整備されていった。その後、新潟の高田に第十三師団が置かれるのは、日露戦争後一九〇八年のことであった。（唐澤太輔）

裏日本の高等教育（うらにほんのこうとうきょういく）

一八八六〜一八八七年にかけて東京に帝国大学と高等師範学校が設置された。高等中学校は東京・仙台・京都・金沢・熊本に設置されている。日清戦争後・日露戦争前には特に欧米諸国に追いつけ、追い越せといったムードが高まる中、官立の高等教育機関が、太平洋側に二十校あまり設置されることになる。一方、「裏日本」には金沢に二校設置されたのみだった。新潟は、一九〇〇年の第六高等学校の誘致では岡山と争い敗れ、続く第七、八高等学校の誘致にも失敗した。新潟に初めて官立の高等教育機関として新潟医学専門学校（後の新潟大学医学部・同付属病院）が設置されたのは一九一〇年のことであった。（唐澤太輔）

裏日本の港湾（うらにほんのこうわん）
幕末の開国以降、特に欧米との貿易が盛んになり、太平洋側に大型船が入港できる港を整備する必要性が急激に高まった。一方、日本海側の港では、土砂の堆積が起りやすい河口の港が多く、港湾の拡張や維持に多額の費用がかかるため、太平洋側に比べて非常に不利な条件にあった。その結果、近代以降の港湾整備は太平洋側を中心に行われることになった。明治以降、国内の交通は海上から陸上＝鉄道が中心となった。それはつまり北前船の衰退を意味する。それまでは北前船は、蝦夷地から日本海側各地と瀬戸内海を経由して大坂や全国へとつながる物流の主幹線だった。しかし近代化に伴う、鉄道による陸上交通の発達と共に、北前船のような和船は西洋汽船に取って代わられていく。一八八四年に大坂に大阪商船、一八八五年には東京に日本郵船が設立され、太平洋側で西洋汽船の製造が急速に進んでいくことになる。このように欧米志向の近代化に伴う港湾・交通整備が太平洋側を中心に進むにつれて、日露戦争後には「裏日本」という言葉は次第に様々な設備投資の遅れ、「地域格差」を含むものとして定着していくことになった。（唐澤太輔）

雲門寺（うんもんじ）
吉川区赤沢字風呂ノ入二四六。曹洞宗、鶴見総持寺末。一四六六（文正元）年創建。本尊釈迦牟尼佛の胎内銘に、「開山瑚海仲珊禅師、開基小沢庄源朝臣忠義」とあるという。瑚海仲珊は備中（岡山県）の人、村上耕雲寺南英謙宗に師事。明に渡って活躍したこともあった。赤沢の地は、かつて西大寺領佐味の荘であり、室町期には鷲尾家領となっていた。開基家も鷲尾家と何らかの関係があったものと考えられる。（太田空賢）

え

栄恩寺（えいおんじ）
上越市頸城区百間町六六九。真宗大谷派の寺院。開基は釈玄了（別説では浄了）とされ、一六〇六（慶長一一）年の創建である。創建以前は、浦川原村今熊にて道場を営んでいたが、新田開発により百間町に移転してきた。ここで特筆すべきは、宮本正尊（一八九三～一九八一）のことであろう。栄恩寺の長男として生まれた正尊は、当初千葉医学専門学校（現・千葉大学医学部）にて医学を修めていたが、真宗大谷派の僧多田鼎（かなえ）の法話に感銘を受け、大きく人生の方向転換をして仏教思想の研究を志すこととなった。大谷大学・東京帝国大学（現・東京大学）にてインド学仏教学を学び、オックスフォード大学に留学。その後、東京帝国大学教授に就任した。正尊は、中道思想の研究に一生を捧げ、学術論文も主なものだけで一五〇編を超える。一九六五（昭和四〇）年には、財団法人印度学仏教学学術振興会を組織し、理事長に就任して終身まで務める。翌一九六六（昭和四一）年には、勲二等瑞宝章を授与される。さらに、一九七四（昭和四九）年には日本仏教伝道協会理事長に推挙され、文字どおり日本仏教界の総帥となった。（坂井龍輔）

恵信尼（えしんに、一一八二～一二六八）

親鸞の妻。生没年には諸説あり。出身についても、京都の貴族三善為教（為則）の娘とする説、越後の豪族三善為教の娘とする説がある。近年の研究によると、京都に生まれ親鸞鳥と結婚したとの説が有力となっている。越後に配流となった親鸞と生活をともにし、信蓮房、覚信尼らを生む。親鸞に従って常陸に行く。晩年は親鸞と離れ、越後「とひたのまき」で没した。恵信尼が京都の娘覚信尼にあてた手紙に、「とひたのまき」よりと地名を残している。ここは上越市板倉区の米増と比定され、そこには恵信尼公廟所がおかれ恵信尼が建てたといわれる五輪塔が伝わる。近辺に山寺薬師があり、この一帯に信蓮房、益方、高野禅尼が住んでいたと考えられている。（杉山精一）→とひたのまき、山寺薬師（やまでらやくし）

恵信尼石塔（えしんにせきとう）

上越市板倉区米増にある。『恵信尼文書』第七通から第一〇通までは、恵信最晩年にあたる一二六四（文永元）年から一二六八（文永五）年まで、八三歳から八七歳に至るまでの譲った下人のことや、日常の身辺の様子が記されている。中でも第七通と第八通によれば、恵信は五重で七尺の石塔を建てようとしたことが知られる。石塔は従来、恵信の寿塔と考えられていたが、その年が夫親鸞の三回忌に当たることから恵信自身のためでなく、夫親鸞の供養塔であるとの説もある。板倉区米増にある、古い形式の五輪塔が恵信の造った石塔ではないかと昭和三〇年頃から言い出された。米増に現存する天和の検地帳（一六八三年）によれば「五里ん田」「とよ田」の地名がある。この五輪田には鎌倉中期の作といわれる五輪塔がある。丈は五尺六寸で七尺より小型であるが当時曲八寸をもって一尺に当たる尺度があり、恵信の建てた七尺の石塔に相当するという説である。塔の側に樹齢約六百年と推定される「こぶし」の木の古株が現存していた。昭和三八年、浄土真宗本願寺派では恵信尼公顕彰の地として認知した。現在は国府別院の飛地境内として整備し管理されている。毎年六月に恵信尼公法要が行われている。（宮腰英武）→とひたのまき

ゑしんの里記念館（えしんのさときねんかん）

板倉区は、親鸞の妻恵信が晩年を過ごした地であり、終焉の地でもあるとされている。郷土の歴史的人物である恵信の「暖かい優しさ」と「しんの強さ」をまちづくりに生かした施設として記念館が建設された。二〇〇四（平成一六）年一月ゑしんの里周辺整備事業として基本設計に従い平成一七年に完成。広さ約一万五千平方米、旧板倉町が町出身の有力者らの支援を受けて八億円余をかけて整備した。施設内の「ゑしんミュージアム」には、恵信に関する絵像・書状・伝絵・映像など様々な歴史的資料が展示されている。また観光情報コーナー、特産品販売コーナー多目的ホール、和室、食堂などがあり、地域のコミュニケーション、上越市の観光の拠点となっている。（宮腰英武）→とひたのまき

越後一揆（えちごいっき）

一五九八（慶長三）年、上杉景勝にかわって春日山城主となった堀秀治は、検地を実施。田・畑・屋敷のほか青苧・楮・漆などにも課税。貢租が上杉時代より重くなり、農民たちの反抗のきっかけを与えた。慶長五年五月、上杉景勝は豊臣方の石田三成と連携して徳川家康方の堀秀治を滅ぼそうと、越後に進攻。これに呼応して旧上杉氏勢力が加担。八月一日、一揆軍は下倉山城（魚沼市下倉）を攻囲。翌二日、城主小倉主膳正政熙は一揆軍の槍により討死。この日、坂戸城（南魚沼市坂戸）主堀直寄《なおより》軍は一揆軍を鎮圧した。以後、九月中旬までの約一ヶ月半、一揆軍は上条城（柏崎市）・赤田城（刈羽村）・蔵王堂城（長岡市）・三条城（三条市）などを攻めた。九月一五日、関ヶ原の合戦で東軍（徳川家康）が勝つと、一揆軍は戦闘能力を失い、解散。越後一揆終結。（花ヶ前盛明）

越後国分寺（えちごこくぶんじ）

歴史的建造物。天台宗、上越市五智三。越後国分寺は、安国山華蔵院国分寺と言い、七一四（天平一三）年聖武天皇の勅願で創建された。一二〇七（承元元）年親鸞聖人が越後国府に流罪になった時の七年間、国分寺付近に暮らしていた。一五六二（永禄五）年に上杉謙信がこの地に国分寺を再建したといわれている。朱塗りの山門が鮮やかに目に入り、奥に本堂が建てられている。本堂は、一九八八（昭和六三）年の火災で、本尊五智如来（大日・釈迦・宝生・薬師・阿弥陀）、木造十一面観音立像等が焼失した。本堂はその後再建されたものである。境内には三重塔（県指定文化財）親鸞聖人石像、竹の内草庵、親鸞聖人ゆかりの養爺清水、経蔵、芭蕉句碑がある。三重塔は明治になって建てられたものである。（清水恵一）

越後騒動（えちごそうどう）

①御家騒動

一六七九年～八一年に高田藩でおこった御家騒動。一六二四年松平光長（忠直の長男）は高田に入封し、御三家に次ぐ越後家二六万石を興す。九歳と幼少であったため、政治は小栗・荻田両家老に任せ、母天崇院の権威に依存していた。一六七二年二月天崇院、六月長男綱賢が子のないまま死亡すると、世継を巡って光長の異母弟永見大蔵と光長の養子となった万徳丸を擁立する家老小栗美作が対立。一六七五年一一月万徳丸が元服して世子綱国となると、大蔵はお為方と称して徒党を組み、一六七九年正月九日美作邸を襲撃し騒動となった。大老酒井忠清は厳罰を避けて美作を隠居させ、中立派の片山主水を筆頭家老とし越後家の存続を図った。これに納得せず訴訟を起こした大蔵一味は断罪を申し渡されたが城下では騒ぎが収まらず、百姓・町人まで両派に分かれて争う事態となった。一六八〇年五月綱吉が将軍になり酒井忠清が失脚すると、お為方は裁判のやり直しを求めた。一六八一年六月綱吉は「けんか両成敗」とし、高田藩を取り潰すと共に、関係者を厳罰に処した。翌天和二年四月幕府は松代藩等四藩に命じて厳格な検地を実施した。検地による負担増が後の質地騒動の要因と

なった。この騒動は百姓・町人まで抗争に巻き込んだため、地域に相互不信を残し、その結束を乱す要因になった。（青山始義）

②その後の動向

改易となった光長は伊予松山藩預けとなったが六年後に赦された。その後一六九八年、光長の養子宣富が美作国津山藩一〇万石に封ぜられ、家を再興した。この騒動の中心人物小栗美作は悪臣の典型的人物として描かれてきたが、そうした評判とは別に、彼が家老として中江用水の開削、直江津港の改築、一六六五（寛文五）年の大地震後の城下の復興など、行った施策には見るべきものもある。小栗美作の墓は、上越市寺町の善導寺にある。この事件は将軍綱吉が自分の五代将軍就任に親藩の藩主である松平光長が推さなかったためであるとか、小栗も家老としての功績は多としながらも、強引な開発政策が家中に反対派を形成していたためであるとか言われる。いずれにしても、近世御家騒動が持つ領内統治・家臣団形成・幕藩関係という三つの要素が絡んだものであった。（杉山精一）

越後新田氏（えちごにったし）

新田荘（群馬県太田市周辺）を根本私領とする新田氏から分出し、魚沼郡を中心に勢力をふるった一族。南北朝時代には新田本宗家に従い南朝方として参戦した。群馬県碓氷郡里見に所領を持つ新田里見系で、越後進出の時期・理由は不詳だが、源頼朝の奥州征伐あるいは承久の乱に参陣した恩賞として所領を得たものと推察されている。系図や「太平記」などから大島、大井田、田中、小森沢（籠沢）、下条、中条、倉俣、羽川、川治、鳥山などの苗字が確認され、新田荘の大島・田中・鳥山以外の苗字の地は十日町中心部から信越国界にかけての信濃川流域の波多岐荘・妻有荘の領域に存在する。幕府創設後に北条氏に接近した新田氏は、越後が関東御分国であることから国衙に進出、越後中南部に強大な影響力を築いたらしく、一三五八年頃の越後情勢を『太平記』は「義貞の子…城郭を構え半国ばかりを打ち随えて居りたりける」と記している。新田本宗家の室町幕府への抵抗が収束した後、越後新田一族は守護上杉氏に従い、重臣となるものもあらわれた。（山本希一）

越前焼（えちぜんやき）

現在の福井県中部の織田町、宮崎村を中心に鎌倉・室町時代に製作された陶器。陶土は鉄分を含み、表面に灰褐色を施し、輪積み手法を用いている。瀬戸・常滑・信楽・丹波・備前とともに日本六古窯の一つに挙げられている。愛知県の常滑焼の影響が見られることなどから、東海地方からやってきた陶工集団が初期の越前焼の生産を行ったと考えられている。越前焼は、主に北海道から島根県までの日本海沿岸に住む人々の元に運ばれていった。流通範囲は珠洲焼とほぼ重なる。越前焼の興隆に伴い、珠洲焼は衰退していった。（唐澤太輔）→珠洲焼（すすやき）

江野神社（えのじんじゃ）

名立町大字名立大町に鎮座。ここは海岸近くの名立川左岸、明神山と呼ばれているところである。北陸本線名立駅から徒歩二〇分。または直江津か糸魚川から急行バスで名立谷入り口下車、徒歩五分である。江野神社は『延喜式』（九二七年完成）に記載されている延喜式内社で、平安時代から御神徳の高い古社である。この地は『延喜式』によると名立駅（駅馬五疋）が設置されたところで、古代から北陸道の要衝であった。祭神は大己貴命（大国主命）・素戔嗚尊（牛頭天王）などである。（花ケ前盛明）

江間章子（えま・しょうこ、一九一三〜二〇一〇）
高田生まれの詩人。岩手県に育ち、静岡高等女学校を卒業。上京後YWCAに学ぶ。代表詩集は『春への招待』がある。可憐で感覚的な抒情と新鮮で透明な知性が溶け合っていると賞賛される。一九五一年ラジオ歌謡『夏の思い出』を中田嘉直作曲で発表。『はるかな尾瀬』は現代に至るまで日本中の人々に歌われる。岩手の西根町名誉町民第一号。小・中学生のために「江間章子賞」を設けている。（青山増雄）

沿岸漁の魚（えんがんりょうのさかな）
名立の例　春＝セイカイ、アキフグ、メギス、マイワシ、サバ、フカ、タイ　夏＝イカ、オヨ、スズキ、タチウオ、タイ、トビウオ　秋＝フクラゲ、メギス、サバ、ブリ、タコ　冬＝ウニ、シマアジ、バイ、タラ　その他主なもの、夏シイラ（潟町の例）：春＝小女子（こうなご）、小イワシ、鯛　夏＝キス、鯖、ブリ　秋＝カマス、カツオ、アジ。（久米　満）

圓蔵寺（えんぞうじ）
上越市大潟区犀潟一二〇。真言宗豊山派の寺院。開基は弘法大師と伝えられる。本尊は五仏如来で、脇立に弘法大師、弘行大師を祀り、外の位牌壇に阿弥陀如来を安置している。この圓蔵寺で有名なのは、木喰上人が作ったとされる仏像二体が一九七三（昭和四八）年に発見されたことである。このことから、木喰上人が一八〇五（文化二）年二月に大泉寺（柏崎市）から来て圓蔵寺に立ち寄り、仏像を作って大安寺（上越市大島区）に移ったと考えられるようになった。（坂井龍輔）→木喰上人（もくじきしょうにん）

円田神社（えんたじんじゃ）
上越市柿崎区岩手字八幡堂に鎮座。『和名抄』（九三〇年代完成）によれば頸城郡に一〇郷あり、円田神社は佐味郷に属していた。祭神は国常立尊・大己貴命・大山咋神・誉田別尊である。明治一六年一一月二八日、新潟県令へ提出の「奉願上候事」によると、社号八幡社を廃し、往古からの社号円田神社をとなえたい旨、願い上げた。一七九五（寛政七）年七月一八日の神道裁許状に「越後国頸城郡岩手村圓田神社神主五十嵐社膳介藤原盛章（略）」とあるように、円田神社を称してきたことが分かる。（花ケ前盛明）

円田神社（えんだじんじゃ）→円田神社（まるだじんじゃ）

お

追分地蔵（おいわけじぞう）

追分とは、馬を追い分けるという意味で、道の分岐点のこと。こうした分かれ道は、たいがいは村はずれ、あるいは村里を遠く離れたところにある。昔は、旅人や行商人がここにさしかかると、いろんな不安がつのったり、道に迷ったり、事故にあったり、といったことが想定された。それで、追分には石仏がたてられ、道しるべや供養塔などの役割を果した。上越市の木田新田には、昔、今町（直江津）と加賀街道とへの分かれ道に追分地蔵がたっていた。地蔵には「右いままち、左かかかいたう（加賀街道）」と記してある。けれども、一九五三（昭和二八）年に高田地区と直江津地区を結ぶ国道一八号線（現在の上越大通り）ができると、しだいに旧街道はさびれて、ここの追分地蔵も人々に感謝されることが少なくなった。また、本町七丁目あたりにも分かれ道があって、そこには道標があって、道標があり、「左かがみち、右おうしう道」と刻んである。つまり、奥州街道と加賀街道への分かれ道にあたっていたのである。長岡市の栃尾地区、菅畑の大倉原にも追分地蔵がある。こちらは、塩川方面と樫出方面、それに菅畑を結ぶ三叉路の分岐点に建てられている。光背の上部中央に「村心」、下左右に「右ハほん志ゆ（本所）通」「左ハかし出（樫出）通」と刻まれている。さらには、栃木県日光市にも追分地蔵がある。日光街道と例幣使街道の分かれ道に祭られている。（石塚正英）→街道・峠（かいどう・とうげ）

往下橋（おうげばし、応化橋）→荒川橋（あらかわばし）、**安寿と厨子王の物語**（あんじゅとずしおうのものがたり）

青海神社（おうみじんじゃ）

糸魚川市大字青海字菅峰山に鎮座。青海神社の祭神は根津彦命である。椎根津彦命は『日本書紀』（七二〇年完成）神武紀によると、神武天皇の東征に大功があり、大倭国造に就任した。『姓氏録』に「青海首、椎根津彦命之後也」とあるように、青海首は椎根津彦命の後裔である。従って、青海首の一族が青海の地に進出し、祖神椎根津彦命を奉斎した。こうして青海神社が創建されたのである。一九一九（大正八）年、神社境内（青海字石垣の天神山）姫塚から陶製経筒一個と和銅鏡三面が出土した。県文化財に指定されている。一一六七（仁安二）年の銘がある。青海神社拝殿に一八四二（天保一三）年、一八五〇（嘉永三）年銘などの船絵馬が奉納されている。拝殿前の石灯籠一対に嘉永三年の刻銘がある。（花ヶ前盛明）

大潟水と森公園（おおがたすいともりこうえん）

①大潟水と森公園

大潟区にあり新潟県内八つの県立都市公園の一つ。日本海沿岸の砂丘とその後背地に発達した潟を舞台にしたもので、潟の貴重な自然を残し伝えながら、自然を学ぶ場として、またその昔ここに展開された歴史や文化を学ぶ場として整備された。公園区域は朝日池西方の森林と、県道の南側と高速道の東側で鵜ノ池とその周辺を含む部分であるが、鵜ノ池は南部分の東西に分けた南側半分は含まれていない。公園面積は六四・九ヘクタールそのうち開園されている面積は三六・五ヘクタールで、一九九四年より二〇〇九年まで一五年かけて整備された。園内には歴史ゾーン、野鳥観察ゾーン、自然体験楽校ゾーン、潟の里ゾーンなど七つのゾーンがあり、散策路や施設設備も整備され、冬を除いて各季節に多彩なイベントが催されている。各ゾーンにはそれぞれ特色を活かした観察ポイントや、自然案内サインが設置されているので、セルフガイドでも楽しめるようになっている。管理運営は民間会社に委ねられている。（山本　明）

②大潟水と森公園の鳥
公園内の森は朝日池の西方と鵜ノ池の南側を除く三方の周辺にある。平野部の平地林なので、春と秋に渡りや移動で通過して行く鳥が多い。従ってこれらの鳥にとってこの森は重要な中継地となっている。通過鳥には、この地域で夏鳥として低山の里山や奥山山地で繁殖するもの（例、ホトトギス・サンショウクイ・クロツグミ・オオルリ・サンコウチョウ・ノジコなど）、亜高山帯で繁殖するもの（例、コマドリ・ルリビタキ・キクイタダキなど）、また旅鳥として北国で繁殖し、南国で越冬するもの（例、ジョウビタキ・マミチャジナイ・ムギマキ・エゾセンニュウ・アオジなど）がいる。しかし数の上では繁殖期にシジュウカラ・スズメ・ハシブトガラス・ムクドリ・ホオジロ・カワラヒワ・ヒヨドリなど地付きの鳥が多い。非繁殖期はシジュウカラ・ヒガラ・ヒヨドリ・エナガなどが多い。冬鳥ではツグミの類やマヒワ・アトリ・シメ・ミヤマホウジロなどが現れる。この森で繁殖しているものは、カワセミ・ウグイス・キビタキ・エナガ・シジュウカラ・ヤマガラ・ホオジロなど推定を含め二〇種余りである。（山本　明）

大熊朝秀（おおくま・ともひで、生没年不詳）
箕冠《みかぶり》城（現・上越市板倉区）城主。大熊氏は越後守護上杉氏の段銭方《たんせんかた》（財政）を担当。守護代長尾為景のもとでも段銭方をつとめる。上杉謙信時代初期、奉行として活躍。弘治二年六月、謙信が出家すると武田信玄に通じ八月二三日、謙信に背く。謙信政権下で上杉家の重臣朝秀の立場がなくなってしまったのであろう。駒帰《こまがえし》（駒返とも記す、現・糸魚川市）で敗れて甲斐に逃れ、信玄の家来となった。その忠勤ぶりは、武田家譜代の家臣以上であったという。（花ケ前盛明）↓駒帰の戦い（こまがえしのたたかい）

大地主の建築（おおじぬしのけんちく）
新潟県は農業県であり、大地主が多く大規模な邸宅を構えた。現在、北方文化博物館として利用される伊藤家（新潟市）や渡辺家（関川村）などは、代表的な邸宅である。上越市戸野目の怡顔邸（いがんてい　旧保阪邸）を有した保阪家は郷士の家格で庄屋であり、上越で最大の地主であった。門を入ると、正面に銅板葺きの唐破風屋根をもつ大きな玄関がある。玄関は格天井で照明の中心飾りは花をモチーフにした木製の彫刻がはめられる。式台を上がると、天井の高い三四畳間の大広間などがあり、一間廊下が中央に通る。怡顔邸の裏側は縁側に面して奥に池を配した庭園となっており、庭園脇には土庇が特徴的な茶室がある。上越市には他に前中門造の富永正雄邸（三和区）や道に面した薬医門で知られる滝本邸（頸城区）、日本の葡萄栽培の先覚者として知られる岩の原葡萄園内に残される川上邸（上越北方）などがある。（菅原邦生）→滝本邸（たきもとてい）

大島憲吾（おおしま・けんご、一八九五～一九七五）

農機具製作者。株式会社大島農機創業者。一九一七（大正六）年、上杉村島倉（現・上越市三和区）で脱穀機の製造を開始。千歯が全盛の時代、手回し式の人力脱穀機を製作し、大正八年、足踏み・手回し兼用の人力脱穀機を完成させる。翌年、特許権を得てスーパー脱穀機として発売する。その後、「大島式」と呼ばれる動力式人力脱穀機を完成させ、昭和四年、合名会社大島農機へ。動力選別脱穀機を製作販売ののち、工場を北城町に移し本格的な生産体制をとるが、昭和一五年から軍需関連の生産が始まる。戦況の悪化に伴い、生産量の七〇パーセントが軍需品に。昭和二一年一〇月に改めて設立された上越商工会議所の理事に就任し、上越地域の産業界を支えた。（桑野なみ）

大島電機本社（おおしまでんきほんしゃ）

歴史的建造物。所有者からの聞き取りによれば、現・大島電機本社は一九〇五（明治三八）年に建築された。建築当初は「牛丸」の屋号で牛肉の販売と洋食店が営まれ、軍関係の客で賑わった。その後、一九五一（昭和二六）年、五二（昭和二七）年から、建物の所有者は現在の大島電機に移った。現在電機店として利用される主屋は、二階建ての大規模な町家で、間口凡五間、主屋屋根は瓦葺き、下屋部分は平板鉄板葺きで、下屋屋根には表面にコールタールを塗っている。配置は道に面して主屋があり、通り庭を経て、儀明川に面した町家に至る。正面ファサードは、現在一階部分にサッシがはめられるものの、以前は格子が設けられていた。また落し式雁木が設けられ、雁木の屋根も平板鉄板葺きで、雁木下の路面は敷石が敷かれている。二階部分は、擦りガラスの上げ下げ窓が設けられ、中央の窓上部には三角型（トライアンギュラー）のペディメントが付く。また主屋屋根の軒下に付く持ち送りは、高田館などにも使われ、この時期の擬洋風建築によく見られる。上げ下げ窓上部の欄間にはリング状の欄間飾りが付く。現在主屋の一階は、店舗件事務所として利用され、内壁は合板が張られるなど、当初の仕上げの多くが隠されている。町家内部には二メートル四方のコンクリート製竪穴状の牛肉の貯蔵場所の跡があり、「牛丸」が営業していた頃には氷を詰めて牛肉が腐るのを防いだ。また金沢の九谷焼製の風呂場タイルには、鯉が泳ぐ姿や、スキーをする子供とスキー小唄が描かれている。道路に面した二階は、現在倉庫として利用されるが、「牛丸」の営業期には食堂として利用され、モダンな雰囲気を今に留める。（菅原邦生）

大滝伝次郎（おおたき・でんじろう、生没年不詳）

上越地方の自由民権家。吉川町梶（現・上越市吉川区）出身。名

は文一郎、のち伝十郎と改名。一八八三（明治一六）年、高田事件で捕えられる。明治二三年、上越地方の県会議員選挙で大同派に属する大滝は、中頸城郡で当選。頸城自由党と進歩党が合同し、憲政党となった明治三一年、第六回衆議院選挙が行われ、第八区で室孝次郎とともに当選した。政治だけでなく上越地方の財界でも力を持ち、明治三三年一二月に地主らによって設立された高田貯蓄銀行の代表者になり、明治四一年一月、成資社を起源とする成資銀行の二代目頭取に就任した。明治三三年発足の上越宝生会（能楽）の発起人の一人として二五円の賛助金を拠出している。（桑野なみ）→高田事件（たかだじけん）

大竹謙治（おおたけ・けんじ）→**頸城鉄道**（くびきてつどう）

オオトラフトンボ

トンボ目エゾトンボ科。寒冷期にサハリン経由で日本列島に広がったトンボで、温暖化に伴い高地の湿原に残った、高地湿原種の一種。上越では丘陵の湖沼に生息し三和区島倉の谷内池のような低標高地でも確認され、近年高田城址のお堀でも羽化が観察された。このような低標高地で生息していることは多雪地帯の特徴である。産卵はゼラチンに包み込んで水中の植物体に行われる。この産卵時にブラックバスに襲われることが多く、絶滅の危機にあると言える。（山本敬一）

オオヒカゲ

チョウ目タテハチョウ科。北海道と本州にすむジャノメチョウの仲間。食草のカサスゲの自生する湿地にすみ、成虫は六月から八月頃にかけて現れる。同地域にすむジャノメチョウの仲間の中では際立って大きく、飛んでいるとよく目立つ。上越市では頸城平野の湖沼に点々と生息地がありどこでも個体数は多い。本種の場合、カサスゲ湿原との結びつきが深く、生息地が局限される。（富取　満）

大間城跡（おおまじょうあと）

中世山城跡・史跡。上越市三和区大字北代・島倉。市指定文化財。大間城は大字北代・島倉地籍にまたがる標高九五メートルの小字「城山」に存在する山城である。北代集落の神明社境内から一五分ほど登ると、主郭（本丸）のある頂上に達する。地勢は半独立、半尾根状の山であるが、小さな尾根や沢が入り組んだ複雑な自然の天険を利用したものである。遺構は山の中腹以上に多く、削平地、竪堀、横堀、土塁、虎口、土橋、井戸などが主郭を中心に、東西・南北各二〇〇メートル程の中に密集している。城地の規模に対して空堀が非常に多く、中には総長一六七メートルを測る空堀もある。主郭は周辺地形よりひときわ高く、さらに郭を土塁で巻く「囲郭土塁《かこみぐるわ》」になっている。土塁も含めて広さは二〇×三〇メートルの不正四辺形をなしているが、防備に万全を期した主郭は壮観である。館跡は城跡の南西五〇〇メートル程の所に、小字郷倉《ごうくら》の名称で残っていたが、耕地整理のため当時の面影はなくなった。築城時期や城主については不明であるが、『中頸城郡誌』に「上杉氏の臣、島倉越前守居城と伝える」と記録されるが定かでない。戦国時代の築城とすれば、春日山城の支城として、また三国街道筋の有力な城砦として利用されていたものであろう。（植木　宏）

大町小学校校舎（おおまちしょうがっこうこうしゃ）

歴史的建造物一九二九（昭和四）年建築（現在取り壊し済、上越市大町）。大正一二年の関東大震災を契機に、学校建築は木造から鉄筋コンクリート造へと変化しつつあった。県内中下越でも一棟ずつではあるが、鉄筋コンクリート造の校舎建築が始まってきた。ここ高田市は上越地域の中心地であり、新建築の動きを察知して来るのも当然のことである。更にこの動きを実現可能にする大きな力になったのが、高田市出身で日本屈指の建築家「長野宇平治」の存在であった。当時の西洋建築の設計者として第一人者である長野は、この日本の学校建築の近代化への動きに対しかかわりを持たない筈はなく、博士のもとに数々の問題が寄せられたと考える。高田市本町、大町に住まわれていた長野であり、彼と交流を持った人も大勢いたと考えられる。このような事から高田市と地元住民が長野博士に新校舎設計の働きかけをしていくのも自然な形に思える。さらに長野博士自身、地元に対する協力は並々ならぬものがあり、新校舎建築への大きな流れになったものと考えられる。一九二七（昭和二）年から翌年に掛けて建築家「長野宇平治」に設計依頼が出され、校舎設計が開始された。中央では長野宇平治は「日本銀行」の技術者のトップである技師長として、日本銀行本店増改築工事に携わる事になった。その為長野自身は校舎建築の監修を行い、実施設計は一番弟子の荒木孝平に委ねた。荒木への信頼は非常に深く、日銀へ移る際長野事務所を所長として荒木に託した位である。現在の学校建築でも基本計画に教師の要望を取り入れる事を行うが、既にこの時期に学校長や職員が計画に携わっていた事が「学校物語（大町小記念誌）」に書かれている。学校建築の在り方が大きく変化した時代であるが、その近代化をうまく取り入れ、且つ現代建築にも要望されている人間性を重視した空間構成を造り出した美しい建物である。建物の老朽化と新校舎建築の動きの中、二〇〇三（平成一五）年に旧校舎は解体され、新校舎が現在同敷地に建てられている。（清水恵一）→長野宇平治（ながの・うへいじ）

オオミズアオ

チョウ目ヤママユガ科。北海道から九州まで、平地、山地を問わず広く分布する。大型で長い尾状突起のついた薄青色のはねはヤママユガの中でも独特なもので、近縁のオナガミズアオと共に日本を代表する美しいガのひとつとされる。成虫は春と夏に現れ、夜間街灯の灯りなどに集まる。上越市では、最近は平野部ではあまり見られなくなったが、山間地の施設の灯りや街灯の周りでは、今でも多くの個体が群れ飛ぶ様子を見ることがある。（富取　満）

オオムラサキ
チョウ目タテハチョウ科。北海道南部から九州まで、雑木林にすむ日本最大のタテハチョウ。その力強く美しい姿から、一九五〇年に日本鱗翅学会により日本の国蝶に選定された。成虫は年に一度、夏に姿を現し、広葉樹の樹液を訪れるほか、オスは高台でテリトリーをはる。かつては上越市の山沿いの地域では、幼虫の食樹であるエノキのあるところならどこでも普通にいたが、現在は町中ではほとんど見られず、豊かな自然が残る雑木林でのみその姿を見ることができる。（富取　満）

大森隆碩（おおもり・りゅうせき、一八四六～一九〇三）
眼科医。盲学校設立の功労者。一八四三（弘化三）年、高田町大字新須賀（現・上越市仲町二丁目）に出生。江戸において蘭法医学を学んだのち、元治元年に高田町に戻り五の辻に開業。翌年、高田藩医となる。維新後に上京し外国人医師に師事し研究ののち、一八七七（明治一〇）年に帰郷し東本願寺別院通りに開業する。高田医師会、高田衛生会などを結成し幹事長として活躍する一方、杉本直形らと「訓盲談話会」を開き盲人教育にあたった。一八九一（明治二四）年、全国で三番目の盲人教育学校「私立訓矇学校」（のちの高田盲学校）を設立。初代校長となり、地域の盲人教育に尽力した。一九〇三（明治三六）年、五八歳で死去。県立歴史博物館（長岡市）に高田盲学校創設コーナーが開設されている。なお、高田盲学校自体は二〇〇六（平成一八）年三月に廃校となる。小中学部は県立上越養護学校内に県立新潟盲学校高田分校として移管され、高等部は県立新潟盲学校に統合された。（桑野なみ）

オオルリハムシ
コウチュウ目ハムシ科。日本のハムシの最大種。青森県から山口県まで本州各地の湿原に局地的に分布し、六月から九月にかけて、食草であるシロネ（シソ科）の葉上で見られる。地域によって色彩が大きく変化し、太平洋側では赤色、日本海側では藍色の個体が標準タイプとされる。上越市では独特の青緑色に輝く美しい個体群がいくつかの湖沼周辺で見つかっているが、最近は環境の変化等により、どこでも個体数が激減している。（富取　満）

岡倉天心（おかくら・てんしん、一八六二～一九一三年）
東京美術学校（現・東京藝術大学）の設立に奔走するなどして明治・大正期に活躍した日本美術運動の指導者、日本美術院の創設者。二〇世紀初頭、岡倉天心は英語で『茶の本（Book of Tea）』を書いてニュー ヨークで出版し、その中でこう主張した。「西洋人は、日本が平和のおだやかな技芸に耽っていたとき、野蛮国とみなしていたものである。だが、日本が満州の戦場で大殺戮を犯しはじめて以来、文明国と呼んでいる。……もしわが国が文明国となるために、身の毛もよだつ戦争の栄光に拠らなければならないとしたら、われわれは喜んで野蛮人でいよう。われわれの技芸と理想にふさわしい尊敬がはらわれる時まで喜んでまとう」（第一章「人情の碗」から）。一九〇六（明治三九）年、赤倉温泉に山荘を建てる。一九一三（大正二）年、療養のため山荘に住むが病状は回復せず、同年九月二日、山荘で亡くなった。一九六六（昭和四一）年、赤倉温泉に岡倉天心史跡記念六角堂が建てられた。堂内には、天心を生涯にわたって尊敬した彫刻家平櫛田中による天心胸像が置かれている。（石塚正英）→赤倉温泉（あかくらおんせん）

岡田諦賢（おかだ・たいけん、一八四七～一九二七）

真言宗大谷派林西寺住職。一八八八（明治二一）年、寄大工町（現・上越市仲町六丁目）に村田豊次郎、中島秀洗らと幼稚保育所を設立。四～五歳の園児百名余りが集い、上越地域の幼児教育のさきがけとして一〇年間継続した。明治二四年、キリスト教主義の高田女学校に対抗して、各宗寺院が共同で馬出町の龍巌寺境内に私立高陽女学校を開設。この際、岡田が設立に終始尽力した。その後、公立高等女学校などが相次いで設置され、明治四一年三月に廃校となるまで上越地方の女子教育を下支えした。著作『聖徳太子伝暦訳解』哲学書院、一八九四年。（桑野なみ）→幼稚保育所（ようちほいくしょ）

岡田　保（おかだ・たもつ、一八三三～一八八三）

上増田（頸城区）の地主で大肝煎の家に生まれる。明治維新には勤王の志士として守界隊（農兵隊）を組織して活躍。維新後、中頸城郡長渡部健蔵を説いて大日本農業高田支部設立。新潟県農業協同組合の元祖。学問を奨励し、横曽根に私塾正心学舎を開き、旧会津藩士南摩羽峰を招いて多くの青年を教育。彼の業績で特に大きいのは直江津の荒川に橋を架けたこと。（青山増雄）→南摩羽峰（なんま・うほう）

岡上鈴江（おかのえ・すずえ、一九一三～）

児童文学の再話・翻訳家。東京生まれ。小川未明の二女。外務省勤務を経て戦後児童文学の道に入る。「父小川未明」は『日本児童文学』に「回想の父・未明」と題して連載された（『父小川未明』新評論、二〇〇二年）。娘から見た父の回想記を一書にまとめたもので、巻末の小川未明著書目録、小川未明年譜も併せて、未明研究を志す者の必読文献である。（青山増雄）→小川未明（おがわ・みめい）

大鋸町ますや（おがまちますや）

一八六八（慶応四～明治元）年築の町家。高田の大鋸町（現在の仲町六丁目）に建造される。高田ほか雪国の雁木造りは落とし式（母屋の外側に一階と同じ高さの小屋根をつける）または造り込み式（母屋の二階部分を突き出して雁木の天井とする）が一般的だが、ますやは平屋造りであり、雁木の小屋根は差し掛け式（母屋の屋根のすぐ下に小屋根をさし掛ける）である。これは二階建の許されなかった江戸時代の名残をとどめるものである。建築に用いた材木にはリサイクル材が多く含まれている。当時は、火事で焼け残ったり地震で倒壊した資材が大切に保存され、再利用されたものと推測される。一九〇七（明治四〇）年の登記簿によると、建造当初の屋根は板葺きだったが、のち昭和三四年までには亜鉛メッキ鋼板葺きとなる。創建当時から昭和前期にかけては屋根に川原石が載せられていた。最初の所有者や住人については未詳であるが、一九五九（昭和三四）年に所有者となった石塚鉄男はこの町家に「桝屋（ますや）」の屋号を用いた。その後、二〇〇八（平成二〇）年春、石塚正英はこの町家を「大鋸町ますや」と命名し、これを事務所にして特定非営利活動法人頸城野郷土資料室を設立した。（石塚正英）→頸城野郷土資料室（くびきのきょうどしりょうしつ）→写真ページ

小川城跡（おがわじょうあと）

中世山城跡・史跡。上越市牧区大字小川字城ノ外・小川城は、小川集落の中心部、宮の平より北西方向へ奥まった住居地の裏山で、標高二三六メートルを中心とする尾根上に位置する山城である。遺構は、三五〇×一〇〇メートル程の範囲に密集し、削平地、堀切、土塁、虎口（出入口）など確認されている。城跡に関する小字名として城の外、城の越があり、鴨屋敷、下ノ城などの名称も残る。築城時期や城主は記録にはないが、戦国時代には春日山城の支城砦として、街道警備や伝えの城として役目を担っていたものと考えられる。（植木　宏）

小川未明（おがわ・みめい、一八八二〜一九六一）

童話作家。初代児童文学協会会長。本名健作。「日本のアンデルセン」「日本児童文学の父」と呼ばれる。中頸城郡高城村（現・上越市幸町）に生まれる。中頸城郡尋常中学校（現・高田高校）を経て、早稲田大学英文科卒業、坪内逍遥の指導を受け、相馬御風などと親交があった。卒業の翌年、長岡の山田藤次郎の長女キチと結婚し、早稲田文学社に入った。そこで、島村抱月の指導のもとに少年文庫の編集に携わりつつ、新しい童話の創作に取り組んだ。「おとぎばなし」と総称されれる類型的な道徳を基本とした子ども向けの童話を、内容豊かな文学に高めた。代表作は『赤いろうそくと人魚』『野ばら』『月夜と眼鏡』などがある。一九六一年、七九歳で歿す。小平霊園に葬られた。上越市内には次の場所に詩碑・記念碑がある。春日山神社、高田公園、大手町小学校、春日小学校など。一六歳の時、春日山に移住。高田中学（現・高田高校）まで毎日片道八キロを徒歩で通学。坪田譲治は、「先生はこの山上にあって、空想し瞑想し憧憬する孤独な少年であった。乃ちここは未明文学の故郷である。」と春日山神社の未明碑の撰文に書いた。（杉山精一、青山増雄）→岡上鈴江（おかのえ・すずえ）→写真ページ

沖見砦跡（おきみとりであと、舟見の城）

中世山城跡・史跡。上越市郷津。沖見砦は、春日山城周辺砦群の一つで、海面監視の砦ともいわれる。また郷津港は謙信の舟出した港で、その砦ともいう。砦跡へは、郷津から虫生川にそって約二〇分ほど登ると岩殿山明静院に着く。さらに一〇分ほど北側の厳しい山を登ると標高一六〇メートルの主郭に至る。砦からは、日本海が広範囲にわたって眼下に広がる。遺構範囲は約一〇〇

メートル四方ほどで、郭、削平地、堀切、竪堀、土塁などが認められ、主郭は一〇×二五メートルの広さである。文献的に解明する資料はないが、日本海に突き出している尾根上の砦として、春日山城の一角を担う海上警備の役割を果たしていたものであろう。（植木　宏）

オグラノフサモ
フトモモ目アリノトウグサ科。池や棚田に見られる沈水植物。茎は長さ一メートル近くになり五センチメートルほどの細かく分かれた葉がふさふさとつく。県内全域を見るときわめて希少だが、上越市牧区、清里区、三和区には異例に多い。非常に似た仲間が多く、フサモは深山の池、ハリマフサモは平野部の川にも見られる。（清水尚之）↓水草（みずくさ）↓写真ページ

小栗美作（おぐり・みまさか）↓**越後騒動**（えちごそうどう）、**御殿山**（ごてんやま）

お船の方（おせんのかた、一五五七〜一六三七）
与板城（現・長岡市与板町与板）城主直江大和守景綱の娘。弘治三年誕生。はじめ上野国総社（現・群馬県前橋市）長尾顕吉の子与兵衛信綱を婿に迎えた。天正九年九月一日、信綱が死去したのち、樋口与六兼続に再嫁す。兼続二二歳、お船の方二五歳のとき。一男二女（長女於松、次女、嫡男景明）をもうける。慶長三年、兼続に従って米沢城に移る。元和五年六一歳のとき、兼続と死別し、剃髪して貞心尼と号す。以後、録三〇〇〇石をうける。寛永一四年一月四日死去。八一歳。法名宝林院殿月桂貞心大姉。米沢の徳昌寺に埋葬。のち林泉寺（米沢市林泉寺一丁目）に改葬。高野山清浄心院（和歌山県高野町）に分骨。（花ヶ前盛明）

小田穀山（おだ・こくざん、一七四〇〜一八〇四）
上越市柿崎区生まれ。江戸在住ながら、越後の俗謡の掘り起こしをした（吉川区）竹直村の庄屋。庄屋へ養子に入り、村人を大切にしたが、再々江戸に出て学問に没頭する。江戸在住の間はたびたび、村人へ手紙を出し、村の維持を図った。越後の俗謡を漢文で解し、『越国石臼歌』にまとめた。俗謡の奥に潜む者を豊かな力で掘り起こして、人生訓とした。他に『周易古傳』『穀山子』『穀山文集』がある。（青山増雄）

小田嶽夫（おだ・たけお、一九〇〇〜七九）
高田市（現・上越市本町一丁目）出身の文学者。本名は武夫。東京外語大学中国科卒業。中国杭州領事館の役人であった小田は、一九三六（昭和一一）年、中国杭州にまつわる作品『城外』で第三回芥川賞を受賞。昭和一九年故郷に疎開。旧制高田中学校からの友人である善導寺住職の内山泰信らに迎えられ、職を辞して作家の道を選ぶ。昭和二〇年四月、「上越文化懇話会」が発足。善導寺に事務局が置かれ、小田など七名の会員と賛助会員によりスタート。昭和二一年には、月刊同人誌『文芸冊子』が誕生、小田を筆頭に相馬御風・松岡譲など多数が寄稿した。そのほか写真家

濱谷浩など中央で活躍した文化人が吹き込んだ新風が、戦後の上越地方の文化を活性化した功績は大きい。代表作に『裏がわの町』（昭和二四年）、『高陽草子』（昭和四八年）がある。昭和五四年、七八歳で死去。金谷山医王寺薬師堂境内に文学碑がある。（桑野なみ）

御館跡（おたてあと、消滅）

中世館城跡・史跡。上越市五智一丁目。御館は、県道直江津停車場線の陸橋、おたて橋の西北一帯に位置し、現在「御館公園」として一部が残されている。付近一帯は住宅が立ち並び、御館の面影は何もない。明治年間までは御館跡の周囲には土塁と幅一八～二〇メートルの堀があったが、北陸本線路敷工事の際に削られ、それと前後して破壊された。宅地造成のため、一九六四（昭和三九）年から三ヵ年にわたって発掘調査が行われ、その結果、全国でも屈指の館跡であったことが報告された。調査では、御館の内郭は東西一三五×南北一五〇メートルの四角形で、多量の遺物が出土した。遺物は陶器類が圧倒的に多く、金属製品・木製品・石製品なども一部出土した。とくに鉛弾も出土し謙信死後の「御館の乱」で使用されたことも立証された。建築遺構を示す柱穴群には改築の形跡がみられず、掘立て柱建築であったことから御館の存続期間は、二〇～三〇年以内と推定されている。御館は一五五二（天文二一）年、関東管領上杉憲政が小田原城主北条氏康に敗れ、謙信を頼ってきた。謙信は関東管領の館として「御館」を築造したといわれる。（植木　宏）

御館の乱（おたてのらん）

上杉家の家督相続争い。天正六年三月一三日、上杉謙信が死去すると、養子の景勝と景虎とが家督相続をめぐって争った。景勝は坂戸城（魚沼市坂戸）主長尾政景の次男。母は上杉謙信の姉仙桃院。景虎は小田原城主北条氏康《ほうじょううじやす》の七男。三月一五日、景勝は謙信の遺言と称して春日山城の実城（本丸）を占拠し、二四日には謙信の後継者であることを内外に報じた。景虎は前関東管領上杉憲政の居住する御館に立て籠もり、景勝に対抗。領国を二分して争った。翌天正七年三月一七日、御館は景勝軍の猛攻撃をうけて落城。敗北した景虎は兄北条氏政の小田原城へ逃亡する途中、鮫ヶ尾城（妙高市宮内）で三月二四日、自害。そののちも各地で戦闘が続いた。景勝は八年四月に本庄秀綱の栃尾城、七月に神余親綱の三条城、九年二月に北条輔広の北条城を攻略。三年にわたった動乱は終結。（花ヶ前盛明）→上杉景勝（うえすぎ・かげかつ）、上杉景虎（うえすぎ・かげとら）

おたや

江戸時代中葉から昭和初期にかけて賑わった上越地区を代表する秋の宗教行事。東本願寺高田別院の報恩講、通称「おたや」であった。農業暦にも組み込まれ、九月二三日～二八日（一九七二（昭和四七）年以後、稲刈期を避け一〇月一〇日～一五日に変更）は、稲刈り前の近郊農家の人々がどっと参詣し、門前にはサーカスから見世物小屋、数百の露店が本町通りにまで立ち並び、大賑わいであった。次いで稲田・光明寺で一〇月一日～七日（現在一〇月一六日～一九日）と続いた。また、報恩講は各寺院で行われ、例えば浄興寺一〇月二五日～二七、西本願寺国府別院七月四日～六日をはじめ柿崎区の浄福寺・浄善寺の報恩講（お引上げ）は毎年六月二〇日～二二日、妙高市の新井別院が一一月一日～四日など。（久米　満）

男はつらいよ（おとこはつらいよ）

山田洋二監督、渥美清主演の映画『男はつらいよ』第四七作「拝啓車寅次郎様」（一九九四年公開）では上越市高田地区でロケーションが行われた。映像にはとくに雁木を歩く寅さんの姿が印象的だ。寅さんのいつもの人情味あふれる台詞は、高田の町並みにもやさしく響いている。そのほかのロケ地としては春日山神社が選ばれている。（石塚正英）

尾花祭り（おばなまつり）

八月二七日は、上越に数々存在する諏訪神社の祭礼である。家々ではススキの穂を飾り、神仏に赤飯を供え萱の箸を添える。この日、萱の箸で赤飯を食べると病気にならない、また、この日が過ぎるまで萱の箸を使ってはならないとする伝承がある（吉川区）。諏訪神社の祭礼日の朝、集落中の家々では社殿に薄の穂を束ね萱の箸を添え、赤飯・菓子を大葉（蓮・ぶどう等）に載せて供える。この後、先に供えられたものを下げて自家の神棚に供える所、供えられた餅・赤飯や菓子を子供たちで分配する所などがある（三和区）。（久米　満）

お馬出しの辻（おんまだしのつじ）

高田城本丸から南へ約一キロメートル、現在、上越市本町二丁目「ふれあい館」がある四ツ辻辺りは、「お馬出しの辻」と呼ばれて親しまれてきた。「馬出し」の言葉そのものの意味は、城の虎口や城門を守るために設けられた施設名だが、この「お馬出しの辻」辺りは城下町から城へ入る正に城の出入口として、人馬が集い、町一番の賑わいを見せていた場所であった。しかし、最近は「お馬出し」の地名を知る人も少なくなり、開府以来脈々と続いてきた高田祇園祭りの「お旅所」の行事すら知らない人が多くなってきた。一九〇八（明治四一）年に軍隊が誘致された折、歴史あるお馬出しの通りを無視して、高田城から本町通りまで直線的に司令部通りとして本町通りを作り変えた。しかし、軍隊がやって来たことで町は栄え、お馬出し周辺には新聞社、映画館、警察署、それに女学校が二校、料亭などが林立し、今では信じられないほどの隆盛を誇った時代があった。たまたま、二〇〇五（平成一七）年、この通りにアートギャラリーが数軒開店したことをきっかけに、まちづくりの活動が始まった。この歴史ある大切な地名、「お馬出し」を発進し続ける為に、活動団体の名称を「お馬出しプロジェクト」とした。（宮越紀祢子）

か行

か

海音寺潮五郎（かいおんじ・ちょうごろう、一九〇一～七七）

鹿児島県生まれの小説家。一九六〇年週刊朝日に上杉謙信の生涯を小説「天と地と」と題して六二年まで連載。六九年NHK大河ドラマとして放映。現在、春日山城に立つ謙信公像はその時の物である。後に映画化、TV再ドラマ化。海音寺は「古来、川中島の戦いはほぼ武田側からの視点で描かれている。だから未開の野を開拓する気持ちも込めて上杉謙信を取り上げることにした」と説明。（青山増雄）→天と地と（てんとちと）

海獣葡萄鏡（かいじゅうぶどうきょう）

上越市の子安遺跡（平安前半九世紀中頃の層）から一九九四（平成六）年に出土した古鏡。「海獣」とは海の外の獣の意である。葡萄唐草の上に禽獣を重ねた文様のこの鏡は、定説によれば西域からシルクロード、遣唐船を介して日本にもたらされた。正倉院や香取神宮には現存し、遺跡出土では高松塚古墳の例がある。そのほか国内での複製品もある。この鏡は、それが出土した地層の堆積年代からみて、出雲が倭に征服されたあと科野《しなの》を経て高志へ運ばれたとも考えられる。しかし、その年代の地層に埋もれるには、鏡がその年代かそれより以前に高志に存在していなければならない。また、北九州や山陰のみならず北陸から北の日本海沿岸には、早くから民間ルートを通じて大陸の諸文化が伝えられていた。例えば道教ないしそれに起因する民間信仰は、飛鳥の欽明天皇時代における仏教公伝（五三八年、ないし五五二年）よりもずっと早くから高志の一帯に浸透していたのである。また、飛鳥時代には、高志のことを「蝦夷」とも称していたが、当時「蝦夷」とは倭＝朝廷に服従しない蛮族の意味があった。したがって、西域起源のこの海獣葡萄鏡は、高志にいた土着の有力者が独自のルートで入手したとも考えられる。倭＝ヤマトの国の有力者が高志に派遣されるとき携えてきた、ないし都から取り寄せたと考えるよりも、飛鳥時代にすでに高志には倭が一目をおくべき土着の権力者が存在したと考えることもできる。その推測について文献上の傍証になるのは、日本書紀の六八九（持統三）年の箇所である。そこを読むと、持統天皇は越《こし》の蝦夷《えみし》と南九州の隼人《はやと》に対して仏教による教化政策をとったことがわかる。つまり、その頃の高志に倭の勢力は未だ十分には浸透していなかったということである。さらに記述を読み進めると、蝦夷・隼人のうち後者に対しては筑紫太宰の河内王に命じて公伝仏教の僧を派遣して教化政策を推進したが、高志の蝦夷に対しては僧の派遣はしなかった。すでに蝦夷には在地の僧である道信ほかがいたので、仏像一体と仏具を送るにとどめている。隼人と蝦夷とへの対応の相違は、七世紀後半において高志には自前で僧を育成しうるほどに民間仏教・民間信仰が広く深く浸透していたことを物語っている。（石塚正英）→高志（こし）

廻船・廻船商人（かいせん・かいせんしょうにん）

廻船とは、港から港へ旅客や貨物を運んで回る船のことを指す。また、これらの海運に携わった人々を総称して廻船商人と呼ぶ。廻船による物流は、特に中世以降に発達した。「廻船」の語は、鎌倉初期一二〇六（建永一）年の文書に初めて見られる。江戸時代に入ると、商品流通の展開と相まって全国規模に発展した。主なものに江戸と大阪を結ぶ「菱垣廻船」「樽廻船」、東北地方の米を江戸に運んだ「奥羽廻船」、北陸、蝦夷地の海産物などを大阪に運んだ「北国廻船（北前船）」などがあった。北前船をはじめ廻船の寄港地には廻船問屋があり、運んできた船荷の売りさばき、港での諸手続、積み込む船荷の集荷、船員の世話などを行なった。新潟における豪商の多くは廻船問屋か、米問屋であったという。（唐澤太輔）→北前船（きたまえせん）

街道・峠（かいどう・とうげ）

くびき野には北陸（若狭、越前、加賀、能登、越中、越後）を結ぶ北陸道（加賀街道）と、信濃追分で中山道から分岐し信越（小諸、上田、長野、高田、直江津）を結ぶ北国街道が交差している。近隣にはそのほか、上州高崎で中山道から分岐し三国峠を越えて出雲崎に至る三国街道、糸魚川から姫川沿いに信濃へと通じる姫川街道などがある。信越国境にはそのほか関田峠を越える関田街道、富倉峠を越える飯山街道（富倉街道）、北国街道の高田と三国街道の塩沢宿を結ぶ松之山街道、野尻湖に源を発する関川に沿う関川街道、現在は信越トレイルのコースに関係する梨平峠、牧峠、深坂峠など多くの街道・峠道が開かれた。上杉謙信の時代には軍用道路として機能し、江戸期には塩の道などの経済動脈として機能した。（石塚正英）→追分地蔵（おいわけじぞう）、峠道（とうげみち）

街道祭り（かいどうまつり）

五月三日の春祭りを、三和区北代集落と接する幾つかの集落では、俗に「街道祭り」と呼んでいる。その呼び名の起源については明確でないが、一説に北代にあった阿弥陀寺の石仏を、祭りの日に村人が豊作を祈願するために隣の集落である塔ノ輪から順に・島倉・浮島・井ノ口とつないで関山権現まで村送りして運んだ（平野団三著『越佐と謎の石造文化』ほか）からという。しかし、その阿弥陀寺も室町期には姿を消したとみられ、今は全く面影をとどめていない。伝阿弥陀寺周辺には五輪塔の残欠が多数見られ、とくに空風輪だけでもざっと二百くらいが存在する。これは何を語っているのだろうか。（久米　満）→宿送り（やどおくり）

海浜植物（かいひんしょくぶつ）

海岸は強い日照、風、乾燥など特殊な環境のため、そこに生える植物も特殊なものが見られる。海浜植物は海岸線が長く砂丘が広がっていた県内では、かつては広く見られたものだが、砂浜の開発や海岸浸食、砂防工事などによる環境の変化で自生地が失われて絶えていった。砂浜は単なる空き地と思われるのか、何の配慮もなく廃棄材木置き場になったり、車が乗り入れたりして、自生地が破壊されることもある。行政レベルで保全への配慮が必要である。

・イソスミレ　別名セナミスミレ。砂の動きが激しい海岸近くの砂丘に群生する。四月末から五月はじめ、薄青紫の三センチメートルほどの花を多数つける。地上部の草丈は一〇センチメートル以内だが、地下の茎と根は深く伸び、数メートルに及ぶ場合もあるという。村上市瀬波海岸の名前がついているが、現地でも減少傾向が激しい。上越市内でも海岸部のイソスミレは健在だが、少し内陸部では、運動施設建設などの開発を受け絶えたところもある。

・アナマスミレ　水田のあぜ道によく見られるスミレの海岸型。葉が厚く海岸の強い日照や風、乾燥に耐えるよう形態が変化したもの。イソスミレとともに見られる。

・エチゴトラノオ　高さ一メートルほどになる茎の上部に、薄紫で一センチメートル以下の小さな花が房状につく。前の二種より少し内陸よりの草地に見られる。そうした場所はさらに開発されやすく、多くの自生地が失われた。上越市内はもちろん県内でもごくわずかにしか見られない。

・その他　ナミキソウ、ハマウツボ、ハマボウフウ、ハマナスなども自生地が減りつつある貴重な種類である。（清水尚之）

加賀街道（かがかいどう）

松平忠輝が高田に城を移す際、城下町を繁栄させるために従来の街道を高田に引き入れ交通の要所から直江津を外したので、奥州から加賀方面へ行くにも春日新田を出ると直江津で荒川を渡らず稲田を回って高田城下に入り、高田から中屋敷・大豆・長浜を通り加賀へ向かうことになった。このうち高田から加賀への道が加賀街道と呼ばれる。これは加賀藩主の参勤交代の道でもあった。今でも僅かに残る大豆の松並木が昔の名残を留めている。（瀧田寧）→街道・峠（かいどう・とうげ）

雅楽（ががく）

月影地区谷集落に雅楽（市無形民俗文化財）が受け入れられたのは、一八六七（幕末明治初）年頃と推定される。当時、上吉野の随念寺の日野住職から一〇人が習い、専敬寺に出かけ彼岸や御正忌などの大祭礼で演奏した。また、農休日などに集まり熱心に練習し、評判になると他村からも加わり、一八八七（明治二〇）年過ぎには二〇人くらいの雅楽団ができていて、高田の別院や長野善光寺からも招かれるほどになった。太平洋戦争で一時消滅したが、一九五五（昭和三〇）年ごろから有志の努力で少しずつ復活した。（久米　満）

垣上鶯池（かきがみ・おうち、一八六四〜一九四二）

俳人。本名鉄三郎、別号鉄木。高田藩荻野家生まれ。新潟県吏等を長く勤めのち、神奈川県吏。一八八八（明治二一）年頃から正岡子規に系統。河東碧梧桐につくも脱し、自由句作の道を進む。句集に『団栗』、遺句集『続団栗』がある。「万葉に仮名はなかりし霰かな」の句碑は高田・寺町三丁目光栄寺にある。俳誌や新聞

の選者などをつとめ、地方俳壇に活躍。（青山増雄）

柿崎景家（かきざき・かげいえ、一五一三～七四）

柿崎城（現・上越市柿崎区）城主。一五六〇（永禄三）年の居多神社宛制札、同年の府内の人々に諸役を免除した文書に上杉謙信の奉行職として署名している。永禄二年、謙信が京都から帰国すると、諸将は太刀を献じて祝賀した。その際、景家は披露太刀の衆に名を連ねている。永禄四年の第四回川中島の合戦の際、景家は上杉軍の先陣として武田軍に突撃したという。元亀元年、謙信と北条氏康が和睦した際（越相同盟）、景家の子晴家が人質として小田原城へ送られた。景家は林泉寺第六世天室光育禅師を招き、天文三年、楞厳寺（柿崎区）を建立したという。楞厳寺には絹本柿崎和泉守景家夫妻肖像画、『楞厳寺禅林記録』（県指定文化財）、景家・天室光育の墓などがある。景家は天正二年に死去したという。（花ケ前盛明）→楞厳寺（りょうごんじ）

柿崎川（かきざきがわ）

①支流吉川を含めて

柿崎川、吉川は高田平野の北東部の沖積平野を生み出した川である。米山の南斜面、尾神岳の西側斜面の水を集めた支流が柿崎川となり、西方へ流れて日本海に注ぐ。また、吉川は尾神岳、兜巾（ときん）山の西～南西斜面の水を集め、下金原集落のやや北で柿崎川に合流している。現在の柿崎川、吉川はスムースな曲線を描いて流れているが、かっての川筋は著しく蛇行していた。そのためさしたる豪雨でなくても洪水に見舞われることが多かった。これを解決するため河道のつけかえなど河川改修が進められたものであり、現在では、柿崎川上流に柿崎川ダムが設置されている。（長谷川正）

②柿崎川ダム

河口から約一四キロメートル上流の県道沿いにある県営ダムで、下手の松留と上手の北黒岩両集落の中間に位置する。県道の通る小村峠（米山山地の一角）付近を源流とする柿崎川の上流を集水域とする多目的ダムで、洪水の防止、農業用水など川水の確保、水道用水の供給などの役割を担っている。ダム本体の構造はロックフィル方式で、高さ五四メートル、長さ四二四メートル、総貯水量五〇〇万立方メートル。一九七三年に調査開始以来総事業費四〇〇億円で、二〇〇三年に完成した。ダムから晴れた日は妙高三山が眺望でき、対岸には道路もあり、春は新緑を秋は紅葉を楽しみながら散策できる。なお、このダムより二キロメートル余り下手に第二浄水場があり、ダムから来た水を一日に二万立方メートルを浄化して水道用水とし、妙高市新井から合併前の上越市をはじめ、柿崎、大潟、吉川、板倉、頸城、清里、三和の各区に供給している。（山本　明）

柿崎古墓出土品一括附木炭槨木棺墓一基（かきざきこぼしゅつどひんいっかつつけたりもくたんかくもっかんぼいっき）

県指定文化財・考古資料。長岡市関原町・新潟県立歴史博物館管理。柿崎古墓は、上越市柿崎区上直海字新保所在の新保遺跡で発

見された。平安時代九世紀後半の「木炭槨木棺墓」と呼ばれる構造の墓である。墓は、長方形の土坑を掘り、中央に置かれた棺（長さ一六八センチメートル、幅四八センチメートル）を囲むように木炭槨が造られ、棺は木炭によって覆われている。木炭槨の四隅には土器が副葬品として置かれ、また、棺内北側には扁平な水晶玉（直径一四・五ミリ、厚さ六・七ミリ）一点が副葬されていた。木炭槨を持つ墓は、京都を中心に見られるが類例は極めて少ないといわれる。上越市教育委員会の所有であるが、現在、長岡市にある県立歴史博物館に展示されている。（植木　宏）

柿崎氏（かきざきし）

伊豆の豪族（静岡県田方郡仲伊豆町）桓武天皇の子孫大見氏の出身である。大見氏は鎌倉時代、白河庄安田条（北蒲原郡安田町）の地頭としてやってきた。その一族が柿崎氏である。柿崎氏は伊豆国の出身ということになる。柿崎和泉守景家は、上杉謙信の奉行として活躍した。永禄三年八月二五日、謙信は関東に出陣しようとして、府内の留守将に法度を出し、府内を監督させた。留守将のなかに景家もいた。永禄七年三月四日、関東出陣中の謙信は武田信玄の越後侵入を恐れ、景家を越後に帰し、春日山城の警備を厳重にするように命じた。（花ヶ前盛明）

柿崎城跡（かきざきじょうあと、木崎山城）

中世館城跡・史跡。上越市柿崎区大字柿崎字上ノ山ほか。木崎山城ともいわれる。柿崎川（黒川）が日本海に接する河口の右岸に位置する本城跡は、標高二五メートルの木崎山を中心に構えられた砂丘城の館城である。JR柿崎駅より南へ約〇・七キロメートル、徒歩約一〇分である。柿崎城は、古くから柿崎和泉守の居館として知られ、多くの刊本にも城名等が記載されているが、一九六四（昭和三九）年国道八号線の工事、昭和五七年開通の北陸自動車道柿崎インターチェンジの工事等で遺跡地の大半は破壊された。工事に先がけて昭和五四～五年に行われた発掘調査の記録によれば、山頂の小字「上ノ山」に中心郭と、土塁のある小郭が連なり、その下方が小字「たてのうち」で二条の大土塁と郭跡があった。また横堀や竪堀、水濠の跡も認められたという。出土遺物は、平安時代の須恵器・土師器から銭貨が多量に検出され、中世陶器なども採集されている。『柿崎町史通史編』参照。（植木　宏）

柿崎晴家（かきざき・はるいえ、生年不詳～一五七八）

左衛門大輔。柿崎城（上越市柿崎区）主柿崎景家の子。一五七〇（元亀元）年、謙信と北条氏康が和議を結んだ際（越相同盟）、人質として小田原城（現・神奈川県小田原市）へ送られた。しかし、元亀三年、同盟が破棄さられると帰国した。天正三年の『上杉家軍役帳』、天正五年の『上杉家家中名字尽手本』に登場。天正六年三月一三日、謙信が死去すると、御館の乱が起こった。その際、景虎方となったため滅亡した。（花ヶ前盛明）

学童集団疎開（がくどうしゅうだんそかい）→**第二次世界大戦**（だいにじせかいたいせん）

角巻き（かくまき）→**箱下駄と角巻き**（はこげたとかくまき）

神楽（かぐら、里神楽）

祭礼のあと、神に対する感謝や慰めのために奉納される舞楽を神楽といい、民間で舞われるものを里神楽という。中正善寺の獅子天狗舞、切光《せっこう》神楽（牧区）、飯室神楽（浦川原区）、高沢神楽（安塚区）、関田神楽（板倉区）、森・折平の獅子舞（名立区）などは、市指定無形民俗文化財である。高沢神楽は、明治期以来、青年団の活動として取り組まれていたが、若者の減少などで一時途絶えた。一九八〇（昭和五五）年、地区の有志によって復元され、現在も一二の演題を持ち、芸能祭や各地の祝席・祭礼などに招かれ喜ばれている。盆の時期（八月一八日）の関田八幡社の祭礼に行われる関田神楽は、午後八時過ぎ、境内で関田古代詞の歌い手が音頭をとり盆踊りが始まり、恍惚の時が流れていっときすると、氏子たちが掲げる三〇数個の灯篭に守られ、真剣を手にした天狗・獅子の一行が、参道から社殿前に現れる。天狗の舞で始まり、剣で御幣を切って境内を清め、続いて獅子舞が始まり神楽が最高潮に達する。五穀豊穣を祈り、祭りを彩る四〇〇年の伝統をもつ神楽である。また、大島区大島、板倉区山部でも地区の人々により神楽・獅子舞が演じられている。（久米　満）→関田神楽（せきたかぐら）

景勝町（かげかつまち）

京都府京都市伏見区景勝町。景勝町の由来は、上杉景勝の伏見邸があったからである。景勝町は東西に貫流する疎水放水路で区切られている。この疎水放水路に「景勝橋」「新景勝橋」が架かっている。新景勝橋の北たもとに「景勝町会館」がある。『上杉家御年譜』に「（文禄四年）同年冬十一月、伏見ノ邸宅落成ノ後、御留守居ニ千坂対馬守ヲ仰付ラル、此ニ依テ越府ヨリ、妻女等当年ノ同参看致サスヘキ旨、直江兼続公命ヲ申伝フ」と、『京都府地誌』（『京都市の地名』日本歴史地名大系27平凡社）に「豊臣氏ノトキ上杉景勝（中略）ノ邸宅タリ、其後廃撤シテ村落トナル」と記されている。伏見城は一五九二（文禄元）年八月、豊臣秀吉の隠居所として築城が始まった。このとき景勝屋敷が建設された。その場所が今日の景勝町の地であった。景勝の伏見邸のあとである。（花ケ前盛明）

籠峰遺跡（かごみねいせき）

県指定文化財・史跡。上越市中郷区大字稲荷山新田字籠峰。本遺跡は、縄文時代の終わり頃の大規模なムラの跡。中央部の広場を多数の掘立柱建物や竪穴住居が取り囲んでいる。調査は一九八四～八六（昭和五九～六一）年に行われた。遺跡を特徴づけるものとして、川原石でつくられた約八〇基の「石棺状配石」がある。頸南地域独自の配石墓として知られている。遺構が集中する遺跡の一部は現状保存されているが、隣接する、ため池の柵で囲まれており見学はできない。説明板がある。（植木　宏）

籠峰遺跡出土品（かごみねいせきしゅつどひん）
県指定文化財・考古資料。上越市中郷区片貝九二番地二（片貝縄文資料館）中郷区にある縄文時代晩期の籠峰遺跡（調査一九八四〜八六年）の出土品で、ミカン箱で二千五百箱以上も出土した。遺物の特徴としては多種多様な祭祀具が挙げられる。特に石冠、土製耳飾、有孔球状土製品、土製円盤などは、一遺跡からの出土数としては全国的にも極めて多量で、縄文時代の精神文化を研究するうえで貴重な資料である。片貝縄文資料館に展示されている。（植木　宏）

風巻神社（かざまきじんじゃ）
祭神は級長津彦（しなつひこ）命・級長戸辺（しなとべ）命である。社伝によると、九四八（天暦二）年、大和国生駒郡立野の龍田神宮から勧請し、五穀豊穣の神として奉祀し、風間城大権現と称した。江戸時代初期より風巻大権現と称す。一八五一（嘉永四）年、宗源宣旨をもって大神宮号を賜り、風巻大神宮と改称したという。古来より近郷の総社として、崇敬が厚い。（花ヶ前盛明）

風間祭（かざまさい）
五月八日、安塚区にある中世の山城「直峰城《のうみね》」跡を永久に保存するため設定された区全体の祭りである。初代城主風間信濃守信昭公を偲び命名、城跡は一九五八（昭和三三）年に県の重要文化財に、その後、松之山・大池と共に県立自然公園に指定された。カタクリ、桜、ヤマブキ、そして秋には、柳葉ひまわりが咲き乱れる。（久米　満）→直峰城跡（のうみねじょうあと）

風間信昭（かざま・のぶあき、生没年不詳）
直峰城（上越市安塚区安塚）はいつ築城されたか、わからない。しかし南北朝時代、直峰城主風間信濃守が越後南朝軍の巨頭として活躍していたことから、鎌倉末期から南北朝初頭の間に築城されたのであろう。風間氏は信濃国水内郡式内社風間神社（長野市風間七八一番地）庄司の出身である。風間氏の安塚進出は鎌倉中期以降のことであろう。足利尊氏とともに鎌倉幕府打倒の功のあった新田義貞は、一三三三（正慶二／元弘三）年八月五日の論功行賞で越後守となった。このとき、風間信濃守は新田義貞の軍事下に属した。一方、建武の新政に不満であった足利尊氏は、一三三五（建武二）年一〇月、後醍醐天皇に抵抗し、翌三年、天皇を吉野山へ押しこめた。義貞は尊氏と手を組めず、天皇を擁立して対抗することになった。同年一一月一九日、義貞は尊氏討伐の勅命により、尊良親王を奉じて鎌倉へ兵を進めた。そのなかに風間信濃守・弟の村上三郎・小国政光・河内為氏・池長久らの姿もあった。一方、和田茂実・色部高長らの下越武士は、尊氏に味方してたちあがった。こうして越後の武士は、両派にわかれて戦うことになった。建武四（延元二）年四月一六日、風間信濃守は、水科・水吉（三和区）で尊氏方の武士と戦ったが、敗れた。翌年、風間信濃守は越前に進撃してきた新田義貞のもとへかけつけた。ところが閏七月二日、総大将新田義貞が討ち死にしてしまった。

風間信濃守は一三五二（文和元／正平七）年八月、尊氏方となった池氏らと蔵王堂城（長岡市）で戦い、ついで大面荘（南蒲原郡栄町）に追い込み、勝利をえた。この戦いののち、風間信濃守は登場しない。おそらく死去したのであろう。以後、直峰城は足利尊氏方となった。（花ケ前盛明）→直峰城跡（のうみねじょうあと）

カジカガエル

カエル目アオガエル科。成体の体長は四〜七センチメートル程度で雌の方が大きい。上越地域では河川渓流部で広く確認されている。体色は灰褐色であるが、体色は環境に合わせて変化する。俗に「河鹿」と呼ばれるように、繁殖期に雄は美しい声で鳴く。産卵は渓流の石の下で行われる。他のカエルが流れのない池や水たまりなどで産卵するのに対し、流水域で行われる。そのため幼生（オタマジャクシ）の口は大きく吸盤状で石に吸い付きやすい構造をしている。（梅林　正）→アマガエル、ウシガエル、シュレーゲルアオガエル、トノサマガエル、モリアオガエル、ヤマアカガエル

カジカの仲間（カジカのなかま）

カサゴ目カジカ科。川の上流から中流域の水のきれいな流れにすむ小型（最大体長約一五センチメートル）のカジカ科の魚。三月頃、川底の石の裏に産卵する。昭和の終わり頃、各河川でダム事業や河川改修が盛んに行われ、その種の姿をみられなくなった時期があった。しかし、近年、理由は不明だが少しずつ増えてきているようである。頸城野に生息しているカジカのほとんどが、大卵型という種であり、陸水域で一生をすごす。国内にすむカジカのなかには、成長とともに海に下る、中卵型、小卵型等の種もいるが、頸城地方にそれらの種の存在はほとんど確認されていない。しかし、川の中流から下流にはやや大型（最大体長約三〇センチメートル）になるカジカの仲間である、カマキリという種がいる。この種は二月から三月に海岸から河口域（塩分が高く暖かい水域）で産卵する。若魚から成魚は五月頃にアユとともに川に遡上し、成長するアユを好んで捕食する。そのため、アユカケという別名をもつ。（高橋　卓）

貸鍬慣行（かしぐわかんこう）

上越地方一帯に、一九六五（昭和四〇）年頃まで広く行われていた慣行である。鍬を製造修理する野鍛冶が高田の町や郊外の主な集落に存在していて、それぞれ春になると各農家の耕作人数分の鍬（平鍬・三本鍬など）を貸し出し（鍬柄は農家持ち）、収穫が済み雪が降る暮れなると鍬と貸し料（昭和二〇年頃までは米二升くらい。平成に入って三千円前後）を回収した。翌年も同じように繰り返していたもので、ほとんど全農家が貸し鍬で耕作していた。ところで鍛冶屋は、毎年借りる人の癖や耕す土質に合うように修理改良して貸し出し、貸し出し中の修理代は無料であった。こうして借りた農民は、安心して常に自分に適合した鍬を使うことができて都合よかった。鍛冶屋の中には、四千丁も貸した者も

居たという。これほど普及し昭和中期まで長く続いたのは、全国的にも珍しいこととされている。現在も小規模ながら数軒が残る。起源は不明。だが、一説（推測）によると、農作業のない冬場は農民から鍬など一揆に使えそうな「武器」を取り上げるために高田藩が設けたとのこと（平成二一年秋、稲田の船崎鍛治屋での聞き取り調査）。（久米　満・石塚正英）

春日神社（かすがじんじゃ）

上越市春日に鎮座。祭神は天児屋根命《あめのこやねのみこと》・武甕槌命《たけみかづちのみこと》・経津主命《ふつぬしのみこと》比《ひ》売神《めかみ》である。社伝によると、九五八（天徳二）年、奈良の春日大社を鉢《はち》が峰《みね》の山上に祭った。その後、守護上杉氏が春日山築城に当たり、現在地に遷座したと伝える。おそらく、将軍足利尊氏の命で上杉憲顕が越後守護として入国したとき、上杉氏の祖神春日大社の神霊を祭ったものであろう。春日山の名称は春日大社の分霊を勧請したことに由来する。神社には福島城主松平忠輝《ただてる》寄進状、三代将軍家光朱印状などがある。一六〇七（慶長一二）年、堀秀《ほりひで》治《はる》の子、忠敏が春日山城を廃し、福島城（上越市港町）に移った。その際、春日神社の分霊を福島城下に祭った。春日新田三の春日神社がそれである。（花ヶ前盛明）

春日山城跡（かすがやまじょうあと、鉢ヶ峰城）

①中世山城跡・史跡

上越市春日区中屋敷、大豆、春日地内。国指定文化財。春日山城は、戦国時代の名将上杉謙信の居城跡として知られ、中世山城の様相を比較的よく残している。高田平野の西縁、南葉丘陵の北端に位置する標高約一八〇メートルの春日山に築かれた。山頂からは高田平野を一望にし、さらに支城砦群が点在する頸城連山の複雑な山並みや日本海をも望むことができる。城としての範囲は東西、南北ともに二・五キロメートルほどで、点在する遺構は大小二〇〇ヵ所以上の削平地（屋敷など）が階段状に連結され、数一〇ヵ所の堀切・竪堀や土塁の構築などきわめて規模は大きい。本丸西側直下の大井戸は、廃城後四〇〇年を経た今も枯れることがない。また山裾には竪物堀《けんもつぼり》と呼ばれる延長一・二キロメートルにおよぶ堀と土塁の総構《そうがまえ》が築かれており、中世から近世への築城技術の推移もうかがわれる。謙信は出陣中も、春日山城の留守将にしばしば城の普請や防禦について指令を発している。書状によれば、当時、春日山城には各種の蔵があり、大門・大手門が構築され、実城（本丸）や二の郭、三の郭に塀が築かれていた。春日山城の構築年代は明確でないが、今に残る姿に整備されたのは謙信・景勝の頃と推察される。一五九八（慶長三）年に景勝は会津（福島県）に転封となり、替って堀秀治が北庄城（福井県）から入城した。堀氏は一六〇七（慶長一二）年に福島城（上越市港町）を築いて移ったので、上杉氏による越後支配の拠点であった春日山城は廃城となった。現在、謙信公銅像の奥に春日山神社があり、さらに山頂本丸まで二五分ほどで登れる。また城跡前面の山裾には、林泉寺・春日神社があり、さらに埋蔵文化財センター、ものがたり館の施設や東城砦がある。毎年八月、謙信公祭が盛大に行われている。（植木　宏）→写真ページ

②文献史料

二〇〇九（平成二一）年度NHK大河ドラマ「天地人」の放映によって脚光を浴び、その後観光客が絶えない。春日山城は山城として知られるが、「カタクリ」が群生するなど自然の宝庫でもある。春日山城は一五〇四〜二〇（永正年間）に築城された戦国時代を代表する城郭である。春日山城については一五六〇（永禄三）年『長尾景虎掟書』によれば、春日山の要害化を命じるとともに、見通しを悪くするため、竹や木を伐採しないよう命じていることから、この時期に要害として整備された。その後一五六四（永禄七）年には関東出陣の合間をついて、武田信玄が信越国境まで進軍したことにともない、同年『上杉輝虎書状』によれば大門・大手門の普請を命じている。また一五七〇（元亀元）年には、北条氏秀を養子とし、春日山城二之郭に住まわせ、二之郭を「御城中」と称した。また一五七三（天正元）年の謙信の書状によれば、二之郭・三之郭まで塀の普請が命じられ、防備が一層固められたことが分かる。春日山城に関する文献史料は乏しく、その具体的な姿を知ることはできないが、今後は、絵画史料など既存史料の再検討や、新規史料の発見などにより、春日山城の新たな姿を知ることが重要であろう。（菅原邦生）

春日山城絵図（かすがやまじょうえず）

春日山城（新潟県上越市大豆）は、上杉謙信の居城であった。一三四一（暦応四）年、上杉憲顕が越後に入国した際、春日山城を築城したと考えられる。以後、上杉氏の越後統治の中心となった。一五九八（慶長三）年、上杉景勝が会津（福島県会津若松市）に移封となると、堀秀治が入城した。その子忠俊が一六〇七（慶長一二）年福島城（上越市港町）を築いて移ったため、廃城となった。この「春日山城絵図」（新潟県立図書館蔵）は、一七〇二（元禄一五）年製作の写しである。「此山城ハ天清自然ニ生出之山城也、山高谷深シ近山遠山重々ニ要ガイト成ル」と書かれている。この絵図に「直江山城」と書かれている場所は、今日「直江山城守宅址」の石柱がたっているところである。ここは本丸北下方、毘沙門《びしゃもん》堂、お花畑のすぐ下である。ここを下る道が搦手《からめて》道で、春日山神社に通じている。（花ケ前盛明）

春日山城史跡広場（かすがやまじょうしせきひろば、ものがたり館）

上越市大豆（春日山城麓）にある史跡広場。春日山城の北東端に位置し、楼門地区と呼ばれている。昭和四七、五五年に国の史跡に指定された。春日山城の総構があって、水を張った堀や土塁が築き上げられていたところ。約二・五メートルの土塁は、ほぼ当時同様に復元されている。出土品から、土塁の土の上に薄い板の塀があったと推測できる。また柱跡からの掘立柱建物の復元や空堀跡が遺されている。ものがたり館は、春日山城自体大きなものであったから、概観を把握しやすいようにビデオや城の図等の展示で、理解しやすいように展示している。川中島合戦図屏風（複製）も展示してある。（青山増雄）

春日山神社（かすがやまじんじゃ）
春日山城の中腹新潟県上越市中屋敷に鎮座。祭神は上杉謙信、菅原道真、武甕槌神《たけみかづちのかみ》、経津主神《ふつぬしのかみ》である。一八九〇（明治二三）年、旧高田藩士小川澄晴が春日山城に上杉謙信公を祀る神社を創建するべく、同志と図って運動を展開。明治二七年に許可が下り、春日山城跡の通称「老母屋敷」の地に造営、同三四年に遷座した。同三九年一一月一五日に県社となる。春日山神社の位置は、一七〇二（元禄一五）年の『春日山城絵図』では「柿崎和泉」と、『頸城郡誌稿附図』に、「謙信・景勝その後堀久太郎屋敷」と記されている。旧米沢藩主上杉家から「紺地日の丸」の旗、白地「毘」の字の旗、懸かり「龍」の旗を拝領し、社宝とした。（花ヶ前盛明）

家政女学校（かせいじょがっこう）
潟町区土底浜藤縄正朔《しょうさく》が私立女子裁縫学校として創立。実際には娘のヒサが準備したが未成年であったため父が創立者となった。一九〇四（明治三七）年、高田の四の辻（旧・新潟大学高田分校裏手）に借家して開校した。初代校長は東京渡辺裁縫女学校（東京家政大学の前身）を卒業した娘のヒサで、第二校長はヒサの姉で長岡女子師範学校卒・日本女子大学校中退の姉フジ（結婚して古川フジ）であった。当初、学級編成は普通科（二ヶ年）普通速成科（六ヶ月）高等速成科（六ヶ月）であった。一九〇八（明治四一）年、寺町の善行寺境内を借り校舎新築。昭和二五年、学校法人古川学園となった。その間、校名は高田実科女学校（大正七年）、高田高等家政女学校（昭和二年）、高田家政高等学校（昭和二三年）、高田女子高等学校（昭和二六年）となり、現在は私立上越高等学校（寺町三丁目）と称している。（青山増雄）↓女子実業学校

風の三郎（かぜのさぶろう）
新潟県の中越から上越一帯に営まれてきた風の神に関する信仰・儀礼。風の神信仰は、もともとは農耕庶民の営む名もなき儀礼を下敷きにしている。こちらは吹いて欲しくない風（の神）を撃退するか、あるいはせめて村はずれでやり過ごすかするための儀礼である。それが元来の「風の三郎」儀礼である。けれども、やがて農山村にも人智のおよぶところとなるや、風の神は仏教や神道の神格と習合し「志那都比古命」「風大神」など崇高な名称を備え、本来はやってきてほしくない暴風（風の三郎）を撃退する役を演じるようになる。しかし、もともとの儀礼はそう簡単には廃れない。そこに「風の三郎」儀礼の特徴がある。暴雨を制御する神でなく、暴風そのものにもなる風の神について、かつて農民は鎌で対決する儀礼「風切り儀礼」を行なった。かつて中里村（現・十日町市）ほかで行われていたこの風切り儀礼は、神事としては信州諏訪大社の薙鎌儀礼と関連し、薙鎌は、日本神話における奴奈川姫と建御名方命母子に因む儀礼「薙鎌打ち神事」で用いられる神器である。鳥の嘴のような形状（元々は蛇と思える）をし、神木の幹に打ち込んでそのままにしておく。中には表皮に覆われてしまうものもある。この儀礼は、糸魚川から諏

訪に向かう姫川上流（信越国境）にある境の宮（長野県北安曇郡小谷村中股）二箇所小谷村戸土）・小倉明神社（長野県北安曇郡小谷村中股）二箇所で諏訪神社（長野県諏訪市）の御柱祭前年、つまり七年に一度、交互に行われてきた。本儀礼は糸魚川地方では「薙鎌祭」として現在に伝えられている。農民たちの間では草刈鎌を打ち込む事例がある。ようするに「風神の怒声を静め」「風神を征服する」儀礼なのである。（石塚正英）→薙鎌（なぎかま）

風祭り（かぜまつり）

田植え時や実りを前にしての強風や台風は、稲の大敵である。特に台風の季節である二百十日（九月一日）の前後、嵐を除け豊作を祈願して神仏を祭る。安塚区、大島区には、五月八日、土用丑の日、二百十日、二百二十日などに、「風の三郎」祭りと称し山の上にある風の神の祠にお神酒を供え、また、神仏の前で若い者が太鼓を叩き続けて祈願する集落があった。また、桑取地区では、八月一六日過ぎ、日取りは集落によって異なるが、神社からお札をいただき、風当たりの強い所に青竹に挟んで立てるとか、御幣を最も高い木の梢に掲げる集落があった。また、かつて七月二〇日・土用の入りには、人々の多くが南葉山に登拝して神に祈った。南葉神社の三神には、俗に風吹銭《かぜふきぜん》と呼ぶ風の神も含まれている。この時に頂いたお札を茅の棒に挿し、田に立ててお守りとしたという。吉川区には、七月二〇日頃・土用丑の日は農家の厄日として農休みにし、風の災いのないよう静かに祈った所や尾神岳の「風穴」に風を当てないようにしたという所がある。（久米　満）

→南葉山（なんばやま）

カタクリ

ユリ科の多年草。一〇センチメートルほどの葉を二枚つけ、一五センチメートルほどの茎を伸ばして五センチメートルほどの紅紫色の花を咲かせる。早春の里山を代表する花で、上越地方にも群生は多い。花が咲くものは必ず葉が二枚あるが、花が咲かないものは一枚。花が咲いたものも翌年花が咲かないと一枚葉になる。伐採や下草刈りなど人の手が入った明るい土地ではときに大群生する。（清水尚之）→里山の植物（さとやまのしょくぶつ）

片葉の葦（かたはのあし）

①弘法大師

越後七不思議（片葉の葦、八ツ房の梅、数珠掛桜、三度栗、逆竹、つなぎ榧、焼鮒）の一つ、五智国分寺の鏡ケ池にまつわる伝説である。昔、旅のみすぼらしい僧が五智の何軒かの家に寄り一杯の水を求めたが、水の乏しい所でもあり家人たちはすげなく断った。旅僧は、何を思ったか砂丘に立ち静かに読経を始めた。そのうちに日も沈み星が瞬くころになって、にわかに黒雲が沸き起こり大粒の雨がどっと降ってきて、その雨水が僧の足元に溜まり池となった。僧は、その水を飲み渇きを潤し、翌日からそこに庵を建て、池の水面を鏡にして自分の姿を映して（鏡ケ池）仏像を刻み始め、葦の葉の草笛を吹いて誘惑する地獄の魔女にも心乱さず何日か後に完成させた。仏像には「空海刻」の字があり、村人は後に僧が弘法大師だったことを知った。それ以来この池に生える葦は、すべて片葉だという。全国には様々の「片葉の葦」伝説があるという。（久米　満）→弘法清水（こうぼうしみず）

②親鸞聖人

親鸞聖人は一二〇七（承元元）年、念仏すれば救われるという専修念仏の教えが禁止され、越後国府に流罪となった。時に三五歳。居多ヶ浜に上陸した親鸞聖人は居多神社に参拝し、「すゑ遠く法を守らせ居多の神　弥陀と衆生のあらん限りは」と詠み、神仏に供え、はやく赦免になりますように、念仏が盛んになりますように、と祈願したところ、一夜のうちに居多神社境内の葦が片葉になったという。今日も境内に群生している。居多神社には、前記の御詠歌と「親鸞聖人日の丸の御名号」が所蔵されている。境内には、親鸞聖人石像と親鸞聖人御詠歌の碑がある。（花ヶ前盛明）

カッコウ類（カッコウるい）

カッコウ目カッコウ科。日本のカッコウ類は、カッコウ、ホトトギス、ツツドリ、ジュウイチの四種で、すべて南の国から渡ってくる夏鳥で、上越地方にもこの四種が生息する。カッコウは平野部から里山の開けた所を好む草原性の鳥、他の三種は森林性の鳥で奥山の方にすみ、いずれも相当標高の高い所にも現れる。この類は托卵鳥と言われ、自分では子育てせず、他の鳥の巣に卵を産みつけて雛を育ててもらう変わった習性を持つ。托卵する仮親は種類によって大体決まっている。カッコウはヨシキリ、モズ、オナガなど、ホトトギスは主にウグイス、ツツドリはウグイス科のセンダイムシクイ、ジュウイチは主にコルリで他にルリビタキ、オオルリなど。近年カッコウが減少してきている。（山本　明）

勝山城跡（かつやまじょうあと、落水城）

中世山城跡・史跡。糸魚川市青海区落水。勝山城は、青海川の西方約一・五キロメートルの地を根底として、日本海からきり立つ標高三二八メートルの勝山にある山城である。別名を墜水城（おちりみず）という。山頂からは北陸道を眼下に見下ろし、西は越中宮崎（富山県）の先端をも望む。遺構は、山頂尾根約六〇〇メートルを中心に八条の堀切や竪堀で区切り、郭を設け、その内側斜面に削平地や井戸がある。特色ある遺構は井戸で、暗渠（あんきょ）水路溝と通して水くみ場に集水する仕組みになっている。歴史的な背景は村史や町史に記録されているが、中でも上杉景勝と豊臣秀吉の会談説は興味深い。春日山城の支城として、越中方面に対する監視と防備の要城だったであろう。（植木　宏）

金津憲太郎桶店（旧）（かなづけんたろうおけてん・きゅう）

上越市仲町四丁目（旧桶屋町）、上越市所有。建築年代は江戸時代末頃と推定されている。当時より桶屋を営み、板張りのミセで仕事を行い展示販売もしていた。一列三室形式であり、現在もほぼ同じ状態で残されている。建物は雁木から主屋まで切妻屋根で覆い、棟で段差をつけて東向きの明かり窓を設けている。吹き抜けのチャノマから階段で裏二階のザシキに上るが、屋根の低い表二階は材料置き場で、一階からはしごを掛けて上がった。店と雁木の間に、摺り揚げ戸を設けて、昼間は戸を揚げて採光していた。雁木部分は天井を張らずに高い屋根裏がそのまま見える。造り込み式よりも素朴な形である。二〇〇四年より上越市の所有となり定期的に公開見学を行っている。（関　由有子）→町家（まちや）

金谷山（かなやさん）

南高田駅の西に展開する丘陵地の一画、標高九〇メートル程度の山、男山・女山の山頂は赤土で大木がなく、一帯は金谷山公園となっている。山頂部に木が無いのがスキー練習に適したとされ、一九一一（明治四四）年、ここにおいて日本で初めてスキーの実技教授が行われ、翌年には日本で初めてのスキー競技会（高田日報主催）がこの地で行われた。男山山頂には「大日本スキー発祥之地」の碑が一九三〇（昭和五）年に建立され、女山にはスキー術を伝えたレルヒ少佐の銅像が一九六一年に建設され、鞍部には日本スキー発祥記念館がある。また、七世紀後半・白鳳期の仏像と類似点が多いとされる銅造如来坐像（国指定重要文化財）を安置する医王寺薬師堂（徳川二代将軍秀忠の娘勝子・高田姫が創建したとされる）や会津藩士の墓などの他、種々の記念碑が建つ。レストランの他、市営BMX場・スーパーボブスレー場などあり、山上から眼下に広がる上越の市街・高田平野の眺めは格別である。（久米　満）→会津墓地（あいづぼち）、レルヒ祭（レルヒさい）

金山城跡（かなやまじょうあと）

中世山城跡・史跡。糸魚川市田伏。市指定文化財。金山城は、早川の西岸に築かれた山城である。標高一九六メートルの山頂主郭からは、東側に早川谷と不動山城、西側に糸魚川一帯を望むことができる。主郭の広さ一〇×二四メートルを中心に、郭、削平地、堀切、竪堀、盛り土、井戸などが残っているが、複雑な自然の地形を利用した所が多く人工的な部分は少ない。不動山城の支城として築かれ、海岸線の掌握、越中からの侵入を阻止する構えをとったものと考えられる。館は城の東裾で、早川を控えた田屋にあり、発掘調査も行われた。（植木　宏）

金谷村（かなやむら）

金谷村は高田平野の西部を占め東は旧高田市、和田村と、西は桑取、谷浜と南は矢代斐太村とそして北は春日村とそれぞれ境し総面積二九〇七町九反一畝二一歩（金谷村役場土地台帳昭和二四年八月一五日現在）明治維新高田県が柏崎県に編入、その後明治六年六月柏崎県が新潟県に合併新潟県内は最初区、小区邑番組に区分され金谷村の部分は第八大区小一一区、一二区、第九大区小一区に定められた。明治一一年七月郡区町村編成法発布により頸城郡が三郡となり郡区役所を設け郡長、村には戸長をおいた。明治二二年四月町村制が実施され、町村合併し町村役場が設けられた。下ノ郷は飯に、北大崎村は灰塚に役場を設けた。明治三四年一一月郡制実施により下ノ郷（大貫、飯、滝寺、下正善寺、中正善寺、宇津尾、上綱子、中ノ俣）の一部と北大崎村（中門前、下小滝、下馬場、朝日、後谷、黒田、灰塚、地頭方、青木、京田、向橋、上中田、塩荷谷、儀明、上湯谷）の一部が合併されて金谷村が誕

生し、連合役場ができる。昭和二三年中田原が付け加えられた。（内藤　隆）

金谷詣と婆相天（かなやもうでとばそうてん）
謡曲『金谷詣』は、一六八九（元禄二）年、芭蕉が「奥の細道」の旅のなかで越後路に入り高田を訪れた時、当地の名所旧跡を回り金谷山から展望、その他聞き及んだことなど主題にしている。関係者の努力で謡本《うたいぼん》が刊行されたのは、一九八六（昭和六一）年。同じく謡曲『婆相天』は、有名な「安寿姫と逗子王丸」の原典。しかし、室町時代以来忘れられていたが、太平洋戦争後、渡邉慶一によって原典が発見され、平成に入り詞章《ことばがき》が発見され、市民や関係者の協力で一九九九（平成一一）年、市文化会館において五〇〇年の時を越えて幻の『婆相天』が上演され、つづいて二〇〇一（平成一三）年、上越市発足三〇周年を記念し東京国立能楽堂において上演され、全国から集まった人々に大きな感動を与えた。（久米　満）→安寿と厨子王の物語（あんじゅとずしおうのものがたり）

金子杏庵（かねこ・きょうあん、一七七七〜一八五七）
藩医、吉川区天林寺生まれ。江戸末期、私塾を開く。二二歳、吉川区天林寺で大肝煎を務めた。しかし、一八〇三年、医学を学び、二〇年後江戸へ出る。四六歳、紀州お抱えの御用医となる。儒学の造詣が深く、実証的な儒医として名をはせる。著書に『産科撮要』『奇方撮要前編』がある。一八三七年、本田大膳屋敷内で塾を開き、多くの大名の子弟に教育を授けた。（青山増雄）

金子大榮（かねこ・だいえい、一八八一〜一九七六）
僧侶。仏教学者であり思想家。高田・真宗大谷派最賢寺に生まれる。大谷大学卒業の後、清沢満之《きよざわまんし》創刊の雑誌『精神界』の主筆となる。大谷大学や広島文理大学（現・広島大学）で教授を歴任。真宗大谷派宗務顧問となる。数多い著作により、伝統的な仏教の教学・信仰を近代思想界・信仰界に開放。東本願寺が教学特別功労者として表彰。『教行信証の概要』『観無量寿経講話・上下』等多数。（青山増雄）

かぼちゃ祭り（かぼちゃまつり）
九月九日・一〇日は、大町五・五ノ辻稲荷社の祭り。この日、必ず神前にカボチャを供えることからいう。その起こりは、天明の頃、農業に詳しい神主中島左近（現・大島区出身）が、飢饉で苦しむ人々を救うために新しくカボチャの栽培を奨励した。その後、栽培は高田藩の協力もあって普及し、天保の飢饉には多くの人々を救った。その後、近在の農民たちは感謝をこめ、秋祭りにはカボチャを持って集まるようになったという。境内に長者原と関わりをもつとされる観音堂（胞衣姫観音・安産祈願）がある。（久米　満）

神棚祭り（かみだなまつり）
清里区・板倉区などでは、毎年一月上旬から二月にかけて、家々それぞれに神職を迎えて、自家の神棚祭りを行うことを慣習としている所がある。神棚には必ず米一升とお賽銭を供え、家内安全・開運招福・五穀豊穣を祈る。最近では、集落集会所で全戸一括して祭りを行う所もある。（久米　満）

上深沢城跡（かみふかさわじょうあと）

中世山城跡・史跡。上越市清里区上深沢。上深沢城は、上深沢集落の裏山に位置し、標高一五〇メートル程を車で登り、城跡入口の標柱がある所から歩いて五分くらい下ると城跡のある通称「城山」に至る。遺構の内容は尾根先端部を大堀切で切断し、背後の山並みとの接続を断ち、その先端部を普請したものである。削平地、土塁、堀切のほぼ単郭式の小規模な砦である。遺構範囲は、東西、南北共に一五〇メートルほどの中に集中する。主郭は五五×四五メートルほどの広さで、やや傾斜している。大堀切は上面幅四、深さ三、長さ五〇メートルを測る。山頂を中心に普請される築城としては区別される特色がある。（植木　宏）

亀石（かめいし）→**猿石・亀石**（さるいし・かめいし）

カメ類（カメるい）

カメ目イシガメ科。カメは爬虫類の仲間である。上越地方で見られるカメ類は、ニホン在来種のクサガメとイシガメ、そして外来種のミシシッピーアカミミガメ（ヌマガメ科）の三種である。いずれも池沼、川に見られる。クサガメは甲羅に三本の隆起があり、頭の側面は黄緑色の模様がある。イシガメは甲羅の中央が隆起している。ミシシッピーアカミミガメは名前のとおり、頭部目の後ろが赤い。イシガメはゼニガメ、ミシシッピーアカミミガメはミドリガメとして夜店やペットショップで売られている。ミシシッピーアカミミガメは原産地のアメリカ合衆国から輸入されたもので、ペットとして飼育していたものが逃げたり、放されたりして野生化しており問題である。また、イシガメもペットとして購入したものが、自然に放されるなど、池沼などで見られるカメ類が、昔から上越地方に生息していた在来種かどうか疑問である。（梅林　正）

瓦窯跡（がようせき）

高田城の補修に際して使用した屋根瓦を焼いた窯跡。一九九六（平成八）年の発掘調査（財団法人新潟県埋蔵文化財調査事業団）をもとにするかぎり、堀向瓦窯跡（上越市黒田字堀向）がその遺跡と確認される。ここでは一七世紀後半から一八世紀前半まで登窯が造営され、主に赤瓦（高温になる登窯で焼成）が生産されたとみられる。高田築城に際しては青瓦（高温にならない平窯で焼成）が使用された。直江津の福嶋城から青瓦を運んでそれを部分的に使用したとも考えられるが、一六六五（寛文五）年の大地震後の補修ではそれまでの青瓦にまじって堀向瓦窯で生産した赤瓦が使用された。その後一七五二（宝暦一）年の大地震後は、瓦葺きでなく板葺きにかえられていき、瓦生産は行われなくなった。なお、高田築城以前にも瓦は堀向の近く、灰塚一帯に造営されていた平窯で生産されていたことが、地元研究者吉川繁による一九九三（平成五）年までの数十年にわたる調査（窯跡および青瓦確認）で判明している。ちなみに、吉川はつとに、高田城に用立てた瓦は河波良稲荷（瓦焼稲荷、上越市仲町二丁目）で焼いたという通説に対しては、同稲荷からは瓦片も窯跡も発見されていないことを根拠に異論を唱えてきたが、それは新説として評価できる。そのほか黒田字向橋には、一九六七（昭和四二）年の発掘で古代前期の瓦窯跡が発見されている。これは越後国分寺との関連で関心をもたれる。（石塚正英）→高田城跡（たかだじょうあと）

韓神信仰（からかみしんこう）

「裏日本」は古代においては日本の「表玄関」であり、能登・越後を中心に北陸地方には大陸・半島からさまざまな文物（例えば、金銅製の冠帽、角杯土器、環頭大刀など）が入ってきた。対岸諸地域から日本海を渡ってきた渡来人たちは「裏日本」地域に様々な最新技術や情報、風習や信仰をもたらした。「裏日本」文化は、大陸・半島からの渡来人の影響を濃厚に受けてきたことは明らかである。渡来系氏族が信仰した神を総称して韓神（からかみ）と言い、その信仰を「韓神信仰」と言う。日本海の対岸諸地域から直接北陸道に招来された韓神信仰の中には例えば、「十一面観音信仰」などが含まれていたと言われている。古代越地方で盛んに行われた、雨乞いの為の「殺牛馬」の儀式も、韓神信仰が深く関わっている。他に、越前を中心に見られる「鶏の神聖視」なども韓神信仰の一つと言えるであろう。（唐澤太輔）→殺牛馬（さつぎゅうば）

唐野山城跡（からのさんじょうあと）

中世山城跡・史跡。上越市浦川原区岩室。唐野山城は、岩室集落の東方裏山で歩いて約二〇分、標高二七一メートルの唐野山頂に位置する山城である。保倉川や高谷川にはさまれて、ひときわ高くそびえ要害の山である。山頂主郭は一八×一五メートルで、現在、薬師如来像を安置する堂が建てられている。遺構は、尾根とその両端に削平地、空堀、腰郭、井戸など多くの工作が残っている。西南方向の尾根を下ると家ノ浦城跡へ至る。築城時期や歴史は不明である。その昔、坂の上田村麻呂が蝦夷征伐の折、ここで駒をとめ休憩したという伝説がある。（植木　宏）

雁金城跡（かりがねじょうあと、花ヶ崎城）

中世山城跡・史跡。上越市頸城区花ヶ崎。雁金城は、頸城区大字花ヶ崎地籍と浦川原区大字上岡地籍の境をなす、標高一五六メートルの尾根を中核として、周辺に縄張りされた山城である。大池の東側に複雑な山並みで岐立（きりつ）する尾根頂上を利用したもので、ほぼ南北に伸びる尾根筋約四〇〇～五〇〇メートルに郭、削平地、空堀、土塁、竪堀など山城としての特色遺構を多く残している。主郭は一六×二五メートルの広さで、周辺を空堀、竪堀、郭、削平地などで防備している。この主郭から北東へ尾根づたいに二〇〇メートル程進むと、堀切を挟んで郭が二ヵ所あり、いずれも三方が土塁で囲まれている。また、主郭より尾根づたいに南西方向へ約二〇〇メートルの所に、一段高く平坦地があり、周囲に数段の削平地や空堀が認められる。全体的にかなり規模の大きな尾根城だったことがわかる。築城時期や歴史は、はっきりしないが、戦国時代には、越後府中から直峰城下へ通じる脇道としての、花ヶ崎街道の重要な監視砦だったと考えられる。（植木　宏）

川合直次（かわい・なおじ、一八七四〜一九三九）

第三代高田市長。直江津川端町（現・中央三丁目）の回船問屋、川合謙造の長男として出生。父の死により一五歳で家督を継ぐ。一八九八（明治三一）年に直江津で起きた大火の際、罹災者の救済や町の建て直しに尽力。翌年、中頸城郡会議員となり政界へ。県会議員、衆議院議員を経て、一九二四（大正一三）年、第三代高田市長に就任。上下水道をはじめとする近代的な都市インフラの整備や、全市にわたる区画整理と町名改称の実施、観桜会や謙信公祭、スキー祭を創始した。一九三六（昭和一一）年二月の退任まで二〇年以上市長を務め、高田のまちづくりに力を注いだ。短歌や俳句など文芸にも通じ、一九三八（昭和一三）年に公募された『昭和万葉集』（改造社刊）に「よく見れば高田の兵なり手を挙げて礼をなしていく松花江畔」が選ばれた。増村朴斎、相馬御風、小川未明などと親交。一九二九（昭和四）年に発表された「高田市歌」の作詞を手がけた。（桑野なみ）

カワウ

ペリカン目ウ科。カラスより大きい黒色の鳥。ウミウに似るが、内陸の池沼、河川に生息する。日本のカワウは一九八〇年代から増え始め、九〇年代に急増してきた。上越では九〇年代半ばから現れ、以来次第に数を増し二〇〇〇年代以降急増してきた。魚が主食のため各地の池沼や河川、更には養魚池にも現れて魚を獲り、その被害が問題となっている。サギ類などと同じくコロニーをつくって繁殖する。上越地方では一九九七年朝日池にコロニーをつくりかけたが途中で放棄した。その後二〇〇九年現在、上越地方でカワウのコロニーは見つかっていない。（山本　明）

川上善兵衛（かわかみ・ぜんべい、一八六八〜一九四四）

日本ワインの父。岩の原葡萄園創始者。一八六八（慶応四）年、北方村（現・上越市北方）の地主川上家に出生。父の死により七歳で当主となり、善兵衛を襲名した。明治の時代を体感しながら成長した善兵衛は、殖産興業の必要性を感じ、親交のあった勝海舟にぶどう栽培を表明。一八九〇（明治二三）年、自分の持つ土地で収穫したぶどうを使ってワインの製造を開始した。試行錯誤ののち、石蔵や地下水、雪による冷却など雪国の特性をいかしたワイン造りを確立。また、ぶどうの品種改良にも取り組み、虫害や多湿に強い日本初の醸造用品種となるマスカット・ベリーAを開発した。郷土への思いを強く持ち、地元農村の振興に力を注いだ善兵衛は、日露戦争直前の一九〇〇年代初期、郷土高士村に放射状道路を建設して近代的都市整備を行なった。また反面、農本主義的な思想を培い、顕聖寺住職でありつつ日韓併合に動いた武田範之の伝記を著した。一九四四（昭和一九）年に七六歳でこの世を去る。岩の原葡萄園（上越市北方）向かいに「川上善兵衛資料館」がある。（桑野なみ）→大地主の建築（おおじぬしのけんちく）、顕聖寺（けんしょうじ）

川上直本（かわかみ・なおもと、一八三一～一八八九）

旧高田藩士。高田尾張町（現・南城一丁目）に出生。戊辰戦争では旧幕軍との交渉にあたる。一八七一（明治四）年、廃藩置県が行われ県となった高田藩の執政（のちの大参事）を務め、維新期の動向決定を指揮した。また川本は、明治一二年一一月、呉服町（現・本町三丁目）に開業した第百三十九銀行の頭取や、初代東頸城郡長などを歴任。幕末から明治初期の高田の政治・経済を担う一人として活躍した。晩年は東京に移住するが、脳出血のため五八歳で死去。（桑野なみ）

河田長親（かわだ・ながちか、一五四五～八一）

豊前守。禅忠。岩鶴丸。九郎左衛門。上杉謙信の奉行人。近江国守山（滋賀県守山市）の出身。一五五九（永禄二）年九月七日、謙信上洛の際、日吉《ひえ》山王権現参拝のとき召し抱えられて謙信側近となり、栖吉城（長岡市栖吉）主となる。永禄五年一一月九日、坂戸城（南魚沼市坂戸）城主長尾政景は河田長親に起請文を納める。その際、居多大明神に偽りのないことを誓った。永禄一二年、魚津城将となり、越中守将たちを統轄。永禄一二年一一月五日、長親は、居多神社神主花ヶ前孫三郎盛貞に宮津八幡宮（魚津市宮津）社職を与えている。一五七七（天正五）年一二月二三日の上杉軍団動員名簿『上杉家家中名字尽手本』に名を連ねている。天正六年の御館の乱の際、上杉景勝に味方。天正九年四月八日、魚津城で死去。（花ヶ前盛明）

川渡り餅（かわたりもち）

高田地区で一一月三〇日から一二月一日にかけて食するあんころ餅。「川渡」は季語の一つ「乙子の朔日（おとごのついたち）」あるいはその別名「川渡しの朔日（かわわたしのついたち）」に関係し、「おとご」すなわち最後の月の一日未明に子どもたちが「カワタリモチヤーイ」などと売り歩くのは、当地の風物詩であった。昭和一五年、戦争で物資不足となり中断、戦後復活したが売り声は無く、餅は菓子店の店頭販売中心となった。一二月一日に餅を食べると災難除けの効があるとする所があるが、当地では、謙信が川中島の戦いで出撃の夜、将兵を力づけるために食べさせたとされ、毎年どの家で必ず口にする。かつては頸城野以外でも各地でその日に餅を食べる慣わしがあった。なお、『上越市史』第五巻に次の解説がある。「高田には、一二月一日に「川渡餅」を食べる風習があり、そのため当日未明に餅を売り歩く人々がいた。経済的に貧しい家庭の児童が比較的多かった当校（東本町小学校）には、その日「川渡餅」を売り歩く子どもが多かったという。」昭和恐慌に際しては、昭和五年の一一月末日から翌朝にかけて川渡り餅の売れ行きはさっぱりだった。しかしその味と風習は現在に伝えられ、学校給食にも出されている。（久米　満・石塚正英）

川中島の合戦（かわなかじまのかっせん）
上杉謙信と武田信玄の勢力争い。一五五三（天文二二）年、村上義清、高梨政頼、井上清政、須田満親、島津忠直らの信濃諸将が信玄に領地を奪われ、景虎に援助を求めてきた。景虎は天文二二年、弘治元年、弘治三年、永禄四年、永禄七年の五回にわたって川中島に出陣し、信玄と戦った。そのうちもっとも激烈をきわめたのが、永禄四年の第四回川中島の合戦である。八月一四日、政虎は一万八千の大軍を率いて春日山城を発し、川中島南方の妻女山に布陣した。知らせをうけた信玄も急いで海津城に入り、政虎と対峙した。信玄は九月九日夜半、本隊八千を八幡原に移し、一万二千の別働隊を妻女山背後から政虎を攻めさせた。世にいう「啄木鳥の戦法」である。一方、政虎は海津城からたちのぼる炊煙信玄の夜襲作戦を察知したという。亥刻（午後一〇時頃）政虎は妻女山をくだり、鞭声粛々夜千曲川を渡って信玄の陣どる八幡原に兵を進めた。翌一〇日の朝六時すぎ、八幡原をつつんだ濃霧が晴れると、決戦の火蓋が切って落とされた。早朝から午前一〇時頃までは上杉軍が優勢であったが、妻女山へまわった武田軍別働隊が到着してからは、形勢が逆転した。政虎はこれ以上戦闘を続けることは不利であると判断し、全軍に善光寺平へ退却するよう命じた。上杉軍が犀川を渡りかけたところ、武田軍の激しい追撃をうけた。しかし殿軍《しんがり》の甘粕近江守はすこしも騒がず、隊列を崩さず、整然と全軍を退却させることに成功した。そのときの殿軍ぶりはじつにみごとで、武田軍さえも称賛したという。合戦が終わると、政虎は手柄のあった諸将に「合戦での忠功、政虎は生涯忘れません。今後とも忠節を尽くして下さい」という血染めの感状を与えた。（花ヶ前盛明）→血染めの感状（ちぞめのかんじょう）

カワネズミ→ジネズミとカワネズミ

観桜会（かんおうかい）→高田公園（たかだこうえん）

雁木・雁木通り（がんぎ・がんぎとおり）
雁木は街路に面する町家の出入り口に、雪よけとして掛けられた支柱付の軒庇である。個々の町家の軒が連続することにより、雁木通りとして雨・雪・日よけの通路が形成される。両隣の雁木とそろえるように雁木を設けて、個別の雁木が連なって、長い雁木通りを形成してきた。「私」の土地を「共有」することで、「公」の通路という役割を担ってきた。一六一四（慶弔一九）年の城下町開府当時にはなく、寛永から寛保年間にかけて整備されたと考えられる。『雪中歩行不自由に依りて、後片庇を卸したる故』と寛保三年の記録にある。主屋の一階上で二階の窓下から、道路側に立てた柱と軒桁まで垂木を渡して片流れ屋根とする落とし式雁木が大半である。主屋と一体の大屋根として、雁木上部の二階に物置や居住空間を設けたものは、造り込み式雁木と呼ばれ、今日では数少ない。（関　由有子）→町家（まちや）、城下町（じょうかまち）

寒九の水（かんくのみず）
一月中頃から大寒に入る。九日目の水を汲んで漬物に入れると、漬物の味が変わらないとか、この水を飲むと一年中風邪をひかないと言う。この時期に餅（寒餅）を搗いて、所により赤・緑に色をつけ、短冊に切り、藁で連ねて干し、カキ餅（カタモチ、シンモチ。七月一日に油で揚げて食べた）にしたり、アラレを作って保存した（中郷区）。また、細く短冊に切った餅を一晩水に漬け、それを藁や紙に包んで軒先に吊るし、約一ヶ月干してつくる凍り餅（シミ餅）は、そのまま食べてもよく、貴重な保存食でもあった。また、餅をこの水に浸けておく（水餅）と長く保存できるとか、表具師は年間使う糊を寒九の水で練るとか、寒九の水で薬を飲むと薬効が増すとか、寒九の雨で沸かした茶を飲むと息災になるとか言う。また、この日必ず雨が降るともいう。「寒九の雨一升、米一升」の言葉がある（吉川区）。（久米　満）

願清寺（がんせいじ）
上越市大和二丁目一一－二二。真宗大谷派の寺院。開基の願誓は、尾張国の津島の社人で俗名を水野要人といい、本願寺覚如上人から、法号願誓坊を賜った。その後、願誓坊の曽孫に当たる釈徳円は、本願寺蓮如上人の北国布教に随行して越後国に移住し、一四八九（延徳二）年に開基の法名をとって願誓寺の寺号を授けられた。天正年間（一五七三～九二）に石山合戦が起こると、三代住職は、この地の門徒を率いて従軍すること二〇年余となった。帰国後、弟の留守住職に対して宝物及び門徒を分割して与え、鴨島に願宗寺を建立し、当寺は願清寺と改めた。一五七三（天正三）年、本願寺宝物常盤の御真影の下向により、赤門を許可されて建立する。上越において赤門許可は当寺の他に二ヶ寺のみである。（坂井龍輔）

神田山神社（かんださんじんじゃ）
上越市大字塔ヶ崎、大池の南側に鎮座する。祭神は須佐之男命（農業と養蚕の神）、月夜見命（夜の守神）、稲倉魂命（稲の神）で、三神とも生産の神である。一八六八（明治元）年の神仏分離令で真言宗神田山顕日寺が廃され、顕日寺の山号をとって神田山神社となった。平安時代以降の神仏習合を物語る。ここは用水源で、豊作を祈願する農民たちが奉斎したのである。御神体は、かつての顕日寺の本尊で、行基（六六八～七四九）作と伝えられる木造十一面観音像である。像高三一センチメートル、台高二一センチメートルで、一九一五（大正四）年に塗りかえられたため、金色さん然としている。拝殿は観音堂を改築したもので、朱塗りの柱である。（花ケ前盛明）

関東出陣（かんとうしゅつじん）
一五五二（天文二一）年一月一〇日、関東管領上杉憲政は小田原城（神奈川県小田原市）主北条氏康に敗れ、上杉謙信を頼ってこの日、上野国平井城（群馬県藤岡市）を発ち越後へ向かう。筋目を重んずる謙信は六月、平子《たいらく》孫太郎と庄田定賢らを沼田城（沼田市）へ派遣した。謙信が上洛した一五五九（永禄二）年六月二六日、一三代将軍足利義輝は謙信に「関東管領上杉憲政の関東統治を補佐してほしい」という御内書を下した。これにより謙信は将軍から関東に出陣する正当性を認められた。一方、将軍は関東の平和回復を若き謙信に託したのである。謙信が自ら兵を率い三国峠を越えて関東平野に足を踏み入れたのは（越山）、永禄三年であった。この年を含め、謙信は四九年の生涯のうち、一三回にわたって関東へ出陣し、うち八回は上野国厩橋（まやばし）城（前橋市）か沼田城で新年を迎えた。（花ケ前盛明）

観応の擾乱（かんのうのじょうらん）

一三四九（貞和五／正平四）年、足利直義と尊氏の執事高師直（こうのもろなお）との対立が表面化した。八月、師直の反撃で、直義は失脚した。翌一三五〇（観応元／正平五）年一〇月、直義は大和に走って吉野の南朝と和睦し、尊氏討伐の兵を挙げた。観応の擾乱である。直義の挙兵で同年一二月、越後守護上杉憲顕は、子の憲将、能憲とともに直義に味方した。そのため翌一三五一（観応二）年の暮れ、尊氏は越後守護上杉憲顕を解任し、代わって下野国の武将宇都宮氏綱を越後守護に任じた。氏綱は重臣芳賀入道禅可（ぜんか）高名に越後統治を任せた。禅可の子伊賀守高貞・駿河守高家兄弟が父に代わって、越後に入った。一三五五（文和四／正平一〇）年三月四日、上杉憲顕の子憲将や宇佐美一族らは、越後北朝軍を討伐するため、佐美荘顕法寺城（上越市吉川区顕法寺）で挙兵した。急報をうけた北朝方の風間右京亮長頼は、村山大膳介《だいぜんのすけ》隆直《たかなお》らとともに兵を率いて進撃し、三月一二日、顕法寺城を攻略した。敗れた憲将らは六角峰城（上越市吉川区田尻）に後退したが、ここでも支えきれずに二五日、柿崎城（上越市柿崎区柿崎）に逃げ込んだ。わずかの兵で必死に防戦したがかなわず、四月一四日、ついに落城した。一三六三（貞治二／正平一八）年三月二四日、上杉憲顕は鎌倉公方足利基氏（尊氏の子）の推挙で再び関東管領となり、上野・越後の守護に復帰した。（花ケ前盛明）

観音菩薩（かんのんぼさつ）

地蔵菩薩、不動明王と並んで最も庶民的な仏。観世音は、衆生の救いを求める音声を観じると直ちに救済する。種々に身を変え衆生を救う。（三十三観音、霊場）十一面や千手などがある。本来の姿は聖観音。西国、板東、秩父の霊場巡りがある。源義仲は高田地区上正善寺集落の長坂寺に、観世音を寄進したの伝あり。米山の大清水観音も有名。柿崎区の仏師高橋三広の千手観音像は新潟に有り。近世以降は流通が活発化すると馬が移動や荷物運びの手段として使われることが多くなった。馬の供養として祀吏、信仰の対象とした。観音としては珍しい憤怒の姿を取る。（青山増雄）→十一面観音像（じゅういちめんかんのんぞう）、木造十一面観音坐像（もくぞうじゅういちめんかんのんざぞう）、木造十一面観音立像（もくぞうじゅういちめんかんのんりゅうぞう）、木造十一面千手観音坐像（もくぞうじゅういちめんせんじゅかんのんざぞう）、木造千手観音立像（もくぞうじゅういちめんせんじゅかんのんざぞう）

管領塚（かんれいづか）

十日町市大字天水越、松里小学校のわきにある「管領塚」、「永正四年八月七日　正四位上杉房能自刃之跡」の石碑。上杉房能は、一四九四（明応三）年、父房定の死で、守護上杉家を相続した。しかし嗣子がいなかったので、文亀三年、娘の婿に上条城（柏崎市）主上条房実の子を迎えることにした。ところが、娘に瘡気《くさけ》（はれ物）ができたので祝言を延期し、松之山温泉で湯治させた。温泉の薬効で娘の瘡気もなおり、めでたく祝言をあげた。こうして、晴れて房能の養嗣子となったのが、定実である。永正四年八月一日、為景は房能の養嗣子定実を擁立し、房能排斥の兵を挙げた。翌二日、府中を追われた房能は、関東にいる兄の関東管領上杉顕定を頼って、わずかな兵を率いて逃亡した。途中、直峰城（安塚区）に立ち寄ったが、為景軍を迎え撃つことができず、松之山まで落ち延びた。ここは先年（文亀三年）、娘が湯治したところである。さぞかし無念であったろう。七日未刻（午後二時）もうこれまでと天水越（十日町市）で、家臣山本寺定長・平子朝政ら数百人とともに自刃した。（花ケ前盛明）

き

キイロサナエ

トンボ目サナエトンボ科。河川中流の泥質河床に生息している。新潟県内では上越市の河川のみが確実な生息地となっている。しかし、その一つであった桑曽根川が河川改修によって環境を破壊され、絶滅の危機にある。サナエトンボの仲間ではやや大型、近縁のヤマサナエとは胸部の黒の形、メスの産卵器の形状で区別される。六月中旬に羽化し近くの樹林で成熟するまで過ごす。その後岸辺の葉上で縄張りをとる。（山本敬一）

祇園祭（ぎおんさい）

平安時代、全国に疫病・災害が続き、京都ではその原因としての怨霊をなだめようと御霊会《ごりょうえ》を行った。それが次第に疫病を免れるための最有力の神とされた牛頭《ごず》天王（素戔嗚尊）を祀る八坂神社の祭礼と結びつき、祇園会（祇園祭）となったという。その後、越後でも八坂神社を建て、疫病流行の季節（旧暦六月）に祇園会を行うようになった。上杉景勝の会津移封に際し八坂神社も従ったが、間もなく現在の地に再興された。松平忠輝が高田に城を築くと福島城下などの寺社は移ったが、八坂神社は朱印地を断って、祇園会を先ず高田に出向き、引き続いて直江津で行うことを取り決めた。こうして京都にならい六月六日（旧暦）に神輿が陸路高田へ、一四日稲田から関川を川舟で下り直江津へと向かい一七日まで、それぞれで盛大に祭礼を行った。費用は、江戸期では全額高田側が負担し、明治期では高田一〇、直江津六の割合となっていた。両市合併して後、新しい構想で祭りを盛り上げるべく、一九七六（昭和五一）年からは市民参加型で七月二三日から二九日、「上越まつり」として行われるようになった。その他、各地で伝統の祇園祭が行われている。例えば、名立区では、毎年七月七日から一三日まで、江野神社の祇園祭が地区民総出で祭事を行ない、七月七日、吉川区の素盞嗚神社の例祭を地区住民は「祇園

祭」と呼んでいる、等々。（久米　満）→上越まつり（じょうえつまつり）、直江津祇園祭（なおえつぎおんさい）

帰化動物（きかどうぶつ）
ハクビシン（ネコ目ジャコウネコ科）は、一九六五（昭和四〇）年代は、四国や本州中部の一部に生息していたが、日本全土に分布を広げている。上越地方へは、「ひげ先生のにいがた動物記雪国動物物語　野紫木洋著」によれば、「平成五年に糸魚川市山之坊で初めて出会い、翌年には同市今井で轢死体が見つかり、長野県から大糸線または国道一四八号を北上して西頸城に侵入」と記されている。筆者は、平成元年に妙高市矢代で生息を確認した。長野市から信越本線沿いに侵入した個体もいたことだろう。最近では、上越地方の全地域に分布する。本来は東南アジア、中国南部、台湾等に生息する南方系の動物だが、厳冬期の清里区坊ヶ池において本種の足跡を観察している。雑食性で、ネズミ類、両生類、昆虫類のほか、木登りが巧みで特にカキ、ミカン、ブドウなどの果実を好む。
逃げ出したペットのチョウセンシマリス（ネズミ目リス科）は、四国や本州中部で分布を拡大している。本県では、弥彦村、加茂市、十日町市などで野生化し、上越地方にも侵入しているものと推察できる。海岸から高山帯までの様々な森林に生息でき地中に巣穴を掘って冬眠する。分布が広がれば、ヤマネ（ネズミ目ヤマネ科）やニイガタヤチネズミ（ネズミ目キヌゲネズミ科）など希少種との競合が懸念される。
アライグマ（ネコ目アライグマ科）の原産地はカナダ南部からパナマ、または、コスタリカからアルゼンチンである。日本には、ペットとして持ち込まれたものが、無知な飼育者によって野に放たれたり脱柵したりして増殖し、北海道、岐阜、神奈川、東京、長野などで分布を広げている。雑食性で、適応性が高く民家の天井裏や納屋などで巣を構え子育てすることもある。作物への食害や寄生虫の拡散の問題からブラックバス（スズキ目サンフィッシュ科）と同様に特定外来生物に指定され駆除対象である。上越地方では、繁殖の報告は聞いていないが上越市で発見の記録がある。在来種のタヌキと生活圏が重なるため、競合が懸念される。（春日良樹）

菊池寛（きくち・かん、一八八八〜一九四三）
高松生まれ。小説家であり、文藝春秋の創刊、文芸家協会の設立、芥川賞、直木賞の設定など文芸に貢献。小説では、京都大学在学中に発表した『父帰る』がある。一九一九年発表の短編小説『恩讐の彼方に』は、江戸後期に、豊前の国（大分県）耶馬渓にあった交通の難所に、青の洞門を開削した実在の僧「禅海」の史実に取材した作品である。禅海は福原市九郎といい、高田藩士の子であると言われる。主殺しや仇討ちについては菊池の創作である。
（青山増雄）

菊姫（きくひめ、一五六三〜一六〇四）
武田信玄六女。於菊、通称菊姫。武田勝頼の妹。一五七八（天正

六）年一二月二三日、上杉景勝と結婚。ときに景勝二五歳、菊姫二二歳。菊姫は子供に恵まれず、京都伏見邸において慶長九年二月八日没。四七歳。賢夫人であったという。法名大儀院殿梅岩周香大姉。京都妙心寺塔頭隣華院（京都市右京区花園妙心寺町）に埋葬。今日、墓は隣華院と林泉寺（米沢市林泉寺一丁目二番三号）にある。（花ヶ前盛明）→上杉景勝（うえすぎ・かげかつ）

キジ

キジ目キジ科。一九四七年日本鳥学会により制定された日本の国鳥。キジは昔話にも出てくるように庶民に親しまれてきた。上越地域でも村落周辺、里山の明るい林、畑地、河川敷などに生息しているほか、かつては高田公園や所によって市街地にもいた。一夫多妻で繁殖しその時期オスは縄張り保持のためケーン、ケーンとよく鳴く。抱卵から子育てまでメスだけで行う。時として意外な所で抱卵していることがある。「焼け野の雉子…」と言われるように、雌は卵やヒナへの母性本能が強く、抱卵中のそばに寄って雌の体に障っても逃げない。またヒナ連れの雌に突然出会うと、雌は偽傷行動をしてヒナを安全な所に逃れさせる。留鳥として年中いるが、冬は少なくなるようだ。キジは狩猟鳥として上越市と妙高市で二〇〇六、二〇〇七年度にそれぞれ二五〇羽以上が捕獲されている（新潟県上越地域振興局健康福祉環境部の統計）。（山本　明）

起請文（きしょうもん）

県指定文化財。書籍・典籍。二幅。上越市寺町二－六－四五。浄興寺。紙本墨書。室町時代中頃（一五世紀）に浄興寺八世・周観（一三九九～一四六五）が、法然上人の法語を書き記したもの。内容は、浄土宗を開いた法然（一一三三～一二一二）が臨終の間際に、浄土往生の奥義と、信者としての心得を一枚の紙に簡潔に記して、弟子に与えたもので、原本は、京都の金戒光明寺に所蔵されているといわれる。法然上人の浄土念仏の要旨が凝縮されたものとして古くから珍重されてきた。（植木　宏）

木曽義仲（きそ・よしなか、一一五四～八四、源義仲）

平安末期の河内源氏一族の源義賢の子。頼朝とは従兄弟にあたる。以仁王の令旨で信濃の木曽で挙兵。信濃の源氏などを集めて、越後から攻め入った平氏方の城長茂を破り、信越国境を越え、関山・鳥坂城などを経て越後国府に入り国衙機構を制圧した。その後、越中倶利伽羅峠の戦いで平維盛の大軍を破り入京。しかし、後白河上皇との不和や頼朝との対立が起こり、近江国粟津の戦いで義経らの軍勢により討たれた。（北峰義巳）

北方城跡（きたがたじょうあと）

中世山城跡・史跡。上越市北方。北方城は、北方集落から飯田川にそって牧区の宮口・山口集落辺から、飯田川を挟んでそそり立つ標高一六〇メートルの通称城山に所在する。城山は頸城山系の支峰で、小さな舌状地形をなして飯田川へ落ち込んでいる。南側は尾根続きで、さらに高くその山頂に三墓山城跡（清里区）がある。遺構は、二三〇×一二〇メートル程の舌状尾根全体に密集している。中心郭は二五メートル四方程の広さで、その周辺に堀切、竪堀、土塁、削平地など、城跡の規模に比して遺構が多い。特に連続して工作された堀切、竪堀は戦国時代の特色を表す見事なものである。築城時期や歴史は不明であるが、戦国時代には春日山城の支城として、信濃方面への防備と、高田平野の一角を警備する役目を持っていたものであろう。（植木　宏）

北島正元（きたじま・まさもと、一九一二～八三）
日本史研究者、上越郷土研究会創立会員、長野市出身。一九四八（昭和二三）年当時、新潟大学高田分校に在職していた北島正元は、史料探訪を目的に郷土史家の渡邉慶一とともに頸城地方を調査した。その際、渡邉にこう話した。「こういう珍しい文書などを発見しても、発表する機関がありませんね。上越にも同好の士が沢山いますから、郷土史の雑誌を作りませんか。」こうして昭和二五年に上越郷土研究会は設立され、昭和二七年に会誌『頸城文化』が創刊された。（石塚正英）→上越郷土研究会（じょうえつきょうどけんきゅうかい）

北条氏（きたじょうし）
刈羽郡北条を本領とする上杉謙信の有力家臣。北条高広は一五五四年の第二回川中島の合戦では武田信玄に促されて離反した。その後、上野国厩橋（前橋市）城将となった高広は一五六三年北条氏康・武田信玄の甲相駿三国同盟に押され再び離反する。さらに高広・景広父子は御館の乱では景虎方に味方し景勝方と戦い景広は戦死したが、この後、北条氏は景勝に帰参した。（北峰義巳）

北条景広（きたじょう・かげひろ、一五四八～七九）
丹後守。北条城（柏崎市北条）主北条高広の子。一五七四（天正二）年一〇月一日、専念寺（柏崎市矢田）の寺領を郡司不入とした。天正五年一二月一八日、上杉謙信は七尾城から帰国し、この日、能登守護畠山義隆の未亡人三条氏を景広に再嫁。同年一二月二三日の上杉軍団動員名簿『上杉家家中名字尽手本』に名を連ねている。天正六年の御館の乱では上杉景虎方となる。九月、御館に入城。翌七年二月一日、荻田孫十郎の槍に討たれる。（花ヶ前盛明）

北の海（きたのうみ）
「北の海」は日本海沿岸と北九州、朝鮮半島を結ぶ航路である。この航路は古代では渤海国との関係、近世では西廻り航路や朝鮮通信使の航路として知られる。『日本書紀』の一書第四に曰くとして、「スサノオノミコトは高天原から新羅に降り、新羅から船で出雲国に来た」とされている。つまり、スサノオノミコトは、「北の海」の道＝「北の海つ道」を船で渡り出雲国に至ったのである。（唐澤太輔）→廻船・廻船商人（かいせん・かいせんしょうにん）、ハガセ船（ハガセぶね）、弁才船（べんざいせん）、北国

船（ほっこくぶね）

北前船（きたまえせん）

日本海は古くから蝦夷地（北海道）と本州をつなぐ交通路であった。蝦夷地で仕入れた産物を、直江津、敦賀、小浜などを経由して、いわゆる「西廻り航路」をたどり、大坂や兵庫で売りさばくという商法が、一八世紀以降盛んになった。上方から日本海側に赴いて米などを積んでくるそれまでの船とは異なり、日本海側から新たにやってきたこれらの船を、上方の人たちは「北前（日本海側のこと）の船」と呼んだ。これがすなわち北前船である。現在では時期や航路に関係なく、日本海海運に携わった船を一般に北前船と呼ぶことがある。しかし、厳密な意味では、一八世紀の半ば以降の、このような船が北前船である。北前船以前には、北国船やハガセ船が活躍した。北前船の活躍は、幕末から明治初期に最盛期を迎える。だが、汽船や鉄道などのいわゆる近代的交通機関の登場により、明治三〇年代には姿を消していった。（唐澤太輔）→廻船・廻船商人（かいせん・かいせんしょうにん）、ハガセ船（ハガセぶね）、弁才船（べんざいせん）、北国船（ほっこくぶね）

キツツキ類（キツツキるい）

キツツキ目キツツキ科。上越地方にはアオゲラ、アカゲラ、オオアカゲラ、コゲラの四種類が生息する。何れもくちばしで木をたたいてトトトーンという音（ドラミング）を出す。これは中に虫がいるかどうか探すためと言われる。その鋭いくちばしで木をほって虫を食べ、また巣を造る。アオゲラは主に平野部の村落や里山、上越市高田の市街地にも生息する。コゲラは主に里山で、アカゲラは里山から奥山の方にすむが、秋から春先まで平野部に下りてきて、市街地にも現れることがある。オオアカゲラは少し標高の高い奥山にすみ、生息地が限定されて数も少ない。なお、旅鳥のアリスイが春秋の渡りの時期に見られることがある。（山本明）

キツネ

ネコ目イヌ科。日本には、北海道にキタキツネ、本州、四国、九州にホンドギツネが生息し佐渡には生息しない。生息域は海岸平野部から高山にまでおよび、森林と田畑や草原が混在する環境を好む。昭和五〇年代の頃、「東山（頸城丘陵や関田山地）にはキツネとクマは棲まない」と言う住民が多かった。しかし、近年では、保倉川沿いの河畔林、三和区風巻神社、金谷山麓、南葉山の山頂に至るまで広範囲に生息し数も増えている。妙高市では、住宅地に出没しゴミ箱をあさったり散歩中の子犬を襲ったりする個体がいる。農産物や造林地の幼木を食害するノウサギやネズミの天敵であることから、稲荷信仰など神の使いとして昔から農民に大切にされてきた。ノウサギ、ネズミ、鳥、昆虫、ヘビなどの動物やアケビ、ヤマブドウなどの果実を食す。トウモロコシなどの農作物を食害することもある。（春日良樹）

木戸信次郎（きど・しんじろう、生没年不詳）
高田におけるハンカチと特産であるバテンレースの始まりを作る。旧村松藩士の木戸は、横浜でハンカチ製造に従事したのち、一八八六（明治一九）年、高城村西会所通町（現・上越市大手町）にある高田女紅場を設立。主にハンカチを製造し、製品は横浜経由で海外に輸出された。従業員は百名ほどで、細かく美しい刺繍や工夫された縁飾りなどを施す高い技術をもっていた。明治二五年に日本に入ってきたバテンレースは急速に広まり、明治三一年横浜から講師として派遣された西沢タツ、安部ウメにより、高田女紅場の工女に技術が伝わった。当時の女子の仕事としては上品で、内職としてもできたので頸城三郡に普及し、高田の代表的な地場産業として現在に至る。明治三六年に建てられた木戸の頌徳碑が、日枝神社（寺町三）にある。（桑野なみ）→バテンレース、女紅場（じょこうば）

ギフチョウ
チョウ目アゲハチョウ科。本州の一部のみにすむ小型のアゲハチョウの一種で、日本の特産種。適度に手入れされた明るい雑木林を好んで生息し、成虫は春先サクラの咲くころにわずかな期間だけ姿を現す。木漏れ日を浴びてカタクリ等の花を訪れる美しい姿から、自然愛好家の間では春の女神とも称されている。全国的に土地開発や里山の荒廃などの環境変化により個体数が激減しているとされるが、幸いなことに上越市では現在も各地で普通に見ることができる。（富取　満）

木村秋雨（きむら・しゅうう、一九〇六～八八）
俳句研究家。名前は淑澄《よしずみ》、僧名は孝禅、号を秋雨という。旧三郷村下四ツ屋生まれ。巡査勤務を止めて放浪生活。後に会津八一宅に居住、犬馬の労を尽くす。後、南魚沼の雲洞庵で得度。相馬御風の盟友となる。戦後帰郷し、高田（現・上越市）文化財保護委員としても活躍。『越後俳史夜話』『越後古俳書』の研究書を著す。古文書解読に優れ、茶人でもあり、博覧強記の人であった。（青山増雄）→会津八一（あいず・やいち）

旧今井染物屋（きゅういまいそめものや）→**今井染物屋**（いまいそめものや）

旧大町小学校校舎（きゅうおおまちしょうがっこうこうしゃ）→**大町小学校校舎**（おおまちしょうがっこうこうしゃ）

旧金津憲太郎桶店（きゅうかなづけんたろうおけてん）→**金津憲太郎桶店**（かなづけんたろうおけてん）

旧師団長官舎（きゅうしだんちょうかんしゃ）→**師団長官舎**（しだんちょうかんしゃ）

旧中澤家住宅離れ（きゅうなかざわけじゅうたくはなれ）→**中澤家住宅離れ**（なかざわけじゅうたくはなれ）

堯恵（ぎょうえ、一四三〇～没年不詳）
『古今和歌集』の伝授をうけた歌人。『善光寺紀行』『北国紀行』の著者。越後守護上杉房定は風雅の道に通じ、文芸を好んだ。そのため、応仁の乱（一四六七～七七）以後、京都の文化人たちが戦乱をさけ、あいついで越後府中を訪れた。堯恵はその一人で、三度、越後に足を踏みいれている。うち二度は越後府中をおとずれた。一四八六（文明一八）年、信濃国善光寺参詣と京都で親交のあった正才法師を訪ねる目的で府中につき、法師とつもる話に夜をかさねた。海岸近くに神さびたる（こうごうしい）神社があった。参拝したところ、神主はながさき（花ヶ前）という老翁が「この居多明神（居多神社）はその昔、神功皇后の三韓征伐のときから北海擁護の神としてあらたかである」と語った。そこで堯恵は「天の原雲のよそまて八嶋もる神や涼しきおきつしほ風」と詠んだ。（花ヶ前盛明）→居多神社（こたじんじゃ）

京ヶ岳城跡（きょうがたけじょうあと）
中世山城跡・史跡。上越市清里区青柳。市指定文化財。京ヶ岳城は、櫛池川の上流、青柳集落の東にひときわ高くそびえる京ヶ岳に存在する山城である。城跡は、坊ヶ池の東側で池に食い込むようにそそり立つ標高五二〇メートルの山頂が中心郭である。眺望はすばらしく高田平野を一望にする。城地は、ほぼ南北に走る尾根を基本線とし、南側は主郭要害地区。北側は約四〇メートル下がって居住地区に分かれている。主郭は二〇×二〇メートルで東屋《あずまや》が建てられている。主郭から南北に走る稜線は堀で切断し、東側は急峻絶壁の自然地形、西側の緩斜面は山を取り巻くように、削平地がひな壇状に数段普請され、山裾は坊ヶ池へ落ち込んでいる。居住地区は北側下に広がっている。遺構は、南北五〇〇×東西一〇〇メートルほどの城地に、削平地、堀切、竪堀、横堀、土塁などが確認されている。（植木　宏）

郷土概念（きょうどがいねん）
『頸城文化』創刊当時、東京大学史料編纂所所員だった伊東多三郎は、同誌創刊号（昭和二七年）に、「郷土史研究の態度」を掲載し、「郷土、郷土生活なる概念が主体的に把握されたものであることを理解するならば、郷土史の本質はおのずから明らかとなるであろう。即ち父祖の生活を受け継ぎ、更に之を発展させる自覚を以て、郷土生活の由来を研究するものと云うことができる」とした。また、『頸城文化』第五二号（平成一六年）において、上越郷土研究会会員の石塚正英は「郷土史研究と歴史知的視座」を載せ、伊東と同類の主題を論じた。その中で石塚は、郷土を中央に対する地方としてではなく、自立した社会経済的環境と歴史文化的環境とを有する圏域として主体的実践的に把握しなおすことを求めている。（石塚正英）→『頸城文化』（くびきぶんか）、上越郷土研究会（じょうえつきょうどけんきゅうかい）

切越石（きりこしいし）
上越市安塚区大字切越に産出する凝灰岩の石材。同集落は安塚区と牧区との境界地点にある峠の手前に位置する。一五九七（慶長二）年の『越後国郡絵図』には「桐越」とあるが、その後「切越」に変わった。そのような地名変更は、「この峠を切り開いて越えた所」に起因すると考えたい。この集落の東方に長倉山《ながくらやま》（標高六一〇メートル）が迫る。ここの山麓から南部の山塊を深く穿って朴ノ木川が流れ下っている。この山塊は凝灰岩であり緑色の薄層を含む。中腹には地層の露頭も見られる。ここの凝灰岩は水分を含み、柔らかくて加工しやく火に強いので、昔から石材に利用されてきた。一九一五（大正四）年地元に生まれた松苗一正は「子どもの頃、石切場の発破《はっぱ》の音をよく聞いた」と証言する。生活用具としては敷石、かまど、囲炉裏の縁、井戸側、土台石に利用された。石造物としては墓石、神明社の石灯籠、石仏などに用いられた。大正末年まで地元の石工池田彦右衛門が職人を使って営業していた。現在、切越石の名は安塚区にもほとんど知られていない。（佐藤幸雄）→大光寺石（だいこうじいし）、中山石（なかやまいし）、くびき野ストーン（くびきのストーン）

近世の城（きんせいのしろ）→城（しろ）

キンヌキまつり

七月一日（旧暦六月一日）。蛇や虫・蚕が皮を脱ぐ日とされ、人の衣替えの意も加わった。家々では餅（笹餅）・粽、あるいは米粉団子（害虫除けの呪い）を作り、また、寒中に作ったカキ餅などを食べて仕事を休む。「桑の木に近づかない」などの禁忌があり、この日から子どもは川遊びが許された所もあった。（久米　満）→笹餅（ささもち）、粽（ちまき）

く

草相撲（くさずもう）

相撲は古墳時代から行われ、四股を踏み邪を払う神事に関わっていたとされる。時代を経て江戸末期から明治・大正・昭和初期にかけて素人相撲は、農村においても大きな楽しみの一つになった。江戸期、喧嘩騒動が多く相撲興行は制限されたが、道普請とか観音堂の修理費用集め等のための勧進相撲は許された。明治以後、東京相撲の免許を受けた世話人、相撲組合の親方衆などの活躍で、祭礼時のほか頻繁に相撲大会（寄り、花、出世）が催されるようになり、各集落には青年たちの相撲練習場もつくられ、時には集落中の期待と名誉を背負って勝負した。村人は、その活躍を称え相撲塔にその名を刻んだり、化粧回しを贈ったりした。中には、江戸や東京に出て相撲を業として活躍する者もあった。市内には、こうした相撲塔が四〇余り残る。（久米　満）→付録石碑関係一覧

櫛池の隕石（くしいけのいんせき）

県指定文化財・天然記念物。上越市清里区大字岡野町（清里歴史民俗資料館）。この隕石は、一九二〇（大正九）年九月、一六日午後六時半、旧櫛池村（現・上越市清里区櫛池）上中条字前田五八四番地（当時水田）に落下し、同日午後一〇時頃に大字棚田の笹川九一郎によって掘りあげられた。埋没の深さ約一メートル、約六〇度の角度で埋没した。観測者によると、東京渋谷方面から

長野県下高井郡角間温泉の上空を経て、落下したものと判定されている。大きさは一六・七×一四・九×一〇・一センチメートル、重さ四・四キログラム、鉄が四一・二パーセント含有など。清里区歴史民俗資料館に展示されている。（植木　宏）

櫛池の大スギ（くしいけのおおすぎ）
県指定文化財・天然記念物。上越市清里区上中条七五五番地（八幡神社境内の斜面）。大字上中条にある八幡神社境内の北側斜面に所在する。高さ約三〇メートル、根回り九メートル、目通り七メートルの大スギである。樹齢は約八百年といわれる。樹勢は現在も盛んである。（植木　宏）

草生水（くそうず）→**石油**（せきゆ）

クツワムシ
バッタ目キリギリス科。キリギリス科の最大種で、秋の鳴く虫として、童謡にも歌われている有名な昆虫。上越市では長い間記録がなく生息が疑問視されていたが、二〇〇六年から発見が相次ぎ、現在は確実な産地の報告も増えている。関川右岸の支流の河川敷や土手に残存したものが近年下流域に広がったと考えられる。県内で確かな生息地は上越だけである。（富取　満）

国友末蔵（くにとも・すえぞう、一八八一～一九六〇）
国友震一郎の末子として京都に出生。京都帝国大学工学部電気科を卒業。金子伊太郎らの創始になる上越電気会社の技術長として就任。蔵々発電所の建設に尽力。以後、関川水系の電源開発に努力してきた。一九三四（昭和九）年、日本最初の揚水式発電所、池尻川発電所を建設。東日本興業監査役、東北配電理事、県公安委員長などを歴任。一九五三（昭和二八）年、高田市の第一号名誉市民の称号を受ける。高田公園に胸像がある。（桑野なみ）→**中央電気株式会社**（ちゅうおうでんきかぶしきがいしゃ）

頸城三郡自由党（くびきさんぐんじゆうとう）→**頸城自由党**（くびきじゆうとう）

頸城質地騒動（くびきしっちそうどう）
一七二二～一七二四（享保七～九）年に越後頸城地方において、農民が質入れした土地の返還を質地地主に要求して起きた大騒動。貨幣経済の浸透とともに、土地を担保に金銭を貸借する「質田地」慣行（事実上の土地移動）が進み、頸城地方では、元禄年間以降この傾向が顕著であった。こうした中、幕府が、一七二一（享保六）年、に質流れを防止しようとした「流地禁止令」を発令した。しかし、記載表現に明確さを欠いたため、質入主側は、質地請け戻しの徳政令（質入地の対する債務の破棄）のように受け取り、これを機に頸城郡の多くの農民が質入地の返還要求の訴えを起こした。しかし、これらの要求は質地が流れ地になって月日が経過しているため、代官所において却下された。こうした幕府役人の対応に納得しない農民達が、質地地主を襲うなど騒動が頸城郡一円の幕領に広がった。その後、幕府が一七二三（享保八）年に「流質禁止令」を撤回したことで、騒動は激化し幕府代官では手に負えず、翌年（享保九）、越後幕府領を周辺大名の預かり地として解決を図ることになり、最終的には高田藩によりようやく鎮圧された。この騒動の背景には、質入農民は、質入地や質流れ後の土地を取り戻し、そのうえで元金を返済すればよいと解釈し、一方、質地主側は年貢・諸役負担を根拠に質取地の所得権を主張するなど、質流地に対する両者の意識の違いが大きかったといわれている。（田村　敬）

頸城自動車株式会社（くびきじどうしゃかぶしきがいしゃ）

頸城村出身の大竹謙治らが発起人となり一九一三（大正二）年頸城鉄道株式会社創立、第一回取締役会で、頸城鉄道のKと頸城郡一円の経済・文化の発展に貢献するとの意味から、○にKをあしらった社章が定められ、以後この通称マルケーで親しまれる。一九二九（昭和四）年乗合バス営業に進出、七月には直江津〜浦川原間（使用車両は定員八人）、一〇月には浦川原〜高田間（定員五人）を開業。一九四四（昭和一九）年、社名を頸城鉄道自動車株式会社、七一（昭和四六）年には鉄道全面廃止により頸城自動車株式会社と改称。（瀧田　寧）

頸城自由党（くびきじゆうとう）

頸城の自由民権運動は、中下越よりも早く一八七七（明治一〇）年に始まる。頸城郡代石村の鈴木昌司ら地主層による勉強会に八木原繁祉らの高田の士族が加わって結成された「明十社」である。明十社は内紛から翌年には解体してしまうが、ここからは東頸城に「弘毅社」、高田に「同志会」が生まれる。八木原は七八年の愛国社再興大会に個人で参加、さらに新潟の「自立社」結成にも参加する。八木原らは「明十社」の再興を図るも果たせず、新たな政治結社を模索し、七九年一二月、高田で「鳴鶴社」を結成、翌年四月、直江津で発会式を挙行した。「鳴鶴社」はこれ以後活発に国会開設運動を展開し、八一年一一月、頸城三郡自由党へと発展的に解消する。一方、七九年に選出された最初の県会では、県外の運動と呼応しつつ国会開設運動が盛り上がっていた。これには、八木原らとともに「自立社」の設立に関わった西蒲原郡木場村（現・新潟市西区黒崎）の戸長、山際七司も議員として加わっていた。山際は『大日本国国会権限』と題する私擬憲法を書いており、植木枝盛案に次ぐ民主的なものとも評価される。山際らは八〇年四月、新潟町（現・新潟市）で「国会開設懇望協議会」を組織し、独自の『国会開設建言書』を起草して元老院に提出するも、握りつぶされる。

八〇年一一月、東京で第二回国会期成同盟大会が開催される。八木原や山際をはじめとして新潟各地から一二五八名、頸城郡からは一〇九名が参加した。一二月には東京で自由党が結成されるが、新潟からは八木原繁祉、山際七司、赤沢常容の三人が加わった。八一年には板垣退助、馬場辰猪らの論客が新潟から東北地方を遊説し、頸城でも運動の盛り上がりをみる。同年一〇月の第三回国会期成同盟大会後、大会参加者と前年結党の自由党員とで、板垣退助を総理とする自由党が新たに組織される。八一年一一月に高田の善行寺で鳴鶴社を母体に結成された前述の頸城三郡自由党は、いち早くこれに呼応したものであった。八木原は急進的な活動家であり、鳴鶴社も急進的な結社であったが、頸城三郡自由党では広範な活動家を結集するためもあり、規約の第一章に「吾党が主義は大義を明らかにし名分を正し、以て皇統を永遠に維持するにあり」の一文を採択した。しかし、鈴木昌司、八木原繁祉らは、県下全域を網羅する政党を構想して活動し、仮幹事の室幸次郎らと対立する。八二年五月の定期大会では、中央の自由党との合併を巡り激論。賛成二一・反対二〇の僅差で合併が決議されたが、選出されればかりの正幹事、室幸次郎らが退席して、頸城三郡自由党は分裂する。しかし、同年六月、集会条例に、演説禁止権・結社禁止権・政治結社の支部設置禁止の条項が追加されたため、合併は無効となり、地方政党に戻ることになる。名称を頸城自由党と変更、規約の第一章も削除し、急進的な自由主義政党となる。脱党した室らは同年八月、上越立憲改進党を組織した。これと前後して同年四月、山際らが組織していた越佐共到会を廃して、県内各地で結成された政治結社を結集するための新政党として新潟町に北辰自由党が結成される。これには八木原ら頸城自由党員も加わり、県下の活動家を網羅する組織となった。

八一年の「国会開催の詔勅」の結果、運動の目標は、国会開設時期の前倒しと三自由（集会・出版・言論）の建白運動、また演説会等による民権思想の宣伝と党勢拡大にうつった。北辰自由党幹部は八二年九月、長岡で自由大懇談会を挙行し、東頸城と佐渡を除く全県から一一九名の参加を得た。懇談会では三自由の建白書を起草し、遊説と請願を行うことを決する。八三年三月、石川県（現・富山県）高岡で越前から佐渡までの北陸七州有志懇親会が開かれ、二百数十名（『自由党史』では四〇〇名とも）が参加している。当局はスパイを送り込んで監視し、八木原らの逮捕を目論んだ。三月二〇日未明、スパイ長谷川三郎の密告で、内乱罪の嫌疑を以て頸城自由党員に対する一斉検挙が行われた。高田事件である。逮捕者は三七名にもおよび、八木原繁祉や鈴木昌司はもとより、北辰自由党の山際七司までもが含まれていた。もとより捏造された事件である。取り調べを繰り返しても証拠が上がるわけもなく、赤井景韶ら三名を除いて全員が釈放されるが、唯一、赤井景韶宅から発見された『天誅党趣意書及び盟約規則』なる走り書きを証拠に、大臣暗殺を計画した廉で赤井のみが国事犯として高等法院の公判に付され、内乱陰謀予備で重禁獄九年が宣告された。高田事件には、八木原の不敬罪と銃砲取締規則違反、加藤貞盟らの集会条例違反も含まれる。赤井は、八四年三月に脱獄。人力車夫を殺害して逃亡したが、同年九月、静岡で逮捕され、八五年七月二六日に処刑されている。赤井景韶に対する判決が出た三日後の八三年一二月二〇日、頸城自由党は解党し、八四年五月には上越立憲改進党も解党した。ここに、頸城の自由民権運動は終息する。同年一〇月二九日、中央の自由党も解党。秩父事件が起こるのはその翌々日である。（石川伊織）→赤井景韶（あかい・かげあき）、山際七司（やまぎわ・しちじ）

頸城鉄道（くびきてつどう）

一九一〇（明治四三）年の軽便鉄道法により軽便鉄道に対する補助制度ができると、全国で軽便鉄道建設が盛んになる。頸城鉄道もこの波に乗って、一二年に大竹謙治、山田辰治ら七名により免許申請。一四（大正三）年に軌間七六二ミリメートル（二フィート六インチ）の軽便鉄道として新黒井・下保倉間（一三・八キロメートル）が開通。中間駅は北四ツ屋・百間町・上森本・飯室。一六年に下保倉・浦川原間（一・二キロメートル）が開通した。起点の新黒井駅は信越本線黒井駅東側にあった。当初の計画では、線路は新黒井から信越本線を跨いで西へと延伸し、関川の右岸で直江津市街の東端にあたる現在の上越市港町の古城橋付近に起点を設ける予定であった。この計画が発表されるや、一八九七年の水害の際に建設中の北越鉄道（現・信越本線）の築堤を破壊して逮捕された南川村（このころは大瀁村）村長関根干城は、築堤で信越本線と保倉川を越えようとする頸城鉄道のルートに異を唱え、内閣総理大臣宛てに上申書を提出している。過去の水害と線路破壊と逮捕の事実を述べつつ、言外に、これによって再度水害が起こるなら逮捕覚悟で破壊活動も辞さない、との決意を匂わせている。信越本線をオーバークロスする許可が下りなかったため、この計画は断念された。鉄道営業のピークは一九二四年。以後下降線をたどる。二九年にはバス路線を開設、浦川原・直江津間に八人乗りバスを一日四往復運行する。四四年、社名を頸城鉄道自動車株式会社に変更。第二次世界大戦中に貨物輸送最大を記録し、大戦直後には輸送人員最大を記録するが、四六年、鉄道は赤字となり、その後黒字となることはなかった。駅名の変更、停留所の増設等はあるものの、路線延長は変わらないまま運行を続けたが、六八年、百間町・飯室間（五・九キロメートル）を残して鉄道を廃止。七一年には鉄道営業を全廃して、社名を頸城自動車株式会社に変更、今日に至っている。列車の運行は雪との戦いであった。開業後二三年間に終日運転不能の日は一二五日、全面運休のなかった年は六年しかない。列車を半分に間引いた日はこの間に二七三日。特に一九二六年は大雪で、全面運休と間引きの合計日数が五五日に達している。蒸気機関車三両と客車六両、貨車一八両で運行を開始したが、非力だった三号機は翌一五年には売却され、新三号機（ドイツOhrenstein & Koppel社、一九一一年製）と入れ替えられる。同型の二号機も一八年には売却。新三号機が二号機と改称される。これが現在も整備・保存されているコッペル二号機である。五三年からディーゼル機関車を導入。一号機と後に購入された新々三号機もディーゼル機関車に改造される。鉄道廃止時はディーゼル機関車三両、ディーゼルカー一両、客車五両、除雪車二両の在籍であった。コッペル二号機・一号機改造のDC92を含め多くの車輌が現存し、旧百間町機関庫（現・頸城鉄道資料館）他で保存されている。（石川伊織）→信越本線（しんえつほんせん）

頸城野郷土資料室（くびきのきょうどしりょうしつ）

頸城地方の町家雁木文化・海運漁業民俗・稲作農耕民俗・民間信仰儀礼などの保存・研究およびそれに付随する資料の収集と整理

を主な事業として運営されるＮＰＯ法人（二〇〇八年二月、新潟県により認証）。上越市仲町六丁目（旧・大鋸町）の民家（明治元年築の町家「大鋸町ますや」）を事務所とし同市御殿山町に資料室（ＫＦＡアトリウム）を設置して活動している。地域市民を主体とする読書会、講演会、展示会、見学会、フィールド調査など、様々な文化運動を企画ないし後援する。創立時から二年を費やして「浦川原区石造物悉皆調査」（二〇〇九年九月、報告書刊行）を行い、また同年には「くびきの水車発電プロジェクト」を企図して過疎地（中ノ俣ほか）の再生に尽力している。そのほか上越市を通じ「文化財綜合的把握モデル事業」（文化庁）の委託事業（平成二〇〜二二年度）を展開している。（石塚正英）→大鋸町ますや（おがまちますや）→写真ページ

くびき野ストーン（くびきのすとーん）

上越市に産出する上越特産の石材（凝灰岩）およびそれをもちいた石造物の総称。大光寺石・中山石・切越石をさす。採石場はいずれも閉鎖されて久しいが、以下に採石場跡を列記する。大光寺石—①東山（三和区大東字大峯）、②西山（三和区大東字京塚）、③桑曽根（三和区桑曽根布附）。中山石—上越市柿崎区上中山通称「石山」。切越石—上越市安塚区切越（切越集落附近を流れる朴ノ木川沿いの岸壁）。ＮＰＯ法人頸城野郷土資料室が二〇〇九年度に一括して調査したのを機に、同資料室によって総称が定められた。（石塚正英）→切越石（きりこしいし）、大光寺石（だいこういし）、中山石（なかやまいし）→写真ページ

『頸城文化』（くびきぶんか）→上越郷土研究会（じょうえつきょうどけんきゅうかい）

久保田好郎（くぼた・よしろう、一九二三〜二〇〇九）

教職員在職中は長年、新潟県社会科教育研究会長として教師の知見を深める。退官後、『上越市史』（全一九巻）の編纂を始めとして、頸城村、妙高村、三和村、牧村、松之山村などの自治体史及び「上江」、「中江」各用水史の編纂を果たす。外に、『上越地区特定郵便局長会史』、『新潟県教育史夜話』、『新潟県人物百年史』などの編纂に当たる。著書に『歴史がつくった景観　久比岐風土記』など多数。市史編纂後、市公文書館準備室長として地域資料の保管、活用の道を拓く。（青山増雄）

クマネズミ→ドブネズミとクマネズミ

倉石武四郎（くらいし・たけしろう、一八九七〜一九七五）

学者。上越市東本町二（高田区）の倉石昌吉（しげきち）の四男に生まれる。倉石家は、伊勢家と称した旧家であり、幕末には私塾「文武済美堂」を開き、郷土や国に多くの有為な人物を輩出した。武四郎は、東京帝国大学から京都帝国大学の教授となり、中国語研究と発展に寄与した。豊かな学識は、我が国の国語研究にも必要であり、国語審議委員、国立国語研究所評議員、また中国語研究所所長を務め、学術振興に活躍。著書に『中国語辞典』『中国文学史』など多数。戦後、音響学との協力による中国語声

調の実験的研究を試み、特に「現代呉語」の研究は特筆される。（青山増雄）

倉石典太（くらいし・てんた、一八一五〜一八七六）

教育家。高田長門町（東本町二）の商人伊勢家倉石甚五郎の五男。字は子緝《しゅう》、号は侗窩《どうか》。一九歳の時、江戸の安積艮齊《あさかごんさい》に経学を、清水赤城に長沼流兵学を学び、帰郷後私塾「文武済美堂《ぶんぶせいみどう》」を開いた。門戸は身分を問わず、その門人は千人にも及んだ。旧典墨守にとらわれずない倉石の精神がうかがわれる。前島密、室孝次郎など郷土のみならず、国を拓いく人材を世に送り出した。藩校修道館が設けられるとその教官に迎えられた。東本町に「塾」碑が、金谷山に顕彰碑がある。（青山増雄）

蔵開き（くらびらき）

正月一一日を蔵開きと言い、新年に入って初めてこの日に蔵に入ることが許される。蔵には、その家にとって重要な物だけでなく、生活上大切な米・味噌も納められていて、暮れにお飾りをして錠をかけてからこの日まで、入ってはならないとされていた。所により蔵の神がこの日に帰ってくるのだと言う。何れにしろ、普段、家族の誰でもが自由に出入りすることは許されず、家長の承認が必要であったと言う。この日、蔵に飾ったお飾り（鏡餅）を割って雑煮または小豆粥（所により汁粉）にして食した。鏡開き。この日、山仕事をする人のなかには「初山」「若木迎え」という儀式を行う所もある。（久米　満）

クロサンショウウオ

有尾目サンショウウオ科。体長一五センチメートル程度の小型サンショウウオ。上越地方では、山地から山麓平野部に広く分布している。成体は黒色をしており見る機会は少ないが、早春に池沼や水たまりの枯れ枝などに産み付けられた白い卵のうを見ることは多い。産み始めの卵のうは小さいが、しだいに水分を吸ってふくらみ白いアケビの実に似た形となる。これはよくイモリの卵と間違われることがある。クロサンショウウオの卵を食べるために卵のうの周りにイモリが集まっていることがあり、誤解されているのであろう。（梅林　正）→ハコネサンショウウオ

黒田城跡（くろだじょうあと）

中世城跡・史跡。上越市黒田・他五ヵ字の飛地。城山。黒田城は、灰塚集落の西方、黒田集落の裏山で標高二八五メートルの城山に所在する山城である。南葉山系の一部であるが独立した山塊のように見え目立つ山容をなしている。山頂からの眺望に優れ、高田平野、春日山城跡をはじめ、多くの周辺諸城跡を望むことができる。城域は、東西一五〇×南北二〇〇メートル程で、山頂主郭は二五×一五メートル程の広さがあり、西から北側にかけて土塁も残る。中央に鳥居を具えた小祠が祭られ「文化一三年八月吉日」の銘がある。山頂から大小四条の尾根が走り、各尾根の上方部にかなりの遺構が認められる。特に北側の尾根には堀切や削平地、土塁、竪堀、横堀などが多く見事である。特色は、各尾根筋を工作して主郭の防備施設を厳重にしていることである。築城時期や

歴史については、『和田村誌』・『中頸城郡誌』などに記述もあるが、はっきりしない。戦国時代には、春日山城の支城として鮫ヶ尾城（妙高市）、箕冠城（板倉区）などに中継する。信濃方面への警備城としての役目を果したものであろう。（植木　宏）

桑取谷（くわどりだに）
桑取谷は桑取川およびその支流である中俣川、綱子川などに沿ってできた谷である。桑取川は重倉山や南葉山からの水を集めて北へ流れ、下綱子で中俣川、綱子川を合流し、有間川集落で日本海に注ぐ。横畑集落のある標高一八〇〜一九〇メートル付近を境にして、上流では河川こう配が大きく谷は深いが、下流ではこう配が小さく小規模な河岸段丘が発達している。分布する地層は新第三紀の主に泥岩層で、地すべりをおこしやすい地層である。そのため地すべり地が多く、その緩斜面は水田として古くから利用されている。横畑より上流域にも地すべりによる緩斜面があり、かってゴルフ場の開発が計画されたが、市民の反対運動で中止され、現在くわどり市民の森として市民に親しまれている。（長谷川正）
→上越市くわどり市民の森（じょうえつしくわどりしみんのもり）

桑取谷の小正月行事（くわどりだにのこしょうがつぎょうじ）
同地では特に、桑取谷地域の集落で行われている行事では、子どもたちが活躍し、民俗的な伝統を伝えているものとして知られているが、少子化などのため現在は行われなくなったものもある。

しかし、西横山集落でのものは（市指定無形民俗文化財（風俗・習慣））今も昔を伝えていて、正月一一日に大人が初山・若木迎えで山からミズキ・ヌルデを伐って来ることから始まっている。

①鳥追い・（西横山）一四日の夜、子供たち（昔は男の子のみ）が白山神社に集まり、囲炉裏で餅などを焼きながら宮ごもりをし、七時過ぎ太鼓を背負った子を先頭に次の子が太鼓を叩き、続く子どもたちは大声で鳥追い唄をうたいながら村内をまわり、川まで鳥を追い立てる。

②地蔵さま年始・（北谷）一五日午後四時過ぎに集落の地蔵堂に男の子が集まり、年長の子がケヤキ作りの地蔵様を背負い先頭になり、次にもらった供え物を入れる袋を持つ「伴」の役がつづく。集落内の各戸を回り、家人の出迎えと参拝を受けた後、供え物を袋に入れる。供え物にはお賽銭・御菓子などがあり、堂に戻った後に分配する。村人は元日には地蔵様参りし、これに対する地蔵様のお返しであるとされる。七〇センチメートルの地蔵を背負って村周りをした子は一人前とされた。今は行われていない。

③嫁祝い・（西横山）毎年正月一五日の昼過ぎから行われる行事である。子どもたちは、神棚から下げてもらったコシモンギ（ヌルデの木で作った太刀）を持ってサイノカミの焼き草集めの途中、前年に嫁（婿）入りのあった家に行くと決まった言葉で挨拶をする。すると嫁は準備していたお神酒・するめ・昆布などを盆に載せて玄関に立つ。子どもたちは、嫁さんの頭上で太刀を打ち鳴らし祝いの言葉を唱える。丈夫な子を産んでほしい！という嫁祝いである。嫁たたき。かつては、転入者や厄年の人にも祝った。

④馬ごと（横畑）・一五日夜、集落の若者が箱提灯持ちと若竹持ちに続き、農耕馬をまねてねじり鉢巻にふんどし姿で腰に鈴をつけ若衆二人一組、各戸をまわり「田ゴシラエ田ゴシラエ」「田ナラシ田ナラシ」のかけ声をかけて、茶の間の中を四足で三角に飛び跳ねる。豊作を願う行事である。当日は、集落の中心にある観音堂にお参りしてから、集落の上手から下手へ、はじめに子馬（子ども）が一巡し、次に大馬（青年）が各戸を回って終る。しかし、一九七八（昭和五三）年以後は絶えている。

⑤サイノカミ（西横山）・正月一五日。子どもたちが集めた焼き草を燃やす火祭り、大人の男行事としてのサイノカミで、集落では「オオマラ」と呼ぶ。災いを防ぎ無病息災・五穀豊穣を祈る伝統的火祭り行事である。特に古くからの仕来りを重んじる西横山では、神官によってもたらされた火を二メートルほどの松明に移し、その松明を持った大人たちが互いに激しくもみ合ってから大塔に投げ上げて点火する。この様子から、この行事の由来を感じさせるものである。（久米　満）→どんど焼き（どんどやき）、鳥追い（とりおい）

け

継体天皇（けいたいてんのう）

『日本書記』によると、生年は四五〇（允恭天皇三九）年とされ、没年は五三一（継体天皇二五）年三月一〇日、または五三四年とされている。第二六代に数えられる天皇である。名はオオドノミコト。応神天皇五世の孫で、父は彦主人王。母はフルヒメノミコト。継体天皇は、大和政権の混乱（先代の武烈天皇の後継者問題）を機に、大和政権の諸豪族・大伴金村らに迎えられて皇位に着いたと言われている。継体天皇が登場した背景には、越王国の勢力があった。継体天皇を出した一族は、越前三国、敦賀、琵琶湖・淀川水系の水上交通路を抑え、日本海沿岸諸国との交易を通して、豊かな技術力と経済力を備えた海人集団だったと思われる。また継体天皇即位に、渡来系新興豪族の蘇我氏が果した役割は大きかった。蘇我氏が継体天皇擁立側についたが故に即位が決まったとも言われている。継体朝の頃から国際関係は大きな変化を見せるようになる。例えば、朝鮮半島における日本の勢力が、「任那四県の割譲」（五一一年）などによって衰えてきた。大伴金村の献策によって、継体天皇がこの決断を下したことは、百済の要求にあまりにも譲歩しすぎていると言える。しかし、この割譲の代償として、大和政権は百済から五経博士をはじめ、医学、易、暦法の専門学者を招くことができた。六世紀の中頃には、百済の聖明王から仏像と経巻が献じられた。そして、この仏教は、その後の日本文化の根幹になったことは言うまでもない。継体天皇在位中の最大の国内事件は、「磐井の反乱」の勃発であった。大和政権が朝鮮半島へ出征を企図した時、それを九州の磐井が新羅と結んで阻止しようとした（五二七年）。一説では、一年半にわたり間断なく続いた大反乱で、朝鮮の諸王とも連絡があったとも言われている。大阪府高槻市の今城塚古墳は、継体天皇陵だと言われている。残っている巨大家形埴輪は華南（中国南部）起源のものであり、継体天皇時代の華南との海上交通があった可能性があ

る。（唐澤太輔）

慶長二年の越後国郡絵図（けいちょうにねんのえちごこくぐんえず）

上杉景勝は一五九五（文禄四）年越後国内の検地を実施。これに基づき、一五九七（慶長二）年に作成されたと考えられる。その ため一般的に慶長二年越後国郡絵図という。米沢市立上杉博物館蔵である。絵図は越後七郡（頸城・刈羽・古志・三島・魚沼・蒲原・瀬波）にわたって作成されたであろう。しかし今日、頸城郡と瀬波郡の二枚の絵図しか残っていない。頸城郡も全域ではない。高津・津有・五十公《いぎみ》・美守《ひだもり》の四郷にすぎない。瀬波郡の絵図には、今日の村上市と岩船郡の全域が描かれている。絵図には町村名、町村の等級（上中下の別）、御料所（蔵入地）と知行主（給人名）、本納高、縄ノ高、家数、人数、山野、河海、湖沼、島、用水路、堰、道路、田畑、宿駅、峠、橋、寺社、城館、城下町、里数などが記載されている。『越後国郡絵図』東京大学出版会発行。（花ケ前盛明）

華園寺（けおんじ）

上越市寺町二丁目一三－九。開基、創設年は不詳。名称は長峯山華園寺。上越地方でも数少ない古刹寺院。宗派は真言宗豊山派。由緒から板倉郷の山寺五山の一寺院であったと伝えている。その後、国府紀躬高朝臣により国府に移転し、紀躬高の華苑地内に直江山大甲院華園寺として設立。紀躬高朝臣は仏教に深く傾倒した人物で、直江浦に設けた直江華園を訪ねた折、日没の海岸に、異光を放つ長尺八寸の観世音菩薩の銅像を発見。堂宇を建立し、これを安置したと伝えている。一六一三（慶長一八）年松平忠輝による高田城築城と共に寺は現在地に移設され、山号も長峯山と改めた。源頼朝が一一八六（文治二）年に宿泊した際、不動明王と兜を献上した寺としても有名。（南　智信）

袈裟掛け松（けさがけまつ）

親鸞聖人が越後国府に流され、罪を許される迄の約七年の間、度々戸隠権現へ参籠し、その往復の途中、関川の外れの松に袈裟を掛けて、しばしの休息をとられたと言う。後年、村人は聖人の徳を慕い、この松を「袈裟掛けの松」と称して大切にした。一九三八（昭和一三）年この大松が老朽化したため止む無く切り倒し、その幹で聖人の木像を作って、新たに堂宇を建てて安置すると共に、その枝を輪切りにして作った柱掛けに、親鸞聖人絵伝を描いて信徒に配った。翌年東本願寺大谷光暢御門主により二代目の松が植えられたが、一九六四（昭和三九）年に国道改修工事で伐採されたため、翌年再び同御門主により三代目の松が植えられた。（青山始義）→国府別院（こくふべついん）

けんか祭り（けんかまつり）

糸魚川市の天津神社（通称一の宮）および同市早川地区の日光寺・白山神社で毎春に行われる神事。前者は糸魚川けんか祭り（四月一〇～一一日）といい、押上・寺町両区の若衆が二基の神輿をはげしくぶつけあうことで知られる。後者は日光寺けんか祭り（四月一八日）という。両者とも五穀豊穣、豊漁を祈願して挙行されるが、この神事はもともと古代における天津神系民族（大和民族ないし熊野信仰）と国津神系民族（出雲・高志民族ないし白山信仰）の領土的係争を背景にしている。国津神系の土着民が住んでいた地へ、やがて天津神系の民族が侵攻してくることとなり、その過程で両民族は幾度となく争った。けんか祭りにはその遺制がのこる。そのような異民族対抗の余韻を今に伝える儀礼は、妙高市関山神社の火祭り（七月一七日）にも垣間見られる。（石塚正英）

ゲンジボタル
コウチュウ目ホタル科。山間の清流にすみ、幼虫はカワニナのみを食べて育つ。そのため、水田などの止水域にもすみ幼虫がカワニナ以外の巻貝も餌にするヘイケボタルと比べ、生息地が限られるうえ発生期間も短いため見られる機会はあまり多くない。しかしその一方で、ゲンジボタルの放つ光はヘイケボタルよりも強く美しく、上越市安塚区、大島区などでは、毎年時期になるとその光を楽しむイベントを行っている。（富取　満）→ホタル

顕聖寺（けんしょうじ）
上越市浦川原区大字顕聖寺字境内五八三。曹洞宗。一四六七（応仁元）年創立。開基は坊金城主石田大膳少弼。開山は快庵妙慶。最初東方の字牧山にあったが、二世黙室周言のとき現在地に移った。三世雪巌光欽のとき直峰城主の帰依を受けた。現本堂は一八六一（文久元）年の再建。三一世武田範之は、一九一〇（明治四三）年の日韓併合の黒幕として活躍した。条約の案文は範之の起草という。末寺は古来三八ヶ寺といわれているが、一七ヶ寺に減じている。（太田空賢）

謙信公祭（けんしんこうさい）
この行事は、郷土の偉人・戦国時代の名将「上杉謙信」の遺徳をしのび、その霊を祀るために、一九二六（大正一五）年九月一五日に第一回が始められた。当時の高田市長の提唱により高田市、直江津町、春日村（いずれも現在上越市）の三青年団の主催で行った。したがって、中頸城一円の集落の青年会が日常から修練している芸能・武道などをもって参加し、まず春日山神社で祭典を行い、講演・相撲・剣舞・演芸等々の他、仮装行列があり、山上・山下に四八の大かがり火をたいて往時をしのんだとされる。その後、年を重ねるごとに新企画が付加し、現在のように盛大になった。一九七六（昭和五一）年以後、上越まつりの計画に加わり、謙信公祭協賛会事務局が中心となり、特に、一九九六（平成七）年頃からは市民参加型の企画が広く取り入れられ、八月下旬の土・日に開催されるようになった。呼びものの市民参加の出陣行列は、春日山神社を出て山麓線・史跡広場がゴール、その他いろいろな歴史絵巻が再現され、多数の観衆が集まる。（久米　満）

謙信文庫（けんしんぶんこ）
一八七四（明治七）年創立の高田中学が、一九〇七（明治四〇）年の謙信歿三三〇年を記念して同校敷地内に開設した謙信関連資料室。文庫創設者の布施秀治（一八七五～一九四八）は、同文庫の資料を用いて『上杉謙信伝』（謙信文庫刊、一九一七年）を出版している。同文庫はしかし、一九四一（昭和一六）年に起きた校舎火災により焼失した。当時文庫の整理に当たっていた渡邉慶一は次のように回顧している。「当時、私は本文庫の主任として、学界に対し深く責任を痛感いたしました。また文庫の創始者恩師布施秀治先生に対し、謝罪と申訳のために、何とかしなければならぬので、「上越新聞」に乞い、左記の一文を連載したのであります。」渡邉慶一「謙信公文庫を失える文化的損失」『頸城文化』第二八号、昭和四四年、四五頁参照。（石塚正英）→高田中学（たかだちゅうがく）、布施秀治（ふせ・しゅうじ）

検地（けんち）
豊臣秀吉は一五八二（天正一〇）年以降「太閤検地」を推し進めた。太閤検地では三六〇歩を一段とするのを改め、六尺三寸を一間とし、一間四方を一歩、三〇歩を一畝、一〇畝を一段、一〇段を一町、したがって三〇〇歩を一段とする。土地は、田・畑・屋敷の地目に区分され、田畑の等級は上・中・下・下々の四段階とする。石高は京枡を用い、一〇合を一升とする一〇進法で計測した。頸城における大がかりな検地は、上杉氏に代わって春日山城に入った堀氏による一五九八（慶長三）年の検地（慶長三年検地）、松平光長改易後の幕府による一六八二（天和二）年の検地（天和検地）、一七八〇（安永九）年の幕府領における検地（安永検地）などがあげられるが、短期間に限られた役人を動員しての全領検地は実際には不可能であった。慶長三年検地では、太閤検地の例に倣わずに三六〇歩を一段としており、田畑の等級も上・中・下の三段階である等、従来の土地所有・耕作関係を承認して、有力農民との交渉の上で一定の基準で収穫高を石高に換算したものと思われる。新田開発が進み、実石高が増すと、高田藩では慶長三年検地の石高に二割を加算した延べ高を村高として用い、新田がある場合にはそれのみを実測し、村高に加算することとしていた。天和検地でも、村々に対し事前に田畑一筆ごとの等級や山林・池・川等を書き出させ、役人は村が提出した資料に基づいて測量・調査を行って村人に確認させるにとどまっている。安永検地でもほとんど同様であった。石高に対する税率を「免」と呼び、年ごとの作柄を調べて税率を決める検見法と、税率を一定にする定免法とがあった。越後の幕府領では一七二八年が定免法の初めである。一六八四（貞享元）年の免は一八パーセント台であるが、一七二八（享保一三）年には二五パーセント、一七四五（延享二）年からは三〇パーセントを越える。定免法採用によって税率は確実に増大した。しかし、凶作や天候不順を理由に引高（税率の割引）も行われている。特に、一七七一（明和八）年は干損を理由に頸城郡長岡《なおか》村では八二・二パーセントの引高を記録している。検地帳からは農家の家族人数も読み取れる。それによれば、頸城の農家一戸当たりの家族人数は五人ないし六人である。魚沼等では一〇人を越える例もあるが、頸城の人数は全国平均とほぼ一致している。平均寿命が五〇年程度であったことを考えれば、五人ないし六人の中に祖父母が含まれているとは考えにくい。江戸時代二六〇年間を通して全国の人口は約二倍になっているのであるから、出生率は二倍を超えていたはずである。この人数からして、江戸時代の農民の家族は核家族であったと見て間違いはないだろう。（石川伊織）

建築儀礼など（けんちくぎれいなど）

昭和初期までは、家を建てる事とは何代かに一度のこと、その家の家族にとっては重大な歴史的事業であった。大工棟梁も引き受けた家一軒完成させるのに、一年から数年を費やした。従って、家を建てるに際して、神々を祀りその家の末代までの繁栄を願う諸々の縁起しきたりを重んじた。しかし、それでも当時すでに形骸化省略化していたという。主な儀式は、①チョウナ始め。山から運んだ原木を用途別に刻み、荒削りしチョウナで仕上げる。②地鎮祭（地祭り）。家の敷地の中央に青竹四本を立て、祭壇を作り、お神酒・山海の幸を供え注連縄を張り、神主が土地の神々を祀り、鬼門除けをした。部屋取りでは、鬼門の方角（東北）に便所・玄関などはよくないとされ、この場合は魔除けをする。土盛りをし、カメカチ石（他にタコ・カグラ枠など。唄に合わせて）で石場カチをしてから土台石を据える。③中祝い。基礎が完了したとき。④上棟祭（棟上げ・建て前）。柱の上の屋根の要の棟を引き上げて組み、棟束には幣束を、棟木の下に祭壇をつくり、後には扇車・五色の吹流しつけた幣串3、破魔弓・破魔矢（鏑矢と雁股矢）2を飾り、棟柱には棟札をつける。そこへ施主と棟梁が上がり、棟梁が祝詞をあげ、家の繁栄と災難除けを祈り棟祭りをする。幸を広く及ぼすため、集まった人たちに切餅や穴開き銭（紅白の紙紐をつける）を四方（特に鬼門・裏鬼門）に撒く。これは福を呼ぶものと人々は競って拾い、お守りにした。この餅は「焼いてはならん！火事になる」という。この後、棟梁の他、関係職人打ち揃い祝い、幣串・破魔矢・絵図板を持って棟梁を家まで賑やかに送る（棟梁送り）。①〜④までを施主が、酒肴を用意し、丁寧にもてなすので負担も大であった。（久米 満）

顕法寺城跡（けんぽうじじょうあと）

中世山城跡・史跡。上越市吉川区顕法寺。市指定文化財。顕法寺城は、大字顕法寺集落の西方裏山で、標高一八二メートルの尾根上山塊に位置する山城である。城跡の山裾に顕法寺（廃寺）と諏訪社がある。ここから城道《しろみち》を登り、自害谷を経て尾根づたいに南へ四〇〇メートル程登ると、一段高い主郭に至る。眺望はすばらしく三角点も置かれている。また、中央に石造毘沙門天像が安置されている。主郭は二〇×一〇メートルの広さで、虎口（こぐち・出入口）を有し、西側に土塁も残っている。周辺は切岸や空堀で防備し、帯郭《おびぐるわ》を廻している。遺構は、主郭を中心に複雑な尾根筋や緩斜面にかなり広く分布し、中世城郭の要素が強い。なお、北東山麓の顕法寺と社は、城の鬼門寺社であったろうか。顕法寺城から西方へ八〇〇メートル程のところに町田城がある。両城は密接な関連があったと考えられる。歴史的な背景としては、南北朝時代の動乱に巻き込まれたことが記録されている。謙信時代には、春日山城の支城としてその役割を果たしたことであろう。（植木　宏）

監物堀（けんもつぼり）→**堀直政**（ほり・なおまさ）

小池仁郎（こいけ・にろう、一八六六～一九三六）→**前島密**（まえじま・ひそか）

こ

コイ・フナ類（コイ・フナるい）

コイ目コイ科。頸城野内には水田用に作られた溜池が多い。そんな池にコイやフナが多く生息する。また、養魚用に放流するところも多い。それを秋にあげて、雪が多く封鎖された冬のタンパク源として庭先の池に生かしておく家も多くあった。頸城地方に生息するフナの多くはギンブナがほとんどであるが、釣り用に移植されたヘラブナ（正式名称はゲンゴロウブナ）もみられる。また、金魚のように尾鰭の長いテツギョ（種としてはギンブナ）も生息している。（高橋　卓）

公園（こうえん）

高田公園、金谷山公園、南葉高原キャンプ場、芳沢（謙吉）記念公園、春日山公園、五智公園、愛の風公園などの他、海と森のスポーツランド［大潟］、大池県民いこいの森［頸城］、泉縄文公園［中郷］、光ケ原森林公園［板倉］、坊ケ池湖畔［清里］、あさひの里「庄屋の家」［大島］、直峰《のうみね》城跡公園［安塚］、尾神岳「ハングライダー場」［吉川］、大出口泉水キャンプ場［柿崎］、シーサイドパーク名立［名立］などがある。（久米　満）→高田公園（たかだこうえん）、愛の風公園（あいのかぜこうえん）

（青山増雄）

郷学校（ごうがっこう）

明治新政府は一八七〇（明治三）年三月、戊辰戦争の戦場となった東北各地に、民衆の撫育目的とする学校の設置を命じた。新政府の直轄地であった柏崎県では一一月、柏崎県学校を開校。県内各地に補助金などの奨励策を取り、郷学校の設立を呼びかけた。上越地方では吉木郷学校、針郷学校（板倉区）、馬正面郷学校、柿崎郷学校（柿崎区）田村新田郷学校（大潟区）などが開校した。

格子型田植え定規（こうしがたたうえじょうぎ）

明治期、苗を等間隔・直線に植える正条植えが奨励され、それは劇的な増収をもたらした。特に格子型田植定規（木枠に目印の糸を張った定規、通称「格子」）の出現は、平場の田植えに用いられ更なる増収効果をもたらした。これを発明したのが一九〇九（明治四二）年頃、藤新田の大工郁田清治である。この格子型定規の枠の中に三～四人ほどが入って田植えする方法は、またたく間に頸城一帯に導入され、農民の意識をはじめ農業技術の改良普及にも大きく貢献し、一九五五（昭和三〇）年過ぎに機械田植えが導入されるまで盛んに用いられた。藤新田の富士神社境内に記念碑が立つ。（久米　満）→田植え（たうえ）

庚申講（こうしんこう）

各地に存在した講である。干支でつくる暦では、六〇日毎に庚申（かのえさる）の日がある。この日、人の体に寄生する三尸（さんし）の虫が、人の罪過を天帝に告げるため天に昇ろうとすると信じられていて、それを妨げようと講の仲間が集まり、食を共にしながら不寝番をするのだという。元は中国の民俗・宗教に由来するとされる。吉川区には次のような言い伝えがある。即ち、庚《こう》申《しん》さんは作神様。庚申さんは金もうけの神様。庚申の日は三粒でも雨が降る。庚申さんは働き者で三人分の仕事をする。庚申さんは土木・建築の神様。庚申の日には、四足・二足・卵などの生臭いものを食べてはいけない等々。また、講では盛大な勤行をし、記念に石塔（文字塔・青面金剛像。日月や鶏・三猿の彫像など）を建立することもあり、このような石塔は市内各地に現存する。なお、板倉区福王寺にある青面金剛像は、判明するものでは県下最古、一六六二（寛文二）年のもの。名立区にも一二の石塔が、また清里区青柳では、かつて集落内に点在していた石塔一三が一箇所に集められている。吉川区の下中条・大岩・大賀・赤沢では、現在も幾つかの組に分かれて講が営まれている。同じように、特定の日に講員が集まり祈るものに、二十三夜講、薬師講などの他、職人などのような特定の人たちによる太子講、えびす講などがある。（久米　満）→二十三夜講（にじゅうさんやこう）

豪雪（ごうせつ）

近世、「この下に高田あり」の言葉で表現されているが、その高田も含めた上越地方は日本有数の豪雪地である。一七四九（寛延二）年には四八四センチに及ぶ積雪を記録したこともあり、豪雪地帯としての名前は全国に知られることとなった。高田に多く雪が降るのは、冬になって西高東低の気圧配置となったときに、日本海側から吹き付ける季節風に多くの水蒸気が含まれており、この水蒸気が雪となって高田近郊に降るところからきている。豪雪は必ずしも珍しいことではないが、時に予想以上の豪雪があった場合、市民生活に重大な障害となることがある。現代に入り超豪雪の例としては、一九二七（昭和二）年一月一九日から降雪が始まり、平野部の高田では二月九日、最深積雪三七五センチメートルとなり、役場学校倒壊、各戸糞尿処理困難となった。この年、山間地にある板倉区寺野集落では積雪八メートルを越し、大島区の民家では一月一八日から三月七日まで休み無く除雪作業を続け、雪下ろし人夫延べ凡そ六百人だったという。また、一九四四（昭和一九）年一二月から降雪が始まり、翌四五年二月二六日、高田では最深積雪三七七センチメートルとなった。市街地の交通は困難を極め、辻を渡るとか向かい通りに行くには雪の下にトンネルを穿って往来を確保、家の出入りは二階から行い、屋根から除いた雪は家の回りに積み上げられ、その高さは大屋根を越すくらいとなり、排雪で儀明川が溢れ浸水家屋多数出現した。（久米　満、

中島浩貴）→写真ページ

古代詞（こうだいじ）

盆踊り唄（踊り）として各地で歌われていたものであるが、現在は関田［板倉区］、梨平［清里区］、上牧［牧区］、井ノ口［三和区］などで保存会を中心に伝承されている。それぞれ神社の境内での盆踊りに、櫓の上で唄われているが、井ノ口の場合は踊り手が黒紋付に白鉢巻・白たすき・白足袋で登場し格調高いものとなっている。（久米　満）

弘法清水（こうぼうしみず）

大師信仰によるものとされる「突然訪れた旅僧即ち弘法大師が、清水をもたらした」という伝説が点々と存在する。例えば、小平の「弘法清水」（牧区）、国川の「どうまん井戸」（板倉区）、大和二の「弘法の清水」（北国街道の名物水）などがあり、板倉区山越にも、「病人に飲ませると効能がある」とされる清水が湧いている。かつて、そこには高さ二尺ほどの弘法様と刻まれた石仏があったそうだが今は無い。また、一一月二三日は弘法大師の日とし、小豆粥を食べるとか。この頃に雪が降ると「弘法大師の足跡隠し（跡隠し）」と言う所もある［頸城］。（久米　満）→片葉の葦（かたはのあし）

光明寺（こうみょうじ）

上越市稲田三丁目六－三四。創設年は不詳。名称は高田別院支院稲田光明寺。宗派は真宗大谷派。名称からも、高田別院の設立と深く関わり、一七八六（天明六）年の関川大洪水などの災害を受けながら、現在の地に移った由緒がある。創設期、門前（旧・有田村か金谷村）に設立されたが、その後廃寺となり寺院建立を懇願した稲田住民が現在の地に移設したとされる。稲田では当初新井別院輪番の通所として所在したが、高田地区真宗寺院が別院建立を深く要望。「新寺建立禁止令」の幕藩体制の中、光明寺の寺格移設を持って高田別院が一七三三（享保一八）年に設立。以後別院支院となり稲田光明寺の名称を残す。（南　智信）

コウモリ類（コウモリるい）

コウモリ目。日本産コウモリ類は三三種知られているが、上越地方ではキクガシラコウモリ科二種（コキクガシラコウモリ、キクガシラコウモリ）、ヒナコウモリ科四種（アブラコウモリ、ユビナガコウモリ、コテングコウモリ、ヤマコウモリ）の生息を確認している。このほか県内には、モモジロコウモリ、コヤマコウモリ、モリアブラコウモリ、ウサギコウモリの生息が確認されている。金谷山には、昭和三〇年代まで使われていた西側が崩落した隧道跡がある。奥行五〇メートル程の洞窟状になっており、コキクガシラコウモリ、ユビナガコウモリが集団で生息している。上越地方では、ほぼ唯一といってよい希少なコウモリの繁殖洞である。最近、周囲の林が伐採され、入り口がバリケートで封鎖されたが、隙間から出入りする個体がいることから、地域民と協議し早急に撤去し保護策を講ずる必要がある。新潟県のコウモリ類は、

昆虫を主食とし、農林業にとっては極めて有益な哺乳動物である。（春日良樹）

紺屋（こうや）

城下町高田の仲町一丁目は紺屋町といわれ、多くの紺屋が集まって仕事をしていた。作業場近くには用水が流れており、藍染するには水に恵まれていた。桑取、中ノ俣地区では冬の間に綿、麻繊維で布を織って、高田の紺屋で染めてもらっていた。現在藍がめを使用して昔ながらの方法で仕事をしているのは、仲町一丁目の染物屋一軒のみである。原料の藍は徳島から仕入れているほか、自身で自宅裏の畑で栽培している。型紙も自身で造っていた。（高野恒男）

高野しげさ（こうやしげさ）

上越市指定無形民俗文化財（民俗芸能・一九七四年）。しげさ踊りは、板倉区高野の本龍寺の中興光暁院の遺徳を偲んで土地の老若男女によって唄い踊り継がれてきた。この踊りは、古典的かつ優雅であり、「捧げる」「拝む」「ひざまずく」といった独特の法悦の姿を残す、仏教伝導の宗教踊りである。その源流は、今でも島根県隠岐の島に残っていると言われている宗教踊りの流れを汲むものである。浄土真宗・光暁院住職が北陸地方の布教活動に用いたと言われている。元唄は文政年間にはやった「ヤッショメ節」という流行歌で、越後・柏崎あたりで、「出家《しげ》さん出家さんと声がする　出家さん　出家さんの御開帳　山坂越えても　参りとや」などという歌詞が生まれると、「出家さん節」と呼ばれ、三回繰り返すことから「三回節」（現在では「三階節」）と呼ばれる唄となった。それが日本海を航海する船乗り達によって隠岐にも伝えられ、歌詞も旅情豊かなものを作り、現在のような「しげさ節」が生まれた。日本海沿岸交流を示す芸能の一つと言える。（唐澤太輔）

高陽女学校（こうようじょがっこう）

仏教徒系の女学校。一八八八（明治二一）年創立（私立）。キリスト系の私立高田女学校に対して、創立された。現大町二丁目の龍巌寺境内に、幼稚園を創始した岡田諦賢が管理者となった。工学博士関野貞の父、峻節は明治二九年から校長。貧しい子供を救うために、当初月謝を取らなかった。しかし、後に一五銭とした。公立の女学校や家政女学校、関根裁縫女学校が出来る等から明治四一年、廃校とした。（青山増雄）→岡田諦賢（おかだ・たいけん）

虚空蔵菩薩懸仏（こくうぞうぼさつかけぼとけ）

県指定文化財・工芸品。上越市三和区大字所山田五五〇番地（五十君神社）。五十君神社の社殿内に奉安されており、同社の本地仏（神の本来の姿である仏）と思われる。鏡板の直径は一五センチメートル、当初の鍍金が残り、仏像は像高五・七センチメートル、蓮華座共で七センチメートルあり一鋳で、鍍金が施されている。県下を代表する鎌倉時代の美しい懸仏といわれる。五十君神社は、延喜式に登場する頸城郡で最も古い十三社の一つに数え

られている。（植木　宏）

国府別院（こくふべついん）
一二〇七年三月親鸞聖人は念仏停止の法難によって上越市の居多の浜に上陸し、国分寺中の「竹之内」に草庵を作り暫く住われた後、その南方白山の麓の「竹ヶ前」に草庵を作り移住された。江戸初期、この地「小丸山」は愛宕神社別当宝持院の支配地であったが、聖人の旧跡として人々の信仰を集めていた。一六八一年高田の瑞泉寺が、四年後に直江津の勝蓮寺が旧跡の「袈裟掛けの松」の前に石灯篭を夫々一基建立。一七六一年瑞泉寺と信州の康楽寺が小丸山に仮小屋を作って、親鸞聖人の五〇〇回大遠忌を勤修。翌年宝持院住職圭海が旧跡巡拝者の便を図って、阿弥陀堂と休息所を建立。瑞泉寺の熱心な働き掛けで、一七八二年阿弥陀堂と休息所の敷地三八〇坪を宝持院より借り受ける事に成功し、西本願寺に本堂の建立を申請。一八〇五年総欅造りの壮麗な本堂が完成。一八七一年本願寺は同地を買い取り、一八七六年「小丸山別院」と称し、一九三〇年には「本願寺別院」と改称した。（青山始義）→袈裟掛けの松（けさがけのまつ）、親鸞（しんらん）

国分寺（こくぶんじ）→**越後国分寺**（えちごこくぶんじ）

黒曜石（こくようせき）
黒色ないし暗色の火山岩。ガラス質の流紋岩質マグマが高温高圧の状態から噴出し、地表近くで急冷されて出来る。黒曜石は均質で顕著な貝状断口を呈することから旧石器時代・新石器時代を通じて「石器」などに用いられ、考古学の分野で人類の発展の歴史との深い関係が注目されている。頸城地方では中原遺跡、大塚遺跡で黒曜石製のナイフ形石器が一点ずつ出土している。この黒曜石は長野県諏訪湖周辺の山地のものとされ、石器の形状も中部・関東地方のものと一致することから、頸城地方は古代より交通・流通の要衝であった様子が窺われる。（安斎雄基）→遺跡（いせき）

コケイラン
深山の湿った林に多いラン科の多年草。上越地方では里山でもよく見られる。長さ三〇センチメートルほどの細い葉を一、二枚、地際から伸ばす。五、六月ごろ四〇センチメートルほどの茎を伸ばし一センチメートルほどの黄褐色の花を数十個咲かせる。地味な花だが、ランだというだけでしばしば盗掘される。盗掘しても多くの場合は枯らすだけである。（清水尚之）→ラン科植物（らんかしょくぶつ）

五鈷鈴・五鈷杵（ごこれい・ごこしょ）
県指定文化財・工芸品。上越市浦川原区法定寺一一五四－甲法定寺。金銅五鈷鈴は全長一八センチメートル、口径七・八センチメートル、銅五鈷杵は全長一四・八センチメートル、鈷幅四・一五センチメートルを測り、両者とも全体の形から見て、鎌倉時代の鋳成とみられる。一九一六（大正五）年五月法定寺下屋敷で水田の開墾中、村人によって発見された。（植木　宏）

高志（こし）

頸城地方の古名。古志とも記す。三和区や浦川原区におけるこれまでの考古学調査によれば、頸城野には、約七〇〇〇年前の縄文早期から約二五〇〇年前の晩期まで縄文人が生活を営んでいたが、ずっと後の九三四（承平四）年頃成立の和名抄には「夷守《ひなもり》」と称する郷に関する記述が存在している。「夷《ひな》」とは、「鄙」とも書き、都から遠い「ひなびた」ところ、辺境という意味である。したがって「夷守《ひなもり》」とは、一見すると辺境を守る（人）の意味になる。具体的には蝦夷の攻撃から大和朝廷が国土を守るという意味になる。しかし、平野団三「古代頸城文化の内証」（『頸城文化』第七号、一九五五年、一二頁）によれば、「夷守《ひなもり》」とは蝦夷の里を意味する。頸城地方に大和朝廷の勢力が及んでもなおしばらく蝦夷は自民族の根拠地を確保しており、それを大和朝廷側は「夷守《ひなもり》」とか「五十公《いぎみ》」とか称した。なお「五十公《いぎみ》」は当初「夷君」と記したが、やがて時が経つにつれ「夷」が嫌われて「五君」「五十君」「五十公」などと改称された。また「守」は「かみ」とも読むので、「夷守」は「ひなのかみ」と読んで「夷君」ともども大和朝廷側が蝦夷の首長を遇するのに用いたと考えられる。とにかくも、古代の頸城地方には大和朝廷に打ち負かされない文化をもった先住民がいたことになる。

ところで、北九州や山陰のみならず北陸から北の日本海沿岸を古くはその一帯全域を高志ないし古志と称していた。その一帯には、早くから民間ルートを通じて大陸の諸文化が伝えられていた。例えば道教ないしそれに起因する民間信仰は、飛鳥の欽明天皇時代における仏教公伝（五三八年、ないし五五二年）よりもずっと早くから高志の一帯に浸透している。また、飛鳥・白鳳時代には、高志のことを「蝦夷」とも称していたが、当時「蝦夷」とは倭＝朝廷に服従しない蛮族の意味があった。実情がわからないので脅威と畏怖の対象だったのであろう。何を信仰しているのか、どんな儀礼を営んでいるのか、覚束なかったのであろう。

飛鳥・白鳳時代にはすでに高志には大和朝廷が一目をおくべき土着の権力者が存在した。その推測について文献上の傍証になるのは、日本書紀である。それによると、六八三（天武一一）年、高志の蝦夷である伊高岐那《いこきな》が七〇戸をもって一郡を作ることを大和朝廷から許された。さらに、六八九（持続三）年、蝦夷の沙門（しゃもん、修行僧）道信は、仏像一体を大和朝廷から与えられた（日本書紀、巻第三〇）。その際持統天皇は高志の蝦夷だけでなく南九州の隼人《はやと》に対しても仏教による教化政策をとったが、隼人に対しては筑紫太宰の河内王に命じて公伝仏教の僧を派遣した。しかし高志の蝦夷に対しては僧の派遣はしなかった。なぜかと言えば、すでに蝦夷には在地の僧である道信ほかがいたので、仏像一体と仏具を送るにとどめたからである。隼人と蝦夷とへの対応の相違は、七世紀後半において高志には自前で僧を育成しうるほどに民間仏教・民間信仰が広く深く浸透していたことを物語っている。（石塚正英）→海獣葡萄鏡（かいじゅうぶどうきょう）

越王国（こしおうこく）

越王国は、現在の福井県敦賀市から山形県庄内地方の一部に相当する地域を領した古代の巨大勢力であった。この他にも、日本海沿岸部には四～六世紀前半の間に、丹後、出雲や筑紫などに、それぞれ独立した地域国家が形成された。これらの地域国家は、それぞれ日本海沿岸の海上交通で結ばれ、盛んな交易を行うとともに、日本海対岸諸国、特に朝鮮半島の伽耶や新羅、高句麗などと独自の外交を展開していた。（因みに、『日本書紀』には一つの地域として越（越洲、古志）が記されており、必ずしも国家の形態を成していたとは言えないとする見方もある。）この越地方における古墳の特徴は、朝鮮半島や山陰地方とともに、多くの場合、山上に造られていることである。これは、大和地方の古墳とは一線を画する、日本海沿岸（裏日本）諸国の独自のものと言える。六世紀後半、五七〇（欽明天皇三十一）年、高句麗の使者が越の海岸に漂着している。その地の豪族であった道君《みちのきみ》は、自ら王と称して、高句麗使を留め置き、高句麗からの貢ぎ物を手中に納めたという。隣の豪族・江沼臣裙代《えぬのおみもしろ》がこのことを察知して、大和朝廷に通報した。朝廷は、膳臣傾子《かしわでのおみかたぶこ》を越に使わして、道君が隠匿していた高句麗からの貢ぎ物を取りかえし、高句麗の使者を伴って都へ帰ったという。（唐澤太輔）

小島弥太郎（こじま・やたろう、一五二二～八二）

一忠。永禄四年の第四回川中島の合戦で、武田軍の山県（飯富）三郎兵衛政景に「小島は花も実《み》もある武士だ。鬼とは誰が名づけたのだろう」といわしめた。しかし、上杉軍団の中に名前が登場しない。長岡市乙吉町の龍隠院中興開基である。位牌「大功徳主福聚院殿無量徳海入道大居士」と墓がある。長野県飯山市飯山の英岩寺にも墓がある。（花ケ前盛明）→川中島の合戦（かわなかじまのかっせん）

小正月行事（こしょうがつぎょうじ）

正月一四日・一五日。市内各集落には、それぞれ子どもたちが活躍する小正月行事があったが、今は行われていないものもある。

①サイノカミ・所により「ドンド焼き」「ドウ」「ドウド」「どう焼き」などと呼ぶ。江戸期には「道祖神焼く」と記録する所もある。年の初め、神を招来し他地区から邪悪なものが入ってこないよう願う行事であるなど諸説ある。多くの場合、小中学生が、一五日朝、集落を回り燃料（藁・萱など）を集め、大きなシン木を柱に燃料や正月飾りを積み上げ、上下《かみしも》にそれぞれ高さ六メートル近くの大塔と小型の塔を立ち上げる。それぞれ「アネ」「オバ」とか「ジサ」「バサ」あるいは「ホンヤ」「コヤ」、また小型の塔を「シモヤ」「センチャ」などと称する。里山地帯では、大塔の上にドウソジンと称する藁人形を飾るとか、長い注連縄で巻く所もある。夕方、ほら貝または銅鑼《どら》などで集落中を集め、先ず小塔に続いて大塔に点火する。それには、大人組と子ども組とで火付け合戦の後、あるいは七歳、四二歳の年男がする所などがある。各集落にはそれぞれの仕来り意味づけがあり、書初めを焼き灰が高く上がると書が上達するとか、煙が赤いと小豆が、白いと綿が豊作、また煙のなびいた方が豊作などとし、この火で餅やスルメを焼いて食べると、その年は風邪をひかないとか怪我をしないな

どという。現在、休日に町内会の協力で実施している所が多い。

②繭玉《まゆだま》・正月一五日の朝早く山から伐ってきた若木（ミズキ）の枝に、豊作を祈願しながら、餅または米粉をこねて作った団子で、繭や米俵の形、その他梅の花、稲の穂、福餅、大福帳などの縁起物をかたどったものを家族中で付けて、ヨコザ（茶の間）に飾った。柿崎区では、これを「大田植え」と言い、一週間後にこれをさげて「刈り取りをする」と言った。

③若木焚きと鳥追い・正月一四日の夕方、近くの山から若木（ヌルデ他）を切ってきて、それを囲炉裏で燃やし小豆粥を炊いた。小豆粥を炊くというのは、稲や果樹の豊作を願っての風習で、またこの火に当たると「若返る」「病気にならない」とかと信じられていた。翌朝、子供たちが焚き残した若木の木刀でコスキを叩いたり、拍子木を打ち鳴らし、唄をうたいながら集落中を回り鳥追いをした。このとき、隣むらとの境が子供同士の大声で一帯が騒然となることもあった。その他、同じ趣旨でワラ槌を引きずって回る「モグラ責め」がある。また、小豆粥の煮える臭いは貧乏神が嫌うのだとも言う。

④成る木責め・正月一四日または一五日に作った小豆粥を、柿の木にかけると実がいっぱい成るという。このとき兄弟二人が行って、兄が鉈で柿の木に傷をつけながら「ナルカ！ナランカ！」と言う。続けて弟が「ナリマス！ナリマス！」と言い傷口に小豆粥をかける、というのが多い。（久米　満）→桑取谷の小正月行事（くわどりだにのこしょうがつぎょうじ）、鳥追い（とりおい）、どんど焼き（どんどやき）→写真ページ

瞽女（ごぜ）

盲目の女遊芸人。江戸時代、高田藩の保護を受けた瞽女の親方（師匠）が集まって職業集団「座」をつくり、親方の代表が元締め「座元」となり、組織を動かした（高田瞽女）。幼い時から親方の養女として生活を共にし、手と耳から芸（三味線と数多くの瞽女唄）を教えられた。瞽女の世界の厳しい掟を守り、修行年限（一〇年前後）を重ねることで、一人前の瞽女となった。江戸後期には二〇軒五七人の瞽女が、明治期には八九人を数えた。彼らは、三人くらいで組をつくり、わずかに見える者が先に立ち道案内し、三味線を抱え荷を背負い村から村へと旅をし、家々で門付けしてまわり、茶碗いっぱいの米を持参した袋に入れてもらい、決まって宿してくれる重立ちの家（瞽女宿）に泊まった。その晩は、宿に村中の人々を呼び、芸を披露し、ここでも幾らかの祝儀や米を貰った。米はお金に換えて彼らの生活の糧とした。「瞽女サの米はご利益がある」とされ、競って人々が買ってくれた。旅の範囲・道順・時は毎年ほぼ決まっていて、高田を中心に頸城一円から北信濃まで、暮れと五月一三日の妙音講のとき以外は旅で暮らした。妙音講には、全ての高田瞽女が寺町三の大龍山天林寺（曹洞宗、全国唯一の瞽女寺）に集まり、瞽女式目を朗読してもらい式目を改めて確認し、芸を奉納した。瞽女唄には段物として山椒太夫・葛の葉などの他、その数は厖大なものがあり、その他に客の求めで民謡から当時の流行歌まで唄った。東本町・北本町などに瞽女の親方が多く住居していた。しかし、大正・昭和と時代を経る度にその数を減らし、昭和二五年過ぎには三人となり、

長老・杉本キクイさんは昭和四五年、国の無形文化財に指定された。彼女も一九八三（昭和五八）年三月に世を去り（八五歳）、長い瞽女の歴史に幕を降ろした。また、高田の座に属さない者も居て、彼らの中には大潟町を中心にして海岸の村々を回る浜瞽女、東頸城の村々を中心にした山瞽女と呼ばれる者も存在した。二〇〇九年現在、高田瞽女文化の保存と理解のために、「保存・発信する会」が組織されていて、様々な活動をしている。（久米満）→市川信次（いちかわ・しんじ）、市川信夫（いちかわ・のぶお）、杉本キクイ（すぎもと・キクイ）→写真ページ

古代の城（こだいのしろ）→城（しろ）

居多ヶ浜（こたがはま）

上越市五智六丁目地先にある浜。『遺徳法輪集』に「聖人外波（糸魚川市）ヨリ御立（チ）ナサレ、小野浦（糸魚川市木浦）トイフヨリ御船ニ召タマヒ（コノ間八里）赤岩トイフヘ着岸シタマヒ、ソレヨリ小田ノ浜（居多ヶ浜）へ上リタマフト古老ノ伝説ナリ」とあって、親鸞が上陸したという浜。親鸞聖人上陸之地石碑や記念碑が多く、この付近に「片葉の葦」が見られる。（安達恩）

居多ヶ浜の戦い（こたがはまのたたかい）

一五七八（天正六）年、上杉謙信が死去すると、御館の乱が起こった。上杉景勝は春日山城に、上杉景虎が御館に立て籠もって戦った。六月一一日、両軍は居多ヶ浜・大場・府内で戦った。とくに居多ヶ浜と大場は春日山城と御館との中間地点である。景勝は御館の南、往化橋まで、六〇〇〇軒を焼き焦土とした。一三日にも攻撃を加えて一軒も残らず放火し、御館を巣城（本丸）ばかりにしたという。（花ヶ前盛明）

居多神社（こたじんじゃ）

上越市五智六丁目一番一一号に鎮座。越後守護上杉家や上杉謙信の崇敬を受け、越後一ノ宮として栄えた。祭神は大国主命・奴奈川姫・建御名方命（諏訪神）・事代主命。縁結び・子宝・安産の神として信仰されている。八一三（弘仁四）年に朝廷から従五位下を、八六一（貞観三）年には従四位下という高い神階を賜わった。醍醐天皇の命によって編纂された『延喜式』（九二七年に完成）に記載されている延喜式内社である。越後国府に鎮座していたことから、国司のあつい保護をうけた。足利尊氏の室町幕府が成立し、国内の動乱が一段落した一三四七（貞和三）年に幕府から社殿修造費として田井保（上越市板倉区田井）三分の二を、一三五一（観応二）年には越後守護上杉憲顕から荒蒔保（上越市清里区荒牧）を、それぞれ社領として賜わった。上杉謙信は一五六〇（永禄三）年五月、居多神社に制札を掲げた。一五七八（天正六）年の御館の乱で上杉景虎方に味方したため、能登・越中へ逃亡。一五九八（慶長三）年、上杉景勝の会津移封で帰国。（花ヶ前盛明）→御館の乱（おたてのらん）、奴奈川姫（ぬながわひめ）

五智国分寺三重塔（こちこくぶんじさんじゅうのとう）
県指定文化財・建造物。上越市五智三－二〇－二一。五智国分寺境内。ケヤキ材を用いた高さ二五・八五メートルの三重塔。一八五六（安政三）年に着工し、一八六五（慶応元）年に上棟したが、高欄《こうらん》や連子《れんじ》窓などは未完成のままとなっている。屋根瓦・相輪とともに地元の五智焼瓦を使用。塔内部の中央を通る心柱は鎖で釣られ、礎石に固定されていない。また一層、二層は平行垂木《たるき》、三層は扇垂木になっている。乙宝寺（胎内市）の塔とともに、県内に現存する数少ない三重塔である。（植木　宏）

コッペル二号機（コッペルにごうき）→**頸城鉄道**（くびきてつどう）

鏝絵（こてえ）
鏝絵は蔵の戸前や戸袋、妻飾り、二階開口部の観音扉やその上部などにみられる漆喰装飾である。左官による建築への装飾は家紋や屋号を蔵につけたのがはじまりとされる。鏝絵については、建築学の石井達也氏らの研究によれば、岩手県気仙地域、富山県射水郡小杉町周辺、鳥取県八頭郡周辺、愛媛県東予・今治地域、大分県宇佐・安心院・日出地域などに多く残される。また高知県土佐地域や香川県讃岐地域にも残される。鏝絵の技術を美術品にまで高めた入江長八は、明治初期に多くの作品を残し、その弟子や各地の左官職人によって鏝絵は全国各地で制作された。長八の作品は、一八七七（明治一〇）年の内国勧業博覧会に出品後急増し、他の左官職人においては明治中期と昭和初期に集中的に制作された。各地に残された鏝絵の絵柄は「鶴」「恵比寿」「兎」「大黒」など一般的な絵柄が多いものの、「軍旗を掲げた兵隊」など時代性を反映したものもある。上越市の鏝絵の絵柄は直江津のマリア像（現存しない）など特殊なものを除くと、藤新田集落にみるように龍と唐獅子に牡丹、波にツバメなど、集落景観のランドマークとして残されるものや、波に鶴、亀など家運長久を願う絵柄が多い。土蔵において鶴や亀を波とともに描くのは防火の意味がある。絵柄は社寺彫刻を手本とした例もある。藤新田以外の集落では、鏝絵部分の漆喰の剥落など良好な状態と言えない場合もあり、失われているものも多い。早急な保存策を行い、残された歴史遺産として後世に継承する必要があろう。工法は顔料の入った漆喰を使い、筆のかわりに鏝で盛り上げ、あるいは塗り込んで製作するもので、フラットな漆喰壁と異なり立体的な表現となる。（菅原邦生）

御殿山（ごてんやま）
御殿山は、古くは高田藩の家老小栗美作守正矩の山屋敷（山荘）で周囲の池は大貫耕地の飛地で豊かな景観地であった。さらに近くには、林、片山、根津、太田、中根、村田等高田藩の重臣達の二五四五〇坪を占める山屋敷があった。美作の父五郎左衛門政重（通称正高）は光長のお守役であり、光長の異母妹おかんの間に一六二六（寛永三年）掃部大六が高田で生まれ、まもなくおかんがなくなる。その後寛文五年の大地震で父正高は圧死、若くして美作は家老職の後を引きつぎいろいろの事業をして敏腕を振るう。延宝九年に始まる高田藩の後継ぎをめぐるお家騒動である。家綱病死後五代将軍綱吉により元和元年四月一二日審問、美作及び嫡子掃部大六が元和元年六月二二日切腹を命じられ、家臣達も遠島、城主光長の領地は没収となった。美作の山屋敷の約三分の二を勝子姫に贈り、代りに寺町東本願寺別院の地を大六屋敷に受け賜ったが、領地没収により山屋敷は空屋敷になってしまった。その後文化一〇年頃より開発が始まった。池の部分も大谷内、四ツ池、山田として腰までうまる湿田稲作がなされた。小丸山には高田藩の硝煙蔵があり二人の山番役がいたが、明治三年御山役椙山半衛、丸山兵衛「両人明治三年御役御免に相成申候也」となり市内外の資産家に売却、順次開墾、開発される。総面積「七町壱反三畝三歩」である。勝子姫のお庭である弁天池の中央に弁財天があり、明治一九年一畝一二歩が官有地となる。周囲の池はうめたてられ現在は御殿山公園となっている。（内藤　隆）→越後騒動（えちごそうどう）、高田姫（たかだひめ）

コバシアゲとトウドヨビ

農作業のほとんどを手作業で進めていた時代、一一月から一二月、稲刈りが済み全て籾にした頃、その年が無事完了したことを祝い、ご馳走をつくった。そして、農作業を手伝ってもらった関係者を招待する。その昔、竹を割った道具（コバシ）に稲穂を挟み籾をおとした。そのコバシが用済みになったことをコバシアゲと言ったことから出たこととされる。なお、手伝ってもらった代わりに労働（結い）で、或いはお金などで返している場合もある。しかし、手伝いに対してお返ししなかった人には、取り入れ終了後ご馳走してもてなすのは、トウドヨビと呼んだ。献立は、油揚げや大根など野菜の煮物、豆腐、おぼろ、きんぴらなど当時としては最高のもの、客の帰りにはそれらのご馳走をワラズトッコ（ツトッコ）に入れて持たせた。（久米　満）

小林一茶（こばやし・いっさ、一七六三～一八二七）

江戸後期の俳人。著書に「おらが春」など。不遇な境遇の中、老年になってから信濃の国柏原（現・信濃町）に帰郷。結婚。子どもをもうけるが夭折。「木枯らしや向かいの山は越後山」と詠んでいるように越後は近い。柿崎、春日山、高田、新井等をたびたび訪れている。春日山では「我が成りをうさんと見るや鹿の声」と詠った。妙高市二俣の女性と再婚。たった一人の子どもの顔も見ずに亡くなる。（青山増雄）

小林古径（こばやし・こけい、一八八三～一九五七）

①人物・小林古径美術館

高田生まれの日本画家。一九五〇年文化勲章を受賞。写生を基本、日本や中国の古画などを研究し、近代的な感覚を吸収し、成熟させた「新古典主義」に到達。近代日本美術史の頂点を極める。作品に「竹取物語」「清姫」「髪」等がある。小林古径記念美術館は上越市総合博物館と併設。質量共に優れた「小林古径コレクション」を有する。所蔵品として原画、デッサン、原寸大デジタル絵

画及び遺品などを備えている。（青山増雄）

②小林古径邸

国登録有形文化財、上越市高田公園内に移築復原。「小林古径邸」は日本を代表する建築家・吉田五十八によって設計され、棟梁岡村仁三により、一九三四（昭和九）年に東京都大田区南馬込に建てられた。その際古径画伯は一言「私が好きだという家を造って下さい。」と言われたそうである。外観は京都の八瀬・大原地域の民家をイメージした落ち着いた佇まいで、「数寄屋建築」と呼ばれている。しかし、古径邸は伝統的な数寄屋造りに、五十八の「近代数寄屋」の出発点の手法が使われている。外壁は日本伝統建築の特徴の一つである真壁造り（柱が表れる）と新しい形式の大壁造り（柱が表れない）を見事なバランスで混在させ、仕上げは壁面を新しい材料のモルタルリシン、木部を伝統の紅殻柿渋塗で新旧材料の美しさを表している。屋根はゆるやかなむくりがつけられ、瓦の波はどこから見ても直線に通っていて、軒先は京都の一文字瓦を用いて美しさを強調している。雨戸をしまう戸袋の造りも外壁と一体化している物と、従来の木の板の仕上げの物をうまく使い分けている。玄関上部に見える二階の階段室の虫籠窓（壁をくりぬいた窓）にも京風の美しさが現れている。部屋の配置は、一階は当時中流以上の都市型住宅の基本型ともいわれる「中廊下式」を用いている。畳廊下、板敷廊下を使い分け、玄関、そして廊下を中心に南側には客間、書斎、居間、茶の間があり、北側には階段、便所、風呂場、勝手、女中部屋がある。二階はすべて雪見障子（外が見える用に硝子がついている）付の部屋で、南側より四畳半、八畳、北側に六畳の三部屋で構成されていて、階段を上がったところに水屋（筆洗）が設けられている。この美しい住宅が出現した時は、人々にはどのように映ったのだろうか。驚きと共に「新日本住宅」という表現をされたそうである。

一九九二（平成四）年東京での解体工事が始まり、しばらく部材保存されていたが、復原の期待が大きくなり、古径氏の生誕地である上越での復原が決まった。一九九八（平成一〇）年に着手、二〇〇一（平成一三）年にアトリエと共に現在地に完成した。

（清水恵一）

小林百哺（こばやし・ひゃっぽ、一八〇四～八七）

和算家。小猿屋村の農家に生まれ、幼時に直江津に出て、高良鷗鄰（こうら・おうりん）を師として和算を、月斎《げっさい》（府中八幡神主渡辺芹渓の祖父）の塾では経義を学んだ。一八二六（文政九）年、髪結床を業としていた小林家の養子となる。三度京都へ上り、天文、暦法、算学、陰陽、測量などを学ぶ。今町（柿村書店があった場所）では私塾・牙籌堂《がちゅうどう》（牙籌はそろばんのこと）を開き多くの門弟を集めた。百哺はまた、測量家としても評価される。

一八四二（天保一三）年、外国船防備の洋式砲台を設計。市振から鉢崎まで築く。長州征伐に従軍。高田藩校脩道館の教授。

一八四四（天保一五）年、逃亡中の高野長英をかくまう。

一八七二（明治五）年の学制発布にあって、福永弥平を助け今町分校（現・直江津小学校）創立し、算学教師となる。地租改正の頃には上越や信州で土地測量や地券事務に従事した者の多くが彼

の門弟であったという。（瀧田　寧、青山増雄）→高田藩の海岸防衛（たかだはんのかいがんぼうえい）

古墳（こふん）
頸城野各地で発掘された古墳を所在地で大別すると、以下の三群に整理できる。①矢代川流域―黒田、観音平、天神堂、小丸山古墳群（約一五〇基）、②櫛池川流域―菅原古墳群（約三〇基）、③飯田川流域―高士、宮口、水科古墳群（約一〇基）。①に属する小丸山古墳群を除いておおよそ扇状地に造営されている。また、それらの多くは信越往還の交通圏域に位置している。時代的には後期（ほぼ六、七世紀）に造られたとみられる。古墳の形で考察すると、前方後円墳をなす菅原古墳群、大型の古墳があって中小古墳が付随する天神堂古墳群、ほぼ同じ規模の古墳からなる黒田・小丸山・高士・宮口・水科の各古墳群に分けられよう。そのほかに、横穴式石室をもつ水科古墳群、瀝青（アスファルト）を塗った土玉の出土する宮口・高士の各古墳群が特筆される。（石塚正英）→付録「頸城地方（糸魚川市・柏崎市・妙高市の一部を含む）の遺跡一覧」

狛犬（こまいぬ）→**一木彫仏像**（いちぼくぼりぶつぞう）→写真ページ参照

駒帰の戦い（こまがえしのたたかい）
箕冠《みかぶり》城（上越市板倉区）城主大熊朝秀は弘治二年八月二三日、武田信玄に内通し、長尾景虎（上杉謙信）に背いた。朝秀は、いったん箕冠城を捨てて越中へ退き、信玄の来援を待った。謙信はすかさず軍を起こし、越後へ進撃してきた朝秀軍を駒帰（駒返とも記す）で打ち破った。敗れた朝秀は甲斐の武田信玄のもとに身を寄せた。以後、大熊氏は武田家に仕え、その忠勤ぶりは、武田家譜代の家臣以上であったという。朝秀は、なぜ謙信に背いたのであろうか。朝秀は謙信の信任を得ていたが、周囲には長尾家の家臣が幅をきかせ、上杉家の重臣朝秀が席を置く場がなくなってしまったのであろう。上杉家を再興しようとしたことが、かえって長尾家に対して謀反を起こすことになってしまった。（花ヶ前盛明）→大熊朝秀（おおくま・ともひで）

小丸山遥拝（こまるやまようはい）
小丸山は上越市大場の本願寺派国府別院である。親鸞配流の地であった小丸山は、遠くて不便な信者たちにとっては、特にあこがれと心のよりどころであったろう。毎月の親鸞の命日二八日には親鸞の遺徳をしのび、報恩感謝したのである。その場所が小丸山遥拝地である。牧区高尾に通じる峠には、「南無阿弥陀仏」の六字の名号が刻まれて「石仏」とよばれた石碑が有り、それを詣でる。また、大島区菖蒲と安塚区上舟倉の境に小丸山遥拝地の文字石碑がある。（青山増雄）→親鸞（しんらん）

小丸山遥拝の地（こまるやまようはいのち）
上越市安塚区大字上船倉字聖峰。大島区菖蒲との境にあるこの地は、親鸞の旧跡である小丸山（現西本願寺国府別院）を遥拝する絶好の場所として、昔から門徒の間で話題になっており、一八二九（文政一二）年に「小丸山遥拝地」の碑が建てられた。菖蒲の浄土真宗本願寺派念宗寺には「小丸山遥拝地石碑建立由緒書」があり、同寺門徒和栗某が発願し、住職や他の門徒の協力を得て建立されたことが記されている。（太田空賢）

子安神（こやすがみ）

茶屋ヶ原の乳母嶽神社は、かつて乳石不動尊（青木不動尊）を祀る小祠であったが、「茶屋ヶ原の不動参り」という言葉が残っているように、子育て・乳授けに霊験あるとして、遠くから参詣する人が絶えなかった。母乳の出を祈願する人は、ツグラという、藁でつくった大きな眼鏡のような形のものを、乳房の上に当てて祈ると霊験あらたかという。また、神社の出すお札を神棚に、洗米はお粥に炊きこんで食し、乳の出がよくなることを祈ったという。また、胞衣姫大明神を祀る胞衣姫《よなひめ》神社［柏崎市上輪新田］は、安産の神として信じられ上越市内からも参詣する人が多い。子安神社［子安］も、「子安の明神」と呼ばれ、安産・乳・子育ての神として知られ、頸城の各地から参詣が絶えず、かつて社殿の天井は奉納された提灯でうめつくされていた。その他、各地にひっそりと子安観音・地蔵が大切に守られている。（久米　満）→夜泣き地蔵・かぼちゃ祭り（よなきじぞう・かぼちゃまつり）

小山いと子（こやま・いとこ、一九〇一〜八九）

高知県出身の作家。第二次世界大戦中、夫の生家のある大潟区に疎開。同じく高田に疎開中の小田嶽夫らの『文芸冊子』に参加。代表作に『海は満つることなし』がある。帰郷した時の自伝的な小説。反戦的社会派の小説『四Ａ格』などではモデル問題で村民の反発を買った。一九六一年雑誌『平凡』に小説「美智子さま」を連載。六三年、宮内庁は連載中止を申し入れる。平凡社はその意向を受け入れた。（青山増雄）

小山作之助（こやま・さくのすけ、一八六四〜一九二七）

日本音学教育の確立に尽力した音楽家、大潟区出身。若き滝廉太郎を指導したことでも知られる。代表作に「夏は来ぬ」がある。上越音楽教育研究会では「小山作之助記念音楽教育賞」を設立し、優秀な後進に対し毎年贈呈式を行っている。（石塚正英）

小山直嗣（こやま・なおつぐ、一九一二〜二〇〇六）

上越市清里区櫛池生まれ。早稲田大学中退後、農業や新聞記者を務め、退職後は民謡・伝説収集家として活躍。『新潟県伝説集成』を刊行。野口雨情、小川未明、小田嶽夫らと親交があった。作詞家として上越地域の多数の小・中・高等学校の校歌や応援歌を作詞した。合唱組曲「瞽女」を作詩。一九七七年、ＮＨＫ出版から刊行。所有した貴重な資料は一万点にも及ぶ。ツイ夫人が高田図書館に寄贈した。（青山増雄）→小川未明（おがわ・みめい）、小田嶽夫（おだ・たけお）

近藤信吉（こんどう・しんきち、一八六九～一九二一）→訂正越後頸城郡誌稿（ていせいえちごくびきぐんしこう）

さ　行

さ

最賢寺（さいけんじ）

上越市南城町三丁目四－一八。開基は加賀国大聖寺の城主家人、金子数馬樹栄という侍で、吉崎御坊へ移住、剃髪し法名を道西と名告る。春日山麓に建立された記録もあり、その後福島城、高田城と城下町の移動と共に現在地に所在。創設は慶長年間（一五九六～一六一五）の頃、宗派は真宗大谷派。現在の本堂は改修を重ねているが、江戸中期の建立。境内の大銀杏は市民に親しまれているが、最賢寺十五世の住職金子大栄は全国の真宗寺院の学僧に知られている。大谷大学で教授を勤め、真宗門徒における聞法の重要性を生涯説き続け、親鸞聖人の生き方を世に広く明らかにした。昭和初期、宗門から僧籍剥奪の身となったが、一九四二（昭和一七）年大学に復帰。戦後「真宗門徒一人もあらず」の認識に立ち清沢満之、曽我量深と共に真宗教学を再興し、近代の東本願寺宗門にとって教学、教化の中心となった人。（南智信）

在郷軍人会（ざいごうぐんじんかい）

現役を離れた軍人によって構成され、予備役の人員で構成される組織。したがって、必ずしも退役者の組織というわけではない。一九一〇（明治四三）年一一月、陸軍の在郷軍人会全国組織である帝国在郷軍人会が創設された（一九四八年廃止）。当時の高田町でもその分会が設置された。軍部が在郷軍人会の地域組織の整備とその活動への指導を本格的に開始したのは、第一次世界大戦を契機としてである。軍都高田での動きははやく、大正末年には軍事思想の普及と相俟って在郷軍人会の組織化がすすんでいった。そもそも高田にはこれといった産業が存在せず、第十三師団をはじめとする軍関係者の消費に依存する経済構造をもっていたこともあって、そうした背景が在郷軍人会の組織化に影響を及ぼした。（石塚正英）→師団（しだん）

西勝寺（さいしょうじ）

上越市三和区本郷九三三。真宗大谷派の寺院。西勝寺の先祖は江口少将清勝といい承久の乱（一二二一年）で北条義時に敗れて佐渡へ配流となった順徳天皇の今習の武士であり、越後国弥彦荘の江口城主であった。承久の乱の後、落城の憂き目にあった江口清勝は、三和村本郷に移り住んだ。一四八七（長享元）年に、その子孫にあたる江口勝明は、戦乱の世を憂い、出家の心を起こして、本願寺中興の祖蓮如上人のもとに参り、法名釈明證と寺号を賜って、本郷に西勝寺を開いた。本堂は、一六三〇（寛永七）年に、高田藩主松平光長公より直峯城の木材を使用する許可をもらい受け、大規模な破風入り三方蓮台造りであった。しかし、大地震や火災により、三度の再建を経験することとなった。近年になり老朽化した本堂の大改修をした。（坂井龍輔）

斉藤朝信（さいとう・とものぶ、一五二七～一五九二）下野守。赤田城（刈羽村赤田町方）城主。上杉謙信は永禄三年五月、居多神社に制札を掲げ、同年五月一三日には府中の人々に五年間、諸役を免除した。これらの文書に朝信は謙信の奉行人として署名している。天正三年二月一六日の『上杉家軍役帳』天正五年十二月二十三日の上杉軍団動員名簿『上杉家家中名字尽手本』に名を連ねている。天正六年の御館の乱では上杉景勝に味方して軍功をたてた。乱後の天正八年閏三月一四日、刈羽郡内六カ所を除いた大澄の地（神余分《かまなり》）を景家から賜わった。同年九月二六日、朝信は城下の菩提寺東副院（刈羽村赤田北方）に寺領を安堵し、諸役を免除した。天正九年に魚津城（富山県魚津市）を、翌一〇年には海津城《かいづ》（長野県松代町）を守った。天正末年、死去。斉藤家の墓は常安寺（米沢市城南五丁目）にある。（花ケ前盛明）

塞の神（さいのかみ）→どんど焼き（どんどやき）

西方寺（さいほうじ）
上越市大字上野田七一一－一。宗派は真宗大谷派。名称は高柳山千田院西方寺。開基は下総国伊能城主から出家した善性。一二五〇（建長二）年に現在の茨城県結城郡石下町に道場を建立。善性は浄興寺を継承することになり下総国守豊田四郎治親に堂宇を譲る。一二八八（正応元）年、四世の善慶は上杉家に随行し信濃国水内郡千田村（現・長野県下水内郡豊田村）に移設。元禄年中期、八世了徳の時代に現在地に移り寺院を建立。織田信長との大阪石山本願寺（本願寺十一世顕如）の石山合戦では軍資金や物資を支援した寺院。（南　智信）

サウエルボルン神父（サウエルボルンしんぷ、一九〇四～八九）
高田カトリック教会のドイツ人神父。戦時体制の一九三八（昭和一三）年一一月着任。反ナチス、親米英派として特別高等警察の監視下に置かれ、教会の活動を十分行うことができなかった。一九四四（昭和一九）年四月、聖書中の黙示録の解釈をめぐり、治安維持法違反の容疑で高田カトリック教会信者七人が捕えられた。同年五月サウエルボルン神父も連行され、高田・直江津・柏崎・長岡・加茂で取り調べを受け、一年半に及ぶ留置生活を余儀なくされた。戦後はアメリカにわたったが、再度来日し名古屋で活動した。一九五六（昭和三一）年、故国ドイツに帰って教区司祭となる。（桑野なみ）→高田カトリック教会（たかだカトリックきょうかい）

榊神社（さかきじんじゃ）
上越市大手町に鎮座。榊原政永が一七四一（寛保元）年、高田藩主になって以来、一八七一（明治四）年の廃藩置県まで、榊原家は六代、約一三〇年間続いた。廃藩置県後、旧藩士庄田直道らが中心となって藩祖で徳川家康四天王の一人康政を、祭神とする神社を創建しようと運動を起こした。藩主の別邸であった対面所跡（現在地）を社地と決定し、明治九年一月に着工した。同年七月、本殿・拝殿・神楽殿・社務所などが完工した。旧藩主榊原政敬から神器として康政着用の甲冑と短刀を、有栖川宮熾仁親王から「榊神社」と書かれた額を拝領し、同年八月一日旧藩士を招いて遷座祭を執行した。神社には康政の陣羽織・金桔梗笠の馬じるし・坐像・横笛・ひちりき・甲冑や歴代藩主の書状が所蔵されている。（花ヶ前盛明）

榊原慈善団（さかきばらじぜんだん）→高田藩（たかだはん）

榊原政敬（さかきばら・まさたか、一八五五～一九二七）→高田藩（たかだはん）

榊原政倫（さかきばら・まさとも、一六六五～八三）→高田藩（たかだはん）

榊原政永（さかきばら・まさなが、一七三五～一八〇七）→高田藩（たかだはん）

榊原政令（さかきばら・まさのり、一七七六～一八六一）→高田藩（たかだはん）

榊原政岑（さかきばら・まさみね、一七一五～四三）→高田藩（たかだはん）

坂口謹一郎（さかぐち・きんいちろう、一八九七～一九九四）

①酒博士

坂口謹一郎博士は一八九七（明治三〇）年一一月、坂口正利、マツの長男として高田市鍋屋町（上越市東本町五丁目）に生れる。高田中学へ入学後、東京順天中学に編入し、一高、東京帝国大学農学部に進み農芸化学を専攻する。卒業後副手として麹カビによる有機酸及び酒精の生産に関する研究で博士号受位又菌類による有機酸類の生産に関する研究で昭和一四年六月東京帝国大学教授となる。博士はかつお節のうまみ成分の研究、青カビによるペニシリンの効率的生産の研究など発酵、醸造学者であるばかりでなく酒にまつわる「日本の酒」、「世界の酒」「愛酒楽酔」などの随筆や短歌、漢詩などもつくる。また研究のかたわら先祖の出身地大湊村（現在の頸城村）鵜の木へ来て、ここを楽縫庵と名付け雪椿をこよなく愛し、寿競べ、故郷、春の栄など博士の命名した椿も植栽されている。昭和四二年一一月「微生物学による酵素学の発展に寄与」で文化勲章授章、酒博士として郷里とお酒をこよなく愛したが一九九四（平成六）年一二月九七歳で老衰のため天寿を全とうした。（内藤　隆）

②記念館

皇居の新春歌会始の召人を務めるなど歌人としても有名。「こしのくにのしるしのはなのゆきつばき　ともかきこぞりてうえてみませり」と新潟県の木、「雪椿」を愛し、私財を投入して地元文化人らと共に「雪椿保存会」を結成、保存と育成に努めた。坂口記念館（正確には『香り高き楽縫庵と酒づくりの里「坂口記念館」』には「雪椿園」がある。愛称は「坂謹」と親しまれた。「酒杜り館」には頸城杜氏や酒作り唄など道具や唄などで実演も見ることが出来る。「楽縫庵」は頸城区の大肝煎りであった坂口家の旧家の雰囲気を醸し出している建物。内部に博士の書斎が再現してあり、県内の酒が試飲できる。（青山増雄）

サギ類（サギるい）

コウノトリ目サギ科。上越地方で見られるサギ類は大きい順に、アオサギ・ダイサギ・チュウサギ・クロサギ・コサギ・ゴイサギ・ササゴイ・アマサギ・ミゾゴイ・ヨシゴイの一〇種類。河川・湖沼・池・堀・水田などに現れて餌をとる。サギ類は一般にじっと待ち伏せて、近くに餌となる魚や水棲動物が来ると電光石火の早業で捕える。アオサギは近年増えてきて、あちこちの林にコロニーを造って繁殖している。上越市域では富岡の少年野球場に隣接する林、板倉区の社寺林、大島区のブナ林などが知られている。ダイサギ・チュウサギ・コサギ・アマサギは白鷺と言われるもので、上越地方ではまだコロニーは見つかっていない。従ってこれらのサギは繁殖期にあまり見かけなくなる。ダイサギは夏鳥と冬鳥の亜種がおり、上越地方では両亜種が見られる。チュウサギは夏鳥で秋に多く見られる。コサギは留鳥と言われるが冬は少なくなる。アマサギも夏鳥で春秋に多く見られる。クロサギは黒い体色で海岸や河口付近に現れるが、近年数が減っている。ゴイサギは繁殖期を除けば夜行性で、カラスのように鳴くので夜ガラスとも言われる。最近関川下流で一度だけミニコロニーをつくって繁殖した。ササゴイは関川や澙川の河川敷や河畔林で繁殖しているが、最近減っている。ミゾゴイは数も少なく生息地が限定されているので、普通はお目にかかれない。一番小さいヨシゴイはあし原にすむ夏鳥で、オッフ、オッフと人の声のような鳴き方をする。高田公園、関川下流、鵜ノ池などにすんでいるが最近減少している。（山本　明）

桜の名所（さくらのめいしょ）

高田公園、青田川土手、五智公園（八重桜七〇〇本）、飯田川堤防（飯田）、三和西部工業団地（野）、リバーサイドロード（安塚区）、直峰城址（安塚区）、霧ケ岳公園（八重桜）（浦川原区）、長走桜つづみ公園（浦川原区）、山本山南坂公園（八重桜五〇〇本）（浦川原区）、牧ふるさと村自然と憩いの森（牧区）、林道札山線桜並木（清里区）、箕冠城跡（板倉区）、大池いこいの森（八重桜四〇〇本）（頸城区）、坂田池湖畔（三〇〇本）（柿崎区）、県立大潟水と森の公園（大潟区）、コミュニティプラザ（吉川区）、松ケ峯（一五〇〇本）（中郷区）、泉縄文公園（中郷区）などがある。

また、一本桜としては、日朝寺のしだれ桜（寺町三）、栄恩寺のシダレザクラ（樹齢推定四〇〇年）（頸城区百間町）、風巻神社奥社エドヒガン（樹齢推定三〇〇年）（三和区岡田）などが知られている他、吉川区山直海専徳寺「越の彼岸桜」（樹齢五〇〇年）、

報恩寺「枝垂れ桜」（樹齢四〇〇年）、板倉区の大勢町の大桜（西久々野）などがある。（久米　満）

サケ→シロザケ

笹ケ峰（ささがみね）
妙高山麓にある標高一三〇〇メートルの盆地で、牧歌的にして開放的な景観に恵まれ、特に秋の紅葉は素晴らしい。一八一一年榊原政令公は松本斧次郎等三名に新田開拓を命ず。一八一七年木品掛りの田原屋儀左衛門の要請を受けて、木地師小椋滝右衛門等が入植し、木製品・薪炭・馬鈴薯の生産に励んだが、一八三七年集落を解散。一八五一年高田藩は再び新田開発に挑み、二四戸を入植させ木炭の製産、ソバ・アワ等の雑穀や馬鈴薯の栽培、くず粉の製造に力を注いだが、一八九九年馬鈴薯の疫病が流行し大打撃を受けて解村。一九〇四年杉野沢村の有志が会社を設立し、畑地跡に牧草を植えて笹ケ峰牧場を開設。その後、経営は個人、中頚城郡畜産組合を経て、昭和一九年に県営となった後、笹ケ峰牧場管理組合の運営となる等紆余曲折があった。三五年牧場隣接地にキャンプ場が開設された。四〇年国民休暇村の指定を受け、翌年早くも開村し、鉄筋コンクリート二階建のロッジがオープンした。五四年から「笹ケ峰自然休養林に係る管理方針」に基づいて、自然歩道・ダムサイトサイクリングロード・駐車場等を順次整備。又、ダム湖に乙見湖の愛称を付ける等、観光の一大拠点となる。（青山始義）

笹ケ峰ダム（ささがみねだむ）
一九二九（昭和四）年信濃電気株式会社と中央電気株式会社が共同で、関川上流の真川とニグロ川の合流点をせき止め、高さ二三メートル・長さ五八・五メートルの発電用貯水池を建設。昭和二六年に東北電力笹ケ峰ダムと改称。四三年農林省北陸農政局は高田平野の農業用水等の多目的ダム建設を計画、四五年に着工して五四年には工事を完了。ダムは堤高四九メートル・長さ三一八メートルのロックフィル式ダムで九〇万トンの貯水が可能で、五三年九月から貯水を始めて五五年に満水となった。この完成によって、旧ダムは湖底に水没し、新笹ケ峰ダムは水不足に悩む高田平野の七二〇〇ヘクタールの水田用水を確保すると共に、関川水系発電所の発電用水や工業用水を供給する事が可能となった。（青山始義）→中央電気株式会社（ちゅうおうでんきかぶしきがいしゃ）

笹餅（ささもち）
農家では、田植えが終わると節句として祝いに餅を搗いた。笹の葉二枚を折り、その間に餅を千切って挟み平たく伸ばし、黄な粉（稲穂に譬え）を添えて神棚に供え豊作祈願、そして親しい人にも配った。笹をめくり、黄な粉・砂糖醤油など好みの味で食べる。笹の殺菌力もあり数日は充分保存でき、硬くなっても笹ごと焼いて食べた。節句の笹餅を食べると「ネツケ（かぶれ）にならない」とも言われた。また、田植え後に、嫁が実家にお呼ばれする時も笹餅が土産だったという。（久米　満）→節句（せっく）

佐多神社（さたじんじゃ）

糸魚川市北山字シャクシ尾四三二一番地に鎮座。祭神は大国主命・建速須佐之男命である。佐多神社は通称屋敷平と呼ぶ広い水田の南端、山の麓に鎮座する。ここは北山集落の旧地で、昔、焼山の噴火で神社だけを残し、四キロメートル北方の現在地に全村移転したと伝える。今から八百年前とも、天正年間（一五七三〜九二）とも伝える。一六〇年程前の火災で、佐多神社関係の記録が焼失してしまったという。現在では七月一日の例祭には北山の人々は佐多神社に集まり、祭典を執行している。拝殿の西側にトチの古木（糸魚川市指定天然記念物）と大杉が、その下に一八四二（天保一三）年創立の石祠がある。この付近に凝灰岩の大岩と石組があり、祭祀遺跡を物語る。（花ヶ前盛明）

殺牛馬（さつぎゅうば）

古代、越地方では雨乞いのために「牛」を犠牲に捧げる儀式が盛んに行われていた。この儀式・風習は、日本では五世紀頃から見られる。朝廷はこの風習をたびたび禁止しているが、簡単にはなくならなかった。特に越地方では平安時代に入ってからも根強く続いていたという。例えば朝廷がこの風習を禁止したものとして、七九一（延喜一〇）年の「殺牛用祭漢神（からかみをまつるにうしをころしてもちいる）」の禁令、八〇一（延喜二〇）年の「屠牛祭神（かみをまつるためにうしをほふる）」の禁令（ここに言われている「神」とは「韓神」である）などがある。これらには「馬」という文字は見られない。しかしそうかといって「殺牛馬」を禁止する記録が全くないわけではない。例えば六七五（天武四）年には「莫食牛馬犬猨鶏之宍（うし・うま・いぬ・さる・にわとりのにくをくうなかれ）」、あるいは七四一（天平一三）年には「馬牛代人（うし・うまはひとにかわる）……不許屠殺（ほふりころすことゆるさず）」などという禁令が出されている。「殺牛」のみの禁令には必ず「漢神（韓神）」が併記されている。これには仏教統制と共に神祇以外の思想体系を排除する意図が認められると言われている。一方、「殺牛」と「殺馬」などを併せた禁令には、軍事及び農業において貴重な「牛馬」を殺すことを防ぐ目的があった。また仏教の放生思想（ほうじょうしそう、生命を尊重する思想）によるところが大きいと言われている。つまり「韓神信仰」においては「殺馬」という考えは本来なく、いつの頃からか「殺牛」と混同されてしまったとも考えられる。「殺馬」は、北ユーラシアの遊牧騎馬民族、例えばアルタイ人の習俗と関係があるとも考えられている。この民族には、馬を殺して天に捧げる風習、あるいは主人の死に際して馬を殉殺する風習があった。それが北ユーラシアから直接、もしくは朝鮮半島を経由して日本に入ってきた可能性がある。朝廷が「殺牛馬」を禁じた他の理由として、「疫病神としての韓神」を祀ることを禁じる目的があったと言われている。畿内の貴族たちにとって、疫病をもたらす神は「蕃客」、つまり対岸から来る渡来人とともに日本海を経由してやってくることが多いと認識されていた。渡来人がもたらした「韓神信仰」に基づく「殺牛馬」の禁止は、このような意識の反映であるとも言えるであろう。（唐澤太輔）→韓神信仰（からかみ

しんこう）

佐渡平定（さどへいてい）

上杉景勝は一五八八（天正一六）年、潟上城（佐渡市新穂潟上）主・本間秀高に書状を送り、来年、渡海して羽茂城（羽茂本郷）主・本間高貞を討伐することを表明した。佐渡は本間一族が割拠し、いつ果てるともない抗争を展開していた。その中心が南佐渡の盟主・羽茂本間氏と北佐渡の盟主・河原田本間氏で、景勝のたびたびの調停にも応じなかった。本間氏は村上天皇の皇子為平親王の子孫源有兼の後裔と伝える。能久の時、地頭職を賜り佐渡本間氏の祖となった。これが雑太本間氏で、承久の乱（一二二一年）以後の事である。景勝は翌一五八九（天正一七）年六月一二日、出雲崎から船千余艘を率い、沢根城（沢根）主・本間左馬助の協力で沢根に上陸し、河原田城（石田）を攻めた。城主本間高《たか》統《つな》は、城に放火して自害したという。佐渡攻めの指揮をとったのは直江兼続三〇歳であった。ついで景勝は六月一六日、羽茂城を攻め、わずか一日で攻略した。城主・本間高貞《たかさだ》は弟の赤泊城（赤泊）主・本間高頼とともに逃亡したが捕らえられ、国府川原《こうのかわら》で斬殺されたという。四百年にわたって栄えた羽茂本間氏は滅亡した。景勝に味方した潟上城主・本間秀高、沢根城主・本間左馬助、雑太城主・本間高滋《たかしげ》、久知城主・本間時康（康房）などは所領を没収され、越後に領地をえた。のち、潟上と沢根の本間氏は景勝の家臣となり、景勝に従って会津から米沢に移った。天正一七年をもって、佐渡は、初めて景勝の領国となった。兼続は兼続支配下の与板衆（長岡市の与板城）、景勝直臣団の上田衆（南魚沼市の坂戸城）らを代官として佐渡各地に封じ、所領を与えた。（花ケ前盛明）→羽茂城攻略（はもちじょうこうりゃく）

里山の植物（さとやまのしょくぶつ）

人間が活用することで環境が維持されている自然の総称。人の手が必ず加わっているという点で、手つかずの原生林などの自然とは大きく異なる。かつて集落近くの山林は燃料用に下枝や下草が定期的に刈り取られ、堆肥用に落ち葉が取り除かれることで、林内は明るく風通しがよく、林床は落ち葉が少なく貧栄養の環境が保たれていた。そうした環境には多様な生態系が成立する。多くの植物の種子は落ち葉が少なく裸地のような環境でよく発芽する。笹など強健な植物が茂りすぎることもなく、競争に弱い植物も多く生存できていた。高度経済成長期以降、人間の生活様式が代わり里山は利用されなくなった。放置された結果、やぶの山となり、多様な生態系は失われた。上越地方はそれでもまだ里山環境が各地に残っている。地元住民や市民ボランティアによる下草刈りなどの保全活動が続いているおかげでもある。（清水尚之）

サバ、アジ、イワシ類（サバ、アジ、イワシるい）

スズキ目サバ科（サバ）、スズキ目アジ科（アジ）、ニシン目ニシン科（イワシ）。柿崎から糸魚川までの海に面する頸城地方は、昔から漁業も盛んな土地であった。これらの仲間は漁師の間ではアオモノと呼ぶ。これらの種は数年から数十年間隔で漁獲量が大きく変動する。その仕組みについての調査研究が全国的・全世界的に進められているが、不明な部分が多い。頸城地方においても、これらの魚種は水産物として漁業対象として重要な時代があった。直江津沖が重要なサバ漁業基地として、巻き網船団が存在した時代があった。現在においても、直江津沖漁場は水産資源上の重要な海域といえる。しかし、現在では船団を維持するだけの漁獲はなくなってしまった。（高橋　卓）

鮫ヶ尾城跡（さめがおじょうあと）

中世山城跡・史跡（国指定文化財）。妙高市宮内・雪森。鮫ヶ尾城は、市内斐太地区にある標高一八七メートルの城山に存在する。背後の西側は険しい南葉連邦に連なり、前方は東側に関川・矢代川の流れを中心に高田平野を一望にする。険しい尾根の陵線状に並郭式の縄張りを持ち、周辺の急斜面を削り、腰郭も発達している。六〇〇×三〇〇メートル程の範囲に、大小二〇〇ヶ所以上の削平地、堀切一六、竪堀一一、土塁二〇、井戸二など、四〇〇年を経過した今も、当時を語る人工的工作の跡を多くとどめている。遺構の特色は、壮大な堀切と郭の配置にみられる。尾根頂に中心郭（本丸）三一×二〇メートルを置き、ここからの展望は特に優れ、高田平野を眼下にする要害の地である。東屋（あずまや）が建てられている。北西側直下に堀切（深さ四メートル、上面幅八メートル）を経て米蔵（二三×二二メートル）になる。今も焼き米が採集できるが「御館の乱」で落城した際、兵糧米が焼けたものと伝えられている。以下、堀切四条を混じえて中枢部を固め、郭群とのバランスを整えている。二〇〇五年～〇七年にかけて主要地区の発掘調査が実施され、多量の被熱した陶磁器や炭化おにぎり（握り飯）が出土している。大手道は神宮寺集落から登り、二五分程度で主郭に至る。根小屋（館）は、城跡の東麓、大字乙吉字立の内にある。築城時期は明らかでないが、一五七九（天正七）年三月一九日付の上杉景勝書状があり、「鮫ヶ尾」の城名と当時堀江宗親が城主だったことが知れる。これは御館の乱に関連したものである。城跡は戦国時代、信濃方面警戒の重要な要害として整備されたものである。（植木　宏）

猿石・亀石（さるいし・かめいし）

関山神社に亀石、中郷村福崎の稲荷神社に猿石がある。造立は鎌倉期とされる。飛鳥の猿石・亀石は朝鮮系の渡来人が伝えたものとされているが、これと同類のものであるという。上越市・浦川原村大字虫川字鳥越の墓地には亀石がある。全長一七五センチメートル。幅一メートル。高さ二〇センチメートル。砂岩の亀形自然石で、多少手を加えたと考えられている。現在、墓塔の台石となっている。古代の亀石信仰の祭祀址であったと思われる。この亀石は、古代白山信仰に深く結びつきがあるとも考えられている。朝鮮系の渡来人の伝えたものとされている。（唐澤太輔）

猿供養寺・珠洲焼甕（さるくようでら・すすやきがめ）

上越市有形文化財（一九七七年）。所在地・板倉区猿供養寺。高さ八〇センチメートル、口径七〇センチメートルの珠洲焼きの大甕は能登より請来されたものである。土着の豪族・三善氏などの力を示す品と考えられる出土品である。地すべり防止のために、この大甕を座禅姿のまま頭にかぶり、人柱となった遊行僧がいたと伝えられている。（唐澤太輔）→珠洲焼（すずやき）

猿毛城跡（さるげじょうあと）

中世山城跡・史跡。上越市柿崎区城腰字城山。猿毛城は、城腰集落の裏山で、ひときわ高くそびえる標高四七八メートルに位置する山城である。猿毛川と柿崎川に挟まれ、城山全体が椀を伏せたような美しい山形をなしているが、中腹は岩石を露出した断崖絶壁である。山頂からの眺望はすばらしい。城域は、東西三〇〇×南北三五〇メートルで規模は大きい。山頂主郭は一五×七五メートルと細長く、南側に虎口（出入口）がある。中央に塚と祠がある。全体にかなり大きな郭跡や削平地が目立ち、主郭北側の斜面に四条の連続竪堀も認められる。城山神社から登る道が大手道になる。猿毛城は、上越地方から柏崎方面へ抜ける山道往来の玄関口監視の軍事的に重要な拠点城だった。中世には柿崎氏の詰城だったといわれる。南北朝時代から戦国時代にかけて活躍した城であるが、一五七八（天正六）年に始まる「御館の乱」に関係して、景勝方に攻めたてられ落城した悲劇の城でもあった。主郭より南東の山麓に「ねごや」と呼称される所があり、城主の館の地とされる。（植木　宏）

猿橋城跡（さるはしじょうあと、城平砦）

中世山城跡・史跡。妙高市猿橋。市指定文化財。猿橋城は、猿橋集落の南側にせまる向山（むかいやま）標高四六五メートルの稜線下方部で、標高三七〇メートルの尾根先端にある。長沢川と関川が合流する所へ舌状に突き出た尾根の先端部にあたる。主郭のある尾根から東へ五〇メートル程で、もう一筋の尾根が発している。この二筋の尾根に遺構が集中している。城域は一五〇×二〇〇メートル程で、郭、削平地、堀切、竪堀、井戸などが確認されている。主郭は一〇×二五メートルを測り、ここからは関田峠、平丸、富倉方面まで展望でき、長沢、長沢原、鳥坂の各城（いずれも妙高市）と連絡できる。築城時期などは不明であるが地元の伝承がある。（植木　宏）

山岳仏教（さんがくぶっきょう）

日本古来の山岳信仰と山中で修行する仏教の一類型とが融合したものとされる。板倉区寺野の丈ケ山（たけのやま、標高五七一メートル）は、奈良時代から山岳仏教における修行地とされ、多くの僧や修験者が訪れて修行した「聖の岩窟」、頂上には儀式を執り行った戒壇跡と称される所などがあり、信心深い二匹の猿が寺に献上する山芋を掘りに行って穴に落ちて息絶えてしまった「猿供養寺伝説」なるものも伝えられているという。（久米　満）→米山薬師（よねやまやくし）・妙高信仰（みょうこうしんこう）

サンサン通り・平成雁木（サンサンどおり・へいせいがんぎ）
江戸期以来形成されていた上越市高田の雁木通りは昭和四〇年代に整備を望む声が本町通りに住む人々の間から出てきた。旧来の雁木通りの幅（約一・八メートル）では増えた人出に対応できず、町の繁栄の足を引っ張ると考えられたためである。一九六七（昭和四二）年に自主的に発足した「本町三・四・五丁目商店街近代化推進協議会」は一九七一（昭和四六）年に上越市と市議会に対し、都市改造の基本計画案の策定を要請した。市ならびに県の調査により雁木については拡幅の必要性が指摘され、調査結果に基づき市は一九七六（昭和五一）年に「本町改造基本計画案」の最終案を作成し、説明会ならびに「広報じょうえつ」を通じて内容を住民に伝えた。翌年には県知事の事業承認を得、一九八〇（昭和五五）年には本町三丁目の雁木通りを撤去するとともに、建物をセットバックして道幅を拡幅し、屋根の高さを変えるなど雁木の形態を真似た鉄骨製のサンサン通りの建設に着手、一九八五（昭和六〇）年に完成した。また三丁目に連なる四・五丁目については道幅拡幅による雁木の撤去後にアーケードを建設したものの、雁木通りの形態を考慮したものとならなかった。また一九九七（平成九）年には高田駅前通り再開発の一環として雁木通りを撤去し、落し式雁木の形態を真似た鉄骨製の平成雁木の建設が開始され、二〇〇〇（平成一二）年～二〇〇一（平成一三）年に完成した。サンサン通りは幅四・五メートルほどの鉄骨製で、屋根の高さを変えるなど雁木の形態を真似、採光用の天窓が設けられる。平成雁木はサンサン通り同様鉄骨製で、屋根を瓦葺とし、一部の柱に木板を貼るなど、景観に配慮した計画とされた。（菅原邦生）

山椒大夫（さんしょうだゆう）→**安寿と厨子王の物語**（あんじゅとずしおうのものがたり）

三条西実隆（さんじょうにし・さねたか、一四五五～一五三七）
越後の特産品の一つで、頸城郡・魚沼郡を主産地としていた青苧は、夏用衣料越後布の原料として京などに出荷された。その青苧課役の徴収権が正親町三条家から分家である三条西家に譲与されたのは一四六八年以前であった。『実隆公記』で知られる三条西実隆は、青苧座をもとに買い付け販売を独占する座衆からの課役＝座役を徴収することで越後府中との深い関わりを持っていた。（北峰義巳）→青苧（あおそ）

山本寺景長（さんぽんじ・かげなが、生年不詳～一五八二）
宮千代、松蔵、孝長。不動山城（新潟県糸魚川市要害）城主山本寺定長の弟。上杉家一門衆として、上杉謙信軍団の一翼を担う。山本寺家は越後守護上杉房朝《うえすぎふさとも》の弟上杉朝定を祖とする。天正六年の御館の乱の際、兄の定長が上杉景虎方に、弟の景長が上杉景勝方に味方。天正八年、景長は兄定長のあと、山本寺家を相続、不動山城主となる。景長は天正九年四月から景勝の命で魚津城（富山県魚津市）守備にあたる。織田信長軍の攻撃をうけて落城、景長は自害。（花ケ前盛明）

山本寺定長（さんぽんじ・さだなが、一五一九〜没年不詳）伊予守、景定。不動山城（現・糸魚川市）主。永禄二年一〇月二八日の「侍衆御太刀之次第」に直太刀の衆として名前を連ねている。天正三年二月一六日の『上杉家軍役帳』と天正五年一二月二三日の上杉軍団動員名簿『上杉家家中名字尽手本』に名を連ねている。天正六年の御館の乱では、上杉景虎方に味方したため敗れ、弟景長（孝長）に家督を譲る。（花ヶ前盛明）→不動山城跡（ふどうさんじょうあと）

し

塩送りの美談（しおおくりのびだん）
謙信が敵将武田信玄の領国甲斐・信濃に塩を送ったという話。戦国の美談として、人口に膾炙している。信玄が三国（甲斐・相模・駿河）同盟を破って駿河（静岡県）へ侵攻すると、今川氏真《うじざね》は相模の北条氏康とはかり、一五六七（永禄一〇）年、報復措置として信玄の領国へ塩を送ることを全面的に禁止した。戦国大名がとった経済封鎖政策の一環である。塩留めとなれば、甲斐領民の困惑ぶりは、想像にあまりある。このことを知った謙信は、「信玄と争うところは弓箭《きゅうせん》（戦争）にある。米や塩ではない」と、以前と同様に塩を輸送するよう蔵田五郎左衛門に命じた。そのため武田の領民は、蘇生の思いをなし、深く謙信の高義を感じ、その厚志を徳としたという。義塩に感謝した信玄が、そのお礼に贈ったと伝えられている太刀一振（塩留めの太刀）が東京国立博物館に所蔵されている。永禄一二年正月一一日越後からの塩が雪中、糸魚川街道（松本街道）を経て深志城下（松本）に到着した。喜んだ人々は、謙信の徳をたたえ、この日を塩市の日とし、御神塩をわけあった。この塩を正月一五日の粥に入れて食べると、病気にかからないと伝えられている。塩送りの美談は後世の創作であるとは言い切れない。四百年以上語りつがれてきたのであるから。（花ヶ前盛明）

式内社（しきないしゃ）
醍醐天皇の命で藤原時平などが編集に着手し、九二七（延長五）年に完成した『延喜式』神名帳に記載されている神社。国司の報告にもとづいて編集されたもので、当時、地方の名社として崇敬されていた。全国で三一三二座、二八六一所あった。座とは祭神の数のこと。所とは神社のことである。一社に二神以上まつった場合がある。三一三二座、二八六一所のうち大社が四九二座、三五三所で小社が二六四〇座、二五〇八所であった。いずれも毎年二月の祈年祭に神祇官、ないしは国司より奉幣を預かった。今日、式内社の中には、二社以上で互いに争ったり（論社）、その所在が不明なものなどもある。越後国は五六座（大社一座、小社五五座）、五四所であった。郡別では頸城郡（一三座、一三所）古志郡（六座、五所）、三嶋郡（六座、六所）、魚沼郡（五座、五所）、蒲原郡（一三座、一二所）、沼垂郡（五座、五所）、磐船郡（八座、八所）であった。大社は蒲原郡の伊夜比古神社（弥彦神社）一所だけである。佐渡国は九座（小社）であった。郡別では羽茂郡（二座、二所）、雑太郡（五座、五所）、賀茂郡（二座、

二所）であった。（花ヶ前盛明）

しげさ節（しげさぶし）→高野しげさ（こうやしげさ）

地震（じしん）

近世以来、頸城野で発生したマグニチュード六を越える大地震を列記すると以下のようになる。①慶長地震（新暦一六一四年、慶長一九年）、②寛文地震（新暦一六六六年二月一日、寛文五年一二月二七日、M六・四、死者一四〇〇〜一五〇〇人）、③正徳地震（新暦一七一四年四月二八日、正徳四年、M六・四、糸魚川地震、死者約一〇〇名）、④寛延地震（新暦一七五一年五月二一日、寛延四年四月二五日、M七・〇〜七・四、死者一五四一人）、⑤弘化地震（新暦一八四七年五月四日、弘化四年三月二四日、M七・四、善光寺地震とも称する）。⑥新潟地震（一九六四年六月一六日、M七・五、死者二六人）。⑦新潟県中越地震（二〇〇四年一〇月二三日、M六・八、中越地方で最大震度M七、死者六八人、新潟県中越大震災とも称する）。⑧新潟県中越沖地震（二〇〇七年七月一六日、M六・八、死者一五人）。そのうち、寛文地震では積雪四・二メートルの中、小栗五郎左衛門ほか家老二人、侍三五人、その家族など一二〇余人、町人一五〇〇余人の死者を出した。藩士の家屋だけでも七〇〇をこえる被害がでた。（石塚正英）

地すべり（じすべり）

ヌケまたはノケともいう。市内山間地の殆どが、地すべりの起きやすい土地であり、また地すべり地は稲の栽培に適しているので、そこが美しく広がる棚田となっていることが多く、その近くに住宅や集落も立地している。とはいえ、土壌が水分を含むと地すべりを起こしやすい性質のため、特に春の雪解け水による耕地・住宅災害が多く、長く人々を苦しめてきた。板倉区猿供養寺に地すべり資料館がある。地すべりによって道路や田畑が変形することが繰り返され、特に田畑や土地境界・集落境界が不明になることもある。そこで、牧区神谷では明治以来、わずかに存在する殆どすべらない土地（イキヤマ）を基点にして、隔年に村人立会いで目測量によって境界を新しく決めている（地割慣行）。（久米 満）

→即身仏（そくしんぶつ）

地蔵信仰（じぞうしんこう）

「お地蔵さま」「お地蔵さん」などと呼ばれ、人々に親しまれている地蔵菩薩は、仏教菩薩の中で、最も民俗化、民間信仰化した庶民的な菩薩。中世以降万能利益者とも言うべき信仰対象に。道祖神、境神と習合化し、上越各地域の集落に多い。民間信仰の重要な側面を持ち、子安・とげ抜き・身代わり・水子・とげ抜き地蔵など信仰対象も多様。清里・頸城・谷浜各区で信仰が残っている。（青山増雄）

師団（しだん）

高田が都市として大きくなっていく際に、軍隊の存在を忘れることはできない。その中でも、師団が高田に誘致されてきたことは都市の拡大という面でも重要な出来事であった。元来、高田は城下町であり、多くのほかの城下町においても見られたように軍隊を招聘することに熱心であった。第十三師団が招聘される前にも、連隊を招聘するべく運動が行われていたことはその一例である。師団ができる前は、高田出身の兵は仙台に駐屯していた第二師団に所属していたが、第十三師団の設置以後は高田で軍務を果たすこととなった。第十三師団は日露戦争中の一九〇五（明治三八）年三月末に青森の弘前で編成されたが、一九〇八（明治四一）年一一月一日に高田に入場し、それ以来、大正一四年の宇垣軍縮で師団が廃止されるまで、高田に留まった。軍隊特有の行事が高田に持ち込まれ、将校集会所であった偕行社もつくられた。旧城跡の桜もまた在郷軍人会によるものである。また、正午を知らせる午砲が市民に親しまれたと言われる。また、第十三師団は外国人の受け入れにも熱心であった。一九一一（明治四三）年には、清国から六〇人の留学生が日本に送られたが、彼らはすべて第十三師団に配属された。この清の留学生は、辛亥革命の勃発によって帰国の途に就くことになるが、その中には後に中華民国総統となる蒋介石の姿もあった。また、日本にスキーを伝えたオーストリア＝ハンガリー軍少佐テオドール・フォン・エドラー・レルヒもこの第十三師団に配属されたことは有名である。第十三師団は一九一三（大正二）年に、満州警備の任につき、そして一九二〇（大正九）年にはシベリア出兵にも参加して治安戦を戦っている。シベリア出兵でも各地で転戦し、少なくない戦傷者を出している（戦死、負傷）。また、関東大震災において第十三師団所属の第五十八連隊が、戒厳令の敷かれた東京で警護の任についた。しかし、第十三師団は、第一次世界大戦後の軍縮と軍備近代化のあおりを受けて、一九二五（大正一四）年五月一日をもって廃止されることになった。その後、高田には、歩兵第十五旅団司令部、第三十連隊が入ることとなり、忠霊塔・忠魂碑が作られるなど軍都としての役割を維持したが、駐屯部隊の大幅な規模縮小は高田にとって経済的な面で大きな痛手となった。（中島浩貴）→宇垣軍縮（うがきぐんしゅく）、レルヒ

師団長官舎（しだんちょうかんしゃ）

上越市指定有形文化財、上越市大町。この旧師団長官舎は、一九一〇（明治四三）年上越市南城町に、第三代師団長陸軍中将長岡外史の手によって建てられたものである。それまでの師団長官舎は、馬出町（大町二丁目）にあり純和風の建物であった。長岡師団長は着任後、旅館清香園に住んでいたが、ヨーロッパへ行ったことのある長岡氏は、師団長官舎は洋風でなくてはと、自分の意見を強く反映したこの豪華な新官舎を建てたのである。建物全体をながめてみると、まず基礎高は五〇センチメートルでやや高くなっている。屋根は日本瓦、壁は南京下見に油性ペイント（創建時は柿渋）で塗装されて、窓には化粧庇がつけられ美しさを出している。各部分には、職人の技術で細かな細工がなされている。雪国高田の湿気が強く意識されたのか、この建物は、通気、換気が非常に良くなっている。外部のいたる所に換気口が設けてあり、建物に湿気がたまらないようになっている。百年たつ建物

としては、骨組がいたまずにきちんとしているのも、この事が大きく影響しているようである。

旧師団長官舎の内部のつくりは、敷地一三三〇坪の中に八〇坪のこの建物、玄関は北向きで、東西の車寄せをのぼっていくと人力車などが横付できるようになっている。玄関ホールの天井に目をやると、そこには壮麗なメタル天井がある。これはオーストラリアのワンダーリチ社製の菱型紋様打出板で、最高にぜいたくなものであった。一階中央の婦人応接室は最も装飾がほどこされていた部屋で、入口のドアの内側には楕円形の鏡が入っており、壁は淡いピンクで統一されていた。南側の小窓にはピンクの大椴子の左右引き絞りのカーテンがかかっていた。純白の天井の中心には、バラのレリーフがあり、今もその美しさを残している。その東隣は書斎になっており、当時壁は淡いブルーであった。どっしりとした皮張りの安楽いすが置かれ、棚には西洋の骨とう品が並べられていた。この二つの部屋の南側に、張り出した小部屋がある。師団長が盆栽室としてつかっていた半温室と呼ばれる部屋である。婦人応接室の両隣には一ダース食堂と呼ばれた大部屋がある。家族の多い師団長が考え出した大食堂で、一度に一二人程度の食事ができる。壁の一面は書斎と同じ化粧羽目になっており、正面にはコーヒー棚下右手の、羽目を押し開くと、病院の薬局の投薬口のような小窓があり、女中・ボーイが料理番から料理を受け取る仕掛になっていた。天井の中央には百燭光のグローブ電灯があり、紫玉彩の造花で笠のめぐりをふちどっていた。二階に通じる階段は、けやきの厚板でできており、装飾と彫刻は全て丸味をさけたイタリック調で、格子装飾の手すりに当時の職人の丹念な仕事ぶりがうかがえる。二階へ上ると純和風となり世界がまったく変わってしまう。廊下をはさんで左側には子供室と納戸があり、右側には一五帖の居間、一二帖の座敷、一〇帖の次の間がある。天井の幅一尺五寸の杉柾板は長野県小諸から取り寄せたものである。床の間の掛軸に影がかからないように、落とし掛けの裏に曇り電灯が設けてある。床の畳は、全て一三掛縫床地を使用していた。窓は大きな角柄の障子をはめ、欄間は牡丹獅子でかざられていたようであった。独特な明治洋風建築の形態を残しながら、一階完全洋風二階が和風でありながら不自然を感じさせないユニークさが見られる建物である。一九八九（平成元）年に市民による保存運動が起き、それを受けて一九九二（平成四）年現在地に解体移築復原され、活用されている。（清水恵一）

七夜（しちや）

上越市清里区田島では、八月二七日の前日午後、諏訪神社の社殿前に供え物をあげる棚を小中学生が作る。棚は横一八〇センチメートル高さ一五〇センチメートル前後の大きさで、竹やカツボ・縄などを使って作り、最後に角の四本柱の竹に蓮を飾る。この材料は、小学生を含めた子供たちが集落中を回り提供（材料の無い家では代わりに菓子・お金）してもらう。二七日早朝、この棚に村人はおもいおもいに蓮の葉に赤飯・五目ごはん・饅頭（以前は甘酒）を供えて参拝し、その日は神社の祭り、夜は灯篭を掲げ、踊りの輪ができる。その他、この日に集落中が地蔵の前に集まり供養する地蔵講（清里区南田中）、地蔵尊七夜盆会（板倉区曽根田）などがある。また、この日をナノカボン・シチニチボンとかシチヤボン（七夜盆）と称して、ヤブイリとしたり身の回りを片付けたりする日としている所もある。（久米　満）↓尾花祭り（おばなまつり）

実業補習学校（じつぎょうほしゅうがっこう）

一八八六（明治一九）年、直江津町の有志が、相談しあって夜学青年に漢文、英語、数学の三教科を修学させるための「三余学会」を組織した。直江津小学校の一部を借りて、教師二名を配置。経費は町内の篤志家の寄付によることとした。一八九三（明治二六）年、経営の困難に陥り、散会した。一九〇三（明治三六）年、再度設置し、認可を翌年受けた。明治三八年、女子実業補習学校も認可された。（青山増雄）

十返舎一九（じっぺんしゃ・いっく、一七六五～一八三一）

江戸後期の大衆小説家。静岡出身の元武士。有名な『東海道中膝栗毛』を書いた一九が最初に越後を訪れたのは一八一四（文化一一）年。高田南本町にある高橋飴店に五日間逗留。後に『方言修業金草鞋』第八編として越後紀行を発表。再三越後を訪れ、『滑稽旅鳥』初編「越後路」、『方言修行金草鞋』第一八編を発表。上越地域の見聞を元に戯作者一九は、越後の風俗と空間を描き出している。（青山増雄）↓粟飴（あわあめ）

ジネズミとカワネズミ

ネズミという名が付けられているが、両種は食虫目トガリネズミ科に分類されるモグラに近い哺乳動物。ジネズミは、北海道～トカラ列島中之島、韓国の済州島に分布する。低地の河畔、農地周辺の藪、山地のコナラ林などに普通に生息するが、調査用のトラップ（はじきワナ）では容易に捕獲できない。上越地方の調査では、矢代川・関川合流部の河畔林、板倉区光ケ原、大毛無山稜線で、昆虫調査用のベイトトラップや墜落缶に落ちた個体を採集している。昆虫類やクモ類、ジムカデなどを食す。（春日良樹）↓ニホンカワネズミ

芝居（しばい）

芝居は演劇の総称だが、ここでは上越地方での江戸期よりの伝統的芸能を取り上げる。芝居が行われる場所は、江戸三座のような恒常的な大芝居と違い、多くは寺社の境内や門前に小屋がけする形式で行われた。これを宮地芝居という。上越地方では神楽が盛んで、江戸時代の文化文政期に最盛期を迎えた。神楽とは神を祭るときに奉納される舞楽のこと。宮廷で行われる御神楽と民間で行われる里神楽がある。若者の多くが師匠についてこれを覚え、節季や祭礼時に神楽を舞、奉納した。今日ではほとんど絶えている。明治期までは神楽面や衣装も残存したが、現在多くは散逸している。浄瑠璃についても同様で江戸－明治期には多くの者がこれをたしなんだ。他には、各村鎮守の祭礼で踊り、狂言、浄瑠璃などの芸能が催された。また、この地域の伝統芸能で重要なもの

に瞽女がいる。瞽女はほぼ全国に存在したが、高田瞽女は長岡瞽女とならんで越後の瞽女の組織の二大流派の一つである。三味線を弾き歌いながら各所を巡回する瞽女の存在は、農村の芸能に大きな影響を与えた。（杉山精一）→瞽女（ごぜ）

新発田重家の乱（しばたしげいえのらん）

一五八一（天正九）年新発田城主新発田重家は織田信長に内通、上杉景勝に背いた。一五七八（天正六）年の御館の乱の際、戦功をたてたが、恩賞がなかったためである。重家は信長の支援をうけ、新潟と沼垂（新潟市）を占領、戦線を拡大。ところが天正一〇年六月二日、信長が明智光秀に討たれると、戦況が一変。天正一五年八月、景勝は短期決戦でのぞみ、大軍を新発田へ進めた。重家方の加地城（新発田市宮内）、赤谷城（同市上赤谷）・五十公野城（同市五十公野）を次々と攻略。最後に新発田城に迫り、一〇月二五日、攻略。重家は自ら馬にまたがり、七〇〇余騎を従えて景勝軍をめがけて突進した。しかし従う者もわずかになり、もうこれまでと覚悟を決めて腹をかき切って果てた。剛勇の誉れ高かった重家の最後は、哀れでならない。四二歳の壮齢であったという。新発田重家の墓は福勝寺（新発田市中央町二丁目二番七号）にある。（花ケ前盛明）

シベリア出兵（シベリアしゅっぺい）

シベリア出兵では、高田の第十三師団は日本軍の中でも重要な役割を演じた。ロシア革命によってソビエト連邦が連合国から脱落した後に、日本を含む列強国が干渉戦争として開始したシベリア出兵は、日本にとって当初予想されたよりも激しく、大きな犠牲を強いることとなった。第十三師団は一九二〇（大正八）年九月に師団の一部を、翌年一月には第十三師団のほぼすべてがシベリアに派遣されたが、当地の現地住民の反感に直面することとなった。一九二二（大正一〇）年五月に撤退するまで、第十三師団でも多くの犠牲者が出た。一九二四（大正一二）年一〇月には、日本軍は完全に撤退し、四年二ヵ月にもわたる占領が終わった。（中島浩貴）→師団（しだん）

清水佳之助（しみず・よしのすけ、一八五四～一九二〇）

和敬孤児院の創設者。旧春日村木田の生まれ。郡会議員や村長職の要職を経て、一九〇一（明治三四）年、時代が作り出した分厚い下層社会の犠牲者である孤児や貧児の為の孤児院を開設。支援者は地主階級や寺社、地域各村など多彩であった。社会事業の先駆的な役目を佳之助は果たした。大正九年、彼の死後、長男謙吾が跡を継いだ。しかし、資金と施設の不充分な中で、ついに一九二九（昭和四）年、解散。近県からの孤児たちも多くいた。昭和七年、院舎は謙吾により、新しく和敬養老院として直江津地区五智に蘇る。（青山増雄）→和敬孤児院（わけいこじいん）

市民読本（しみんとくほん）

一九二九（昭和四）年、高田市第三小学校（現大手町小学校）で、堀川寛校長のもとで『市民読本』を刊行した。まさにその名の如く市民の為の読本であり、地理的、歴史的内容も含んではいるが、修身、公民的色合いのこいものである。その後序に「郷土を良く理解し、しかも公民的訓練がなければ、健全なる市民とは成り得ない。・・・市民として必要な教育を施さねばならないと痛感している。」（青山増雄）

朱印地（しゅいんち）

江戸時代、将軍が有力寺社に対して朱印状（将軍の朱印が押印された文書のこと）を発給して、年貢・課役の免除を確認された所領をいい、売買・質入は禁止されていた。また、将軍の代替わりごとに朱印改めの手続きが行われ、朱印地の確認を行うことになっていた。朱印状は、寺社領以外に大名領にも交付されたが、朱印地といえば、寺社領に限定されるのが一般的である。上越市域では、江戸幕府より与えられた寺社領（朱印地）が林泉寺領、毘沙門堂領、五知国分寺領、愛宕神社領、称念寺領、居多神社領、府中八幡宮領、長恩寺領、春日神社領等九つあり、その所領石高の合計は一二七〇石余りであった。こうした朱印地は、明治維新後境内を除くほか皆上地（没収）を命ぜられ消滅した。五知国分寺（二〇〇石）に残されている明治四年の日記（「備忘録」）に、朱印地が没収されたため、それまで庭掃除を勤めていた掃除人に与えていた年二石五斗の扶持米を出せなくなったことなどその影響が記されている。（田村　敬）

十一面観音像（じゅういちめんかんのんぞう）

①十一面観音

観音菩薩の変化身の一つであり、六観音の一つでもある。十一面の正面の三面が慈悲相、左三面が瞋怒相、右三面が白牙上出相、後方の一面が大笑相、頂上の一面が仏相をそれぞれ表す。また本面を加えて、十一面とする像などもある。その起源は、バラモン教の十一面の暴神・Ekadaca-rudra（十一面荒神）が仏教に取り入れられて、観音菩薩の変化身とされたのが最も有力な説とされている。この荒神は天候や雨水を支配し、ひと度怒ると生き物や草木をも滅ぼすと言われている。冬の厳しい寒さと豪雪にみまわれる北陸地方、また一方で「米どころ」でもある北陸地方において、この天候と雨水を支配する神は、信仰の対象となる要素をもともと十分持っていたと思われる。十一面観音が渡来神であることは間違いないが、どのような経路で日本に入ってきたのかは、はっきりとしていない。しかし、日本海の対岸諸地域から直接北陸道に招来された韓神信仰のなかに十一面観音信仰が含まれ、北陸道から近江を経由して畿内に南下したのではないかという説もある。また、白山信仰の本地仏は十一面観音である。十一面観音信仰は渡来人がもたらした「韓神信仰」の一つであり、それが白山に対する土着の信仰と融合し、北陸を中心に或いは「裏日本」を中心に広がっていった可能性が高いと言うことができる。また白山を開山した泰澄は渡来系氏族の出であり、泰澄大師が十一面観音と古代からの「原白山信仰」とを強力に結びつけていったとも考えることができる。（唐澤太輔）→韓神信仰（からかみしんこ

う）

②十一面観音立像（じゅういちめんかんのんりゅうぞう）県指定文化財・彫刻。上越市浦川原区熊沢一三六〇番地。個人蔵。像高九一センチメートル、ケヤキ材を用いた一本造りの仏像。本像は、近年の県立近代美術館の調査により、十一面観音ではなく聖観音の可能性が指摘されている。また製作年代も従来の説より遡り、平安時代前期の作と考えられている。現在、浦川原区の個人宅の守り本尊として、観音堂に安置されている。（植木　宏）

脩道館（しゅうどうかん）

榊原政敬（第一四代藩主）は、一八六六（慶応二）年、藩校修道館を岡島町の対面所（現・榊神社）に開設した。開設まもなく戊辰の役となりその役は十分には果たせなかった。明治に入り学制も改正されると元の領奉公所（現・大手町小学校）を講義堂として藩士の子弟を入学させ、更に庶民も聴講することが許され才能ある者は藩学生に上げられた。後の県立高田中学校へつながる。（青山増雄）→高田中学（たかだちゅうがく）

十二社（じゅうにしゃ、十二神社）

一般に山の神といわれており、山村や水田のない畑作農業地域に多く祀られており、全国の十二社中六割以上が魚沼・頸城地方を中心に新潟県に存在している。この十二社が、山の神であることは、中村辛一氏の論考（『上越市史研究』第二号「十二神社について」）によれば、柳田国男などが「越後魚沼地方にては、一般に二月十二日にて、従って山神の祭りを十二日講と呼び、明治以降は一般に山神祠の名を十二社と改めたり」（筑摩書房刊『柳田国男集』第二七巻）と記すなど、早くから研究者はそれに気づいていたと述べている。東吉尾村の十二社では、秋の祭礼では御歩射（おびしゃ）の神事が行われた。畑などの作物に害を及ぼす鳥獣を追い払うために弓矢を射るもので、豊作を祈る神事であった。その意味で、十二社は畑作農業の神でもある。（田村　敬）

十念寺（じゅうねんじ）

上越市五智二丁目一一の六。浄土宗、善光寺大本願末。浜善光寺の名で親しまれている。『頸城郡誌稿』に、聖武天皇の七三九（天平一一）年、行基下向の時、寺を創立し西方山光明院十念寺と称したとある。また寺伝では、一五六一（永禄四）年上杉謙信が信濃善光寺から請来した阿弥陀三尊を本尊に創建したといい、永禄七年の祈願状（米沢上杉家所蔵）がある。当時の本尊は会津を経て米沢に移動したといわれる。現本堂は平成五年に再建。（太田空賢）

自由民権運動（じゆうみんけんうんどう）→頸城自由党（くびきじゆうとう）

宗門人別改帳（しゅうもんにんべつあらためちょう）

①宗門人別改帳

宗門改帳、宗旨人別帳、宗門人別帳ともいい、宗門改めと、人別改めを合わせたもので、江戸時代における戸籍の基礎台帳ともいうべきものである。幕府はキリスト教を禁止するため、住民をいずれかの寺院の檀家としその証明を寺院に証明させた（寺請制度）。一六四〇（寛永一七）年、幕府直轄領にキリスト教禁止強化策として宗門改め役を設置し、寺請・人別帳を作成した。この制度は、徐々に全国的に広がっていき、上越地方においても、最古の史料として一六四六（正保三）年の大濁村の「宗門御改帳」が残っており、高田藩でも、幕府の政策に従って早い段階から宗門人別帳を作成していることがわかる。やがて、一六六四（寛文四）年、一万石以上の領主には、専任の役人をおいて毎年宗門改めを実施するよう命じ、さらに、寛文一一年に全国的に宗門人別帳の作成を義務付けた。この宗門人別帳は、村ごとに毎年定期的に作成され、領主や代官所に提出し、一部は控えとして村役人が保管し村の帳簿とした。また、記載形式は統一されていたわけではないが、一般に戸主をはじめ家族・奉公人の氏名、年齢、旦那寺名などが記載された。中には、所有石高、家畜の数、婚姻、雇用の年月などを書き込んだものもある。上越市域においても、下野田村における一七一六（正徳六）年の「下野田村宗門御改帳」から、庄屋である治左衛門が、一六〇石余りの石高を所有し、五家族の名子（なご）（その家に従属している隷属農民）を抱え、五頭の馬を持つ大富裕農民であったことがわかる。この宗門人別改帳は、戸籍法が公布された一八七一（明治四）年に戸籍へと引き継がれた。（田村　敬）

②上越の事例

市内に残存する古いものとしては、渡辺俊也家文書の一六九一（元禄四）年八幡村（現・西本町）の「宗旨御改帳留」がある。所有地の石高や馬の頭数など、家族構成以外のことも記載されている場合もあったが、時代とともに簡略化される傾向にあった。（太田空賢）

出産（しゅっさん）

若い母親の第一子出産は実家で、第二子以後は婚家におけるのが一般的だった。昭和の始め頃まで古い仕来りが強く残っていて、妊婦は産屋で寝起きし、他の家族とは食事も食器も別にし、夫も近づくことは許されなかった所もあったという。食事も禁忌が多く、栄養の面からみても貧しいものであり、坐産が主流のため畳んだ布団や藁にもたれて過ごすことが多かった。生まれた子が男だと二〇日間、女だと二一日間（男二一日・女二〇日の所もある）は産室から出てはならず、火の傍や神棚・井戸に近づいてもならないとされた。この期間が過ぎると、オビ明き（あき）となるが、この間、神棚も閉じて紙を張ったという。オビアキには、宮参りし産婆さんや親戚を呼んで赤飯で祝い、近所に饅頭などを配る所もあった。（久米　満）

シュレーゲルアオガエル

カエル目アオガエル科。成体の体長は四センチメートル前後で、アマガエルを一回り大きくした感じである。体色も緑色でアマガエルと似ているが、目の横に黒いスジがないところで区別される。

上越地方では平野から山間地の水田に広く分布する。春、水田に水が入るとコロコロと一斉に鳴き出す。田植え頃の夜に大合唱となるのはこの種である。水田の畦などに穴を掘り泡状の卵塊を産みつける。（梅林　正）→アマガエル、ウシガエル、カジカガエル、トノサマガエル、モリアオガエル、ヤマアカガエル

上越教育大学（じょうえつきょういくだいがく）

①上越教育大学

主として初等中等教育教員に研修研鑽の機会を提供する大学院修士課程と、初等教育教員を養成する学部を持ち、学校教育に関する理論的実践的な教育研究を推進する国立の教育大学として一九七八年に創立された。大学院は学校教育研究科として、主に初等中等教育の実践に関わる諸科学の総合的・専門的研究を行う専門的研究を行うと共に、初等中等教育教員に高度の学習と研究の機会を与え、その理論的実践的な能力の向上を図る。そのため入学定員の三分の二程度は初等中等教育の経験三年以上の教職経験者を入学させている。学部は学校教育学部とし、初等教育教員養成課程を置き、児童らの成長と発達に関する総合的な理解の上に、全教科領域にわたるすぐれた指導者としての教員の養成を目指している。本部のあるキャンパスは上越市中屋敷町にあり、ここは春日山山麓に広がる丘陵地帯で、敷地面積は三五、六ヘクタール余り、そのうち樹林面積は二一、四ヘクタール近くあり、敷地面積の約六〇パーセントを占め、豊かな自然に恵まれた学園である。（山本明）

②上越教育大学内のカラスのねぐら

本部建造物群の西側にあるスギ林をカラスがねぐらにしている。その数は九月から増え始め、一二月には最大となる。これまで同大学動物生態研究室が一二月に行ったカウント調査では、一五〇〇〇羽台～一八〇〇〇羽台を記録している。この数は全国あちこちのカラスのねぐらと比べても最高で、日本一であるという。このねぐらを利用するカラスの種類は、ハシボソガラスが多いが、ハシブトガラスも次に多く、冬鳥のミヤマガラスも混じっている。ここに集まるカラスは、南は関山付近から北は頸城区近辺から、東は安塚区から西は名立区からやってくる。大潟区にもカラスのねぐらがあり、国道二五三号を境に南側は上教大のねぐらに、北側は大潟区のねぐらに分かれるという。なお、他に妙高市新井地区の鳥坂発電所北にも、小規模なカラスの秋ねぐらがある。（山本　明）

上越郷土研究会（じょうえつきょうどけんきゅうかい）

一九五〇（昭和二五）年創立の学術研究団体（初代会長・森成麟造）。一九五二年に学術誌『頸城文化』を創刊（平成二一年現在第二七号まで刊行）。本会の設立目的は、頸城野という一地域に暮らす研究者が郷土の資料をもちいて学術研究を盛んにし、同時に若い後継者を育成することである。また、そのような活動を通じて中央学界に頸城野の有意義な資料を知らしめることである。創刊号から編集を担当した渡邉慶一は『頸城文化』第四号（一九五三年一一月）の編集後記において、郷土史料保存に関し

て以下の発言をしている。「中央に於ては史料保管の設備、手入れについては万全を期することが出来るであろう。然し地方の史料は地方にあつてこそ充分に其の価値が発揮されるものが多いことを知らねばならぬ。［中略］何とかして上越の史料を闇から闇へ葬らるる危機を極力防止したい。それには繰返して言うが確実な史料保存館と是を維持する財政的な援助を県及び市町村当局に切望して已まぬ次第である。」（一〇九～一一〇頁）この切望は、平成の大合併をへた今日、ますます切実となり、二〇〇八年春、これを活動目標に掲げてNPO法人「頸城野郷土資料室」が上越市仲町六丁目の町家「大鋸町ますや」に創立された。なお、上越郷土研究会を築きあげた研究者に次の人々がいる。石井乙麿、北島正元、中村幸一、白銀賢瑞、小松芳男、平野団三、池田嘉一、稲荷弘信、青木重孝、村山和夫、植木宏、大場厚順、久保田好郎、花ケ前盛明、中沢肇、滝沢定春。（石塚正英）→頸城野郷土資料室（くびきのきょうどしりょうしつ）、森成麟造（もりなり・りんぞう）

上越市くわどり市民の森（じょうえつしくわどりしみんのもり）

桑取谷の奥、桑取川とその支流の谷内川との合流点から上部、標高およそ二〇〇メートルから最高七七〇メートルまで、主に谷内川の左岸側一帯に広がる総面積二七二ヘクタールの森林。市は西部中山間地の豊かな自然に触れる憩いの場の提供と、里山を守り育てる体験を通して、自然環境への意識の高揚を図る目的で設置した。ブナ林や成林したスギ林もあるが、多くは落葉広葉樹林で、何れも人手の入った二次林である。その約半分は上越市の水源涵養保護地域に指定されている「水源の森」である。かつて一九八〇～九〇年代にここがゴルフ場として開発されようとしたが、飲料水の水源を守れと市民の反対運動が起こり、開発業者は断念に追い込まれた。その後開発予定地だった森を市が買い取って整備し、二〇〇二年に市民の森としてオープンした。入り口の谷内川右岸にはリゾート施設「くわどり湯ったり村」があり、背後の山は「癒しの森」として一周する散策路もできている。湯ったり村から五・一五キロメートルの林道鏡池線が延びている。途中一・一キロメートル程の所で四〇〇メートル程わき道に入ると、市の水道用水取水ダムがある。更に一キロメートル余り進むと清冽な湧き水の出る材木池があり、管理棟も建っている。そこからブナ林の散策路を通って湯ったり村に下りることができる。林道の終点まで管理棟から二・六キロメートル余り、そこから先は山道を辿り三〇分程で鏡池（標高四〇〇メートル）まで行くことができる。この市民の森は当初よりNPO法人かみえちご山里ファン倶楽部に管理運営を委託され、冬季を除いて種々のイベントが企画実施され多くの市民が参加している。（山本　明）→桑取谷（くわどりだに）

上越テクノセンター（じょうえつテクノセンター）

土地・建物賃借をベースとしたハイテク工業団地。所在地は上越市福田町一番地。一九六〇（昭和三五）年、帝国石油が頸城平野で大規模なガス田、頸城ガス田（油田）を発見した。この頃需要が伸び始めていたアルミニウムの精錬分野への新規参入を計画していた三菱化成工業㈱は、早速帝国石油に頸城ガス田の利用を申し入れた。新潟県や直江津市の積極的な工場誘致の後押しも手伝って、同社は昭和三八年の第一工場建設を皮切りに第二・第三工場を増設し、直江津に世界的規模のアルミニウム精錬工場を建設した。一時的には単一工場として日本最大のアルミ生産能力を誇った直江津工場であるが、二度に渡る石油危機や日本のアルミ精錬分野の国際競争力の低下などの影響で設備の合理化を迫られ、一九八五（昭和六〇）年に直江津工場はハイテク工業団地、上越テクノセンターとして新生した。二〇〇九（平成二一）年四月から社名を三菱化学ハイテクニカ株式会社と改めたが、上越テクノセンターの名称は場所名として今も残されている。（安斎雄基）

上越農民学校（じょうえつのうみんがっこう）

一九三一（昭和六）年開校。高田地区下箱井・島田一帯の農民組合員の子弟の為の学校。同地域の農民たちは、昭和三年、地主側に小作料減免などを要求して、小作農民の組織を結成（和田村争議）。昭和六年五月一日、八時間労働などを掲げ、上越地域最初のメーデーを敢行。この農民運動の高まりの中で開設。青年部、婦人部、ピオニール（少年団）があり、連帯の役目を果たすも二年間で閉校。現在、下箱井公会堂。（青山増雄）

上越はすまつり（じょうえつはすまつり）

毎年、七月八月、高田城外堀の蓮の花が開花する時期に、観賞イベントとして行われている。この蓮は、一八七一（明治四）年、戸野目の大地主・保阪貞吉が蓮を植えたのが始まりとされ、昭和二八年に蓮の研究で有名な大賀一郎博士が、蓮池の大きさや紅白入り混じって咲くことの珍しさを激賞された。また、同五八年、東京大学北村文雄教授が、蓮の新種一二種を寄贈されて見所の多いお堀の蓮となった。まつりは、一九七八（昭和五三）年から開催されている。さらに平成元年には、西堀に赤い橋がかかり、美しい景観をもたらしている。（久米　満）→保阪貞吉（ほさか・さだきち）

上越まつり（じょうえつまつり）

一九七五（昭和五〇）年までは、直江津・八坂神社の祇園祭が毎年七月に行われていて、上越地域最大の夏祭りであった。江戸・明治・大正・昭和と続いた伝統の祇園祭は、七月六日（旧暦六月六日）直江津の八坂神社の神輿は先ず高田に向い、七日、お馬出し［本町二］に設けられた「お旅所」に入り高田の祇園祭り、一四日には稲田から舟で直江津に帰り関川べりの「お旅所」に安置され、直江津の祇園祭りが始まる。花火・屋台・御撰米奉納など賑やかである。一九七一（昭和四六）年、高田・直江津両市合併し上越市となり、祇園祭も昭和五一年からは、装いも新に市民参加の「上越まつり」とし、高田祇園まつり奉賛会、稲田祇園祭奉賛会、直江津祇園祭協議会、それに謙信公祭協賛会も実行委員会が組織され行われるようになった。神輿の巡行は七月二三日～二九日に行われ、高田地区二三、稲田地区四、直江津地区一九の町内を巡り、民謡流しや花火大会など大勢の市民が参加する。その他、市内の各地区に伝統の祇園祭があり、更に地区市民参加型の企画で夏祭り（七月〜八月）が賑やかに開催されている。例えば、おおしま夏まつり、名立まつり、柿崎時代夏まつり、きよさと夏祭り、なかごう夏まつり、安塚歩行天まつり、うらがわらまつり、頸城の祭典、越後よしかわやったれ祭り、鵜の浜温泉まつりなどである。（久米　満）➡祇園祭（ぎおんさい）

荘園・庄園（しょうえん）

①初期荘園

奈良時代の中頃から安土桃山時代まで存在した私的な大土地所有の形態。一〇世紀中頃を境に成立事情、所有・経営形態に著しい差がみられ、武士の活動拠点となった。律令政府は公地公民制を採っていたが、当初より高負担の調・庸・雑徭・兵役を嫌った農民の偽籍・浮浪・逃亡がみられ、早くから口分田の荒廃と不足が問題であった。これに対処するため七四三（天宝二）年墾田永年私財法を発令して開墾地の私的所有を認めたことにより、中央貴族・大社寺が農民を雇用する直接経営の荘園が成立、急速に広まった。九世紀になると班田（口分田の班給）はほとんど行われなくなり、農民は富豪層と浮浪人層に階級分解が進んだ。富豪層は班田農民や浮浪人を下人化したり賃租契約により取り込み、荒れ地の開発や荒廃田の再開発を進めた。他方、班田の停止により租税収入の減った政府は、一〇世紀に国司に権限を強化して地方政治を一任、租調庸などの税を年貢（地子）と公事に再編して人頭課税から土地課税に改めた。富豪層は、課税を逃れるために開墾地を国司や有力貴族に寄進して不輸権・不入権を得ることで対抗、寄進地系荘園が成立した。国司と富豪層のこの対立は双方の武装に発展し、武士団を生み出すひとつの原動力となった。

②寄進地系荘園

初期荘園が中央の貴族・寺社による開発と直接経営であるのに対し、寄進地系荘園は地方富豪層の開発と寄進、国司や中央官庁の公認により成立するため、耕作者、開発主、中央から派遣される管理者（荘官）、寄進を受けた貴族・寺社と土地に対する権利関係が重層的に複雑に絡み合い、作職・下司職・地頭職などのような職の体系が構成されている。地方政治と税制の改革は班田制を無実化し、荘園化していない土地（公領）も郡・郷や保に再編され、経営形態や租税体系、土地への権利関係は荘園と同じになった。鎌倉時代になると、幕府に従う豪族らは御家人・地頭となって土地に対する権利関係を強め、室町時代後半までに地頭請け、半済、守護請けなどによって荘園に対する中央寺社貴族の権利を蚕食し、戦国時代には武士による一円支配を達成した。ほとんど名目的に残っていた荘園も、豊臣秀吉による一五八二（天正一〇）年からの太閤検地で消滅した。（山本希一）➡保（ほう）

浄覚寺（じょうかくじ）

護法山。上越市板倉区針にある。由緒書では、信濃国水内郡長沼（長野市）の信濃源氏の家臣が浄興寺の門弟となり教順という。その頃の本願寺八世蓮如の「六字名号」がある。寺伝では、戦国期七世教心の時、三ッ橋に移り、道場を構え、石山戦争に参加、その功績により本願寺十一世顕如から「証如上人真影」が下附された。一五九六（慶長元）年三ッ橋より針に移る。その頃本願寺一二世教如から阿弥陀如来画像が下附された。一七一七（享保二）年西本願寺派に転派した。早くから寺野方面に教線を伝播し、猿供養寺村の正浄寺を末寺にした。明治一三年火災で全焼したが同一六年再建工事、二六年竣工した。本堂の彫刻は北村家三代の作で有名である。（宮腰英武）

正月料理（しょうがつりょうり）

かつての年取りゴッツオ（ご馳走）。地域によって少しずつ料理や品数に違いがあるが、各人の膳には年取り魚（塩引き鮭または鱒）の切り身がつけられ、平（または皿）には野菜の煮物（大根・人参・芋の子・蓮根・焼き豆腐・蒟蒻《こんにゃく》・竹輪など五または七品）、チョコには大根人参を刻んだ紅白膾が盛られた。あるいは、牛蒡と人参のきんぴら、煮豆、昆布巻き、そして、のっぺい（汁）が出された。また、長生きを願って手打ちそばでしめた所もある。元旦には、雑煮を食べ、具にはぜんまいが入り、その他に大根、人参、蒟蒻、油揚げ、焼き豆腐、竹輪など賑やかである。また、七草は七日正月と称する所もあり、朝に七草雑煮（保存しておいた野菜・山菜を数多く具に入れる）を食し、夕食には数品が皿に盛られる。（久米　満）

城下町（じょうかまち）→**高田城下町**（たかだじょうかまち）

城ヶ峰城跡（じょうがみねじょうあと）

中世城跡・史跡。上越市中桑取。城ヶ峰城は、春日山城周辺砦群の一つ。中桑取集落の裏山で標高二九五メートルの城ヶ峰に所在する。春日山城背後（西方）の備えとして設けられた一連の砦中、最西端の砦となる。城ヶ峰には、春日山城より西方尾根続きで四キロメートル、または中桑取集落より山道を三〇分ほどでいたる。遺構範囲は五〇〇×二〇〇メートル程で、削平地一五、空堀一六、土塁二ヵ所など確認されている。蔵跡、陣取場の地名も残っている。中心部は五〇×六〇メートル程で、周辺に遺構が多く点在する。本砦を解明する資料はないが、地元には、桑取谷の百姓は城《しろ》付《づき》（春日山城）の百姓としての誇りをもち、兵糧や炭俵を運んだ、という伝承がある。（植木　宏）

常敬寺（じょうきょうじ）

①由緒

上越市寺町二丁目七－二八。宗派は真宗大谷派、名称は中戸山西光院常敬寺。開基は親鸞聖人の孫に当たる唯善上人。得度し京都大谷に居住した後、関東に出向き、鎌倉幕府の招きや亀山法皇の配慮を受け一二八四（弘安七）年、現在の茨城県（下総国関宿中戸村）に大伽藍を建立。設立後、後宇多天皇勅願所となり真宗坂東総棟梁となる。常敬寺の寺号は六世善鸞住職の時、本願寺八世蓮如上人に教化を受けたことにより「常にご本山を敬うように」との願いを託され常敬寺と改名。茨城県から当時の兵乱戦禍を逃れ長野県平塩、飯山へと北上、春日山城下や景勝の時代には福島城下と拠点を移す。現在の地には一六六六（寛文六）年に移転。寺宝には室町時代や安土桃山時代からの尊形や尊号があり、通称「鼻取り太子」は聖徳太子木造で鎌倉期の作。（南　智信）

②歴史的建造物

後宇多天皇の勅願所として、「中戸山西光院」の勅額と真宗坂東総棟梁の格式が与えられ、赤門が許され、地元では「赤門さん」と慕われている。この山門は薬医門で、切妻破風頂部に蕪懸魚が付いている他は装飾は無く、創建は一七〇〇年後期と思われる。本堂も古く、現存棟札からと装飾を考えると一七三一（享保一六）年と思われる。このように古い時代を残す寺院である。（清水恵一）

少康和尚像（しょうこうかしょうぞう）

県指定文化財・絵画。上越市寺町二ー六ー四五。浄興寺。浄土五祖（中国浄土教の五人の高僧）の一人である少康（?～八〇五）を描いた画像である。少康は、中国の唐時代に活躍した高僧で、浄土教を大成させた善導（六一三～六八一）の教えの普及に努めた。本画は、南北朝から室町時代初期に日本で制作されたと考えられている。少康の独立した画像はきわめて珍しく、貴重な遺品である。絹本著色。縦八七・二センチメートル、横三六・三センチメートル。（植木　宏）

浄興寺梵鐘（じょうこうじぼんしょう）

県指定文化財・工芸品。上越市寺町二ー六ー四五。浄興寺。浄興寺所有のこの梵鐘は、上杉謙信が寄進したと伝えられている。親鸞が常陸国（茨城県）に創建した浄興寺は、戦禍を避けるため寺地を転々とし、上杉謙信の招きで当地に移ったと寺伝にあり、両者の浅からぬ関係が伺える。梵鐘は高さ一一五・六センチメートル、口径七四センチメートル、一五世紀前半（室町時代）に中央（京）の鋳物師による製作と判断されている。（植木　宏）

浄興寺本堂（じょうこうじほんどう）

国指定文化財・建造物。浄興寺（浄土真宗、国重要文化財、上越市寺町二）は、親鸞聖人の浄土真宗開宗にゆかりの深い寺として、全国的にその名を知られている。親鸞聖人が越後での流罪を許された後、関東に赴き常陸国稲田（現茨城県笠間市稲田町）に建てた稲田禅坊が浄興寺の始まりと言われている。この寺を「歓喜踊躍山浄土真宗興行寺」と名付け、これを略したのが浄興寺である。一六六五（寛文五）年の大地震で焼失したが、復興計画により、一六七九（延宝七）年に再建され、現在もその姿が引き継がれている。ここには親鸞聖人の御本廟（上越市指定文化財）があり、聖人の頂骨が祀られ、遺品が保存されている。本堂は入母屋造りで、間口二九メートルの県下最大規模の真宗寺院建築であり、一九八九（平成元）年九月に国の重要文化財に指定された。九年間におよぶ大修理が行われ、二〇〇四（平成一六）年五月に完成し、江戸末期の頃の姿がよみがえった。（清水恵一）→写真ページ

乗国寺（じょうこくじ）
上越市南本町二丁目－九－六。宗派は曹洞宗、名称は大龍山乗国寺。本尊は釈迦牟尼如来。慶長年間（一五九六～一六一五）に松平光長が越後移封の際、福井県福井市にあった白龍山乗国寺四世、広山是陽大和尚が光長に従って現在地に転移。光長の菩提寺でもある。城に対して辰巳の方角の鎮護役として造営された。
一七〇五（宝永二）年福井の本山永平寺から格地に任ぜられ、頸城、刈羽、三島の三都の僧録となった。寺宝に釈迦涅槃図大掛け軸（一六八×二五七）がある。現在の堂宇は一八九一（明治二四）年の火災後、明治二六年に建立された。（南　智信）

性宗寺（しょうしゅうじ）
上越市寺町三丁目一の一四。浄土真宗仏光寺派。和田御坊といい、仏光寺派の別院。一三五三（文和二）年創立。元天台宗であったが、信性の代に本願寺一一世顕如の弟子となり改宗し、越前和田村に一寺を建て景勝院と号した。後に越後福島に移り性宗寺と改めた。また、高田開府の際高田に移り、今の長徳寺境内にあったが、後現在地に移った。一三世玄尊の代に仏光寺派になった。
（太田空賢）

上条政繁（じょうじょう・まさしげ、一五四五～一六四三）
弥五郎、義春、入庵、宜順斎。能登守護畠山義続の次子。上杉謙信の養子となり、一五七一（元亀二）年、一九歳で上条上杉氏を相続、上条城（柏崎市）主となる。一五七五（天正三）年二月一六日の「上杉家軍役帳」天正五年一二月二三日の上杉軍団動員名簿「上杉家家中名字尽手本」に名を連ねている。天正六年の御館の乱で上杉景勝に味方。一四年、景勝と対立。上方へ出奔。のち、徳川家康の食客となる。寛永二〇年死去。（花ヶ前盛明）

上信越高原国立公園（じょうしんえつこくりつこうえん）
一九三一（昭和六）年に制定された国立公園法に基づいて、昭和九年には全国で六ヶ所が第一次指定を受けたが、残念ながら上越地方の妙高地区は外されてしまった。昭和二四年の追加指定にも洩れたため、「妙高・戸隠国立公園期成同盟会」を結成して、新潟・長野両県知事連名の陳情書を提出し、地元国会議員の支援を得ながら強力に運動を展開。二九年八月国定公園の指定があったが、新潟県側は態度を保留し、あくまでも国立公園指定を目指して全力を集中。昭和三一年七月ついに二五年に亘る悲願が実り、上信越高原国立公園に編入された。（青山始義）

称専寺（しょうせんじ）
上越市安塚区小黒一二〇九－一にある真宗大谷派の寺。山号は巌崎山。『越後頸城郡誌稿』によれば、当寺は承安年間（一一七一～七五）に安塚区「円平坊」に円平坊として創立、真言宗の大寺だったが、兵火により焼失。慶長年間（一五九六～一六一五）浄了の時、一向宗に帰依して同地の専敬寺の脇寺になったと記録されているが、火災のため資料等がなく不明な点が多い。しかし本願寺九世実如直筆の御文一三通を伝存する。また、三和区南山田の「五十君」神社別当寺とみられる十二木寺《じょんのきじ》所蔵であった木造阿弥陀如来、九字名号、六字名号を所持、ともに市指定文化財となっている。（安達　恩）

浄善寺（じょうぜんじ）
上越市柿崎区柿崎六三八九。真宗大谷派の寺院。一二一一（建暦元）年創立。開基の順信は俗名を長井左衛門信敦といい、その父は平氏に仕えた武士であった。源平合戦で平家が滅びたことにより、落武者として柿崎に逃れ、その庵を「扇谷」と称していた。親鸞聖人が越後配流のおり、鳥屋野からの布教の帰途、たまたま柿崎に立ち寄ることになった。この日はひどい吹雪に見舞われたため、聖人は左衛門の庵に一夜の宿を請われた。しかし、左衛門は、わずかにわら蓑を一枚投げ与えただけであった。聖人は、仕方なく降り積もった雪を下敷きにして石を枕に横たわると、声高らかに念仏を称えた。これを戸の隙間から聞いた左衛門は、この旅人は凡人ではないと驚き、急いで家の中へ招き入れ、ご教化に預かった。この縁により、左衛門は仏門に帰依し、聖人から釈順信の法名を賜り、自庵を念仏道場として開くことになった。これが有名な「枕石伝説」である。このときの「枕石」は、山門の横に安置されている。三世準西坊のとき、本願寺覚如上人より、川越山浄善寺の山寺号を賜る。開創以来、本堂は何度も焼失しており、現堂は一九二八（昭和三）年に再建されたものである。毎年六月二一日には報恩講引上会（通称「お引き上げ」）の行事が開催される。（坂井龍輔）

正善寺ダム（しょうぜんじダム）
①正善寺ダム
上越市上正善寺集落の上手五〇〇メートル程の所にダムサイトがあり、正善寺川の上流域を集水域とする県営の多目的ダム。従って洪水の調節、水道用水の供給の他に、流水の機能の維持つまり渇水時にも一定量の水を放流して、河川の生き物が住めるようにしたり、農業用水や生活用水を確保するなどの役割を果たしている。ダム形式は直線重力式コンクリートダムで堤頂幅四・五メートル、堤頂長一八七・五メートル、総貯水量四六〇万立方メートル、常時放流量一秒当たり一四立方メートル。ダム建設は一九七一年の調査開始から一四年の歳月と総事業費一二六億円をかけて一九八四年に完成した。対岸に湖岸道路もあり、歩いて散策しながら四季の花々や野鳥など自然を楽しむことができる。なお、ダムサイトより四・二キロメートル程離れた下手の岩木地区に第一浄水場があり、上越地域水道用水供給企業団が運営しており、一日に二・一万立方メートルを処理し、上越市の各地および妙高市の一部にも水道用水として供給している。（山本　明）
②正善寺ダム周辺の鳥
正善寺ダム周辺は自然環境が豊かで、野鳥も多く生息渡来する。特に四、五月は移動中に通過する鳥も現れて、種類は多くなる。定着して繁殖する鳥は三〇種余りいるが、その中にサシバ、アオバト、ホトトギス、アカショウビン、カワセミ、サンショウクイ、クロツグミ、オオルリ、キビタキ、サンコウチョウ、ノジコ、イカルなどが入っている。これらの中には数が少ないものや、生息

場所が限定しているのもいる。春の渡り期には猛禽類のハチクマやハイタカも現われる。時々ミサゴが魚を捕りに、時折イヌワシやクマタカも姿を見せることがある。比較的数の多い鳥は、繁殖期はサンショウクイ、ヒヨドリ、ウグイス、シジュウカラ、メジロ、ホオジロなど、非繁殖期はヒヨドリ、ツグミ、ヤマガラ、シジュウカラ、メジロなどである。なお、ダムから離れるが、下正善寺から宇津尾に向かう途中より、横清水を経て県道中ノ俣線に出る林道があり、この道を歩いても多くの野鳥に出会うことができ、よい探鳥コースである。（山本　明）

称念寺（しょうねんじ）

上越市寺町二丁目一一‐一二。上越地区で唯一の時宗寺院。江戸時代は越後一国の時宗寺院触頭、中本山格。名称は西方山称念寺。本尊は弥陀三尊、寺宝に上杉謙信自作天神や新田義貞守り本尊聖観音像を安置している。開基は時宗開祖一遍上人からの系譜、遊行六代の一鎮上人。当初は直江津五智に応称寺として創設。応称寺二世の薗阿が越前長崎の称念寺の住職を兼務した際、称念寺名を改めた。一五八〇（天正八）年に上杉謙信から寺領を受け、その後大久保石見守や松平筑後守、松平忠輝、堀監物から禁制判物の交付を受ける。高田築城の時に現在の境内地を与えられた。（南　智信）

菖蒲（しょうぶ）

「菖蒲の節句」と呼んでいる所では、五月五日、六月四日、七月四日の頃に、菖蒲と蓬を束ねて風呂に入れ（菖蒲湯）、この湯につかるとか、これで体を擦るなどする。これで「虫に刺されない」「蛇に噛まれない」「体の病が治る」などと言い、また、軒先や屋根に差し込んで魔除けにした所がある。特に六月四日頃になると田の用水などに菖蒲も成長し、折りしも田植え終了前でもある所では野休みにした［頸城・吉川］。家の周りに菖蒲を植えておくと蛇除けになるとか、菖蒲湯は人間も蛇と同じようにキン脱げる（脱皮）のだという（桑取地区）。（久米　満）

浄福寺（じょうふくじ）

上越市柿崎区柿崎六六五四。真宗大谷派の寺院。一二一一（建暦元）年創立。開基の善順は、俗名を井上忠長といい、もとは鎌倉扇ヶ谷居住の武将であったが、没落して柿崎に移り「扇谷」と称していた。親鸞聖人が越後配流のおり、鳥屋野からの夜の宿を請われた。渋々ながら泊めたところ、聖人のご教化によって仏門に帰依し、釈善順の法名を賜わった。聖人は「柿崎にしぶしぶ宿をとりけるにあるじの心熟しなりけり」と詠まれ、「南無不可思議光如来」の九字名号を授けられた。翌朝、聖人が国府に戻ることになると、善順は、この九字名号を背負って聖人をお送りした。米山川を越えたころ、善順は「ぜひとも聖人のお供をさせてほしい」と懇願した。しかし聖人は、善順が妻を残してきたことを知ると、「柿崎に帰って夫婦一緒に弥陀の本願を弘通するのがよろしい」とさとされた。善順は聖人のこの言葉を胸に、九字名号を背負って再び米山川を越え柿崎に戻ったという。これが世にいう

「川越の名号」の逸話である。一二九四（永仁二）年に、本願寺覚如上人より、扇谷山浄福寺の山号を賜わる。一八九七（明治三〇）年の大火の際に本堂を焼失。現堂は一九二七（昭和二）年に再建された。毎年六月二一日には報恩講引上会（通称「お引き上げ」）の行事が開催される。（坂井龍輔）

女紅場（じょこうば）
明治初期の簡易な読み書きや算術と裁縫や手芸、礼法等女子の職業指導の教育機関。全国に設けられ、維新後の変革に困窮した人々に役立つ。一八八一（明治一四）年、榊原藩士庄田直道は中屋敷町（現・上越市東本町三）に女紅場を設立し、木綿を織っていた。木綿を織っていた。明治一六年、士族の授産会社として引き継ぐ。明治一八年に工場を稲田鍛冶町（現・東本町五）の高田病院跡に移転。経営不振で明治一九年廃業。（青山増雄）→バテンレース

女子実業学校（じょしじつぎょうがっこう）
高田中学教諭関根万司が私立女子技芸専修学校として創設。一九〇八（明治四一）年、高田馬出町（大町二）に二階建て校舎を新築して開校した。一九二八（昭和三）年、西城町三丁目に旧高田中学校校舎を移築、昭和六年落成。昭和二七年、高田女子実業高等学校となる。後、創始者の名を冠し学校法人関根学園として、大貫小学校跡に私立関根学園高等学校として、新たな校舎新築。（青山増雄）

しらみ経塚・珠洲焼甕（しらみきょうづか・すすやきがめ）
上越市有形文化財（一九七四年）。所在地・頸城区百間町 希望館常設展示室。高さ四四センチメートル、底部直径一一・五センチメートル、口径二二・五センチメートル、肩部最大幅三四・〇センチメートル。しらみ経塚からは、白磁盒子、銅製経筒、一字一石経石、小硯などが出土している。それらと共に、珠洲焼甕（陶質中形甕）が出土した。白磁盒子は中国宋時代のものである。この盒子には菊花紋様が施され、影青が美しい青緑色である。ここまで完全な姿で出土したのは県内でも珍しい。珠洲焼甕は、盗掘されたため、甕は逆転し、擂鉢とともに、著しく破壊されたので、何が埋納されていたのかは不明だと言う。法華経を入れたものなのか、或いは火葬骨を納めたものなのかどうか、明確な判定は出来ていない。（唐澤太輔）

城（しろ）
①城
城は身を守り敵の攻撃を防ぐことを目的とする軍事的な施設である。土塁・堀などの土木工事や柵・門・櫓などの建築物が伴う。日本には古代から存在し、中世、近世へと内容を変えながら存続してきた。新潟県内にも千ヵ所以上の城跡が確認されているが、その大部分は中世の山城である。これらの城跡の中には、文化財に指定され、保護を加えられているもの、城跡公園などとして利用されているもの、また地名や通称として残っているものも少なくない。城主の興亡のみならず、民衆の生活や哀歓の心情を味わ

う場所にもなっている。

②古代の城

小高い丘陵を中心に、その周囲も含めて柵木を列し、空堀や土塁を構えた比較的簡単なものだった。新潟県内では渟足（ぬたり）柵、磐舟《いわふね》柵がある。「城柵」という。

③中世の城

山岳丘陵の起伏が激しい天険の山頂や山腹を利用して、大々的な空堀や土塁、削平地などの土木工事で要害をつくり、山裾に居館を置くものが一般的で山城と呼ばれるものが多い。利用の内容により規模に大小がある。上越市の春日山城跡が代表的である。「城館」という。

④近世の城

一般に白亜の天守をもつ、きらびやかな建造物や、立派な石垣、満々と水をたたえた濠などを造り、城下町を形成し、政庁としての役割が中心になる。上越市の高田城跡など。「城郭」という。

（植木　宏）

シロウオ

スズキ目ハゼ科。上越では、毎年、桜の花咲くころから連休にかけて桑取川へ遡上する状況が新聞報道される。頸城野に春を告げる魚ともいえる。この魚は、お椀に生きたまま入れて、生醤油で食する踊り喰いが有名だが、唐揚げや天ぷら、卵とじなどにしても淡泊で美味しい魚である。桑取川では岸沿いにこの魚が遡上する習性を利用した落とし込みカゴによる漁が行われてきた。捕獲された魚は、生きたまま売買され、売買には今でも米を量る升が用いられ、一合、二合ごとに値段がつけられている。この魚は、河口からわずか一キロメートル以内の砂地に穴を掘って産卵し、卵がかえるまで親（雄）が保護する。稚魚が遊泳する頃、親魚は死んでしまう。（高橋　卓）→イサザ獲り（イサザとり）

シロザケ

サケ目サケ科。日本に遡上してくるサケのほとんどがシロザケという種類である。海から川に戻ってくる代表魚とともに、食卓を飾る水産資源として重要な魚種である。この魚の、当地での増殖事業は名立川において一九七五（昭和五〇）年頃から始まった。その後に、桑取川でもその事業が開始された。両河川で多い年では秋から冬にかけて一万尾以上ものサケが捕獲されている。また、近年増殖事業のない関川において、サケの遡上が確認されている。ほとんどの魚が、他河川に放流されたものの迷入個体と考えられる。本種が自然産卵して仔稚魚が成長するには、水温が一〇度前後で安定した湧水が必要である。これからは、そうした自然豊かな川を創造していくことも大切なことと考える。（高橋　卓）

信越トレイル（しんえつトレイル）

このトレッキングコースは、二〇〇八（平成二〇）年完成。市の海岸部からわずか二五キロメートルくらいも内陸に入ると、長野県との境。そこは第四期の地層での山脈では日本一高い関田山脈（標高一〇〇〇メートル前後の山並、斑尾山一三八二メートル）、世界有数の豪雪地帯、植物的にも地質的にも特色を持っていて、樹間から千曲川の流れや越後の山々も眺められ、景観も素晴らしい所である。ブナの繁る県境の山稜をたどるトレッキング（山歩き）コースは、特に五月から一一月にかけてが適し、市民のレクレーションの場として、また観光資源として貴重である。斑尾から十日町市・天水まで全長八〇キロメートル、途中、車の通る峠道が横断していて、両県に宿泊施設・温泉が点在する。（久米満）

信越本線（しんえつほんせん）

頸城を経由して高崎と新潟を結ぶ旧国鉄の本線。一八七二（明治五）年に新橋・横浜間、七四年に大阪・神戸間に官営鉄道が開業、続いて国は両官営鉄道を結ぶ東京・大阪間の幹線鉄道に着手する。富士川・天竜川等の大河に架橋する困難と経費に加え、東海道は海運が発達していたこともあり、海からの侵略を憂慮する軍部の意向を汲んで、当初、ルートは中仙道経由とされた。八三年には日本鉄道が現在の東北本線・高崎線を開業していたため、建設区間は高崎以西となる。八五年に高崎・横川間が開通するものの、延伸には建設の困難が予想されることから、八六年七月、ルートは東海道経由に変更された。直江津・軽井沢間は中仙道ルートの建設資材搬入用支線として建設が始まったが、東海道へのルート変更に伴い、日本海側と太平洋側を結ぶ幹線へと役割を変えることとなる。八六年八月一五日、直江津・関山間開業（途中駅は高田、新井）。順次開業区間を広げ、八八年、軽井沢まで開通。九三年、碓氷峠の開通により高崎・直江津間が全通。九五年、信越線に改称された。直江津・新潟間も官営で建設の予定であったが、日清戦争後の財政難から国は北越鉄道に免許を発行。九六年、春日新田・沼垂間の工事が始まる。しかし、九六、九七の両年、頸城地方は大水害に見舞われる。河川に架かる鉄橋を最小限に留め、残りを築堤で越えることとし、築堤も排水用暗渠を減らして経費を節約したために、北越鉄道の線路（現在の信越本線黒井駅西側）が保倉川を塞いで洪水となった。南川村（後大瀁村と合併。現在の上越市頸城区西福島）村長関根干城は九七年の水害の際、村民多数と共に築堤を破壊、人家・田畑の冠水を防いだが逮捕され、裁判闘争の末、翌年無罪判決を勝ち取る。春日新田・沼垂間開通は九八年。翌年、直江津駅の構内配線の変更に伴い、直江津・沼垂間の直通運転が開始された。一九〇七年、北越鉄道は国有化され信越線に組み入れられた。〇九年、信越本線と改称横川・軽井沢間のアプト式鉄道は我が国初の電化路線となったが（一九一二年）、全線の電化は一九六九年の直江津・宮内間の電化まで待たねばならなかった。第二次世界大戦中、また一九六〇年代に順次複線化が図られたが、現在でも北長野・黒姫間と妙高高原・直江津間は単線のままである。一九九七年の長野新幹線開業にともない、横川・軽井沢間は廃止、軽井沢・篠井間はしなの鉄道に移管され、信越本線は高崎・横川間と篠井・新潟間に分断されて現在に至っている。高田駅のホームの屋根を支える柱には、一八八五年の銘（CAMMELL SHEFFIELD TOUGHENED STEEL 1885 P IRJ）のある開業時のレールが今も使われている。

（石川伊織）→マレー式蒸気機関車（マレーしきじょうききかんしゃ）、スイッチバック

真言潰し（しんごんつぶし）

「真言払い」ともいう。一五九八（慶長三）年、上杉景勝は会津へ転封、代わって堀秀治が入封した。秀治は近世的領地支配を行うための検地を行った。これにより寺社が有していた免田の多くは否定された。一六〇〇（慶長五）年、会津の上杉軍が越後に侵入すると、上杉氏に呼応する地侍・真言僧・神社神官などが堀氏と戦った。そのため、堀氏は真言寺院を越後から追放したり、真宗に改宗させたりした。（太田空賢）

真宗古写聖教類（しんしゅうこしゃしょうぎょうるい）

県指定文化財・書跡・典籍。上越市寺町二―六―四五。浄興寺。浄興寺には、本願寺歴代門主《もんしゅ》などが書写した聖教（しょうぎょう）（仏陀の教えを説記したものをはじめ、広く仏典を総称したもの）類が多く残されているが、その中で一五部三二冊が指定を受けている。これらは、応永年間（一三九四～一四二八）に書写されたものがほとんどで、現存する真宗聖教の中でも古写本に位置づけられる。当時、京都本願寺に留学した浄興寺の僧が、修学に際して、本願寺の門主や先師からあたえられたものといわれている。（植木　宏）

親鸞（しんらん、一一七三～一二六二）

鎌倉時代の僧。浄土真宗の開山。一二〇七年、法然上人らと共に専修念仏をとがめられて、同年越後国府に遠流となった。三五歳。居多が浜に上陸（同地に記念の石柱等あり）、「末遠く法をまもらせ居多の神弥陀と衆生のあらん限りは」の一首を添えて居多神社に願った。竹ノ内草庵など五智地区は多くの関係建物等がある。恵心尼（板倉地区三善氏豪族出か）と結婚。六人の子どもをもうける。（青山増雄）→小丸山遥拝（こまるやまようはい）

親鸞自筆六字名号（しんらんじひつろくじみょうごう）

県指定文化財・書跡・典籍。上越市寺町二―六―四五。浄興寺。親鸞（一一七三～一二六二）八二歳のときの筆跡と伝えられる六字名号である。縦長の一紙に「南無阿弥陀佛」「建長七年乙卯五月廿三日　書写之」と二行で書かれている。「書写之」とあるのは典籍の奥書（奥付）であることを示し浄興寺では親鸞自筆の『浄土文類聚抄』の奥書と伝えられている。大きさは縦二五センチメートル、横一〇センチメートル。（植木　宏）

親鸞の旧跡と伝説（しんらんのきゅうせきとでんせつ）

親鸞にまつわる旧跡または伝説としては、国分寺境内の「竹之内《たけのうち》草庵」や国府別院の地にあったといわれる「竹ヶ前《たけがはな》草庵」があり、日常生活には「養爺清水」「柳清水」が使用されたという。また親鸞が袈裟を掛けたという「袈裟掛けの松」が国府別院や妙高市

関川にある。親鸞七不思議の一としての「片葉の葦」が上陸の地である居多ヶ浜や居多神社、この池を水鏡として自刻像を彫ったといわれる「鏡ヶ池」などの各地に見られる。「渋々宿」「川越の名号」は柿崎区柿崎の浄福寺及び浄善寺に伝えられているが、浄興寺と本誓寺も川越名号を所有するという。名号については、日輪に名号を配した「日の丸名号」が丸山家や居多神社に伝えられている。（安達　恩）

す

スイッチバック

急勾配上に駅を置くために採用された鉄道設備。信越本線二本木駅にのこる。中郷村（現・中郷区）は古来より越後国府と信濃国府を結ぶ交通の要衝であり、一八八六（明治一九）年開業の直江津線（現・信越本線）直江津・関山間もこの地を経由している。しかし、中間駅は高田と新井のみであった。一八九八（明治三一）年、中郷村他三ヶ村（矢代村・原通村・鳥坂村）は共同で、交通不便による損失と資源開発上のメリットを挙げて、時の逓信大臣芳川顕正に宛てて『停車場設置請願書』を提出する。しかし、急勾配上に駅を置く困難に加え日露戦争の混乱もあり、なかなか決定を見なかった。二本木駅が開業に漕ぎつけたのは一九一一年五月である。機関車牽引列車の場合、勾配上では車輛の引き出しに余分な牽引力が必要となる。しかし、新井・田口（現・妙高高原）間には一〇〇〇分の二五の急勾配が連続する。ここに駅を作るためにはスイッチバックの設備が必要となる。スイッチバックには、すべての列車が駅で方向を変えてジグザグに急勾配を上っていく方式と、通過列車は急勾配区間をそのまま通過し、停車列車のみが一旦引き上げ線に入ってから駅構内にバックしてくる方式とがある。新潟県内には信越本線に二本木駅と関山駅の二つのスイッチバック駅があったが、ともに後者である。この場合、本線が分岐器の直線側になり、引き上げ線と駅設備が分岐側となるのが普通だが、二本木駅では引き上げ線と駅設備が直線側で、本線が分岐側を通っている。関山駅では、スイッチバック設備は存在するが現在は留置線として使用されるのみで、駅設備は本線上に新設され、スイッチバックの取り扱いはしていない。二本木駅は日本曹達工場からの貨物発着があったため、信越本線に残る唯一のスイッチバック駅となっている。しかし、この鉄道運輸も二〇〇七年に廃止されており、スイッチバックの運用に変化が生じるかもしれない。引き上げ線を覆う木造のスノーシェッドは明治期のものと思われる。（石川伊織）→マレー式蒸気機関車（マレーしききじょうききかんしゃ）

瑞天寺（ずいてんじ）

上越市大潟区蜘ヶ池二。曹洞宗の寺院。七二六（神亀三）年、行基菩薩がこの地を訪れ、千手観音像を刻んだと伝えられている。この頃の大潟は沼地で、付近一帯は葦が茂り、民家もなく、ただ小堂が裏山にあって、この山が島のように見えたところから「島の観音」と呼ばれたという。八〇七（大同二）年、この観音像を信仰した刈羽郡南荘の領主毛利経光により真言宗の寺院として観音山瑞天寺が創建された。一四六九（文明元）年、戦乱に巻き込まれて一時焼失したが、一六三三（寛永一〇）年に、高田藩主松平光長公の命により高田城の鬼門除けとして再興され、その際に曹洞宗に転宗した。一六七九（延宝七）年には、大瀁郷と大潟郷の新田開発が成功したことから、大規模な寺領の寄進がなされた。経済基盤を確立して寺勢を発展させた瑞天寺は、一八二三（文政六）年に本堂と観音堂を再建した。（坂井龍輔）

菅江真澄（すがえ・ますみ、一七五四〜一八二九）

江戸時代中期の国学者・紀行家、三河国（愛知県）出身。一七八三（天明三）年故郷を出て、長野、新潟地方を経て奥羽（東北）各地を四〇年余り巡歴し終生郷里には帰らなかった。その巡歴中に見聞したことを『真澄遊覧記』と呼ばれる冊子に多くまとめているが、当時の東北各地における貴重な民間生活記録として評価されている。この日記には、天明四年七月三〇日に越後の新井に着いたところで終わっており、その後の越後での行動は書かれていない。しかし、『椎葉日記』という後年の雑記資料に「高志の長浜」（中頸城郡長浜）と題した一文の中に高田町の様子に触れ、「この郷のわたりは雪いといと深ければ、冬ごもりのためとて、軒の下ひろびろと作りなおしてければ」などと、雁木を紹介した記事があり、当地を訪れたことがわかる。（田村　敬）

菅原古墳（すがはらこふん）

県指定文化財・天然記念物。上越市清里区字菅原天神林一〇八番地（菅原神社）。この古墳は、菅原古墳群の最南端に位置し、菅原神社境内に存在する「前方後円」式の墳丘である。全長約三〇メートル、前方部高さ一メートル、後円部高さ一・八メートルを測り、古墳時代後期（六世紀頃）の築造と推定される。現在約二八基残る菅原古墳群の中で、唯一の前方後円墳であり、この地域の首長クラスの墓と考えられている。（植木　宏）

菅原神社（すがはらじんじゃ）

『延喜式』（九二七年完成）神名帳に記載されている延喜式内社。上越市清里区菅原に鎮座する。祭神は天穂日命・菅原道真・菅原道雄である。社伝によると、菅原道雄が郡司として越後にくだり、菅原神社の祝《はふり》を兼務したことから菅原天神と呼ばれるようになったという。しかし昔、境内の南下を櫛池川が流れ、菅が群生していた。そのため菅原という地名が生じたらしい。それが菅原道真と結びついて、菅原天神と呼ばれるようになったのであろう。もともと、菅原神社と菅原道真とは、無関係であったと思われる。（花ケ前盛明）

スキー

日本の陸軍を視察する目的で来日したオーストリアの軍人レルヒ少佐は、一九一一（明治四四）年一月一二日、高田（現・上越市）の金谷山で歩兵五八連隊にスキーを指導した。ドイツ語を話すレルヒがなぜか「メートゥル・スキー！（Mettre Ski、スキーをはきなさい）」と、フランス語まじりで号令したのだが、これをもってたしかに金谷山は日本のスキー発祥地となった。以後、高田スキー倶楽部が発足するなどして上越から全国にむけてスキー文化の発信が継続的に行われることとなった。一九九二（平成四）年には発祥八〇年を記念して日本スキー発祥記念館（上越市大字大貫）が開設され関係資料を展示することとなった。また、一月一二日はスキーの日とされている。なお、妙高高原には日本一之宮スキー神社（妙高市関川）が建立されており、毎年一二月、シーズン開幕に合わせスキー神社祭が行われている。（石塚正英）

↓レルヒ

杉みき子（すぎ・みきこ、一九三〇〜　）

高田生まれの児童文学者。現在も高田に居住。一九五七年『かくまきの歌』が第七回日本児童文学者協会の新人賞。七二年『小さな雪の町の物語』（童心社）は小学館文学賞受賞。この作品をはじめとして多くの物語が小、中学校の教科書に掲載されている。郷土の先輩、小川未明に私淑して、未明の精神を受け継いでいる第一人者。高田に住み、生活を大切にしたあたたかみのある講演・お話会は上越市民に愛されている。（青山増雄）

杉本キクイ（すぎもと・キクイ、一八九八〜一九八三）

高田瞽女の親方。瞽女は三味線を携え、季節を定めて上越各地域や信州まで各農村や漁村で門付けして生計をたてた盲目の女遊芸人。キクイさんは杉本シズさん（一九一六年中郷区岡沢生まれ）、難波コトミさん（一九一五生まれ）と共に三人で高田瞽女の最後の組であった。一九七〇（昭和四五）年、国無形文化財に指定。一九七三（昭和五八）年キクイさんが死亡。高田瞽女は滅びる。瞽女唄「山椒大夫」「葛の葉の子別れ」等がある。（青山増雄）↓瞽女（ごぜ）

鈴木甘井（すずき・かんせい、一七四四〜一八一二）

博物医薬研究家。高田藩家老。本名一保。通称半兵衛。筆名は穂積保といった。高田藩の財政の窮乏を救う為に殖産の新興に尽くした。博物、本草、医学、国学、歌学に詳しい。穂積保のペンネームで著した『熊肝真偽辯』は越後博物学上の傑作であり、大槻玄沢、三沢公益、木村兼霞堂らから絶賛され、写本が後生に伝わっている。金谷山に碑有り。（青山増雄）

鈴木昌司（すずき・しょうじ、一八四一〜一八九五）

一八四一（天保一二年）年、代石村（現・吉川区代石）の庄屋の長男として生れ幼少より漢学を学び、青年時には戸長や副大区長を務める。一八七三（明治六）年地租改正条例が発令されると農村の権利拡大や地租改正反対一揆、さらに自由民権運動へ発展した。鈴木たちは政党明十社をさらに鳴鶴社を結成する。県議会議員に数回当選議長を務める。鳴鶴社は頸城自由党として発展、鈴木は指導的役割を果たす。明治一六年高田警察署は加藤貞盟、鈴木昌司など党幹部三七名を逮捕、拘留、投獄され死刑へと発展した事件。鈴木は第一回衆議院議員に当選、二党合併を図り立憲自由党を発足させ、さらに明治二五年第二次頸城自由党を結成し県

下の自由民権運動を先導してきた。（内藤　隆）→頸城自由党（くびきじゆうとう）

鈴木魚都里（すずき・なつり、一七七三〜一八五〇）

高田藩士鈴木重行の子で、高田に生まれた。本名重春、通称五郎八、俳号を魚都里といった。高田藩中老役の傍ら文才に優れ、俳壇の中心となる。「染め物の色こくできし四月かな」高田駅裏の日枝神社境内に「芭蕉堂」を建て俳句の例会場として盛会をきわめた。滝沢馬琴、鈴木牧之（すずき・ぼくし）などとも交流。高田から江戸までの道中絵図『東都道中分間絵図』（一八一〇年）は精確で歴史的資料価値が高い。（青山増雄）

珠洲焼（すずやき）

珠洲焼は北海道南部から福井県にかけて日本海側（裏日本）に広く流通した焼き物である。一二世紀後半〜一五世紀末頃に石川県珠洲市付近で生産された。釉薬を掛けない灰色の陶器で、すり鉢と甕・壷が主な製品である。一六世紀の戦国時代になると珠洲焼の産地は衰え、代わりに福井県丹生郡の越前焼の同じ製品が流通する。越前焼と珠洲焼は、流通範囲がほぼ重なる。因みに、能登半島の突端、珠洲にある須須神社は、ミホススミ神（大国主命と奴奈川姫の子）が祭神である。出雲国島根郡美保郷の美保神社の祭神も、元来はミホススミ神であった。ここには、能登―出雲つまり日本海沿岸地域の密な交流を見ることができる。（唐澤太輔）→越前焼（えちぜんやき）

スブタ

棚田やため池に見られるトチカガミ科の沈水植物。花は一センチメートルほど、水面で咲くが目立たない。長さ一〇〜三〇センチメートルほどのリボン状の葉が多数四方に広がる様子から、乱れ髪を連想。スブタ髪は名古屋地方で乱れ髪を表す方言といわれる。県内ではまれな水草だが、上越地方は比較的多い。棚田ではヤナギスブタ、ホッスモ、ミズオオバコとともに見られることが多いが、スブタはその中ではもっとも少ない。（清水尚之）→水草（みずくさ）→写真ページ

住吉神社（すみよしじんじゃ）

上越市中央一丁目に鎮座。住吉町の住吉神社境内に、一対の意思灯ろうがある。そこに「安政二年乙卯夏六月、阿波国名東都中村へ六、手塚六三郎、江之島屋利助」と彫られている。この石灯籠は阿波国（徳島県）名東《みょうとう》郡の藍商人が一八五五（安政二）年に奉納したものである。藍は植物染料の一つである。阿波国が藍の栽培・販売の中心となったのは一五八五（天正一三）年、蜂須賀家正が阿波に転封となってから以降のことである。阿波の藍商が海運の安全と商売繁盛を住吉神社に祈願した。（花ヶ前盛明）

ズングリ

郷土玩具。男の子たちが、ブナの木片などを材料にして、開かない茸状の形に削って手作りした独楽。細縄を巻きつけ、端を持って思い切り放り投げると、勢いよく回る。中心が揺れないで長く

回るのが最上、他の独楽とぶっつけあう遊び方もあった。女の子にはナンゴ（お手玉）（頸城区）遊びなどがあった。また、かつて城下町時代には、高田独特のシンボ凧があった。（久米　満）

せ

製塩（せいえん）

塩をつくること。日本では、古来、海水から得た「かん水」（濃い塩水）を土器で煮詰めてつくる土器製塩であり、世界的にみられる岩塩、天日塩はみられない。製塩土器は、縄文時代後期には茨城を初出として東北地方太平洋側に集中し、弥生時代に大阪湾や周防灘に中心が移った。飛鳥・奈良時代には陸奥湾・越後・佐渡・能登・越前・若狭・紀伊水道・伊勢湾・水島灘・備後灘が加わり、平安時代には「せんごう」（煮詰め）も土器から土釜にかわった。室町時代から人力で海水を塩田に散布してかん水を得る揚浜式が普及し、石釜・鉄釜など地域的差異があらわれ、江戸時代前期に瀬戸内地方で入浜式が普及して市場を席巻した。昭和二〇年代（一九四五～五四）後半からポンプを使った流下式に転換が進み、一九七二（昭和四七）年にはイオン交換膜法にかわった。流下式以前の製塩には大量の薪を必要とするために後背地の森林が必要で、加えて土器製塩では土器が使い捨てであるため大量の粘土を必要とし、立地が限られる。

新潟県内の製塩遺跡は約一〇〇箇所で、その約八〇パーセントは佐渡に集中している。大和－飛鳥時代の大部分は鷲崎・弾崎・菖蒲平浜・藻浦など佐渡で、奈良平安時代になって神谷内・大藪・赤塚・出山など新潟市域を中心に遺跡があらわれる。江戸時代には河崎（佐渡）、寺泊（長岡）、糸魚川などで揚浜式がおこなわれたが、十分に需要を賄うことができなかったという。江戸時代、頸城地方の漁村では塩田が盛んに造られ、製塩業が主要な生業として営まれた。例えば一六八三（天和三）年、現在の谷浜海水浴場一帯（長浜）に三〇の上塩場、九の中塩場、一〇の下塩場、一六の塩屋が存在した。しかし、明治時代に鉄道が開通すると、「旅塩」、「下り塩」と呼ばれる大手資本製造の廉価な製品が他地方から流入し、また、一九〇四（明治三七）年に塩の専売制が導入されるに及んで、頸城一帯の製塩業は衰退していった。（山本希一、石塚正英）

関川（せきかわ）

①関川

高田平野を流れる最大の河川である。関川の源流は火打山、焼山の南斜面からの水を集める真川で、ニグロ川と合流して関川となる。妙高山の裾野を流れ、高田平野を北流して日本海に注ぐ。流路は平野の中央ではなく、西側に片寄って流れている。西側の山地から入る主な支流は矢代川と青田川であるが、東側の山地からは大熊川、別所川、櫛池川、飯田川、保倉川などが流れ込んでいる。関川の水は江戸時代に開削された上江用水、中江用水として、広く高田平野の水田をうるおし、現在に至っている。また、明治時代以後になって水力発電所が一二箇所に設置され、効率よく利用されている。工業用水も取水されているが、この付近では下刻《かこく》

作用が進み、最近、川底から埋没林が発見されている。（長谷川正）

②関川の鳥類

中下流について言えば、河川敷や堤防または人口構造物も含めて、鳥は関川を餌場、繁殖地、ねぐらとして利用している。ツバメやミサゴのように、餌とりにだけ飛来する鳥もいるが、多くはその二つまたは三つをセットにして利用している。従って関川は鳥にとって大事な生息環境となっている。関川の中下流域にはこれまでの調査と観察から、一六三種が記録されている。その中で繁殖しているものは、推定と過去の記録も含めて二七種ほどである。この中にタカの一種のチョウゲンボウが関川に架かるあちこちの橋げたに繁殖している。関川で数の多い鳥は、繁殖期（三月〜八月）にはムクドリ、ヒヨドリ、スズメ、イワツバメ、オオヨシキリなどで水鳥類は少ない。非繁殖期（九月〜二月）は水鳥類中でもカモ類とカモメ類およびサギ類が中下流に多くなる。（山本明）

関川関所跡（せきかわせきしょあと）

①全国五三関所の一つ

妙高市関川の関所。北国街道の信越国境に設けられた関所で、全国の五三関所の内でも、女が通行する際に、幕府の御留守居証文を必要とする、特に重要な一七ケ所の関所の一つであった。その任務は幕府の条目を遵守すると共に、出女・手負・乱心・囚人・死骸等を改める事にあった。関所役人は一〇〇石級の上番二名・足軽数名・村役人級の郷足軽一〇名・人見女一名で構成されていた。関所を避けて山越えや抜け道をした者は関所破りと言われ、男は磔刑に処され、女は奴にされた。これを監視する為に田口村と杉野沢村に口留番所が設置された。関所の掃除・雪掻き・道踏は関川・上原で、雪囲・柴垣は杉野沢・田口・田切・二俣を加えた六ケ村で御用を勤めた。（青山始義）

②越後五関に入る史跡

関川関所の創設年は詳らかでないが、古くは上杉景勝が青野関（位置不明）を関川に移したとあるが、ここでは江戸幕府支配における関川関所について記すことにする。この関所は北国街道筋の越後と信濃を堺する関川にかかる橋の手前に設けられ、高田藩主の管理におかれた。関所はその内容により、重き関所と軽き関所に分けられていたが、越後では関川だけが重き関所になっていた。それは幕府直轄の佐渡金の通行と、参勤交代で加賀藩はじめ、諸大名の行列を送迎する信越国境の関所だったからで、越後五関の内最重要視された。関所には上番二人、人見女一人、足軽数名が常勤で、他に非常勤者もいた。現在、関所跡に道の歴史館をはじめ、いろいろな施設をつくり当時を復元し「関所まつり」も実施している。（植木　宏）

関所（せきしょ、高田藩三関・頸城山関）

関所は、要路または国境に設けたが、特に「入り鉄砲と出女」（江戸に入る鉄砲と江戸から出る女性）を厳しく監視した。江戸中期には全国に五三ヵ所あり、越後には市振・山口・虫川（糸魚川市）・関川（妙高市）・鉢崎（柏崎市）の五ヵ所に設けられていた。中でも市振・関川・鉢崎は、高田藩三関とか、頸城三関といわれ重要な関所だった。（植木　宏）→市振関所跡（いちぶりせきしょあと）、関川関所跡（せきかわせきしょあと）、鉢崎関所跡（はっさきせきしょあと）

石造仏頭（せきぞうぶっとう、首切地蔵）

県指定文化財・彫刻。上越市三和区大字水吉二七一番地。水吉字堂百の地蔵宮に、伝阿弥陀如来（全高七三センチメートル）を中央に、左右に伝地蔵菩薩（全高五五センチメートル）と観音菩薩（全高七一センチメートル）の頭部三個が安置されている。いずれも地元産の大光寺石と呼ばれる疑灰岩製で、鎌倉時代の作。頸の下底にほぞ穴があり、かつて体部と接続していたことがわかり、差込式石仏と呼ばれるものである。（植木　宏）→大光寺石（だいこうじいし）

関田神楽（せきたかぐら）

上越市板倉区上関田集落にある八幡宮に奉納される天狗の舞と神楽獅子で、室町時代に伊勢神宮の宮司により伝わったとされる。燈明の中で三味線、笛、太鼓の囃子に載って参道から獅子や天狗が境内に登場する祭りは最高潮に達する。この関田神楽の前後に境内で踊る、盆踊りが「関田こうだいじ（古代辞）」で室町時代の念仏踊りの古い型に江戸時代の広大寺踊りが合体したものという。（青山増雄）→神楽（かぐら）

関田山脈（せきたさんみゃく）

高田平野の南東に連なる山脈で、新潟・長野両県の県境をなしている。北東—南西方向にやや湾曲して延びており、北東端は天水山（一〇八八メートル）、南西端は斑《まだら》尾《お》山《さん》（一三八二メートル）で、その間一〇〇〇メートル前後の尾根が続いている。山脈の主体をなす岩石は第四紀前期の魚沼層の火山岩類で、第四系の山脈としては日本列島で最も標高が高いと言われている。山脈の西側には東頸城丘陵をなしているしゅう曲した新第三系が分布している。山脈の尾根には、全長八〇キロメートルに及ぶ信越トレイルが二〇〇九年に開通した。トレイルはブナを主体とする落葉広葉樹林を通っており、春には新緑が、秋には色とりどりの紅葉が美しい。（長谷川正）

関田峠（せきたとうげ）

上越市板倉区上関田の集落から光ヶ原高原を経て、関田山脈の標高一一一五メートル程の所にあり、この山脈にある峠の一つ。昔からこの峠を越えて、上越後と奥信濃の間で生活必需品の他様々な物資の公益や、人々の交流があり、この地帯では重要な峠道であった。峠に立つ古い石碑からもそれが伺える。当時は人馬が通るくらいの里道で、現在の車道とは別の所を通っていたようである。明治になって富倉峠を通る新井—飯山線の改修や鉄道信越線の開通などで、関田峠を通る人は少なくなり、荒廃していった。その後地元の人々の熱意と運動で、郡道への編入、県道としての認定、改修工事と進み、一九七四年に上関田から飯山市温井まで

の車道が開通、次いで一九八八年に全線の舗装が完了した。（山本　明）

関野栄吉（せきの・えいきち、一八八二〜没年不詳）
米菓会社・関野商会の創設者。明治一五年、柏崎で出生。地元で煎餅づくりの技術を学んだのち、小千谷出身の新野信太郎と二人で高田市下紺屋町（現・本町七丁目）に工場兼店舗を開き、「八重雲せんべい」、「はちかけ豆」、「魚錦」などを販売。それまでの米菓子はもち米で作ったあられやおかきだったが、もち米より安いうるち米を使い大衆的な煎餅を考案。需要の拡大に応じて機械化し大量生産した。関野商会は既に廃業してしまったが、新潟県が米菓生産日本一を誇る礎を築いた。（桑野なみ）

関野　貞（せきの・ただし、一八六七〜一九三五）
建築史学者。上越市（旧高田市）に榊原藩士関野峻節の次男として生まれた。一八九五（明治二八）年に東京帝国大学工科大学造家学科を卒業し、奈良県技師に任命され、古社寺の調査・指定・保存に従事した。一九〇一（明治三四）年に東京帝国大学工科大学助教授に任じられ、奈良県時代に収集した資料をもとに日本建築史の講義を行った。関野は奈良県時代より平城京にも関心を示し、一九〇七（明治四〇）年の「平城京及大内里考」に結実させ、翌年、工学博士の学位を得た。また一九〇五（明治三八）年に発表された「法隆寺金堂塔婆及中門非再建論」は、徹底した遺構調査から、法隆寺の建物は非再建であるとして、学会に論争を巻き起こした。関野は国内だけでなく、朝鮮・支那・印度にも調査に赴き、とくに朝鮮では『朝鮮古蹟圖譜』を著し朝鮮古代文化の価値を国際的に認めさせた。この業績により、一九一七（大正六）年、仏国学士院より「スタニス・ラス・ジュリアン賞」を受けた。関野は一八九七（明治三〇）年の古社寺保存法公布に先駆けて、日本の文化財保存の基礎を築いた人物であり、その学門は徹底した現地調査に基づく実証主義に徹し、生涯を通じて古建築の調査と保存に関わり続けた。関野は日本建築史と文化財保存に大きな足跡を残したが、一九三五（昭和一〇）年、六九歳にて、その生涯を閉じた。広く建築史学者として知られる関野だが、奈良県時代に「日本生命保険株式会社本店」や「奈良県商品陳列場」など優れた作品を設計している。（菅原邦生）

堰払い（せきはらい）→**池払い**（いけはらい）

関山系石仏〔西光寺石仏〕（せきやまけいせきぶつ〔さいこうじせきぶつ〕）
上越市有形文化財（一九七三年）。所在地・上越市大町一、西光寺。像高八五センチメートル。関山の石仏群は新羅像で、これは磨崖仏としてインドや朝鮮の新羅に多く存在する。関山神社の菩薩像は朝鮮三国時代の製作と言われている。西光寺の石仏は凝灰岩で造られている。この石仏が「関山系」と呼ばれるのは、妙高村関山神社の三五体の石仏群（県指定文化財）と材質が共通し、作風が類似しているためである。また、寺伝でも、上杉謙信の時代に千坂太郎左衛門が本像を関山から移し西光寺に寄進したと言われている。この像が製作されたのは平安時代末期（一二世紀末）と推定されてしている。（唐澤太輔）

関山三社権現（せきやまさんじゃごんげん）

①祭神

国常立尊・伊邪奈美尊・素盞鳴尊であるが、本地垂迹説では夫々聖観音・十一面観音・文殊菩薩とされる。本尊の銅造聖観音は秘仏とされ非公開であった。関山大権現縁起によれば、和銅元年裸形（裸行《らぎょう》）上人が神託により関山の里に社殿を営んだと言う。しかし、これは後世の伝承である。三社権現がいつ頃成立したか定かではないが、白山系・熊野系の修験者が妙高山に入峰し、周辺住民の信仰心が高まると共に、霊峰の里宮として誕生したと考えられる。

②宝蔵院

三社権現の維持管理に当る別当寺として、遅くとも一五世紀後半には成立した。上杉謙信の時代には七〇余坊を擁し、信濃口の最前線基地として重視された。一五八二年信濃口より進攻した織田信長の武将森長可によって関山神社一帯が焼き払われた上に、一六〇〇年の越後一揆に加担した為、堀秀治により徹底的弾圧を蒙り荒廃した。その後、復興に尽力したのは大僧都俊海でした。俊海は家康の信任厚い天海の弟子となり、東叡山寛永寺の末寺となって天台宗に改宗。妙高山雲上寺宝蔵院は一六一一年松平忠輝（家康の六男）の付家老大久保石見守より朱印一〇〇石と妙高五山の山林竹木の支配及び諸役免除の特権を獲得。この広範な特権により社領外の農村も支配した。正式の朱印状は一六四八年家光より下付され、以後将軍の代替わり毎に下付された。歴代の院主は寛永寺から派遣された。

③関山神社

一八六八年神仏判然令が公布されると、明治政府は神仏分離を押し進め、別当寺宝蔵院を廃止。神社は関山神社と改号された。現在、祭礼は七月一七・一八日に社殿に於ける祈祷・山伏の棒術・柱松神事・神輿の行幸等が行われ、関山の火祭りと言われている。柱松神事は御洗池前の広場に上手と下手に柱松を据え、二人の山伏が玉橋から走って火打石で火をつけ、上手が早ければ田が豊作、下手が早ければ畑が豊作と言われている。その後、倒された柱松に山伏が三人ずつ乗り、村人は囃し立てながら「庭」まで引いて行く。（青山始義）

④上杉謙信と関山神社

上杉謙信は一五五六（弘治二）年、出家を志し高野山へ旅立った。関山権現で祈祷中、箕《み》冠《かぶり》城（上越市板倉区）主大熊朝秀の謀反を知り、還俗して駒帰《こまがえし》で朝秀軍を撃破した。関山神社の龍旗は、上杉謙信から下賜されたものと伝え、縦七二、横五三センチメートル、赤地羅紗に昇り龍、下り龍の青竜を金糸・銀糸で刺繍したものである。この旗を先達として妙高山に登山したもので、「なんぼいさん」といわれる。「南無阿弥陀仏」がなまったものである。（花ケ前盛明）→なんぼいさん

石油（せきゆ）

①草生水（くそうず）

原油のことを江戸期には臭水または草生水と呼んだ。日本書紀に六六八（天智天皇七）年、「越国献燃土与燃水」（燃水は原油のことと考えられている）の記録があり、六〜七世紀につくられた古墳の出土品にアスファルト利用の玉があることから、当時から頸城の各地に原油が自噴していたことが知られる。特に、板倉区玄藤寺、牧区昆子《びりこ》などの付近では、江戸期末頃から草生水井戸の開発が始まり、明治初めには地下五〇間以上（百メートル以上）まで人力で掘り下げた石油井戸が激増し、日本を代表する油田地帯が出現していた。こうした井戸掘り職人たちの中でも名人と言われた板倉区大野新田の藤野才一平（碑）がいる。風草生水（天然ガス）は灯りや煮炊きに、草生水は、灯り燃料、防腐剤、皮膚病治療薬、水田防虫剤などとして利用され、樽詰めにして江戸にまで出荷するようになった。

②石油産業

明治期、工部卿井上馨等が視察して近代化の必要性を感じたことにより、荻平玄藤寺と深沢［清里区］間に長さ二・二キロメートルの日本最初のパイプラインが敷設され、一八七九（明治一二）年に初めて送油された。明治三〇年過ぎには多数の石油会社が進出し、明治三三年にはアメリカ、スタンダード石油会社が「インターナショナル・オイル・カンパニー」を直江津に設立、黒井に日本最大規模の製油工場を建設した。こうして国内有数の石油産地となったが、その後産出量が伸びず有力会社は次々と撤退した。玄藤寺の手掘り石油井戸は、一九六一（昭和三六）年の大地すべりによって壊滅し、それでも細々と石油採掘が行なわれていた牧油田［原、棚広、岩神］も、昭和三六年の日泉鉱業株式会社の撤退によって、上越の古くからの油田の歴史は遂に終わりを告げた。なお、市内の近世以来の草生水石油産地には、名立区東飛山、上越市郷津、柿崎区東横山、旭平、吉川区平等寺、三和区桑曽根、板倉区栗沢、達野等がある。（久米　満）→アスファルト塗土玉（アスファルトぬりつちだま）、ダン父子（ダンふし）

セキレイ類（せきれいるい）

スズメ目セキレイ科。よく見られるのはセグロセキレイ、キセキレイ、ハクセキレイの三種、どれもスズメくらいの体に尾の長いのが目立つ。腰を上下にゆする動作はセキレイ類の特徴。セグロセキレイは日本の固有種で、繁殖期は河川の中流から上流に生息。キセキレイは平野部から里山や奥山、更に高い山岳地帯の建造物に営巣するなど生息域が広い。ハクセキレイはかつてこの地方では珍しい鳥だったが、一九七〇年代から見かけるようになり、次第に数を増して市街地にも進出し、建造物などに営巣するようになった。河川では中下流に現れる。その他ビンズイが標高の高い奥山や、亜高山の限定された所に生息し、春秋の渡り期には平野部の林でも見られる。タヒバリは冬鳥で、水田や池沼の畔で見られる。またこの類の珍鳥が水田などに時折姿を見せることがある。

（山本　明）

節句（せっく）
節句というと、当地方では田植え終了後の祝い（サナブリ）を指すことが多い。この時は、ほぼ二日間くらい集落一斉に農作業を休み（農休み・田休み）、植え付けまでの重労働の疲れを癒し、稲の成長と豊作を祈願する日とした。家々では餅を搗き、ご馳走をつくり（春節句）神仏に供え、近隣縁者にも餅（笹餅）を配って共に祝った。また、板倉区には女節句（四月三日）、男節句（田植え完了後）という所もある。さらに稲刈り完了後を秋節句という所もある。（久米　満）→笹餅（ささもち）

雪上交通（せつじょうこうつう）
雪の上の交通マナー。一九五五（昭和三〇）年頃まで、冬の国道や集落内の道などの公道の多くは、人々の奉仕で交通が確保されていた。雪が降ると、朝五時頃からカンジキで道踏み（道つけ番）を行った。そうすることで隣集落（隣家）とつながることが出来、登校・出勤することもできた。隣地との接点では、互いに相手の地内にまで入り込んで踏むのが通例であった。雪の一本道で出会った時、相手をおもい敬い、年上の者や重い荷を背負う者に対しそうでない者が、また弱い子どもに対し大人が、雪を踏んで道幅をひろげ、道を譲った。江戸中期の高田藩の記録の中に、「籠・橇等で通行するものがあれば、歩いているものが避けよ」「荷物を持っている者と出会えば、荷物の無い方が避けよ」「雪中、行き違う時はぶつからないように互いに避けよ」などとある。これは雪の無い地方から赴任してきた大名が、その家来に雪道道徳を教えているもので、この道徳はそれ以前から当地に広く根付いていたことが知れる。なお、積雪期の山間地の郵便など通信業務も人の背や橇（逓送隊）でつなぎ、生鮮食料品は町から運送屋が橇で運んだ。雪も降り止んだ三月から四月頃、積雪五〇センチほどになると各集落や町内の主要道の雪道を、幅二メートルほどシャベルで割って（雪割り）路面を出した。この作業を、集落全員または青年団が行う所が多かった。（久米　満）

専修念仏張文日記（せんじゅねんぶつはりふみにっき）
県指定文化財・書跡・典籍。上越市寺町二―六―四五。浄興寺。書面の書き出しに「専修念仏張文日記」と見えるこの書跡は、一般に二十一箇条禁制と呼ばれている。この禁制は、親鸞の遺訓にもとづいて弟子の善性（浄興寺二世）が、地方教団統制のため必要事項を加えて集記したものを、浄興寺四世の専海が漢文に改めて書写し、門徒中に張文したものと伝えられている。鎌倉時代中期と推定される。（植木　宏）

銭湯（せんとう）→湯屋（ゆや）

仙桃院（せんとういん、仙洞院、生年不詳〜一六〇九）
父は越後守護代長尾為景、母は虎御前。一五三〇（享禄三）年生まれの謙信より二歳、または六歳年長であったという。坂戸城（現・南魚沼市）城主長尾政景に嫁ぎ、二男、二女をもうけた。長男長尾義景は十歳で早世、二男顕景はのちの景勝である。長女は上杉景虎《かげとら》に、二女は上条《じょうじょう》義晴に嫁いだ。永禄七年、夫政景の死後、謙信の招きで、景勝と春日山城に移った。慶長三年、景勝と会津（福島県会津若松市）へ、次いで米沢城（山形県米沢市）に移り、同一四年二月一五日、米沢城二の丸で死去。八六歳と伝える。林泉寺に葬られた。法名は仙洞院殿知三道早首座。常慶院（米沢市）に長尾政景夫妻画像がある。（花ヶ前盛明）

善導寺（ぜんどうじ、楼門）

①由緒

上越市寺町二丁目五－五。開基は心誉蓮開上人。宗派は浄土宗。名称は終南山悟眞院善導寺。設立は室町時代中期一四七五（文明七）年。蓮開上人は京都百萬遍知恩寺での修行後、直江津の西浜に草庵を結んでいた。当初は光明寺の寺号であったが、蓮開上人が夢告により西浜の小舟に善導大師の像を発見。寺院山門右の海中出現善導大師の石碑の由縁である。以後善導大師を本尊としている。現在の木造善導大師立像は像高一五〇センチメートルの寄木造、鎌倉時代の作で上越市指定文化財。歴代の住職には京都知恩寺本山の住職を務めたこともある。日本三大善導寺の一つ。現在地には一六一四（慶長一九）年、松平忠輝の高田開府と同時に広大な土地を受け移る。中江用水の開拓者小栗美作の墓があり、坊ヶ池の龍の伝説を持つ寺院。（南　智信）

②歴史的建造物

参道には山門、仁王門、そして本堂となっている。山門は本格的な四脚門であるが、本柱が棟までのびている。全体に軸組みは太く、一七〇〇年中頃の建築と思われる。この仁王門は組み物に手が込んでいるのが特徴である。屋根の反りも強く、竜宮門のような漆喰壁で腰部が仕上げられている。徳川綱吉の母桂昌院が本尊を信仰されていたといわれている。境内には竜神の井戸や高田藩家老小栗美作の墓がある。（清水恵一）

善導寺大師立像（ぜんどうだいしりゅうぞう）

県指定文化財・彫刻。上越市寺町二－五－五。善導寺。この像は、善導寺の本尊で、中国浄土教を大成した善導（六一三～六八一）の肖像彫刻である。像高一二七センチメートル。ヒノキ材の寄木造りで、目は水晶を入れる玉眼という技法が用いられており、鎌倉時代の作といわれる。蓮華座の上に直立して空を仰ぎ見ながら、口をやや開き胸前で合掌する形から、極楽浄土へ向かって「南無阿弥陀仏」を唱えている姿をそのまま表現したものといわれる。（植木　宏）

そ

宗祇（そうぎ、一四二一～一五〇二）

①上越での生活

連歌師。上杉房定・定昌父子などと文芸のまじわりが深く、しばしば越後府中をおとずれている。一五〇〇（明応九）年越後を終焉の地ときめてやってきた。ところが翌文亀元年一二月一〇日、大地震にみまわれた。しかも余震が四、五日も続き、家が倒壊し、多くの死傷者が出て人々はおびえた。転々と旅宿をかえているうちに文亀二年の正月を迎えた。足かけ三年の逗留となった。もはやこれ以上、越後の人々の情にすがっていられないとして、知人をたよって美濃国（岐阜県）へ旅立った。草津温泉で身体を休めて江戸に入った。ここで病み七月三〇日、箱根湯本で藤原定家の夢をみつつ、消え入るように八二歳の生涯をとじた。（花ヶ前盛明）

②歌碑

生涯を旅の空の下で過ごす。越後上杉氏の支援を受け、一四七八（文明一〇）年から晩年の一五〇一（文亀元）年までの七回にわたり越後に滞在。上杉家中及び府内（直江津地区）の連歌隆盛に尽くす。越後の地を第二の故郷としてこよなく愛したといわれる。各地に歌や言い伝えがある。「行末の道を思へば長浜の真砂を旅のうきかずにして」（上越市長浜）（青山増雄）

蔵々発電所（ぞうぞうはつでんしょ）→**中央電気株式会社**（ちゅうおうでんきかぶすきがいしゃ）

相馬御風（そうま・ぎょふう、一八八三〜一九五〇）

詩人・歌人・文芸評論家。明治一六年、糸魚川町大町（現・糸魚川市）に出生。本名は昌治。高田中学（現・県立高田高等学校）卒業。早稲田大学在学中に岩野泡鳴らと雑誌『白百合』を創刊し、大学卒業後は雑誌『早稲田文学』の編集に参加。野口雨情、三木露風らと「早稲田詩社」を設立し口語自由詩運動を推進した。早稲田大学講師を経たのち、糸魚川に帰郷。良寛に関する研究に携わったほか、多くの市町村歌や校歌、童謡の作詞を手がけた。大正末期に新民謡運動が波及し、相馬御風作詞、中山晋平作曲のコンビにより「直江津小唄」「高田花見小唄」「春日山節」など多くの曲が誕生。また、童謡「春よこい」「かたつむり」、早稲田大学校歌「都の西北」なども作詞した。昭和二五年五月八日、脳溢血のため六八歳で死去。高田公園に歌碑がある。（桑野なみ）

即身佛（そくしんぶつ）

衆生救済のため、自ら五穀断ち・十穀断ちの苦行をし、土中入定した僧。大島区菖蒲にある曹洞宗大日庵は、元真言宗大聖寺行屋の跡地に建てられたとされ、行者僧がいた時代に五僧が即身成仏し、現在、菖蒲東に行人塚として葬られている。板倉区猿供養寺には、地すべり防止を念じて土中入定した僧（人柱）を供養した旧観音堂が、一九九二（平成四）年に移築され人柱供養堂として再建されている。頸城区下中村には、尼僧がここで即身成仏したと伝えられる所があり、今も供養塚と呼び地蔵が立つ。（久米満）→地すべり（じすべり）

蕎麦（そば）

蕎麦は、栽培上の悪条件（日照り・低温・肥料不足）が重なっても育ち、二か月ほどの短期間で実を結び、遅蒔きでも収穫できる作物である。そこで一九五五（昭和三〇）年頃まで農家では、古来からの救荒作物として小豆・蕎麦を栽培してきた。すなわち、天候不順で稲の育ちが悪いとみると、先ず小豆（「ネムノキの花の咲いてるうちに蒔け」＝八月上旬まで）そして蕎麦（盆前＝八月一三日前）を蒔いて確実な穀物収穫を図って食料を確保した。また、カンノとかヤキバタ（焼畑）などで開墾したばかりの荒れてやせた土地では、先ず栽培するのが小豆・蕎麦である。一時、栽培農家が減少していたが、最近では地域の食名物として、農家が連帯し組合を作り、それぞれの特徴を生かし、栽培からそば打ちまでを行って注文先に届けている所もある。（久米　満）

橇（そり）
雪の上を荷を積んで滑らせて運ぶ道具。一本橇（滑走木が一本、イタヤ材）、二本橇（滑走木が二本）、大持ち橇（滑走木が幅広く長い、イタヤ材）の三種がある。一本橇は、特に上越市西部丘陵地で使用されていて、V字型の部品二を一本の滑走木の前後にそれぞれ縛り付け、V字の谷の部分に萱や柴（ボエッキ）などを載せ斜面を滑り下って山から降ろす。大持ち橇は、大きな滑走木二本など部品を分解して山に運び、改めて組み立てて切り倒した原木を載せ、積雪を利用して道を作り、山から大勢で引き降ろすときに用いる。二本橇は、傾斜の少ない平地などで生活物資を運ぶのに用いる。前の二つと違ってしっかりと組み立てられていて、米俵なら三俵、その他二百キロ程度のものまで運ぶのに盛んに使われた。滑走面に鉄板を張りつけたものは、滑りは良くなるが気温が下がると反って雪が張り付き障害になった。春、早朝の凍った雪面を縦横に橇を滑らせて田に堆肥（マヤゴ）を運ぶ（堆肥引き・橇引き）風景は、雪国早春の風物詩でもあった。その他、医者や僧を乗せる人力橇（箱橇）も活躍した。（久米　満）

た行

た

大安寺（だいあんじ）
上越市大島区大平三八八〇。曹洞宗。一五五八（永禄元）年、開山は然翁是廓大和尚。また次のようにもいわれている。もと刈羽郡高柳町板畑の屋号「親家（おやけ）」（姓は中村）の屋敷内にあった。中村家の先祖は新田義貞の一族で、一一八三（寿永二）年板畑に移住した。この一族に従って来た禅僧が屋敷の一角に居住していたという大安寺跡がある。後に、この禅寺と一部の信徒が新開地を求めて大平に来たという。同区の上達・西山・田麦に中村姓があるが、いずれも大安寺についてこの地に来たと語り継がれている。（太田空賢）

大火（たいか）
高田・直江津両地区を対象に過去に発生した上越の大火を見るとおおよそ以下のようになる。一七八〇（宝暦一〇）年寺町から出火。一八四四（天保一五）年。一八一八（文化一五）年。一八七一（明治四）年直江津新川端町から出火「木沢火事」。一八九八（明治三一）年直江津砂山から出火「八幡の火事」。一九〇六（明治三九）年直江津寄町から出火「ながさ火事」。一九〇八（明治四一）年直江津川原区から出火。一九一五（大正四）年高田寺町から出火。また、歴史的な建造物や町並みに関して事例を見ると次のものが挙げられる。五智国分寺は江戸時代の一六八九（元禄二）年と一七九四（寛政六）年に火災に遭い、また一九八八（昭和六三）年には本堂が消失し一九九七（平成九）年に再建された。高田城は一六七六（延宝四）年の大火で建物の多くが焼失し、一八七〇（明治三）年の大火では御殿が焼失した。直江津の中心街は明治期に度重なる大火に遭っており、現存する町並みは明治末期以降に建てられた家屋からなる。高田本町七丁目・東本町一丁目界隈は一九三五（昭和一〇）年に大火に見舞われ、江戸時代から続く呉服屋、染物屋の多くが家屋を消失した。（石塚正英）

太岩寺（たいがんじ）

①由緒

上越市寺町三丁目一一－三七。宗派は曹洞宗、名称は高陽山太岩寺。本尊は釈迦牟尼如来。開基は南朝の忠臣で伊勢国司だった北畠親房の支族、田丸直昌。直昌は織田信長の伊勢征伐を受け、会津三春城や信州海津城と転じ、一五九九（慶長四）年に石田三成によって美濃岩村の城主となった。その後関ヶ原の戦いで落城、春日山城主堀秀治に預けられる。この時期に名立町の名立寺の六世忠山和尚に帰依し、一六〇五（慶長一〇）年福島城下の小町川の近くに太岩寺を建て林鐘と名告った。寺宝に家綱の福禄寿墨画が寄進されている。釈迦涅槃図は（四一〇センチメートル×四八〇センチメートル）と大きく、閻魔大王並眷族像が安置されている。（南　智信）

②歴史的建造物

一九一五（大正四）年の寺町大火により本堂や閻魔堂は焼失したが、山門だけが焼失を免れ、江戸後期の姿を今に残している。本堂・閻魔堂は一九二九（昭和四）年に再建された。（清水恵一）

大光寺石（だいこうじいし）

①大光寺石

凝灰岩の石材。古くから大光寺の里を切り石の里と地域の人びとは呼んだ。石をもって名産とした。今日のようにセメントやアスファルトが普及しなかった頃の大光寺石は頸城平野になくてはならない貴重な産物であった。上越市の戸野目から四辻沖を番町に向かって歩くと、東の山すそに白い山肌がよく見えたと古老は話す。あれは大光寺石の石切場で、海を渡る船の目印になるものだと聞かされていたとも話す。それはもう古い時代の話になってしまった。大光寺石は色白く石質はあらく柔らかく光沢はない。古寺、神社の鳥居、人家の礎石、土蔵の礎石、古石橋、敷石、墓石、手洗石、石風呂など、広く多方面に利用された切石は、三和区（旧上杉村）から頸城平野一帯の生活・文化に大きな役割を果たしてきた。石工も沢山集まり市場も開かれ、栄えた時代が長く続いた。だが、科学の伸展と文化の変遷に押されて、この大光寺石は今の世代の人びとに忘れ去られようとしている。

②大光寺の由来

上越市牧区に隣接して三和区に水科古墳があり、七世紀のものといわれ、古墳十一号墳ではおおくの出土品にまじって大光寺石が自然石のままですでに使用されていた。出土品等からみて大和朝との交流のあったことである。板倉区東山寺から清里、高士、牧区、三和区、安塚区にまたがる東山麓地帯に東山寺三千坊があった。三和区で山寺の跡として考えられるのは、水吉堂百と大光寺石、北代阿弥陀寺である。戦国の世に至り、大光寺は上杉房能によって一四九四（明応三）年に焼失しているが、寺院大光寺という集落名及びそこに産出する石を大光寺石と呼ぶようになって今日に至っている。

③法定寺雨乞い地蔵の功徳

浦川原区法定寺は東山寺の一坊といわれ、藤原後葉から鎌倉、室町時代の頃まで栄えた寺であるが、また戦国時代、法定寺城としても利用された。そして近隣庶民の信仰として、法定寺雨乞い地蔵の功徳がずっと後世に残ったものとされている。平成六年の大旱魃に、三和区越柳で地域の人びとが信仰している雨乞い地蔵が溜池に投げられた。その夜に雨が降り出し梅雨に入ったことは、あまりに知られている。法定寺石仏群のなかには藤原朝期のものもあり、これは大光寺石である。となりの三和区桑曽根川岸に現れる石材を用いて仏像を制作している。

④三和区の石仏

三和の石仏群の中でも特に水吉の首切り地蔵が県指定になっており、大きさは全国でも最大級である。阿弥陀如来・観音菩薩の文化財的価値の重みに心をうたれてならない。今保の夜泣き止め地蔵、子育地蔵、桑曽根川岡田地内の石止地蔵など、これらの石仏は今の世では忘れられ、野放し状態となっている。まとまった石仏群としては、山高津に上杉謙信時代からの鞍馬寺があり、その参道二ヵ所に石仏群がある。北代阿弥陀寺池周辺に雨乞い地蔵を含めて数体を見ることができる。これらはすべて大光寺石でつくられている。昭和の初期まで、火や水に関する日常の生活にも欠くことの出来ないもので、台所の流し（水盤）、かまど、囲炉裏の囲石、風呂桶、手洗鉢、米臼等があげられる。

⑤今も行き続ける大光寺石

現在もなお、神社・寺院において今も重要な役目をにない、歴然とその姿を伝え、ここに大光寺石ありと、胸を張っている石造物がある。その代表的なものを上げると石の鳥居があり、何十段も続く石段がある。石灯籠もある。天保一四年三月の銘のある風巻神社の第一の大鳥居、その石工は今保の源宗定である。第二の鳥居は延宝六年九月の建立である。この運搬には大そりが使用された。風巻神社には二台あって、大東にあった大そりは三和区の資料館に安置されている。当時の運搬の大道具であった。風巻神社、五十君神社、山高津の諏訪神社の石段は大光寺石である。神域に連なる荘厳さを加えている。浦川原八坂神社の石段は今でもみごとなままである。三和区外では戸野目の小柳邸の雁木下に昔のままの状態で大光寺石を敷きつめた歩道が残されている。石の大きさは一定である。三和区周辺の松縄邸には大光寺石の塀が残されている。頸城区の百間町の山田邸の塀もみることが出来る。（大坪　晃）→雨乞い儀礼（あまごいぎれい）、切越石（きりこしいし）、中山石（なかやまいし）、くびき野ストーン（くびきのすとーん）→写真ページ

第四銀行㈱高田支店社屋（だいしぎんこうかぶしきがいしゃたかだしてんしゃおく）

歴史的建造物。旧高田藩士設立の「第百三十九国立銀行」は一八九八（明治三一）年に私立銀行となり、株式会社「百三十九銀行」と改称され、その後一九四三（昭和一八）年に第四銀行に併合され高田支店となった。現在の第四銀行㈱高田営業所は、高田営業部として知名堂病院前に移転したことで空店舗となり、中心市街地活性化のために、今後の利活用が期待されている。

一九三一（昭和六）年築の鉄筋コンクリート造（RC造）三階建で、上越地方では二番目に古いRC造建築である。設計施工は清水組。外観はレンガ風のタイル張りで、二階から三階にかけてはイオニア式の大オーダーがあり、軒蛇腹が付く。内装は漆喰仕上げで、一・二階の吹き抜け部分にはコリント風の柱が六本建つ。道路沿いには当初建物と一体感をもったRC造の雁木があったが、一九八一（昭和五六）年のアーケード設置に際し取り壊された。（菅原邦生）

太子講（たいしこう）

①信仰の広がり

職人の社会に広がった聖徳太子信仰。太子と寺院建築技術、そして建築技術の習得上達を願う職人との関係から広まったなど諸説あるが確かなことは不明。かつての小学校区毎に、多くは正月から春にかけて地区の職人たちが集まり、太子像を拝みお祭りをし、併せて仕事上の共通理解や親睦を深めるねらいがある。現在でも各地区に講が存在するが、例えば高田地区では、江戸期、大鋸町［おがまち、仲町六］に住んだ大工棟梁竹沢家と因縁がある太子像を、一七八〇（安永九）年ごろ、威徳院［寺町三］境内に太子堂を建立し安置、毎年、正月七日、講員が太子堂に集まりお祭りしている。直江津地区では、直江津職別組合技能研修場［中央四］の立派な厨子に、延命寺から移された太子像を安置し、正月七日・八月一七日にお祭りをしている。（久米　満）

②頸城区日根津の事例

日根津では、宗派を超越して願専寺で太子講中が三八〇年余続いてきた。地区の公民館で行われている。寺の「太子講縁起」（焼失）によると榎木の洞窟でお隠れの太子さまが救ってほしいという夢知らせが有り、早速寺に安置したことから始まったという。日根津の阿弥陀山中に読経とお参りをした。現在は、公民館に集まり、盛大なお斎をする。当日、必ず晴れるのは太子様の功徳とか。安塚区など旧東頸城各地でも行われている。（青山増雄）

③聖徳太子研究の第一人者

上越市寺町二丁目の多珂山正光寺に生まれた長沼賢海（ながぬま・けんかい、一八八二～一九八〇）は、生涯をかけて聖徳太子研究に専念した。主な著作に『聖徳太子論攷』（平楽寺書店、一九七一）がある。（石塚正英）

泰澄（たいちょう）

泰澄大師は六八二（白鳳二二）年六月一一日に、越前国麻生津に三神安角（やすずみ）の次男として生まれた。安角は渡来系氏族・秦氏の出であると言われている。一一日生まれとしたのは、白山の本地仏「十一面観音」の「十一」にあやかったものと考えられる。そして一四歳のとき「僧形となって十一面観音の徳を施すべし」との夢のお告げを受け、その年から越知山に登り修行を行う。七〇二（大宝二）年、文武天皇から鎮護国家の法師に任じられる。七一七（養老元）年、白山の頂上で「十一面観音自在尊の慈悲の玉体」を現じ、これをもって公式に「白山」は開山となる。山岳信仰を基にして、神道、密教、道教などの諸信仰を新しい修験道の枠組みで統合していった。その後、白山修験は、北陸を中心に大きく発展していく。七二二（養老六）年、元正天皇の病気平癒を祈願し、その功により神融禅師の号を賜った。さらに、七三七（天平九）年に流行した疱瘡を収束させた功により大和尚位を賜ったと伝えられている。「越の大徳」とも呼ばれている。七六七（神護景雲元）年三月一八日入寂。（唐澤太輔）

第二次世界大戦（だいにじせかいたいせん）
日中戦争から第二次世界大戦に至る過程では、日本全国がそうであったように、高田の人々も戦争に組み込まれていった。戦争に向けての高度国防国家建設のために、高田市民の生活は中央のコントロールが行き届くように改変されたのである。高田市では、町内会が結成され、さらに町内会の下には隣組も作られた。
一九三七（昭和一二）年には、市内の物資の不足に対応して、政府の命令で商工業組合も作られ、物資の共同購入や販売統制が行われ、第二次世界大戦が激しくなると統制はさらに促進された。高田市内の中等学校の教育も、戦争に適した教育が主流となった。また、小学校も一九四一（昭和一六）年四月以降に、国民学校に改称された。市民は国防服と呼ばれる軍服そっくりのカーキ色の服装が定められ、女性はもんぺを着用し、服装の面でも戦時体制への移行が進んだのである。戦時下の市制は戦争に順応したものとなり、市民も積極的に戦争遂行に協力した。高田では納税組合が作られ、納税率百パーセントという驚異的な数値を示すこととなったことはその一例である。軍需工場が市内に軍需景気をもたらし、市内の経済も全面的に戦争に協力していくこととなった。思想的に戦争に積極的に協力しない人々（日本つづり方連盟会員、教員、カトリック神父など）は逮捕された。学生も戦争に協力するように求められ、勤労動員が求められた。戦争が進めば進むほど、市民生活への重圧は、耐え難いものとなり、第二次世界大戦中に日本各地で起こったように衣食住すべてに制約を強いることになった。高田の市民も戦時体制に取り込まれていったのである。しかしながら、幸いなことに高田は大規模な爆撃を受けることがなく、戦災の直接的影響は限定的であり、「非戦災都市」として敗戦を迎えることになった。なお、戦争末期の一九四四（昭和一九）年、高田は東京の葛飾区から学童集団疎開を受け入れている。（中島浩貴）

大日堂（だいにちどう）→**明静院**（みょうじょういん）

大日如来坐像（だいにちにょらいざぞう、国分寺）
国指定文化財・彫刻。上越市五智国分二一一一。国分寺。一九〇六（明治三九）年、旧法による県内の国宝第一号に指定された像で、国分寺奥の院、岩殿山大日堂に安置されている。像高一一七センチメートル。カヤ材を用い頭部と体部は一木で造り、膝の前の部分と両手は別に造って組み合わせた漆箔像である。智拳印を結ぶ金剛界大日如来で、全体に美しい容姿などから、平安時代後期（一二世紀後半）に中央（京）の仏師によって製作されたものと考えられている。（植木　宏）

大日如来坐像（だいにちにょらいざぞう、普泉寺）
県指定文化財・彫刻。上越市清里区大字馬屋七七四。普泉寺。普泉寺に伝来するこの木造仏は、ヒノキ材を用いた一木造。像高一四七センチメートルの堂々たる像で、頭部に宝冠（欠失）を戴き、両手を腹前で組む胎蔵界の大日如来である。平安時代後期の作とされる。馬屋新田の通称大日替《かた》と呼ばれる地にあった大日堂の本尊だったが、江戸時代に普泉寺に移されたといわれる。（植木　宏）

田植え（たうえ）
かつて田植えは、神を迎え豊作を願って行う神聖な儀式であり、植えるのは古代から女性（早乙女）であったという。一九五五（昭和三〇）年過ぎまで手植えの時代が続き、農村女性にとって手間のかかる重労働であった。即ち、泥田に腰を曲げた姿勢で一日一〇時間続く作業が平均二週間くらい連続した。用水からの水の供給順などによって田植えする日・期間が自動的に決められ、その間に集中的に自家分の植え付けを済ませる必要があり、苗の成長度もあり何処の農家も多数の人手が集中的に必要となり、結い関係の家や親戚兄弟からも手伝いに来てもらうことになる。手伝いを受けた分を手伝って返すので、自家に続いて結い返しや親戚知人の家の手伝いとなる。大勢の植女《うえめ》（早乙女・紅い襷に紺絣）は、朝五時頃から日没までの長時間の作業、この間、昼休みのほかに午前・午後に一回ずつ中休み（コビリ・三〇分くらい）がある。このとき、お握り、野菜の煮物など腹ごしらえになる食べ物が、岡持ちなどで畦に運ばれ、時には朴《ほう》、蕗（ふき）、ウルイなどの葉に盛られた。これを届ける裏方（女性）は、真心こめて数日の献立に変化をつけて準備するのだが、なかなか気と手間のかかることであった。何れにしろ、家族全員が力を合わせ、今年の稲作り始めの祭りを遂行する大行事であり、田園が一年中で最高の賑わいと華やぎを見せるときであった。苗取りは、年上の女性が分担、それが順次運ばれ、植える間隔を一定にするために定規（移動は一般的に男性の分担、平場＝格子、山間地＝ナワ、海岸寄り＝回転格子）を用いた。サオリ（田植え始めの祝い）。サノボリ・サナブリ（田植え完了祝い）。（久米　満）→格子型田植え定規（こうしがたたうえじょうぎ）、結い（ゆい）

鷹狩り（たかがり）
高田藩で行なわれた鷹狩り。高田藩は、鷹狩りを行なうために、藩の支配機構の職制に鷹匠役《たかじょうやく》・餌刺役《えさしやく》・鳥見役《とりみやく》を置いた。鷹匠とは藩主の鷹を預かり飼育し、鷹狩りができるように調教する役職のことである。高田藩では「鷹部屋長屋《たかへやながや》」（現・南城町二丁目）を作り、多くの鷹や鷹匠衆を一ヶ所に集め、ここで鷹を飼育し調教した。餌刺は鷹のえさとなる小鳥類をもち竿でさして捕える役職である。鳥見は御鷹場《おんたかば》（鷹狩り場）を巡回して獲物の棲息管理をしたり、私猟を監視したりした。一、鷹匠役　藩主松平光長時代（寛永元年三月～天和元年六月）、鷹匠頭百五拾石戸祭金助以下一七人の鷹匠が置かれていた。百石一人・三拾石三人扶持一人・二拾石三人扶持一人・二拾石二人扶持一一人・拾五石三人扶持二人であった。つぎに榊原政令《まさのり》時代（文化七年八月～文政一〇年一一月）には、七石六斗二人扶持桑原金平以下四人である。七石一斗二人扶持一人・六石二人扶持一人・四石二人扶持一人である。榊原政愛《まさちか》時代（天保一〇年三月～文久元年八月）には、七石六斗二人扶持平岩専次郎、桑木金平以下四石二人扶持二人の四人である。榊原政敬《まさたか》時代（文久元年一〇月～明治四年七月）には、七石六斗二人扶持平岩専次郎、桑木和市郎以下六石二人扶持一人・四石二人扶持一人の四人である。二、餌刺役　松平光長時代は、餌刺頭拾二石四人扶持金子勘右衛門他三人・八石三人扶持二人、このほかに小餌刺と呼ばれる役職は六人となっており、合わせて一二人であった。榊原政愛時代には、四石二人扶持荒井半平のわずか一人であった。政敬時代にも荒井半平が同じ俸禄で一人置かれていた。三、鳥見役　松平光長時代には、拾石二人扶持遠藤新右衛門以下、八石二人扶持一人・七石二人扶持二人の四人。

なお、鷹場は木田（現・上越市役所）から直江津至徳寺あたりの一帯である。（小池豊一）→高田藩（たかだはん）

高島米峰（たかしま・べいほう、一八七五～一九四九）

吉川区の真照寺の長男として生まれる。幼名は大円。明治後半から昭和二〇年年代まで宗教改革、出版業。文芸家・教育者、社会改革運動など多方面に活躍。米峰の号は郷里の米山にちなんで付けたもの。著作に『一休和尚伝』『徳太子伝』等があり、評論は婦人問題から足尾鉱毒事件や禁酒禁煙ばかりか動物愛護運動などその活躍は多方面に及んだ。晩年は出身校である東洋大学学長となり、教育界にも力を注いだ。（青山増雄）

高田カトリック教会（たかだかとりっくきょうかい）

一九〇九（明治四二）年、フリーゼ神父が金沢より着任、中殿町（現・西城町二丁目）に高田教会創立。その後、一九三一（昭和六）年に西城町二丁目にあった高田刑務所跡地を購入、聖堂等新築。一九三四年に赴任したポスト神父は大手町で慈善事業を行ったり、信者集会所を利用して幼稚園を開設した。戦時色が濃くなるにつれ教会の活動は制約され、一九三八（昭和一三）年赴任したサウエル・ボルン神父は特高から監視され、一九四四（昭和一九）年に同教会の信者七人と治安維持法違反の容疑で逮捕された。一九五六（昭和三一）年、神言会の司牧からフランシスコ会に移管。マリア愛児園、天使幼稚園、老人ホーム等の施設を持ち、様々な福祉活動も営みながら、二〇〇九（平成二一）年には

一〇〇周年を迎えた。現在は「カトリック高田教会」と称している。（米田祐介）→サウエルボルン神父（サウエルボルンしんぷ）

高田館（旧）（たかだかん・きゅう）

歴史的建造物。旅館「つぼ屋」が一九〇七（明治四〇）年に建築し、一九〇八（明治四一）年高田師団の入城とともに「高田館」と改め、将校の宿泊施設とし、また皇族も宿泊された。屋根は中央部が瓦葺きで、左右の塔は道路から向かって右側の四角が鉄板の菱葺、左側が八角の塔が鉄板の亀甲張りであり、窓上部には半円形のペディメントをもつ。外壁は下見板張りで、一九八六（昭和六一）年に取り壊された。（菅原邦生）

高田訓矇学校（たかだくんもうがっこう）→**大森隆碩**（おおもり・りゅうせき）

高田公園（たかだこうえん）

①高田公園

高田市は、一九五〇（昭和二五）年、かつて陸軍の軍事施設であった内外の堀を持つ高田城跡（面積四九・二四ヘクタール）を公園に指定。ここに陸上競技場、野球場、庭球コート、プールその他各種のスポーツ施設を建設した。また、市立図書館、総合博物館（昭和四七年開館）、小林古径邸（平成一三年）などを園内に備え、春は四千本の桜が人を魅了し、夏は古代蓮を含め無数の蓮の花が広大な堀を埋め、散策する道（ブロンズプロムナード）では、著名彫刻作家の作品たちが迎えてくれる。秋、人を称える数々の碑のある桜紅葉の森の向こうに秀麗な妙高が美しい。上越を代表する市民の憩いの場である。（久米　満）

②観桜会（かんおうかい）

毎年、市最大の観光行事である。始まりは、一九〇九（明治四二）年、高田城跡に植えられた二二〇〇本の桜（染井吉野）である。大正三年頃から花が咲き、数年後から軍の規制のなかで構内の花見が許された。一九二六（大正一五）年には、堀端に雪洞、樹幹には電灯がともされての第一回観桜会が開催され、夜景の美しさが評判を呼んだ（夜桜・日本三夜景の一つ）。昭和三年には、桜植樹の由来を記した石碑（競技場入口）が建てられた。現在、四千本の桜が雪洞に映え、市・上越コンベンション協会や商工会などが趣向をこらし、駐車場などにも対策を講じて観光客数も百万人の大台に載るようになった。（久米　満）→高田城跡（たかだじょうあと）

③高田公園の鳥

高田公園は高田城跡の中心部分が公園となったもので、長年の間に自然化が進み、多くの動植物が生息生育また飛来し、今では豊かな自然環境を持つ都市公園となっている。この公園には隣接する周辺を併せ、稀な飛来種を含め、これまで一四〇種ほどの鳥が記録されている。このうち水鳥類は五〇種ほど、陸鳥類は九〇種ほどである。定着して繁殖している鳥は少なく水鳥類ではカイツブリ・ヨシゴイ・カルガモ・バンくらいで、陸鳥類ではトビ・オオヨシキリ・シジュウカラ・スズメ・コムクドリなど一〇種余りである（推定を含む）。多くは渡りの途中一時的に立ち寄ってゆく通過種である。長期的な面で見ると、高田公園の鳥も変化してきている。減ってきた鳥増えてきた鳥、絶えてしまった鳥新たに現れた鳥などがいる。例えばカモ類ではカルガモが減って冬鳥のマガモ・コガモが増えている。またキジ・ヒクイナ・カッコウ・チゴモズ・クロツグミ・イカルなど出現しなくなっている一方、カワウ・オオバンなどが新たに出現するようになり、オオハクチョウもこのところ毎年飛来している。こうした現象は環境の変化によることが大きいが、それがばかりとは言えない面もある。（山本　明）→写真ページ

高田降臨教会・聖公会紅葉幼稚園（たかだこうりんきょうかい・せいこうかいもみじようちえん）

歴史的建造物。一九三八（昭和一三）年築。鉄道の延伸に伴い伝道を進めたといわれる日本聖公会（英国国教会派）は、一八九三（明治二六）年に高田で伝道を始め、明治四五年に高田聖公会を設立。大正一五年に高田紅葉幼稚園を開設し、翌年高田降臨教会に改称された。礼拝堂と園舎は、ウィリアム・メレル・ヴォーリズ（一八八一～一九六四）の設計により、昭和一三年に現在地に新築された。建物は木造平屋建て、種石入りの色モルタル塗りの外壁で、赤褐色の塩釉瓦葺き屋根に赤いトタン屋根の変則八角形の尖塔が目を引く。ネオゴシック風の縦長尖頭アーチ窓が連続して、内部の腰壁や欄間にも同じ意匠が繰り返されている。なお、米国生まれの宣教師ヴォーリズは、明治三八年に来日し、キリスト教の主義に基づく教育、出版、医療などの社会貢献事業を支えるために近江兄弟社を設立した。建築設計会社も経営して、日本各地で米国ミッション系の教会・学校のほか、数多くの個人住宅の設計を手がけた。（関　由有子）→写真ページ

高田小町（たかだこまち）

頸城野を代表する歴史的建造物の一つで、明治時代に建造された大型の町家。小妻屋という雑貨卸問屋が所有していたが、現在は上越市が所有管理し、「町家交流館高田小町」と称し、高田市街地活性化の新施設となっている。家屋内には町家特有の吹き抜けや土蔵があり、それぞれ市民による集会、イベント、文化活動の拠点となっているほか、城下町高田のまちなか散策の休憩・案内所として活用されている。（石塚正英）→町家（まちや）

高田事件（たかだじけん）

明治一〇年代に頸城地方を中心に勢力を伸張してきた自由民権運動に対する弾圧事件。本件は、一八八三（明治一六）年三月二〇日に行なわれた一斉検挙に象徴されるが、裁判所と警察が連携して起こした一種のフレームアップ事件であり、逮捕されたメンバーのほとんどが冤罪だった。中心的活動家の一人である赤井景韶が起草した「天誅党旨意書」が内乱予備罪に当たるとして、赤井のみが国事犯陰謀の容疑で重禁固九年の判決をうけた。赤井はその後脱獄し、逃亡に際して殺人を犯したため、結局は死刑となったが、その刑は高田事件と直接関係してはいない。明治一六年

に高田事件で拘束された人物四一名を記す。長谷川三郎、八木原繁址、小林福宗、今井致和、赤井景韶、森山信一、岡崎直中、小島周治、樋口亭太、笠松立太、加藤貞盟、上田良平、風間安太郎、宮沢喜文治、古川隆爾、土肥善四郎、横山環、井上平三郎、堀川信一郎、江村正英、江村正綱、加藤勝弥、鈴木昌司、清水中四郎、富樫源吉、鈴木貞司、坂口寛平、山口健治郎、清野迂策、高島疎健、本山信次、関谷儀八郎、鈴木昌平、上野左源治、山際七司、室岡剛、大島安治、原田種実、前島成秀、大滝文一郎、小山宋四郎。（石塚正英）→赤井景韶（あかい・かげあき）、井上平三郎（いのうえ・へいざぶろう）、山際七司（やまぎわ・しちじ）

高田市庁舎（たかだしちょうしゃ）
歴史的建造物。高田市庁舎は、「高田開府三百年祭記念事業」として、一九一三（大正二）年に竣工し、翌年八月の天皇誕生日に開庁式を行った。建物は瓦葺き二階建てで、ペアコラム形式の車寄せが付く。正面は両側がせり出し、屋根を天板で菱葺に葺いた搭状のデザインをもつ。外観は下見板張りで、開き窓上部には三角と円弧状のペディメントが付く。総経費二〇〇〇〇円であった。高田市民の誇りともいえる建物であったが、高田市と直江津市が対等合併して上越市となり、一九七六（昭和五一）年、現在の新市役所庁舎完成にともない取り壊された。（菅原邦生）

高田師範学校（たかだしはんがっこう）
一八九九（明治三二）年、「中頸城郡高城村に師範学校を創設し、これを新潟県第二師範学校とし、」の旨が告示された。四月、本誓寺（寺町三）外四ヵ寺を仮校舎として入学式を挙げ授業にはいった。三四年、新潟県高田師範学校と改称、付属小学校を設けた。三六年、付属図書館を一般に公開した。三五年、西城町の全校舎の落成式が挙げられた。町を挙げて祝った。（青山増雄）

高田市民読本（たかだしみんとくほん）
一九三三（昭和八）年、川合直次高田市長が書いた。巻頭に高田市歌がある。昭和初期、第一次世界大戦が終わって間もない時代で、世界的経済不況に見舞われた時代であった。当時の高田における農産物等の生産額を表にして、疲弊の極に達している農村の復興をいかにすべきかを、市民に明らかにした。時代の郷土観は「郷土に生まれ、郷土に尽くし、郷土に死する。」という考えが強かったのである。（青山増雄）

高田城跡（たかだじょうあと）
近世平城跡・史跡。上越市本城町。県指定文化財。高田城は、一六一四（慶長一九）年、徳川家康の六男松平忠輝が越後福島城（市内港町）を廃して築城した平城で、別名を鮫ガ城・関城・螺城ともいい、雅名を高陽城といった。築城にあたっては国役《くにやく》普請（幕府の命令による工事）とし、米沢の上杉景勝、金沢の前田利常、上田の真田信之ら一三藩の大名が命じられ、普請総裁には忠輝の姑になる伊達政宗が命じられた。内郭は本丸・二の丸・三の丸に区切られ、石垣は無く高い土塁と二重の堀で固め、広さは東西約六〇〇メートル、南北約九〇〇メートル、面積七〇ヘクタールを超える城郭が完成した。二三歳の忠輝は、徳川一門の大大名として七五万石（六〇万石）の初代高田城主とし就封した。その後、五代城主松平光長の最盛期あり、無城主時代あり、また地震三回、火災二回の災害などを経ながらも、築城以来二五七年間続き、藩政に盛衰はあったが、八家一八代の大名が交替した。

一八七一（明治四）年、榊原家六人目の藩主・政敬のときに廃藩置県により武家政治の幕を閉じた。一八九〇（明治二三）年、明治政府より一万二千円で榊原家に払い下げられ、明治四〇年、高田町が六万円で取得し、翌四一年第一三師団が入城した。明治四二年には桜二二〇〇本が植えられ、大正一五年第一回観桜会開催、雪洞が照らす夜桜が話題になる。一九九三（平成五）年、高田城三重櫓復元、平成一四年高田直江津合併三〇周年を記念して本丸大手口に極楽橋復元。二〇〇六（平成一八）年には、歴史文化が一体化し地域に親しまれているとして、日本の歴史公園百選に選定された（高田市史1）。（植木　宏・久米　満）→高田公園（たかだこうえん）→写真ページ

高田城下町（たかだじょうかまち）

①城郭都市

雁木が続く高田は、江戸初期において防衛的機能を備えた都市計画によって建設された典型的な城下町である。かつてのまま現存している所が数多い。町は基盤目状につくられ、北国街道が町の中を通り、城の大手に面した通りは直線で見通しがよく、旅人には町の賑わいを見せ、それを過ぎると通りは様々に曲げられ、先を見通すことは難しい。こうして外敵の攻撃を困難にし、いざという時は角で見張り（見付）、また、街道に面しない道路は細く、特に侍屋敷は顕著で雁木もなく、T字形、L字形、「形の道が多数設定されている。これは、市街戦に際し敵の侵入を容易に許さず、僅かな兵で撃退するために備えられたものである。他国からの人が通る雁木のある表通りでは、加賀街道と奥州街道の分岐点（本町七）や北国街道の関町（南本町二）での侍屋敷との分岐点ではそれぞれ食い違い十字路に、その北国街道が城下に入ると伊勢町（南本町一）の番所と出雲町（南本町一）の道はL字形に曲げ、奥州街道でも長門町（東本町二）・中屋敷町（東本町三）・直江町・本誓寺町（東本町四）の通りは、連続して「」形に曲げられ、それぞれ現在もそのまま残されている。（久米　満）

②町づくり

江戸初期に築かれた高田城には計画的な町づくりが施された。すなわち、城郭・家中（武家地）・町家（町人居住地）・寺町という町割を整えた。家中は〇〇町《ちょう》と呼ばれ、町家の並びは〇〇町《まち》と呼ばれて区別された。中でも町家は、城下を南北に貫く北国街道沿いの商人町（現在の本町通り）、その東側に並行して通された職人町（現在の大町通り）、西側を貫く職人町（仲町通り）に整然と区分けされた。また、高田城から商人町（北国街道）にむかって真横に大手通りが伸び、これが核となって高田城下の都市計画は進められた。主な町家は以下のとおり（四二町）。伊勢町・出雲町・関町・春日町・上蔵番町・伝佐衛門町・上紺屋町・府古

町・横町・呉服町・上小町・中小町・下小町・下紺屋町・土橋町・善光寺町・長門町・馬喰町・中屋敷町・直江町・本誓寺町・稲田鍛治町・鍋屋町・稲田町・下稲田町・両替町・須賀町・上田端町・下田端町・桧物屋町・杉森町・桶屋町・本杉鍛治町・本大工町・元府古町・大鋸町・寄大工町・刃物鍛治町・陀羅尼町・新田町・上職人町・下職人町・下蔵番町。（石塚正英）↓雁木・雁木通り（がんぎ・がんぎどおり）

高田城三層櫓（たかだじょうさんそうやぐら）

高田城は、徳川家康の六男、松平忠輝によって一六一四（慶長一九）年に築城された。三層櫓は本丸西側の土塁の上に城下を見下ろすように建ち、遺構・絵図・文書などを史料として、一九九七（平成五）年に復原され、内部は城郭関係資料の展示に利用されている。建物外観は一層と三層が入母屋屋根、二層が寄棟屋根であり、外壁は漆喰壁で、下層は一部を下見板張りとしている。（菅原邦生）

高田女学校（たかだじょがっこう、私立）

明治維新後、女子中等普通教育の空白を補うために、まず眼科医であった大森隆碩が立ち上がった。森山信一ら元士族たちと相談し、一八八八（明治二一）年私立高田女学校（西城一丁目）を創立。東京の櫻井女学校のキリスト教系の教師が多く、オルガンで唱歌や賛美歌を歌った。生徒数が少なくなり、明治三〇年、廃校。初の本格的な英語発音の授業であった。仏教関係者は急ぎ、女子の学校設立となった。（青山増雄）↓大森隆碩（おおもり・りゅうけん）

高田女学校（たかだじょがっこう、郡立）

一八九九（明治三二）年、高等女学校令で一県に必ず一つの高等女学校を設置することとなった。中頸城郡長中村正彦は他の郡に先駆けて郡立女学校を設立。現・県立高田北城高校である。寺町二丁目の善導寺を借りて翌年開校。「女子教育は贅沢なり」の風潮があった時代。教育内容は古風な良妻賢母主義の理念であった。寺での授業は支障が多く、明治三四年、現・北城町に校舎新築、移転。後、寄宿舎も建つ。（青山増雄）

高田世界館（たかだせかいかん）

歴史的建造物。一九一一年築、旧高田座・高田日活。旧高田市は明治四三年の陸軍師団誘致により、近代的な娯楽産業として軍人を相手にする興行場景気が高まった。この建物は明治四四年に芝居劇場「高田座」として新築開業したが、大正五年に常設映画館「世界館」に改称。以来、無声映画から戦後の映画黄金時代を経て、昭和後期から成人映画専門館となった。建物、設備とも老朽化が進行する中で、平成一三年頃から市民による保存再生活動が始まり、平成二一年にＮＰＯ法人「街なか映画館再生委員会」が建物を譲り受けて、建物の修繕と運営を担っている。建物は木造二階建て、瓦屋根前面のパラペットと軒飾り、半円アーチ付の開口部という洋風意匠を施した正面は当時の設計図とほぼ同じ形状である。当初は板張りの桟敷席だったが、戦後、一階は緩い傾斜土間床、二階はコの字型のバルコニーに固定椅子が設置された。設計者は野口孝博（詳細不明）。間口と奥行きがともに七間のホールを支える木造合掌小屋組と内部の格子組天井や列柱の柱頭に、擬洋風建築意匠が残されている。平成二一年二月に経済産業省より近代化産業遺産の認定を受けた。（関　由有子）

高田中学（たかだちゅうがく）

高田藩時代からの歴史と伝統を有する新潟県屈指の名門学府。一八七四年藩学修道館を改め公立新潟学校第四分校として開学した。のちに中頸城郡立中学校（一八九七年）、新潟県立高田高等学校（一九〇〇年）、新潟県高田中学校（一九四八年）と改編を経た。高田中学出身で全国的に活躍した人物に位下の人々がいる。新潟県初の国務大臣荒井賢太郎、ダットサン（自動車）生みの親である山本惣治、仏教学の世界的権威宮本正尊、東条英機や吉田茂を教えた植木直一郎、雪の克服に尽力した民主的政治家石田善佐、大正～昭和の洋茸栽培者小林忠二郎ほか。（石塚正英）→謙信文庫（けんしんぶんこ）、相馬御風（そうま・ぎょふう）

高達回漕店（たかたつかいそうてん）

歴史的建造物。一八九二（明治二五）年頃、直江津銀行として建てられたものである。直江津銀行は一九一五（大正四）年に解散し、残された建物を海運業高橋達太郎が購入、現在地に移築した。瓦葺きの平屋で、外形は変則的な五角形、三つの小屋根があり、外壁は当初漆喰壁であったが一九八三（昭和五八）年に白タイル張りとなった。内部は銀行当時の木製のカウンター、ドイツ製天井扇風機などが残される。明治大正期には頻発する火災に備えるため、建物周囲に長さ九五メートル、高さ六メートルほどの赤煉瓦の防火壁をめぐらせた。市内最古の洋風建築で、建物前面にはライオン像があり、これは東京銀座、三越デパートのライオン像を真似たとされる。ライオン像の製作者は小川由廣（一八八〇（明治一三）年、柏崎市生）で、制作費は当時の金額で二〇〇〇円であった。また類似のライオン像は柏崎市内にも散見される。（菅原邦生）→直江津銀行とライオン像（なおえつぎんこうとライオンぞう）

高田寺町（たかだてらまち）

一六一四（慶長一九）年高田城の築城と共に儀明川の西側に寺院を配置した。これが寺町の始まりと言われている。一六六五（寛文一五）年の大地震で城下全体が大きな被害を受け、現在の位置に配置されたものと言われている。六三カ寺の寺院が建ち並ぶ景観は、全国でも珍しいものである。（清水恵一）→高田城下町（たかだじょうかまち）

高田読本（たかだとくほん）

一九三七（昭和一二）年、高田市初等教育研究会が児童用『高田読本』を刊行。「児童用の副読本として価値の高いものであって、郷土を理解し、郷土を考える視点が明らかに示されていると思っている。」と当時の編集執筆者であった長谷川増吉は一九八三（昭和五八）年の全四巻復刻版の前書きで書いた。六年生用を見ると測候所見学、弥彦新潟へ、郷土の自治など広い視野を持たせる工夫が随所にある。（青山増雄）

高田農学校（たかだのうがっこう）

一九〇〇（明治三三）年創立。中頸城郡立播種場と養蚕伝習所が一緒になった県下一古い農学校。当初、民家を借りての開校。三四年、近代校舎設備を供えた現在地に新校舎が完成。海軍大将東郷平八郎が「勧農」の額を書く。札幌農学校出身の四代校長菊池士之介や職員の学究的な態度から質実剛健の気風が育ち校風に。卒業生は県庁や師範学校、技師等に進み、上越地方の進歩発展に尽くしている。（青山増雄）

高田藩（たかだはん）

越後国高田を中心に存在した藩。初代藩主松平忠輝が一六一四（慶長一九）年に高田城を築き、以後一八七一（明治四）年の廃藩置県まで、二五七年にわたり同地に藩庁が設置された。その間、越後騒動を引き起こして領地が没収され、四年余り幕府の支配を受けたものの、親藩・譜代からなる以下の歴代藩主が統治した。①松平少将家（忠輝）、②酒井家（家次、忠勝）、③松平伊予守家（忠昌）、④松平越後中将家（光長）—天領—、⑤稲葉丹後守家（正通）、⑥戸田能登守家（忠真）、⑦松平越中守家（定重、定逵、定輝、定儀、定賢）、⑧松平（久松）家、⑨榊原家（政永、政敦、政令、政養、政愛、政敬）。（石塚正英）→高田城跡（たかだじょうあと）

高田藩の海岸防衛（たかだはんのかいがんぼうえい）

一八世紀末頃からロシア・アメリカ・イギリス等の船が頻繁に日本近海に出没。幕府は沿海諸藩に防衛の強化を命ずる。高田藩主政令公は加藤金平に命じ、文化・天保年間に一五九門の大筒を鋳造。一八四三年今町の小林百哺に設計監督を命じ、海岸に約四キロメートル毎に台場二二ケ所を構築。これに大筒五門を配置。妙高山麓に於いて、一八四五年から数回の実地見分を行い、一八五四年五月と七月の二度に亘り、武士三〇〇名を動員して大筒の大演習を実施した。（青山始義）→高田藩（たかだはん）、小林百哺（こばやし・ひゃっぽ）

高田姫（たかだひめ、一六〇一～七二）

第二代将軍徳川秀忠の三女、第三代将軍家光の姉、勝子（勝姫）。号は天崇院。江戸城に生まれ、一六一一（慶長一六）年、越前国北ノ庄（福井）城主松平忠直に嫁し、光長、亀姫、鶴姫の母となる。一六二三（元和九）年、不埒甚だしい忠直の豊後配流後、光長が相続するものの勝姫は光長ら子どもをつれて北ノ庄から江戸屋敷に移り住んだ。一六二四（寛永元）年、光長が叔父の高田藩主松平忠昌と入れ替えで高田藩に転封となると、勝姫も高田に移り住む。寛永年間に医王寺（上越市大貫）に薬師堂を創建するなど、勝姫は高田で幾多の足跡を残す。御殿山（上越市御殿山町）

に山屋敷をあてがわれたが、晩年は江戸の屋敷に暮らした。長女亀姫は高松宮好仁親王に嫁ぎ、次女鶴姫は九条道房に嫁いだ。一六七二（寛文一二）年死去にあたって天徳寺（東京都港区西久保）に埋葬されたが、三回忌を機に高田の長恩寺（明治一六年に天崇寺と改称、寺町二丁目）に改葬された。戒名は天崇院穏誉泰安豊寿大善女人。境内には亀姫のお墓もある。なお、初代高田藩主松平忠輝（秀忠の異母兄弟）の母（家康の側室）である高田殿（茶阿局）とは別人。（石塚正英）→御殿山（ごてんやま）、天崇寺（てんそうじ）

高田平野（たかだへいや）

①高田平野

直江津と柿崎と新井の三地点を結ぶ不等辺三角形に広がる沖積平野である。平野の西側に西頸城山地、東側に東頸城丘陵、南東に関田山脈、北は日本海で海岸沿いには潟町砂丘が発達している。沖積平野といってもまったいらな平坦面ではなく、落差数メートル以下の連続する崖が形成されていて、高田面、関川面、関川氾濫原面に区分されている。平野の大部分を占めるのは高田面で段丘化しており、一部では弥生時代以降の遺跡が、多くの場合、古代以降の集落や畑、水田の遺跡が発掘されている。関川面と関川氾濫原面には、関川の蛇行跡が明瞭に残っており、しばしば水害に見舞われてきた。一九八二・九・一一や一九九五・七・一一の大水害を受け、河川改修など洪水対策がなされてきた。（長谷川正）

②高田平野のガン類

主にマガンとヒシクイが渡来する。ヒシクイは亜種のオオヒシクイが殆どで、亜種ヒシクイも少数は入っている。ガン類は主に朝日池にねぐらをとるが、時期により若干は鵜ノ池や東方の矢住の池、また渡来初期には海の方にもねぐらをとる。半径およそ一〇キロメートルの範囲（時としてそれ以上）で水田に出て、採食や休息をしている。渡来の初期は朝日池内でも採食するが、餌植物が乏しいので水田へ出て行くことになる。渡来数はマガンがシーズン最多時三〇〇〇～四〇〇〇羽、オオヒシクイは二〇〇〇～二五〇〇羽となる。最近マガンが増えている。渡来時期は早いものは九月下旬頃からやってきて、一〇月から次第に増加し、マガンは一〇月下旬から一一月頃に最も多くなり、オオヒシクイは少し遅れて一二月になって最も多くなる。そして一月下旬頃には早くもオオヒシクイは北へ帰り始め、マガンは少し遅れて二月中旬頃から渡去し始める。近年温暖化の影響からか、渡来が遅く渡去が早くなる傾向にある。マガン、オオヒシクイに混じって、シジュウカラガン、コクガン、カリガネ、ハクガン、サカツラガンなど希少種も毎シーズンとは限らないが、少数渡来する。特にハクガンはここ数年二〇羽以上渡来して全国からも注目されている。しかしマガン、オオヒシクイのようにシーズン中越冬するとは限らない。（山本　明）

高田別院・山門（たかだべついん・さんもん）

高田別院（真宗大谷派、上越市寺町二）は、正面に壮大な山門、中央奥に本堂がおかれている。「おたや」と呼ばれ、広く親しまれている「報恩講」はこの地域の風物詩のひとつでもある。一七三〇（享保一五）年に高田掛所として建てられたこの寺院は、その後、高田藩主榊原政永より小栗美作の屋敷跡を寄進され今日に至る。一八六九（明治二）年、東本願寺高田別院と改称された。本堂は昭和二六年の火災で焼失し、その後寺町寺院郡最初の鉄筋コンクリート造として再建された。山門は一八〇三（享和三）年に焼失後、一八二七（文政一〇）年に地元竹沢棟梁の手によって再建された。虹梁、斗栱の彫刻、中央扉の「登り竜・降り竜」、十二支彫刻など、市内では最も豪壮な山門である。（清水恵一）↓おたや↓写真ページ

高田保（たかだほう）

平安後期、一一四二年の「越後国留守所牒」（『新潟県史資料編原始・古代二―九〇四号』）に初出。その後の一一六四年「散位中原兼俊解」（同一〇四九号）などから頸城郡中の高田保の存在を知ることができる。関川と矢代川・儀明川などが合流する一帯にできた国衙領の保の一つで、国府所在地の近くに設定された「開発を基礎とする私領的な性格が濃厚」（『新潟県史』通史編2中世二一頁）な保と考えられる。（北峰義巳）↓保（ほう）、富川保（とみかわほう）

高田歩兵第五十八連隊（たかだほへいだいごじゅうはちれんたい）

第五十八連隊はもともと第十三師団所属の連隊であったが、第十三師団が廃止されたのと同時に、第五十八連隊も廃止された。その後、一九三七（昭和一二）年に師団が再編される中で、再動員されることとなり、日中戦争の徐州会戦にも参加している。その後、一九四二（昭和一七）年一二月に、中国の第十三師団からマレー半島に移り、一九四三（昭和一八）年三月には、第五十八連隊は第三十一師団に配置換えとなり、ビルマへ移動した。ビルマでは、一九四四（昭和一九）年にインパール作戦に参加した。第三十一師団は、コヒマ地区の占領に成功したが、連合国軍の反撃にコヒマを維持できず撤退し、その後終戦に至るまで後退を続けた。ビルマ・インパールの戦場は、太平洋戦争の戦闘でも、もっとも過酷な戦場の一つであった。（中島浩貴）↓インパール作戦（インパールさくせん）

高田歩兵第三十連隊（たかだほへいだいさんじゅうれんたい）

第十三師団の廃止により、いったんは軍都としての役割を縮小したかのように見えた高田であるが、第三十連隊が引き続き、高田に駐屯したことにより、軍都高田はその命脈を保つこととなる。満州事変以降、満州駐屯部隊として第二師団所属の歩兵第十五旅団司令部、第三十連隊もまた満州に渡った。二・二六事件や日中戦争（支那事変）においても、第三十連隊は動員され、特に日中戦争では上海戦線、南京と転戦した。その後、一九四〇（昭和一五）年八月には、第二師団から第二十八師団に所属が変わり、ノモンハン事件でソ連軍とも戦っている。その後、第三十連隊は終戦まで宮古島に駐屯することとなった。第三十連隊は、常に大

日本帝国の先兵として戦った連隊の一つであった。（中島浩貴）

高田盲学校（たかだもうがっこう）→**大森隆碩**（おおもり・りゅうせき）

高津郷（たかつごう）

平安中期の『和名類聚抄』の系譜を引き継ぐ郷の一つで、現在の上越市高津を中心に関川右岸地域に設定されたと考えられる。周りを物部郷・五十公郷・津有郷に囲まれ、富川保などの保や村を単位とする所領が点在した。上杉氏時代は五十公郷や津有郷と同様に石高の多い村々が御料所として直轄化されていった傾向があると考えられ、上杉景勝時代の『頸城郡絵図』にはその様子が描かれている。（北峰義巳）

高橋飴屋（たかはしあめや）

一八七五（明治八）年再建。国有形登録文化財。高田の市街地を貫く旧北国街道沿いの飴屋で、十返舎一九の『諸国道中金の草鞋』（文化一一年）に絵入りで紹介されている。城下町高田屈指の大老舗であり、文献と古写真などから享保年間（一七一六～三六）創業と考えられる。明治七年の火災で土蔵以外の店舗を焼失したが、建替えに当たり、廃城となった高田城の廃材を譲り受けて使用した。明治四三年、高田に陸軍師団入城後は軍の御用達をつとめ、宮内庁御用調進所の額も残されている。現在は間口四間半であるが、『町家共同研究』に残された図面では八間とかなり広い町家である。店舗の二階にあたる座敷は、天井が雁木側に傾斜して低くなっており、明治初期の軒高さの低い時代の特徴を残している。焼け残った土蔵は寛永年間建立と聞くが、事実であれば築三百年近い。（関　由有子）→十返舎一九（じっぺんしゃ・いっく）、粟飴（あわあめ）

高山彦九郎（たかやま・ひこくろう、一七四六～一七九三）

林子平・蒲生君平と共に寛政の三奇人の一人。江戸後期の勤王思想家。前野良沢、上杉鷹山等との交友深し。一七五五（安永四）年四月、京都を発ち、近江若狭、越後、信濃を経て故郷の群馬県新田郡までの旅日記「乙未の春旅」を残した。道中の記録は、地名、距離、名所旧跡など詳しく記載。例えば、案内人をつけて、春日山城にも登る。曰く「輝虎の古城を正西に向ひ也、左へてんして山間廣きところ追手の跡といふ。～中略。本城の東少北下り御台やしき謙信の母のおられしところといふ」など上越の各地域の詳細な記述がある。春日山城地理はじめ、上越地域の解読は今後の研究に期す。（青山増雄）

タカ類（タカるい）→**牧峠を渡るタカ類**

滝本邸（たきもとてい）

歴史的建造物（頸城区、旧瀬尾邸和風応接棟移築）。滝本邸は、道路に沿って敷地は黒塀に囲まれ、その中央には堂々たる表門が構えられている。門の中に入ると馬車（車）回しのロータリーがあり、主屋のかたちはすでに無くなっていて、正面玄関（式台）だけが当時の姿を残している。しかし、建物の基礎の敷石がいたるところに残されている為、当時主屋の姿を容易に想像することができる。主屋の周りには物置、蔵、井戸小屋が残されている。建物の背後には、素晴らしい庭を見ることができる。沢山の木々の中に、池、滝のあと、築山には東屋、腰掛待合、茶室が静かにその姿を残している回遊式庭園がある。主屋の左奥に入ると、素晴らしい離れ「懐徳亭」がある。内外部共に落ち着いた佇まいの和室であるが、この部屋から眺める庭園の美しさも魅力の一つである。表門は「薬医門」と呼ばれる形式の門である。二本の親柱と後ろの二本の控え柱が貫《ぬき》で繋がれた四本柱の門である。上部の屋根の棟は中央になく親柱側三分の一のところに棟木がおさまっている。室町時代、安土桃山時代、江戸時代と武家屋敷の表門によく使われていた。上越地域では高田寺町の寺院の山門に数多く使われていた。懐徳亭は知命堂病院創始者瀬尾玄弘氏が一九一三（大正二）年に高田市内に建てた住宅の離れである。昭和初期に瀬尾氏が離高の際、この瀬尾邸は解体されることになり、主屋部分は市内福田邸（現在は取り壊し）に、洋館応接部分は旧細幅会館（現・上越市解体部材保存）、離れは滝本邸に移築された。一部の改造を除けばほぼ完璧に移築復原されている。日本建築の伝統と格式を重んじる「書院造り」である。内部の柱は全て角柱を用い、前室と座敷とははっきりと格を変えている。前室の天井は竿天井、座敷は剛天井になっており、床の間、床脇違い棚、書院等、伝統格式通りに造られている。欄間、建具も高い伝統技術によって造られている。灯具は明治大正期に人気のあったデザインであるが、二部屋の格の違いが現れている。座敷から見る庭の美しさにも充分配慮され、主屋座敷からのそれとは異にしている。数少ない貴重な建物の一つである。（清水恵一）→大地主の建築（おおじぬしのけんちく）

武田信玄（たけだ・しんげん、一五二一～七三、武田晴信）甲斐源氏の流れを引く戦国大名。守護である父信虎を駿河へ追放するなか、自らの領国支配を確立。信濃佐久・諏訪・松本方面への侵攻をすすめ、残る北信濃をめぐって村上義清を越後の長尾景虎（上杉謙信）のもとへ追いやり、ここに一五五三年を初戦とする上杉対武田の五回におよぶ川中島の合戦が行われる。中でも第四次の対戦は、両軍併せて約六〇〇〇人の死者が出たといわれ、信玄は弟信繁や山本勘助らを失ったといわれる。（北峰義巳）

竹之内草庵（たけのうちそうあん）上越市五智三丁目国分寺境内にある親鸞ゆかりの建物。流罪の親鸞最初の住まいがこの地であったと伝えられ、それを示す石碑や「親鸞聖人御配所草庵」の親鸞堂がある。堂内には、木造の親鸞聖人坐像（市指定文化財）が安置されている。一八二三（文政六）年本願寺二十世達如が訪れており、同年国分寺は草庵旧地を高田掛所に譲り、鏡ヶ池周辺六十間四方の土地を同掛所に借地として管理させることを許した。この近くには親鸞が生活で使用したという「養爺清水」がある。また、親鸞はその後、ここから少

し離れた国府一丁目国府別院の地にあったという竹ヶ前草庵に移り住んだという。（安達　恩）

橘　南谿（たちばな・なんけい、一七五三～一八〇五）
江戸後期の医者・文人。京都の人。医学修業のため諸国漫遊。一七八六（天明六）年三四歳の春、名立、長浜を通り、直江津に到着。旅館松屋に入る。途中で知り合った松軒と佐渡に渡ろうとしたが天候乱れ、挫折。辛くも助かる。越後の関する文章は一七五三（宝暦元）年の死者四〇六人を出した「名立崩れ」がある。他に「米山」「鍛冶屋敷」「姫川波浪」「春日山」などあり、江戸時代に広く愛読された紀行である。（青山増雄）

太刀銘助宗（たちめいすけむね）
県指定文化財・工芸品。上越市柿崎区大字下牧九七〇番地。密蔵院。高田城四代目の藩主・松平忠昌が一六二三（元和九）年に助宗に造らせ、米山薬師に奉納した太刀である。長さ一一七センチメートル。作者（刀工）の助宗は、高田の住人で忠昌の抱え鍛冶といわれている。忠昌の米山薬師信仰はたいへん厚く、高田城下の寺町にも里坊（出張所）として高田密蔵院を創建している。（植木　宏）

伊達政宗（だて・まさむね）→**五郎八姫**（いろはひめ）、**高田城跡**（たかだじょうあと）

タツナミソウの仲間（たつみそうのなかま）
シソ科の多年草で、里山の人家近くに見られることが多い。高さ一〇～五〇センチメートル、五、六月ごろ茎の上部に独特の形の花を咲かせる。大きさは二センチメートルほどで紫色。上越地方ではデワノタツナミソウ、ヤマジノタツナミソウ、トウゴクシソバタツナミソウが見られるが、自生地は少なく個体数も少ない希少種である。花が咲く時季以外は目立たない。閉鎖花（→フサタヌキモ）で夏以降に種子をたくさん得られる。栽培したいのなら、盗掘はせず種子を得て実生で栽培するべき植物である。（清水尚之）→里山の植物（さとやまのしょくぶつ）

田中　正（たなか・ただし、一九二〇～二〇〇八）
地方史研究家。県内各地の小中学校を歴任。新潟県社会科教育研究会会員退官後、上越市教育長、市立博物館長を歴任。一九九八年、『よもやま集め話　越後高田の寺町』（北越出版）を上梓。六〇〇ページに及ぶ大作。巻末の「高田寺町を主とした仏教略年譜」は、単に高田寺町に限った狭義の寺史ではなく、日本の宗教史として歩みとしての価値を持つ。「型破りの寺院史」と歴史学者の中村辛一は五ページにも及ぶ序を寄せた。（青山増雄）

タナゴ類（タナゴるい）
コイ目コイ科。流れの緩やかな小川や池沼に棲む小型の淡水魚。オスは繁殖期になると鰭《ひれ》や体側に赤や青、桃紫色など、種によって固有の美しい婚姻色を呈し、観賞魚としても人気がある。また、タナゴ類は変わった繁殖生態を持つことでも有名であり、メスは淡水産二枚貝の鰓の中に卵を産みつけ、生まれた稚魚は安全な貝の中で十分成長してから外に出てくる。しかし、水質の汚染や河川改修によって淡水産二枚貝が生息できる環境は激減している。そのため、繁殖に二枚貝の存在が欠かせないタナゴ類は、二枚貝と共に絶滅の危機に瀕している。頸城平野では在来種のヤリタナゴ、アカヒレタビラの他、中国大陸からの移入種であるタイリクバラタナゴがみられる。（今村美由紀）

棚田（たなだ）

丘陵地一帯に広がる水田をいう。千枚田と称する地域もある。上越市では東部、旧東頸城郡の傾斜地におおむね江戸期以来開墾されてきた田圃が広がっている。景観上でもとくに有名な棚田として、大島区蓮野の棚田、牧区大月の棚田、安塚区上船倉の棚田が知られる。また、清里区には棚田という地名もある。各区とも棚田の荒廃が深刻化しており、その対策の一環として農作業体験を含めたイベント開催を県外各地・諸団体に呼びかけている。わずかながら茅葺屋根の農家が残っている地域もあるので、それら古民家・農家の活性化と連動させて黄金色の棚田や刈り取った稲束のはさかけ（天日乾燥）風景を維持しようとする動きがここかしこで見られる。また、上越地域振興局農林振興部は一九九九（平成一一）年から「棚田サポーター」制度を始め、これまで板倉区の筒方地区、牧区の高尾、岩神、泉地区の計四地区で活動してきた。主な内容は用水路の江さらい、補修や水路の布設、農道の補修、草刈りであり、こうした活動を通じてサポーターが棚田のある風景に親しみ、地域住民とのコミュニケーションを構築することを目的にしている。二〇〇八（平成二〇）年一一月、上越市牧区の高尾地区でのそば打ち体験には延べ三五〇名余の参加をみた。（石塚正英）

七夕（たなばた）

七月七日、笹竹に短冊をつけて祈る行事は、各地で行われている。地区独特の伝統的七夕行事は姿を消しつつあるが、柿崎区岩野では、子供たちが短冊を付けた笹竹を持って川べりを行進し村人からダチンをもらい、平沢では子供たちが笹竹をかかげて集落中を回る。また、名立区田野上では、八月一日になると子供たちが氏神の境内に大名竹を持って集まり、そこでこれを材料に提灯作りを始める。一年生は四個、学年が上がるごとに二個ずつ多く作り、八月六日の夜に笹竹に七夕提灯をともし、七夕の唄を歌いながら集落中を歩き、その後名立川に流す。また、頸城区西福島では、八月七日から子供たちが板で舟形御輿を作り始め、一四日・一五日には絵を描いた灯篭を御輿に飾り集落中を回る。（久米　満）

谷村美術館（たにむらびじゅつかん）

一九八三年築、糸魚川市押上。建築家村野藤吾の最晩年の建築作品であり、木彫家澤田政廣の仏像を展示する小美術館。和風の回廊が砂漠を想起させる内庭を取り囲み、巧みに外光を取り入れた展示室のニッチ（壁の凹み）窓周囲など、設計の配慮と高度な現場の技術者による仕事の痕跡がうかがわれる（現在閉館中、予約による見学は可能）。なお、佐賀県唐津市出身の村野藤吾（一八九一～一九八四）は、大阪を拠点に、大企業のビル、市庁舎、ホテル、美術館、数奇屋建築と幅広く手がけた昭和の巨匠建築家の一人。広島の世界平和記念聖堂は戦後の建築物として初めて重要文化財に指定された。また、澤田政廣（一八九四～一九八八）は静岡県熱海市出身の木彫家。（関　由有子）

田の草取り（たのくさとり）

かつて六月初めに田植えが終わると、引き続き八月上旬までに三回繰り返し（一番草・二番草・三番草）稲株の周りの草取りをした。一番草は主に手鉤（熊手）を用い泥を引っくり返し、二番草はそれを更に引っくり返し、三番草は草を取りながら周囲を均した。その間、夏の太陽に照らされながら四つんばいの姿勢での長時間の重労働。これも女性の根気強さが頼りにされたという。

（久米　満）

頼母子講（たのもしこう）

無尽講とも言う。地域の住人同士間で作り、上越の場合、物の購入資金や必要資材の調達を助け合うことを目的にした組織が多い。これの加入者の集まりを講と呼んでいる。集落員同士、あるいは仲のよい者同士とか、屋根葺きでは集落中とか、種々のつながりで講をつくる。例えば、屋根を葺くための萱頼母子講では、それぞれの講の取り決めによって異なるが、毎年、講員一人ひとりが一定量の原料（萱・縄）や白米を納め、葺く作業などを分担し合うほか、自家の屋根を葺く順番（年一軒程度）をクジや入札で決めた。萱は毎年の秋、自分の畑または集落の入会地等で分担量を刈り取り、ひと冬を屋外で乾燥させ、春に家に取り込むか或いは葺く番に当った家に運ぶ。その他、例えば農機具購入資金の必要な場合は、講員から一口ずつ少額の資金（掛け金）を負担してもらい、年に一回一人分の購入資金に充当し、その順もクジ等で決めるなどした。こうした講は、昭和初期では萱講の他、婚礼講・建具講・畳講・布団講など、戦後は農機具講・自転車講・家電講などもあり、昭和四〇年ころまで続いていた。（久米　満）

タモロコ・モツゴの仲間（タモロコ・モツゴのなかま）

コイ目コイ科。上越ではこの仲間をモロコ、モロチョなどと呼び、最も身近にみることのできる小魚といえる。池や小川に多く生息しており、高田城の外堀において最も多く生息している魚種といえる。タモロコは（最大体長約一〇センチメートル）、口先が丸い。それに対してモツゴは小型（最大体長約八センチメートル）で、口先が細く飛び出す（オチョボ口）。タモロコもモツゴも、近年に関西方面から分布拡大してきた種である。それまで当地にすんでいたのは、モツゴよりもやや太く、飛び出した口先がより上向きに開いているシナイモツゴという種である。しかし、この種は前記二種との餌・棲み場所などの競争に負けて減少していった。しかし、山間地には、わずかにこの種の生息がみられる池が残っている。（高橋　卓）

樽本城跡（たるもとじょうあと）
中世山城跡・史跡。妙高市樽本字城。樽本城は、大字樽本字城に所在する中世の山城である。土路集落から登って下樽本集落へ入る出入口に位置し、標高六〇〇メートルの突き出た尾根の先端部を工作したものである。尾根利用の特色がよくでているが、昭和三〇年代の道路工事で大幅に切断され、当時の縄張りを見ることができない。現在確認される遺構範囲は、二〇×五〇メートル程で、削平地一〇ヶ所、土塁一、堀切三が確認される。主郭は一八×一五メートルの広さで中央に薬師堂がある。築城時期などは不明であるが、伝承では上杉謙信の臣下で樽本弾正が城主だったと伝える。（植木　宏）

男神・女神坐像（だんしん・じょしんざぞう）
県指定文化財・彫刻。上越市牧区大字宮口。三島社。男女一対の神像で、ともにヒノキ材、漆箔の彫刻像。像高は男神が五六センチメートル、女神がやや小さい四六センチメートル。神名は不明であるが、女神像が宮廷女性の姿に範を取ったのに対し、男神像は仏像の要素を取り込んだ特異な姿といわれている。製作年代は鎌倉時代。所有は三島社であるが、今は牧区歴史民俗資料館で管理し展示している。（植木　宏）

淡水産エビ類（たんすいさんエビるい）
エビ目。頸城野でみられる代表的な在来淡水エビとしてヌマエビ、スジエビ、テナガエビがいる。ヌマエビは自然の豊かなため池などにみられる三センチメートル前後の褐色の小型のエビである。スジエビはそれより若干大きく五センチメートル前後で、透明な体に細くて黒い縞模様がある。河川の河口付近から中流域、湖沼などに広く生息する。テナガエビは三種の中では最も大きく一〇センチメートル前後になる。名前のとおりオスのはさみ脚は著しく長大になり、体長の二倍にも達する。これらのエビ類は富栄養化には比較的強いが、農薬や洗剤などの化学的な汚染や酸欠には非常に弱く、汚染の進んだ河川や湖沼ではみられない。なお、外来種であるが、エビ類としてはアメリカザリガニが、当地では最も広く、多くみられる種である。（今村美由紀）→アメリカザリガニ

ダン父子（ダンふし）
父エドウィン・ダン（一八四八～一九三一）、次男ジェームス・ダン（一八九八［九七?］～一九五〇）。エドウィンはアメリカのオハイオ州生まれ。一八七三（明治六）年、開拓使農事方教師として来日。北海道へは七五（明治八）年に移り、以後八二（明治一五）年の開拓使廃止まで、真駒内放牛場や新冠牧馬場の創設、バターやチーズの製造指導、ビール製造用の大麦や馬鈴薯などの耕作奨励等、北海道農業の開発に多くの業績を残す。八三（明治一六）年勲五等旭日双光章を受章。翌八四（明治一七）年には駐日米国公使館第二書記として再来日、九三（明治二六）年公使昇任、九五年の日清戦争平和交渉では日本のため献身的に努力する。九七（明治三〇）年、アメリカの政変により公使を辞職。

一九〇〇（明治三三）年、石油ブームに沸く直江津にアメリカのスタンダード石油会社が造ったインターナショナル石油会社で支配人となる。黒井に住み、神社・寺院・学校・警察などへ匿名で献金をして地元に貢献、日露戦争が起きると出征兵士の歓送に駅まで出かけてポケット・マネーから餞別を贈ったり、戦死者宅には香典を持って見舞いに行ったりするなど地元の人々と交流を深めた。一九〇七（明治四〇）年会社の解散により直江津を離れる際は、会社と無関係の地元の人々が大勢集まり別れを惜しんだという。家庭生活では、北海道で知り合った津軽出身の娘ツルと結婚するも、一八八八（明治二一）年ツルが病死、その後勧められ元旗本・中平次三郎の妹ヤマと再婚し四男を得たが、ヤマにも一九〇六（明治三九）年に先立たれる。次男ジェームスは直江津小学校に学び、後には東京音楽学校（現・東京芸術大学）器学部を卒業・同研究科を修了してピアニストになる。春秋社版『世界音楽全集』の三つの巻の編者を務め（一九二九〜三一年）、三一（昭和六）年には直江津小学校の校歌を作曲。当時は日本大学芸術科で音楽実習の講師も務めていた。童謡歌手の妻・道子も一時、同科児童学園の園長を務めた。同大学芸術学部音楽科では「ジェームス&道子・ダン奨学金」が現在も運用されている。なお、戦時中ジェームスの壇治衛への改名が発表された（『音楽之友』一九四二年二月号）。エドウィン、ツル、ヤマ、ジェームス、道子の墓は、東京・青山霊園の外人墓地にある。（瀧田　寧）→石油（せきゆ）

ち

血染めの感状（ちぞめのかんじょう）

一五六一（永禄四）年九月一〇日の第四回川中島の合戦が終わった九月一三日に、上杉謙信が軍功のあった武将に与えた感状を「血染めの感状」という。血で書かれたものではなく、この一通の感状が一族・郎党の死傷者の代償であったことから、こう呼ばれたのである。謙信から感状をもらった武将は色部《いろべ》修理進《しゅりのじょう》勝長、安田《やすだ》治部少輔《じぶしょうゆう》長秀、垂水《たるみ》源二郎、本多右近允《うこんのじょう》、中条越前守藤資、松本大学忠繁、岡田但馬の七名で、うち色部・安田・垂水宛《あ》ての三通が現存している。「去る一〇日、信州川中島で武田晴信（武田信玄）と合戦したとき、あなた（色部勝長）は比類ない手柄をたてました。ことに親類、被官（家来）など、たくさんの死傷者を出しながら、凶徒（武田軍）数千騎を討ちとり、大勝利でした。年来の本望がかない、大満足です。あなたの忠功は、私（謙信）、生涯忘れません。今後も励まれ、一段と忠節を尽くして下さい。」（『色部文書』『新潟県史』資料編所収）と書かれてあった。色部氏は平姓秩父氏の一族秩父為長を祖とする。為長は富士川の戦で戦功をたて、源頼朝から小泉荘色部条の地頭職《じとうしき》を賜った。以後、一六代、約四百年間、揚北《あがきた》衆の一人として平林《ひらばやし》城（岩船郡神林村）を根拠地とした。安田氏は伊豆の豪族桓武平氏の子孫大見氏を祖とする。源頼朝に従軍して軍功をあげ、白川荘の地頭職を賜った。子孫は白川荘安田条と水原条を相伝し、それぞれ安田氏、水原氏を名乗った。安田氏は揚北衆の一人として、安田城（北蒲原郡安田町）を根拠地とした。垂水氏は相模国河村郷から荒川保

地頭職に補任された河村氏の子孫で、垂水城（岩船郡関川村）を根拠地に垂水氏を名乗った。（花ケ前盛明）

粽（ちまき）

かつて農家では、八月上旬の「田の草取り」が終わる頃、笹の葉を三角の袋状に組み、もち米を詰めて菅などで縛り、これを五個ずつ束ね、一晩水に漬けてから茹《ゆ》でて作った。黄な粉・砂糖醤油などをつけて食べる。笹の葉が持つ殺菌力で数日間保存でき、薮入りで実家に帰った娘や盆に来た客の手土産にもした。（久米満）

中央電気株式会社（ちゅうおうでんきかぶしきがいしゃ）

蔵々発電所《ぞうぞうはつでんしょ》。一九〇六年九月金子伊太郎が中心になって上越電気会社設立発起人会を開き、高田に火力発電所を計画したが、信濃電気が関川上流に高沢発電所を稼働させた事を知り、水力発電に計画変更。「水力発電の神様」大田黒重五郎に相談すると、芝浦製作所の岸敬二郎を紹介された。両氏は関川水系の実地調査を行い、蔵々に一〇〇〇キロワットの発電所を建設する計画を立て、翌年八月資本金二〇万円で上越電気を設立。岸の紹介で国友末蔵を主任技術者に迎える。翌年五月蔵々発電所第一期工事が完成すると上越地方へ電灯電力の送電を開始。一九一〇年三月第二期工事が完成し飯山へ電力を供給。一九一二年二月糸魚川電気会社と合併して越後電気株式会社と改称。一九一七年関川発電所、一九二〇年大谷発電所第一期工事、翌年第二期工事が相次いで完成し、総発電量が一万キロワットに達して余剰が生じたため、松本電力会社に一五〇〇キロワットの電力を供給。一九二二年一二月両社が合併して中央電気株式会社が発足。同社は一九二四年田口発電所、一九二六年には関川水系最大出力の鳥坂発電所を建設する等、電源開発を進めると共に、周辺の電力会社の買収と合併を積極的に進めた。又、同社は電力消費型工場の育成と誘致に取り組み、上越地方の経済発展に貢献した。これには東京電化工業（中央電気工業）・日本亜鉛（同）・旭製線（第一電工）・日本曹達・大日本セルロイド・理研製鋼・日曹製鋼・日本ステンレス等があった。一九四二（昭和一七）年四月戦時統制法令に基づき、中央電気（株）は発電・送電設備を日本発送電（株）に、配電設備を中部配電（株）と東北配電（株）にそれぞれ現物出資して解散した。なお、飯田茂勝が一九二〇（大正九）年に設立した保倉川電気株式会社は、一九三八（昭和一三）年に中央電気株式会社に吸収されている。（青山始義）→国友末蔵（くにとも・すえぞう）

中世の城（ちゅうせいのしろ）→**城**（しろ）

中門造り（ちゅうもんづくり）

上越市中ノ俣にのこる伝統的農家建築。中ノ俣は上越市街から西に一〇キロメートル余りの山間に位置し、冬期は四メートルを超える雪が降り積もる豪雪地帯で、中門造りの民家が多数現存する集落としても全国的に知られる。中ノ俣の中門は、本屋の前につく前中門で、ウマヤをもつニワ（土間）があり、その奥にナカマとダイドコロを配し、ニワの上手にはチャノマ、その奥にネマと二間続きの座敷を配する例が多い。中ノ俣では茅葺民家を「くずや」と呼び、一九八三（昭和五八）年から一〇年近く継続された西和夫氏の調査によれば六二棟を確認している。その後二〇〇五（平成一二）年の調査でも六一棟が確認されるものの、内、五六棟は屋根を鉄板で覆っている。最も古い民家の建築年代は一八世紀中期に遡ると推定され、史料上は一七八五（天明五）年築の牛木喜九家が最古である。山間集落の近代化は、全国的な傾向にあるが、中ノ俣はかつて「中ノ俣百戸」と呼ばれ、茅葺民家が一集落にまとまって残されており、その価値は極めて高い。中ノ俣は民俗文化の宝庫である。明治以降「家替《えがえ》」と呼ばれる、家の取換えを行う風習があるなど、また四季折々の自然豊かな場所で、集落中央を流れる中ノ俣川のせせらぎが風景と相まって、訪れる者の心を和ませてくれる。（菅原邦生）

聴信寺（ちょうしんじ）

上越市中央三丁目九番七号にある真宗大谷派の寺。山号は平野山。『直江津町史』によれば、居多神社の浄心が親鸞の弟子となり一二三七（嘉禎三）年に開基、一二五八（正嘉二）年に浄心の子が二子山の地に坊舎を建て学応坊と称したという。また、一六一三（慶長一八）年現在地に移転、一六四五（正保二）年東本願寺に属して、一六六三（寛文三）年一〇月木仏本尊と聴信寺の寺号が免許された。直江津の要所にあった当寺と林覚寺及び林正寺の三か寺は一七二四（享保九）年「三か寺掟」を定め新井掛所の報恩講や御用に協力し、更には本山への献納米を「御初穂米」として集めて送った。松尾芭蕉がこの寺へ寄ったことも知られている。（安達　恩）→松尾芭蕉（まつお・ばしょう）

朝鮮戦争（ちょうせんせんそう）

一九五〇（昭和二五）年六月に北緯三八度線付近で大韓民国と朝鮮民主主義人民共和国とが武力衝突、ほぼ朝鮮半島全域を戦場として国際紛争に発展、一九五三（昭和二八）年七月に休戦協定が成立した。朝鮮戦争は、日本の政治、経済、防衛に大きな影響を与え、上越地方においても、これを契機に国内治安維持のため、一九五〇（昭和二五）年一一月に高田の旧山砲隊跡に警察予備隊の先遣隊が入り、後に陸上保安隊、陸上自衛隊と改称され、その高田駐屯地として拡充され現在に至る。また、経済面においては、特需や戦後の食糧増産策に乗り、信越化学工業、日本ステンレス工材、現在の大平洋特殊鋳造が復興、大島農機、篠宮商会、佐藤製作所は農機具で復活を遂げ、さらに繊維工業も復活した。（米田祐介）→大島憲吾（おおしま・けんご）

鳥類（ちょうるい）→**関川**（せきかわ）、**正善寺ダム**（しょうぜんじダム）、**二貫寺の森**（にかんじのもり）、**高田平野**（たかだへいや）、**日本海海岸**（にほんかいかいがん）、**高田公園**（たかだこうえん）、**上越教育大学**（じょうえつきょういくだいがく）、**光ケ原高原**（ひかりがはらこうげん）、**大潟水と森公園**（おおがたす

いともりこうえん）

つ

塚田五郎右衛門（つかだ・ごろうえもん、一七六八～一八二七）

高田下小町（本町六丁目）の人、高田の惣年寄の一人、名字帯刀御免の家柄で資産家であった。五郎右衛門は一七八三（天明三）年より矢代川の水量が乏しく頸城郡下ノ郷の末端まで水が届かないので関川の水を加え、西中江加用水としたが、勾配がたりず水が流れなかった。上箱井より上流は幕府領であったため五郎右衛門に再興依頼。五郎右衛門は藩主榊原政令より江の名を稲荷中江と賜わり、一八一二（文化九）年六月用水鎮守の稲荷神社を建てさせ五郎衛門に預けた。稲荷中江は「塚田用水」とも呼ばれ、三十六ヶ村、良田五百余町歩、延長五里に田畠も開けてうらやすの地となった。五郎右衛門は事業家で、この外笹が峯新田の開墾、犀が池の開発、塚田新田の開発その他の事業をなし遂げ一八二七（文政一〇）年一〇月数え年六〇歳で没す。（内藤　隆）

ツキノワグマ

ネコ目クマ科。本州、四国、九州に分布する。九州では絶滅、四国や中国山地、紀伊半島の地域個体群も絶滅にひんしている。上越地方では、本種の生息域は南葉山から長野県境に連なる頸城山塊に中心があると言われ、昭和五〇年代までは、関田山系での目撃情報は希であった。しかし、最近では、板倉・牧・清里・吉川・柿崎、浦川原・安塚・大島、名立及び上越市の里山からも出没情報が寄せられている。事故も起きるようになり、県の統計では、平成六年から一九年の間に県全体で五一人が被害を受けている。本県の推定生息数は約六〇〇頭（平成一一年）とされるが、平成一八年には四八九頭が捕殺されたという報告がある。トキの二の舞になる前に、共存の道を確立する必要がある。（春日良樹）

ツグミ類（ツグミるい）

スズメ目ツグミ科。いずれも繁殖期によい声で鳴くので、鳴禽類に入れられる。大きく二つのグループに分けられる。一つは小型ツグミ類で、スズメ大かそれより少し小さい体で脚の長いのが特徴。上越地方には夏鳥のコマドリ、ルリビタキは亜高山帯に、同じくコルリは八〇〇メートル以上の山地帯に渡来し生息する。春秋の渡り期には平野部の林にも見られる。旅鳥のノゴマ、ジョウビタキ、ノビタキも春秋の渡り期に現れる。もう一つのグループは大型ツグミ類で、ムクドリ大からヒヨドリ大の体をしていて、上越地方には留鳥のイソヒヨドリは海岸付近に、夏鳥のマミジロ、クロツグミ、アカハラは里山や奥山に、漂鳥のトラツグミは春から夏は里山や奥山に、秋から冬は平野部に、冬鳥のシロハラ、マミチャジナイ、ツグミは秋から春先まで里山や平地林に生息する。（山本　明）

つぐら

藁で厚く編み、小さいタライくらいの形にし、保温効果を考えて中に入れた物が冷めないようにと作った物。この中に布団を入れ、幼子を肩まで埋め、ツグラの下に竹の棒（火吹き竹など）を挟み、コロコロゆすってあやしながら子守りした。或いは、同じく藁で蓋も作り、中におはち（櫃）を入れて保温したり、猫の出入りが出来る丸い穴をもうけて、猫つぐら（猫チグラ）にしたりした。（久米　満）→冬仕事（ふゆしごと）

ツバメ類（つばめるい）
スズメ目ツバメ科。上越地方ではツバメとイワツバメが普通に見られ、ともに南の国から渡ってくる夏鳥。ツバメは飛ぶ力は強いが、他の鳥には弱いので、スズメも近づけないくらい、人の生活する所に巣を造り、人に守られて子育てをする。イワツバメは本来山地の岩に営巣していたが、今では橋げた、コンクリートその他の建造物に営巣し、海抜〇メートルから一〇〇〇メートル以上まで営巣している。妙高市のツバメ温泉街のイワツバメは有名。
上越地方ではかつてコシアカツバメが海岸近くの建物や民家、また高田や直江津の市街地で繁殖していたが、近年激減し二〇〇九年現在、上越市域から消滅したようである。なお、ショウドウツバメは春秋の渡りの時期に見られる。（山本　明）

壺井　栄（つぼい・さかえ、一八九九〜一九六七）
香川県小豆島に生まれる。小説家。代表作は『二十四の瞳』『坂道』。童話作家として『柿の木のある家』は、一九五一（昭和二六）年に戦後第一回児童文学賞をうけ、翌年『母のないこと子のない母』などで文部大臣賞を受ける。直江津と小豆島を結ぶ心温まる作品が『夕焼け』である。栄は「秋の夕焼け鎌を研げ」の言葉を聞いて育った。海と夕焼けは壺井栄理解の大切なキーワードであろう。（青山増雄）

ツマグロヒョウモン
チョウ目タテハチョウ科。日本にいる九種類の大型ヒョウモン類のなかで唯一南方にすむ種類として知られていたが、近年になって北上が進み、二〇〇〇年頃から上越市でも目撃されるようになった。現在は数も増え、秋にはほかのヒョウモンと混じって花を訪れる姿が普通に見られる。そうなった理由として、近年の気候温暖化と、この種が好む食草である園芸種のパンジーが多く植えられるようになったことが言われている。（富取　満）

剱神社（つるぎじんじゃ）
糸魚川市宮平に鎮座。鉾ヶ岳の麓に鎮座する。祭神は建速須佐之男命（素戔嗚尊）、伊邪那岐命、大国主命、建御名方命である。創建当時、佐多神社と称したが、古代の剱をもって神璽《しんじ》とするところから剱神社と称するようになった（明治一六年『神社明細帳』）。また勅納《ちょくのう》の御剱を正殿に奉斎していたので剱神社と称するようになった（明治七年九月『神社明細書上写』）。一八一九（文政二）年の鳥居棟札に「京典惣鎮守剱三社」「当郡十三座之内延喜式佐多神社」とある。同年に式内社佐多神社をとなえていたことを物語る。（花ヶ前盛明）

て

訂正越後頸城郡誌稿（ていせいえちごくびきぐんしこう）

高田藩士出身で明治維新後に官界・実業界で活躍した庄田直道らが、県内の古文書を集成して一九〇一（明治三四）年に完成させた。その後、一九二三（大正一二）年に布施秀治、相馬御風が補正朱書を行ない、一九六九（昭和四四）年、越後頸城郡誌稿刊行会の編集によって豊島書房から刊行された。なお、明治～大正期に頸城地方の歴史書を編纂した人物として、牧区の近藤信吉が知られる。主な業績に『牧郷土志』（一九〇九年）、『東頸城郡誌』（一九二一年）がある。（石塚正英）→布施秀治（ふせ・しゅうじ）、相馬御風（そうま・ぎょふう）

出稼ぎ（でかせぎ）

親鸞の時代から、越後の農民は出稼ぎあるいは移住を目的にして関東ほか各地へ出かけた。一毛作地帯である頸城農民は、冬場の農閑期には藁仕事などをするほか、屋根葺きなど農業以外の副業を求めて関東ほか各地に出稼ぎに向かった。また、農民だけでなく、もともと移動を生業とする人々（行商人・旅芸人・杜氏など）も全国を行脚した。越後からの行商人としては毒消し売り（西蒲原郡）、旅芸人としては瞽女（高田・長岡）や越後獅子（角兵衛獅子）（西蒲原郡）が、また杜氏としては頸城杜氏が知られた。近年では、冬場になると安塚区（旧安塚町）が岐阜県恵那市（旧山岡町）の寒天生産農家に多くの出稼ぎ労働者を送り出してきた。最盛期には数百人に及んだという。（石塚正英）

手取川の戦い（てどりがわのたたかい）

一五七七年九月一五日、上杉謙信は長続連一族百余人籠城する七尾城を攻略した。ところが「織田信長軍総勢四万八千が加賀手取川を越えた」という情報をうけた謙信は九月一八日、馬を走らせた。柴田勝家を総大将に前田利家、佐々成政らの勇将が謙信を待ち受けていた。折しも七尾落城の悲報が伝わると、織田軍は浮足立ち、士気が低下した。不利を悟った織田軍は九月二三日、夜陰にまぎれて退却を始めた。ところが運悪く、手取川の増水で逃げ場を失い、大敗した。織田軍は千余人が討ちとられ、川に流された者、その数を知らず、といわれたほど大打撃をうけて退散した。このとき、謙信は「安（案）外ニ手弱之様躰、此分ニ候ハヽ、向後天下迄之仕合心安候」（上杉謙信書状『歴代古案』第一、八八九号）すなわち「信長と雌雄を決する覚悟で臨んだが、案外弱く、この分なら天下を統一することは簡単です」と言っている。手取川での両軍の激突の様子を後世の人は、「上杉に逢ふては織田も名取（手取）川はねる謙信逃《にぐ》るとぶ長（信長）」という狂歌に詠んでいる。「上杉・織田手取川の戦」の石碑は、石川県白山市湊町の呉竹文庫入り口にたっている。平成八年九月、旧美川町教育委員会が建立した。（花ヶ前盛明）

テン

ネコ目イタチ科。本州、四国、九州、対馬などに分布。森林生活に適応した肉食獣で、木登りが巧みである。リス、ノウサギ、ネズミ、モグラ、鳥類、カエルなどを補食する。しかし、食物に対する選択肢は広く、糞の内容物の分析結果では、夏から秋にかけてエンレイソウ、ベニバナイチゴ、サルナシ、マタタビ、ナナカマドなど植物質の割合が五〇パーセントを超すこともある。佐渡には、一九五九〜六三（昭和三四〜三八）年にかけて二一頭を野兎駆除の目的で移入したが、増え過ぎて固有種のサドノウサギの生息を圧迫している。絶滅した日本産トキのかわりに養殖した中国産トキを放鳥し佐渡を再びトキが舞う島にしようとする試みが始まったが、木登りが得意で敏捷性に富む本種は、卵や幼鳥を食害する可能性が高い。人為的な動物の移入がもたらす悲劇にならぬよう手立てが必要である。（春日良樹）→イタチ

天気と言伝え（てんきといいつたえ、妙高山・火打山などと米山の場合）

米山に雲がかかると必ず天気が悪くなる。夏は妙高山と西が晴れると天気がよくなる。夕方、米山がはっきり見えると翌日は晴れ（『大潟町史』）

火打山、焼山に雲がかかると必ず天気が悪くなる。海から米山にかけて上空に鰯雲が出るときは晴れ。（『名立町史』）

春秋、妙高山の頭が雲に隠れると雨。秋、米山に雲がかかると雨。（『柿崎町史』）

秋は山が、春は海が良く晴れていれば、良い天気になる。（板倉区機織）

朝、妙高山がよく見えると晴れる。妙高山が帯をしめる（麓に霞がたなびく）と晴れが続く。米山に雲がかかっても雨にならないが、潟町の方の雲は雨になる。春は大潟町の方が明るいと晴れ、秋は米山の方が明るいと晴れる。（『吉川町史』）

米山の方からの夕立は大荒れになる。（『大島村史』）

妙高山に雲がかかると雨が降る。黒姫山の頂上に雲がかかってくると雨。火打山の下の沢から雲が出てくると翌日は雨が降る。米山が夕方はっきり見えると翌日は天気。（『中郷村史』）（久米　満）

天室光育（てんしつ・こういく、一四七〇〜一五六三）

春日山城下林泉寺六世住持《じゅうじ》。上杉謙信の師。謙信は七歳一五三六（天文五）年から一五四三年までの七年間、林泉寺で光育から厳しい禅の修行と文武の道を学んだ。名将謙信の素養は、このとき養われたといってよい。林泉寺は謙信の祖父能景が明応六年に建立したもので、長尾家の菩提寺である。光育は柿崎城（上越市柿崎区）主柿崎景家の招きで、楞厳寺（柿崎区芋島）の三世となった。寺には光育書入れの「禅林類聚《しゅう》」貞治六年刊一五巻、光育筆「出家略作法文」一巻、光育筆「永平清規《しんぎ》」三巻（県文化財）が所蔵されている。永禄六年六月二三日、遷化した。（花ケ前盛明）→楞厳寺（りょうごんじ）

天崇寺（てんそうじ）

①由緒

上越市寺町二丁目一九-五。宗派は総本山知恩院の浄土宗、本尊は阿弥陀如来。名称は極楽山天崇寺。当初、春日山麓にあった法久山長恩寺で、開基は上杉謙信。一六一一（慶長一六）年大久保

長安から直江津に朱印地を受ける。松平忠輝の高田築城時、百間四方の土地を与えられ現在の土地に建立。一六二四（寛永元）年松平光長が高田藩主になった時、越前宰相秀康の菩提所となる。境内には光長の母で、二代将軍秀忠の娘高田姫勝子、高松宮好仁親王妃の高松宮寧子の墓所がある。一八〇〇（寛政一二）年以後、三回の火災を経て一八八七（明治二〇）年同じく上杉謙信開基の極楽寺と合併する。本堂手前には天明の飢饉犠牲者を供養する大地蔵菩薩尊いわゆる天明地蔵がある。（南　智信）

②歴史的建造物

山門は市指定文化財になっており、高田城の蹴出門と同形の典型的な高麗門で造られている。（清水恵一）→高田姫（たかだひめ）

天と地と（てんとちと）

『天と地と』は、海音寺潮五郎の代表的歴史小説。上杉謙信の生涯を、川中島の戦い直後まで描く。一九六〇（昭三五）年から二年にわたり『週刊朝日』に連載され、朝日新聞社から出版された。その後、一九六九年にＮＨＫ総合テレビの大河ドラマとして映像化され、主な舞台である上越地方が全国的な話題になると、ロケ地やドラマ関係地は観光コースに組み込まれた。しかし、当時の春日山は未整備のままであり、ドラマ撮影のための道路建設により遺跡が破壊されるなどの問題が起こった。また、この作品は映画化（一九九〇年）、テレビドラマ化（二〇〇八年）もされている。（杉山精一）→海音寺潮五郎（かいおんじ・ちょうごろう）

と

峠道（とうげみち）

上越市域と長野県の境には、ほぼ標高千メートル前後の関田山脈が連なる。山稜には、ブナの繁る自然林が広がり、冬の豪雪が豊な水をもたらし、関川の支流や保倉川とその支流の水源となっている。山脈を越えて隣県に通じる道には、古くから関田峠、梨平峠、牧峠、宇津俣峠、伏野峠、須川峠、野々海峠などがあり、峠を通じて越後・信州間に人（婚姻）・物の交流圏が出来上がっていた。例えば、物の移動は夏季だけでなく、雪の積もった冬季でも峠境の交換点に、降り止んで固まった積雪上を互いに荷揚げし、また其処から荷降ろしをした。近世、対信州に関田、昆子（ひるこ）、宇津俣、大島、菖蒲、牛ケ鼻などに口留番所が置かれ、物資・人の交流は厳しい監視の下にあった。最近では、車で峠を越せる所もあり、また、峠を結び山稜の自然や景観を楽しみながら辿るトレッキング（山歩き）コース（→信越トレイル）もつくられ、五月から一一月にかけて大勢の市民で賑やかである。（久米満）→街道・峠（かいどう・とうげ）

道興（どうこう、一四三〇～一五二七）

聖護院門跡道興は、関白近衛房嗣の子である。門閥学識が高く、朝廷での権限も強かった。また道興は愛国の士でもあった。室町幕府と古河公方との対立に端を発した関東の騒乱を憂い、「都鄙《とひ》合体《がったい》」に一役かった。道興は一四八六（文明一八）年六月一六日、お供衆二百人を伴なって山城《やましろ》国長谷の聖護院山荘を旅立ち、越中宮崎・境川を渡って越後国に入った。たまの木（玉の木）・かさハミ（風羽見）・砺なミ（外波）・黒いわ・駒かへり（駒帰り、糸魚川市）・やまと川（大和川、糸魚川市）を通り、七月一五日、越後国府（越後府中）に着いた。大物のため守護上杉房定は、みずから途中まで出迎えた。房定の厚遇をうけ、至徳寺内長松寺塔頭貞操軒で宿泊した。（花ヶ前盛明）

杜氏（とうじ）

雪国越後では、冬の耕作ができなく、農民の多くは以前から毎年他国へ出稼ぎに行った。年々働き口が同じく、技術習得すれば賃金も上がる酒屋稼ぎに行く者が多く、サカヤモンと呼ばれた。彼らはそこで腕を磨き杜氏となった。越後杜氏、特に頸城杜氏の実力は抜群で、江戸期から関東・北陸各地で活躍している。独特な旨みを正確に造り出す技術を身につけ、それを継承するには、長年にわたって積み重ねた確かな経験が必要で、彼らには特色ある職制があった。新人は、まず、飯炊き・働き・釜やと進み、もろみしぼり・二番・三役を経験して副杜氏、そして杜氏となるのだという。杜氏は、酒造元の酒造りの責任を一身に受け、たくさんの職人を指揮して酒を造る。名杜氏を輩出した吉川区の誇りは「よしかわ杜氏の郷」に結集している。また、酒の博士の「坂口記念館」（頸城区鵜ノ木新田）や「米と酒の謎蔵」（三和区大）などもつくられている。（久米　満）→坂口謹一郎（さかぐち・きんいちろう）、日本酒（にほんしゅ）

湯治（とうじ）

かつて温泉や湯に浸かることは、庶民にとってなかなかの贅沢であったので、温泉の湯治場は勿論、花混じりの常温の鉱泉を沸かした湯治場も、江戸期から明治・大正期には賑わったという。鉱泉の湯治場は、高田近くの向橋、滝寺、湯谷、宇津尾、郷津、上綱子など、板倉区機織や柿崎区の黒岩、小萱、木崎山にも鉱泉が開発され、栃窪、川田は現存している。この他、八ケ峰などにも存在したことを古老が語っていて、現在でも多能《たのう》（三和区）、鷹場（牧区）などが現存し、名立区小田島でも何時の頃からか近隣の人々の手で開発され、湯治場となっている。近年、温泉の開発も進み、各地で営業している。なお、夏の土用丑の日に海水に浸かることを「海湯治」と呼び、病予防のご利益があるとしている所もある。（久米　満）

東条琴台（とうじょう・きんだい、一七九五〜一八七八）

幕末から明治初期の学者・教育者。町医者の三男。太田錦城、亀田鵬斎に学ぶ。官学、朱子学に反し経済、実用性を重んじた為、昌平黌校から「出入り禁ず」、と成る。高田藩主榊原政令に招かれ、藩士に。一八五〇（嘉永三）年、『伊豆七島図考』を著し、小笠原諸島の日本帰属の危うさや海外警備の重要性を説く。為に高田藩蟄居となる。藩校脩道館の教導職。多くの高田藩士を指導。一八六八（明治元）年、昌平黌校教授。榊神社に顕彰碑が建つ。撰文は森鷗外、西園寺公望題字。（青山増雄）

東城砦跡（とうじょうとりであと）
中世山城跡・史跡。上越市春日。東城砦は、春日山城周辺砦群の一つで、特に春日山城東方前面の防備砦だった。五智街道（加賀街道）から林泉寺方面へはいる入口より北側にのびる尾根筋で、春日山城からは東北方向の小高い丘陵となる。砦の北側に長池があり、南北から北東へ延びる標高二六メートルの尾根を利用したものである。尾根のほぼ中央にある大堀切を境として、西側と東側の二郭群からできている。中心郭のある西側は、周囲に土塁をめぐらした二段の郭を中心に構えられている。上段は四〇メートル四方で中心郭（現在は共同墓地）である。下段は三〇×五〇メートルの広さがある。一九九一年の調査で、二棟の家屋址の検出や側溝のあったことも確認された。東城砦は、春日山城の東面要害の役割と、御館を結ぶ玄関口砦として重要であった。（植木　宏）

銅像十一面観音懸仏（どうぞうじゅういちめんかんのんかけぼとけ）
上越市指定有形文化財（一九八七年）。所在地・上越市大島区菖蒲。大日庵蔵。像高二六・五センチメートル。天冠台上の頭上に十一面をいただく。天衣は両肩より両手の内側を経て両膝前に垂れている。左手は臂を曲げ胸前で蓮華を持っている（欠失）。右手は腹前で掌を伏せて数珠を持っている。数珠を持った姿は珍しく、これは白山信仰に基づくものと言われている。本像の特色は衣紋などに比べ、特に顔の彫りが丁寧なことである。目尻が上がった涼しげな顔つき、また両顎がよく張った顔つきには、鎌倉彫刻の特色がよく表れているという。（唐澤太輔）→白山信仰（はくさんしんこう）

銅造薬師如来懸仏（どうぞうやくしにょらいかけぼとけ）
県指定文化財・工芸品。上越市吉川区大字山直海八四六番地。報恩寺。上越地方唯一の平安時代の懸仏である。この仏像は、戦後、報恩寺の境内にあった薬師堂を取り壊した際に偶然発見された。鏡板の直径三一センチメートル、銅板から槌やノミで打ち出した浮彫の薬師如来を鋲留めにしている。報恩寺は、七五八（天平宝字二）年鑑真によって開かれたと伝えられ、尾神岳山麓の大神社の別当職を兼ねていた。（植木　宏）

トウドヨビ→コバシアゲとトウドヨビ

東北電力㈱高田営業所（とうほくでんりょくかぶしきがいしゃたかだえいぎょうしょ）
歴史的建造物。上越地方で最初の鉄筋コンクリート造（RC造）三階建で、旧中央電気㈱の本社であった。現在は東北電力㈱高田営業所となっている。建物は建築技師、荒木左平の設計によるもので、一九二八（昭和三）年に竣工した。外観は三階建で一階部分を徳佐石張付、二、三階はタイル張り。軒蛇腹はリシン仕上げで、クリストスタイル彫刻の装飾がある。内部事務室は内壁が漆仕上げで、床はユーボリス塗、壁はキルク吹付ペイント塗仕上げである。（菅原邦生）

とうまる
蜀鶏・唐丸の字を当てる。江戸初期に中国から渡来した鶏「大唐丸」を基にして、新潟地方でつくられた長鳴き鶏。一九三九（昭和一四）年に天然記念物に指定された。一九六九（昭和四四）年頃には、頸城地方で約九〇羽が飼育され、県内では一大中心地であった。（久米　満）

東洋越陳人（とうよう・えっちんじん、一八三六〜一九一六）
東洋越陳人は一八三六（天保七）年、中頸城郡三和村大字野の生れで本名は服部郡平という。若くして長崎に修行にでかけ長崎の文人画家鐵翁に師事、入門して鐵翁より東洋越陳人の号を授けられる。また藤井蘭渓や岡崎笹井医師らより医学を学ぶ。京都では山水画の田能村直入の門に入り山水画の基礎を学んだ。一八八二（明治一五）年、東京において開催された全国絵画共進会に淡着色の苗名滝密画、水墨山水高千穂峰水墨山水疎画の三点を出品、この内苗名滝と高千穂峰が入賞し、天覧の栄を受けた。越陳人は酒を好み求められるままに財力や権力にこだわらず誰にでも描き与える無欲さと、自然を愛する人柄が好まれ頸城の良寛とも言われた。年と共に筆力もなくなり一九一六（大正五）年四月五智の自宅において享年八一歳の生涯の幕を閉じた。（内藤　隆）

道路元標（どうろげんぴょう）
道路の起点と終点、経過地を示すための標識。道路には国道八号線あるいは主要地方道新井柿崎線というように一つひとつ名前がある。その道路には起点と終点があり、それを示すために道路元標が設置された。先駆としては一六〇四（慶長九）年に江戸の日本橋脇に建てた「里程標」がある。明治期になり、一八七三（明治六）年の大政官通達により、道路元標の設置は、東京は日本橋、京都は三條大橋の中央、大阪府及び各県はその本庁（県庁）所在地四達枢要の場所に「木標」を建てることになった。さらに一九一九（大正八）年の内閣総理大臣通達により道路元標は各市町村に一個置くこととなり、石材その他の耐久性材料を使用すること、大きさは高さ六〇センチメートル、正面、奥行二五センチメートル×二五センチメートルと定められた。しかし一九五三（昭和二八）年の道路法改正により道路元標は「道路の付属物」として位置づけられ、本来の機能を失い、道路の整備、区画整理などによって破壊または移動放置という運命をたどることになった。（石塚正英・吉村　博）

戸隠講（とがくしこう）
①信仰
八五〇年、役《えん》の小角《おづぬ》が開いたと言われる戸隠山には戸隠大権現がある。戸隠神社は五穀豊穣、養蚕、虫除け、雨乞い、雪乞いの神でもある。それを願う戸隠講は頸城全域に広がっていった。戸隠のお札を配る地域（中郷地区等）や作神として講でお参り（板倉区）に行っていた地区や代参詣りがある。三和区下中では毎年、おみくじと五穀豊穣のお札を送ってもらっている。広く深い信仰である。（青山増雄）

②民俗

上越地方には、農業神、作神として戸隠信仰が広く根付いていた。多くの集落に参詣講の組織があって、秋の取入れが終わると代参者が神主の家（宿坊）に一泊し戸隠神社参拝をする。新年には、今年の天候・作占いの札や護符が代表者を通じて講員に配られる。戸隠神社の月次祭《つきなみのまつり》は、中社が一日、宝光社が一五日である。前日に宿泊し七月一日に、あるいは同じく七月一五日にそれぞれ参拝し、それぞれ虫除けのお札を受けて帰り講員に配る。その札を葦に挟んで田に立てると効験があるとされる。金銭などを分担し定期的に寺社を参拝する講には、この他に米山講、弥彦講、善光寺講、善宝寺講、伊勢講、金毘羅講、御嶽講などがある。（久米満）

トカゲ類（トカゲるい）

有鱗目。上越地方で普通に見られるトカゲの仲間は、ニホントカゲ（トカゲ科）、ニホンカナヘビ（カナヘビ科）の二種である。いずれも海岸部から山地にかけて見られる。ニホントカゲの体の色は光沢のある茶色であるが、幼体の尾は青い。ニホンカナヘビの体の色は褐色で、ニホントカゲよりがさついた感じである。両種とも昆虫類を食べる。手で捕まえようとすると自分で尾を切り（自切）逃げる。また、上越市高田の旧市街部など市内各所でニホンヤモリが確認されている。夜行性で壁などに張り付く。上越地方には元々いなかったが、荷物などの移動で持ち込まれたものと思われる。（梅林　正）

徳合城跡（とくあいじょうあと）

中世山城跡・史跡。糸魚川市能生区徳合。市指定文化財。徳合城は、北陸沿線の筒石から山岳地帯を約二・五キロメートル登ったところの、徳合、中村、仙納各集落に接する標高三〇八メートルのトヤ峰を中心に所在する山城である。遺構は、六〇〇×四〇〇メートル程の範囲に、削平地、空堀、泥田堀、土塁などが点在する。城地は三区に分類される。①本城地区：山頂周辺で主郭（二二×二五メートル）を中心に泥池、千人溜など。②屋敷地区：本城地区の北西側下方で、地名として倉屋敷、弔屋敷、木戸口、傾城屋敷などが残っている。③館地区：屋敷地区下方で、中村集落の地が館の内といわれる。築城年代は不明だが、『頸城郡誌稿』では村山安芸守を、『糸魚川市史』では村上国清をあげている。南北朝から戦国時代にかけて活躍した城であろうか。（植木　宏）

ドジョウの仲間（ドジョウのなかま）

コイ目ドジョウ科。頸城地方には三種類のドジョウが生息する。平野部や山間地の水田や用水路など、底が泥地に多くみられるのが、ふつうのドジョウである。そして、清水で砂・石の底に多くすんでいて、ドジョウに似るが体側に縞模様のあるのがシマドジョウという種である。そして、最後に紹介するドジョウはやや寸胴でオタマジャクシに似ているホトケドジョウという種である。この種は年間をとおして冷水の流れる湧水の多い沢や池に生息し、寺院の周辺に多く生息することからその和名がついたのかもしれない。この種はやや黄色みを帯びる個体がいることから、頸城地

方ではキンタナゴと呼ぶ地域があった。(高橋　卓)

特急「あさま」(とっきゅう・あさま)

「あさま」を名乗る列車は、小諸・新潟間の気動車準急が一九六一年から運転されていたが、翌年、上野・長野間の客車夜行準急列車の名称を「あさま」とし、それまでの「あさま」を「赤倉」と改称のうえ、名古屋・新潟間の急行列車とした。急行「赤倉」は、運転区間を長野・新潟間に縮小の上、九七年九月三〇日まで運行され、その後は特急「みのり」に引き継がれたが、二〇〇二年一二月一日快速「くびき野」に格下げ。運転区間も新井・新潟間となって現在に至っている。一方、準急「あさま」は六三年に急行に格上げの上、上野・直江津間に延長された。六六年、上野・長野間全線電化をまって、準急「あさま」は特急に格上げされた。特急「あさま」は、当初、六四年の東海道新幹線開業で剰余となった一五一系特急電車を改造した一八一系で運転された。この車両は碓氷峠を越えるための特殊設備を持たず、碓氷峠では無動力でEF六三型電気機関車重連に押し上げられるため、八両編成までしか組成できなかった。六八年、直江津まで運転区間を延長。七二年には上野・金沢間の「白山」が特急に格上げされ、碓氷峠越え専用の特急型車輛四八九系を用いてEF六三との協調運転により一二両編成で運転されることになる。七三年には「あさま」にも専用の特急型車輛一八九系が投入され、同じく一二両編成での運行が始まる。両特急は共通運用が組まれ、以後、長野新幹線開業に伴う一九九七年九月三〇日の廃止まで、「あさま」は一日最大二〇往復、「白山」は最大三往復が、九両または一二両で運行された。上野・直江津間の所要時間は四時間強であった。現在、「あさま」の名称は長野新幹線の列車に引き継がれている。当時の車輛は、今も特急廃止時の塗色で長野・直江津間の普通列車「妙高」号として運転されている。(石川伊織)

特急「はくたか」(とっきゅう・はくたか)

北陸本線・信越本線・北越急行ほくほく線・上越線経由で福井・金沢・和倉温泉と越後湯沢間を結ぶ特急列車。JR西日本および北越急行所有の六八一系・六八三系特急電車を使用し、北陸本線内では最高時速一三〇キロメートル、ほくほく線内では一六〇キロメートルで運転される。在来線の最速列車である。一九六五(昭和四〇)年、大阪発で直江津で上野行きと青森行きに切り離されていた気動車特急「白鳥」の上野行き編成が独立、「はくたか」と命名された。名称は、立山の開山伝説に登場する白い鷹から取られた。六九年、北陸・信越両線の全線電化に伴い(上越線は一九三一年の開通時から電化済)「はくたか」は電車化、経路を上越線に変更される。気動車時代の信越線碓氷峠経由の路線には七二年に特急「白山」が新設され、以後、関東・北陸間の主要路線となる。八二年の上越新幹線開通に伴って「はくたか」の上野・長岡間は廃止、長岡以西は特急「北越」のグループに統合・列車名は消滅してしまった。しかし、九七年のほくほく線開業により、越後湯沢で上越新幹線に接続しほくほく線経由で北陸に向かう特急列車に「はくたか」の名称が復活する。当初は一〇往復、二〇〇九年六月以降、一四往復となっている。二〇〇四年一〇月二三日の中越地震の際には一時運休したが、一一月二日には早くも運転再開、一五日には完全復旧している。東京・富山間は上越新幹線と「はくたか」を利用して最短で三時間強、東京・金沢は三時間五〇分代で結ばれているが、北陸新幹線の長野・金沢間が開通すると、乗客の大幅減が予想されている。北越急行の黒字は「はくたか」が稼ぎ出しているので、今後の経営は予断を許さない。（石川伊織）

特急「白鳥」（とっきゅう・はくちょう）

日本海縦貫線（北陸・信越・羽越・奥羽線を結ぶ日本海側の幹線）経由で大阪と青森を結んでいた特急列車。青森で青函連絡船一・二便に、函館でさらに旭川行きの特急「おおぞら」に接続する。大阪・北海道間を連絡する列車であった。一八九三年の北越鉄道全通で上野と新潟が結ばれはしたが、直通列車はなく、新潟へ向かう乗客は途中一泊する必要があった。程なく信越本線と北越鉄道の乗り入れが始まり、一九〇五（明治三八）年には上野・新潟間直通列車が一往復（所要時間一五時間四〇分）、北越鉄道の国有化をはさんで一一年には三往復設定された。一三年、北陸本線全通。一五年に初めて夜行急行列車が設定されるが、上野・新潟間直通はこの急行一往復に戻されてしまう。所要時間一四時間。二一年には碓氷峠が日本で初めて電化され、上野・新潟間を一二時間に短縮する。二二年には上野・金沢間に寝台急行列車を新設。所要時間は一三時間半。三一（昭和六）年に上越線が開通すると、優等列車は上越線経由とされ、信越線の急行は全廃されたが、第二次世界大戦後、定期の急行列車も順次復活。六一年、特急「白鳥」が登場する。これによって、それまで急行「日本海」と急行「大雪」利用で大阪・札幌間が三六時間ほどかかっていたが、「白鳥」の登場で二四時間三五分に短縮された。特急「白鳥」は大阪発青森行きの六両編成と大阪発上野行きの六両編成を連結した一二両で運転された。大阪から直江津までは二編成を連結して運転。直江津で二つの編成を切り離し、一方が上野へ（通称「信越白鳥」）、他方が青森へ（通称「青森白鳥」）向かった。「信越白鳥」は碓井峠を越える初の特急列車であった。「青森白鳥」は新津から新潟を経由せずに直接羽越線に入り、昼行特急としては最長距離（一〇五二・九キロメートル）を走破する。所要時間は大阪・上野間一二時間三〇分、大阪・青森間一五時間四五分。当時、糸魚川・直江津間は未だ単線であったため、上り「白鳥」と下り「白鳥」が北陸本線能生駅ですれ違うダイヤが組まれたが、乗客の乗り降りは行わない「運転停車」扱いとされた。しかし、連絡不徹底のため地元では特急停車と誤解。歓迎式典まで用意した能生町はじめ近隣の市町村の歓呼の中を、初列車は素通りする（能生駅騒動）。「信越白鳥」は大阪・富山間と上野・金沢間のそれぞれの輸送力増強を目的としており、上野・大阪間を通しで乗車する乗客は想定されていなかった。六四年に大阪・富山間に電車特急「雷鳥」が新設されると、翌年、「信越白鳥」は特急「はくたか」として切り離され、「白鳥」は大阪・青森間の特急となる。編成も一四両編成に増強され、経路も新潟駅・白新線経由に変更される。六九年には北陸本線と信越本線が全線電化され、大阪・新潟間に「白鳥」を補完する目的で電車特急「北越」が新設される。七二年、羽越本線・白新線を最期に日本海縦貫線は全線電化され、特急「白鳥」も電車化される。「白鳥」はダイヤ改正のたびに高速したが、八二年六月に東北新幹線大宮・盛岡間が、一一月に上越新幹線大宮・新潟が開業すると、「白鳥」の役割が変化し始める。一時「白鳥」は福井・青森間の一往復を加えて二往復になるが、八五年の東北・上越新幹線上野乗り入れで、長岡で上越新幹線に接続する列車という性格が強まる。福井・青森間「白鳥」は分割され、福井・新潟間の「北越」と新潟・青森間の「いなほ」に組み込まれる。八六年国鉄最後となる時刻改正では、大阪・富山間の「雷鳥」のうち三往復は新潟行きで、これと「白鳥」一往復と「北越」六往復が長岡で新幹線に接続することになる。他方、北海道連絡の役割は次第に低下する。八八年三月の国鉄分割民営化時には、青函トンネルも開通。「白鳥」は青森・札幌間の急行「はまなす」に接続して、大阪・札幌間を二〇時間二七分で結ぶことになるが、このころにはすでに、北海道への連絡は航空機にとって代わられていた。新幹線接続の役割も区間特急の増発で対応されており、長距離特急の必要性は薄らいでいった。特急「白鳥」は二〇〇一年三月、ついに廃止される。その後、「雷鳥」が大阪・富山間に、「北越」が金沢・新潟間に、「はくたか」が越後湯沢・金沢間に整理された結果、上越地区から大阪へ直通する列車が消滅。金沢・富山地区から関西圏へ向かうルートも高速バスとの競争にさらされている。北陸新幹線が金沢まで完成すると、並行在来線となる北陸本線金沢・直江津間と信越本線直江津・長野間の存廃が問題となってくる。公共交通機関の整備は今でさえ不充分である。今後の上越地域が抱える大きな問題と言えよう。なお、二〇〇二年一二月、東北新幹線が八戸まで延伸されると、新幹線に接続して海峡線経由で八戸・青森・函館を結ぶ特急が新設され、「白鳥」の名称を与えられて現在に至っている。(石川伊織)

特急「雷鳥」(とっきゅう・らいちょう)

一九六四年に運転が開始された北陸本線の特急列車。九五年に新製六八一系電車で運転が始まった「スーパー雷鳥」は九七年に「サンダーバード」に改称。「雷鳥」が大阪・金沢間(五〜七往復)で、「サンダーバード」が大阪・金沢・富山・魚津・和倉温泉間(二五往復)で運転される。「サンダーバード」は金沢駅で、金沢以東を運転する編成と分割・併合を行う。大阪・金沢間が二時間四〇分、大阪・富山間が三時間二〇分ほど。二〇〇一年のダイヤ改正までは新潟行きの「雷鳥」も存在したが、新潟行きは「北越」に統合され、さらに「北越」は金沢止まりとなる(特急「白鳥」の項参照)。列車名は富山県の県鳥である雷鳥に由来するが、現在、富山県以東への乗り入れはない。「サンダーバード」の名称はネイティヴ・アメリカンであるスーの神話に登場する伝説の巨大な鷲 thunder bird のことであり、「雷鳥」を英訳したものではない。和名の「雷鳥」に対応する英語名は snow grouse ないしは ptarmigan である。(石川伊織)

鳥坂城跡（とっさかじょうあと）

中世山城跡・史跡。妙高市姫川原。市指定文化財。鳥坂城は鳥坂山に所在する。鳥坂山は、片貝川と関川の侵食地に挟まれてそそり立つ、標高三五〇メートルの尾根状山塊で、高床山から続く丘陵の先端部にあたる。頂上付近からは視界も開け、高田平野から遠くは日本海。方角を変えれば妙高山麓まで見渡すことができる。また長野県境への二筋の街道、善光寺道と飯山道はこの鳥坂山によって分岐している。城としての縄張りは、鳥坂山の頂上から中腹におよんでいるが、ほぼ南北に延びる尾根上周辺約五〇〇メートルの間に密集している。五条の壮大な堀切で尾根を断ち切り、大小四二条の竪堀で尾根両面をかため、その間に多角的階段状の削平地約八〇ヶ所を配置している。さらに土塁一四、井戸三、横堀一、石組一、狼火場《のろしば》一で、全体が堅固な要害に縄張りされている。遺構の特色は、大胆な堀切と緻密な配列の竪堀にある。また主郭の位置は尾根の最上部ではなく、尾根先端を利用し、広さは二七×一九メートルで、南側が一段高く、ここに「越後頸城郡鳥坂城趾碑」が建てられている。一八六一（文久一）年の作で鳥坂城についての来歴が細かく石碑に刻まれている。築城時期や城主については多くの伝承につつまれてきた。『頸城郡誌稿』や『新井市史』などに述べられている。戦国時代には信濃口を押さえる要として、重要な役割を果たしたことであろう。（植木　宏）

トノサマガエル

カエル目アカガエル科。成体の体長は六～九センチメートル。雄は黄緑色で斑紋は不明瞭、雌は灰色で黒い明瞭な斑紋がある。背中の真ん中には黄～緑の線が一本ある。上越地方では桑取川流域など山地や河川沿いにある水田域に多く分布する。繁殖期にはアマガエルの鳴き声の中に、トノサマガエルの鳴き声を聞くことができる。新潟県では二〇〇一年に「絶滅のおそれのある野生動植物種」をリストアップし「レッドデータブックにいがた」を発刊したが、トノサマガエルは絶滅の危険が増大している種として「絶滅危惧Ⅱ類」に位置づけられた。かつて高田平野には広く分布していたが、圃場整備や水田の乾燥化等による生息環境の悪化で個体数が減少しているのが現状である。名前の由来は、カエルとしては大きく見栄えがしているため「殿様」の名前が付いたようで、「鳥獣人物戯画」など昔の漫画や絵にも多く登場している。（梅林　正）→アマガエル、ウシガエル、カジカガエル、シュレーゲルアオガエル、モリアオガエル、ヤマアカガエル

とひたのまき

上越市板倉区米増。恵信は一二五四（建長六）年以前、三善家の土地の管理や、子や孫たちの世話をするため、京都から越後に帰ってきたと思われる。越後のどこに住んでいたかについては、学者の間でさまざまな説がある。当初はかつて親鸞と過ごした国府に住んでいたようであるが後、住所を変えた。現存する一〇通の書状の中で恵信が住所を記した書状は第九通の一通だけである。これは一二六七（文永四）年九月七日付きで、恵信の八六歳の時の便りである。その書状の末に

九月七日　　ちくせん
わかさ殿申させ給へ（まま）とひたの　　まきより

とあり、この「とひたのまき」は書状の発信地であり、恵信の住所である。その後住所を変えていないようである。次の第一〇通一二六八（文永五）年の書状では、恵信の八七歳で死期が近いことを覚悟している。恐らくこの「とひたのまき」は恵信の終焉の地であろうと考えられる。「とひたのまき」の所在には諸説がある。米増の元和の検地に「五里ん田」「とよ田」があり、とよは樋《とひ》であり、この界隈を「とひたのまき」であるという説が有力視されている。（宮腰英武）→恵信尼（えしんに）、恵信尼石塔（えしんにせきとう）

ドブネ

①ドブネ

昭和初期まで、頸城地方の沿岸漁業、特に地引網漁に用いられた木造小型（長さ一〇メートル・幅一・五メートルほど）の和舟。浮力があり舟足も速く、耐用年数も七〇年ほどにも及ぶ。杉材を用い、現地で木割りし海岸で乾燥、舟底のわん部は厚木を刳った一枚板を用い、反りは焼き曲げ、接合には釘を使わずクサビ（チキリ）・ウルシを用いる。丸木舟の形を残し、伝統的造船技術を知ることの出来る貴重な資料である。ただし、製作方法は地区によって多少違いがあり、柿崎・潟町辺のものはサイハマドブネ（別名ハナキリ）、直江津以西のものはニシハマドブネと呼ぶ。操法は櫂による。普通四丁櫂で時には櫓を使うこともある。大型のものはマカセ、小型のものはベンケイと呼ぶ。（久米　満）

②国指定文化財・有形民俗。

上越市西本町四－一九－二七。上越市立水族博物館。一九〇一（明治三四）年に造られたこの舟（舟大工水越猪之松製作）は、「ハナキリ」とも呼ばれる丸木舟（刳舟・くりぶね）の形を残した和舟である。舟底板の一部と側板の下半部が丸木一本の内側を刳って造られている。頸城地方の沿岸部を中心に地曳き網のときに使われていた。舟足が早く、軽量で、耐用年数が長いのが特徴である。部材の接合は釘を使わずクサビと漆で行い、造船史を辿る上で大変貴重な資料である。長さ一〇メートル、巾一・五メートル。実物は、そのほか大潟区九戸浜（サイハマドブネ・市指定有形民俗文化財・大正七年舟大工佐藤亀作製作）に展示保存されている。柿崎区（旧黒岩小）にも保存されている。（植木　宏）→写真ページ

ドブネズミとクマネズミ

ネズミ目ネズミ科。両種は、汎世界的に分布する。ドブネズミは、クマネズミより大形で、頭胴長一一〇～二八〇ミリメートル、尾長一七五～二二〇ミリメートル。体重は最大で五〇〇グラムを超す。クマネズミに比べ、耳が小さく倒しても目まで届かず、尾長が体長よりも短い。下水溝、廃棄物処理場、畜舎等の人為的環境を生活圏とし水辺や湿った環境を好む。巣は、一般的に屋外の地面に穴を掘って作る。都市部では、道路の舗装やビルの高層化が進み生息数は減少傾向にある。旧上越市では、舟見公園、関川の

河川敷、高田駅周辺の飲食街や商店街などで生息を確認した。山間部の中ノ保では生息を確認できなかった。

クマネズミは、シップラット（Ship Rat）やルーフラット（Roof Rat）という異名をもつ。ドブネズミより小形で尾が長く敏捷で、船のとも綱を登り積荷に紛れて世界中に広がったことや、天井裏や梁などで活動することが多いため付けられた名前である。原産地はアジア南部の森林地帯といわれ、本来は樹上生活に適応した森林のネズミである。ドブネズミに比べ、草木の果実や種などの植物質を多く摂取する傾向があり、水分不足に対する耐性が高い。そのため、両種が共存する地域では、勢力の強いドブネズミとの競合を避けて家屋の階上部まで生活圏を広げることが多い。近年、都市部において、スーパーラットと呼ばれる殺鼠剤に対する警戒心が強く、薬剤抵抗性をもったクマネズミが出現していることが知られている。（春日良樹）→アカネズミとヒメネズミ、

富川保（とみかわほう）

平安中期の『和名類聚抄』の系譜を引き継ぐ郷の一つ高津郷（上越市高津がある）に含まれる保で、現在の上越市上富川・下富川を中心とする地域と考えられる。明徳三年の年号が刻まれた釣り鐘の鐘銘中に富川保があり（旧『三和村誌』）、室町時代に存在していた地域＝所領であることがわかる。当時国衙職は上杉氏が持っており、守護代長尾氏の支配下にあったと考えられる。また、五十公郷内保倉保とともに天龍寺領であった。（北峰義巳）→保（ほう）、高田保（たかだほう）

富永邸（とみながてい）→**大地主の建築**（おおじぬしのけんちく）

渡来人（とらいじん）

渡来人とは広義には海外から日本へ渡ってきた人々のことを指す。狭義には、特に四～七世紀に朝鮮・中国から日本へ渡来し、日本に定住した人々を指す。農業をはじめとした先進の技術、様々な文物、習俗をもたらし、政治や文化の発展に大きく寄与した。代表的な渡来系氏族として例えば秦氏や東漢《やまとのあや》氏などがいる。六六八年、高句麗が唐・新羅の連合軍によって滅亡した（百済陥落は六六〇年）。おそらく相当な数の難民が越地方にも流れ込んだと考えられる。しかし、それ以前からも大量の移住があったようだ。一説によると、紀元前三、四世紀から六世紀までの約千年間に、少なくとも数十万、最大百五十万の人々が朝鮮半島や中国大陸から日本へ流入したと言われている。そして能登、越前、若狭など、上陸地点に近い地域はもとより、大和への経路である近江一帯に、点々と渡来人の里がつらなっている。またそこでは多くの十一面観音が祀られていることは興味深い。（唐澤太輔）

虎御前（とらごぜん、生年不詳～一五六八）

青岩院（青巌院）ともいい、栖吉《すよし》城（長岡市栖吉）主長尾氏の娘。越後守護代長尾為景に嫁し、春日山城で生活する。晴景・仙桃院・景虎（謙信）をもうける。熱心な観音菩薩の信者であった。謙信がのちに仏門に入ったのは、母の影響である。一五四二（天

文一一）年一二月二四日、夫為景の死後、どこで、どんな余生を送ったかはわからない。謙信が天文一七年、春日山城主となったので、春日山城で生活したらしい。永禄一一年五月七日、死去。五七歳であったという。法名は青岩院殿天甫輝清大姉。位牌は米沢市林泉寺町の林泉寺にある。虎御前の墓と称する五輪塔は、春日山城の背後、上越市宮野尾集落にある。（花ヶ前盛明）

鳥追い（とりおい）

小正月の行事。朝、小豆粥を食べて、害鳥や害獣を追い払うため、板をたたきながら鳥追い歌を歌って、苗代田を清める。安塚区では、「次郎殿（どん）の鳥と太郎殿（どん）の鳥と尻切って、かしら切って鬼ヶ島へホーイホイ、鬼ヶ島に席がなけりゃ佐渡島へホーイホイ」と歌う。（青山増雄）→桑取谷の小正月行事（くわどりだにのこしょうがつぎょうじ）

どんど焼き（どんどやき）

竹を組んで藁や葦で囲み、門松や注連縄、書き初め等を燃やす火祭り。小正月の子どもの行事として、また地域の共同行事として上越地方各地で盛んに行われている。書き初めは上へ舞い上がれば字が上達し、餅を焼いて食べるとその年の病いを取り除くと言われている。既に鎌倉時代には行われている（徒然草）。賽の神と同一で「斎灯」で汚れを清め悪魔を祓う修験道とも混じり合った元来は道祖神の行事。（青山増雄）→桑取谷の小正月行事（くわどりだにのこしょうがつぎょうじ）、小正月行事（こしょうがつぎょうじ）

な行

な

苗名滝（なえなのたき）

関川の上流杉野沢にある高さ五五メートルの滝。融雪期・梅雨時はとりわけ水量が多く、轟音と共に落下し地響きを立てる事から、地震滝（ないの滝）と言われた。滝を構成する地質は黒姫溶岩流で、柱状節理と呼ばれる角柱状の割れ目が発達し見事である。江戸時代、放浪画家東洋越陳人が好んでこの滝の絵を描き、小林一茶も「滝けぶり側で見てさへ花の雲」と感動の句を詠んだ。この滝の上流には二の滝・三の滝・四の滝があり、どの滝も風情があり素晴しい。一九六五（昭和四〇）年に観光道路が開通すると、苗名滝つり橋・信濃自然道・苗名滝歩道・休憩舎が順次整備されたが、平成七年の七・一一水害で流出。九年に遊歩道が、一〇年にはつり橋が復旧した。（青山始義）

直江（なおえ）

直江の地名の起こりには諸説ある。関川河口辺りに「直江の荘」があって、そこは直江氏の支配地であった、等々。伝説「応化の橋」（一〇八一（永保元）年）には、直江の浦としている。江戸時代には、直江の津の一画に賑やかな新しい町「今町」ができ、

その名が普及するようになった。直江津の名が公式に認められたのは一八七九（明治一二）年からである。（久米　満）

直江景明（なおえ・かげあき、一五九四～一六一五）

直江兼続の嫡男、母はお船の方。幼名は竹松、平八。一五九四（文禄三）年七月、兼続が羽黒山養蔵坊（山形県鶴岡市）へ送った覚書に「竹松」の名前が見えない。景明は文禄三年七月以降に誕生したのであろう。景明は生まれつき病弱で、慶長一六年頃、板谷温泉（米沢市板谷）に湯治した。上杉景勝から一字を賜わり、景明と称した。慶長一四年一二月二日、本多正信の媒酌で近江国膳所（ぜぜ）城（滋賀県大津市）主戸田氏鉄の娘と結婚した。元和元年七月一二日病死。法名月峰清秋大禅正門。高野山に分骨。（花ヶ前盛明）

直江兼続（なおえ・かねつぐ、一五六〇～一六二〇）

坂戸城主長尾政景の家臣樋口兼豊の長子。一五六〇（永禄三）年誕生。幼名与六。非凡な才能を見込まれ、上杉景勝の近習《きんじゅ》となって春日山城に入る。天正九年、主君上杉景勝の命で上杉家の重臣与板城主直江家を相続。兼続二二歳、妻お船の方二五歳。天正一五年一〇月二五日、景勝に従って新発田重家の新発田城（新潟県新発田市大手町）を攻略。翌天正一六年八月一七日、従五位下に叙任され、豊臣秀吉から豊臣姓を賜わった。天正一七年六月一六日、本間高茂の羽茂《はもち》城（新潟県佐渡市）を攻略して佐渡を平定。天正一八年、豊臣秀吉の小田原城攻めに参陣。慶長三年、景勝の会津移封に伴い、米沢城（山形県米沢市）六万石に入城。秀吉が没すると、徳川家康は慶長五年六月、景勝征伐の軍を起こした。家康が会津征伐に向かうと、石田三成は兼続と音信を通じ、七月、挙兵に踏みきった。家康は待ってましたとばかりに西上し、九月一五日、関が原の合戦で西軍を破り、覇権を掌中に収めた。兼続は上杉家の安泰のため、家康の子息結城秀康を頼った。そのため景勝は会津一二〇万石から米沢三〇万石に減封されただけで終わった。兼続は民政にも優れた手腕を発揮した。新田開発、水利事業、商工業の振興、農作物の栽培奨励、鉱山の採掘など、殖産興業に力を入れた。一方、学問を好み、たくさんの書物を収集した。元和五年一二月一九日、江戸鱗屋敷（東京都千代田区霞ヶ関二丁目、警視庁の北隅）で死去。墓は林泉寺（米沢市林泉寺一丁目二番三号）にある。高野山清浄心院（和歌山県伊都郡高野町）に分骨。法名英貔院殿達三全智居士。（花ヶ前盛明）↓お船の方（おせんのかた）

直江家（なおえけ）

直江家は藤原鎌足の孫麻呂（京家）の末裔で、直江荘（上越市直江津地区）を賜って姓としたと伝える。南北朝から室町時代（一四世紀中ごろ）に成立した『義経記』や謡曲「婆相天（ばそうてん）」（観応年間（一三五〇～五二）成立）に「直江の津」が登場し、「直江次郎」という代官が活動していたことが記されている。このことから、直江の津（越後府中）で勢力をもっていた豪族が、土地の名にちなんで「直江」氏を称したのであろう。直江氏は、直江津の出身であった。直江の津で活動していた直江氏は、やがて与板《よいた》（長岡市与板町与板）に移り、信濃川の水運を管理したのであろう。信綱の義父景綱（実綱）は、上杉謙信の父長尾為景・兄長尾晴景・謙信の三代に仕えた。特に謙信政権のもとでは行政の中枢を担い、奉行人として活躍した。（花ケ前盛明）

直江実綱（なおえ・さねつな）

お船の方（直江兼続の妻）の父。生年不詳～一五七七

一五六四（永禄七）年、上杉謙信から「景」一字を賜わり、名を景綱と改めた。永禄二年に与兵衛尉、永禄五年に大和守に任官し政綱と称した。与板城を本拠地に、長尾為景・長尾晴景・上杉謙信の三代に仕えた。特に謙信政権のもとでは、本庄実乃《ほんじょうさねより》や河田長親らと行政機構の中枢を担い、奉行職として活躍した。永禄二年一〇月二八日の「侍衆御太刀之次第」に名前を連ねている。天正三年の『上杉家軍役帳』によると、鑓二〇〇丁、手明三〇人、鉄砲二〇丁、大小旗二〇本、馬上三五騎の三〇五人の軍役を負担。晩年、入道して酒椿斎と号した。天正四年、石動山《せきどうさん》城（石川県能都町石動山）主となる。天正五年四月五日七〇余歳で死去したといわれている。娘お船の先夫が信綱で、後夫が兼続である。兼続は上杉景勝の執政として名高い。（花ケ前盛明）→お船の方（おせんのかた）

直江津・小木航路（なおえつ・おぎこうろ）

一八九二（明治二五）年、佐渡の古藤亀太郎が汽船御代島《みよしま》丸で開いた航路で、翌年、沢根から小木を経て直江津までの定期航路（四月から一〇月までの隔日）が始まる。後に出雲崎の阿部伝次、そして佐渡商船に経営が移る。更に同社は一九三二（昭和七）年、新潟汽船・越佐商船を買収、新たに新潟県も参加（資本金の半額を出資）して佐渡汽船となる。一九三三（昭和八）年、沢根・小木間の廃止が決まり翌年から本航路のみとなる。戦中戦後の休航を経て高度成長期に入ると観光客が増加、一九七〇（昭和四五）年にはカーフェリー・みゆき丸が就航。一九八九（平成元）年にはジェットフォイル・みかどが就航して六五分で本航路を結ぶが、二〇〇三（平成一五）年に同船廃止。二〇一〇（平成二二）年現在、カーフェリー・こがね丸のみが就航、所要時間一六〇分。本航路は国道三五〇号の一部でもある。（瀧田　寧）

直江津祇園祭（なおえつぎおんさい）

八坂神社の祭り（高田：七月二三～二六日、直江津：七月二六～二九日）である。祇園祭の始まりは平安中期と言われている。文書に初めて祇園祭が記載されているのは、神社に伝わる一六一八（元和四）年の高田城主松平忠昌の家老永見志摩守の寄進状で、その内容から、それ以前より祇園祭に城主が米五石を寄進していたことがわかる。一六一四（慶長一九）年に福島城主松平忠輝が高田城を築き、そこに移ると、直江津のほとんどの寺社が同時に高田へ移った。しかし八坂神社は直江津に残り、松平家からの朱印地一〇〇石を奉納する申し出を辞退し、代わりに高田の祇園祭を出張して行う許しを得た。現在に至るまで祇園祭は高田と直江

津を結ぶ行事である。神輿は二三日に直江津の八坂神社を出、高田の各町内をまわった後、関川を下って二六日夜に直江津で迎えられ、今度は直江津の各町内を渡御、八坂神社には二八日夜に還御する。二九日はお饌米の俵を積んだ各町内の屋台一九台が神社前に順々に集まり、若者たちが俵を担いで神社の参道を走り拝殿内に納める。屋台は普段、直江津屋台会館に保管されている。なお、直江津で屋台が出るようになったのは一八〇四（文化元）年からである。屋台を出す町の名前には、安国寺、善光寺浜、塩浜町といった地元の歴史を感じさせるものが今も残る。（瀧田　寧）

→祇園祭（ぎおんさい）

直江津銀行とライオン像（なおえつぎんこうとらいおんぞう）

直江津が陸海の交通の要所となり商業活動が活発になると、直江津に本店を置く銀行がいくつか創設された。一八九五（明治二八）年創立の直江津積塵《せきじん》銀行は資本金一〇万円で発足、現在の直江津郵便局の西側にあった。一八九九（明治三二）年頃には直江津銀行と改称、地域の中心的金融機関に拡大発展したが、その後経営が悪化、一九一五（大正四）年六月解散した。銀行の建物は一九一八（大正七）年頃高橋達太が購入し、約一キロメートル離れた現在地に移築され高達回漕店の社屋として近年まで使用されていた。有名なライオン像は高橋の要請により三越前のライオン像をまねて制作された。移築の際、正面が鬼門であったため守護として建立されたという。ライオン像と建物は新潟県の近代化遺産に登録されている。（瀧田　寧）→高達回漕店（たかたつかいそうてん）

直江津銀座劇場（なおえつぎんざげきじょう）

直江津銀座劇場は、一九五一年に中央三丁目に開設された映画館で、主に東宝系の邦画が上映されていた。その前身は、一九一四年に中島房三によって設立された大正館が改称した越後座であった。（古賀治幸）

直江津空襲（なおえつくうしゅう）

直江津への空襲は一九四五年五月五日、B29爆撃機によって行われた。信越化学直江津工場が目標であったが、工場には命中しなかったものの、黒井駅付近の倉庫に命中し、三名の死者がでた。被害を免れた信越化学の工場では、戦時緊急特措法に基づき各種製品の増産がはかられた。また、七月一六日には臨海部に機雷が投下されたが、被害はなかったという。（古賀治幸）

直江津港（なおえつこう）

①江戸時代まで

北陸道にある直江津は信濃へ通じる道の分岐点であり、海上を南北に向かう廻船が寄港する港でもある。鎌倉時代の一二二三（貞応二）年に定められた「廻船式目」（実際は中世後期の成立と考えられている）では、直江津が日本海側の七湊の一つに数えられた。各地の商人は色々な商品を運んで来て問丸（後の問屋）と取引をする一方、直江津からは麻織物の越後布や麻の一種である苧《からむし》（青苧《あおそ》）が積み出された。青苧の買い付けや販売を独占的に行う青苧座もあった。上杉謙信の時代も直江津は港町として厚く保護された。江戸時代に入ると、高田藩は直江津（当時は今町と呼ばれた）の港湾業務に関連する廻船業者や川舟業者等を保護したが、その他は高田商人の権益を侵さないよう抑圧した。藩は海岸防備と港の総取り締まりのため今町陣屋を置き、運上（税金）・漁業・廻船・川舟などの取り締まりにそれぞれの肝煎《きもいり》を置いた。港に出入りした人々の航海安全を祈願する思いは、住吉神社の石灯籠から現在も窺える。同神社は、海の神として信仰されている摂津（大阪）の住吉大社から分霊したもので、石灯籠は一八五五（安政二）年、阿波（徳島県）の藍《あい》商人二人によって寄進された。

②明治以降

直江津港は、明治に入ると新潟港と富山伏木港の中間に位置する日本海定期航路の寄港地として賑わい、一九一二（大正元）年には、内務省令による指定港になるなどして、「裏日本」における要港として繁栄した。しかし、河口港であるなど直江津港は必ずしも港としての環境条件がよいとは言えなかった。関川の河口港であるため川底に多量の土砂が溜まり、常にそれを取り除く必要があった。また、冬期間の強い北西風による荒波のため、船舶が港に入ることができず沖待ちを余儀なくさた。信越線・北陸線が開通し、物資の流通が盛んになると後背地に工場などが進出しこのため、大正・昭和にかけて港湾の修築が行われた。戦後、一九五一年に国の重要港湾に指定され、一九六〇年に関川河口の分流工事が完成すると、六〇年代の後半には開港指定を受けて国際港となり、西、中央、東の各ふ頭が建設された。一九七〇年には大型の外国船が常時入港する特定港に指定され、ソ連から原木やマンガン鉱、オーストラリアからアルミナ、アメリカからりん鉱石、など工業用原材料が多く輸入され、高度経済成長を支える重要な港となった。さらに一九七三（昭和四八）年、五万トン級の大型船が接岸できる港として、改修工事が進められ、これによって一段と国際港としての機能が高まった。近年、高速交通網の整備も進み、関東・中部・北陸地方を背後圏域とすることで、国内はもとより北東アジアに開かれた「玄関口」（日本海ゲートウェー）、国際貿易港として、人流・物流の拡大と発展が見込まれている。（瀧田 寧、古賀治幸、唐澤太輔）→裏日本（うらにほん）、日本海ゲートウェー（にほんかいゲートウェー）

直江津高等女学校（なおえつこうとうじょがっこう）

一九二四（大正一三）年、直江津小学校に併置して、町立実科高等女学校が認可される（県立）。修業年限四年。初代校長は板垣清治。昭和三年、八幡地内で新校舎落成、移転する。昭和八年、直江津町立高等女学校と改称する。翌年、専攻科を置く。昭和一二年では、八学級、定員四百名であった。昭和一七年、県立へ移管し、県立直江津高等女学校と称す。（青山増雄）

直江津座（なおえつざ）

直江津座は、一九一〇年に直江津中島町に開設された劇場で、芝居・浪花節・活動写真などの各種興行が行われていた。その後、一九五一年に映画館の直江津第一劇場となり、中央三丁目の鉄筋コンクリートビルの二階で主に洋画を上映していた。（古賀治幸）

直江津市議会（なおえつしぎかい）

直江津市議会は、一九五四年六月一日の市制の施行にあわせ、直江津町議会と直江津町に編入された有田村、八千浦村、保倉村および北諏訪地区の議会議員八五名によって組織された。翌年四月一日には谷浜村、桑取村および春日村の五智、郷津地区が直江津市に編入され、市議会議員も一一二名に増加したが、四月三〇日の市議会議員選挙で定数三〇名に落ち着いた。一九六一年には直江津港の改修に伴い、市議会に特別委員会が設定され、六二年には県立工業高校誘致のため、工業高校特別委委員会が設置された。一九六六年には、定例議会、臨時議会のほか、常任委員会（総務、文教経済、厚生労働、建設企業）や特別委員会（渉外、五智公園、公害交通）も開催された。（古賀治幸）

直江津農商学校（なおえつのうしょうがっこう）

一九一一（明治四四）年、中頸城郡会が乙種実業学校設置を、直江津、新井、吉川の三ケ校と決した。直江津地区では、農業商業の二科を併置した郡立直江津農商学校を開校した。位置は直江津地区古城地内（現港町）である。三代目校長の上野周吾は郷土館を校地に建て、郷土開発に努め、校友会報に郷土号を発刊して、郷土の啓発に努めた。一九五〇（昭和二五）年、女子高等学校と統合して県立直江津高等学校となった。男女共学総合高等学校となる。八幡校舎と古城校舎の二校舎であった。（青山増雄）

直江津米穀取引所と継続団子（なおえつべいこくとりひきじょとけいぞくだんご）

一八八六（明治一九）年八月に直江津駅が開業すると、駅からたくさんの米が積み出されるようになった。一八九三（明治二六）年一月二日、米穀取引条例により、直江津に米穀取引所が設立された。当時の取引所は、米の集散地に一〇年を一期間として設立され、その期間内の成績によって存廃が決められることになっていた。直江津の取引所は成績不振により一九〇三（明治三六）年に廃止の指令を受けたが、町民はこぞってこれに反対し、営業継続願いを出して陳情した結果、もう一期間の継続が許可された。このとき、取引所の継続を祝って作られたのが「継続団子」である。取引所は次いで、一九一三（大正二）年にも継続したが、その次の再継続はついに認可されず、一九二三（大正一二）年一二月一二日に廃止となった。取引所は最初、寄区（住吉町）に設立されたが、火災のため新区（中央二丁目）、中島区（中央三丁目）、寄区を転々とし、最後は新橋区（中央二丁目）において廃止となった。取引所活況当時は周辺の料亭に豪遊する者もおり、非常な賑わいであったという。なお、継続団子はその後、一九二八（昭和三）年に発表された林芙美子の『放浪記』に登場していっそう有名になり、現在でも直江津名物の一つとなっている。（瀧田寧）

直江津捕虜収容所（なおえつほりょしゅうようじょ）
第二次世界大戦中の一九四二（昭和一七）年、直江津町（当時）の保倉川と荒川に挟まれた三角州に造られた捕虜収容所。正式名称は東京俘虜収容所第四分所。オーストラリア兵を中心とした連合国軍の捕虜が収容された（最大七〇〇名）。しかし、戦局の悪化に伴って収容所の生活も悲惨をきわめ、一九四三年冬の寒波のさなか、六〇名以上が肺炎などで死亡した。収容所に勤務していた八名（兵卒二名）は捕虜虐待や残虐行為の廉により、戦犯として絞首刑に処せられた。ただし、衰弱した捕虜に施した灸を虐待と誤解されたり、食材に牛蒡を用いたら木の根を食わされたと誤解されたり、という逸話が伝わっている。戦後の一九九五（平成七）年、直江津捕虜収容所跡地は平和記念公園となり、資料館の開設、平和のモニュメントや石碑の建立などが行なわれた。なお、第二次世界大戦中、オーストラリアのカウラ市にはカウラ捕虜収容所があり、一九四四（昭和一九）年に捕虜の日本兵一一〇〇名近くが集団脱走し二〇〇名以上が死亡している。オーストラリアでも犠牲者追悼と平和祈念を目的としてカウラ日本人墓地が建設された。（石塚正英）→平和記念公園（へいわきねんこうえん）

直江信綱（なおえ・のぶつな、生年不詳～一五八一）
藤九郎、景孝。上野国総社（群馬県前橋市）の長尾顕景の子。与板城（長岡市与板町）主直江景綱の娘おせんの方の婿となり、信綱と号した。一五七八（天正六）年の御館の乱で上杉景勝方として活躍。景勝の馬廻り（旗本）大将。奉行人であった。天正九年九月一日、春日山城中で御館の乱の論功行賞のもつれから毛利秀広と山崎秀仙が争い、それをとめようとして逆に殺害された。信綱とおせんの方との間に子供はなかった。（花ヶ前盛明）→お船の方（おせんのかた）

中江用水（なかえようすい）→用水（ようすい）

長岡外史（ながおか・がいし、一八五六～一九三三）
オーストリアから来日中のレルヒ少佐がもたらしたスキーおよびその技術を軍隊に導入した軍人。山口県出身の長岡は陸軍大学を卒業後、日清戦争で参謀を、日露戦争で参謀次長をつとめ、一九一〇（明治四三）年に高田の第十三師団長に就任した。その後一九二四（大正一三）年から一九二八（昭和三）年まで衆議院議員をつとめた。ちなみに、長岡は飛行機のプロペラのような格好の髭（プロペラ髭）の容貌で有名だったが、飛行機の開発・普及に尽力した。（石塚正英）→スキー

長尾邦景（ながお・くにかげ、一三六五前後～一四五〇）
光景、性景。上野守、右京亮。越後守護代職は長尾高景から嫡子邦景に継承された。一四二五（応永三二）年二月九日に邦景は守護上杉房朝の命令で居多神社（上越市）の神事を沙汰した（『居多神社文書』）。一四二八（正長元）年一〇月一五日、邦景は関東公方足利持氏謀反の風聞を幕府に報告し、一一月二八日に足利義教は邦景の忠節を褒めて太刀を与えた。邦景は一四三五（永享

七）年一月二三日に将軍足利義教らと会談して、足利持氏に対する策を協議し、永享一〇年に持氏と対戦した（永享の乱）。翌一一年一一月七日に邦景は守護の上杉房朝に代わって、居多神社に社領末野新保（三和区）、石神（頸城区）、吉川（吉川区）を寄進した。一四四一（嘉吉元）年に義教が赤松満佑に殺害され（嘉吉の乱）、義勝が将軍になると、邦景は宝徳二年一一月一二日、守護上杉房定から切腹を命じられた。法名は光明寺殿徳岩性景。（花ヶ前盛明）

長尾家（ながおけ）

長尾家は桓武天皇の流れをくむ坂東平氏の一族で、相模国鎌倉郡長尾郷（神奈川県横浜市栄区長尾台町）を本拠地とし、長尾氏を称した。三浦氏の被官（家臣）として、鎌倉幕府の創設に軍功があった。一二四八（宝治元）年、三浦泰村の宝治の乱で鎌倉執権北条時頼に敗れると、長尾景茂は本領を没収された。景茂の孫の景為が、なんらかの関係で上杉家の被官となり、鎌倉時代の末期には、上杉家の執事をつとめていた。南北朝の動乱が起こると、景為の子景忠は足利尊氏の命で上杉憲顕の執事として越後に入国した。景忠は越後を弟の景恒に任せ、自らは上野国白井城で白井長尾家の祖となり、山内上杉家に仕えた。そのため、景恒は兄景忠のあと越後守護代となった。景恒は越後長尾家の祖となり、越後守護上杉憲顕・憲栄を補佐した。以後、守護代職は、数代ののち、為景、景虎（上杉謙信）へと継承された。（花ヶ前盛明）

長尾重景（ながお・しげかげ、一四二五〜八二）

信濃守、弾正左衛門尉。父頼景から守護代長尾家を相続。重景は、関東に出陣し、処々の合戦で軍功を挙げ、天下に武名をとどろかせたという。一四四九（宝徳元）年二月二七日、守護の上杉房朝が没し、叔父清方の子の房定が守護上杉家を相続した。重景は守護上杉房定の「都鄙合体」を助けた。一四六六（文正元）年に関東管領上杉房顕が武蔵国五十子の陣中で死亡すると、房定の次男顕定が将軍足利義政の要請で山内上杉家を相続し、ついで一四六七（応仁元）年に関東管領職に就任した。こののち、古河公方成氏（持氏の遺児）と堀越公方政知とが抗争すると、房定は重景の協力を得て幕府と古河公方との和睦に奔走し、一四八二（文明一四）年に都《と》鄙《ひ》合体《がったい》に成功した。文明一四年二月二五日に没。五八歳。法名林泉寺殿実渓正真。明応六年七月二一日に嫡子能景が重景の菩提を弔うため、春日山城下に林泉寺を建立した。（花ヶ前盛明）→林泉寺（りんせんじ）

長尾高景（ながお・たかかげ、一三三三〜八九）

幼名孫六。筑前守。越後守護代で、越後長尾家祖景恒の子。高景の子孫が代々、越後守護代長尾家を相続。高景は関東管領上杉憲方の次男龍命丸（房方）を迎えて守護とし、府内（上越市）城に住まわせ、自ら執事として鉢峰城（春日山城）に住んだという。宗心（上杉謙信）が一五五六（弘治二）年六月二八日、旧師天室光育に書状を書き出家した。その書状で謙信は「長尾家の祖先魯山（高景）は勇将として、隣の明国にまで知られていました。相国寺の僧絶海中津《ぜっかいちゅうしん》（一三三六～一四〇五）が明人の要求で、魯山の肖像画を贈ったほどです。魯山だけでなく、守護代長尾邦景の子因幡守実景は下野国の結城合戦で軍功をあげ、赤漆の輿《こし》を許され、京都の代官をおおせつかりました」と書いている。高景は佐渡で戦死。五八歳であったという。（花ケ前盛明）

長尾為景（ながお・ためかげ、一四八九～一五四三）

信濃守、弾正左衛門尉。幼名六郎、道七、蘇久、張恕、黄博、霜台を称す。剃髪して紋竹庵譲恕と号す。一五〇六（永正三）年、越中一向一揆と般若野（富山県砺波市）で戦い、九月一九日戦死。子の為景が守護代長尾家を相続。永正四年八月七日、守護上杉房能を天水越《あまみぞごし》（十日町市）で討つ。永正五年一一月六日、幕府は上杉定実を越後守護に補任し、為景に補佐させた。永正一八年二月、為景は一向宗禁制を出し、一向宗門徒の弾圧にあたった。一方、畠山尚順の要請に応じて越中に出陣し、一二月七日、越中国新川郡の守護代に任命された。天文二年一〇月、居多神社（上越市）は上条《じょうじょう》定憲方の長尾房長・中条藤資・新発田綱貞により焼かれた。一〇月二四日、為景は国内鎮定後、社殿を造営することを誓った。天文五年八月三日、家督を長子晴景に譲り、天文一一年一二月二四日内乱の渦中で病死。六六歳という。法名大龍寺殿喜光道七。また大龍寺殿紋竹庵主譲恕道七。（花ケ前盛明）

長尾晴景（ながお・はるかげ、一五〇九～五三）

弾正左衛門尉。越後守護代長尾為景の嫡男。はじめ定景、幼名道一、弥六郎と号す。謙信の兄。一五二七（大永七）年、将軍足利義晴の一字を賜わり、晴景と称す。天文五年、父為景から家督を相続。同年朝廷から内乱鎮定の綸旨《りんじ》を賜わる。病弱で武将としての器量がなく、揚北衆《あがきたしゅう》を統括できなかった。そのため弟景虎を栃尾城（長岡市）に派遣、妹仙桃院を坂戸《さかど》城（南魚沼市）主長尾政景に嫁す。一五四八（天文一七）年一二月三〇日、家督を景虎に譲り死去。四五歳と伝える。（花ケ前盛明）

長尾政景（ながお・まさかげ、一五二六～六四）

上杉謙信の遺領を相続した上杉景勝の父。景勝の執政直江兼続の父樋口兼豊の主君であった。上杉謙信の姉仙桃院が政景に嫁ぐ。一五六二（永禄五年）一一月九日、政景は河田長親に起請文を納めた。その際、居多大明神に偽りのないことを誓っている。永禄七年七月五日、政景は宇佐美定満を招き、野尻池（湯沢町谷後）で舟を浮かべて宴を催した。酒に酔い、興にのった二人は池に飛び込み、遊泳を始めた。池の水は思ったより冷たく、酔いも手伝い、心臓マヒでも起こしたのであろうか、二人とも溺死した。政景三九歳、定満七六歳であったという。政景の墓は坂戸城下の上田長尾家の菩提寺であった旧龍言寺（楞厳寺）境内にある。龍言寺は景勝とともに米沢城下に移った。龍言寺（米沢市西大通一丁目）には、政景の位牌がある。常慶院（米沢市南原横堀町）に長尾政景夫妻画像がある。（花ケ前盛明）→宇佐美定満（うさみ・さだみつ）

長尾能景（ながお・よしかげ、一四五九～一五〇六）
信濃守、弾正左衛門尉。上杉謙信の祖父。一四八二（文明一四）年二月二五日、父重景の死で守護代長尾家を相続した。一四九七（明応六）年七月二一日、父重景の菩提を弔うため、春日山城下に林泉寺を建立し、曇英恵応（どんえいえおう）を招いて開山とした。一五〇四（永正元）年一〇月三日、能景は関東管領上杉顕定を助けて、上杉朝良の立て籠もる河越城（埼玉県川越市）を攻めた。ついで武蔵国椚田城、相模国実田城を攻略した。永正三年、越中守護畠山尚順の要請で越中に出陣し、越中一向一揆と般若野（富山県砺波市）で戦い、九月一九日に戦死した。法名天徳院殿高岳正統。（花ケ前盛明）

中澤一好（なかざわ・いっこう　一九三〇～　）
昭和五年六月、新道村大字上稲田（現・上越市稲田一丁目）に生まれる。本名は一好《かずよし》。高校生の頃より俳句や古典に親しみ、県職員として勤務の傍ら俳句を始める。写生句を基本としながらも、鋭い感性に裏打ちされた自然や人間への視点が厳しくも温かい。二〇〇一（平成一三）年、句集『沼の道化師』刊行。代表句に「太陽の裏側見せて雪降れり」がある。平成二一年四月より上越俳句連盟代表委員長。（桑野なみ）

中澤家住宅離れ（なかざわけじゅうたくはなれ）
平出修の旧居（国登録有形文化財、上越市大町）。一八九六（明治二九）年に建てられた建物である。外観は全般的にはとシンプルな数奇屋風外観になっている。正面東側は入母屋、裏面西側は切り妻になっており、東側と南側には廊下（縁側）と土庇が廻って、前面庭に開放的に広がっている。屋根は鉄板平葺き（当初は登記では板葺き）、外壁は押縁下見板張り、破風は漆喰が塗られている。間取りは北東の角東側に玄関がある。当初はこの玄関はなく、主屋と廊下で繋がっていたと言われている。玄関の左手に便所（増設）、南方向に廊下（縁側）が一直線に三間伸び、さらに鍵の手に折れて、南面に三間の同じ廊下が続いている。廊下の内側には書院造り風の六帖と四帖の二部屋が並んでおり、それぞれの部屋には床の間が設けてある。六帖間の北側廊下を挟んで台所、浴室がある。この二室も改築時に新たに作られたものである。和室六帖は西面の左側（南）に床の間が置かれ、右側（北）に床脇になっている。床柱は杉の柾目（三寸六分角）、落し掛け、畳床になっており、南面角は付け書院になっている。床脇は天袋に違い棚で、地袋は付けられていない。天井は部屋および床の間とも杉板柾目羽重ね竿縁天井で、板幅を部屋（一尺）と床の間（七寸）で変えている。南面、北面ともに塗り框腰板付き障子である。四帖との部屋境は、富士と松が彫り抜かれた板欄間があり、布張りの襖になっている。壁は葦小舞土壁で、仕上げは聚落風土壁になっている。表面は非常に古い状態のままになっている為当時のものであると思われる。鴨居上の小壁は色漆喰仕上げになっているが、塗り替えられたのではないかと思われる。部屋の周囲には柾目長押が廻されている。　四帖間は基本的には六帖間と同じであるが、北面が奥行きの浅い床の間になっていて、床脇は天袋と三角形の地袋になっていて、違い棚は付けられていない。天井は六帖間と同じ物が使われ、南面、東面にはやはり同じ腰付き障子が付けられている。壁は六帖間と同じである。周囲には同じ長押が廻されている。（清水恵一）

長沼賢海（ながぬま・けんかい、一八八二〜一九八〇）↓**太子講**（たいしこう）

長野宇平治（ながの・うへいじ、一八六七〜一九三七）

建築家。上越市（旧高田市）に長野孫次郎の長男として生まれた。一八九三（明治二七）年に東京帝国大学工科大学造家学科を卒業し、横浜税関嘱託となった。一八九四（明治二七）年、妻木頼黄の紹介で奈良県嘱託となり、一八九五（明治二八）年、和洋折衷の「奈良県庁」を設計する。一八九七（明治三〇）年には日本銀行技師となり、辰野金吾によって設計された日本銀行本店の増築工事を手始めに、一九一九（大正八）年の「横浜正金銀行神戸支店」など数多くの銀行建築の設計に従事した。その多くが古典主義建築で、阪神淡路大震災で倒壊した一九一六（大正五）年の「三井銀行神戸支店」は代表作である。長野ほど古典主義建築の研究に励んだ建築家はいない。一九世紀のフランスで数多く出された大部な建築図版集や、イタリアのルネッサンス期に刊行された建築書などを収集するなど、深く原典に学び、ヨーロッパ建築の真髄を日本に定着させた建築家である。しかし一九三七（昭和一二）年、七一歳でその生涯を閉じた。上越市には、清里区の「菅原神社」などが作品として今も残され、神明造の木造本殿が強く印象づけられる。また近年取り壊された「大町小学校」も長野の設計である。（菅原邦生）↓大町小学校校舎（おおまちしょうがっこうこうしゃ）

中ノ俣城跡（なかのまたじょうあと）

中世山城跡・史跡。上越市中ノ俣。中ノ俣城は、春日山城周辺砦群の一つ。春日山から五・五キロメートル、標高二五〇メートルのこんもりとした山頂を中止に構えられている。範囲は、三〇〇×一五〇メートル程で、中ノ俣集落から急斜面を登った尾根上に位置する。中心郭は一五×二〇メートルでひときわ高く春日山城を一望できる。周辺に削平地、空堀、土塁などが確認されている。尾根上に幅五メートルほどの堀状の遺構があり、地元では上杉謙信の軍道と伝えている。（植木　宏）

長峰池（ながみねいけ）

上越市吉川区にある海岸湖沼群のひとつ。県内でも独特の水草が生育する。イバラモ、エゾヒルムシロ雑種、セキショウモ、ガガブタ、アサザ、センニンモ、オオトリゲモ、ジュンサイ、ヒツジグサなどの絶滅危惧種が見られる。中でもイバラモ、エゾヒルムシロ雑種はおそらく県内ではここでしか見られない。二〇〇〇年ごろ、北側が護岸工事されてしまい環境が悪化、生態系への影響が心配される。全国的にも貴重な水草の宝庫といえるので、環境保全への配慮が求められる。（清水尚之）↓水草（みずくさ）

中村十作（なかむら・じっさく、一八六七～一九四三）
明治時代に沖縄・宮古島で人頭税廃止に尽くす。慶応三年、稲増（現・上越市板倉区稲増）で庄屋をつとめた中村平左衛門の五男として生まれる。徴兵による軍隊経験中に真珠養殖に興味を持ち、除隊後、真珠の勉強に東京専門学校（現・早稲田大学）へ入学。さらにオーストラリアに渡り真珠養殖の技術を学ぶ。一八九二（明治二五）年一一月、沖縄県宮古島に渡った十作は、真珠養殖に取りかかりはしたものの、当時、島の人々が「人頭税」という過酷な悪税で、極端に貧しい生活を強いられている実情を見聞した。十作は深い同情と強い憤りを感じ、島民の救済活動に取り組む決意を固め、人頭税廃止運動の先頭に立つことになった。県知事請願、さらに、さまざまな苦難を乗り越え、猛烈な活動を展開し、ついに国会への請願に成功した。一九〇三（明治三六）年一月、人頭税は廃止された。十作の二六歳から三七歳までの一一年間の戦いだった。昭和一八年京都で七六歳の生涯を閉じた。十作の功績は、今なお宮古島で語り継がれ、生地である上越市稲増には、記念館と記念碑（公園内）が建てられ、その偉業をたたえている。また、これが縁で宮古島市と上越市との交流も盛んに行われている。『板倉町史』『沖縄』谷川健一著参照。「人頭税」琉球王朝が先島（宮古・八重山列島）の住民におしつけた税法。国の政策や国税とはまったく無関係なもので、一五歳から五〇歳の男女全員に一般の税とは別に課したもの。穀物税と貢布税があった。一六三七年（江戸初期）から一九〇三（明治三六）年まで二六六年間続いた。（植木　宏）

中村辛一（なかむら・しんいち、一九一一～二〇〇〇）
日本近世史研究の第一人者、佐賀県生まれ。長く新潟大学に奉職し、定年後は新潟薬科大学教授となる。その間、高田藩制史に関する研究に尽力し、『高田藩制史研究』（全六巻、風間書房、一九六七～七一年）を編集・刊行した。また、上越郷土研究会を創立時から育成し、同会機関誌『頸城文化』に多くの論考を発表した。それらの活動を通じて頸城野の学術・文化振興に多大な貢献をなしたことにより、以下の表彰・功労賞を受けるに至る。新潟県教育委員会表彰（一九八六年）、新潟県知事表彰（一九八八年）、地域文化功労賞（文部大臣、一九九〇年）。（石塚正英）→『頸城文化』（くびきぶんか）、上越郷土研究会（じょうえつきょうどけんきゅうかい）

中村進午（なかむら・しんご、一八七〇～一九三九）→日露戦争（にちろせんそう）

中山石（なかやまいし）
上越市柿崎区上中山集落に産出する白色凝灰岩。地元では白石《しらいし》とも呼ぶ。柔らかく加工しやすいため、すでに中世の板碑や五輪塔の石材として使用された。板碑では東横山の板碑群、五輪塔では米山寺薬王寺跡のものが知られる。また岩野の光宗寺境内には多数の五輪塔とともに二基の板碑が確認できる。なお、柏崎市立博物館所蔵の縄文期の石棒（陽石）にも白色凝灰岩が使用され、その特徴から中山石の可能性が高い。この他、近世期造立の石仏をはじめ、墓石や石鳥居など様々な石造物の素材ともなった。また多孔質のため火に強く、湿気を呼ばないことから、家屋の土台石（礎石）や囲炉裏の縁石、石蔵の素材など、近年まで幅広く利用された（『柿崎町史通史編』）。その流通範囲は周辺の柏崎市や刈羽郡、上越市域に及ぶ。昭和三〇年代後半からセメントやコンクリート製品が普及し、中山石の切り出しや生産は急速に衰えた。当時の石切り場跡は、上中山集落の神社裏にあり、当時は発破で岩を崩した後、カケヤで大割りし、ノミ・チョウナなどで、厚さ六、七寸程度の石材に仕上げた。うち長さ一尺ほどのものを駒石《こまいし》、比較的長いものを敷石《しきいし》として出荷したという。（渡邉三四一）→大光寺石（だいこうじいし）、切越石（きりこしいし）、くびき野ストーン（くびきのすとーん）→写真ページ

中山八宿（なかやまはっしゅく）

北国街道の中で妙高山麓を通る部分を中山道と言い、この間にある荒井・二本木・松崎・関山・二俣・田切・上原・関川の八つの宿場を中山八宿と呼んだ。この一帯は寒冷にして霧深く作物の実りが乏しい事や、豪雪時に通行を確保するための人足について、連名で嘆願する事も度々あった。特に冬季の通行は困難を極め、豪雪のため馬足差留となる事もあった。一六四六年一二月七日将軍の上使が猛吹雪によって三日間足留めされた事から、上意により高田藩は二俣・関山両村に坂口新田を開拓させ、宿場の助成村とした。上原・田切間に開かれた毛祝坂新田も同様の目的であったと考えられる。（青山始義）

薙鎌（なぎかま、内鎌）

日本神話における奴奈川姫と建御名方命母子に因む儀礼「薙鎌打ち神事」で用いられる神器。鳥の嘴のような形状をし、神木の幹に打ち込んでそのままにしておく。中には表皮に覆われてしまうものもある。本儀礼は、糸魚川から諏訪に向かう姫川上流（信越国境）にある境の宮（長野県北安曇郡小谷村戸土）・小倉明神社（長野県北安曇郡小谷村中股）二箇所で諏訪神社（長野県諏訪市）の御柱祭前年、つまり七年に一度、交互に行われてきた。本儀礼は糸魚川地方に伝わる「けんか祭り」ともども、古代信越国境における諸民族の抗争・係争の存在を彷彿とさせるのみならず、風鎮めや五穀豊穣祈願など民俗学上でも重要な意義を有する。糸魚川地方では「薙鎌祭」として現在に伝えられている。農民たちの間では草刈鎌を打ち込む事例がある。（石塚正英）→風の三郎（かぜのさぶろう）

名越氏（なごえし）

鎌倉幕府執権北条義時の子朝時に始まる一流を指す。幕府は承久の乱の際に北陸道を掌握して上京した朝時に加賀・能登・越中・越後四か国の守護職を与えた。また、一二二五年には越後守に補任され、この後鎌倉末まで北条氏一族が国務を掌握した。すなわち越後は将軍知行国となった。子の光時も越後の守護職と国務を掌握していたが、前将軍九条頼経と結び執権時頼を討とうとした宮騒動で解任され、伊豆に流された。（北峰義巳）

名越朝時（なごえ・ともとき、一一九三〜一二四五）
鎌倉幕府の執権北条義時の子、泰時の弟。名越氏の祖。承久の乱でいち早く北陸道を支配し、北陸道大将軍として越後勢を集めて上洛し、後鳥羽上皇以下の朝廷勢力と対峙したのが朝時である。この頃幕府の実権を掌握したのが兄泰時で、この直後に朝時は越後守護と越後守を併有した。朝時は同時に、加賀・能登・越中の守護にも任じられている。この後、子の光時が宮騒動で解任されるが、越後守護職は名越一族が受け継いでいる。（北峰義巳）

名立崩れ（なだちくずれ）
一七五一（寛延四）年四月に発生した大地震（高田地震）による土砂崩れで生じた大断層痕、およびその惨状。同月二五日から翌日の夜中に起きたこの大地震はマグニチュード七・〇〜七・四の規模で、合計一五四一人の死者を出した。名立小泊地区の現場では、標高一〇〇メートルもの断崖が東西一キロメートルに及んで一気に崩れ落ち、全村が海底に押流されて壊滅した。死者は四〇六人にのぼったという。（石塚正英）

名立谷（なだちだに）
名立川によってできた谷で、細長い谷底平野を形成し、そこに集落が発達している。名立川は不動山、大毛無山、粟立山などからの水を集めて、東飛山集落から北に流れ、名立大町で日本海に注いでいる。上流の山地は、第三紀の古い硬質頁岩、砂岩からなるが、中流〜下流域の丘陵は、第三紀の新しい泥岩、砂岩などからなっている。この泥岩は風化して粘土化しやすい性質をもち、地すべりをおこしやすい。このため、地すべりによってできた緩斜面は古くから水田として利用されている。『名立町史』（一九九七年）によれば、地すべり地形面は高度で六段が区分されるとしており、川の下刻《かこく》作用によって高いものから低いものへと順次地すべり地形が形成されたとしている。（長谷川正）

ナツエビネ（なつえびね）
ラン科の常緑多年草。里山から深山の林に見られる。長さ三〇センチメートル以上の葉を数枚地際から伸ばし数年分が残っている。八月ごろ四〇センチメートルほどの茎を伸ばし薄紫色の三センチメートルほどの花を数十個咲かせる。花が咲くと目立つランで盗掘が激しい。ラン菌への依存度はあまり高くないが、涼しい環境を好むので、街中の庭では暑さのため枯れてしまうことが多い。盗掘は慎むべきである。（清水尚之）→ラン科植物

七尾城跡（ななおじょうあと、松尾城）
中世山城跡・史跡。石川県七尾市古府・古屋敷他。国指定文化財。七尾城は、七尾市街地から約五キロメートル東南方にあたる石動山系の松尾山を中心に縄張りしたもので、標高三〇〇メートル（比高二五〇メートル）の山頂に主郭（本丸）を置く複雑な自然の天険を利用した山城である。本丸跡からは北に七尾湾を挟んで能登島が一望でき、さらに穴水《あなみず》方面まで視野におさめ、西方眼下には七尾市街地が開ける。まさに奥能登地方への海陸主要経路を

占める要衝の地を一望にする地にあり、中世山岳城としては典型的な立地である。本丸跡は約四〇×五〇メートルを測り、「七尾城址」と刻んだ石碑が建てられている。東・北・南面は絶壁断崖、わずかに西方が尾根に連なり、遊佐屋敷、桜の馬場になる。ここから北、すなわち麓の方に延びる尾根筋に二の丸、三の丸など大小の郭が連なり、麓は居館となっている。数多く残る遺構の中でも、本丸跡周辺の野面《のづら》積み石垣は壮観である。七尾城は、守護大名として一七〇年間能登を統治した畠山氏の居城であった。しかし、その後半は内憂外患の時代となり、ついに一五七七（天正五）年、難攻不落の名城も上杉謙信の攻撃によって落城した。現在、城跡への登り口近くに「七尾城資料館」がある。『七尾市史通史編』『日本城郭体系7新潟・富山・石川』参照。（植木　宏）

鍋屋町式土器（なべやちょうしきどき）

上越市指定有形文化財（一九八一年）。所在地・上越市柿崎区柿崎。鍋屋町遺跡は、新潟県内を代表する縄文時代前期の遺跡である。ここから発掘された土器は「鍋屋町式土器」として土器標識となっている。その分布は、北は福島県から南は福井県に至る日本海側に広く分布している。当時の日本海沿岸地域（裏日本）における人的交流があったことが認められる。（唐澤太輔）→遺跡（いせき）

南葉山（なんばやま）

①地形・地質

高田平野の西部にある山で、青田難波山（九四九メートル）籠町南葉山（九〇九メートル）をまとめて南葉山と呼んでいる。ゾウの背中のようななだらかな地形をした山で、山頂からの眺望は木々にさえぎられてよくない。山体をつくる地層は主に新第三紀の硬い砂岩と泥岩の互層で、一部にひん岩が貫入している。地層には漣痕や底痕など堆積した時の模様が残されており、また、泥岩層にはニシンなどの骨やうろこの化石やホンダワラなど海藻の化石が含まれている。これらの証拠から浅い海で堆積した地層であることが分かる。地層の傾きを調べると、山頂の東側では東に、西側では西に傾斜しており、南葉山は大きい背斜構造をなしていることが明らかにされている。中腹にキャンプ場があり、新緑や紅葉を楽しむ山として親しまれている。（長谷川正）

②民俗

かつて山頂の南葉神社には、御神体（雨降り銭・風吹き銭・日照り銭）が納められていて、南葉山登り口とされる桑取谷・皆口には里宮社殿があり、毎年七月二〇日には谷沿いの集落の氏子たち多数が登拝し、神職が祭典を営んだ。また、高田平野側斜面には初夏ともなると雪形「種蒔き爺さん」が出現、農耕播く種の適期を知らせる。（久米　満）

なんぼいさん

梵天祭。毎年、七月二二日朝、上越市本町一丁目の春日神社から、白装束に身を固めた氏子代表が、倶利伽羅不動尊の御旗を先頭に妙高山へ向けて出発。途中、伝統を重んじ必ず荒町の大聖天堂にこもり、唱歌を唱え安全祈願し、下山後も無事を報告。また、仲町三丁目では御幣を、北本町では六字名号の御旗をかざして供する。起源は、一五七〇（元亀元）年、上杉謙信が、領内の人々の家内安全・商売繁盛・五穀豊穣・子孫繁栄を霊山妙高山に祈願することを思い立ち、林泉寺の天室和尚に「倶利伽羅梵天尊像」の御旗をささげ持って、自分の代わりにお参りをすることを依頼した。謙信は、道中を守る役目を、春日山城の大手を鎮める春日神社（現・本町一）の氏子と決め、一方、領内の各村々から一名の代表者が竜の小旗を持って供するよう命じ、その総人数一三五九人という。かつては、頸城だけでなく刈羽・古志・魚沼などからも参集した。由緒ある御旗は、横春日町（現・南本町三）の旧家の土蔵に、あるいは村々の小旗の一つが石沢の旧家にそれぞれに大切に残されている。また、旗印は、集落（村）によって図柄が異なっていた。例えば、柿崎村（竹に虎）・花ケ崎村（天神梅）・戸借村（青地に餅）・山直海村（梵天）・金谷村（馬の箯（べん））・大貫村（六字名号に日の丸）・石沢村（上り龍）・蒲生田村（紺字日の丸）・有間川村（御榊）・木田村（花立）・水吉村（月に兎）等々。（久米　満）

南摩羽峯（なんま・うほう、一八二三〜一九〇九）

会津藩士の家に生まれ、一五歳で藩校日進館に学ぶ。幼名は三郎、元服後、綱紀。羽峯は号。戊辰戦争後、会津藩士一七四二人が高田に護送された。羽峯は浄興寺中の正光寺に預けられた。学識豊かな羽峯のもとには、東条琴台や室孝次郎、岡田保、小林百哺など上越地方で活躍した学者や活動家らが訪れ、羽峯から多大な影響を受けた。一八七〇（明治三）年、横曽根村（現・上越市）の大滝米峯宅を「正心学舎」と名づけ学校を開設。学舎は全寮制で、七等級に分けられた学科の最上級は高度な内容であったという。高田を去る明治四年まで、大滝米峯や竹内泰安、保阪武助など多くの門下生を指導した。のちに東京高等師範学校教授を歴任。晩年は宮中の御進講をつとめ、明治四二年に八七歳で死去。（桑野なみ）→東条琴台（とうじょう・きんだい）、室孝次郎（むろ・こうじろう）、岡田保（おかだ・たもつ）、小林百哺（こばやし・ひゃっぽ）

に

新潟県立看護大学（にいがたけんりつかんごだいがく）

上越市南新町の関川右岸のほとり、妙高連山や南葉の山なみを仰ぐ風光明媚な所にある。キャンパス総面積は四・二ヘクタール余り、道路を隔てて向かい側には上越屈指の総合病院の県立中央病院がある。大学の前身は一九七七年創立の県立中央病院付属看護専門学校で、一九九四年に新潟県立看護短期大学が開学し、同専攻科も開設された。二〇〇二年に短期大学が新潟県立看護大学に昇格開学して、看護学部看護学科を置き、二〇〇六年には大学院修士課程および助産専攻科も設置された。本大学の教育理念は、生命の尊厳を基盤とする豊かな人間性を醸成し、自己および他者への深い洞察力をもって、自己成長への志向を育むとともに、基礎的・先進的な知識と技術を教授することにより、多様に変化す

る人々の健康と福祉のニーズに柔軟に応えうる人材を養成するとしている。（山本　明）

二貫寺の森（にかんじのもり）

高田平野のほぼ中央部に位置し、上越市の杉野袋集落の東側、下百々集落の南側にあり、その付近を流れる飯田川の北側に広がる三〇ヘクタール余りの平地林である。もともとは蛇行して流れていた飯田川の後背湿地であった。従って湿地に生育するハンノキ、ヤチダモが優先する林であったが、後にスギも植林されて全体のおよそ三分の一の面積を占めて成林している。他にクルミが多くエノキ、ミズキ、ヤマグワ、ガマズミなど、高木、中低木の種類も多様で、林床植物を含め豊かな植物相を呈している。かつて一九七〇年頃から八〇年代に、林内の一部が高田農業高校の牧草地として利用された。その後市が野球場建設を予定して所有したが、実現せずに放棄されていた。北側の一部に企業の工場や資材置き場ができているが、市は残りの大部分を「里の子どもの国」として、子どもの環境教育の場にしようと二〇〇三年より整備に着手。現在では自然観察会などのイベントが開催されている。（山本　明）

②二貫寺の森の鳥

これまでの調査や観察で、周辺の飯田川や林縁近くの道路、水田に現れる鳥を含め、六三種が記録されている。その中で一番多いのは、春と秋に一時的に立ち寄って通過してゆく鳥で、ヤマシギ、アオバト、ルリビタキ、アカハラ、サンコウチョウなど二四種に達し全体の四割に近い。留鳥を含めてもこの森で繁殖しているのは一〇種内外である。その中で夏鳥のキビタキが繁殖していることは注目される。鳥にとってこの森は餌採り、ねぐら、繁殖の場として利用されており、特に渡り途中に通過してゆく鳥の中継地として重要な森となっている。因みに種類数の季節的変化を見ると、冬鳥がまだ残っていて春の通過種が現れる三月～五月頃と、秋の通過種と冬鳥が現れる一〇月後半から一二月頃までが多い。七、八、九月頃は種類も数も最も少ない時期である。希少種で準絶滅危惧種のオオタカが秋から春先の頃に時として現れる。（山本　明）

ニギス→ノロゲンゲとニギス

西条城跡（にしじょうじょうあと、荒城）

中世山城跡・史跡。妙高市西条。市指定文化財。西条城は、西条集落の裏山に位置する標高二一六メートルの荒城山にある。ほぼT字形をなす尾根を利用して、南北・東西ともに四〇〇メートル程の範囲に郭を含む削平地三〇ヵ所、堀切五、竪堀五、土塁二などが確認されている。主郭は二〇×三二メートル程の広さで、ここから尾根は南・北・西の三方にのび、主郭はその要になっている。各尾根に遺構がある。南へのびる尾根は徐々に登り、八〇メートルほど登ったところが最高所で、削平地と大きな堀切がある。北側下方にカギ形土塁や竪堀、削平地など複雑な遺構をとどめている。築城時期や歴史などは不明である。地元の伝承では、

城氏が築いたといい、その後、戦国時代には春日山城の支城になったと伝えている。（植木　宏）

西廻り航路（にしまわりこうろ）
日本海沿岸（裏日本）の港から福浦、三国、敦賀、小浜、柴山、温泉津などの諸港を経て下関に達し、瀬戸内海を経て大阪に達する航路である。寛永年間（一六二四〜一六四四年）、加賀藩によって開かれた。さらに一六七二（寛文一二）年、川村瑞賢によって改良され、北陸諸藩や幕領の年貢米を廻送する重要な航路となった。のち、航路は次第に北進し、さらに蝦夷地開拓により東北、北海道の海産物を西国に運ぶいわゆる「北前船」の時代となった。化政期（一八〇四〜一八三〇年）には全盛を極めた。（唐澤太輔）
→裏日本の港湾（うらにほんのこうわん）

二十三夜講（にじゅうさんやこう）
特定の月齢に行う月待ちの一つで、月が半弦になる二十三夜に人々が集まる講。講の参加者は嫁仲間などの女性を中心とする女人講となっているところも多い。婦人たちが宿を決めて集まり、料理、お菓子等を持ち寄る。掛け軸を架けて野菜やご馳走を供える。夕食後、月の出を待つ。床の間に灯明をあげ、戸外に出て月を拝む。浦川原地区や大島地区に残る。二十三夜塔は、今も村落に多く建立されている。（青山増雄）→庚申講（こうしんこう）

日蓮（にちれん）→日朝寺（にっちょうじ）

日露戦争（にちろせんそう）
①戦争の経緯
一九〇四（明治三七）年〜一九〇五（明治三八）年に日本とロシアとの間で朝鮮・満州の支配権を争って戦われた戦争。一九〇〇年、清国に義和団事件が起こると、ロシアは大軍を派遣して事実上満州を占領。日英同盟の締結や外債引き受けなどで英米の支持を得た日本は、〇四年二月に対ロシア戦争を始めた。遼陽、沙河、黒溝台の各会戦で日本軍はロシア軍を退却させ、また乃木希典指揮下の第三軍は膨大な死傷者を出しながら〇五年一月旅順を占領、三月日本軍は奉天会戦でロシア軍を退けたが、兵力は限界に達した。海上では五月の日本海海戦でロシア艦隊を壊滅させた。上越地方では、本部を置く歩兵第三〇連隊、後備歩兵第一六連隊が奉天会戦に参加、在郷軍人にも召集がかかり、旅順攻略に参加した兵もいた。上越出身者の戦死者としては、旅順港閉塞作戦に参加した愛国丸の内田弘、遠江丸の機関長竹内三千三、奉天会戦で重傷を負い割腹した伊奈重久が知られる。奉天会戦前後から、日露両国とも戦争遂行能力の限界に達し、特にロシアでは〇五年一月革命が勃発、その鎮圧が急迫した問題となった。八月米大統領セオドア・ルーズヴェルトの勧告でポーツマス講和会議が開かれ、九月条約に調印したが、日本国内では講和条約を不満として日比谷焼き討ち事件など反対運動が起こった。（杉山精一）
②戦争と高田
日露戦争では高田においても戦意の高揚が起こり、反露感情が高まった。開戦を唱えた法学者の一人に高田出身の中村進午がいる。

日露戦争の戦費は、高田でも増税（地租と消費税）と国債という形で負担されることとなったが、これらはこの時期の冷害と水害と並んで市民生活を苦しめた。高田から日露戦争に従軍した兵士は、第二師団に所属し、戦場へ向かうこととなった。高田からは、合計で六九二名が戦争に参加した。日露戦争前後に、高田では都市の経済的充実を図るために、大企業や官営事業の誘致、俘虜収容所の設置運動が起こったが、いずれも実らなかった（高田市史）。しかしながら、日露戦争以降の軍備拡大の必要性によって高田に、新しい師団である第十三師団が新設され、地元経済に恩恵を与えたことは、高田にとって戦争の副産物となった。なお、戦後いくつかの忠魂碑・慰霊碑が建立されたが、現在、高田公園に日清戦争のものと並んで忠魂碑が、春日山神社に慰霊碑が建っている。また、春日新田小学校に日本海海戦時に戦艦三笠艦上の東郷平八郎大将を描いた油絵（玉井力三画）が伝わる。（中島浩貴）

日清戦争（にっしんせんそう）

一八九四（明治二七）年夏から翌年春にかけて、主として朝鮮の支配をめぐって行われた日本と清国の戦争。七月二五日の豊島沖海戦で交戦が始まり、年内に旅順・大連を占領、戦いを有利に進めた。戦争が勃発すると、上越地方にも開戦論者や義勇兵志願者が名乗りをあげた。なかでも、一八九四（明治二七）年六月、旧高田藩士の柴田克巳が従軍志願の運動を起した。翌九五年三月、伊藤博文、陸奥宗光と李鴻章をそれぞれ全権として下関で講和会議が始まり、四月に下関条約を調印した。この戦争は近代日本が初めて体験した対外戦争で、以後帝国主義強国への道を歩み始めた。上越地域からは開戦と同時に陸海軍あわせて一〇〇名ほどが出征し、また、義勇兵を希望する人々が士族を中心に多く出たが、政府はこれら訴えを退けた。そのため住民は側面からの支援を考え、三郷村では従軍者の家族に救助米金三一円二銭五厘、賑恤金一二円七五銭をおくった。軍に恤兵部が設けられると、寄付金の外、梅干し九升、わらじ三七九三足などを寄贈した。戦争が終結して従軍者がもどると、市民は記念品を送り、戦没者には公葬をもって報いた。（杉山精一）

日朝寺（にっちょうじ）

上越市寺町二丁目五－四三。宗派は日蓮宗、開基は吉祥房日朝上人。名称は吉祥山日朝寺。以前は毘沙門天を祀る真言宗の寺院で府中に所在した。一二七四（文永一一）年佐渡に流された日蓮が赦免され鎌倉に帰るとき、府中に宿泊した際のできごとが寺の縁起となっている。鎌倉帰郷の時、童子が現れ休息を勧め日蓮の荷物をお堂に運んだ後、忽然と消え堂内には子供の泥足の跡が残っていた。これを見た日朝は毘沙門天の化身と受け止め日蓮に帰依した。このことが泥足毘沙門、出迎え毘沙門と称されてきた。一五九八（慶長三）年上杉家と共に米沢にうつる。一六五五（明暦元）年に三島郡の村田妙法寺の懇願で高田城下に再建。（南　智信）

ニホンイノシシ

ウシ目イノシシ科。雪に弱く積雪三〇センチメートル以上の根雪期間が七〇日以上続く地域には生息しないと言われてきた。しかし、近年では、日本屈指の豪雪地である上越地方においても通年生息するようになった。板倉区光ヶ原の調査では、厳冬の二月、一二〇センチメートルを超す積雪の中をラッセルしながら移動する足跡を観察している。雑食性で、クズ、ヤマイモの根茎、タケノコ、ドングリ、トチ、ミミズ、ヘビ、タニシ、カエルなどを食する。畑のサツマイモ、ジャガイモ、カボチャなどへの食害が問題になっている。また、寄生虫を落とすために水田を「ぬた場」とすることがあることから、稲籾に獣臭が付き収穫できなくなるという問題が起こっている。県内の捕獲頭数は、二〇〇五（平成一七）年五〇頭、〇六年八〇頭、〇七年は一八五頭と増えている（県猟友会）。温暖化・少雪が、本種の分布の拡大に関係すると考えられているが動向を注視したい。（春日良樹）

日本海海岸（にほんかいかいがん、柿崎～名立）

①日本海海岸

名立から柿崎に至る海岸は、海岸の特徴から名立～郷津間と五智～柿崎間に分けられる。名立～郷津間は、丘陵地が海の侵食作用によりできた海食崖が続き、出入りのある海岸で、基本的には岩石海岸とみることができる。一方、五智～柿崎間は砂が堆積した砂浜海岸である。主に関川と柿崎川が運び込んだ砂が海岸に打ち上げられたもので、海岸線は海に向かって緩やかに凹面を向けた弧状をなしている。この砂が風で内陸へ運ばれ、堆積して潟町砂丘をつくった。砂浜は歴史時代にはかなり広く存在していたが、海岸侵食を受けて後退してきている。その原因は主に港の構築、突堤の延伸などによるとされているが、川の上流にダムを造ることなどで、川から供給される土砂の減少も影響していると考えられる。（長谷川正）

②日本海海岸の鳥

上越市域の海岸線は、柿崎区から名立区まで凡そ四〇キロメートルあるが、砂浜は少なく干潟となる所もない。従って旅鳥として立ち寄るシギ・チドリ類も極めて少ない。柿崎海岸の砂浜には希少種のシロチドリが少数生息している。海岸の鳥で目立つのは冬鳥のカモメ類で、秋から春まで見られる。ユリカモメ・セグロカモメ・オオセグロカモメ・カモメ・ウミネコが主で、その他のカモメも少数渡来する。ウミネコは夏でも若干残っている。ウミウ・クロサギなども見られるが少なくなっている。カモ類は海岸近くの海や港に入ることがある。港にはオオハムの類、カイツブリの類、ウミスズメの類も入っていることがある。なお、陸鳥でツグミ科のイソヒヨドリが海岸やその付近で生息し、美声でさえずっている。（山本　明）

日本海ゲートウェー（にほんかいゲートウェー）

ゲートウェー（gateway）とは「玄関口」のことである。日本海側のほぼ中央に位置する直江津港を玄関口として、大陸諸国との人的交流及び物流の活性化を図ろうとする動きがある。つまりそれは、直江津港を大陸諸国との広域交流の要衝として、日本海ゲートウェー（玄関口）の拠点港にすることを目指す計画である。直江津港は日本海側に開かれた国際貿易港として着実に発展しつつある。一九九五（平成七）年六月に、中国・丹東港との間に不定期コンテナ航路が開設された。同年一〇月には韓国・釜山との間に定期コンテナ航路が開設された。一九九八（平成一〇）年一一月に中国・丹東港及び大連港との間に、二〇〇〇（平成一二）年五月には台湾との間にそれぞれ定期コンテナ航路が開設された。この他アメリカ、カナダ、オーストラリア、ロシア、インドネシアなどとの貿易も活発である。（唐澤太輔）→直江津港（なおえつこう）

日本海ケーブル（にほんかいケーブル）

直江津とソ連（現・ロシア）のナホトカとを結ぶ日本海側初の海底通信ケーブル（ＪＡＳＣ）。総延長八九〇キロメートルをＳＤ型同軸ケーブル（回線容量一二〇回線）で結ぶ。一九六九（昭和四四）年七月二五日開通。一九六三（昭和三八）年にローマで開かれた電気電信連合（ＩＴＵ）の世界プラン会議で日本政府がＪＡＳＣの構想を提唱し採択される。建設はＫＤＤ（日本）とＧＮＴＣ（大北電信会社、デンマーク）によって施工され、従来の外国資本が主導してきたケーブルとは異なり、材料から敷設方法など日本の技術が多く活用された。ケーブルの敷設には平らで砂地が多い海底が適するとされ、敷設ルートは日本海中央部にある大和堆と呼ばれる巨大な海底山脈を避けた上での最短ルートに決定し、直江津に中継所が設けられることとなった。ＪＡＳＣの運用は一九九五（平成七）年七月に停止されたが、一九九七（平成九）年には新ルートとしてナホトカ、直江津、韓国の釜山を結ぶＲ－Ｌ－Ｋケーブル（総延長一七一五キロメートル、回線容量七五六〇回線）が新設された。（安斎雄基）

ニホンカモシカ

ウシ目ウシ科。中国地方を除く本州、四国、九州の低山から亜高山帯にかけて棲息する日本固有種。カモシカは、スマトラ、台湾、日本に飛び石的に分布し、動物地理学上極めて貴重な遺存種（レリック）で生きた化石的動物である。アオシシ、クラシシ、ニクなどとよばれ、かつては山地に普通に生息していた。しかし、毛皮、肉、角（カツオ漁用の擬餌鉤）の利用などの理由で乱獲されたことや、森林伐開が進んだことが原因で一時生息数が激減した。しかし、一九五五（昭和三〇）年に特別天然記念物に指定されて以来増加し、近年、中部地方、東北地方では分布域が拡大し造林地や農作物への被害が出るようになった。上越地方では、関田山地や頸城山塊の山麓から稜線にかけて広く分布するが個体数は少ない。上越地方においても、生息数把握、生態調査、保護区や緑の回廊（コリドー）の設定等、適切な管理が求められる。（春日良樹）

ニホンカワネズミ

ネズミ目トガリネズミ科。手足の指の両側に水かきの役目をする剛毛をもつ水中生活に適応した大型のトガリネズミの仲間。新潟県の山間地の河川に生息するが佐渡には分布しない。上越地方では、飯田川上流、南葉山麓の灰塚浄水場付近、関山神社周辺の小河川、国立妙高少年自然の家付近の池沼、中郷区岡沢の民家の融雪用池（たな）などの清流域で生息を確認している。水中で空気を含んだ毛が輝いて見えることから、「銀ネズミ」の異名をもつ。小魚、サワガニ、水生昆虫、ヒル、ミミズ、カワニナなどを捕食する。かつては河川等に普通に生息したと考えられるが、河川環境や営巣場所となる川岸環境の悪化（護岸工事、水路の三面コンクリート化など）が原因で減少していると考えられる。「レッドデータブックにいがた・新潟県の保護上重要な野生生物」では、「準絶滅危惧」種に指定されている。（春日良樹）↓ジネズミとカワネズミ

日本酒（にほんしゅ）

上越地方を含め、新潟県の酒の特徴は、「淡麗辛口」と言われ、やや辛口で飲み飽きしないことが売り物である。多くの銘柄が全国の品評会で入賞し、米どころ越後の名を各地の愛酒家＝左党に浸透させてきた。新潟の気候、米、水によって行なわれる酒造りが清酒の醸造に適していることがわかってきた。冬の気候、主力酒米「五百万石」、軟水などといった清酒造りの条件を十二分にそなえた清酒こそが淡麗な酒質だった。新潟県でもっとも古い造り酒屋の創業は、一五五〇年頃と伝えられている。当時の酒造りは、加賀から上方にかけての地域から西国杜氏が招かれて行なわれた。杜氏以外の蔵人は地元で雇用されていた。このことから、越後の酒男は西国の酒造技術を伝授されながら育ったと考えられる。その後、関東や近県の出稼ぎ先で腕を磨いた越後の酒男集団は「越後杜氏」と総称されるようになり、明治初期には全国一の人数を誇った。その中の「頸城杜氏」は顕著な存在であった。県内には九六軒の酒造所があり、最近蔵出数量に多少の格差が出てきたが、品質第一の観点からその精白度において他県を凌いでいる。その影響は上越地区の酒造技術や品質向上にも顕著にみられる。上越市内には一六軒の酒蔵があり、その分布は山間地を除いて平均している。最近の特殊なものとして「どぶろく」なるものが牧区や山間地域に登場して話題になっている。なお、上記の数字は平成二一年一二月一日現在のもの。（佐藤正清）↓杜氏（とうじ）

ニホンリス

ネズミ目リス科。本州、四国、九州、淡路島に分布する日本固有種。北海道には、別種のエゾリスが生息する。神奈川県東部では、帰化種のタイワンリスが分布域を拡大し本種の生息を圧迫している。平野部から亜高山帯までの森林に生息し、上越地方では、五智公園、三ノ輪台、頸城大池、三和区多能ダム、板倉区山寺薬師、南葉山、高床山などの雑木林で生息を確認した。昼行性で、種子、果実、花の蕾、キノコ、昆虫、鳥の卵などを採食する。巣は、樹洞を利用するが、板倉区玄藤寺付近のカラマツ林では、スギの葉や樹皮、カラマツの小枝で作られた球形の巣が観察されている。（春日良樹）↓ムササビ

如来坐像（にょらいざぞう）
国指定文化財・彫刻。上越市大貫一四四一。医王寺。この銅像如来坐像は、金谷山（日本スキー発祥の地）にある医王寺薬師堂の本尊である。総高二四センチメートル、像高一七・二センチメートル。鋳造は厚手に均一化された入念な造りで、白鳳時代の作とされ、市内最古の仏像。火災にあって鍍金を失い、首もやや右に傾いたが、童子のあどけない姿がいかにも愛らしく表現された、可憐な作品として注目されている。（植木　宏）

鶏の神聖視（にわとりのしんせいし）
「裏日本」には、「鶏を神聖視する風習」がしばしば見られた。例えば越前の白木地区には、鶏を神聖視して、食べず、飼育もせず、卵さえ食べないという風習があった。白木という地名からも想像できるが、この地域は新羅と密接な関係がある。この地区には、「自分たちの先祖は朝鮮（新羅）王朝の者で、この地に渡来して土着するようになったと」いう口承・伝承が残っている。新羅には、その王族の始祖は、「白い鶏が場所を知らせた金色の柩から生まれた」という建国神話が伝えられている。また、国号を「鶏林」としたこともあり、このような点からも、新羅では鶏が非常に神聖視されていたことが分かる。この信仰が、新羅からこの地に渡来してきた人々によって、長い間語り継がれてきたものと思われる。このような「鶏の神聖視」の信仰は、白木地区の他にも、越中や出雲などにもあるという。
他の国でも古代から、鶏は「東天の朝陽を告げる聖鳥」などとみなされることは多いが、白木村の「鶏の神聖視」はやはり新羅の信仰を受け継いだものだと思われる。なぜなら、この地方は敦賀湾を中心として古代の朝鮮半島とは非常に深い関係にあったからである。敦賀は、もともと角鹿《つぬが》と呼ばれていた。崇神天皇の時代、伽耶（加羅）の王子・ツヌガアラシト（ウシキアリシチカンキ）が越国の笥飯浦《けひのうら》（現在の敦賀湾）にやってきた。だからそこをツヌガ→角鹿→敦賀と呼ぶようになったと言われている。因みにツヌガアラシトとは「角状の装飾のある冠帽をかぶった伽耶の貴人」という意味である。（唐澤太輔）→裏日本（うらにほん）

丹羽文雄（にわ・ふみお、一九〇四〜二〇〇五）
三重県生まれの小説家。風俗描写に優れた作家。『親鸞』（一九六五〜九年）を書く。ほかに『海戦』（一九四二年）、『厭がらせの年齢』（一九四七年）などがある。一九七七年に文化勲章受章。「信仰がほしいのです。その信仰を自分のものにすることがなかなか出来ない。〜中略〜自分を知りたい。」と丹羽は、『親鸞の眼』（一九七七年）で語っている。『歎異抄』の親鸞は、「念仏は、まことに浄土にむまるるたねにてやはべらん」と言い切った。丹羽が『親鸞』を書いた理由がこのあたりだろう。（青山増雄）

ぬ

ヌカエビ
エビ目。ヌマエビ科の体長三・四センチメートルの小エビ。所によっては呼び名が異なるが、昭和初期まで、ため池や用水にフナ・ドジョウ・ナマズなどと共にたくさん棲息していた。夏から秋、小川を杉葉で塞き止めておくとその中に潜り込む習性があり、時間を置いて引き揚げて獲ったり、積雪期にはため池の水が凍りつくような頃、僅かに凍らない場所があるとそこに集まる習性をとらえ、それを狙って網で大量に獲る所もあった。獲物は一升・二升と言う単位で売買した。エビは塩で漬け保存食として貯蔵し、ヤキモチなどに添えて食した。これらは、夏のドジョウ汁の他、ナマズの味噌漬け・フナの焼き干しなどと共に当時の貴重な蛋白源であった。（久米　満）→淡水産エビ類（たんすいさんエビるい）

奴奈川神社（ぬながわじんじゃ）

糸魚川市一の宮、天津神社境内に鎮座。祭神は奴奈川姫命《ぬながわひめのみこと》と八千矛命《やちほこのみこと》（大国主命）である。本殿は天津神社本殿の左隣（西側）に鎮座。南向きで間口一間四尺。奥行二間、一七九八（寛政一〇）年の改築である。奴奈川神社に木造奴奈川姫神像（県文化財）が安置されている。檜（ひのき）材の一木造、像高四五センチメートル、彩色あり。双髻（そうけい）を結び、髪を両肩にたらし、拱手《きょうしゅ》して坐す。簡素なつくりであるが、神像独特の清澄《せいちょう》な表現がみられ、温和で端正な風貌には、平安時代後期の特色がよく出ている。式内社奴奈川神社との関係が強いことを示唆する。沼川郷には奴奈川姫命を奉斎する神社が多く、その中の一社が式内社に登載されたのであろう。（花ヶ前盛明）

奴奈川姫（ぬながわひめ）

『古事記』及び『日本書紀』に、出雲の大国主命と越（高志）の奴奈川姫が結婚したことが記されている。また二人の間にできた建御名方命《たけみなかたのみこと》は信濃の諏訪神社の主神となったという。明静院（国分寺奥ノ院）の境内には建御名方命が誕生したと伝えられる岩窟がある。大国主命と奴奈川姫の求婚問答歌が『古事記』に載っている。大国主命の求婚成就は、越地方への出雲勢力の拡大を意味する。それは同時に、出雲勢力が越の糸魚川付近の翡翠を入手できるようになったことを意味する。奴奈川姫とは奴奈川、すなわち信越国境から流れ出て糸魚川で日本海に注ぐ姫川を擬人化したものと見ることができる。大国主命が求めたものは、姫川の生み出す富＝翡翠であった。『万葉集』第十三巻三二四七に、「ぬな川の底なる玉　求めて得し玉かも　拾ひて得し玉かも　惜しき君が老ゆらく惜しも」とある。ここで、ぬな川とは姫川のことであり、底なる玉とは翡翠を指す。大国主命による奴奈川姫への求婚伝説は、出雲地方と越地方の、日本海航路による経済交流を表現したものであると考えられる。（唐澤太輔）→裏日本の港湾（うらにほんのこうわん）

ね

猫又伝説（ねこまたでんせつ）

上越市大町一丁目にある土橋《つちはし》稲荷神社は、また猫又稲荷とも呼ばれている。一六八二（天和二）年過ぎの頃、中ノ俣の奥の重倉山に「猫又」という身の丈九尺（約二七〇センチメートル）、尾が二又に裂けた怪獣がいて、里に降りて人家を襲い人々を苦しめていた。高田から役人が、弓・鉄砲を持って退治に駆けつけたがどうにもならず、折りしも通りかかった村一番の強力者吉十郎がそれを引き受け、単身で森の中へ。運良く遭遇した吉十郎は、二時間あまりの格闘の末に退治することができた。しかし、吉十郎も重い傷を負い、間もなく息絶えた。怪獣の死体は高田の郡役所前[大町二]に運ばれ、検視後そこに埋められた。その後いろいろと祟りがあったということで、近くに稲荷（馬塚新田稲荷の分祀）を祀ったのだという。（久米　満）→馬塚古跡（うまづかこせき）

根知城跡（ねちじょうあと）

中世山城跡・史跡。糸魚川市根小屋。県指定文化財。糸魚川市根知谷地区に根小屋城、栗山城、上城山城の三つの山城跡が存在する。この三城は、姫川と根知川に挟まれて位置し、上杉謙信・景勝の頃には一城の縄張りとして使用されていたものと考えられる。栗山城を館城、上城山城を詰めの城、根小屋城を最大の要害として、U字形をなす大規模な山城として完成をみたものであろう。この三城を総称して「根知城」と呼称している。標高は、上城山が五二五メートル、根小屋（通称城山）が三二〇メートル、栗山（通称ウツグラ）が一〇〇メートルである。遺構の概略を見ると、上城山は中心郭が五六×一四メートルを最高所に、削平地、堀切、竪堀を確認。根小屋城は戦国時代の典型的な尾根城で、根知城全体の中枢として見事な遺構を残している。最高所の主郭（本丸）は一五×三〇メートル、殿屋敷と称する所が二五×三六メートルで、石垣もある。この両郭を中心に大規模な遺構が残っている。根小屋の集落名も当時の遺称で興味深い。栗山は五七×八七メートルの平坦地を中心に、削平地、堀切、井戸が確認され、さらに高さ三メートル、長さ五〇メートルの大土塁と幅五メートル、全長一〇〇メートルの泥田堀も残っている。築城時期は明らかでないが上杉謙信の書状がある。信越国境の要《かなめ》として整備されたものであろう。（植木　宏）

涅槃会（ねはんえ）

だんごまき。三月一五日（旧暦二月一五日）釈迦の涅槃（入滅）の日、禅宗寺院では法要のあと米粉でつくった五色のだんごをまく。これを身に着けていると「マムシに噛まれない」とか「風邪をひかない」とされ、人々は競って拾い安全のお守りにする。
（久米　満）

年降水量（ねんこうすいりょう）

降水量とは一定時期に雨、雪、雹などの物質としての水が地表に落ちた体積の合計を水に換算してミリメートルで表した値である。年降水量とはその一年間の合計である。頸城地方が属する日本海側気候区には六～七月、九～一〇月、一二～三月の三つの雨季があり、年降水量の大部分はこの時期に集中している。その中で一二～三月の冬季に特に降水量が集中する気候を北陸式気候と呼ぶ。高田特別地域気象観測所（旧・高田測候所）のデータでは一一～二月の降水量が年降水量の五〇パーセントを上回っており、

頸城地方は規範的な北陸式気候といえる。（安斎雄基）

年平均気温（ねんへいきんきおん）
高田特別地域気象観測所（旧・高田測候所）では毎日三時から三時間おきに計八回の観測が行われ、この八回の平均値を日平均気温という。これをもとに月平均気温、年平均気温が算出される。高田測候所の一九二三（大正一二）～二〇〇八（平成二〇）年の年間平均の平均気温は一三・一度であり、年平均気温が最も高かったのは一九九〇（平成二）年と二〇〇四（平成一六）年の一四・六度、最も低かったのは一九四五（昭和二〇）年の一一・七度である。また日平均気温の最小値が出現するのは例年二月頃、最大値が出現するのは例年八月頃である。頸城地方における冬季の気温は近年一〇〇年程度のタイムスパンに限れば上昇傾向にあるとみなされている。（安斎雄基）

の

ノウサギ
ウサギ目ウサギ科。本州、四国、九州などに分布する日本固有種。県内には、亜種のトウホクノウサギが県本土に、「環境省レッドリスト」で準絶滅危惧種に指定されるサドノウサギが佐渡に生息。上越地方では、キツネの分布域の拡大により生息数は減少傾向にある。本種は、夏期にはマメ科、キク科など六〇種以上の草本類を食物にしているが、冬期にはタニウツギ、リョウブ、ネムノキ、サクラなどの木本類の冬芽や樹皮を食する。冬の金谷山では、積雪が五〇センチメートル未満の一二～一月上旬ではネジキに食痕が多く残されているが、積雪が一メートルを超す二月では、ネジキは倒伏し雪の下になり、幹が直立し樹高のあるエゴノキやコシアブラに多くの食痕が残されるようになる。積雪が踏台になり、本種がこれら樹木の冬芽を食することができるようになるからである。積雪の増加が「食い分け」を生じさせ、生息域内の特定植物を食い尽くすことを防いでいる。（春日良樹）

直峰城跡（のうみねじょうあと）
中世山城跡・史跡。上越市安塚区安塚。県指定文化財。直峰城は、安塚町の背後にそびえる標高三四四メートルの独立した城山《じょうやま》に存在する山城である。前面に小黒川、背後に細野川が流れ、裾野を防衛している。縄張りは、ほぼ城山全域にわたるが、特に山頂主郭（本丸）から四方へのびる尾根中腹にかけて遺構は密集し、厳しい要害に工作している。中でも南側へのびる尾根は大きく、階段状の削平地も多い。屋敷跡の標柱が各所に建てられている。大手の道があった尾根である。主郭は八九×四二メートルと広く、枡形虎口（出入口）や部分的な野面積の石垣も残っている。中央に風間信濃守信昭顕碑がある。周辺には、樹齢八百年の大欅、水源となった清水、蔵跡などがある。また、千手観音像、刀のつば、青磁の茶碗、中世陶器などが出土したという。築城時期は明らかでないが、南朝の忠臣風間信濃守は、この城を拠点として活躍したといわれ、戦国時代には魚沼や関東への交通の要衝だったので春日山城の支城として重きをなした。御館の乱後は、直江兼続の

父樋口兼豊が城主になったときもあった。（植木　宏）→風間祭（かざまさい）、風間信昭（かざま・のぶあき）

野鍛冶（のかじ）→**貸鍬慣行**（かしぐわかんこう）

野尻湖遺跡群（のじりこいせきぐん）

野尻湖畔一帯に散在する先史時代の遺跡群。約三万年前以降の後期旧石器時代を中心に縄文時代草創期の遺跡が多い。同遺跡群は、野尻湖ナウマンゾウ博物館、長野県立歴史館などの調査研究によって日本における旧石器文化のまとまった事例を提供することとなり、学界への貢献は甚大となった。また、出土品の一つ約二万年前のナイフ形石器については、関東の茂呂型、東北の杉久保型、近畿・瀬戸内の国府型など日本列島各地のものが混在しており、先史時代にあって、野尻湖周辺を経由して日本列島諸地域間の交易が継続されていたことが推測できる。（石塚正英）

野尻湖発掘（のじりこはっくつ）

長野県の野尻湖で一九四八年に偶然ナウマンゾウの化石（臼歯）が発見されてのち、一九六二年から本格的に開始した先史文化の総合調査。ナウマンゾウはパレオロクソドン象の日本的亜種であり、更新世後期に生息した。明治期にこの化石を調査したドイツ人地質学者ナウマンの名をとって命名された。もう一つの化石生物オオツノシカは、更新世の後期から完新世の初期に生息した掌状角をもつ大型鹿。このように長野県信濃町にある野尻湖は、湖底から多くのナウマンゾウやオオツノシカの化石骨や旧石器時代の石器が出土することで知られている。古生物学者井尻正二の提案で一九六二年に始まった野尻湖発掘は、多くの一般市民が参加する独自の形態で知られている。第一回発掘調査においてはじめてナウマンゾウの大腿骨を発見したのは、高田市立城北中学校地質クラブなどの中学生たちであった。現在も発掘は継続されており（二〇一〇年三月、第一八次調査）、日本各地の「野尻湖友の会」が発掘参加の窓口となっているが、上越市にも「上越野尻湖友の会」が置かれている。（杉山精一）

野田泉光院（のだ・せんこういん、一七五六～一八三五）

名を成亮といい、長泉院重秀を父として一七五六（宝暦六）年に生まれ、一八三五（天保六）年八〇歳で没した真言宗系（当山派）修験の大先達（峰入修行、祈祷・行事などを指導する修験道の先導者）である。野田氏は代々佐土原藩（島津氏）の修験として日向国《ひゅうがのくに》（宮崎県）佐土原城下安宮寺に住し、藩から禄を給され藩主の代参として大峰に入峰した。野田泉光院は、五六歳のとき致仕し、諸国散在の山伏の実態見聞も兼ねて一八一二（文化九）年九月から九峰修行の旅に出て一八一八（文政元）年に帰国する。その間の六年余りに亘る諸国で見聞したことを「日本九峰修行日記」としてまとめた。同日記によれば、文化一三年六月一三日に糸魚川を通って西頸城郡名立の宿で泊まっている。翌一四日には、北越国分寺五智如来へ参り納経し、親鸞の木像を拝観している。また、同日府中八幡宮（直江津八幡宮）にも参詣納経している。

その日は黒井（上越市黒井）に泊まり、翌一五日に米山薬師（中頸城郡柿崎米山寺）に向かったが、ちょうど別当院である密蔵院では本尊の開帳が行われていて大変にぎわっていたと記している。米山薬師へは途中で雨に降られなかなか登拝できず雨も降り続いたためそのままに二〇日まで密蔵院門前の宿に滞在している。二一日ようやく、米山薬師に登拝し、その見晴らしを「越後第一の絶景也」と絶賛している。（田村　敬）

のっぺい汁（のっぺいじる、のっぺ汁）
冠婚葬祭その他で会食が始まると、いっときとして必ず出される料理。里芋・こんにゃく・蓮根・じゃがいも・人参・銀杏・油揚げなどを煮干ダシ汁で煮て、砂糖・醤油・油・塩などで味をつけ、家々で独特の味をだした。最後に水とき片栗粉でとろみをつけ、大きめ深皿に盛りつけて各人に出した。材料は、祝い事には短冊とかイチョウ切りに、不祝儀には乱切りにする。所により仏事には片栗粉を入れない（こくしょう）。名の起源について、騒ぎを〝平らに納める〟とか〝願いをこめた〟から納平《のっぺい》というなど、諸説ある。（久米　満）

野辺送り（のべおくり）
葬式。一九六五（昭和四〇）年頃まで市街地近郊の集落では、人が息を引き取ると、多くの場合集落中が助け合って野辺送りをした。集落によって違いはあるが、知らせがあると直ちに立木（ハンノキ・タモの木＝ハサ木、その他）を切倒し薪をつくり、火葬場を整え、各家々では米・野菜・蝋燭・薪を持ち寄った。昭和二〇年頃以前は土葬の所もあり、昭和二〇年以後になってほとんどが火葬するようになったという。たいがい集落のはずれに火葬場（ノバ）があり、そこは四方に柱を立て萱莚や藁莚を垂らすなどして陽を避け、村人が集まり見送る中を棺をここへ運び、中央の石の上に置き、藁（五〇～七〇束）と薪（生木・乾木）を積み荼毘にふした。この間の諸々を村人が分担した。（久米　満）

ノロゲンゲとニギス
ノロゲンゲ（スズキ目スズキ科）は上越地方ではゲンギョ（商品名は幻魚）の名で売り出しており、特に干物に加工されるものが多い。漁期は冬季、底引き網で、ニギスやアマエビなどとともに捕獲される。その昔は、見た目の悪さもあって、売りものになる魚種ではなく、捨てられていた時代もあった。しかし、その味には類がなく、冬の寒風にさらしたばかりの干物は、身も柔らかく美味しい。ニギス（ニギス目ニギス科）は上越地方ではメギスと呼ばれる。上記したゲンギョとともに捕獲され、同様に干物として利用される他、白身で淡泊な味から天ぷらやつみれ汁など様々に加工・利用されている。（高橋　卓）

狼煙（のろし）
烽。火急の合図に薪を焚いて火炎・煙をあげることをいう。中世、春日山城を中心に狼煙をあげる拠点（狼煙場）が連なっていたという。これに倣って、一〇月、秋の澄んだ空に狼煙をあげる企画は、上越から起こり、平成七年から「にいがた狼煙プロジェクト」として全県的になり、さらに滋賀・福井・石川の各県に加え、信州飯山とも連携するようになった。（久米　満）→城（しろ）

は行

は

梅壽堂（ばいじゅどう）

旧高田領高田四ノ辻町通町にあった寺子屋。寺子屋は、江戸時代の庶民の教育機関であるが、明治前期に文部省が全国に亘って寺子屋の調査を行いまとめている（『日本教育史資料八〈巻二三〉』／明治二五年八月文部省大臣官房報告課）。同報告書には、新潟県下の寺子屋として六十数箇所あげられているが、中頸城郡のものとしては、唯一この梅壽堂の名前が記載されている。同報告書によれば、梅壽堂は、一八二三（文政六）年に開業され、明治維新期には安田作兵衛という武士が主に読み方を中心に、百人（男九〇人、女一〇人）ほどの子弟を教えていたようである。（田村敬）

パウルス神父（パウルスしんぷ、一八八六～一九五九）

カナダ人宣教師パーシヴァル・サムエル・カーソン・パウルス。一九一六（大正五）年に来日し、翌六年から高田聖公会にてキリスト教の伝道など精力的に活動をする。高田中学校の講師も務め英会話を教えた。大正一四年、聖公会の付属幼稚園を設立の認可を得る。大正一五年四月、本町四丁目に聖公会紅葉幼稚園を設立し園児一五名でスタート。一九三八（昭和一三）年、西城町三丁目に新築・移転し現在に至る。七〇歳頃に生地モントリオールへ帰国し同地で亡くなる。（桑野なみ）

ハガセ船（ハガセぶね）

ハガセ船は、中世後期から日本海上で廻米に利用され活躍した船である。中世のハガセ船は、九百石積以下で川舟と同じ平底で、帆はゴザ・莚《むしろ》などを用いた。日本海の航海と川や潟湖での運航には最適であり、中世後期から一八世紀頃まで北前船と並んで用いられたという。一七六六（明和三）年七月吉日、岡崎源左衛門が奉納した船絵馬には、中世後期から近世のハガセ船が描かれている。この絵馬は、中世の船が分かる数少ない資料として重要有形民俗文化財に指定されている。（唐澤太輔）→北前船（きたまえせん）、弁才船（べんざいせん）、北国船（ほっこくぶね）

白山信仰（はくさんしんこう）

白山という霊山、つまり白山に座す神々への信仰。その信仰は、霊妙・優美な姿を擁す山に対する畏敬の念から始まったものである。信仰の起源は原始時代にまで遡ると言われている。原始からあった土着の山岳信仰に、大陸・半島からの信仰＝「韓神信仰」が融合し白山信仰は発展していった。白山のもともとの名は「ハクサン」ではなかった。「シラヤマ」というのが本来の呼び名であった。つまり「白山（シラヤマ）」とは、「新羅」を語源とするものだった（因みに『万葉集』、『古今和歌集』ともに白山は「シラヤマ」と詠まれている。「栲衾（たくぶすま）白山（シラヤマ）風の 寝なへども 子ろが襲着（おそぎ）の 有ろこそ良《え》しも」（『万葉集』第十四巻三五〇九）、あるいは「きえはつる 時しなければ こしじなる 白山の名は 雪にぞありける」（『古今和歌集』四一四）など。両者とも越の白山を詠んだ歌である）。渡来人たちは、海岸線からほど遠くない距離に見える、この秀麗・優美な白山を目印に日本海を渡って北陸へやってきたと考えられる。また白山は古代より航海のよい指標となっていたので、北陸の山の民の間だけでなく、漁民たちの間でも安全な航海を約束してくれる聖なる山として篤い信仰の対象となっていた。白山信仰は「白の神秘」を宿している。夏季を除いてほぼ一年中雪をいただくその山容は言うまでもない。また白山信仰は、朝鮮半島に伝わる「天空信仰」、つまり太陽の白光を神聖視する信仰に由来するという説もある。大陸から日本に向う方位は、太陽の出る方角であって、いわばそれは「太陽への道」であった。大陸からの漂泊民たちは、太陽にかぎりなく近づく道を辿った。その終着地が日本だったと考えることができる。太陽（白光）を目指して辿り着いた地に見えた雪に覆われた白山は、信仰の対象になるべくしてなったと言える。また、白とは結末（死）の色であるとともに、出発（再生）の色でもある。その色は、全てが欠如した色、死と悲観の色である。しかし一方で太陽の、特に夜明けの白光色は新たな活力を表すものである。白とは「死と再生」をイメージさせ、畏怖の念を呼び覚ます色なのである。白山信仰というものは非常に謎に包まれた宗教であるとも言われている。同じ山岳信仰である熊野信仰と比較しても、白山信仰の成立と由緒に関する資料は非常に少ない。それは一向一揆で神社側の史料が焼失したからだとも言われている。（唐澤太輔）

白山神社（はくさんじんじゃ）

能生、尾山（権現山、標高九〇メートル）の麓に鎮座。祭神は奴奈川比賣命・伊佐奈伎命・大己貴命である。崇神天皇一一年勧請とも、又、文武天皇大宝二年の創建とも伝える。産土神として奴奈川姫を祀り、奴奈川社とも称したという。奈良時代はじめ、越前の泰澄大師がここを修験道の道場としたという。本殿は一五一五（永正一二）年能登守護畠山義元《はたけやまよしもと》の寄進により建立。前面に一間の向拝をつけた三社流造、こけら葺の屋根で、和様形式の中に唐様形式を用いている。組み物、蟇股《かえるまた》などに室町時代の特色がよくみられ、地方では珍しい建築で重要文化財に指定されている。白山神社社叢と能生姫春蝉の発生地は国の天然記念物に指定されている。（花ケ前盛明）

白山神社（はくさんじんじゃ）

上越市浦川原区虫川に鎮座。白山神社の祭神は伊弉諾尊・伊弉冊尊である。大同年間（八〇六～一〇）、来善上人の創立といい伝えにある。加賀（石川県）の白山信仰（白山比咩神社）が、ここ浦川原の地に伝播したことを物語っている。古来、保倉谷郷の総鎮守として崇敬を集めてきた。現在の社殿は、一八一二（文化九）年に建立されたものである。神社には鎌倉時代作と推定される檜造りの狛犬（上越市指定文化財）二体（口をあけている阿形像、口を結んでいる吽形像）と一二四五（寛元三）年、一二九九（正安元）年、一六二八（寛永五）年、一八一二（文化九）年、墨書銘の棟札《むねふだ》がある。寛元三年の棟札は杉材で、長さ五四・八センチメートル、幅一七・三センチメートルである。表面の文字は摩滅していて読むことができない。この棟札によると白山神社は、来善上人の遺跡で、馬頭観音の霊地であるという。建立してから二百余年たっているというから、平安時代中頃の創建と思われる。

（花ケ前盛明）

ハクチョウ

カモ目カモ科。オオハクチョウとコハクチョウを総称してハクチョウと言われる。両種の違いは体の大きさと、くちばしの黒い部分がコハクチョウでは多い。上越地方の渡来数はコハクチョウが圧倒的に多い。二〇〇八／〇九シーズンにコハクチョウは最多時七五四羽に対し、同じくオオハクチョウは二二羽に過ぎない。新潟県全体でもコハクチョウが断然多いが、日本全体のハクチョウの渡来数から見ると、オオハクチョウは過半数を超えコハクチョウより多い。上越のハクチョウは以前には朝日池・鵜ノ池をねぐらとしていたが、一九九九年より国道二五三号沿いの上吉野池にねぐらをとり始めた。地元では早速「ハクチョウを守る保倉の会」をつくり、保護運動に乗り出したこともあって、上吉野池のハクチョウは増えてきた。しかし時期により少数が朝日池にもねぐらをとることがある。オオハクチョウは体の割に小さな池や堀にも入ってくる。最近高田公園の外堀に飛来するようになったのもオオハクチョウである。ハクチョウは人馴れして人の与えた餌にも寄ってくる。この点警戒心の強いガンやカモ類と異なる。最近上越に渡来するハクチョウに給餌している所はない。なお以前大潟町（現上越市大潟区）ではハクチョウを町の鳥に指定している。（山本　明）

ハグロトンボ

トンボ目カワトンボ科。北海道を除く日本各地に分布する。大きなイトトンボのような姿で、真っ黒なはねを持ち、地表近くをふわふわ飛ぶためよく目立つ。平地から低山地の河川を生息地とするため、一時は農薬の影響などで激減しどこでもほとんど姿を消していたが、最近はまた復活して上越市でもあちこちで見かけるようになった。場所によっては狭い範囲に多数の個体が飛び交う様子も見ることができる。（富取　満）

箱下駄と角巻き（はこげたとかくまき）

昭和初期の頃まで、冬の外出時に用いた物。共に雪国特有の履物・外套である。箱下駄は、江戸期に考案されたものとされ、歯が後一枚で、履くと前のめりであるが、下駄の底に雪が着きにくく、路面が凍っていても滑りにくいのが特長。また、鼻緒の上に覆い（爪皮《つまかわ》）を着けると保温防雪の効があり、女性が多く履いた。

角巻きは毛布に似た物で、肩から身体に巻き、ピンでとめる外套である。襟には毛皮などを着け、時には頭から被って寒さをしのぎ、これも女性が多く用いた。（久米　満）

ハコネサンショウウオ
有尾目サンショウウオ科。体長一五センチメートル程度の小型サンショウウオ。上越地方では妙高山から南葉山系をはじめとする山地渓流部に多い。成体の背側は赤褐色。水温が低く、水のきれいな渓流に生息し、成体はなかなか見ることはできない。幼生は渓流の石の下などで確認されるが、背中の模様は色や形がいろいろである。幼生の指には、黒い爪があり、石にしがみついて水流で流されないようになっている。福島県檜枝岐では成体を天ぷらや薫製にしたりして食用にされる。（梅林　正）↓クロサンショウウオ

畠山氏（はたけやまし）
一三九八年、基国が室町幕府の管領に任じられ、三管領家の一つに名を連ねた。子の満家は三代将軍義満に冷遇されたが、四代義持により管領に任じられ、さらに持国は六代義教の干渉を乗り越え勢力を維持した。越後国では応永の大乱を経て、守護代長尾邦景が畠山満家を介して、将軍義教との関係を強めようとした。その後の畠山氏は、持国の子義就と甥の政長との間で家督をめぐる争いを起こし、応仁の乱の一因ともなった。（北峰義巳）

秦氏（はたし）
北陸から近江の湖北地域に秦氏の分布が多いことは良く知られている。特に近江や越前に多いようである。そしてもちろん畿内にも多い。この渡来人・秦氏はどのようなルートで分布していったのであろうか。北陸の風土と歴史の専門家・浅香年木は、秦氏の分布・移動について、対岸諸地域↓北陸（越）↓近江↓畿内という方向性を提示している。また、浅香は、畿内中心の見方に囚われれば、近江や越前に多い秦氏は、畿内から押し出された勢力とみなされてしまうが、秦氏の故郷の新羅が、潮流と季節風によって越地方に直結していたことに目をつければ、むしろ、逆に、彼等は、まず越地方に渡来し、そこから南に下って、畿内に入ったとみることも可能であろう、と述べている。この浅香の説は、古代の北陸・越地方が対岸諸地域からの「表玄関」だったことを考えれば、説得力があるように思われる。因みに秦氏の「ハタ」は朝鮮語の「海」を意味する「パタ」と通じ、このことから秦氏が海の向こうから渡来した氏族であると考えることができると言われている。また秦氏の本貫地は韓国慶尚北道蔚珍郡（ケイショウプットゥルチングン）ではないかと言われている。蔚珍郡の古地名は波旦で、この辺りには今も秦姓が多いという。（唐澤太輔）

鉢崎関所跡（はっさきせきしょあと）
史跡。柏崎市米山町鉢崎。八崎とも書いたこの関所は、『越後頸城郡誌稿』に「此地の形勢は、米山・尾神の高嶺上下越を分堺し、麓は峻坂起伏浪と共に連なり、僅かに海岸絶壁によって迂回の経

路を通す。是を米山三里の峠という。此坂口に設ける所の関門即ち鉢崎関所なり：海風常に砂を巻き、怒涛常に磯を洗の至険の地なり」と記されているように、北国街道の難所、八崎の一つである聖ヶ鼻の登り口に設けられた関所である。その創設については詳らかではないが、江戸時代においては関所の諸規則は高田藩三関（市振・関川・鉢崎）とも同じものであった。ただ鉢崎は、幕府直轄の佐渡鉱山産出の金塊を江戸へ運ぶ中継基地の関門となったので、金を泊める金蔵などもあり、その任務は重く厳しかった。現在跡地に碑が建てられている。（植木　宏）

バテンレース

手工芸品のレースの一種であり、機械で製職された布テープで曲線を作り、その間を糸でかがったテープレースに属する。一八九〇年頃、アメリカ人手芸家ハドレー女史がそれまであったテープレースを改良し、由緒あるドイツ貴族のバッテンブルグ家にあやかりロイヤルバテンレースと名付けたのが名前の由来だとされている。製品はテーブルクロス、テーブルセンター、ピアノカバーなどの室内装飾品や、ショール、ケープ、エプロンなどの服飾品やパラソルなどに用いられた。日本には一八九二（明治二五）年頃アメリカの貿易商によって伝えられ、上越地方での生産は一八九八（明治三一）年、横浜の飯島保太郎が当時大手町でハンカチ製造をしていた木戸信次郎を主任技師として職人町（現・大町通り）に支店を設けたのが最初である。高田は有名な豪雪地帯であり、冬の農閑期が長く、他にたいした産業もないことから婦女子の内職・副業として歓迎され、頸城三郡に急速に広まり大いに栄えた。しかし戦後は昭和三〇年代をピークに生産量は減り続け、近年作り手の減少と高齢化により衰退が激しく、生産量もごくわずかとなっている。技術存続の一環としてバテンレース教室・講習会などを継続的に開講し、歴史文化の存続・継承の努力も行われている。（谷　眞知子）↓木戸信次郎（きど・しんじろう）

ハト類（ハトるい）

ハト目ハト科。上越地域にはキジバトとアオバト、それにドバトがいる。キジバトはデデッポッポーと鳴き山バトとも言われ、平野部から里山とかなり奥山にもいる。街中にもすんでいて、庭木などにも巣を造り、人家や建造物に営巣することもある。餌は穀物などを主とする植物食で、ヒナには胃の一つである嗉嚢（そのう）でできるピジョンミルクを与える。そのため他の鳥のように虫が発生する時期に合わせて子育てする必要がなく、この地方でも秋の頃まで繁殖する。アオバトは春になってやってくる夏鳥で、山地の方に生息し、アーオ、オーア、オアオーと人の声のように鳴く。秋には南西日本に移動する。ドバトはヨーロッパの方で飼われていたカワラバトが野生化して増えたもので、品種改良されたため体色の異なるのがいる。伝書鳩もこの種のハトで、帰巣本能を高め長距離飛翔に適するように改良された。ハト類はハヤブサやオオタカなど猛禽類に狩られて餌になることが多い。なお、ハトは平和のシンボルとしてよく登場する。（山本　明）

馬頭観音信仰（ばとうかんのんしんこう）→**観音信仰**（かんのんしんこう）

花ヶ前家盛（はながさき・いえもり、生没年不詳）
居多神社第三〇代社務（神主）。盛貞の子で五郎入道、智光院頼慶と称す。上杉謙信の使者として、京都で朝廷・幕府と謙信との折衝にあたっていた。一五六五（永禄八）年八月五日、一乗院覚慶（足利義昭。永禄一一年一〇月一八日、室町十五代将軍に就任）は上杉謙信に室町幕府の再興を要請した。この日、居多神社の神主花ヶ前宮内大輔盛貞に書状を送り、息智光院頼慶の労を感謝している。永禄一二年二月八日、将軍足利義昭は頼慶を謙信に遣わし、織田信長と協議のうえ、武田信玄と和睦し、天下を平静にしてほしいとの御内書を下した。一五七八（天正六）年御館の乱に際し父盛貞と上杉景虎方に味方したため、能登国へ逃亡。慶長三年、上杉景勝が会津へ移ると、晴れて越後に帰国。翌四年二月二一日、春日山城主堀秀治から社領一三石を寄進された。
（花ヶ前盛明）→堀秀治（ほり・ひではる）

花ヶ前家（はながさきけ）
代々居多神社に仕えてきた神主（社務）の家柄。第一〇代崇神天皇第一皇子豊城入彦命の後裔と伝える。豊城入彦命の五世の孫多奇波世の孫久比が第三二代崇峻天皇の御世（五八八～九二）に呉の国に派遣され、波賀里《はかり》（秤）を持って帰国した。その子宗麿は日本の計量法の確立に功績があり、第三四代舒明天皇の御世（六二九～四一）に「商長《あきのおさ》」という姓を賜わった。のち、「花《はな》ヶ前《さき》」という姓を称した。社務二九代盛貞は一五六九（永禄一二）年一一月五日、上杉謙信の奉行人で魚津城（現・富山県魚津市）将河田長親より宮津八幡宮（現・魚津市宮津）の社職を兼務するよう命じられた。子の家盛（智光院頼慶）は謙信の使者として、京都で朝廷・幕府と謙信との折衝にあたっていた。現在の居多神社宮司花ヶ前盛明は社務（神主）四四代、花ヶ前家五〇代である。
（花ヶ前盛明）

花ヶ前盛貞（はながさき・もりさだ、生没年不詳）
居多神社第二九代社務（神主）。一五六九（永禄一二）年一一月五日、上杉謙信の奉行人で魚津城将河田長親は、盛貞に宮津八幡宮の社職を兼務させた。一五七八（天正六）年三月一三日、上杉謙信が死去すると、養子景勝と景虎とが家督相続をめぐってを争った。御館の乱である。その際、盛貞と子の家盛は上杉景虎に味方したため、宝物を携えて能登国へ逃亡。ここで五年間、身を潜め、一五八三（天正一一）年に越中宮津八幡宮に移った。翌一二年、盛貞はここで死去。子の家盛は一五九八（慶長三）年、上杉景勝が会津へ移ると、晴れて越後に帰国。（花ヶ前盛明）

浜小屋（はまごや）
漁師たちは、海岸近くにワラ葺きの大小の小屋を建てた。ハサ木を使って組み立て、ワラで編んだ「ノマ」で周りや屋根を葺き、魚網や小舟置き場や休憩場所とした。浜には舟を陸に引き揚げたり、鯛網を引いたりするのに用いる木製の巻き上げ機（シャチ）を固定しておいた。歩行には浜下駄を履いた。浜下駄は浜専用の下駄で桐材・板状の台（厚さ一寸、約三センチメートルくらい）に歯は無く、裏の鼻緒を止める部分だけ削られている。（久米　満）

濱谷　浩（はまや・ひろし、一九一五～九九）

写真家、東京都出身。一九四〇年代に高田の民俗学研究家・市川信次らに案内されて桑取谷など上越地方の山村で活躍した。とりわけ、一九四五年七月には高田（寺町の善導寺）に疎開し五二年まで生活する。東京の下町に生まれた濱谷は、一九四〇年から一〇年間ほど桑取谷に出向いて「鳥追い」などの民俗学調査やそれらに関する写真撮影を行った。また桑取谷での活動を介して、渋沢栄一の孫で第一銀行の取締役だった民俗学研究者・渋沢敬三とも交流した。さらには、一九四五年八月一五日、ラジオで敗戦の報を知った濱谷は、その日の太陽を写真に収め、作品「敗戦の日の太陽、高田」とした。翌一九四六年、いづもや百貨店で「豪雪の記録写真」展を開催している。上越時代に築いた成果の一部は、写真集『雪国』（毎日新聞社、一九五六年）に収録されている。ほかに『裏日本』（新潮社、一九五七年）などがある。（石塚正英）→市川信次（いちかわ・しんじ）、瞽女（ごぜ）

羽茂城攻略（はもちじょうこうりゃく）

新潟県佐渡市羽茂本郷。上杉景勝は一五八八（天正一六）年、潟上（かたがみ）城（佐渡市新穂潟上）主・本間帰本斉（きほんさい）秀高に書状を送り、来年、渡海して羽茂城主・本間対馬守高季を討伐することを明らかにした。佐渡は本間一族が割拠し、抗争を展開していた。景勝の調停にも応じなかった。天正一七年六月一二日、景勝は自ら一〇〇〇余艘を率い、沢根城（佐渡市沢根）主本間左馬助の協力で沢根に上陸し、河原田城（佐渡市河原田）を攻めた。城主本間高統は城に放火して自害したという。ついで景勝は六月一六日、羽茂城を攻め、わずか一日で攻略した。城主本間高茂は弟の赤泊城（佐渡市赤泊）主・本間三河守高頼とともに逃亡したが捕らえられ、国府川原（佐渡市、旧真野町）で斬殺されたという。四〇〇年にわたって栄えた羽茂本間家は、ここに滅亡。黒金安芸守尚信らが在番した。（花ケ前盛明）→佐渡平定（さどへいてい）

林芙美子（はやし・ふみこ、一九〇三～五一）

「花の命は短くて苦しきことのみ多かりき」の名句で有名な昭和初期の流行作家。一九歳から二三歳までの「放浪記」を私小説として発表。「直江津の駅に着いた。土間の上に古びたまま建っているような港の駅なり。」荒川橋で、「鳩の死骸を見てぼんやりと死を思った」芙美子は駅前の三野屋の継続団子を食べている内に、ばかばかしくなり、「生きて働かなくては」と思って汽車に乗った、とある。（青山増雄）

葉山嘉樹（はやま・よしき、一八九四～一九四五）

福岡県生まれのプロレタリア作家。早稲田大学を中退し、水夫や記者を転々として後に労働運動にはいった。小説「海に生くる人々」は水夫の経験を基に、直江津の港を舞台にして労働者の悲惨な生活とそこから生ずる階級意識への目覚め、更に労働運動にまで高まっていく過程が労働者自身の眼で書かれている。「直江津の町は、沖から見ると砂浜から、松が所々に上半身をあらわして」とある。（青山増雄）

春駒（はるこま）

市指定無形民俗文化財。岡沢（中郷区）、西松ノ木、岡田（三和区）、その他下筒方（板倉区）などに伝承されているが、かつてはどこの集落でも祭りや婚礼などの祝い事には必ず演じられたもの。集落の若い衆三人が、笛・太鼓・三味線などの鳴り物に合わせて踊る。三人の内、中の女装踊り手（嫁が駒頭を持ち祝言を述べる）を挟んで婿・姑で家庭円満を祝う岡沢のものや、中の女装踊り手が駒頭を持ち、両脇男装の牧童が良馬に育てるようにする岡田のものなどがある。昔、旅芸人から習ったとされ、当時は一二種類ほどあった踊りも、現在は数種しか伝えられていない。特に、大正期から岡沢の岡田米吉が熱心に伝承普及保存に努めた。その中でも、「瀬の踊り」では、小石の入った木箱を手に賑やかな「まくらせ踊り」と静かな「手踊り」の二つの踊り方があるという。（久米　満）

ハルゼミ

カメムシ目セミ科。透明なはねをもつ小型のセミ。本州の関東以西と四国、九州に分布し、上越市はほぼ分布の北限となる。マツ林だけに生息し、まだ他のセミが出てこない五月下旬頃から現れジーゴジーゴと大きな声で鳴くのでよく目立つ。最近は松くい虫被害による松林の衰退と、その防除のための農薬の散布等により各地で激減している。上越市では愛の風公園など丘陵のマツ林、海岸線のマツ林で見ることができる。（富取　満）

春祭り（はるまつり）

稲作をする集落では、毎年、春の本格的農作業前（四月）に集落中が神社に集まり、幟を高く立て（田の神を迎える行事ともみられる）、神に今年の豊作を祈願する。この時、赤飯を供え、お神酒を酌み交わした。また、所によっては、大釜で湯を沸かし「湯立ち」を行い、「ユノハナ」を体にかけたり目を洗ったりすると病気にならないとする。秋、刈り入れ完了後の収穫感謝の秋祭りには、家々では餅を搗いた。その他、所により、風祭り、火祭りなどをし虫除け、風除けの祈願をし、豊作を期待する。（久米満）→風祭り（かぜまつり）

春山他石（はるやま・たせき、一九〇二〜一九八八）

俳人。旧・東頸城郡松之山町生まれ、高田在住。本名虎一郎。一九三〇（昭和五）年「ホトトギス」に入会して高浜虚子に師事。昭和二一年『みゆき』を創刊し主宰。俳人協会評議員。句集に『雁木』『喜齢』『蜘蛛の囲』などがある。「沓ぬがず囲炉裏まで行く膝歩き」「風花や雪の高田は路地多し」など生活者としての目

をくぐらせた実感が克明に写生されている。他石亡き後「光風会」が俳風を引き継いで活動している。（青山増雄）

板額（はんがく）

平安末から鎌倉初にかけて活躍した女性の武将。板額御前と称する。一二〇二（建仁元）年城《じょう》四郎資職《すけのり》（長茂《ながもち》）は京都で鎌倉幕府打倒の兵を挙げて失敗し、吉野山で斬殺された。資職敗死の報をうけた資盛《すけもり》は叔父の敵と称し、叔母の板額《はんがく》とともに鳥坂城《とっさか》（北蒲原郡中条町羽黒）で兵を挙げた。鎌倉幕府は四月三日、上野国磯部の御家人佐々木盛綱《もりつな》（西念）に資盛討伐を命じた。盛綱は越後・佐渡・信濃三ヶ国の兵を指揮して鳥坂城を攻めたが、守りが固く、子の盛季《もりすえ》が負傷するほどの苦戦を続けた。このとき、板額は幕府軍をものともせず、童形のように髪をあげ、腹巻（鎧《よろい》）をつけて矢倉《やぐら》に登り、女性の身でありながら、弓は百発百中の腕前で、当たって死なない者がいなかったという。父や兄以上という評判であった。佐々木盛綱は弓の名手として名高い信濃国の住人藤沢清親《きよちか》に板額を生け捕るよう命じた。清親はひそかに鳥坂城背後の山に登り、板額めがけて矢を放った。矢はみごとに板額の両股を射抜き、倒れたところを清親の郎党がよってたかって生け捕りにした。鎌倉に護送された板額は六月二八日、二代将軍源頼家の前にひき出された。男勝りの勇婦であるから、さぞかし醜女であろうと思っていたところ、案に相違して容姿端麗な美人だったため、一同驚嘆したという。甲斐国の御家人阿佐利《あさり》与一義遠は「越後からの囚女を妻にし、強い男子をもうけて、朝廷と幕府を助勢したい」と将軍に願い出た。義遠は将軍の許しを得て板額を伴い、喜び勇んで甲斐に帰った。その後、板額は強い男子を生んだか、また、ゆく末どうなったか、わからない。「板額は色黒く、額が突き出た醜女で、二メートル以上の大女（おおおんな）で大変でぶだった」と伝えられ、板額といえば不美人の代表のようにいわれてきた。しかしそうではなく、色白の越後美人だったのだ。（花ヶ前盛明）

ハンミョウ

コウチュウ目ハンミョウ科。北海道を除く日本各地に分布する小型の甲虫。地面が露出し裸地になっているようなところで見られる。山道を歩くと足元から飛び立ち、また少し先に降りるということを繰り返す習性から、ミチオシエ、ミチシルベとも呼ばれる。大きく鋭い大あごを持ちすばやい動きで他の昆虫を捕らえて食べる。青、緑、赤色に彩られた鮮やかな体色などから有毒と思われることがあるが、実際には毒は持たない。（富取　満）

万里集九（ばんり・しゅうく、一四二八～没年不詳）

京都の相国寺の僧万里集九は、詩文の大家で、漢詩文集『梅花無尽蔵』（一五〇六年完成）がある。一四八七（長享二）年、越後府中に入り、国分寺（五智三丁目）・居多神社・安国寺（寺跡不明・西本町二丁目付近）などの名所・旧跡を見物した。国分寺本堂にあった琵琶をみて、漢詩「白盲聞く、昔明眼を得たり、梁上今に至り琵琶を留む」（原漢文）を賦した。この琵琶は奈良時代の作といわれ、香木、長さ七二センチメートル、表板には陰刻の天女の優雅な姿が描かれていた。残念ながら一九八八（昭和六三）年一月一六日の火災で焼失してしまった。ついで居多神社に参拝し、数僧と共に觴を傾く、神に対し自笑帰意を祝し、若住何て、伴僧六七と共に觴を傾く、神に対し自笑帰意を祝し、若住何州故郷にあらず（『梅花無尽蔵』原漢詩）と、帰洛の平安を祈った。（花ヶ前盛明）

ひ

日枝神社（ひえじんじゃ）

上越市寺町三丁目に鎮座。祭神は大山咋命、相殿《あいどの》に天照皇大神、豊受大神、建御名方命、宇賀之魂命を祭る。社伝によると、八五三（仁寿三）年、国府鎮護の神として、衾野《ふすまの》（直江津の川東）に創建されたという。高田築城のとき福島城下から地主神として、また城中の守護神（因みに江戸徳川家の産土神《うぶすながみ》は大山咋神・例祭は山王祭である）として寺町三に転じた。城下町二七町（本町・東本町・仲町・大町など。現在一九町）の産土神となり、氏子は三千軒と言われ高田総鎮守とされた神社。祭礼は、五月一五・一六日で供物は全て鯛、祭りが終わると鯛の値が下がると言われ、江戸期には屋台・練物など多数出て、近在からたくさんの見物人で賑わったという。戸田能登守が藩主の時代に山王神を合祭してから、社号を日吉神社・三王社とも称した。現在も神輿巡幸の際には、山王神の使いとされる猿が先導する。現在の社殿は、そばしばの火災の後、一八八二（明治一五）年に造営したものである。神社には高田城主戸田能登守忠真が献納した自筆の馬の絵の額一面がある。（花ヶ前盛明・久米　満）→写真ページ

東頸城丘陵（ひがしくびききゅうりょう）

二〇万分の一地形図では高田平野と信濃川との間に広がる丘陵として使われているが、高田平野東側の新第三系の分布地で米山～菱ヶ岳を含む丘陵地に使っている場合が多い。新第三紀の寺泊層、椎谷層、西山層が堆積しており、主に北北東―南南西方向の軸をもったしゅう曲構造が発達している。背斜と向斜を繰返しており、背斜部は山地をなし、向斜部には川が流れていて地質構造が地形によく反映している。寺泊層～西山層の黒色泥岩、凝灰質泥岩は地すべりをおこしやすい地層であり、地下水の増す雪融け期や梅雨期にはしばしば地すべりが発生している。そのため山地の斜面は緩傾斜になり、棚田が広く発達している。（長谷川正）

光ヶ原高原（ひかりがはらこうげん）

①光ヶ原高原

高田平野の南東に連なる関田山脈で一際、高いのが黒倉山（一二一八九メートル）で、その下に広がる標高八〇〇～九〇〇メートルの平坦面が光ヶ原高原である。東西、南北約二キロメートルの広がりで、平野側に緩く傾斜している。この北～西側は急崖をなしており、また、面を切って流れる川がV字谷になっていて地層が観察できる。平坦面は崩積土からなり、崩壊を繰返すことで形成されたことがわかる。『板倉町史』（二〇〇三年）による

と、面をおおうローム層によって形成年代が推定されており、二〇万年前以前、一〇万年前後、六万年前頃の少なくとも三回の崩壊があったとされている。崩積土の基盤は第四紀前期～中期の地層である。この広い平らな面は一時牛などの放牧場として利用されたが、現在では憩いの場になっている。（長谷川正）

②光ヶ原高原の鳥

この高原はその大部分が二〇〇〇年頃まで牧場だったので、草原が広がっているが草原性の鳥は多くはない。草原性の鳥の代表格のヒバリは、雪が消えるとここにやってきて繁殖してゆく。同じ草原性のカッコウやホオアカも少数生息している。繁殖期に草原を取り巻く周辺の森林を含めた高原全体で、多いのはウグイス・ホオジロ・シジュウカラである。ヒガラ・キビタキ・ヒヨドリも比較的多い方である。森林性の鳥ではその他、カッコウ類のツツドリやホトトギス、アオゲラ・アカゲラ・コゲラのキツツキ類、よい声で鳴くクロツグミ・アカハラ・オオルリ・ノジコ・イカル、カラ類のコガラ・ヤマガラ、他にサンショウクイ・モズ・ヤブサメ・カケスなどが生息する。ヨタカも早朝や夕方に声を聞くことができる。春にはウソもまだ残っている。ニュウナイスズメはブナ林に繁殖している。猛禽類ではトビ・ノスリがよく現れ、時折イヌワシも出ることがある。その他に普通に見られるキジバト・カワラヒワ・メジロ・ハシブトガラスも生息している。なお、高原の上方の関田峠から黒倉山まで、よい探鳥コースで、繁殖期にはジュウイチ・コルリ・クロジなどの声も聞かれる。秋の非繁殖期は渡りや移動する鳥が多く、鳥の種類はぐっと少なくなるが、小鳥の類は群を作るので数は多くなる。（山本　明）

樋口兼豊（ひぐち・かねとよ、生年不詳～一六〇二）　惣右衛門尉、伊予守（いよのかみ）元兼。坂戸城（現・新潟県南魚沼市坂戸）城主長尾政景の家臣で、上杉景勝の家老直江兼続の父。上杉景勝の重臣。妻は信州泉弥七郎重歳の娘である。一五七八（天正六）年の御館の乱で戦功があり、天正一二年一一月二四日、景勝から直峰城（上越市安塚区安塚）主に命じられた。一五九四（文禄三）年の『文禄三年定納員数目録』によると、知行定納高八〇九石一斗六升四合であった。同心衆一四人を抱えていた。一五八八（天正一六）年四月一六日、伊予守となる。一五九八（慶長三）年、三〇〇〇石給与。慶長六年、一〇〇〇石に減給。慶長七年、兼豊死後、三男与八秀兼が家督を相続し、一〇〇〇石を領す。すでに長男与六兼続は直江家を、次男与七実頼（さねより）は小国家を相続していた。秀兼は慶長一九年の大阪冬の陣に参陣。樋口家の墓は関興庵（山形県米沢市中央五丁目二番二四号）にある。兼豊の法名は台代翁道高庵。（花ヶ前盛明）

樋口家（ひぐちけ）　木曽義仲四天王の一人、樋口次郎兼光を祖とする。兼光の父、中原兼遠は信濃国木曽郷樋口荘（長野県上伊那郡辰野町）に住し、木曽義仲を育てた。兼遠の子に次郎兼光・今井四郎兼平・巴御前《ともえごぜん》がいる。とくに兼平は義仲四天王の一人と呼ばれた、豪快無双の勇将であった。一一八四（寿永三）年、義仲が近江国粟津（滋賀県大津市粟津町）の戦いで、源義経に敗れ討死すると、樋口一族は四散した。巴御前は越後に逃げたと伝えられている。樋口一族はのち、永享の乱（永享一〇年）の際、上杉憲実に従軍して戦功があり、魚沼郡北山の地（小千谷市真人《まっと》町）を賜ったと伝える。この乱は鎌倉公方足利持氏と関東管領上杉憲実との争いであった。樋口家一三代兼定のとき、上田荘坂戸城主長尾氏に仕えたという。兼定の孫が兼豊で、この人が兼続の父である。江戸時代中期の朱子学者で、正徳の治を断行した新井白石の『藩翰譜《はんかんふ》』によると、「柴薪つかさどりし者の子なり」とあり、身分の低い家柄であったようである。従って、系図もはっきりしない。（花ケ前盛明）

菱ケ岳山開き（ひしがたけやまびらき）
菱ケ岳は安塚区須川にあり、東頸城地方随一の山。標高一一二九メートル余、七〇八（和銅元）年、裸行上人が堂を建て薬師如来を安置したのが始まりとされる。修験修行の山。現在、毎年、六月第一日曜、キュウピットバレイスキー場で、神官による住民の安全祈願を行い、晴天時はゴンドラで山頂へ昇る。須川は、一九九六（平成八）年まで黄蘗《きはだ》を原料にした漢方薬「百草園」（通称「にせ熊」）の名で知られた胃腸薬の産地でもあった。（久米　満）

翡翠（ひすい）
透明ないし不透明の、主として緑色の光沢を有する硬玉及び軟玉。昭和初年まで、翡翠は大陸から渡来したと考えられていた。しかし、一九三九（昭和一四）年、糸魚川市の姫川流域から翡翠が産出することが確認された。そのことによってこの地方が生産地であることが明らかになった。翡翠が発するほのかな緑色は、草木の色に通じ、「生命力」の象徴でもあったという。冬になっても色を失わない緑色の玉に、古代人たちは神秘的な力を感じ、これを身に付けることで不老不死を願った。さらに、これを死者とともに埋葬することで、その生命の再生を祈ったとも言われている。翡翠の産出地は世界的にも限られており、安定した量の硬玉の産出地はミャンマーのみである。日本における翡翠の原産地は、新潟、鳥取、兵庫、長崎、北海道などである。しかし、縄文時代に使われた翡翠の原石は、そのほとんどが、新潟県糸魚川市の姫川の支流、小滝川と青海の青海川上流から採取されたものである。糸魚川産の翡翠は、北は北海道から南は鹿児島まで全国各地で見つかっている。つまり、糸魚川から、日本海沿岸の海上交易路を通って、津軽、陸奥湾、さらに太平洋沿岸に至るまで翡翠の原石や製品が運ばれ、交易されていたのである。日本海沿岸の長大な「翡翠ロード」は、弥生時代には朝鮮半島にまで伸びていた。翡翠製品は、朝鮮半島でも珍重され、朝鮮半島で生産された鉄素材とも交換された。
現在の姫川流域で採集される翡翠は大昔に女神の玉石として崇拝された。その女神とは日本神話に登場するヌナカハヒメである。「ヌ」とは玉のこととされ、「ヌナカハ」は玉のとれる河という意味を連想させる。玉とは翡翠のことであるが、その漢字「翡翠」とは鳥の一種であり、羽毛の色鮮やかなカワセミの雌雄をさす。「翡」がオスで「翠」がメスである。カワセミの美しさをもつ石であるから翡翠と名付けられたか、と想像する。現に糸魚川市の奴奈川神社に鎮座する神体は翡翠であるから、その推測もあながち的外れではない。翡翠は糸魚川地域（青海・朝日・小谷・白馬を含む）を産地とし、長者ヶ原遺跡（縄文中期、糸魚川市一の宮）、吹上遺跡（弥生、上越市大字稲荷字吹上）・釜蓋遺跡（弥生後期、上越市大和五丁目）、からは翡翠工房が発掘されている。とりわけ、吹上遺跡には、多量の緑色凝灰石製の管玉と、ごく少量の鉄石英の管玉、ヒスイ製の勾玉に少量の蛇紋岩と滑石製勾玉を作った跡が見られる。吹上遺跡の玉作は、わが国のトップクラスであった。吹上ムラの玉類、特に翡翠製勾玉は海の道（日本海）を通じて、西日本などへも運ばれたと思われる。弥生時代中期の玉作り工房がまとまって見付かることはほとんどなく、吹上遺跡の玉生産量が非常に多かったことを示している。また、円田神社付近の一七一〇平方メートルの地域にある大イナバ遺跡からは、縄文中後期の石斧・石皿・石棒と共に、翡翠及び翡翠製の玉斧も見つかっている。大イナバの人々は、翡翠から、擦切石斧（すりきりせきふ）と呼ばれる磨製石斧を製作したという。因みに、古墳時代の翡翠生産遺跡（硬玉遺跡・玉作遺跡）の分布は、西は富山県朝日町付近で、東は鳥ヶ首岬（名立町）までと考えられている。（唐澤太輔、石塚正英）→弥生の村（やよいのむら）

斐太遺跡群（ひだいせきぐん）

国指定文化財・史跡。上越市大字稲荷。大和五丁目ほか。斐太遺跡群とは、吹上・斐太（妙高市）・釜蓋の三遺跡で、行政区としては妙高市と上越市にまたがっているが、この三遺跡は半径約一・五キロメートルという狭い範囲の中で、弥生時代中期中葉から古墳時代前期の間に存在した当時の拠点的集落跡である。吹上遺跡（大字稲荷ほか）は、弥生時代中頃（約二二〇〇年前）にヒスイ製の勾玉などのアクセサリーが作られた玉作り集落であり、釜蓋遺跡（大和五丁目）は、弥生時代終末期から古墳時代初頭（約一八〇〇年前）の環濠集落で、遠隔地と交流を行っていたようである。この二遺跡は、高地性集落斐太遺跡（妙高市・昭和五二年国指定）に追加し、斐太遺跡群として二〇〇八年、国の史跡に指定された。（植木　宏）→遺跡（遺跡）、資料篇「頸城地方（糸魚川市・柏崎市・妙高市の一部を含む）の遺跡一覧」

斐太神社（ひだじんじゃ）

妙高市の宮内集落の西方に鎮座。延喜式内社。祭神は大国主命・事代主命・建御名方命。もとは樋を使用して水田を開拓した事で知られる樴田臣荒人命（樴田明神）を祭っていた。延喜式神名帳には斐太明神とある。平安時代より斐太神社は中風の特効薬を処方し頒布していた。天正年間、上杉謙信は三神を鮫ヶ尾城の鬼門鎮守の神とし、宮内・雪森・籠町・乙吉・十日市の五ヶ村を付与した。しかし、一六五六年の火災で神社の古記録は焼失したと言う。（青山始義）

人柱供養堂（ひとばしらくようどう）

昔、猿供養寺集落の人たちが毎年続く地滑りで大変苦しんでいた折、信濃の国の盲目の旅僧が近くを通りかかったので、集落の人たちはその旅僧にどうしたらよいかと相談を持ちかけた。集落の苦しい状況を知った旅僧は、自ら進んで人柱となることによって地滑りを防ぐことができた。この話は伝説であると思われていたが、一九三七（昭和一二）年三月、村人が田んぼの客土をするため土を掘っていて大甕を掘り出し、中から座禅姿の人骨を発見した。これにより人柱伝説が真実であると分かった。村人はこの旅僧に感謝し人柱供養堂を建立した。（瀧田　寧）

毘の軍旗（びのぐんき）

上杉軍の軍旗「毘」は、上杉謙信が熱烈に信仰していた毘沙門天（びしゃもんてん）の一字をとったものである。謙信は春日山（かすがやま）城中に毘沙門堂を創建し、毘沙門天画像（絹本著色、重文、上杉神社蔵）を祀った。この画像は甲冑を着し、左手に宝塔を、右手に鉾を持ち、足下に赤青二邪気を踏みつけている。毘沙門天は須弥山《しゅみせん》の北方を守護する武神、すなわち北方守護神である。謙信は自らを毘沙門天の化身と信じ、天皇・将軍のおられる京都と、その北方越後を守護しようとした。家臣たちにとってみれば、敵を寄せつけない威風堂々たる毘沙門天画像の姿態は、そのまま謙信の勇姿と思えたに違いない。それゆえ、毘の軍旗が戦場にたつと、上杉軍は必勝を期し、水火《すいか》も辞せず、勇猛果敢に戦った。（花ケ前盛明）

ヒミズとモグラ

両種は食虫目モグラ科に分類される。上越地方では、海岸部のクロマツ林や山地のコナラ林、妙高山などの亜高山帯にまで広く分布する。ヒミズは、本州、四国、九州、淡路島、対馬、五島列島、山口県見島、本県の粟島に分布する日本固有種で、北海道や佐渡には生息しない。頭胴長八九～一〇四ミリメートル、尾長二七～三八ミリメートル、体重一四・五～二五・五グラムほどの小型のモグラである。林床の落葉層、腐植層で半地下性の生活をしているが、地表に現れ昆虫類、ミミズ類、ジムカデ類、クモ類を捕食する。トラップによる捕獲では、サツマイモ、ピーナッツなどの餌でも捕れることから、草木の根や種子も食すると推察できる。別属で本種よりさらに小型のヒメヒミズは、勢力の強い本種に圧迫され標高の高い地域の森林や草地に局所的に分布している。筆者は、火打山の黒沢出合付近（標高約一六〇〇メートル）で、一頭の雄を捕獲したのみである。

アズマモグラは、越後平野や佐渡を除く、粟島や本州中部以北に生息する日本固有種で北海道には分布しない。農耕地周辺や山地の林に生息する。水田の周囲にも多く生息するが、近年、農道が舗装されたり踏み固められたりしたため生息数は減ってきている。完全な地中生活者で坑道（トンネル）の直径は約三～四センチメートル程度。肉食性で、主にミミズを餌にしているが、昆虫の幼虫、アリ、ムカデ、冬眠中のカエルなども食す。ところで、佐渡には、大型のサドモグラが生息し「レッドデータブックにいがた」では、準絶滅危惧種に指定している。新潟を中心に、新発田、五泉、新津、加茂、三条、吉田、弥彦、見附、栃尾の周辺には、サドモグラよりもさらに大型で日本最大のエチゴモグラが生息している。圃場整備や農地の宅地・工業用地への転用による生息環境の悪化で絶滅の恐れがあり「環境省レッドリスト」では、絶滅危惧ＩＢ類（ＥＮ）に指定している。（春日良樹）→ヤチネズミとハタネズミ

ヒメネズミ→アカネズミとヒメネズミ

ヒヨドリ
スズメ目ヒヨドリ科。村落、里山、街中など、どこにでもいて普通に見られる鳥。ヒーヨ、ヒーヨと聞こえる鳴き声からヒヨドリと名づけられた。赤や黄色の実が好きで、庭木や鉢物にそうした実があると食べに来る。街中の庭木にも営巣する。ヒヨドリは年中すんでいる留鳥とされていたが、近年上越教育大学の研究で、春に南の方からやって来て繁殖し、秋にはまた南へ帰る夏鳥と、秋に北の方からやって来て冬を過ごし、春にはまた北へ帰る冬鳥とがいることが分かった。この冬鳥も雪が多くなると更に南へ移動する。頸城野地方でも、春は北へ秋は南へ群で飛んで行くヒヨドリの群がみられ、大きい群は一〇〇～二〇〇羽ほどになる。（山本　明）

平出　修（ひらいで・しゅう、一八七八～一九一四）
弁護士・歌人・小説家。号は露花・黒瞳子。中蒲原郡石山村猿ヶ馬場（現・新潟市）にて、児玉家の八男として生まれた。亀田高等小学校を卒業後、約六年間小学校の教員をした。その間、露花と号して地方新聞に、短歌、俳句、評論を発表、一九〇〇年、与謝野寛主宰の新詩社同人となり雑誌『明星』に短歌、評論を発表。高田市馬出町の弁護士平出善吉の妹ライと結婚。翌年、妻を伴い上京、明治法律学校（現・明治大学）に学び、卒業後、判検事登用試験に合格し司法官試補に任ぜられるも、一九〇四年、これを辞し弁護士登録。翌年、神田区北神保町にて独立開業する。『明星』廃刊後、一九〇九年一月、彼の家を発行所とし、高村光太郎、石川啄木らと文芸雑誌「スバル」を発刊。一九一〇年、大逆事件において紀州組の崎久保誓一、高木顕明の弁護を引き受けた。石川啄木は彼の弁護に影響を受け、この事件を作品として小説数篇を著した。一九一四年、三七歳で死去。寺町三丁目にある性宗寺の平出家墓地に眠る。現在、生家跡には平出修生誕の地として記念石碑が建てられている。（杉山精一）

平出修の旧居（ひらいでしゅうのきゅうきょ）→**中澤家住宅離れ**（なかざわけじゅうたくはなれ）

平野団三（ひらの・だんぞう、一九〇五～二〇〇〇）
新潟県頸城地方の地域史研究家で仏教美術史家。一九〇五（明治三八）年、現在の上越市大字長岡に生まれた平野は、一九二六（大正一五）年樺太にて教員生活に入った。そして昭和という時代が始まった同年、平野は樺太（現・サハリン）―東京間をス

キーで縦断したいとの思いにかられ、二一歳の小学校教師はそれを決行した。四一日間、一三六〇キロに及ぶスキー踏破である。平野は、戦後の一九四七（昭和二二）年地元にもどると、頸城地方で教員生活を再開した。それからほどなく、頸城地方の埋蔵文化財や古代美術史研究で活躍することになった。その際、フィールドとしてはたしかに上越一帯を直接の研究対象としつつも、平野はこれを中央の添え物、補助の研究とするのでなく、頸城野という一地域の歴史と文化とを中央から独立させて探究し、郷土研究を普遍史的見地から叙述した。あるいはまた、一地域の中に日本のどこでも参考になる研究課題、いや世界各地と比較可能な普遍的研究課題を発見している。そのような研究スタイルを決定付ける機会は、一九五二（昭和二七）年前後に訪れた。古美術史の碩学で新潟大学教授の金原省吾博士との邂逅である。金原は平野に上越古代石仏群の調査研究を奨めたのだった。ただし、平野史学はけっして石仏に限定されるわけでない。古代中世の交通路や荘園制に関しても、多大な業績を我々後進の研究者に残している。（石塚正英）

平野秀吉（ひらの・ひできち、一八七三〜一九四七）

西蒲原・巻生まれ。国文学者。歌人であり、『山嶽歌集駒草』『山嶽の歌　高嶺いばら』がある。一九〇一（明治三四）年高田師範学校教諭兼舎監となる。翌年、『国語音声学』を発刊した。大正四年、『綴り方の根本研究』を上梓するなど教育関係の著作もある。一方で、四〇数年かけて万葉集の研究を続けてきた。その集大成は没後、『全釋万葉集昭和略解』と題して発刊された。（青山増雄）

ヒラメ・カレイ類（ヒラメ・カレイるい）

カレイ目（ヒラメ科、カレイ科）。頸城地方で漁業対象として最も重要視されているのがこのヒラメといえる。産卵のため砂浜に近づく大物をねらう漁師が多い。近年ではやや成長した幼魚の放流に力を入れている。カレイ類では、四月から五月にかけて食卓を飾るマガレイ漁が盛んであり、主に刺し網によって捕獲される。頸城野では、マガレイはオチョボ口の形状からクチボソと呼ばれ、煮付けや唐揚げの素材として喜ばれている。河口域に仕掛ける刺し網にはイシガレイがよくかかる。また、夏から秋にかけてはシタビレメの仲間である、クロウシノシタ、アカウシノシタの漁がある。味から判断して価値の高いのは後者である。（高橋　卓）

蛭子（ひるこ）

清里区岡野町にのこる市神石祠の祭神。蛭子は日本神話において、イザナギ・イザナミが最初に生んだが葦の舟で遠方に流された未熟児だが、これは遠方からさまざまな文物制度をもたらす神である。また、蛭子は『慶長二年越後国郡絵図』に「ひるこ峠、飯田ヨリ五里」と添え書きされた絵図によって有名である。ここに記されている「飯田」とは頸城平野にある飯田村である。飯田村（上越市）→高津村（同）→油田村（同）→新井村（牧区）→びるこ村（牧区）→まきの村（同）→ひるこ峠と歩むことになる。

この峠を「ひるこ」としたのは、遠隔交易とそれによって行き交う文物制度に関係する峠だからではないかと推測される。なお、この峠を現在は、「昆子（びりご）峠」とも「昆子街道」とも呼称している。（石塚正英）→牧峠（まきとうげ）

ふ

フイゴ祭り（ふいごまつり）

鍛冶職人の祭りで、一一月八日または一二月八日に行う。火床（ほど）に火を熾（おこ）さず鍛冶仕事を休み、鞴（フイゴ）にお供え餅を飾り、仕事場の神棚（多くは不動明王）の飾りを新しくし、海幸山幸とお神酒を供える。（久米　満）

フォッサマグナ

上越地方は、いわゆるフォッサマグナの只中に位置している。フォッサマグナ（Fossa Magna）はラテン語で「大きな溝」を意味する。この地形は、糸魚川・静岡構造線という断層（西縁）と、柏崎・千葉構造線という断層（東縁）で区切られた一定の幅をもつ地帯をなす。その幅の中を南北に火山群（焼山・妙高山・黒姫山・飯綱山・八ヶ岳・富士山・箱根・天城山など）が走る。（石塚正英）

舞楽（ぶがく）

舞楽とは、舞踊を伴った雅楽のことである。舞と太鼓、笙などの楽器が用いられ、舞踊のための舞台が設営され、その場で雅楽に合わせて神殿に奉納される舞をいう。舞楽は唐楽を伴奏音楽とする「左方」と、高麗楽を伴奏音楽とする「右方」という二つの流儀と伝統から成る。「左方」は、装束は青系統色である。朝鮮、満州（渤海国）から伝来した楽舞に基づく。「右方」は、装束は赤系統色であり、中国、西域、インドなどから伝来した楽舞に基づく。舞楽は以下の三種類に分類される。

日本古来の楽舞（倭舞（やまとまい）、久米歌（くめうた）など）
アジア大陸から伝来した楽舞を日本風に改作し、またその形式で新作したもの
日本の歌謡に外来形式の伴奏をつけたもの（催馬楽（さいばら）、朗詠など）

舞楽の発生はアジア大陸である。まず中国経由で日本に伝来したものとして、東南アジア特にインドシナ半島、南部ベトナム地方の林邑楽《りんゆうがく》がある。またインド楽舞と西域地方の楽奏が合わさって中国に伝播し、遣隋使・遣唐使によって日本に持ち込まれたものもある。さらに、北方系つまり中国北部の渤海国より伝来したものや、朝鮮から伝来した楽舞などがある。天津神社（糸川市大字能生）、能生・白山神社（糸川市大字一宮）、根知山寺（糸川市大字山寺）で行われている舞楽は、国指定の重要無形民俗文化財である。いずれの社にも、またその周辺に、奴奈川姫の伝説を持っている点は興味深い。特に白山神社と天津神社はいずれも、奴奈川姫と大国主命を祭神としている。また根知谷には、奴奈川姫に関する多くの伝説が残っている。（唐澤太輔）

福因寺（ふくいんじ）

猿行山。上越市板倉区久々野にある福因寺の来歴によれば、当寺の開基浄念なる者行基に師事し、丈六山下の聖窟に修行し道場を美福院山寺猿行山と称した。その後、一三九二（明徳三）年久々野の現在地に移ったという。山寺三千坊が衰退し、関東武蔵国に移り、再び久々野にもどったといわれている。その時期を一八〇八（文化五）年の「久々野村鑑」に、慶長年間（一五九六～一六一五）とあるが、異説もあり、定かでない。寛文年間（一六二四～四四）に東本願寺から木佛（阿弥陀如来）を下附され、寺号を公称した。その後文化八年に火災に遭い、関係書類全部焼失したので詳細は不明である。福因寺の裏庭には、室町期の宝篋印塔《ほうきょういんとう》や五輪塔があり、これらは山寺山岳仏教時代と関係があると思われる。また当寺には、浄土真宗の宗祖親鸞の末娘覚信尼の絵像がある。覚信尼は、親鸞・恵信の末娘で一二二四（元仁元）年の生まれ、恵信が晩年親鸞と別れて越後で暮らし、覚信との書簡の交流が始まる。覚信は京都で母恵信の代わりに父親鸞の死に立ち会い葬儀を一切仕切った人物、本願寺の基礎を築いた功労者である。絵像は七〇センチメートルに四〇センチメートルの絹本着色で室町期の特色がみられる。（宮腰英武）↓ゑしんの里記念館

福島城跡（ふくしまじょうあと）

近世平城跡・史跡。上越市港町二丁目（消滅）。福島城は、春日山城にかわって、市内港町に築城された近世的な平城である。現在、本丸跡は古城小学校と住友金属直江津株式会社の地籍になっている。古城小学校の校庭に「福島城址」「史跡福島城跡」の石碑がたっている。本丸跡東南隅土塁と隅櫓礎石、土塁の腰巻石が城の名残である。『直江津町史』に転載されている「福島古城址」の図面では、城域は北は日本海に面し、西に関川、東に保倉川、さらに関川と保倉川を挟む西側に外堀を配し、守りを厳しくしている。この約二キロメートルにもおよぶ方形外郭防備の中に、本丸を中心として内郭が整然と配置されていた。福島城は、春日山城主だった堀秀治によって起工されたが秀治は新城を見ずに没し、長子忠俊も三年たらずで改易（領地没収）となり、代わって徳川家康の六男、松平忠輝が六〇万石（七五万石）の大名として入城した。忠輝は高田に新城を築き一六一四（慶長一九）年、高田城へ移り、福島城は廃城となった。二代七年間でその歴史を閉じた。一九六八年の発掘調査で、搦手門や隅櫓の礎石、中国製磁器、織部・天目茶碗など多量に出土し注目を集めた。（植木　宏）

福永神社（ふくながじんじゃ）

福永十三郎（一七二一～七四）をまつった福永神社。上越市中央四丁目六番に鎮座する。福永家は越前屋と称し、代々、回船問屋を営み、今町（直江津）の大肝煎として町政を担当してきた。特に十三郎は高田藩の御用達として、名字帯刀を許され、藩の財政再建に尽力した。当時、高田の田端商人（仲町三丁目）が魚の販売権を独占していたため、今町商人はたびたび田端商人と争ってきた。そのため十三郎は幕府へ訴訟のため江戸へ出向いての帰路、

一七七四（安永三）年七月四日、田端町で急死した。毒殺ともいわれている。直江津の魚商人たちは十三郎の徳をしのび、福永神社を建立した。（花ヶ前盛明）

福永弥平（ふくなが・やへい、一八三九〜一九一七）

高田の塩坪長右衛門の次男として誕生、生後間もなく直江津一の名家・福永家へ養子に迎えられた。非常な勉強家でもあり一八六二（文久二）年には若くして直江津の大肝煎（町政の最高責任者）となる。明治に入ると早速、直江津の荒川に橋を架けることを願い出、一八七二（明治五）年、荒川橋を完成させる。同年には直江津小学校（今町分校）も設立した。一八七八（明治一一）年、明治天皇の北陸巡幸の際には福永家（現在の直江津郵便局の場所）に御座所を新築、ご休憩所として二度も天皇をお迎えした。（瀧田　寧）→今町分校（いままちぶんこう）

福永里方（ふくなが・りほう、一七三七〜一八〇八）

榊原藩の御用達。名字帯刀乗馬を許され、藩財政の立て直しをした直江津、福永十三郎の養子で八代目。大肝煎として多くの功績を残す。特に、「福永文書」は当時を知る重要な文化財。一方、学者、俳人、碁客として京都や江戸迄名を知られる。俳人蕪村ばかりでなく、良寛の父、橘以南とも親しく直江津で句会を開いたりした。芭蕉の句碑「文月や六日も常の夜には似ず」を琴平神社に建立。（青山増雄）

フクロウ類（フクロウるい）

フクロウ目フクロウ科。上越地方に普通にいるのはフクロウとアオバズク。フクロウは周年生息する（留鳥）が、アオバズクは名の通り、南の国から青葉の頃（四月下旬〜五月上旬）に渡ってくる夏鳥。ともに樹洞（木のうろ）に営巣するので、里山や社寺林の大きな樹木のある所で繁殖している。コノハズクは奥山の限定された所にすみ、コミミズクは春秋特に秋の渡り時期に現れる。オオコノハズクは奥山で、トラフズクは平野部で時折見られているが、この地方での生息状況はよく分かっていない。（山本　明）

フサタヌキモ

ゴマノハグサ目タヌキモ科。世界中で日本だけに分布、日本中でも現存するのは一〇ケ所以下といわれ、もっとも絶滅危惧が高い水草の一つ。長さ五〇センチメートルほどで、根はなく水中に漂う浮遊植物。その様子からタヌキの尾を連想し、さらに葉が細かくふさふさと繁ることから名が付いた。七月初めに一〇センチメートルほどの茎を水上に伸ばし、一センチメートルほどの黄色い花を咲かせる。タヌキモの仲間は似たものが多いが、花を咲かせずに種子をつくる「閉鎖花」をつけることから、区別できる。三和区所山田の自生地は一九九九年に筆者らが発見。当時県内では絶滅したとされており、三和村（当時）天然記念物指定を受けたが、市町村合併によって指定が解除された。その後、二〇〇九年に土地所有者の意向で池の護岸工事が行われ、環境が変わったため絶滅が危惧される。近隣の地区の協力で、それらの地区の池に移植されているが、他の池でも生育できるかは不明。もともと全国の平野部の池に生育する水草で新潟平野でも見られたほどだったが、激減したのは水質汚染に特別弱い性質だったためと思われる。（清水尚之）→水草（みずくさ）

布施秀治（ふせ・しゅうじ、一八七五〜一九四七）

教育者・歴史研究家。頸城区手島に生まれる。高田中学に勤務していた一九〇七（明治四〇）年、四月、上杉謙信三百三〇年祭を行う。その記念として高田中学内に上杉謙信文庫が設立。布施が中心となって謙信の遺墨、遺品をはじめ上杉関係の資料数百店が収集陳列された（昭和一六年、高田中学火災で焼失）。一九一一（明治四四）年、高田開府三百年記念事業の高田市史編纂を依頼される。一九一四（大正三）年、発行。地方史の手本として評価される。『上杉謙信伝』による学問的業績から東京帝大史料編纂補佐官に任命される。宮内省では図書寮御用係をもって辞す。（青山増雄）→謙信文庫（けんしんぶんこ）

府中八幡宮（ふちゅうはちまんぐう）

上越市西本町三丁目に鎮座。祭神は誉田別尊（ほんだわけのみこと、第一五代応神天皇）、配神は奴奈川姫と建御名方命（諏訪神社）である。社伝によると、八七〇（貞観一二）年、石清水八幡宮（京都府八幡市）の分霊を勧請し、越後の総社として国司・守護の崇敬するところとなったという。越後守護上杉家時代は守護所の、上杉謙信時代は政庁「御館」の鬼門鎮護の神社として、厚い保護をうけた。ところが、謙信死後に起こった一五七八（天正六）年の御館の乱で焼失したと伝える。おそらく天正七年二月一日、上杉景勝と上杉景虎とが府中一帯で激戦を展開した時、安国寺・至徳寺らとともに灰燼に帰したものであろう。一六三二（寛永九）年、高田城主松平光長によって再建された。江戸幕府から朱印地百石を賜っていた。（花ケ前盛明）

府中八幡宮鰐口（ふちゅうはちまんぐう・わにぐち）

県指定文化財・工芸品。上越市西本町三－七－二六。府中八幡宮。神社などで参拝するとき打ち鳴らす鰐口。府中八幡宮に伝わる鰐口は、銅製で直径四八センチメートル、厚さ一一・五センチメートル、欠損はなく保存状態は良好である。一四四六（文安三）年に道円という人物が満願成就したので、岡前寺《こうぜんじ》に奉納した、と銘文が刻まれている。岡前寺は現存しないが、府中八幡宮を管理する神宮寺として境内にあったとされる。銘文に刻まれた所在地と今の所在地が一致しており興味深い。（植木　宏）

不動山城跡（ふどうさんじょうあと）

中世山城跡・史跡。糸魚川市越字不動山。市指定文化財。不動山城のある不動山は、標高四四九メートルの独立した山塊で天険の要害をなしている。要害集落より二〇分ほど山道を登ると山頂本丸跡に達する。ここからは早川、西海、根知の各谷の大部分、および糸魚川筋を一望に集め連絡要塞として恵まれた位置にある。山頂の周囲は、東・北・西の三面はいずれも数一〇メートルの断崖で、ことに日本海に面する北西面は一層高く急峻絶壁である。遺構範囲は一〇〇〇×七〇〇メートルにおよび、堀切、竪堀、土塁、石垣、井戸やさらに削平地の数が非常に多く、城としての規模の大きさがうかがわれる。かつて井戸から金紋付の椀や膳の破片が多く発見されたと伝えている。本丸跡と呼称される最高所は三五×一五メートルで、その北下方に腰郭を経て四五×二〇メートル程の平地に直径二メートルの円形竪井戸がある。さらに北側四メートル程高く二の丸三五×二五メートルがある。現存する名称として、本丸、二の丸、ダイガミネ（代官面）、のろし場、千人溜、倉屋敷、御殿跡、馬捨場、人切場などが残っている。館跡は、城跡の南西山裾に位置する要害集落内に御殿屋敷跡と呼ばれて残っている。九〇×六〇メートル程の広さがある。創設年代や城主については諸説があり、定かでないが、戦国期には山本寺氏が城主だった。（植木　宏）→山本寺定長（さんぽうじ・さだなが）

ブナ（ブナ林）

ブナ目ブナ科に属する樹木の総称。落葉広葉樹で温帯性落葉広葉樹林を代表する落葉高木であり、この森林帯をブナ帯ともいう。房総半島と南西諸島を除く北海道渡島（おしま）半島以南に広く分布する。葉の大きさは日本海側のものが大きく薄く（オオハブナ）、太平洋側のものが小さくかつ厚くなる（コハブナ）傾向が見られるが、この傾向は連続的なものである。上越から東北地方の日本海側ではみごとな純林を形成することがあるが、太平洋側では純林を形成することは稀である。材は古くから漆器木地や玩具などの器具類に用いられ、近年の特に第二次大戦以降は家具やフローリングなどに多用されており、自然保護の観点から問題視されている。現在では原生林と呼べるものはごく少数しか残っていないが、上越市では風巻神社（上越市三和区岡田）にブナの純林が存し市指定の文化財となっている。神木林として地元民から崇敬され人手にかからなかったため、自然林に近い形で残されることができたと考えられる。（安斎雄基）

府中・府内（ふちゅう・ふない）

新潟県上越市西本町から五智にかけての地域。一般に「越後府中」という。「府中」の文献上の初見は元亨三年八月銘の高野山石塔、ついで文安三年六月銘の府中八幡宮の鰐口、京都常光院堯恵の『善光寺紀行』の寛正六年、『北国紀行』の文明一八年の記事である。府中には守護上杉氏、守護代長尾氏をはじめ家臣団の館や寺社、町人が集まり、旅人の往来でにぎわった。上杉謙信時代、府中の中心は御館であった。府中には上杉家の菩提寺至徳寺、足利尊氏発願の安国寺、上杉謙信建立の善光寺、聖武天皇勅願の国分寺、越後一の宮居多神社などの寺社がたち並んでいた。五智地区の小字名に京都ふうの地名である押出小路・押戸小路などがみられる。謙信は二度の上洛で、京都の町並みを城下町府中に現出しようとしたものであろう。（花ケ前盛明）

冬仕事（ふゆしごと）
一二月から翌年三月までの四ヶ月間、農家は積雪のため屋外の農作業は殆ど出来ない。そこで屋内での藁仕事（藁工芸）に打ち込んだ。一九四五（昭和二〇）年ごろまで、藁および藁製品は農家の日常生活や農作業を支えた。例えば、蓑・草履・草鞋・藁沓、深沓、藁布団・背中ぼち・縄・荷縄・モッコ等・俵・叺・テゴ・つぐら等々、藁つとっこ（藁で作った入れ物）はご馳走入れや納豆作りに、縄は屋根材を固定し、藁を刻んで壁材（スサ）に、部屋や仕事場に莚を敷き、くず藁は家畜の飼料や堆肥に、燃やして炊事・暖房や屋根強化や藁灰に、など。すなわち、燃料・肥料・運搬具防寒具・履物・入れ物・建築材などから諸道具に至るまで、その殆どを藁で作り稲藁は全て使いきった。こうして家族が一年間に用いる藁製品の全てを冬の間に作り、最後に雪の上に晒して仕上げた。また、細縄は、まとめて出荷し貴重な現金収入源でもあった。町には藁製品を商う店もあった。なお、林業においては、山中で切り倒されている原木を里に降ろす仕事、すなわち雪が降り止んだ二月末から三月頃になると大持ち橇に原木を載せ、雪上に道を作り斜面を利用して平地に集めるのも冬仕事である。（久米　満）→稲藁（いなわら）、橇（そり）、つぐら

冬支度（ふゆじたく）
積雪期は、畑も雪の下になる。一一月に入ると家々では、冬の四か月間に食べる野菜として大根・白菜・人参・ごぼう等々を冬野菜として屋内に取り込んだ。一九七五（昭和五〇）年頃まで、大根などを家の入り口近くの屋外に、藁や杉葉で囲う（大根ニョ）家もあった。大根は干して沢庵に、野沢菜は洗ってそれぞれ家毎の味で漬け込み、その他、乾燥保存できるものは天日で干すなどして取り込んだ。さらに一九五五（昭和三〇）年頃までは、薪や炭など燃料も濡らさないようにした。最近は、灯油などを確保し、暖房や除雪の器具等を手入れし、雪の害から樹木を守るために竹・丸太などで囲い縄で結わえたり（冬囲い）、窓ガラスを守るために外から厚い板で防護した。浜沿いの家々では、強烈な季節風を避けるために板や萱で風除けをするなど、人々は僅かな晴れ間をみて忙しく冬支度を整える。（久米　満）

ブリ
スズキ目アジ科。上越では、その大きさからツバイソ（体長一〇センチメートルくらい）、フクラギ（体長二〇から三〇センチメートルくらい）、イナダ（体長四〇センチメートル以上）、ブリ（体長六〇センチメートルくらい）と名称をかえる出世魚である。成長と季節により、日本海全体を回遊する魚種であることが判ってきた。新潟近辺ではお正月にかけて水揚げされる富山県の氷見や佐渡の寒ブリが有名だ。しかし、頸城近海への回遊は四月から五月にかけてであり、ブリ刺網という漁法で捕獲される。（高橋卓）

フリースクール
一九八〇年代以降に教育の現場で注目されるようになった、登校

拒否や引きこもりがちな児童を対象とした学校法人外教育機関の総称。主に社会福祉法人、NPO法人が運営する。その草分けは東京都北区で一九八五年に創立された「東京シューレ」（一九九九年NPO法人認証）である。上越市では旧安塚町時代の一九九六年に創立された「やすづか自由学園」（現在の「〜自由の学び舎〜やすづか学園」）が最初である。後者は教育理念として「自然文化教育（豊かな自然や地域社会と一体となった文化的実践の教育）」を掲げ、くびき野の自然と文化に密着した教育を目指している。上越市にはそのほか一九九五年創立の「国際フリースクール I CAN」（二〇〇五年NPO法人認証）があるが、こちらはくびき野の自然や文化に直接関係してはいない。（石塚正英）

風呂屋（ふろや）→湯屋（ゆや）

へ

米菓（べいか）

米菓ないし煎餅は、明治二〇年代に埼玉県の草加地方と新潟県の上中越地方で製造が開始した。上越では、柏崎出身の関野栄吉が小千谷出身の新野信太郎（あらののぶたろう）とともに一九〇五（明治三八）年に「八重雲煎餅」と「大和勝餅」を製造販売した。関野米菓（すでに廃業）である。当時の世相を反映して付けられた名称「大和勝餅」は明らかに日露戦争（一九〇四〜〇五年）に因んでいる。その後幾つかの米菓会社が設立され、「魚錦（うおにしき）」、「スキーせんべい」といった名称とともに米菓は上越の特産品となっていく。一九四九（昭和二四）年創業のみながわ製菓は「日本一の新潟米を主原料に、すばらしい自然からの清らかな水、澄んだ空気、そして独自の技術でおいしい米菓を全国の皆様にお届けしております」「自然の恵みを享受できるすばらしい地域に立地し、その恵みに深く感謝しながら、社員一同、心を込めた製品づくりに励んでおります」と、くびき野の風土を称えている。（石塚正英）→関野栄吉（せきの・えいきち）

米山寺城跡（べいさんじじょうあと）

中世山城跡・史跡。上越市柿崎区米山寺・岩手。米山寺城は、米山寺集落の東方、柿崎川右岸の標高一〇〇メートルの丘陵上に位置する山城である。黒川小学校グランド裏より一〇分ほどで主郭へ登る。地元では城山と呼んでいる。城域は一五〇×一五〇メートル程で小規模ではあるが、尾根を三ヵ所の大型堀切で区切り、横堀、竪堀、土塁、連続竪堀、虎口など防御施設が巧みに配置されている。主郭は二二×一六メートルで南側中央に虎口（出入口）の跡が残っている。戦国時代には、上杉家の重臣柿崎氏の勢力下にあり、また御館の乱との関連も考えられる。（植木　宏）

米山寺館跡（べいさんじやかたあと）

中世館城跡・史跡。上越市柿崎区米山寺字尾立。米山寺館は、米山寺集落の入口、米山橋の正面にある段丘の先端部に位置する。館の北と西側に七〜一〇メートルの段丘崖がめぐっている。遺構は、東西一二〇×南北七〇メートルの台形で、南側を除く三辺に土塁、また堀切、井戸跡も残っている。現在、館の中は畑地で、陶器片等も採集されている。米山寺城の館跡とされている。（植木　宏）

平成雁木→平成雁木サンサン通り・平成雁木

米大舟（べいだいしゅう）

民謡。市無形文化財。現在、夷浜や黒井、大潟区潟町、土底浜の人たちによって継承されている。夷浜では、米大舟保存会が活動している。そもそも江戸期、ベンザイ衆（弁財船即ち北前船の船頭や船乗り）の伝えた民謡が「ベンザイ衆」で、その訛りベイダイシューあるいはベエザイシュウの当て字。大潟町に残る伝説によれば、享保年間の初期、毎年干ばつと長雨で上越地方は凶作が続き、特に犀浜の被害はひどく飢饉に苦しんでいた。この窮状を、奥州酒田から大坂へ向かう途中直江津に寄港していた船の船頭・亀田伊兵衛が聞き、後日酒田に帰って募った救援米を満載して潟町に運んできた。地元の人々は大いに感謝し宴を開いたが、この席で主賓の伊兵衛が唄い踊ったのが潟町の米大舟の始まりとされる。かつては上越各地で唄い踊られていた。北前船の寄った土地には、それぞれ似たような盆踊り唄が伝えられているという。数人の男女の音頭とりが太鼓に合わせて歌い、踊り手はゆっくりと踊り、時々合いの手を入れる。一時、消えかかったが、相馬御風や郷土史家の渡邉慶一の働きかけで、一九三八（昭和一三）年、夷浜の人たちが保存会を立ち上げた。その後、NHKの全国放送や民謡研究家町田嘉章《かしょう》などによって広く紹介された。盆踊り唄なので夷浜では、九月二・三日の夜だけ寺の境内で催されていたが、現在は、場所も神社境内に移り、八月二〇日の夜のみ夷浜集落総出で踊る。この他、黒井、潟町、土底浜では、盆や祭礼に唄い踊られている。（久米　満、瀧田　寧）→北前船（きたまえせん）

平和記念公園（へいわきねんこうえん）

直江津の川原町（現・上越市川原町）の東京俘虜収容所第四分所（通称直江津捕虜収容所）跡地に、一九九五（平成七）年に開園。園内には、第二次大戦中にこの地で亡くなったオーストラリア人捕虜と、戦後戦犯とされ処刑された八名の日本人看守を弔う二基の追悼碑と、平和友好を願う「飛天像」があり、毎年八月一五日は「平和の集い」が開かれる。第二次大戦におけるシンガポール陥落で、オーストラリア人約三〇〇名が日本軍の捕虜となった。彼らは直江津捕虜収容所に収容されたが、内六〇名が一九四四（昭和一九）年三月までに次々と死亡した。また戦後の横浜裁判において、同所内での捕虜の扱いを巡って八名の日本人が責任を問われ処刑された。一方、オーストラリアのカウラ捕虜収容所には多くの日本人捕虜が収容されていた。一九四四（昭和一九）年八月五日、千余名の日本人捕虜が集団脱走を企て、オーストラリア人警備兵との間で戦闘状態に陥った。この戦闘の結果、オーストラリア人警備兵四名、日本人捕虜二三一名が死亡し、後にカウラ事件として知られることになる大惨事となった。この事件を悼み、カウラ捕虜収容所跡地周辺に日本人戦没者霊園や日本庭園が設置された。一九七八（昭和五三）年、直江津高等学校校長宛に元捕虜であったセオ・リー氏から手紙が届いたのをきっかけに、上越市とカウラ市の交流が始まった。直江津捕虜収容所の存在は、それまではタブーとして上越市民の間ではそれほど知られてはこなかったが、この交流を通じ、カウラ市の日本人戦没者霊園や日本庭園の存在、毎年そこで慰霊祭が開かれている事実が市民の間で広く知られ始め、平和記念公園設置の運動の機縁となった。なお、終戦時において日本国内には九一箇所の捕虜収容所があったが、跡地を平和記念公園にしたのは直江津のみである。（安斎雄基）→直江津捕虜収容所（なおえつほりょしゅうようじょ）

ベニズワイガニ

エビ目クモガニ科。松葉ガニと呼ばれるズワイガニに似るが、体色が赤みを帯びており、生息水深がそれ（水深四五〇メートル以浅）に比べて深い（水深四五〇メートル以深、二千五百メートルくらいまで）。能生漁港の沖合がこのカニの漁場である。水分が多く鮮度が落ちやすい。商品となるまでに成長するには明確には判っていないが四年から五年以上かかるとされ、貴重な水産物といえる。（高橋　卓）

ヘビ類（へびるい）

爬虫類有鱗目の仲間で、上越地方では、シマヘビ、ジムグリ、アオダイショウ、シロマダラ、ヒバカリ、ヤマカガシ、タカチホヘビ、ニホンマムシの八種類が見られる。シマヘビ（ナミヘビ科）は体長一〜一・二メートル程度。平野の水田部から山地に生息し、もっともよく見られる種である。体の色は黄褐色で頭から尾に四本の黒い縞がある。幼蛇は成体と違い小豆色の横縞がある。比較的おとなしい性格で、毒はない。水田のあぜ道、山地の道路などでよく見かける。カエルや小動物を食べる。ニホンマムシ（クサリヘビ科）は毒ヘビである。体長は五〇〜七〇センチメートル程度。頭は三角形で尾が短い。体色は褐色で黒い銭形模様が背中にあり、林の中などでは区別がつきにくい。他のヘビが卵を産むのに対して、卵胎生といって幼蛇で生まれる。（梅林　正）

弁才船（べんざいせん）

北国船、ハガセ船について活躍したのが弁才船である。「千石船」などとも呼ばれた。もともと瀬戸内海において帆走専用の船として利用されていた。弁才船の経済性・安定性に領主たちは着目し、これを廻米にも利用するようになっていった。弁才船はしだいに在来の北国船やハガセ船を圧倒し、現在の糸魚川市能生近辺ではハガセ船が遅くまで残っていたものの、一八世紀半ばまでにはほぼ弁才船一色になっていった。（唐澤太輔）→北国船（きたまえせん）、ハガセ船（ハガセぶね）、北国船（ほっこくぶね）

ほ

保（ほう）

一一世紀後半の律令制的郡郷の再編過程であらわれた公領の所領

単位で、国家所有の荘園と実質いってよい。未開地の開発のために設定された開発領主による開発地であり、開発領主は領域内の勧農（農民指揮）と地子・公事（公領では田率官物という）徴収権を持っていた。（山本希一）→高田保（たかだほう）、富川保（とみかわほう）

宝引（ほうびき）
冬、炬燵を囲んでする主に大人（特に女性）たちの遊びである。長さ一メートルくらいの麻紐を人数分用意し、当りの紐に古銭などを結びつけておき、その他の紐も一括束ね、親になったものがそれを握り隠し、参加者に紐の端を選ばせる。当りを引いた者が景品を受け取る遊び。引かせる親が笑いを誘う呪《まじな》いや囃子をいれながら。景品が時に小銭であったりミカンであったり、当った者が次回の親になり、連続親は景品を独占できるなどとその場ルールをつくって楽しんだ。（久米　満）

報恩講（ほうおんこう）→**おたや**

報恩寺（ほうおんじ）
上越市吉川区山直海字大塚八二九。寺伝（明治初年書上）によると、創建七五四（天平勝宝六）年五月、開山は鑑真和上という。三二世堯泉（一六二八（寛永五）年寂）が、字古筒の旧境内を廃し、字大塚の現在地に移した。四一世知心が、一七七八（安永七）年一二月に開山鑑真の供養塔を境内に建てた。寺宝に銅造薬師如来懸仏（県の文化財）がある。（太田空賢）

坊金の大スギ（ぼうがねのおおすぎ）
県指定文化・天然記念物。上越市安塚区大字坊金字武能。坊金神社。この大スギは、大字坊金の霧ヶ岳中腹に建立された神社の境内地に生育している。独立樹で、目通り八・二メートル、高さ約二五メートル、枝張り二三・二メートル、樹齢は約八〇〇年と伝えられている。遠方からも、樹姿を確認することができる。直峰城の支城（坊金城）があった頃は、鐘をその枝に吊り下げ連打して合図したという言い伝えもある。（植木　宏）

宝珠文刺衲袈裟（ほうしゅもんしのうけさ）
県指定文化財・工芸品。上越市寺町二―六―四五。浄興寺。この袈裟は、親鸞が創建した浄興寺の二世善性（一一九九～一二六八）が着用したといわれるもので、横被《おうひ》とともに県の指定を受けている。袈裟は、布を長方形に裁断し、田の形（田相・でんそう）に縫いあわせて作られ、布の数で五条・七条・九条などと分かれる。この袈裟は本来、九条であったものを七条に改作したものと伝えられている。わが国に伝わる鎌倉時代の数少ない古袈裟の一つとして貴重な遺品である。（植木　宏）

法定寺（ほうじょうじ）
上越市浦川原区法定寺一一四五。真宗大谷派。真言宗であったが江戸時代末に改宗。縁起によると、七三九（天平一一）年、僧行基により開山されたという。大同二年坂上田村麻呂が七堂伽藍を建てたといい、近くに「堂」「坊」などのつく地名が残っている。一五七八（天正六）年の御館の乱に負けた長尾景虎派に味方したため、翌年景勝派に焼かれた。宝物に県の文化財に指定されている鎌倉時代作の金銅五鈷鈴・銅五鈷杵がある。（太田空賢）

法定寺系石仏群（ほうじょうじけいせきぶつぐん）→**大光寺石**（だいこうじいし）

法定寺城跡（ほうじょうじじょうあと）

中世山城跡・史跡。上越市浦川原区法定寺。法定寺城は、法定寺地籍の標高一二九メートルの城山《しろやま》に所在する山城である。城山は東頸城山系西端の万年山（標高一九九メートル）から派生して三和区払沢集落方向へ落ち込む山塊の先端である。別名を万年山払沢城ともいう。大手の道は払沢集落側にあったようで、今も山麓に「おおて」の通称名が残っている。城構えはさほど大きくなく、払沢の登り口から二〇分程で山頂に達する。中心郭は六〇×三〇メートル程あるが、くぼ地や段差があり一定していない。ここより南東尾根続きに約二メートル高く三五×一〇メートル程の削平地があり、ここが最高所となる。中心郭から尾根は四方にのび、各尾根の付け根部分を数条の堀で切断し、さらに削平地、竪堀など併用して中心郭を防備している。築城時期や歴史は不明であるが、南北朝期から戦国期に活躍した城と考えられる。（植木　宏）

報尽為期碑（ほうじんいごひ）

上越市吉川区尾神獄中腹。一八八三（明治一六）年三月一二日、東本願寺再建の用材運搬中、尾神獄雪崩事故で二七名が犠牲になった。その顕彰碑が地元関係者の努力が実り、一八八七（明治二〇）年九月に建立された（前身ともいえる小さな碑が明治一六年一一月に建てられていたらしい）。題字は大谷勝尊の揮毫《きごう》で、ある。正面の碑文は小栗栖《おぐるす》香頂《こうちょう》の撰、東南家賢の書である。左面には殉難者名が刻まれている。（太田空賢）

宝蔵院（ほうぞういん）

妙高市、県指定史跡。三社権現の維持管理に当たる別当寺として、遅くとも一五世紀後半には成立した。上杉謙信の時代には七〇余坊を擁し、信濃口の最前線基地として重視された。一五八二年信濃口より進攻した織田信長の武将森長可によって関山神社一帯が焼き払われた上に、一六〇〇年の越後一揆に加担した為、堀秀治により徹底的弾圧を蒙り荒廃した。その後、復興に尽力したのは大僧都俊海でした。俊海は家康の信任厚い天海の弟子となり、東叡山寛永寺の末寺となって天台宗に改宗。妙高山雲上寺宝蔵院は一六一一年松平忠輝（家康の六男）の付家老大久保石見守より朱印一〇〇石と妙高五山の山林竹木の支配及び諸役免除の特権を獲得。この広範な特権により社領外の農村も支配した。正式の朱印状は一六四八年家光より下付され、以後将軍の代替わり毎に下付された。歴代の院主は寛永寺から派遣された。（青山始義）

法然上人絵伝（ほうねんしょうにんえでん）
県指定文化財・絵画。上越市寺町二―六―四五。浄興寺。浄土宗を開いた法然（一一三三〜一二一二）の誕生から入寂までの生涯を追って描かれ、絹本着色の六幅からなっている。それぞれの幅には一二〜一四事績が描かれ、上段から下段へと物語が展開している。法然の教えを広げるための絵解きに使用された。制作年代は鎌倉時代末と考えられている。大きさは、六幅とも縦一五四センチメートル、横八二・五センチメートルである。（植木　宏）

北越急行ほくほく線（ほくえつきゅうこうほくほくせん）→**北越北線**（ほくえつほくせん）

北越北線（ほくえつほくせん）
信越本線黒井駅と上越線六日町駅を結ぶ第三セクター鉄道。一九二二年四月の改正鉄道敷設法別表第五五号の三には、「新潟縣直江津ヨリ松代附近ヲ經テ六日町ニ至ル鐵道及松代附近ヨリ分岐シテ湯澤ニ至ル鐵道」の規定があり、これに基づく路線であった。改正鉄道敷設法が施行されるや、直江津・六日町ルートと直江津・湯沢ルートとの間で「南北戦争」と呼ばれる誘致合戦が繰り広げられたが、距離の短い直江津・六日町ルートが採用された。これが北越北線であり、湯沢へ向かうルートが北越南線と呼ばれた。しかし、着工にこぎつけたのは半世紀近くも後の六八年であり、しかも、完成までに二二年を費やした鍋立山トンネル等の難工事があった。しかし、旧国鉄の経営悪化を理由とする国鉄再建法（八〇年）によって工事が凍結されてしまう。工事は、北越北線を引き継ぐ第三セクターの北越急行株式会社が八四年に設立されたことで、再開されることになる。当初は非電化での工事再開であったが、時速一六〇キロメートル運転が可能な高規格の電化路線へと計画変更され、九七年三月に開業。これに対応するため、他の線区では見られない特殊な五燈式信号機が採用されている。「ほくほく線」の名称は公募で選ばれ、「北越北線」を縮めて平仮名書きしたものであり、これが正式名称である。ほくほく線経由で越後湯沢と金沢を結ぶ特急「はくたか」は線内の直線区間で時速一六〇キロメートルで走行し、在来線で最速の特急列車である。二〇〇四年一〇月二三日の新潟県中越地震の際には、早くも一一月二日には全線で運転を再開している。経営的には毎年数億円の黒字であるが、九割は特急列車からの収入であるため、北陸新幹線の金沢開業後の経営が懸念されている。（石川伊織）

墨書土器（ぼくしょどき）
土器に文字や図柄を墨書した土器をいい、おもに古代から中世にかけての遺跡から出土する。上越市柿崎区柿崎の木崎山遺跡で平成四年の調査において墨書土器が発見された。また、旧三島郡和島村（現・長岡市）の八幡林遺跡では平成五年に大量の墨書土器が発見された。上越市の岩ノ原遺跡では一九九六（平成一八）年に「石井庄」「石庄」と記された墨書土器が出土し、奈良時代（七五三年頃）に上越地方に存在した東大寺領石井庄の可能性が高まった。（石塚正英）

北辰自由党（ほくしんじゆうとう）→**頸城自由党**（くびきじゆうとう）

北陸自動車道（ほくりくじどうしゃどう）

北陸自動車道は、新潟県新潟市江南区の新潟中央ＪＣＴから滋賀県米原市の米原ＪＣＴへ至る、北陸地方の日本海沿いを縦貫する高速自動車国道である。新潟県内では新潟市から長岡市・上越市を経て海岸部を通り、富山・石川・福井の各県を経由して、終点の滋賀県米原市で名神高速道路に接続する総距離四七六・五キロメートルの高速道路である。ほぼ全線国道八号線と並行して走っており、八号線の混雑緩和と北陸地方各都市と阪神・中京圏との接続を目的としている。また、冬季には豪雪地帯を通っているため物資供給の生命線ともなっている。一九七二年に石川県の金沢－小松間の開通が最初で、八八年に全線開通したが、その後部分的な路線の改変を経て一九九七年新潟亀田と新潟空港間の開通で、新潟市から米原市に至る全線が開業した。（杉山精一）

北陸新幹線（ほくりくしんかんせん）

北陸新幹線とは、上信越・北陸地方を経由して東京と大阪を結ぶ計画の整備新幹線である。長野市が冬季オリンピックの開催地となったことから一九九七年に東京－長野間が長野新幹線（開業当初は長野行新幹線）の名称で先行して開業した。一九九八年には長野－上越間の工事実施計画が認可され着工された。二〇〇〇年には政府・与党申合せで富山までの着工が決まり、二〇〇五年に石川県白山市（営業は金沢駅まで）の整備が認可され、起工式が行われた。それ以降のルートについては福井を経て敦賀までの計画あるいは認可・着工は決定されているが、どのように京阪神地方へ接続するか決定されていない（二〇〇九年現在）。（杉山精一）

北陸本線（ほくりくほんせん）

敦賀・金沢・富山・糸魚川を経由して東海道本線米原と信越本線直江津を結ぶ三五六・五キロメートルの旧国鉄本線。一八七二（明治五）年に新橋・横浜間、七四年に大阪・神戸間に官営鉄道が開業し、続いて中仙道経由で東西を結ぶ幹線の建設が始まる。すでに七七年に開業した京都駅から東に向かって工事は進む。八〇年に京都・大津間が開通。琵琶湖の水運を利用して長浜に至り、ここからさらに東進することになる。長浜・敦賀間はこの工事のための資材運搬線として建設され、八二年に開業する。八六年に幹線は中仙道から東海道に変更されるが、変更されたのは関ヶ原以東である。八九年に東海道線との接続駅を米原に変更。敦賀以東は九九年に富山まで開通。これより東は富山と直江津の双方から工事が進められ、一九一三年に青海・糸魚川間が完成して全通する。北陸本線は信越本線同様、幹線の東海道への変更後も日本海側と太平洋側を結ぶ重要幹線としての位置を保持する。とりわけ、敦賀はウラジオストックへ向かう連絡船の発着港であり、第二次世界大戦以前、シベリア鉄道経由でヨーロッパへ向かう最短ルートであった。東京からモスクワまで一二日、ベルリンまで一四日、パリまでは一五日で到着した。急勾配と海岸沿いの急峻な地形が連続する難所を経由するため、北陸本線は線路改良が繰り返し行われた。近江塩津・敦賀間にループ線を配して柳瀬トンネル経由の旧線を廃し、北陸トンネル・倶利伽羅トンネル開削による急勾配と迂回ルートを解消した。新潟県内では、市振・青海間の親不知・子不知、また糸魚川・直江津間で、海岸沿いの旧線を廃してトンネルで結ぶ工事が行われた。この結果、能生駅は八〇〇メートル、筒石駅は一〇〇〇メートル、名立駅は一三〇〇メートルも山側に移動し、筒石駅に至っては頸城トンネル内の地下駅となった。これ以外にも、旧線の廃線跡は今なお随所にみられる。糸魚川・直江津間の改良工事が一九六九年に完成して、米原・直江津間の全線が複線電化された。一九八七年の国鉄分割民営化によって、北陸本線はJR西日本に引き継がれる。現在、特急列車以外には信越本線から北陸本線へ直通する列車はない。北陸本線は交流二〇〇〇〇ボルト・六〇ヘルツで電化されている。電化当初は米原・田村間と糸魚川・梶屋敷間に、直流一五〇〇ボルト区間と分離するためのデッドセクションが設けられた。両区間を直通する車輌には交直両用の形式が用いられる。関西圏の通勤・通学圏が拡大したことから、関西側の直流区間を敦賀駅構内まで延長する工事が二〇〇七年に完成し、現在では東海道・山陽本線の直流型快速電車が敦賀まで乗り入れている。これに引き換え新潟側はローカル線化が進行している。北陸新幹線の金沢延伸で、並行区間の第三セクター化と優等列車の廃止が計画されており、一層のローカル線化が懸念される。（石川伊織）

ホクリクムヨウラン
ラン科の多年草。葉を持たず葉緑素も持たず地下で生活しており、花を咲かせるときだけ地上に現れる。ラン菌に百パーセント依存しているいわゆる腐生ランである。ラン菌は、赤松やコナラなどの共生菌とされている。六月ごろ、三〇センチメートルほどの茎を伸ばし、二センチメートルほどの黄紫褐色の花を数個つける。上越市の海岸近い丘陵には県内でももっとも多産する。（清水尚之）→ラン科植物（らんかしょくぶつ）→写真ページ

保阪貞吉（ほさか・さだきち、生没年不詳）
上越地方最大の地主。津有村の大地主保阪家は、近世期に代々村役人を務めた名門。戸野目村の保阪貞吉家は、度重なる火災や菩提寺焼失のため詳細は明らかでない。貞吉は一八七九（明治一二）年、高田呉服町に開業した第百三十九銀行の設立の際、出資者として一〇万円を拠出。また、小学校新設のために敷地や校舎、学校田を寄付するなどまちづくりを支えた。廃藩置県の際に高田外堀に植えた蓮根は、のちに東洋一のハスと呼ばれ、現在も市民に親しまれている。なお、保阪家からは結核予防の功績者である柳沢謙が輩出している。主な著作に『結核対策の実際』（創元社、一九四五年）がある。（桑野なみ）→大地主の建築（おおじぬしのけんちく）、上越はすまつり（じょうえつはすまつり）

戊辰戦争（ぼしんせんそう）
戊辰戦争は一八六八（慶応四・明治元）年から翌六九年五月まで

近畿地方から蝦夷地に及ぶ東日本一帯で、新政府と旧幕府・佐幕派勢力との間で行われた明治維新期の内乱。その始まりとなった一八六八年一月の鳥羽伏見の戦いのあと、越後で北越戊辰戦争と呼ばれる新政府軍と佐幕派との戦争が起こった。譜代大名である高田藩の立場は微妙なものであったが、結局新政府軍として長州藩兵とともに長岡藩を攻め、その後は会津藩を攻撃した。この戦争に高田藩兵は七六〇名が従軍し、戦死者は七九名に及んだ。しかし、江戸の藩邸にいた藩士にうち九〇名ほどが脱藩して、神木隊を結成し彰義隊に加わり上野戦争を戦った。神木とは榊原の榊を二字に分けたものである。豊島区南池袋の本立寺に「神木隊戊辰戦死の碑」がある。残存の兵は榎本軍に加わり五稜郭にこもって戦った。これらの戦いで戦死した高田藩の藩士をはじめ、この地で戦死した薩摩、長州、豊後など藩兵は、金谷山の官修墓地にまつられている。また、高田の寺院で会津藩士を収容したところもあり、そこで亡くなった者の墓は大貫地内の山屋敷にある。一方、高田藩では武士以外の有力町人・農民の活動が目立った。安積艮斉門下で済美堂を開いた倉石洞窩のもとから、頸城の四大志士と称される高田の室孝次郎と弟貞蔵、有田村の笠松謙吾、今町（直江津）の井田年之助が生まれた。彼らは戊辰戦争に際し、奥羽諸藩の離間を策し会津戦争に従軍したりした。そのうち室孝次郎は維新後、高田病院を作り、高田中学校長となり、信越線建設に尽力した。さらに改進党員として活躍、衆議院議員、愛知県知事となるなど政界でも活躍した。（杉山精一）→会津墓地（あいづぼち）、室孝次郎（むろ・こうじろう）

ホタル

ホタル（蛍）はコウチュウ目ホタル科に分類される昆虫の総称。日本には三〇種から四〇種が生息しているが、一般に広く認知されているのは成虫が美しい光を放つゲンジボタルとヘイケボタルの二種である。昭和三〇年頃までは高田地区の市街地を流れる儀明川にもホタル（ヘイケボタル）が多く生息していたが、昭和三〇年代後半には儀明川の流量が減り餌となるカワニナが減少したためその姿が見られなくなる。一九七七（昭和五二）年、郷土にかつてのホタルが乱舞する情景を取り戻そうと上越ホタルの会（現事務局・割烹旅館晴山荘内）が発足。金谷山粟谷地内に養殖水路を増設、親虫を放虫し自然繁殖を試みる。金谷山を覆う赤土の影響で湧水にカワニナの生育に有害な鉄分が入り込むなどして活動の初期には失敗が続いたが、養殖水路の石灰岩敷設でこれを改善。一九八一（昭和五六）年にはこれらの活動に対し上越市から補助金が助成された。発足から三〇数年が立つ現在も会はホタルの保護・増殖活動、普及活動に精力的に取り組んでいる。（安斎雄基）→ゲンジボタル

ホッコクアカエビ

エビ目タラバエビ科。頸城地方ではアマエビと呼ばれており、その名のとおり身が柔らかく甘いエビである。また、最近はロシア産との識別をはかるために、糸魚川名産の石の名にちなんでヒスイエビという名をつけている。ヒスイの名はエビの腹に抱えた卵が美しい緑色（ヒスイ色）をしているところから付いている。漁

期は冬場で、水深九〇メートルから二〇〇メートルの深場に底引き網や、カゴを入れて捕獲する。古代、日本海が暖かい海になったのは八千年から一万年くらい前であったとされる。それまでは氷河期で冷水が覆い、その間にこのエビが日本海に棲みついたと考えられている。氷河期が終わり、このエビは水温の低い深い所に移動して棲み着いたとされる。（高橋　卓）

北国船（ほっこくぶね）
北国船は、近世中期頃から日本海上で廻米に利用された船板の厚い堅牢な船である。頑丈な船体構造ゆえ、岩礁の多い日本海沿岸を航海するのには適していた。ハガセ船よりやや大型で、漕ぎ手としての水主を多く乗せ、帆漕兼用で運行された。（唐澤太輔）→北前船（きたまえせん）、ハガセ船、（ハガセぶね）、弁才船（べんざいせん）

堀　直政（ほり・なおまさ、一五四七〜一六〇八）
三右衛門、監物。一五四七（天文一六）年、尾張国奥田で誕生。織田信長に仕える。堀秀政に属す。秀政の子秀治が慶長三年、春日山城主になると、直政は五万石で三条城（三条市）主となった。慶長五年、越後一揆（越後遺民一揆）が起こると、直政は春日山城主堀秀治と一揆を鎮圧した。一六〇六（慶長一一）年五月二六日、秀治が没すると、直政は一一歳の忠俊を補佐した。今日、春日山城下の上越市大豆から中屋敷集落にかけて、監物堀、監物土居と称する屈曲した堀と土居（土塁）が残っている。堀監物直政が近世的な築城法を用いて、春日山城の強化を企図したもので、当初は約千二百メートルにわたって築かれた。直政は慶長一三年二月二六日没、六二歳。（花ヶ前盛明）

堀　秀治（ほり・ひではる、一四七六〜一五〇六）
幼名久太郎、近江国安土（現・滋賀県安土町）で誕生。堀秀政の嫡男。豊臣秀吉の命で、越前北庄城（現・福井市）主から春日山城主となる。一五九八（慶長三）年、秀吉は江戸城主徳川家康を牽制するため、信頼のおける秀治を越後に封じた。越後四五万石で入国すると、まもなく福島城の築城を始めた。その時期は慶長四年から五年にかけての越後一揆（上杉遺民一揆）を鎮圧した後と思われる。しかし秀治は城が完成しない慶長一一年五月二六日、三一歳で没した。法名賞泉寺殿節安存忠大居士。林泉寺に墓がある。堀秀治は慶長四年二月二一日、居多神社に御供料として一三石を寄進した。秀治の死で、嗣子忠俊が翌一二年、福島城に入った。（花ヶ前盛明）→上杉遺民一揆（うえすぎきみんいっき）

堀江宗親（ほりえ・むねちか、生没年不詳）
駿河守。鮫ヶ尾城（現・妙高市）城主。一五五七（天正五）年一二月二三日の上杉軍団動員名簿『上杉家家中名字尽手本』に名を連ねている。天正六年の御館の乱の際、上杉景虎方であった。同年五月一二日、上杉景勝軍は上杉景虎の立て籠もる御館を攻撃。宗親は兵一〇〇〇を率いて御館に入城。翌天正七年三月二四日、鮫ヶ尾城に逃れた景虎は城主堀江宗親の謀反にあい自害。このの

ち宗親がどうなったかは不明。（花ヶ前盛明）

堀口大學（ほりぐち・だいがく、一八九二～一九八一）詩人。東京生まれ。幼少期父の郷里長岡で祖母に育てられる。長岡中学卒業後上京、新詩社に入り作歌、慶應義塾大學文学部予科に入学し、『三田文学』『スバル』に寄稿するも中退し、一九歳の夏に父の任地メキシコに渡り、スペイン、ベルギー等海外で過ごす。日本に腰を落ち着けたのは一九二五（大正一四）年の春で、以後詩作とフランス文学の翻訳に専心、著作は三〇〇点余に及ぶ。処女詩集『月光とピエロ』、第一訳詩集『昨日の花』、代表作に訳詩集『月下の一群』、詩集『人間の歌』がある。文化勲章受章。第二次世界大戦末期の一九四五（昭和二〇）年に妻の実家のある中頸城郡関川村（現・妙高市）に疎開、翌年高田に移住し一九五〇（昭和二五）年まで居住、地元の同人誌『文藝冊子』に寄稿、高田公園に詩碑が建つ。（米田祐介）

堀家三代の墓（ほりけさんだいのはか）林泉寺（上越市中門前）に春日山城主堀秀治と父秀政、祖父秀重の「堀家三代」の墓がある。居多神社（上越市五智六丁目）には一五九九（慶長四）年二月二一日の堀秀治寄進状がある。慶長三年三月、上杉景勝が会津（福島県会津若松市）へ移り、代わって豊臣秀吉の功臣堀秀治が越前北庄城（福井市）から四五万石の大名として春日山城に入った。秀吉は江戸城の徳川家康を見張るため、信頼のおける秀治を越後に封じたのである。堀家は藤原北家房前の子魚名《うおな》を祖とする。魚名より六代目の藤原利仁、それより八代目の藤原季高の時、堀を称した。のちに美濃国厚見郡茜部（岐阜市）を根拠地とした。秀重は斎藤道三、織田信長、豊臣秀吉に仕えた。秀重の子秀政は信長の側近として活躍、本能寺の変ののち、秀吉に仕え、北庄城（福井市）主となる。一五九〇（天正一八）年五月二七日、小田原攻めの陣中で病死、三九歳。法名東樹院殿高嶽道哲大居士。堀家の墓地の一番奥にある。（花ヶ前盛明）

本覚寺（ほんがくじ）上越市本町七丁目四－一七。宗派は真宗大谷派、開山は明信。創立は一五九六（慶長元）年で明信は長野県塩崎の康楽寺住職の弟。明信は春日山麓に所在した天台宗本覚寺を再興し、宗派を改め浄土真宗になった。福島城統治の時代は門前村に移動。その後、一六一四（慶長一九）年松平忠輝による高田開府の際、現在地に移転した。一九三五（昭和一〇）年の火災で本堂は焼失。現在の本堂は一九五一（昭和二六）年に再建。本尊阿弥陀如来立像など多くの寺宝は江戸前期のものを伝えている。（南　智信）

本願寺歴代門主書状（ほんがんじれきだいもんしゅしょじょう）県指定文化財・書跡・典籍。上越市寺町二－六－四五。浄興寺。書状の内訳は、存如四通・蓮如六通・実如一通・証如一通・顕如二通・教如六通・宣如一〇通の計二〇通である。これらの書状は、後世、巻子本《かんすぼん》や掛軸に装丁され大切に守られてきた。浄興寺は、親鸞の創建と伝えられ、由緒の古い寺院である。それだけに本願寺との古くからの関わりを伝える資料は多く残っている。（植木宏）

本誓寺（ほんせいじ）

本誓寺（真宗大谷派、上越市寺町三）は、源義家の子孫の教念が、親鸞に帰依して開創したといわれている。本願寺第八世蓮如の勧めで本誓寺と改めた。笠原村（長野県）に移ったことからか笠原御坊と呼ばれていた。第一〇世超賢の時、当時上杉謙信と対立していた一向宗徒をまとめ、謙信の上洛を助けたことから、越後国の総録として迎えられ布教を許された。超賢は川中島の合戦に参加、石山合戦でも活躍した。（清水恵一）

ホンドタヌキ

ネコ目イヌ科。タヌキは日本の里山を代表する哺乳動物である。佐渡を含む本県全域に分布。上越地方では、海岸から南葉山や関田山地の稜線に至るまで広く生息し、高田公園や東城町などの市街地にも生息する。雑食性で、ネズミ、ヘビ、カエル、オタマジャクシ、昆虫、サワガニなどの小動物のほか、ドングリなどの木の実、クワ、アケビ、イチョウなどの果実も好む。木登りが巧みで、民家周辺のカキの木に登り実を食することも多い。春から初夏にかけて出産し、秋頃まで親子で生活する。同一地点で、同じ巣穴に棲む複数の個体が繰り返し糞をすることから「溜め糞」とよばれる糞の山ができることがある。付近に巣穴がある証拠である。「子別れ」は九月中頃～一〇月末頃で、この時期には分散したばかりの亜成獣の交通事故死が目立つようになる。（春日良樹）

盆と寺町（ぼんとてらまち）

一般に八月七日を過ぎると、家々では墓石を洗い墓地の草取りをし、仏具を磨き仏壇仏間を掃除する。市や盆市で盆花を用意し、一三日夕には正装して家族揃って墓参り。所によっては一五日まで毎日墓参りする。また、一三日には迎え火を焚き、提灯や灯篭に火を点し、一五日には送り火を焚く家もある。

上越市寺町は、現在でも六〇余りの寺院が通りを挟んで整然と配列された景観で、全国的にもたいへん珍しい寺院群として知られている。夕暮れとともに寺々が鐘の音を響かせ、提灯・灯篭に一斉に火が点る。さっぱりとした着物に着替えた、老若男女の参拝の列が続き、それぞれが先祖が眠る墓に灯明を点し額ずく。寺域を取り巻くように灯篭が林立する、本山浄興寺の境内もまた荘厳である。（久米　満）

ま行

ま

マイマイカブリ

コウチュウ目オサムシ科。オサムシの一種。名前は、カタツムリを常食し、殻の中に頭を突っ込んで中身を食べるすがたから付けられた。日本列島の特産種で、一般のオサムシとはかけ離れた独特の体形から世界的にもよく知られ、わが国を代表する昆虫のひとつといえる。すむ地域によって形態に違いが見られ、現在八つの亜種に分類されている。上越市では、県内全域に分布するコアオイマイマイカブリの他に、大潟区と柿崎区の一部地域に、関東地方からの人為的移入によると思われるヒメマイマイカブリの孤立分布が確認されている。（富取　満）

前島　密（まえじま・ひそか、一八三五〜一九一九）

近代郵便制度の父。貴族院議員。頸城郡下池村（現・上越市下池部）の豪農上野助左衛門の次男として生まれる。江戸へ出て医学・洋学を学ぶ。一八六六（慶応二）年、幕臣前島家を継ぎ、維新後新政府に出仕。一八七〇（明治三）年、郵便制度の創設を立案して調査のため渡英、翌年駅逓頭となって事業に着手し、郵便の制度的基礎を確立した。その後も官界の要職を歴任したが、明治一四年の政変で下野し、立憲改進党に参加した。一八八八年、逓信次官として官界に復帰した。郵便以外でも、北越鉄道株式会社を設立して直江津－新潟間の開通に尽力、陸運元会社（現・日本通運）などの創立、東京専門学校（現・早稲田大）の校長歴任など、幅広い業績をとどめる。一九〇五（明治三八）年、貴族院議員、一九一九（大正八）年八五歳で没。生地に前島記念館があり、前島密の遺品や郵便に関する資料が展示されている。なお、記念館落成式に、上越市大潟区出身のサケ・マス孵化事業主の小池仁郎が北海道からかけつけている。（杉山精一）

牧峠（まきとうげ）

①牧区、関田山脈にある峠の一つ

標高九六五メートル程の所にある。古くから牧越街道または昆子（びりこ、びるこ）街道と言われた山道が、この峠を越えて上越後と奥信濃の間で、人の往来や物資の流通がなされていた。一九七七年に峰越林道上牧線が完成し、牧峠を通り車で新潟・長野両県を往き来できるようになって、牧峠を訪れる人も多くなった。最近関田山脈の尾根を通る信越トレール（トレッキングコース）も完成し（二〇〇八年）、牧峠も一段と賑わいを見せるようになった。

②牧峠を渡るタカ類

牧峠の北西面には下の方から峠に達する深い谷がある。秋の北風がここで上昇気流をつくり、タカ類はこの気流に乗って峠付近を越えてゆき、また尾根伝えに飛んでゆく。時にはタカ柱をつくって舞い上がってゆくのが見られる。しかし上昇気流がなければタカは飛ばない。ここを渡ってゆくタカ類で最も多いのは夏鳥のハチクマとサシバで、南へ渡る時期の九月中、下旬に多く見られる。これまでの記録で多い日はハチクマの四四七羽（二〇〇〇年）サシバの四九〇羽（二〇〇二年）が確認されている。次にハイタカが同じく一四四羽（二〇〇二年）で、ツミとオオタカは多い日でも一〇羽以内、その他のタカ類の渡りも時折観察される。（山本明）

増村朴斎（ますむら・ぼくさい、一八六八〜一九四二）

教育者。中頸城郡板倉村大字針の素封家で一八六八年（明治元）年九月に生れ名は度次、字は子徳、号は朴斉、父は度弘、越渓と号し、すぐれた漢学者であったが享年二六歳でなくなる。四歳で父を失い母、叔父信次郎の手で育てられた。小学校卒業後安西広文氏を招いて漢学を学び、さらに百間町の井部健斉の温知塾で勉学する。その後父の友人南摩綱紀、岡本黄石、小野湖山に師事し詩作に精進した。二九歳の時父の遺志をついで私財を投じて有恒学舎を創立し、舎主として郷村の子弟の教育に専心する。昭和一五年広く県、郡、村の教育文化の貢献で藍綬褒章を受ける。先生は生れつき聡明で幼時から読書を好み、長じて聖賢の道を学び名利に恬淡で諸徳を身につけ質朴剛健の風を好み、神仏を敬い、仏教を信仰した。趣味も作詞、揮毫、謡曲を特に愛好した。一九四二（昭和一七）年五月、七五歳で没した。（内藤　隆）→有恒学舎（ゆうこうがくしゃ）

マダイ

スズキ目タイ科。幼魚の時は浅場にいて、成長するに従い深場に移動する。しかし、春になると産卵のために浅場にでてくる。そのために、深場が比較的近くにある浅場が重要な産卵場であり、良い漁場となる。名立沖は、富山湾から連なる深場（溝構造）が沿岸近くまで迫っており、沖合二から三キロメートルの水深三〇〇メートルくらいの岩礁域にマダイの漁場を形成している。頸城近海では、五智網や底引き網で漁獲される。（高橋　卓）

町田城跡（まちだじょうあと、田川城）

中世山城跡・史跡。上越市吉川区町田。町田城は、町田集落より東方へ約五〇〇メートル程入ったところにある用水溜池に突き出ている尾根の先端で、標高一一九メートルの山頂に位置している山城である。尾根の両側が絶壁で、馬の背状の厳しい山なみを利用した要害である。城跡の山なみを東方向へやや弧をえがいて八〇〇メートル程登ると顕法寺城の山塊に達する。遺構は、尾根頂約五〇〇メートルに数条の堀切を挟んで、郭跡や削平地を配している。尾根最高所が「天守閣跡」と呼称され八×一六メートルの広さで、北側斜面に削平地と堀切がある。北西へ尾根を下ると「本丸跡」と呼称される八×四〇メートルの尾根に合わせた細長い郭跡がある。この両郭を中心に遺構が点在する。歴史については、鎌倉前期の田川右近の築城説、南北朝における顕法寺城との命運などの記述がある。また御館の乱に関連した記録もある。
（植木　宏）

町家（まちや）

①町家
街路に沿って軒を連ねて櫛比する都市型住居であり、城下町の町人階層の住居だった。旧城下町につながる街道沿いにも立ち並んでいた。職住一体の空間であり、基本的には棟が街路に並行する平入りで、裏まで貫通するトオリニワに沿った一列三室（ミセ・チャノマ・ザシキ）構成が典型的。チャノマの大きな吹き抜け上部に採光窓があり、天井を張らずに梁組を表しているのが昔なが

らの造りである。トオリニワの延長にダイドコロ、フロ、ベンジョなどの水廻りが庭に面して並ぶ。さらに敷地奥の土蔵を覆うアマヤ（雨屋）につながることもあった。（関　由有子）↓雁木・雁木通り（がんぎ・がんぎとおり）、今井染物屋（いまいそめものや）、金津憲太郎桶店（かなづけんたろうおけてん）

②足軽長屋（あしがるながや）

町家とは別に、旧高田藩下級武士（足軽）が住んでいた長屋があった。屋根はかやぶきであり、客間兼用の居間（六畳）と四畳半、台所、押入れという構造だった。とくに青田川付近に多かった。（石塚正英）↓写真ページ

松尾芭蕉（まつお・ばしょう、一六四四〜九四）

伊賀上野赤坂（現・三重県上野市赤坂）に生まれる。初め宗房を用い、後に桃青を経て芭蕉と号す。最初貞門、江戸下向後は談林の新風に親しむ。一六七七（延宝五）年、宗匠として立机、俳壇的地歩を確立するも、一六八〇（延宝八）年、深川に退隠、反俗清貧の生活の中から蕉風俳諧を樹立していく。一六八四（貞享元）年の「のざらし紀行」の旅を皮切りに、「鹿島詣」「笈の小文」「更科紀行」等の旅を敢行、句風を深める。一六八九（元禄二）年春、門人曽良を伴い「奥の細道」の旅に出立、頸城地方での動静は曽良の「随行日記」によると、一六八九（元禄二）年七月四日弥彦発、出雲崎泊。五日、出雲崎発、柏崎を経由し、鉢崎俵屋六郎兵衛方に泊。六日、鉢崎発、直江津着。聴信寺を訪ね、古川屋一左衛門方に泊。夜、「文月や六日も常の夜には似ず」を発句とし俳諧興行。左栗（石塚黄衛門）、眠鷗（聴信寺住職）、此竹（石塚善四郎）、布嚢（石塚源助）、右雪（佐藤元仙）、義年らが集う。七日は、眠鷗に招かれ聴信寺へ。夜は右雪宅で棟雪、更也らと歌仙興行。この夜、「荒海や佐渡に横たふ天の河」の句を披露。八日は直江津から高田に向かい、池田六左衛門方に宿泊、医師細川春庵（棟雪）に招かれ歌仙興行、翌日も行う。一〇日は、中桐甚四郎に招かれ歌仙興行、一一日には高田を発ち、花蔵院の五智如来、居多神社などを拝し、能生着、玉屋五郎兵衛方に宿した。翌日は能生を発ち、親不知子不知の難所を経、市振に泊、越後を後にする。「奥の細道」の旅を契機に当地域にも蕉風が広まり、一七〇四（宝永元）年に左栗の子息陸夜撰になる俳諧撰集『藁人形』が刊行された。直江津、高田での地元の俳人との交流の証として、本教寺、正輪寺、金谷山には芭蕉の句碑が建てられている。（米田祐介）

マツクリ場（マツクリば）

所によりマックロイ（馬繕）場とも言う。一九五五（昭和三〇）年頃まで牛馬耕を行っていた農家が多く、集落毎に村はずれの一寸した平坦地に、家畜を集める広場がつくられていた。そのマツクリ場に牛馬を集め、定期的に獣医や削蹄士（伯楽）が診察治療などを行った。ここに家畜の霊を慰める石仏（馬頭観音）を建てることも多い。また、これとは別に集落には牛馬を洗う所として、小さい流れの一部に四・五〇センチの深みをつくっておいた。これをマヒヤシ（馬冷やし）場とかマライ（馬洗い）場・マシラ

（馬足洗い）場などと言った。（久米　満）→馬屋（うまや）

松代城跡（まつだいじょうあと）

中世山城跡・史跡。十日町市松代字城ノ腰。市指定文化財。松代城は、松代集落南側の渋海川を渡った前面南側にそびえる標高三八〇メートルの松代城山に所在する山城である。遺構は、尾根山頂が主郭で二五×一五メートル程の広さを持ち、ひときわ高い。ここを中心に両側の尾根稜線上約二五〇メートル程に遺構が点在している。資料は何も残っていないが、戦国時代には春日山城の支城として、関東へ通じる三国街道の連絡や監視の城として重要な役割を果たしたのであろう。山麓に小字馬場塚の地名が残っている。（植木　宏）

松平忠輝（まつだいら・ただてる、一五九二～一六八三）

徳川家康の六男として誕生。幼名辰千代。母は側室於茶阿。一六一〇（慶長一五）年閏二月三日、福島城主となる。一九歳。六〇万石を統治。慶長一一年、伊達政宗の長女五郎八姫と結婚。福島城主になると、まもなく高田菩提ヶ原（上越市本城町）に新城を計画。慶長一九年三月一五日、本格的な工事が始まった。仙台城主伊達政宗、米沢城主上杉景勝ら一三名の大名が、家康の命令で工事に参加した。とくに忠輝の舅の伊達政宗は普請総裁としてみずから陣頭指揮をとった。政宗の娘五郎八姫が忠輝に嫁いでいたことによる。景勝はかつての旧領主であった。築城の理由は、前田氏・上杉氏に対抗するためであり、天下普請の役割をもった。同年八月には新城高田城に入った。ところが二年後の元和二年七月五日、高田城を没収された。（花ヶ前盛明）→五郎八姫（いろはひめ）、高田藩（たかだはん）

松山保（まつのやまほう）

平安中期の『和名類聚抄』の系譜を引く郷・保の一つと考えられる。現在の十日町市松之山・松代付近（旧東頸城）を比定する国衙領であるが、越中守大伴家持や坂上田村麻呂の伝承がある。鎌倉期には糸魚川市付近の沼河郷とともに北条氏の所領であったことがわかる。また、一三三七年、足利尊氏は仁木義有に対し松山保を恩賞として宛行い、その後は足利氏の家臣伊勢氏の所領となった。（北峰義巳）→保（ほう）

松山城跡（まつやまじょうあと）

中世山城跡・史跡。糸魚川市青海区寺地。松山城は、青海川と田海川の両河口の中間にあり、標高一八〇メートルの通称「ナビキ山」に位置する山城である。寺地集落から登る道がある。山全体は細長いカギ形で、尾根の両側は急崖をなしている。山頂主郭は二〇×一〇メートル程のやや三角形で、L字形の土塁をめぐらしている。この主郭を中心とした防備施設が厳重で、削平地、堀切、竪堀、土塁など、かなりの遺構を残している。築城時期は不明であるが、上杉謙信の頂であろうか。（植木　宏）

円田神社（まるだじんじゃ）
上越市名立区大字丸《まる》田《た》字宮ノ下に鎮座。『延喜式』（九二七年完成）に記載されている延喜式内社と伝えられている。名立大町の江野神社とともに、平安時代から御神徳の高い古社である。ＪＲ名立駅の南方約五キロメートル。名立車庫前から東飛山行バスに乗車、丸田で下車。徒歩二〇分登ったところである。昔、「まるだ」神社と呼称していたと伝える。現在、地元の人々は「えんた」神社と、神社では「まるだ」神社と称している。祭神は道臣命（みちのおみのみこと、日臣命）・大己貴命（大国主命）・少彦名命である。道臣命は神武天皇の東征軍を熊野から吉野へ誘導して功績があった。大和朝廷系の神である。大国主命は出雲計の神で、円田神社は大和系と出雲系の両方の神をまつっている。（花ケ前盛明）

マレー式蒸気機関車（マレーしきじょうききかんしゃ）
スイス人技師アナトール・マレー（Jules T. Anatole Mallet）の考案になる複式蒸気機関車。シリンダーと動輪からなるブロックを前後に二組持ち、前のブロックはピンで後ろのブロックにつながれて首を振る。後部のシリンダーに高圧蒸気が送り込まれ、一度使われた蒸気が前部の低圧シリンダーで再利用される。構造は複雑だが、急勾配と急曲線の連続する山岳区間では威力を発揮するはずであった。日本では、試験的に輸入された八輛の小型機の後、一九一三年から大型の九七五〇型（米国製・二四輛）、九八〇〇型（米国製・一八輛）、九八五〇型（ドイツ製・一二輛）が大量導入された。複雑な構造の機関車の導入に反対する鉄道院技術陣と、時の鉄道院総裁で立憲政友会の原敬との間の確執の結果という。このうち九八五〇型九八五三号から九八六一号までの九輛が信越本線長野・直江津間（直江津機関区）に、残る四五輛が東海道本線山北・沼津間（現御殿場線）に配属された。しかし、複雑な構造の割に性能は芳しくなく、東海道本線では新鋭の九九〇〇型（Ｄ五〇型）等に置き換えられ、東北本線・関西本線。室蘭本線等に転属したものも二四〜三三年には全機廃車となっている。直江津では三〇年には姿を消し、それ以前から使用されていた二一二〇型に戻されている。二四年に直江津で廃車となった九八五六号機は現在も大宮の鉄道博物館で実物を目にすることができる。（石川伊織）→スイッチバック

み

箕冠城跡（みかぶりじょうあと）
中世山城跡・史跡。上越市板倉区山部。市指定文化財。箕冠城は、山部集落の背後にそびえる標高二三七メートルの箕冠山に存在する山城である。四方は切り立った独立峰で天険をなし、山裾を流れる大熊川、小熊川は典型的な扇状地形、外堀の役割を果たしている。主郭（本丸）は三〇×二五メートルの広さで、緑辺に数個の石が露呈している。東・北・西側は絶壁の要害、南側は切岸の下に帯郭、さらに下方に総長一三〇メートル、幅七メートル、深さ一・六メートルの壮大な横堀が東西方向に掘られている。この南側に溜池（六〇×一五メートル）、さらに東西に走る長さ一五

〇メートル程の大土塁状の自然地形を利用し、この南側いったいの緩斜面が屋敷地区になる。郭、土橋、門跡、堀切、竪堀、土塁、削平地など、かなり複雑に普請している。少しはなれて大井戸（鎧井戸と呼ぶ）もある。城の起源は不明であるが、越後上杉家の重臣、大熊氏の居城だった。大熊氏退去後も春日山城の支城として、信濃方面に備えていたと考えられるが、文献には出てこない。（植木　宏）→大熊朝秀（おおくま・ともひで）

ミサゴ
タカ目タカ科。猛禽類では唯一魚を主食とするタカで、上空から勇壮なダイビングで水中に突っ込んで魚を獲る。トビより少し小さく翼が細い。上越地方ではあちこちの山地に営巣繁殖していることが確認されている。関川中下流、朝日池・鵜ノ池をはじめ頸北湖沼群、海岸近くの海や河口などに現れて魚を獲り、頭を先に縦に掴んで飛び去って行く。生息数が減って環境省と新潟県のレッドデータブックで準絶滅危惧種に挙げられている。（山本　明）

水草（みずくさ）
水中に育つ植物から湿地に育つ植物まで、水に強く依存している高等植物の総称。根も茎も葉も水中にある「沈水植物」、根がなく水中または水面に漂う「浮遊植物・浮漂植物」、根が水底に固着し葉が水面に浮く「浮葉植物」、根が水底に固着し茎や葉が水上に伸びる「抽水植物」などに分けられる。沈水植物でも渇水期には抽水植物になるなど形態が変わるものも多い。干拓や河川改修、周辺森林の伐採、水田の乾田化、除草剤の多用などによる環境の悪化により、かつては雑草にすぎなかった多くの水草が絶滅危惧種になっている。水環境の悪化は人間の健康な生活を脅かすものでもあり、水草の存在は人間にとっても安全安心な環境の指標ともなる。上越地方は大河川がなく急流の川が多いため、河川には水草が少ない。海岸湖沼群、ため池、棚田が多いため、そうした環境に生育する水草は豊富で県内でも有数である。こうした自然遺産を後世に残すことは現代に生きるわれわれの義務といえる。（清水尚之）

水沢謙一（みずさわ・けんいち、一九一〇～二〇〇四）
長岡市生まれの教育家。「雪国の民話先生」「北陸のグリム」と呼ばれている。民話を蒐集し、大著「雪国の夜語り」など県内各地、特に僻地の民話を記録、集めて発刊した。その数は十数冊に及ぶ。一九五八（昭和三三）年、第一一回新潟日報文化賞、一九六七（昭和四二）年には柳田国男賞を受賞。昔話採訪を続けながら民俗研究にも筆を進めた。三千人を超す古老と会い百話、二百話を記憶する伝承者たちの民話を記録した。（青山増雄）

水科古墳群（みずしなこふんぐん）
国指定文化財・史跡。上越市三和区大字水科ほか。水科古墳群は、飯田川の東岸扇状地上の低地に位置し、三四基からなる古墳時代後期の七世紀初頭に築造されたといわれる。河原石を積み上げて側壁を作る特色を持ち、石室の規模は大小あるが、全長四メートル前後が一般的である。規模の大きい横穴式石室からは、直刀、金環・銀環など副葬品が出土しているが、小規模のものからは副葬品は検出されていない。現在は古墳公園として整備されている。また近接して宮口古墳群がある。（植木　宏）

水科古墳群出土・アスファルト塗土玉（みずしなこふんしゅつど・アスファルトぬりつちだま）

水科古墳群（一九七六年・国史跡）は七世紀初頭のものと言われている。飯田川扇状地の右岸扇頂部、標高五一〇メートル付近に分布している。石室は全て無袖型横穴式石室で構築されている。石室の長さ一～一・二メートル、幅三〇センチメートル程の超小型古墳がある。これは全国的にも極めて珍しい。第二六号墳からアスファルト平玉が六つ見つかっている。因みに、宮口古墳同様、水科古墳も横穴式石室であるが、これは死者を追葬するために、外部に通じる開閉装置や通路を設けた墓制であり、朝鮮半島、特に楽浪郡や帯方郡、そして百済にその源泉があると言われている。（唐澤太輔）→遺跡（いせき）、石油（せきゆ）

水鳥類（みずとりるい）→朝日池・鵜の池（あさひいけ、うのいけ）

ミズニラ

ミズニラ科。池に見られるシダ類の水草。通常は沈水植物だが渇水期には水上に出ても枯れずに生育する。長さ一〇～二〇センチメートル前後のごく細い針金状の葉を一〇枚ほど四方に伸ばす。葉の根元に、雌性の大胞子、雄性の小胞子が別々につく。かつては水田にも見られたというが、現在では水質汚染の少ない山間の池などにしか見られない。県内ではかなりの希少種で、これまでに上越市内では二ヶ所しか確認できていない。（清水尚之）→水草（みずくさ）

味噌・醤油仕込み（みそ・しょうゆじこみ）

かつて味噌は貴重な調味料で、多くの献立が味噌味であった。どの家でも春の雪が消える頃（彼岸頃）、味噌仕込みを行い、「味噌と焚きもん（薪・柴）はその家のシンショウ（財産）」と言われ、大きな味噌桶や高く積んだ薪の山は自慢でもあったという。大切な備荒食品でもある味噌が欠乏し買い足すのは恥と言う風潮もあり、味噌は絶やさないようにと、家族が食べるのは普通でも三年を経たもの（三年味噌）、中には五・六年味噌を食する家もあり、毎年、一人豆一斗分の味噌を仕込んだ。多くは近隣同士で鉄の大釜（鉄の竈も）を共有し、豆を煮、つぶし、干し、砕き、塩を混ぜ（麹・甘酒なども加え）て味噌桶に仕込んだ。この間、二〇日以上、なかなかの手間がかるので近隣で「結い」をつくっていた。大豆の一部を残しておき、九月頃に煮て、乾かし、炒った大豆・小麦を挽き割って混ぜ、ハナ（醤油麹）をふって数日寝かせた後、桶の中に塩と水と共に入れ、毎日かき回し、一年熟成させ（もろみ）ると醤油となる。この中に筒笊を入れ、笊の中に溜まった汁を汲み上げて用いた。味噌・醤油ともに各家々の作り方があり、それぞれにその家の味があった。また、もろみを少量取り出し、発酵を途中で止めて「ショウノミ」として食卓に載せる事もある。（久米　満）

水嶋磯部神社（みつしまいそべじんじゃ）

上越市清里区大字梨平字磯部山に鎮座。『延喜式』（九二七年）に記載されている延喜式内社である。祭神は、誉田別命《ほんだわけのみこと》・武甕槌《たけみかづちの》命《みこと》・経津主命《ふつぬしのみこと》である。誉田別命は、第一四代仲哀天皇の皇子である。磯部臣は、その誉田別命の子孫なのである。社殿を創建した際、神主が節面白く謡をうたい、それにあわせて村人らが踊り、地固めしたという。今に伝えられる古典民謡である。緩やかなテンポで、大太鼓・小太鼓・笛・三味線の音にあわせておどるのである。清里区の無形文化財に指定されている。（花ケ前盛明）

密蔵院（みつぞういん）

上越市柿崎区下牧九七〇。真言宗豊山派の寺院。七一二（和銅五）年に開創された由緒ある古刹。秀峰米山の山麓にあり、米山薬師の別当である。開山は、越前国の泰澄禅師と伝えられている。中古の頃、越後国司がこの別当に屋敷を寄進し、米山寺密蔵院が建立された。一六〇〇（慶長五）年の上杉遺民による一揆の際に、七堂伽藍は毀廃され、僧徒は散潰してしまった。一六一六（元和三）年に、宥照法印が現在の寺域に再建して、中興の開基となった。宥照法印は、高田藩主松平伊予守忠昌公により崇敬を受け、一六二二（元和八）年に、高田城下に当院の出張所を設けて、高田密蔵院と称した。日本海に面する米山は、年間の登山者数万を数えるが、当院が登山表口となっている。（坂井龍輔）

緑川庄七（みどりかわ・しょうしち、生没年不詳）

近世中期以降、盛んになった江戸相撲の力士。長者原（現・上越市長者町）出身。寛政元年に序の口として番付にのり、一八一一（文化八）年まで力士として活躍した。最高位は、一八〇二（享和二）年の西幕下筆頭（当時の最上位である東大関から数えて一八番目）。出身地には子孫により建てられた顕彰碑がある。（桑野なみ）

ミドリシジミ

チョウ目シジミチョウ科。オスのはねの表面が全面金緑色に輝く美しいシジミチョウ。ゼフィルス（ギリシャ語で西風の意。この仲間の古い属名に基づく）の愛称で知られ現在日本から二五種類が知られるミドリシジミ類の一員で、この仲間では唯一、幼虫はハンノキの葉を食べて育つ。上越市ではハンノキの自生する丘陵地の湿地に多く見られ、六月下旬から七月にかけて姿を現す。（富取　満）

耳だれさん（みみだれさん）

上越市清里区菅原岡嶺新田に小観音堂がある。石造りの馬頭観音二体が安置されている。創建は不明。熊野系修験道の山伏によって盛り立てられ、江戸期には「岡嶺の宮」といわれた神仏習合の御堂であったと伝えられる。境内から一石一字の経石が六万三千個以上発見されている。昔から耳の病を治すのに霊験があるとされ、現在でも近在の人々が椀の底に穴を明け、それを吊るして願懸けしている。妙高山を開いたのは熊野修験の裸行上人といわれているが、堂は妙高山に対しているように建ち、経石を埋納したことからみると、熊野修験者にとって由緒ある聖地であったものか、確かなことは現在不明。同じような霊験をもつものに、中猪子田の耳だれ地蔵さん（浦川原区）（柄杓に穴を開けて奉納）、関根の耳だれ観音（板碑、板倉区）、達の庚申様（大島区）（付け木を輪につなぎ供えると耳の穴がよく通り、耳病に効くとされる）などがある。吉川区山直海の「峠の耳だれ地蔵」、福平の「耳地蔵」、コエドの延命地蔵［高住］等々がある。（久米　満）

宮口古墳群（みやぐちこふんぐん）

国指定文化財・史跡。上越市牧区大字宮口字八幡堂ほか。大字宮口に所在する群集古墳。飯田川右岸で谷口扇状地の扇頂よりに位置し、点在する頸城古墳群の北端にあたる。三一基が発掘され、内容的には河原石、自然礫積みの袖無型横穴式石室を基本プランとしている。出土品の中には、大和朝廷の勢力圏を意味づける金銅装円頭大刀や、石油を使用していたことを裏付けるアスファルト玉など、重要な資料が多い。古墳時代後期（七世紀前後）の築造とされる。併設の歴史民俗資料館に展示されている。近接して水科古墳群がある。（植木　宏）

宮口古墳群出土・アスファルト塗土玉（みやぐちこふんぐんしゅつど・あすふぁるとぬりつちだま）

宮口古墳群（一九七六年・国史跡）は、高田平野の東南部にある飯田川扇状地の扇頂部、及びこれに接する丘陵尾根に分布する古墳群である。石室の構造は、二八号墳が片袖型横穴式石室（羨道部から見て玄室の袖部が左右どちらかに広がっているもの）と推定され、他はすべて無袖型横穴式石室（羨道と玄室の幅が同じで連続しているもの）である。全ての石室の周囲を大小の円礫で覆った遺構「石室外被礫」や、石室の周縁部に自然礫を列状にめぐらした「周縁列石」が特徴である。ガラス製小玉や水晶製切小玉などの玉類が出土している。それらに混じって、アスファルト塗土玉も発見されている。最大径は八・八〜八・九ミリメートル、厚さ八・〇〜八・八ミリメートル、孔径二・四〜二・八ミリメートルの飾り玉として使用されたものであるとも考えられている。宮口古墳群付近の産物である瀝青土《れきせいど》（ピッチ）を使用している点が特徴的である。第三号墳・第一一号墳から出土している。（唐澤太輔）

→遺跡（いせき）、石油（せきゆ）

宮口古墳群発掘出土品（みやぐちこふんぐんはっくつしゅつどひん）

県指定文化財・考古資料。上越市牧区大字宮口一四八三－一。牧歴史民俗資料館。宮口古墳群は、これまでに円墳三一基が発掘され、装身具・武具・馬具・土器類が出土している。この内、昭和五〇年度発掘出土品の金銅装円頭大刀、アスファルト塗土玉、金

環など五七点が県文化財に指定されている。牧民俗資料館に展示。（植木　宏）

宮口神社（みやぐちじんじゃ）

上越市牧区大字宮口の宮口神社に、県の文化財に指定されている木造男神坐像と木造女神坐像が各一体まつられている。宮口集落は、一五九七（慶長二）年に越後国絵図の「頸城郡絵図」に登場する。宮口神社は、以前、三島《みしま》神社と称したが、昭和四八年に付近の神社を合祀し、宮口神社と改称した。宮口神社の坐像は、ともに桧材、漆箔、彫眼で、両手首を欠いている。男神像は像高五三・二センチメートル、宝髻《ほうけい》を結び、天冠台を頂く菩薩形で、片から衲衣《のうえ》をつけ、拱手して左足を外に坐している。女神像は像高四五・五センチメートル、振分髪に大袖の衣、裳《も》をつけて合掌し、右足を外にして坐している。細い目、締まった小鼻、小さく結んだ口もとなど、親しみのある童顔で、穏やかな衣文の彫などに鎌倉時代中期のまとまりのよい作風を伝えている。専門の仏師の手で作られたものと思われる。愛すべき佳品である。（花ケ前盛明）

ミヤマカラスアゲハ

チョウ目アゲハチョウ科。大型のアゲハチョウ。近縁のカラスアゲハと同様黒地に鮮やかな青、緑、赤色の斑紋をもつが、輝きはカラスアゲハよりもさらに強く、日本を代表する美しい蝶のひとつとされる。上越市では丘陵地に広く分布するが、とくに安塚区では、かつてこの蝶が好んで産卵するキハダが町の産物の漢方薬の原料として植栽され現在も多く存在することからこの蝶の個体数も多く、成虫の出現する春と夏には町中を飛ぶ姿もよく目にする。（富取　満）

宮本正尊（みやもと・しょうそん、一八九三～一九八三）→高田中学（たかだちゅうがく）

妙高山（みょうこうさん）

富士火山帯に属する二重式火山である。主峰は標高二四五四メートル、中央火口丘はトロイデ型で天を突き、裾野は長く延びて均整のとれた美しい山容（コニーデ型）を持ち、越後富士と称される。高田平野の灌漑は、ここから流れる河川に頼り、里人は古くから崇敬の念を抱いて眺め、よく校歌にも歌いこまれている。初夏に現れる雪型「跳ね馬」は、春を告げ耕作時季を知らせる。（久米　満）→写真ページ

妙高信仰（みょうこうしんこう）

霊山妙高山の開基は、七〇八（和銅元）年、熊野系修験と関わるとされる伝承上の人物、裸行上人と言われている。古来、山岳を山霊あるいは祖霊のすみかと信じ、これに仏教思想が習合し、妙高山は修験の霊場（関山三社権現）となった（妙高村史）。中世来、里人は毎年七月二二日（旧暦六月二二日）に登拝する伝統がある。妙高山《みょうこうせん》（須弥山《しゅみせん》）。山頂に妙高三尊阿弥陀如来立像（現・

関山神社脇の妙高堂）。関山神社に渡来仏（銅造菩薩立像・国指定重要文化財）。その周辺には、貴重な仏足石や阿弥陀仏または弥勒仏などとされる埋《い》け込み式石仏（三五余・県指定）がある。妙高信仰の講の存在を示す妙高塔は各地にあり、中世の妙高信仰の姿を明確に伝えている、飯山市の小菅神社（奥社は重要文化財）は有名である。（久米　満）↓なんぼいさん↓写真ページ

明静院（大日堂）（みょうじょういん（だいにちどう））
上越市五智国分二―一―一にある天台宗の寺。山号は岩殿山。本尊金剛界大日如来をまつることから大日堂ともいわれる。開基等不明な点が多いが、行基が本尊を刻み安置したと伝え、古くは妙徳院と称し子院が一一坊あり栄えたという。しかし中古廃寺となって、国分寺の管理となり奥の院と呼ばれ、一六一九（元和五）年松平忠昌が十二石の土地を寄進したという。一九〇二（明治三五）年長谷川広作が再興、上野明静院の名跡を受け改めて寺院となった。本尊は一九〇六（明治三九）年県内初の国宝指定（現、国指定重要文化財）。近年この付近が国分寺所在地との説が出て注目されている。また、上杉謙信の墓や信州諏訪神が誕生したという岩屋などが境内にある。（安達　恩）

む

ムササビ
ネズミ目リス科。本州、四国、九州に分布する日本固有種で、北海道や佐渡には生息しない。上越地方では、平野部や中山間地の神社や寺、民家の周辺に生息することが多い。開発が進み、本種が繁殖時に巣穴として利用できる樹洞をもつ大木は、鎮守の森や屋敷林にしか残っていないためである。民家の天井裏などで巣を作り子育てをすることもある。夜行性でバンドリという異名をもつ。雄はナワバリを持たず、雌は巣穴を中心に一ヘクタールほどの同性間ナワバリを持つ。夜行性で日没後一～二時間ほどすると巣穴から飛び出し、木の芽、葉、花、果実、種子などを採食する。板倉区山寺薬師の社叢林には、ニホンリスと本種が生息し、両種は餌とする植物や生活空間が重なり生態的に競合関係にある。リスは昼行性、ムササビは夜行性というように、同一空間を時間的に棲み分けることで競合を避けている。（春日良樹）↓ニホンリス

虫川城跡（むしがわじょうあと）
中世山城跡・史跡。上越市浦川原区虫川。市指定文化財。虫川城は、虫川集落東方の白山神社背後の山で、標高九四メートルの字古城《ふるしろ》に所在する山城である。遺構は、山頂を中心に西側へ落ち込む山塊全域を利用し、範囲は約二〇〇メートル四方である。山頂主郭は、三五×三〇メートルの三角状をなし、南端に一メートル程高いところがある。主郭を中心に数条におよぶ階段状の削平地や腰郭、井戸跡など多くの工作跡が残っている。西端山麓に根小屋（居館）も置かれた。その南側は通称馬場と呼ばれている。築城時期や歴史は不明であるが、珠州焼の中世土器片も出土しており重要な山城跡である。伝承では、直峰城の枝城（えだしろ）で、杢田主膳《もくたしゅぜん》の居城という。戦国時代には、春日山城の番城として活

躍したものであろうか。（植木　宏）

虫川の大スギ（むしがわのおおすぎ）
国指定文化財・天然記念物。上越市浦川原区虫川。白山神社境内。この大スギは虫川にある白山神社の御神木で、樹齢千年といわれ、目通り一〇・七メートル、樹高三〇メートルの全国でも有数の巨木である。近年、樹勢の衰えが見られ、地域住民と樹木医、行政が協力して樹勢回復事業を行っている。上越市内では唯一の国指定天然記念物である。（植木　宏）

村上義清（むらかみ・よしきよ、一五〇一～七三）
信濃葛尾《かつらお》城（長野県埴科郡坂城町）城主。村上義清は一五五三（天文二二）年、甲斐の武田信玄に敗れ、信濃衆高梨政頼らと越後の上杉謙信を頼ってきた。そのため、五回にわたる川中島の合戦が展開されたのである。そのうちもっとも激烈だったのは永禄四年の第四回川中島の合戦である。同一一年一〇月、義清は国家安泰と亡き父の冥福をいのり、この地（上越市国府一丁目の光源寺墓地）に供養塔を建てた。義清はついに信濃帰還がかなわず、元亀四年一月、根知城（糸魚川市根小屋）で死去した。七三歳と伝える。（花ケ前盛明）

村極（むらぎめ）
江戸時代において共同生活をするうえで必要と思われることを、村民たちが自主的に決めた規律をいう。内容的には、年貢負担の割合、質素倹約、入会・用水管理、博蛮禁止・畑盗に関する事項など村落生活全般に亘り、違反者に対しては制裁的な罰則や規律が加えられることも多かった。また、村独自のものではなく、幕府や藩などの領主側の法令遵守や言いつけを厳守することを誓約した形式的性格を有するものも多く見られた。上越市域における形式的村極の一例として、樋場村《とよばむら》の加藤家に残る史料が挙げられるが、一八二二（文政五）年から一八四九（嘉永二）年の二七年間に亘ってまったく同文であり、村民各自が自著したものではなく、同一人の筆跡により連署・押印した形式で誓約している。一方、駒林村において、嘉永四年村内に不祥事が起きたため、支配領主側から村内引き締めのため、「村取極書」の作成提出を命じられ、以後そのそれを厳守することを村民全員が誓約していることが書かれた史料（平野団三家文書）も残っている。（田村　敬）

村方騒動（むらかたそうどう）
村役人と一般農民（小前農民）の対立であり、村方出入、小前騒動ともいう。村方騒動は、村内における名主（庄屋）を始めとする村役人による、年貢諸役の不公正、田畑の不正取得、用水や入会地の不公平利用等その特権的立場を恣意的に利用した行為を糾弾する一般農民の闘争である。村方騒動は、近世初期から全国各地で見られ、上越市域においても関連史料が多く残されている。一例として挙げると、門前村（上越市下門前）では、一八一三～一八一六（文化一〇～一三年）の都合四度に亘って当時の庄屋武右衛門の村役人としての勤務をめぐって争いが繰り返し起こっている。争いの原因は、村内農民が庄屋武右衛門による村費勘定や郷蔵米の恣意的取り扱い等に対して疑念・不満を持った農民が庄屋退役を願い出たことによる。その都度隣村の有力農民による立会いのもと改善・和解が見られたが、争いがくりかえされたため、村内を二組に分けそれぞれに庄屋を置くことで文化一三年に最終的決着が図られた。（田村　敬）

紫式部（むらさき・しきぶ、生没年不明）

『源氏物語』の作者。平安時代中期の女性。ユネスコ（国際連合教育科学文化機関）より国内初の世界の偉人に選定される。父藤原為時は一一一〇（寛弘八）年、越後守。兄惟規（のぶのり）も同行するも越後にて死す。今昔物語巻三一に惟規の物語あり。式部は一一一四（長和三）年正月越後の父に歌を送った。「雪積もる年にそへても頼むかな君を白ねの松にそへつつ」（青山増雄）

村山和夫（むらやま・かずお、一九二九～　）

地方史研究家。県内小・中学校を歴任。新潟県社会科教育研究会長。退職後、上越地域各市町村史の作成に関わる。近現代史には多数の著作あり。『我が郷土上越』『法顕寺誌』等。古稀を過ぎて『高田摘誌～源氏車の栄光』、『高田藩』を刊行。NPO法人頸城野郷土資料室独自の学位授与規程により、平成二〇年度「頸城野博学士」を授与さる。（青山増雄）→頸城野郷土資料室（くびきのきょうどしりょうしつ）

無量庵（むりょうあん）

江戸後期築、上越市西城町。江戸時代後期榊原藩時代の中級武士（小倉家）の屋敷と伝えられる。高田城を取り囲む武士階級の居住地「家中」に現存する希少な武家屋敷の遺構である。賊を忍び込ませないために床を低くし、襖と障子をはらえばすべての室を見通して、一室として使用できる。昔は石置屋根や茅葺であったが現在は鉄板葺きに改造されている。第二次世界大戦中に北長野に疎開していた「憲政の父」尾崎行雄（咢堂翁一八五八～一九五四年）がここにしばしば逗留し、「無量庵」の庵号と額を残した。（関　由有子）

室孝次郎（むろ・こうじろう、一八三九～一九〇三）

自由民権家。一八三九（天保一〇）年、高田本誓寺町（現・上越市東本町四丁目）の豪商の家の長男として出生。一〇歳で漢学や兵法を学び、一六歳のころ商人では禁止されていた武芸を学んだ。江戸遊学ののち、慶応二年京都に上り勤皇の志士と交わる。明治一二年ころから自由民権運動に参画し、明治一四年、鈴木昌司、八木原繁祉、大井茂作らと頸城自由党を結成。翌年、中川源造らと改進派の上越立憲改進党を結成した。修道館助教授、高田中学校（県立高田高等学校の前身）校長、弥彦神社宮司、西頸城郡長などを務め、高田病院（県立中央病院の前身）の設立や信越鉄道の敷設にも関わった。明治二二年、第一期衆議院議員に当選。教育や宗教、医療など多方面で活躍し、明治の民政に尽力した。明治三六年、六五歳で死去。高田公園に顕彰碑がある。（桑野なみ）

室野城跡（むろのじょうあと）
中世山城跡・史跡。十日町市室野。市指定文化財。室野城は、室野集落から渋海川の横を通り、南西方向に約二・五キロメートルの山道を登ったところの標高五〇〇メートルの室野城山に所在する山城である。現在は途中まで車が通る。遺構は山頂から引かし側尾根上約二〇〇メートル程を中心に構築されている。最高所の主郭は三〇×二五メートルである。築城時期や城主は不明であるが、戦国時代には、春日山城の支城として、関東へ通じる街道の連絡、監視城として重要な役割を果したであろう。（植木　宏）

め

名水（めいすい）
＊養爺清水《ようやしみず》〔上越市五智国分寺東側〕五智国分寺の東隅。親鸞が飲料水や文筆の硯水などとして使ったと伝えられる。
＊御前清水《ごぜんしみず》〔上越市中屋敷大手通入口〕
＊横清水《よこしみず》〔上越市下正善寺字横清水〕別名、宇津尾砦の「砦乃名水」。戦国時代に砦の守備兵が使用したとされる。
＊南葉延命水《なんばえんめいすい》〔上越市、南葉山登山道六合目付近〕
＊松場《まつば》の水《みず》〔上越市桑取地区〕桑取川河口から数百メートル奥。
＊大出口泉水《おおでぐちせんすい》〔上越市柿崎区東横山〕尾神岳の中腹（標高三五〇メートル）にある湧水（約四千トン／日）で、周囲は大出口泉水公園として整備されている。そこからは頸城平野と日本海の遠景が臨まれる。地域では上水道のほか農業用水やニジマス養殖用に活用している。二〇〇八年（平成二〇）年六月に環境省が選定した「平成の水百選」に選ばれる。
＊吟田川湧水《ちびたがわゆうすい》〔上越市柿崎区旭平字吟田川〕尾神岳の山腹（標高約二五〇メートル）に湧き出る。酒造用に用いられる。
＊黒岩不動尊湧水《くろいわふどうそんゆうすい》〔上越市柿崎区黒岩〕地すべり止めのための水抜き井戸（標高二三〇メートル）から湧き出る。
＊どんどの池《いけ》〔上越市大潟区九戸浜〕
＊小出口湧水《こでぐちゆうすい》〔上越市吉川区坪野〕尾神岳の伏流水が湧き出る。
＊東山寺《ひがしやまでら》の延命清水《えんめいしみず》〔上越市板倉区東山寺〕別名、薬師の水。
＊国川《こくがわ》の清水《しみず》〔上越市板倉区国川〕脇に眼病、安産の不動尊石仏。
＊稲増寺裏《いなますてらうら》の清水《しみず》〔上越市板倉区稲増〕昭和初期まで酒造、製薬に使用されたと伝えられる。
＊どんどん清水《しみず》〔上越市安塚区須川〕標高九二〇メートル。
＊仁上行屋清水《にがみぎょうやしみず》〔上越市大島区仁上〕二百年ほど以前から上水道、酒造用などに利用されてきた。
＊大月《おおつき》の水《みず》〔上越市牧区大月〕
＊弘法清水《こうぼうしみず》〔上越市牧区棚広〕
＊坊《ぼう》ヶ池《いけ》〔上越市清里区青柳〕関田山脈の伏流水でできた池。竜神伝説が残る。
＊水吉《みずよし》の湧水《ゆうすい》〔上越市三和区水吉所在地〕
＊蟹沢《がんざわ》の湧水《ゆうすい》〔上越市三和区窪所在地〕
＊宇棚《うだな》の清水《しみず》〔妙高市大字杉野沢笹ヶ峰牧場内〕宇棚の清水は、妙高山、火打山、焼山、黒姫山といった二〇〇〇メートル級の山々に囲まれた広大な笹ヶ峰高原（標高約一三〇〇メートル）に位置する。二〇〇八（平成二〇）年六月に環境省が選定した

「平成の水百選」に選ばれる。

*大田切清水《おおたぎりしみず》〔妙高市大字坂口新田〕
*木曽清水《きそしみず》〔妙高市大字上平丸〕
*深山の湧水《みやまのゆうすい》〔十日町市松之山町〕
*蛇の口の水《じゃのくちのみず》〔糸魚川市能生町能生白山神社内〕
*ブナの清水《しみず》〔糸魚川市御前山〕海谷駒ケ岳中腹、ブナ林の中に湧き出る。（石塚正英）

メダカ
ダツ目メダカ科。昭和の中期には近くの水路に多くみられたこの魚は、今や国のレッドデータブックで貴重種になるほど減少してしまった。頸城野においても、平野部の水田に生息している本種をみることは希になった。それは、水田を耕作しやすいように乾田化していったことによると考えられる。現在、当地では乾田化されていない山間地の水田や溜池に本種をみることができる。今後再び、平野部にも本種の生息場所の創造の願うものである。（高橋　卓）

も

猛禽類（もうきんるい）→**朝日池・鵜ノ池**（あさひいけ・うのいけ）

木喰上人（もくじきしょうにん、一七一八～一八一〇年）
江戸末期に全国各地を巡り歩いた修行僧。甲斐国古関丸畑（現・山梨県）出身。五穀・火食を断って草木を糧としたところから木喰上人と称される。九三年の生涯中五度の日本回国を行い、六三歳の頃から作仏に携わるようになり、その数は一千に及ぶとされ、その像は微笑仏と称される。木喰より一世紀ほど前の時代に活動した円空の荒削りで自然的な作風に比べると、木喰の仏像は微笑を浮かべ情愛こもる雰囲気のものといえる。頸城野には以下の木喰仏が今に遺る。木喰上人自刻像（イチョウの一木造、大島区）、毘沙門天像（大潟区圓蔵寺）。（石塚正英）→一木彫仏像（いちぼくぼりぶつぞう）

木造十一面観音坐像（もくぞうじゅういちめんかんのんざぞう）
上越市指定有形文化財（一九八七年）。所在地・上越市頸城区塔ヶ崎。神田山神社蔵。像高三一センチメートル。台高二一センチメートル。制作年代は不明だが、一九一五（大正四）年に修復されたため、金色燦然としている。厨子に納められている秘仏である。後背は円光、一一の菩薩を載せた冠、左手に瓶を捧げ、衣丈はかなり太く盛り上がっている。台座は蓮華台。（唐澤太輔）→一木彫仏像（いちぼくぼりぶつぞう）

木造十一面観音立像（もくぞうじゅういちめんかんのんりゅうぞう）
新潟県指定有形文化財（一九五四年）。所在地・上越市浦川原区熊沢。個人蔵。けやきの一木造り。像高九一センチメートル。漆に金箔を張った部分、眼、台座、光背、両手先、天衣垂下部、手に持っている物などは後に補ったものである。薄物の長衣、右腕を伸ばし左手を曲げて蓮の花を持ったすらりとした体軀、穏やかな容貌、髪の毛の彫りの美しさなどは、平安時代後期の彫刻の技法を伝えている。所有者の祖先が、熊沢から板尾へ通じる街道の観音堂に安置してあったものを、守り本尊として代々崇拝してきたものと伝えられている。（唐澤太輔）→一木彫仏像（いちぼくぼりぶつぞう）

木造十一面千手観音坐像（もくぞうじゅういちめんせんじゅかんのんざぞう）

上越市指定有形文化財（一九八三年）。所在地・上越市滝寺。宝陀羅神社蔵。像高六〇センチメートル。檜による寄木造り。水晶の玉眼が嵌入《かんにゅう》されている。左右に四〇本の手を持つ十一面観音像である。一本の手で二五の悩みを救えると考えられている。四〇本×二五で千本になることから千手観音と呼ばれている。それぞれの手には、さまざまな悩みから救うための持物《じもつ》が握られている。制作年代は室町時代後期と推定されている。持物や宝冠などは、後世になって修理された痕がある。厨子が造られた一八六三（文久三）年頃の修理と推定される。神社に観音像が祀られている点から、神仏習合の信仰形態を今に残す貴重な遺品と言える。（唐澤太輔）一木彫仏像（いちぼくぼりぶつぞう）

木造千手観音立像（もくぞうせんじゅかんのんりゅうぞう）

上越市指定有形文化財（一九九三年）。所在地・上越市名立区森。善興寺蔵。像高一七四センチメートル。檜造り。台座三三センチメートル。けやき造り。正式名称は「十一面千手千眼観自在菩薩」である。制作年代は不明だが奈良時代の彫刻家・春日の作ではないかとされている。善興寺の付属の仏堂の石坂寺観音堂に安置されている。（唐澤太輔）→一木彫仏像（いちぼくぼりぶつぞう）

木造大日如来像（もくぞうだいにちにょらいぞう）**→一木彫仏像**

モグラ→ヒミズとモグラ

もち米（もちごめ）

家の祝いごとには、もち米を搗いたり炊いたりして食した（ハレの食）。もち米だけで餅を搗くのは、①正月（暮れの二八日、鏡餅）、②小正月、③節句（田植え祝い）、④秋祭り、⑤婚礼などである。また、もち米を炊くとき（赤飯・おこわ）は、①春祭り、②誕生祝、③お七夜、④婚礼、⑤秋祭り、⑥その他などである。さらに、もち米を半殺しにしてぼた餅をつくるときは、①お彼岸、②刈上げ。その他、もち米を搗くときに種々混ぜて、草餅（蓬餅）・しそ餅・豆餅・粟餅・黍餅・胡麻餅・粉餅などをつくった。

（久米　満）

物部神社（もののべじんじゃ）
清里村南田中字才ノ神に鎮座する。社殿はなく、石祠のみである。かつては南田中大字山王北屋敷五六四・五六五番地にあった。ところが、農地整備事業のため一九七一（昭和四六）年四月、現在地に遷座した。旧社地は東頸城丘陵の西麓の水田地帯に位置し、北方に櫛池川が、南方に別所川が流れている。祭神は物部氏の祖神宇摩志真知《うましまじ》（麻遅）命（『古事記』）可美真手命《うましまでのみこと》（『日本書紀』）である。『和名抄』の物部郷に位置していること、隣が清里村大字武士《もののふ》であることなどから、この地は古代において、物部氏の一大拠点であった。頸城郡に進出した物部氏がその祖神を奉斎したのである。明治一六年の『神社明細帳』によると、六九六（持統天皇一〇）年創立と伝える。中世以降は、社運が衰退し、史料・記録も逸亡し、文献にその名さえとどめなくなってしまった。今日、神社は石祠で、間口二尺、奥行き二尺五寸、旧社地から移したものである。（花ケ前盛明）

もらい風呂（もらいぶろ）
所によって、湯入りウツワ・風呂仲間・湯つかい・風呂たて番・回り風呂・共同風呂などと呼ぶ。水道が普及していなかった当時、農村では、多くは人力で用水や井戸の水を汲み上げて風呂桶を満たした。また、燃料は薪を使うので適温にまで暖めるには、点火してから二時間以上を費やした。こうして一回の風呂を沸かすには、大人が相当の時間をかけることになる。そこで、隣近所あるいは親しい家々とでグループ（ウツワ）を作り、沸かしたときは仲間に入浴の案内をして、互いに労力を融通しあった。入浴後は、お茶を飲み世間話に花を咲かせ、互いの親睦を深めた。ところで、忙しい農繁期だけもらい風呂をする所も多かった。（久米　満）

モリアオガエル
カエル目アオガエル科。シュレーゲルアオガエルに似るが、大型の種で体長五〜九センチメートルにもなる。桑取市民の森など山間地の池沼や休耕田、水田に生息している。緑色の体色をしているカエルで、六月頃池沼の周りに生えた木の枝などに泡状の卵塊を産む。卵塊は最初柔らかいが、日がたつに従って堅くなる。卵からかえったオタマジャクシは水の中へ落ちて生活する。旧板倉町（現・上越市板倉区）では関田峠から黒倉山登山道周辺に生息するモリアオガエルを天然記念物に指定している。（梅林　正）→アマガエル、ウシガエル、カジカガエル、シュレーゲルアオガエル、トノサマガエル、ヤマアカガエル

森繁右衛門（もり・しげうえもん、生没年不詳）
森家は高田の旧家、初代又右衛門重成（法名宗熹）は天正年間（一六世紀後半）にさかのぼり、それ以前のものは焼失により不明。春日山城下、福島城下を経て高田開府の際呉服町西側に屋敷を構える。大道郷南田屋を開墾し七二石の良田を得る。市政の外殖産興業に力を入れる。磯野、池田、吉田の三家を合わせ四ツ角と称す。代々町年寄となる。森平助重良、大五香湯の祖にして代々売薬を職業とする。孫の繁右衛門矩智、その子吟右衛門季光、

喜文治絹熙、喜文治知及と継がれ一八一九（文政二）年巳卯九月家伝の大五香湯の薬の調合販売を業としている。代々才知に秀れ賢く、長じて孝養をつくし慎み深かった。晩年になってから繁右衛門と改名する。（内藤　隆）

森成麟造（もりなり・りんぞう、東嶺、一八八四〜一九五五）

夏目漱石の主治医、上越郷土研究会初代会長。東頸城郡安塚町真萩平に生まれ中頸城中学校（高田高校）をおえた森成は、その後郷土を離れ仙台医学校（現・東北大学医学部）を卒業し、東京長与胃腸病院の医師となった。在京時、文豪夏目漱石の主治医（東京市麹町区内幸町胃腸病院勤務）でもあった。夏目漱石の傑作『坊っちゃん』の主人公が四国松山に赴任する前、下女の清ばあさんに、土産に何がほしいと聞くと「越後の笹飴が食べたい」というくだりがある。森成は漱石の胃潰瘍を治療したことから親しい交際となった。森成は笹飴を毎年送っていた。森成の才は多方面に開く。上越音楽連盟会長のほか郷土史や考古学にも造詣が深い。戦後は頸城野で上越郷土研究会を創立した。その会誌『頸城文化』創刊号（昭和二七年六月一日発行）に「創刊の辞」を載せ、以下のように主張した。「近畿、九州並に南紀地方は名所旧跡に富み之れに伴う神話、伝説、俗説のカクテルは頗る旅人をして心行くまで満喫せしむるものがある。従つて観光に視察に修学に年間数百万の雅客学生が陸続として逍遙去来する。／翻つて我上越地方は如何？／太古、大国主命の神話に始まり幾多の史跡伝説を包蔵しながら研究と発展とが不充分なるがため自然世間から等閑視せらるるに至つた。／茲に於て吾等同志は夙に上越郷土史研究会を組織し是れが研鑽に勉め今回其成績の一端を発表して江湖の御批判を仰ぎ且つ諸彦の御声援を期待し以て本会向上発展の資に供したいと祈願する次第である。」（石塚正英、青山増雄）↓上越郷土研究会（じょうえつきょうどけんきゅうかい）

森　蘭斎（もり・らんさい、一七四〇〜一八〇一）

一七四〇年新井（現・妙高市）の中町に生まれ、五十嵐俊明に絵を学ぶ。師の勧めで長崎の神代熊斐に弟子入りして、南蘋派の技法を学ぶ。師匠の没後、大坂に出て関西画壇で活躍し、「蘭斎画譜」八巻を出版。尾張・紀伊両徳川家の依頼を受けて、襖絵や掛け軸を描く。新井に帰郷してから郷里の人々の後援を得て、「屏風頼母子」を作り、当地に多くの作品を残した。その後、江戸に居を構えて名声を上げ、加賀藩（一〇〇万石）のお抱え絵師となった。一八〇一年六二歳の生涯を閉じると、翌年その遺志を継いで、宇都宮藩主戸田公・宍戸藩主松平公・儒学者林述斉等が『蘭斎画譜後編』全四巻を出版。作品は国内の美術館はもとより、ボストン美術館と大英博物館にも所蔵されている。（青山始義）

や 行

や

ヤキモチ、粉モチ、カテ飯（やきもち、こなもち、かてめし）

くず米（未熟米、エリゴ）を石臼（いすす）で粉にしたものが原料。鍋に湯を沸かし（粉一〇水八の割合）、粉を入れ火を通す。また、捏ね鉢で捏ねて拳くらいの団子にし、いろりの熱灰でこんがり焼いて（ヤキモチ）食べる。昭和初期まで、農家の朝の常食であったという。団子の中にマスやイワシの塩漬け、野沢菜漬け等を刻んで入れたりすることもあった。また、凡そヤキモチ粉九餅米一で搗いた粉モチ、ヤキモチ粉七よもぎ二もち米一で搗いた草餅なども食した。よもぎは、春の若芽を熱湯に通し乾燥保存しておいた。その外に、カテ飯（米の飯に時々に採れる野菜など、例えば大根、カボチャ、じゃがいも、大豆や干し菜などを混ぜる）を食べて米を倹約した。（久米　満）

焼き物（やきもの）

頸城野周辺では古代に土師器・須恵器が生産された。例えば三島郡出雲崎町の梯子谷（飛鳥時代末）窯跡、上越市の滝寺古窯跡群（奈良時代末）、大貫古窯跡群（平安中期）が知られる。それらを製造した地域の幾つかでは、現在まで断続的ではあれ陶器生産が継続してきた。その一つに「五智焼」がある。天保年間から昭和二〇年代前半まで五智国分寺周辺でつくられ、森元窯、岩片窯などの窯が開かれた。人物としては一八九〇年代から一九二〇年代に活躍した高野弓山（本名・久太郎）が知られる。また大貫から金谷山にかけて明治時代に幾つか窯が設けられ、金谷焼とも高田焼とも称する陶器が生産された。人物としては森繁右衛門、斉藤京助、斉藤三郎らが知られる。さらには、滝寺では井部富夫が一九七八（昭和五三）年に滝寺窯を開き、弟の高橋鉄男とともに陶芸活動を展開している。また、斉藤三郎の子息である斉藤尚明は寺町二丁目で父を継いで陶芸をなし、斉藤三郎の弟子にあたる森本昇は、近年、滝寺に窯を設けて生産に従事している。（石塚正英）

薬師信仰（やくししんこう）

治病、延命、産育の仏としての薬師如来信仰。法隆寺金堂本尊の薬師像が有名。『日本霊異記』（八八二年）に薬師仏に開眼を祈った女性の願いが叶う話がある。山岳宗教と関係する山の薬師、峰の薬師の信仰がある。米山の薬師など山頂に薬師仏が祀られる。直江津地区の谷浜・薬師山のように海の薬師信仰も民間には多い。名立区、谷浜、板倉地区に薬師仏や信仰がある。（青山増雄）

八坂神社（やさかじんじゃ）

上越市西本町四丁目二番二五号に鎮座。社伝によると、京都の八坂神社を勧請し創建されたという。素戔嗚尊夫妻と、八人の王子をまつっているところから「八王子《はっちょうじ》」ともいい、武勇・商売繁盛の神として信仰が厚い。一六一四（慶長一九）年、福島城（港町）主松平忠輝が高田城へ移った時、八坂神社はそのまま直江津の地にとどまり、そのかわりに高田の祇園祭をも執行することになったという。これが高田・直江津祇園祭の始まりである。祇園祭について、今日、残っている一番古い記録は一六一八（元和四）年のもので、「例年通り祇園祭の御供米（祭典費）五石を祇園神主（八坂神社）に寄進するので、国家安全を祈るように」という高田城主の寄進状である。元和四年以前から、祇園祭に際し、城主が米五石を寄進していたことがわかる。（花ヶ前盛明）→祇園祭（ぎおんさい）

ヤチネズミとハタネズミ

ネズミ目ネズミ科。ヤチネズミは、本州中部、北陸以北と紀伊半島南部に分布する日本固有種。地中生活に適応し、岩場のある湿潤な森林で捕獲されることが多い。筆者も、妙高市大毛無山、笹ヶ峰、板倉区光ヶ原で捕獲した経験がある。トウホクヤチネズミ、ニイガタヤチネズミ、ワカヤマヤチネズミに亜種区分されているが、前二者の形態的な差異は不明瞭で分類は未解決である。トガリネズミなどに見られる「子が母親の尾の根元をくわえ次の子が前の子の尾をくわえ鎖のようにつながって歩くキャラバン行動」が見られる。本県では、別種のスミスネズミと本種の生息域が重なる。両種は酷似するが、ヤチネズミは乳頭数八、スミスネズミは乳頭数四〜六で区別できる。

ハタネズミは、本州、九州、佐渡に分布する日本固有種。北海道と四国には生息しない。農耕地、植林地、河川敷、牧草地など草原的な環境に生息し、高山のハイマツ帯にも出現する。自分で穴を掘ったりモグラの坑道を利用したりして地下にトンネル網を作る。草や根茎を餌とするが、畑のサツマイモ、ニンジン、ゴボウ、ダイコンなどを食害することも多い。地中生活に適応し、坑道の中でも邪魔にならないよう耳介は小さく尾も短い。また、上空から天敵に襲われることが少ないため目は小さく横に付いている。「ピーターラビット」の著者ビアトリクス・ポター作「まちねずみジョニーのおはなし」に出てくる田舎ネズミのチミーのモデルは、本種の仲間である。（春日良樹）→アカネズミとヒメネズミ、ドブネズミとクマネズミ

宿送り（やどおくり）

中世上杉氏が領内で採用した駅伝の一種。北国街道などで領民が公用物資を背負って宿駅間を行き来した。伝馬でなく人力に頼るから輸送力に限りがあり、「歴代古案」によると一時に二〇〜三〇人の大人数の継立を命ぜられる場合が多かった。但し、物資のほかさまざまな文物制度・習俗慣習が村送りで伝えられた点は頸城野の文化圏形成にとって意義深い。浦川原区北代の石仏を関山神社まで村送りで背負って運んだと伝えられる「街道祭り」はその名残と思われる。（石塚正英）→街道祭り（かいどうまつり）

柳沢　謙（やなぎさわ・けん、一九〇七〜八二）

→保阪貞吉（ほさか・さだきち）

ヤマアカガエル
カエル目アカガエル科。成体の体長は五～七センチメートル程度で、上越地域の平野部から山間地にかけて広く分布するが、どちらかというと山間地に多い。背面は赤褐色の体色をしており、二本の盛り上がった側線がある。腹面は白く足の付け根は黄色がかる。雪どけと共に水田や池などにボール状の卵を産む。春先に水田で見られる小さな黒いオタマジャクシは本種であることが多い。似た種類としてニホンアカガエルが分布している。（梅林　正）↓アマガエル、ウシガエル、カジカガエル、シュレーゲルアオガエル、トノサマガエル、モリアオガエル

山際七司（やまぎわ・しちじ、一八四九～九一）
自由民権家。下越地方を中心に国会開設運動を推進した。一八八一（明治一四）年四月、山際を中心に「越佐共政会」が結成される。同年一〇月、東京で自由党が結成され全国から七八名の代表が終結。新潟県を代表し、幹事五名のうち一人に山際が選出された。明治一六年の高田事件で捕えられ、のちに県会議員に。明治二二年、自由党系の政社として新潟で「越佐同盟会」が結成されるが、明治二四年六月、病により死去。（桑野なみ）↓高田事件（たかだじけん）

山田あき（やまだ・あき、一九〇〇～六六）
歌人。上越市浦川原区の旧家に生まれ。上京後、自由律の短歌を『短歌前衛』に発表。生活に根付いた、清新で叙情性に富んだ短歌を発表。保守的伝統を克服し、人民の歌声としての短歌解放運動の推進力となった。歌集『紺』『飛泉』。紡績女工の歌を集めた『糸の流れ』、農民の歌を集めた『稲の花』がある。作品に「愛（は）しきかも雪げのみずにそよぎつつ堅香子（かたかご）咲きぬ越の春の香」（青山増雄）

山田辰治（やまだ・たつじ、一八六六～一九五八）↓**頸城鉄道**（くびきてつどう）

山寺三千坊（やまでらさんぜんぼう）
上越市板倉区東山寺にある山寺は、丈ヶ山（標高五七一・六メートル）の山中に、今から千三百年ほど前の七一八（養老二）年から七五九（天平末）年にかけて、行基菩薩や裸行上人らによって「長峯山（頂霊山）・華園寺」「山寺山（如意山）・乙宝寺」「丈額山・佛照寺」「福寺山・天福寺」の五山が開かれたといわれている。開山には諸説があり、定かではない。しかし古くから山岳仏教の道場として隆盛を極め、近郷近在にも関連寺や末寺が建立され、「山寺五山」「山寺三千坊」と称されるようになり、大本山であったことはほぼ間違いない。隆盛を極めた山寺がなぜ衰退してしまったかは、平氏の山岳佛教弾圧の余波を受け、一一七九（治承三）年に加賀の国司藤原師高の軍勢に焼き討ちされたためとも、一二〇一（建仁元）年に越後の城氏が鎌倉幕府に反抗して敗れ、そのときに山寺も城氏にくみしたとして兵火にあい壊滅したともいわれている。「山寺三千坊」の意味は山寺に三千の寺や僧坊が

あったということではなく、三千坊の「三」は人生・自然・社会の法則のこと。「千」はとてつもない広がりを示すと仏教者はいう。板倉地区に古来仏閣が多かったことは、現在多く残っている地名からもうかがえる。（宮腰英武）

山寺薬師（やまでらやくし）

上越市板倉区東山寺にある山寺薬師堂は、二〇九段の石段を登った丘の上にある。二度の兵火で焼失後の応永年間（一三九四～一四二八）に乙宝寺跡地に再建された。薬師堂には、一三九五（応永二）年七月二日、京の仏師筑後法眼の作、三善讃阿寄進の銘がある三体の如来が祭られている。中央に薬師如来座像（像高一四二センチメートル）、向かって右に釈迦如来座像（像高一四五センチメートル）左に阿弥陀如来座像（像高一四五センチメートル）が安置されている。薬師如来座像は釈迦如来座像と同じ様式で、頭部に「大檀那三善讃阿勧進沙門祐山、応永第二年大才乙亥七月二日、大仏師筑後法眼」、背部に「大檀那三善讃阿勧進沙門祐山、応永第二年大才乙亥七月二日、大仏師筑後法眼」と三行に分けて墨書されている。釈迦如来座像は、寄木造り彫眼像で顔はへん平、髪際の線は波打ち、衣丈は丸ノミの跡を平行線に残して複雑に乱れ、彫りが深いのが特徴である。また頭部には、「勧進沙門祐山、明徳五年甲戌七月十日、作者六条仏師筑後法眼」と墨書されている。阿弥陀如来座像は、他の二如来と同時代の同作であり、銘はなく、台座と光背はいずれも江戸時代の新造である。昭和五二年本堂の大修理と納経堂を建立し、翌年に県文化財に指定された。（宮腰英武）

山寺薬師三尊仏（やまでらやくしさんぞんぶつ）

県指定文化財・彫刻。上越市板倉区大字東山寺一〇三〇番地。山寺薬師堂。山寺薬師境内の薬師堂に木造薬師如来坐像・木造釈迦如来坐像・木造阿弥陀如来坐像の三尊像が安置されている。いずれも像高一四〇センチメートルを超える堂々とした作で、ヒノキ材の寄木造。目は玉眼である。薬師像背部胎内の墨書から、一三九五（応永二）年に三善讃阿が中心となり、仏師筑後法眼の手によって製作されたことがわかった。毎年五月八日の祭礼には地区全域の春祭りとして境内をにぎわしている。（植木　宏）

ヤマトタマムシ

コウチュウ目タマムシ科。タマムシの厨子でも知られる、美しい甲虫の代表的存在。箪笥に入れておくと着物が増えるとの言い伝えもある。本来は熱帯アジアを中心に繁栄しているグループで、中で唯一ヤマトタマムシのみが北のほうまで分布している。雑木林にすむが、幼虫の食樹としてエノキ、ケヤキ、サクラなどの古木を好むことから、上越市では寺院や公園などでもこれらの木の周りを飛ぶ姿を見かける。（富取　満）

ヤマネ

ネズミ目ヤマネ科。本州、四国、九州、隠岐島後に分布する日本固有種。国の天然記念物に指定されている。佐渡には生息しない。

山地から亜高山の森林に棲む。頭胴長六八～八四センチメートル、尾長四四～五四センチメートル。体重は、夏は一四～二〇グラムだが冬眠前には倍の重さになる。樹上生活に適応し、指のかぎ爪が発達している。晩秋から早春まで、樹洞、樹皮の間、落ち葉や土の中で丸まって冬眠する。山小屋や民家の中、小鳥用の巣箱で冬眠することもある。上越地方では、板倉区鍋倉山、安塚区菱ヶ岳、大島区菖蒲高原、松之山大厳寺原、妙高市赤倉などから生息情報が寄せられている。（春日良樹）

山の神（やまのかみ）

二月九日または三月九日。この日、山で働く人々（炭焼き、猟師、樵など）が崇める山の神に、一日山入りを休んで慎み、山仕事の安全と山の幸の恵みを祈った。この日、山の神が留守にしているので、厄除けとして山に入らないのだという所もある。所によって祭り方に違いもある。例えば、赤飯をツトッコ（藁で作った入れ物）に入れて山の木の枝に下げるとか、山の入り口や大木の根元に祭壇をつくり、赤飯や鱈・鯖など頭の着いた魚と一緒に、あるいはぼた餅やくるみ味噌をぬった「ヤマモチ」を供えるなどがある。供えたら振り返ってはいけない！「山の神が食べる姿を人が見るのは失礼」だから、などという。本格的山仕事にかかる前に、この祭りをしないで山に入ったり、この日休まなかったりすると必ず怪我（カマイタチ）をするいう。また、この日をただ家の中で「モッコ作りをする日」とする所などもある。（久米　満）

山本惣治（やまもと・そうじ、一八八八～一九六二）→高田中学（たかだちゅうがく）

弥生の村（やよいのむら）

相互に隣接する斐太遺跡（妙高市）・吹上遺跡（上越市）・釜蓋遺跡（上越市）を総合的に整備したうえで構想される広域歴史公園。斐太遺跡（古墳時代）は頸城丘陵地にあり、吹上・釜蓋両遺跡（弥生～古墳時代）はそこから平野部にさしかかる青田川扇状地に位置している。そのうち吹上・釜蓋両遺跡からは翡翠製品やその工房跡が発見され、吹上遺跡からは小松式土器（北陸）や栗林式土器（信州）が発見されている。また、斐太・釜蓋両遺跡では弥生後期に特徴的な環濠集落が確認されている。そうした歴史的文化遺産（二〇〇八年七月国指定史跡）を軸にし、また釜蓋遺跡があらたに建設される北陸新幹線の新駅（平成二六年度末開業予定）に隣接していることを考慮して、上越市は一〇年計画で広域歴史公園を構想している。（石塚正英）→翡翠（ひすい）、斐太遺跡群（ひだいせきぐん）

ゆ

結い（ゆい）

上越では、エまたはイイと言い、昭和四〇年頃まで存在していた大切な相互扶助の慣行である。農家は、特定の家と互いに労働（手間）の交換、即ち、働き手を融通し合う関係をつくっていた（エッコ）。農作業の多くを手仕事で行っていた時代、田植え、稲刈りなどには集中的に人手が必要となる。そのときに、自家が助けられた分、相手を助けた（エナシ）。この場合、農作業暦の少し違う農家、例えば、田植えでは田に水入れの日が異なる所とで結いをつくった。機械化が進むにしたがい、結いも姿を消していった。（久米　満）

遊郭（ゆうかく）
傾城町・郭・遊里・遊女町ともいう。江戸時代以降、公認された遊女を住まわせ男性の相手をさせた場所。大坂の新町、京都の島原、江戸の吉原が代表的なもの。上越地域では、横町のはたごやに留女、飯盛と称する遊女をおいたが、維新後、許可をとって貸座敷と称し、横町は遊郭になった。一九〇八（明治四一）年の第十三師団の入城によって、横町の遊郭を町はずれに移転させることになり、一九一〇（明治四三）年、高城村地内の五分一に移った。これら遊郭は、一九五六（昭和三一）年成立の売春防止法によって、その幕を閉じた。（杉山精一）

有恒学舎（ゆうこうがくしゃ）
板倉区針の増村度次は一八九一（明治二四）年、針の浄覚寺を仮校舎として有恒学舎を開学。日清戦争の後、国力を強くするためには地方の教育を盛んにし、農村の中堅の人物を育てる必要があるとした。「有恒」は論語の中の言葉で、「恒に自分を偽らず、正しい新年と主義主張を持ち続ける人物を教育したい」とした。明治三九年から四年間、会津八一が英語教師として在籍した。校名額は勝海舟。頸城地方のみならず全国に有為な人物を育てた。現・県立有恒高等学校。（青山増雄）→増村朴斎（ますむら・ぼくさい）

遊女（ゆうじょ）
営利のために歌舞音曲を供し、枕席に侍する女。営利を目的とする遊女は一〇世紀以降に現れ、宿・港・都市を拠点として各地を遍歴して活動していた。室町期には傾城屋に集まり、豊臣秀吉以後は公娼制政策により特定区画内の集住が命じられ、吉原・島原などの遊郭が形成された。高田藩では中嶋町、新町で営業を許可した。遊女には遊女（公娼）と浮身（私娼）の区別があり、その数は江戸期を通じて一〇〇人ほどだったが、幕末から明治初年にかけて二〇〇人ほどに増えた。鎌倉期、のちに玉葉和歌集の編纂を手がけることになる京極為兼の佐渡流罪を見送る、三島郡寺泊町の遊女初君の歌が残っている。「物思ひ越路の浦の白波も、立ちかへるならひありとこそ聞け」（初君）。（杉山精一）

雪穴（ゆきあな）
雪室《ゆきむろ》ともいう。大潟町は海に近く、人々が漁業や鮮魚販売で生計を立てていた頃、雪を夏まで貯蔵しておくために雪室をつくった。場所は①店舗の入り口、②松林の中、③蚕種製造や貯蔵のため雪室下底中央部に二間四方（一間は約一・八一八メートル）の地下貯蔵庫（中央本庫）を備えたもの等である（→大潟町史）。板倉区稲増では、昭和初期まで神社境内の地面に、一辺が三間で深さ二間くらいの穴（雪穴）を掘り、雪を詰め込み、上に菰や籾殻を被せ、更に莚で覆って雪が溶けにくくして六月頃まで保存、田植えが済んだ頃に切り出して、高田の町の魚屋・病院などへ売りに行ったという。なお、高田仲町にも貯雪業を営む者が存在した。（久米　満）

雪に備える家や町（ゆきにそなえるいえやまち）
古くから重い雪に耐えるため、家の柱は太く、萱屋根は雪が滑り落ちやすくするため傾斜をつけ、雪下ろしの方法では「グシから割れ」「コツラ透《す》かし」などと言い、板屋（トタン葺き）には、屋根上で人が除雪作業できるように傾斜を少なくし、滑り止め（なぜ止め）を付け、「雪下ろしは庇から」という。地面よりの高さ二メートル未満の窓には、板などで防雪対策をする。昭和初期までは、雪下ろし用にコスキやカンジキを、現在では、除雪スコップ（シャベル）・スノーダンプを整備（蝋塗り）し、町屋では雪すべり（雪トイ）を雁木の屋根裏等に用意して置いたものを点検し、庭木には保存しておいた材（竹・丸太）を用いて、添え木や防雪対策（冬囲い）をする。また、雪にもいろいろの現象や性質があるのを心得て対応した。一九六七（昭和四二）年頃から市内の舗装道路に消雪パイプの敷設が始まり、一九八五（昭和六〇）年過ぎには市街地の流雪溝設置工事も始められた。最近では、各家に動力除雪機が普及してきている。（久米　満）→写真ページ

雪まつり（ゆきまつり）
最深積雪期の二月ともなると、雪に耐えてじっと春の到来を待つ生活の中で、雪をはねのけて大いに楽しもうとする行事も各地で催されている。各小中学校では、スキー授業・スキー大会・スキー遠足などが実施され、各地区では住民参加の「冬のまつり・雪上レクレーション」が催される。例えば、金谷山でのレルヒ祭の他、牧っこ雪まつり（牧区）、安塚スノーフェスティバル（安塚区）、越後・大島雪ほたるロード（大島区）、遊雪まつり（名立区）などが行われている。（久米　満）→レルヒ祭（レルヒさい）

雪割草（ゆきわりそう）
キンポウゲ科のミスミソウ、スハマソウ、ケスハマソウ、オオミスミソウを合わせた園芸的通称。県内ではミスミソウが上越地方にわずかにあるだけで、ほとんどがオオミスミソウである。柿崎区では「さんかくそう」と呼ぶところもある。二〇〇九年から県の草花に指定。主に里山の明るい樹林に生育。海岸部ではなだらかな地形にも見られるが、山間の豪雪地では急斜面に見られる。雪国の植物でありながら、雪はあまり好きではない性質がうかがえる。三裂して全体が三角形になる五センチメートルほどの葉を地際から広げ、茎は地下にあって見えない。三月ごろ雪解けと同時に一〇センチメートルほどの茎を伸ばし三センチメートルほどの花を咲かせる。色や形が野生植物としては考えられないほど多様で、園芸的に注目されている。二五年ほど前からブームが起き、里山から深山まで広く見られたが盗掘が激しく、道脇の群生は消

えてしまったところもある。盗掘の一方、自生地復元と称して植栽する活動も見られるが、これは大変な生態系破壊なので、厳重に慎まねばならない。雪割草に限らず、植物は遺伝子レベルでみると地域ごとに個性がある。雪割草は人工交配が盛んで、各地の遺伝子がまざりあったものが多い。そうした交配種を自生地に植栽すると、交雑をおこし、その自生地本来の遺伝子が汚染されてしまう。これは一度引き起こされれば、もはや回復不可能な生態系破壊である。（清水尚之）→里山の植物（さとやまのしょくぶつ）

湯屋（ゆや）

沸かした湯を浴槽に満たして入浴した風呂屋。近世前半までは蒸し風呂が一般的であったが、高田築城に際して人足用に造られたのを始まりとする。その最初は春日町の法華風呂といわれる。江戸時代、火災の原因になることをおそれたため個人の家には風呂は少なく、下級武士や町人が常用した。湯屋の二階には茶菓子の用意もあり、また、湯女と呼ばれる遊女をおいたところもあった。一九世紀前後から銭湯と呼ばれるようになったが、二〇〇九年三月三一日に上越市で最後の銭湯「吾妻湯」（中央六丁目）が廃業して以来、現在銭湯は市内に一軒もない。（杉山精一）

ユリの仲間（ゆりのなかま）

上越地方に自生するユリ科ユリ属の植物は、ササユリ、ヤマユリ、クルマユリ、コオニユリ、オニユリなど。中でも里山に見られる貴重種はササユリとクルマユリである。（清水尚之）→里山の植物（さとやまのしょくぶつ）

よ

庸軒流茶人（ようけんりゅうちゃじん）

茶道の一派である庸軒流に連なる茶人。庸軒流茶人の浄興寺第二三世達英（一八一五〜五六）、第二四世厳正（一八四三〜九二）が遺した茶事記録に倉石市右衛門、倉石甚五郎、森重貞、青木崑山など、多くの同流派、門人の名が見える。（石塚正英）→青木崑山（あおき・こんざん）

養蚕信仰（ようさんしんこう）

群馬県や福島県などは、現在でも養蚕業の盛んな地域としてよく知られているが、「裏日本」、特に新潟県小千谷や五泉、富山県八尾、島根県江津などにおいても養蚕は伝統として今に伝えられている。また考古学的遺物から見るならば、出雲、伯耆、丹後、若狭そして越といった「裏日本」地域での高度な絹文化の方が、大和地方よりも先駆けていたという。「養蚕信仰」とは、簡単に言うならば、豊蚕を願う民間信仰である。この「養蚕信仰」と「高田瞽女」には深い関係がある。養蚕が盛んな地域では、この盲目の女旅芸人である瞽女の唄を聞くと、蚕がよく育つと言われていた。また、よい繭がとれるようにと、瞽女の三味線の切れた糸をもらって、それを蚕棚に結んでおいたり、瞽女の食べた箸で蚕を拾ったりしていたという。瞽女は、人々の「養蚕信仰」において重要な役割を果たしていた。蚕神は、「オシラサマ」と呼ばれ、その御神体は、桑の木で作られる。御神体の頭部は馬の顔が彫られているか、馬の顔が墨で描かれている。またこの「オシラサマ」は、白山神社の御祭神でもある「白山姫命」と同義であるという。（唐澤太輔）→瞽女（ごぜ）

用水（ようすい）

高田平野を流れる関川ほかから開削した灌漑施設。関川水系の中江用水・上江（うわえ）用水、保倉川水系の大瀁（おおぶけ）用水がその代表。一七世紀後半（寛文～延宝年間）から造られ始めたこれらの灌漑施設を管理運用するため、用水組・小用水組などが組織整備された。開削に当たっては村々の庄屋、高田城下の年寄層が尽力したほか、高田藩が奨励して行う事例も多々あった。上記以外の主な用水は以下のとおり。稲荷中江用水（関川）、西中江用水（関川）、赤牛路（あかこうじ）用水（櫛池川）、子安用水（櫛池川）、参賀（さんが）用水（矢代川）、大道用水（別所川）。（石塚正英）

用水祭りと雨乞い（ようすいまつりとあまごい）

上越市三和地区は、ため池と雨乞い地蔵の多い所である。毎年、七月一七日、用水祭りの日である。各集落では、用水やため池の石祠・石仏（雨乞い地蔵など）に灯明をあげ酒を供えて水乞いと豊作を祈願する。またこの日、上江掘り継ぎの大事業を成し遂げた下鳥富次郎の功績を称え、彼を祀る北辰神社［川浦］で関係集落代表参列して祭礼を催す。越柳（下越）集落では、伝統の雨乞い地蔵の前に全戸うち揃い、灯明をあげ豊作祈願をする。ただし、日照り続きで田が干上がるような時は、この日に限らず近くのため池に地蔵を担ぎ出し、皆で雨を降らせるよう祈願し、「雨降らせないと何時までも池に沈めておくぞ！」と叫びながら地蔵を縛り上げ、繰り返し池に放り込んで強要する。また、井ノ口集落でも蓑笠姿で地蔵を背負い用水堰に運び、堰の溜まりの中に投げ込み投げ込み、夜には土手に泥で祭壇を作り地蔵様を据え、大太鼓を打ち鳴らした。雨が降るまで翌日も続け、地蔵さんが涙を流して「堂へ帰りたい！」と言うまで。（→雨乞い祈願）（市指定有形民俗文化財）こうした雨乞い祈願は、地蔵を粗末に扱うということでなく、村人の必死の願いを表すとともに地蔵様に対する信頼と親近感、偉大な力をもつ仏への畏敬と親愛の念を表現するものとされる、珍しい風習である。なお、妙高山の里宮関山神社の祭礼は、七月一七日であった。（久米　満）→雨乞い祈願（あまごいきがん）、大光寺石（だいこうじいし）

幼稚保育所（ようちほいくしょ）

一八八八（明治二一）年、岡田諦賢、中島秀洗、村田豊次郎の三名が発起人となって、有志から寄付を募り、林西寺（高田地区仲町六）に幼児保育所を設けた。高田における初の幼稚園で上越婦人協会の付属施設であった。明治三〇年、県知事の訓令で廃止となった。岡田諦賢は奔走して中小町の教会跡（聖公会幼稚園）に幼稚園を復興するも三年で閉園。明治四四年、市内有志が私立高田幼稚園を開園した。現在の私立幼稚園の前身である。岡田諦賢

の子孫は、現在、林西寺（仲町六丁目）で社会福祉法人和銅保育園を経営している。（青山増雄）

岡田諦賢（おかだ・たいけん）は見出し参照：→岡田諦賢（おかだ・たいけん）

吉川英治（よしかわ・えいじ、一八九二～一九六二）

神奈川県生まれの小説家。新書太閤記、新平家物語など多数の作品あり、国民作家といわれる。一九二一（大正一〇）年、「親鸞記」を新聞小説に連載した。親鸞は一二〇七（承元元）年越後国府に流罪となった。親鸞は自らを愚鈍親鸞と称し、庶民の中に入って教化に明け暮れする生涯を送る。越後居多の海を見て暮らした七年間は「本願海」「光明の広海」など親鸞の言葉になり、阿弥陀の教えとなった。（青山増雄）

芳澤謙吉（よしざわ・けんきち、一八七四～一九六五）

芳澤謙吉は、一八七四（明治七）年、諏訪村堀之内（現・上越市諏訪）の地主の家に生れる。第五中学校区高田学校（現・県立高田高等学校）を経て上京。東京英語学校より東京帝国大学へ入学。一八九九（明治三二）年、外務省に入省、外交官として歩み出す。上海赴任中は大陸外交に奔走、その後ロンドン駐英大使館、北京公館へ赴任。書記官、政務局長、北京公使などを歴任し外圧、内乱に対処する。犬養内閣発足に当り外務大臣に就任し、軍部の機微石井政局のなか苦慮する。犬養内閣の総辞職に伴って外務大臣を辞職し、貴族院議員となる。太平洋戦争に拡大するなかフランス、オランダなどと交渉、戦後優れた外交能力を請われていて、初代中華大使に任命され台湾に赴任する。（内藤　隆）

吉坪城跡（よしつぼじょうあと）

中世山城跡・史跡。上越市牧区上吉坪・下吉坪・小字寺沢。吉坪城は、上吉坪・下吉坪両集落の中間にあたる、標高二八五メートルの通称城山に位置し、カギ形の自然地形尾根筋を利用した小規模な山城である。主郭は一〇×一五メートル。城に関係した小字名として、木戸道、城山、通称名としてジョウヒラなどが残る。下吉野集落には武器蔵を置いたという伝承もある。城の成立期や消滅期は不明であるが、戦国時代特有の尾根上遺構を残している。春日山城の支城として、松ノ山街道、信越国境線を守り、高谷川流域の見張りを目的とした砦であろう。（植木　宏）

寄木造（よせぎづくり）→一木彫仏像（いちぼくぼりぶつぞう）

四辻大納言公遠息女（よつつじだいなごんきんとうそくじょ、生年不詳～一六〇四）

上杉景勝の側室。『鶴城叢談』（米沢藩士相浦弥税秀興がまとめたもの）によると、一六〇三（慶長八）年に米沢に下向したとある。息女は桂巌院と称したが、生誕年月日、名前、景勝の側室となった時期など、一切不明である。桂巌院は慶長九年五月五日、米沢城で玉丸（たまる）を出産した。米沢藩二代藩主上杉定勝である。景勝五〇歳のときであった。景勝にとって、四辻大納言公遠息女は上杉家の後継者を出産してくれたことで、上杉家の安泰につながったことになる。ところが産後の経過が悪く、慶長九年八月一七日、死去した。法名は桂巌院殿月正《けいがんいんでんげっしょう》清佳大姉《かたいし》。林泉寺（米沢市）に葬られた。のちに極楽寺（米沢市）に改葬された。

（花ヶ前盛明）

夜泣き・子育て地蔵（よなき・こそだてじぞう）

昼間の農作業の疲れで家族が寝間で熟睡しているとき、夜泣きする子はその妨げになった。子の親（嫁）は気をつかってあやすのだが、疲れているのは同じであった。そっと外に連れ出し、野仏の地蔵様にお参りし子供の健やかな成長を祈願しながら、静かな眠りを誘った。このような親（嫁）の苦労を見守る地蔵は、各地に多数存在する。一部を紹介すると、板倉区明通寺門前・澤田・関田、南中島、三和区今保他、戸野目の浄泉院、西田中、下稲田に、子授け地蔵では板倉区別所、「子育て地蔵」では板倉区曽根田、吉川区下中条、浦川原区上岡、下綱子、上曽根。その他、おできと乳に上富川の薬師、乳に飯田（日月神社）と三和区中野の地蔵、歯痛に上雲寺（浄雲寺）の六地蔵、三和区川浦大宮十文字の地蔵、上新町の六地蔵、清里区南田中の地蔵、いぼとりに寺の地蔵、刺抜きに門田新田の地蔵、延命に茶屋町、上野田、三和区鴨井、下稲田等々の地蔵がいらっしゃる。（久米　満）

米山山地（よねやまさんち、米山山塊）

米山は柏崎市の南西に位置し、上越市柿崎区との境界にある標高九九三メートルの山で、柏崎平野から見ても高田平野から見ても独立した美しい形で、かっては火山として扱われていた。米山の山麓一帯は新第三紀の海に堆積した地層で、その中に海底火山による大量の安山岩質溶岩や火砕岩が含まれている。これらの地層がしゅう曲し、隆起を続ける一方、侵食を受けて硬い部分が現在の山の形をつくったもので火山ではない。米山山地は、地形的に見て米山周辺の山々を含めた用語で、その範囲は必ずしも明らかではない。米山山塊は、地質的にみて米山と同じような地層、岩石からなることを意味するもので、尾神岳、兜巾（ときん）山、さらに、黒姫山、八石山も含むと考えられる。（長谷川正）

米山登拝（よねやまとうはい）

米山は、海底の火山噴火によって出来た山で険しく、標高九九三メートルである。春の祭りは、五月八日（旧暦四月八日）、一九七二（昭和四七）年まで頂上の薬師堂にて密蔵院住職の祈祷御祓いがあり、下牧の人をはじめ大勢の人が登ったが、現在は、護摩堂において「大護摩祈願祭」が行われている。昔は、一二歳で登拝すると一人前とされ、里人は山開きの七月一日に登拝し、豊作と息災を祈願（米山参り）、黒札とトウキ（セリ科の薬草）を授かり下山、その足で田に行く。「お札やトウキを竹につけ田に刺すと害虫がつかない」とか魔除けになるとする伝承がある。また、七月二日には必ず雨が降り、人々は「米山の坂流し」と呼び、お陰で「田植えが出来る」と喜んでいる。この雨は、一日に多くの登拝者で穢された山を清めるために降るものといわれている。なお山寺薬師の他、里に展開する「お薬師さんの祭り」は、多くが五月八日である。（久米　満）

米山薬師（よねやまやくし）
全山霊地とされる米山は、八世紀（和銅五）の頃、加賀白山を開創した泰澄大師の開基と伝え、山頂には薬師如来が安置され、その霊験は遍く、特に治病神・農業神・航海神・漁業神として多くの人々の信仰を集め、薬師をお守りする別当寺・密蔵院米山寺があり、柿崎口でそれを支える水野・下牧集落の人々がいる。人々は、山開きには山頂に登り諸々を祈願した（米山信仰）。そこは中世来、生と死の世界の、あるいは東西日本の、また上越後・下越後の境界にあるとされ、沖を通る船に鉢が飛んでいく（飛鉢（ひはつ）信仰）伝説に因む地名「鉢崎」が麓にある。また、沖を航行する船の大切な目印でもあった。（久米　満）→泰澄（たいちょう）

嫁入り道具（よめいりどうぐ）
一九五五（昭和三〇）年頃まで嫁入り道具（嫁の使う道具衣類）は、婚礼の数日前に婚家に運び込まれ、茶の間などで公開された。したがって嫁入り道具は、嫁にとっては調えておかなければならない物であった。その内容は、着物類では白の長襦袢、紋付（実家の紋入り、夏・冬用）、羽織、ヨソユキ三枚、下着や普段着・仕事着（五〇歳くらいまでの）、蚊帳、布団二組、夜具、その他に箪笥、鏡台、針箱、絎台（くけだい）、裁ち板、張り板、盥二、洗濯板、下駄箱などが一般的であった。嫁入りなどの決定は、双方の親同士と仲人で行われ、当人たちは当日まで顔も合わさないことも多かったという。（久米　満）

ら行

ら

裸形上人（らぎょうしょうにん、裸行上人）
約一三〇〇年前の和銅年間、妙高山麓に関山神社を開いたと伝えられるインド出身の僧。四世紀に熊野浦に漂着し、那智山で滝にうたれて修行したあと熊野ほかに山岳修験場を開いた。いつも裸の身で生活したことから裸形上人または裸行上人と記憶されるようになったと推測される。上人の活躍により妙高一帯で熊野信仰がさかんとなった。頸城野にはいま一つの山岳信仰である白山信仰が根付いていくことから、ここに両山岳信仰の展開する場ができあがった。（石塚正英）→関山三社権現（せきやまさんじゃごんげん）

ラン科植物（らんかしょくぶつ）
花が咲く植物のうちもっとも進化しているといわれる分類グループ。花粉を運んでもらう昆虫と特殊な関係を持ち、地中の菌類とも特殊な関係を持っているなど独特の生態を見せる。その多くは一種の寄生植物で、寄生相手は微生物のカビ（目に見えるものはキノコと呼ばれる）である。ランはそれぞれ特定のカビを根から取り込み、消化吸収して栄養分としている。こうしたカビを通称「ラン菌」という。ラン菌は、土中の落ち葉などを分解して栄養としている場合と、コナラなどの根から栄養を得ている場合がある。後者は寄生というより共生と呼ばれることが多い。ランの中にはこうした樹木共生菌を食べているものもある。すると、森林－樹木－カビ－ランはひとつの小宇宙、生態系をつくっているともいえる。そういうランを栽培したいのなら、ひとつの山を丸ごと持ち帰る必要があるだろう。庭で栽培する目的で、多くのランが山野から根こそぎ掘り取られている現実がある。ところが、庭にはラン菌が存在せずランに適した環境とはほど遠いため、ほとんど生きてはいけない。ランの盗掘は多くの場合、栽培目的ではなく、枯らすことが目的となってしまう。（清水尚之）

り

陸夜（りくや、一六八八～一七一〇）

江戸中期の俳人。直江津の人。「文学に仮名をつけるや梅の花」（陸夜）。芭蕉や服部嵐雪とも交流があり、中央に知られた。一七〇四年、『藁人形』という立派な俳句を出す。森川許六がその序文を書き、「茲に越後直江の津に吟子あり、会木と号し、名は陸夜といふ。」当時直江津は文学が隆盛であって、大勢の俳人がいた。その大御所で八坂神社に句会の大きな板額がかかっている。（青山増雄）

竜神井戸（りゅうじんいど）

寺町二にある名刹「善導寺」の境内に、古い井戸がある。この井戸は、平日は水が涸れて一滴も無いが、八月一五日になると昼から夜にかけて清水がこんこんと湧き出すという。また、井戸の底は、清里区の標高四〇〇メートル余りの所にある「杢田の池（坊ケ池）」と地下で繋がっているとされ、そこを通って池に住む竜神が、毎年、八月一五日には寺を参詣したという。（久米　満）→善導寺（ぜんどうじ）

竜神伝説（りゅうじんでんせつ）

上越市内で龍や大蛇にまつわる伝説といえば、坊ケ池の龍に関わるものが多い。即ち、安塚直峰《のうみね》城主「杢田（もくた）主膳」と坊ケ池竜神「龍姫」（『東頸城郡誌』『旧安塚町史』）、安塚直峰城を拠点にして活躍した風間信濃守に敗れた高士小館城主「杢田主膳」が青柳池（坊ケ池）に入水し龍となる（『三和村誌』）、美男の板倉箕冠城主「杢太大膳守」が杢太の池（坊ケ池）の美人の婿になった。そして、寺町善導寺の法要に坊ケ池の龍の夫婦が二人で参詣する（『上越市史普及版・越佐の伝説』）、また、安塚城主杢田肥後守が坊ケ池に入り龍となる（→坊ケ池土地改良区誌）、寺町善導寺で説教する名僧「幡随意上人」の所へ上州館林のツツジが池から坊ケ池に移り住んだ龍が願いを入れた（『越佐歴史散歩・坊ケ池土地改良区誌』）、つうが産んだ子が龍になった（『清里村史』）、阿部治郎右衛門の妻が産んだ子が実は龍であった（『坊ケ池土地改良区誌』）等があり、その他、池部集落に残る慈雨を降らせた竜神伝説もある。さらに頸城地方では、吉川区梶の「降雨大明神」（長峰池の大蛇）、名立区折戸の民話「夫婦池」、伝説深山の池など、大島区の「蛇紋竹の由来」「龍摺石」「小海ケ池の主」、板倉区の宇婆神社、吉川区尾神の岩戸寺手洗い池の竜神

（鍬柄祭り）、米山の七塘池の大蛇などがある。なお、海や舟の安全を守る神も竜神様（名立区）とされている。（久米　満）

楞厳寺（りょうごんじ）

上越市柿崎区芋山二七二七。曹洞宗の寺院。開山は龍宝元光禅師で、一五〇三（文亀三）年に、春日山林泉寺の末寺として建立された。本堂はもと密教寺院東泉寺の跡地に再興したものと伝えられる。開基は、上杉謙信公の重臣、柿崎和泉守景家公である。一五三四（天文三）年に、和泉守が、謙信公の幼少期の学問の師匠である天室光育禅師（林泉寺六世）を当寺に招き入れ、禅学の隆盛に寄与したことを縁として、開基となっている。現在寺に残っている天室禅師ご使用の『禅林類聚』二〇巻の書き込み、あるいは各巻ごとに記してある読後感を表す詩偈に、その家風が偲ばれる。特に天室禅師書「出家略作法文」「永平清規」二巻には、機鋒のほどが伺われる。寺宝の『中禅林類聚（書）』は、県指定有形文化財である。徳川時代初期に柿崎家以来の寺領が変わり、松平家老本多七左衛門の命令で、東照権現供養のため毎月十七日茶湯を供えるようにと、「西ノ入清水」が献納され、それが現在の寺領となっている。現在の本堂は、一六世天瑞和尚が一七一二（正徳二）年に再建、山門は一七三六（元文元）年に大改修がほどこされている。（坂井龍輔）

楞厳寺禅林記録（りょうごんじぜんりんきろく）

県指定文化財・書跡・典籍。上越市柿崎区大字芋島二七二七番地。楞厳寺。林泉寺開祖曇英慧応《とんえいえおう》の『仏組正伝菩薩戒作法』一巻、天室光育書入の『禅林類聚』一五巻、天室光育筆『出家略作法文』一巻、天室光育筆『永平清規』三巻の記録類が県の指定を受けている。（植木　宏）

漁師の休漁日（りょうしのきゅうりょうび、名立漁協の場合）

冬船（一二月二九日～三一日、一月一日～三日）、夏船（四月二七日～三〇日、七月一四日～一六日、八月一三日～一六日）、秋船（一〇月一三日、一四日）を魚業協同組合の総会で決められた休日としている。その他、三月半ばから一一月いっぱい各土曜日が休日で日曜日は年中休まない。また、上越市場との関係で能生・筒石の休む日は、漁場が一体のため名立でも休む。一月の六日、一二月の五日の他は月平均二日程度である。また、舟霊（ふなだま）様の年取り（一月一一日）、浜祭り（四月二八日）、竜王（竜神様、毎年一〇月末）には漁を休む。（久米　満）

梁塵秘抄・巻二（りょうじんひしょう・まきのに）

一二世紀末に後白河法王が今様、法文歌、神歌などの歌謡を分類編集した『梁塵秘抄』の本編は一〇巻であったとされるが、現存しているのは巻第一の抄録と、巻第二のみである。そのうち前者は綾小路家所蔵の室町時代の写本と言われる。後者は越後国頸城郡高田の室直助旧蔵の江戸時代の写本である。越後高田に、日本文学史上でじつに貴重な一級の資料が遺されていたのである。（石塚正英）→伊丹末雄（いたみ・まつお）

料亭「宇喜世」(りょうてい・うきよ)
国登録有形文化財、上越市仲町。上越市高田は江戸、明治からの古いお店が多い町であり、「宇喜世」もそのひとつである。江戸時代の仲町は「田端」という町名で呼ばれ、主に魚の市場や卸業を営むお店の多い町であった。ここ「宇喜世」も当初は魚の卸し業をしていたようであるが、江戸時代末期(一八〇〇年代中頃)、当時の主人甚之助は仕出し屋を営んでいた。その後、幕末から明治の初め頃に、甚之助の娘婿、八蔵が割烹料亭を始め、現在に至っている。当時の屋号は名字のまま「寺島屋」としていた。一八九七(明治三〇)年頃に洋食をはじめ、一時「日進館」と呼んだ時もあった。一九三三(昭和八)年頃に「う喜世」(越佐大観に書かれている)という屋号にし、現在の「宇喜世」として続いている高田きっての老舗料亭である。
本建物の敷地はJR高田駅前を南北には走る仲町通りと、これと直角に交わる重要文化財「浄興寺」の大門通りとの角地である。敷地東側が仲町通り、北側が大門通りと接し、各通りに面して塀を廻らす。また、各通りに面して来客用の出入口を設けており、仲町通り側には東門、大門通り側には北門を置く。各門より前庭を介して主屋へと至る。主屋の西側には庭園があり、池泉・樹木などを配して各座敷からその景観を楽しむことが出来る。庭園の更に西側には駐車場、主屋の北側には大門通りを挟んで新館が配されている。主屋は木造(東側一部は鉄骨造)、一部三階建、屋根は四階(四階は室名)及び北側の一部が桟瓦葺であるが、大部分は金属板葺(瓦棒葺)である。建物の規模は東西に約三七メートル、南北に約二二メートル(最大)と大きく、周囲からひときわ目を引く存在となっている。割烹料亭としての用途上、何度となく改修してきているが、先ず大きな節目としては「越佐大観」に掲載される一九三三(昭和八)年より少し前である。この時点で「う喜世」の基本形が出来上がり、一九三八(昭和一三)年に二階大広間の増築時にその他の客室の改装が行われ、現在の「宇喜世」となってきた。各客室は各々に特徴があり、料亭建築の華やかさを表現している。主屋と共に北門、東門も国登録有形文化財になっている。(清水恵一)

林西寺(りんさいじ)→**岡田諦賢**(おかだ・たいけん)、**幼稚保育所**(ようちほいくじょ)

林泉寺(りんせんじ)
一四九七(明応六)年、上杉謙信の祖父、越後守護代長尾能景が父重景の菩提を弔うために春日山城下に建立した寺院。開山は曹洞宗の曇英慧応《どんえいえおう》で、春日山《かすがさん》と号する。本尊は釈迦如来。以後長尾家の菩提寺となった。謙信は七歳の天文五年から一四歳までの七年間、天室光育禅師から禅の道と学問・武道を学んだ。謙信の死後、慶長三年、上杉景勝は林泉寺と宝物を携えて、会津に移封した。その後、上杉に代わり堀秀治が越後をおさめ、林泉寺を再建した。以後、歴代の高田城主(松平氏、榊原氏)により保護された。現在も宝物館には謙信にかかわる遺品が展示され、墓地には、謙信供養塔川中島戦死者供養塔、堀家三代の墓などが収められて

いる。現本堂は一八八九（明治二二）年に再建されたもので、惣門は室町時代の様式である。（清水恵一）

る

れ

冷泉為広（れいぜい・ためひろ、一四五〇～一五二六）
室町時代の公卿、歌人。一四九一（延徳三）年三月三日、細川政元と京を出発し、近江・越前・越中を経て三月一七日、越後に入った。このことは、冷泉為広の『越後下向日記』に記されている。冷泉家は藤原北家を祖とする。和歌により宮中に仕えてきた。藤原定家自筆の『明月記』などが所蔵されている。一七日、市振・親不知・風羽見・外波・歌・駒カへリ・青海・田海《とうみ》（糸魚川市青海地区）・姫川・糸魚川・観音寺という寺で宿泊。一八日、大和川・田伏《たぶせ》・早川・浦本《うらもと》（糸魚川市）・鬼伏《おにふし》・木浦《このうら》・能生の金剛院という寺で宿泊。一九日、百川《ももかわ》・藤崎・筒石《つついし》・徳合《とくあい》（糸魚川市能生地区）を経て、名立《なだち》・鳥《とり》ヶ首《くび》（上越市名立区）、鍋《なべ》ヶ浦《うら》・有間川・長浜《ながはま》（上越市）に入った。虫生《むしゅう》・岩戸・居多を通り、「ハナガサキ」（花ヶ前）に立ち寄り、至徳寺の塔頭《たっちゅう》長松院に泊った。今日は「風呂アリ」と記している。二〇日、守護上杉房定がやってきて、細川政元と為広に札物を持参した。為広は銭千疋と太刀を賜った。「ハナガサキ」は居多神社神主花ヶ前家である。冷泉為広と親交があったのであろう。細川政元と冷泉為広は上杉房定・房能父子の歓待をうけ、長松院に滞在した。四月一〇日、為広は唐綿一反と太刀を持参して上杉房定に帰洛の挨拶に出向いた。房定は銭千疋（十貫文）・馬一疋を長松院に持参して、為広に贈った。上杉房能も銭千疋と太刀を届けた。房能は居多《こた》（居多神社）まで為広を送ってきた。おそらく居多神社に帰洛の安全を祈願したのであろう。四月二八日、無事に帰洛した。（花ヶ前盛明）

瀝青（れきせい）
瀝青とはアスファルト、石油、石炭、天然ガスなどの天然の炭化水素化合物をさす。昭和初期、牧区の宮口古墳群から瀝青を成分とする玉類、いわゆる「瀝青土製玉類」が発見された。それが瀝青を成分とすることは、当時これを現地調査した歴史研究者喜田貞吉によって確認されたが、戦後これは粘土玉に瀝青を塗ったものであることが証明された。（石塚正英）→アスファルト塗土玉（アスファルトぬりつちだま）

レルヒ（れるひ）
テオドール・エドラー・フォン・レルヒは、日本に初めてスキーを伝えた人物として知られる。レルヒはオーストリア・ハンガリー帝国の参謀将校であり、一九一一（明治四四）年一月五日に日本軍視察のために来訪し、以後一年間（翌年一月二四日まで）高田に逗留した。高田を去った後は、旭川に配属となり、同地でもスキーを教えている。レルヒは高田に来訪の際に日本で作成したオーストリア軍用スキー一〇セットを持参しており、一年ほどの逗留の間に軍人、教師などを中心にスキーを教えた。レルヒのスキー術は、現在日本で一般的なストックを二本使う方式ではなく、アルペンスキーと呼ばれる山岳地方に適したスキー術であり、長い一本のストックを持つスキーであった。一九一二（明治四五）年一月一五日には、スキーの全国的な講習会が行われた。レルヒによるスキー術の伝授は、高田地方におけるスキーの普及に大きな影響を与えたばかりか、日本全国にもスキーを広めることになった。レルヒはオーストリア帝国では、第一次世界大戦に参謀将校として従軍し、オーストリア東部のガリツィア戦線で戦った。戦後は、戦傷を受け、敗戦後の混乱で経済的に困窮していたが、高田ではその窮乏を救うべく多くの募金が集められ送付されたという後日談がある。（中島浩貴）→師団（しだん）、スキー

レルヒ祭（れるひさい）

一九一一（明治四四）年一月一二日、上越市の金谷山において、日本で初めてヨーロッパのスキーを伝えたオーストリア軍人、テオドール・フォン・エドラー・レルヒ少佐の功績をたたえ、一九六一（昭和三六）年、女山山頂にレルヒ像（戸張幸男新大教授作）を建設、平成七年からは毎年二月、レルヒ祭を催し、市民が金谷山を中心に彼が伝授した「一本杖スキー」の技を実演披露するなど、多彩な催しをしている。なお、全日本連盟など我が国のスキー関係六団体は、毎年、一月一二日を「スキーの日」と呼ぶことにしている。また、レルヒ像は、後れて北海道倶知安と旭川にも建立されているという。（久米　満）→雪まつり（ゆきまつり）

ろ

わ

和敬孤児院（わけいこじいん）

一九〇一（明治三四）年に上越地方に設置された児童養護施設。頸城郡木田村（現・上越市木田）の清水佳之助が自宅に創立した。清水は、これを基盤にしてコレラや赤痢など流行病の予防、下層民子弟の救済などに奔走した。施設は一九二九（昭和四）年まで存続した。日本におけるこうした養護施設は明治一〇年代から設立されだし、一八八七（明治二〇）年に設立された岡山孤児院が「孤児院」と称した嚆矢である。なお、孤児院という名称は現在では差別語にあたり使用されず、「児童養護施設」と称している。（石塚正英）→清水佳之助（しみず・よしのすけ）

和田村争議（わだむらそうぎ）→上越農民学校（じょうえつのうもんがっこう）

渡邉慶一（わたなべ・けいいち、一九〇五〜八七）

越後地方史の研究者。昭和初期『中頸城郡誌』の編纂に参加。戦後まもなく『安寿姫と厨子王丸』の原点である謡曲『婆相天』の原本を発見した。一九六四（昭和三九）年四月、直江津市文化財調査委員会設置、渡邉が委員長に選任された。同委員会は、御館跡や福島城跡の発掘調査などを行い、開発が進む市街地周辺の埋蔵文化財の調査・保存に努めた。上越郷土研究会の創立会員。

（桑野なみ）→上越郷土研究会（じょうえつきょうどけんきゅうかい）

渡部健蔵（わたなべ・けんぞう、一八三四〜一九一二）

①教育家・政治家

一八三四（天保五）年九月、天野原新田で生れる。代々村の庄屋を勤めていた。学問好きで高田城下の倉石典太の開いていた文武斉美堂の塾に入門し、漢学と書道を学ぶ。また東条琴台にも学び倉石門下の「三賢」、琴台門下の「双璧」といわれた。健蔵は少年時代より学問好きで詩作や書道に注いで多くの書物を残した。号は魯庵また雲峯と称した。一八六九（明治二）年藩知事に任命される。その後修道館の漢学の助教として迎えられる。一八八九（明治二二）年、郡制が施行され頸城郡が三郡に分かれ初代中頸城郡長に県知事より任命される。一八八七（明治二〇）年一二月郡長の職を辞して翌年九月から私立高田尋常中学校の校長事務嘱託に迎えられた。後県立に変更が承認され新潟県高田中学校として一九〇〇（明治三三）年度から発足する。中学校の設立が決定すると校長の職を六七歳で辞した。また高田女学校、高田師範学校の開校に力を注いだ。（内藤　隆）→高田中学（たかだちゅうがく）

②売花翁

公職を辞した後、売花翁と称し、高田の朝市へ盆栽等を売りに出かけるなど清貧の一生であった。死に臨んで、「人間は、意志が強くて、物事に屈せず、また、潔白で正直なことが一番大切である。かりそめにも、心が道に外れるならば、どんな深い学識も、その用をなさない。贅沢の風は退けなければならない」と遺言した。明治四五年一二月、七七歳六ヶ月でその生涯を閉じた。（青山増雄）

渡邊洋治（わたなべ・ようじ、一九二三〜八三）

建築家。渡邊洋治は、一九二三（大正一二）年、上越市（旧・直江津市）に大工棟梁の長男として生れた。一九三六（昭和一一）年新潟県立高田工業高校木材工芸科に入学し、卒業後、日本ステンレス㈱に入社。営繕課に配属され建築への道を歩み始めた。一九四四（昭和一九）年、船舶兵としてフィリピン・セブ島に入営するも、幹部候補生試験に合格し帰国した渡邊は、終戦後、一九四七（昭和二二）年に久米建築事務所に入所して八年間の勤務の後、一九五五（昭和三〇）年に早稲田大学理工学部建築学科吉阪研究室の助手となった。吉阪はコルビュジェの直弟子であり、渡邊もその影響を強く受けた。一九五八（昭和三三）年には渡邊建築事務所を開設し、善導寺（新潟県糸魚川市）や第三スカイビル（鉄のマンション　東京都新宿区）など、注目される作品を数多く生み出した。とくに第三スカイビルは内外の高い評価を得、建築家としての地位を不動のものとした。この建物は、高等学校工業科用教科書『建築計画』にも紹介されている。その作品は独創的で、渦巻や井桁をモチーフにするなど、造形的な躍動感に満ち、他の追随を許さなかったが、一九八三（昭和五八）年、六一歳にて、その生涯を閉じた。上越市には「斜めの家」、「雪国の農家」など、個性的な住宅作品が今も残されている。（菅原邦生）

NPO法人頸城野郷土資料室

理事長の石塚正英は、本法人設立に先立ち、平成初年頃から新潟県妙高市関山、上越市浦川原区・三和区など頸城野全域において、仏教美術史の泰斗平野団三翁（1905～2009）の導きにより民俗学フィールド調査を開始した。その成果を『日本の石仏』（日本石仏協会）、『高志路』（新潟県民俗学会）、『石仏ふぉーらむ』（新潟県石仏の会）、『頸城文化』（上越郷土研究会）などに発表しつつ、同時に、地域の生活にふかく根差した石造物を上越市指定文化財に推挙してきた。その過程で、市民の市民による市民のための郷土文化を調査研究し、その成果を地域社会発展に役立てる方途を模索した。こうしてNPO法人頸城野郷土資料室が構想され、平成20年2月に新潟県知事の認証をうけ、同年4月1日に創立されたのである。法人を構成する事業部は以下のとおりである。

①野外調査部（浦川原区石造物悉皆調査、頸城野木彫狛犬調査、くびき野ストーン調査ほか）
②学術研究部（協同研究「〈裏日本〉文化ルネッサンス」、ワークショップ「暮らしのインタビュー」、個人研究「川上善兵衛研究」ほか）
③教育事業部（NPO学園くびき野カレッジ天地びと運営）
④出版事業部（機関誌『くびきのアーカイブ』『くびき野文化事典』ほか編集発行）
⑤町家文化部（「あわゆき組」「雁木ねっと」「町家三昧」「NPO法人街なみfocus」ほか市民団体と連携）
⑥地域創生部（くびきの水車発電プロジェクトによる中山間部でのエネルギー自立支援）
⑦広報事業部（新潟日報、上越タイムス、エフエム上越などメディア各社と連携）

くびき野文化事典

2010年6月15日　初版第1刷発行

編　　集　NPO法人頸城野郷土資料室
理事長　石塚正英
〒943-0831 上越市仲町6丁目5番地の1
電話・FAX　025-523-4749
監　　修　村山和夫
編集委員長　植木　宏
装　　幀　桑谷速人
発 行 人　松田健二
発 行 所　株式会社 社会評論社
〒113-0033 東京都文京区本郷2-3-10
電話03(3814)3861　FAX03(3818)2808
http://www.shahyo.com

組　　版　有限会社 閏月社
印刷・製本　吉原印刷 株式会社

あとがき

人と人や、人と風物（広く文化）との「出会い」は新しい歴史を生み、あるいは歴史の流れをかえるかもしれません。

平成一七年一月一日、上越市と周辺一三町村が合併し、市域の大幅な拡大と人口二一万人余の新上越市が誕生しました。私達の住む頸城野の中心都市に新たな出会いがはじまったのです。たとえば、文化財をみても市内の国・県・市指定物件が三五四件となり、新潟県下で最多を誇る数となりました。毎日、なにげなく歩いたり、登ったり、また耕したりしている身近な周囲にも、先人達の長い歴史の足跡を留める史跡が多く点在しています。これらは、上越市が古くから越後国の国都として栄え、さらに上杉氏の春日山城、堀氏の福島城、松平氏の高田城など、その時々の歴史的な重みを示すものでありましょう。これらの貴重な郷土文化を大切に守り、また活性化し後世に継承しなければなりません。

しかし、現状では実際に歴史・文化の散策に出掛けようとしても、その基礎的な知識の不足を痛感する人が多いのではないでしょうか。知識があれば見方も深まり、興味が倍増し、意義ある出会いになるはずです。私達はまず頸城野の文化をがっちりと受け止め、心のふれあいができてこそ、地についた頸城野に生きる人となるでしょう。自分の住む町への愛着は、まず知ることから始まります。

新上越市発足から五年が経過した今、頸城野を知る総合的なガイドブックがほしいという声が高まってきました。『くびき野文化事典』はこのような要望にこたえてつくられた事典です。二年程前にNPO法人頸城野郷土資料室理事長の石塚正英氏が、発案・企画され、呼び掛け人になって、各分野で調査研究に活躍しておられる方々の同意を得て編集委員会が設置され、氏は事務局も担当されました。以来七回にわたる編集会議によって内容が凝縮され、「くびき野について ちょっと知りたい、手軽に調べたい」というときの導きとなる事典をめざして、旧市町村史などを参考にし、上越市を中心に頸城文化の基本に関する項目を選定し、簡潔にまとめることを目的としました。また事典という性格上、一項目も多くという欲望もありましたが、時間・執筆者等の制約もあり、本書のような形になりましたが、読者の便をはかるため、資料篇として各分野において簡単にコメントした項目一覧表を掲載し楽しみを付加しました。

最後に、本事典の出版にあたり、精一杯の力をふり絞っていただいた委員の皆様に心より感謝を申し上げると共に、本書を手にされた方に、民衆の生活や哀歓の心情を味わうよすがとなり、また頸城野を愛される方々の出合いの書となり友となって、新たな歴史が開ければ、編集委員一同の望外の悦びであります。そのほか、事典刊行にあたって社会評論社から最大限の尽力を戴きました。お礼を申しあげます。

編集委員長　頸城野博学士　植木　宏

資料篇

Ⅰ　本事典に関する参考文献一覧

本リストは、各執筆者が参照し項目原稿末尾に付記した文献およびホームページをもとに、それ以外の基本文献を補って作成されている。各原稿末尾に付記されてあった目録は、煩雑さを避けるため事典本文では割愛した。配列は文献・ホームページ名ともタイトル五〇音順。

1．書籍

＊新井市史（全２巻）　新井市史編修委員会／新井市／1971
＊糸魚川市史　糸魚川市役所編　／糸魚川市／1977
＊いのちの水を守る　上越市水道水源を保護する会／1995
＊上杉謙信のすべて　花ケ前盛明／新人物往来社／2008
＊裏日本―近代日本を問い直す―　古厩忠夫／岩波新書／1997
＊「裏日本」はいかにつくられたか　阿部恒久／日本経済評論社／1997
＊越後豪農めぐり　新潟日報事業社出版部編／新潟日報事業社／1997
＊越後国郡絵図１　頸城郡 東京大学史料編纂所編／東京大学出版会／1983
＊越後高田の雁木　上越市教育委員会／上越市／1982
＊越後地方史の研究　渡邊慶一先生古稀記念論集刊行委員会編／同委員会刊行／1975
＊越後の庚申信仰――上越地方・秋山郷――　尾身栄一・大竹信雄／庚申懇話会／1966
＊越後の性神・風神その他　吉田郁生／吉田ふじ（編集・発行）／1986
＊越後府中文化　渡邊慶一／中頸城郡直江津町社会教育奉仕会／1951
＊大潟町史（全２巻）　大潟町史編さん委員会編／中頸城郡大潟町／1988
＊大島村史　大島村教育委員会編／大島村／1991
＊折口信夫全集　全 31 巻・別巻１　折口博士記念古代研究所編／中公文庫（中央公論社）／1975
＊柿崎町史（全４巻）　中頸城郡柿崎町／中頸城郡柿崎町／2004
＊神遊びの里―越後・西頸城三大舞楽と祭り―　土田孝雄／奴奈川郷土文化研究所／1984
＊郷土の小川未明　高田文化協会編／ささら書房／1972
＊清里村史（全２巻）　中頸城郡清里村／中頸城郡清里村／1983
＊頸城古仏の探究　平野団三／東京電機大学石塚正英研究室／2000
＊頸城新風土記　石田耕吾／国書刊行会／1982
＊頸城の石仏とその信仰民俗　石田耕吾／自家出版／1991
＊頸城の農業に生きる（上越市叢書２）　上越市民俗部会／上越市／1997
＊頸城の祭りと民俗信仰　石田耕吾／北越出版／1987
＊頸城方言集　渡邊慶一／高志社／1938
＊頸城油田・三ツ俣鉱業の盛衰――明治期の油井株取引――　松永正智／二宮書店／1996
＊暮らしと年中行事　宮田　登／吉川弘文館／2006
＊桑取谷民俗誌（上越市叢書 No.4）　上越市専門委員会民俗部会／上越市／1999
＊頸南――中頸城郡南部学術総合調査報告書――　新潟県教育委員会編／新潟県教育委員会／1966
＊建設省六日町事務所閉庁記念・新潟県の近代建築　建設省六日町庁舎三五周年記念行事実行委

員会／（社）北陸建設弘済会／1994
＊古代日本海文明交流圏　小林道憲／世界思想社／2006
＊国家と仏教 日本仏教史研究 一（笠井敏光「祈雨祭祀と殺牛馬」所収）　二葉憲香編／永田文昌堂／1979
＊古文書用語辞典　荒居英次ほか編／柏書房／1983
＊写真集―ふるさとの百年＜上越＞　新潟日報事業社出版部／新潟日報事業社／1982
＊上越市史（普及版）　上越市史編さん委員会／上越市／1991
＊上越市史（通史編・別編・資料編）　上越市史編さん委員会／上越市／1999～2004
＊上越市史研究（全11冊）　上越市／上越市史編さん委員会／1996～2006
＊上越市の自然シリーズ　上越市／市民環境部環境保全課／1994
＊上越市の文化財―美しきふるさとの遺産　上越市教育委員会編／上越市教育委員会／2008
＊じょうえつ市の郷土史散歩　池田嘉一・渡辺慶一／北越出／1976
＊上越ふるさと大百科　郷土出版社／2005
＊白の民俗学へ―白山信仰の謎を追って―　前田速夫／河出書房新社／2006
＊信越古道―梶屋敷宿から鬼無里・麻績宿へ　信越古道交流会／ふるさと草子刊行会／2008（初刷2007）
＊高田市史（全1巻）　新潟県高田市教育会編／高田市役所／1914
＊高田市史（全3巻）　高田市史編纂委員会編／高田市役所／1958
＊高田市文化財調査報告書（全4冊）　高田市文化財調査委員会／高田市／1959～1962
＊高田日活映画館現況調査・保存改修計画策定報告書　まちづくり上越／まちづくり上越／2009
＊高田藩　村山和夫／現代書館／2009
＊高田歩兵第五十八聯隊史　歩五八会本部／高田歩兵第五十八聯隊史編纂委員会／1972
＊田口の歴史　青山始義／妙高高原町大字田口区／2002
＊中世越後の歴史――武将と古城をさぐる　花ケ前盛明／新人物往来社／1986（第7刷、1994）
＊訂正 越後頸城郡誌稿　訂正 越後頸城郡誌稿刊行会編／豊島書房／1969
＊とやまの魚　富山水産試験場／1992
＊渡来の祭り 渡来の芸能　前田憲二／岩波書店／2003
＊直江津市制要覧（1967年版）　直江津市／直江津市／1967
＊直江津町史　直江津町編纂・白銀賢瑞著／直江津町役場／1954
＊直江津の歴史「直江津の歴史」編集委員会／直江津市教育委員会／1971
＊中頸城郡誌（全4巻）（復刻、原本1941）　新潟県中頸城郡教育会編／名著出版／1973
＊中郷村史　中郷村史編集会編／新潟県中頸城郡中郷村／1978
＊名香山村史　中頚城郡妙高々原町役場／中頚城郡妙高々原町役場／1956
＊名立町史　名立町史編さん専門委員会編／名立町／1997
＊奈良仏教と東アジア（浅香年木「古代の北陸道における韓神信仰」所収）　中井真孝編／雄山閣出版／1995
＊新潟県海の魚図鑑　新潟日報事業社／1992
＊新潟県教育史夜話（頸城編）　新潟県教育史研究会編／東京法令出版／1973
＊新潟県史（全9巻）　新潟県／新潟県／1983-1989
＊新潟県人物百年史―続頚城編　新潟県上越人物史研究会編／東京法令出版／1968

＊新潟県西部の地質と化石をめぐって　天野和孝編著／コロナ社／1990
＊新潟県鳥獣図鑑　本間義治監修／新潟日報事業社／1981
＊新潟県内出土の墨書土器（稿一）　小林昌二・戸根与八郎編／新潟墨書土器検討会／1995
＊新潟県の近代遺産　新潟県教育委員会編／新潟県／1994
＊新潟県の森林ガイド―緑に親しむ　メディア・ユー編集／新潟日報事業社／2005
＊新潟県の民謡（民謡緊急調査報告書）　新潟県教育委員会／新潟県教育委員会／1986
＊新潟県陸水動物図鑑　本間義治監修／新潟日報事業社／1983
＊新潟市史（通史編1）　新潟市／新潟市／1995
＊新潟の歴史散歩　新潟の歴史散歩編集委員会／山川出版社／1995
＊にいがた歴史紀行15―新井市・東頸城郡・中頸城郡　滝澤定春／新潟日報事業社／1996
＊西頸城郡誌（全1巻）（復刻1930刊）　新潟県西頚城郡教育会編／名著出版／1972
＊日本海文化の形成　高瀬重雄／名著出版会／1984
＊日本教育史資料（第8巻）　文部省編／鳳文書館／1988
＊日本近代文学大事典（第3巻）　講談社／講談社／1977
＊日本庶民生活資料集成（第2巻）　三一書房／三一書房／1969
＊日本の神々―神社と聖地―（第8巻・北陸）』　谷川健一編／白水社／2000
＊日本の旧石器文化　小田静夫／同成社／2003
＊日本の動物　今井光子／小学館／1995
＊日本の中の朝鮮文化 五　金達寿／講談社／1975
＊日本の哺乳類　阿部　永監修／（財）自然環境研究センター／1994
＊日本の野生動物（全6巻）　熊谷さとし／偕成社／2006
＊ハクチョウの湖　本田　清／新潟日報事業社／2001
＊芭蕉年譜大成　今栄蔵／角川書店／1994
＊発掘された日本列島2006　文化庁編／朝日新聞社／2006
＊バテンレースと細幅織物（上越市叢書1）　上越市現代史部会／上越市／1997
＊東頸城郡誌（精髄復刻）（復刻、千秋社、原本1921　刊）　新潟県東頸城郡教育会編輯／新潟県東頸城郡教育会／1999
＊ひげ先生のにいがた動物記－雪国動物記　野紫木　洋／新潟日報事業社／1997
＊翡翠――日本のヒスイとそのなぞを探る――　寺村光晴／養神書院／1968
＊斐太――新潟県新井市の弥生聚落址　駒井和愛・吉田章一郎／慶友社／1962
＊風土と歴史4 北陸の風土と歴史　浅香年木／山川出版社／1977
＊福音と歴史を基盤に（カトリック高田教会創立百周年記念誌）　カトリック高田教会／カトリック高田教会／2009
＊ブリタニカ国際大百科事典　ブリタニカ・ジャパン／ブリタニカ・ジャパン／2004
＊北越商工便覧　川崎源太郎／竜泉堂／1889
＊牧村史（全2巻）　東頸城郡牧村／東頸城郡牧村／1999
＊町家共同研究　上田篤・土屋敦夫編／鹿島出版会／1975
＊松代町史（全2巻）　松代町史編纂委員会編／中頸城郡松代町／1989
＊道のはなし　武部健一／技報堂出版／1992
＊妙高高原町史　妙高高原町史編集委員会／中頚城郡妙高高原町／1986

＊妙高山雲上寺宝蔵院日記（第1巻、正徳2年～寛政10年） 妙高市教育委員会編／妙高市／2008
＊妙高村史　妙高村史編纂委員会／妙高村／1994
＊村の遊び日　古川貞雄／農山漁村文化協会／2003
＊安塚町史（全3巻） 東頸城郡安塚町／東頸城郡安塚町／2004
＊柳田國男全集　全32巻　柳田國男／ちくま文庫（筑摩書房）／1990
＊雪国・上越の鳥　上越鳥の会編著／郷土出版社／1994
＊雪国上越の鳥を見つめて　上越鳥の会編著／新潟日報事業社／2008
＊吉川町史（全3巻） 吉川町史編さん委員会／吉川町／1996
＊歴史的建造物の保存と活用に関する調査報告書　上越市創造行政研究所／上越市／2002
＊レッドデータブックにいがた　新潟県環境生活部 環境企画課／新潟県／2001

2. インターネット上の参照サイト・ホームページ一覧

＊板倉区ホームページ　http://www.city.joetsu.niigata.jp/itakura/home/index.php
＊ウィキペディア（フリー百科事典） http://ja.wikipedia.org/wiki/%E3%83%A1%E3%82%A4%E3%83%B3%E3%83%9A%E3%83%BC%E3%82%B8
＊歌語り風土記（神話の森・諸国編「新潟県」） http://nire.main.jp/rouman/fudoki/24nihigata.htm）参照
＊浦川原区ホームページ　http://www.city.joetsu.niigata.jp/uragawara/index.html
＊越前焼 .com ホームページ　http://sss1081.wix4.com/1081s012/1081s088.html
＊延喜式神名帳北陸道越後国　http://www.kamnavi.net/en/etigo.htm
＊大潟区ホームページ　http://www.city.joetsu.niigata.jp/ogata/kyouikuka/bunkadentou/shiteibunkazai/zuiten.hudou.html
＊大潟水と森公園　http://oogata-mizutomori.jp/　http://www.pref.niigata.lg.jp/jouetsu_seibi/1196612152308.html
＊大島区ホームページ　http://www.city.joetsu.niigata.jp/oshima/index2.html
＊柿崎区ホームページ　http://www.city.joetsu.niigata.jp/kakizaki/index.html
＊環境省「全国水生生物調査のページ」 http://mizu.nies.go.jp/suisei/chosa/shihyou/26/260.html
＊清里区ホームページ　http://www.city.joetsu.niigata.jp/kiyosato/index.html
＊頸城区ホームページ　http://www.city.joetsu.niigata.jp/kubiki/index.html
＊三和区ホームページ　http://www.city.joetsu.niigata.jp/sanwa/index.html
＊上越市観光企画課「上越観光ネット」Copyright c Joetsu City. All rights reserved. http://www.city.joetsu.niigata.jp/kankou/meisho/meisho.html
＊上越市教育委員会ポータブルサイト「みんなのひろば」内「ふるさと事典」 http://portal.jorne.jp/furusato/
＊上越教育大学（ウィキペィデア） http://ja.wikipedia.org/wiki/%E4%B8%8A%E8%B6%8A%E6%95%99%E8%82%B2%E5%A4%A7%E5%AD%A6
＊上越くわどり市民の森　http://www.city.joetsu.niigata.jp/sisetu/tourist/mori.html

＊上越森林管理署ホームページ　http://www.kanto.kokuyurin.go.jp/joetsu/invitation/09.html
＊上越ホタルの会 web site　http://www9.ocn.ne.jp/~seizanso/hotaru/index.html
＊十日町市松之山地域ポータルサイト　http://www.echigo-matsudai.com/facilities/kodo/index.html
＊中郷区ホームページ　http://www.city.joetsu.niigata.jp/nakago/index.html
＊名立区ホームページ　http://www.city.joetsu.niigata.jp/nadachi/index.html
＊新潟県立看護大学（ウィキペディア）　http://ja.wikipedia.org/wiki/%E6%96%B0%E6%BD%9F%E7%9C%8C%E7%AB%8B%E7%9C%8B%E8%AD%B7%E5%A4%A7%E5%AD%A6
＊新潟県ホームページ、有間川漁港　http://www.pref.niigata.lg.jp/gyoko/1227038489011.html
＊新潟県上越地域振興局直江津港湾事務所ホームページ　http://www.pref.niigata.lg.jp/jouetsu_naoetsu/
＊直江津祇園祭ホームページ　http://www3.plala.or.jp/naoetu-whitecats/maturi.html
＊直江津港湾協会ホームページ　http://www.naoetsu-port.jp/
＊平成 13 年度『歴史的建造物の保存と活用に関する調査報告書』（上越市創造行政研究所）　http://www.city.joetsu.niigata.jp/gyosei/souzou/rekishi/pdf/03.pdf
＊牧区ホームページ　http://www.city.joetsu.niigata.jp/maki/index.htm
＊安塚区ホームページ　http://www.city.joetsu.niigata.jp/yasuzuka/index.html
＊ YAHOO 百科事典　http://100.yahoo.co.jp/
＊吉川区ホームページ　http://www.city.joetsu.niigata.jp/yoshikawa/yoshikawakuHP/index.htm
＊ラ・ラ・ネット（新潟県生涯教育情報システム）ホームページ　http://www.lalanet.gr.jp/

Ⅱ　上越市の指定文化財（市・県・国）一覧

本一覧作成にあたり、新潟県上越市が作成した一覧表をベースにしている。編集については上越市教育委員会の許諾を得ている。

くびき野文化事典編集委員会編

①市指定文化財一覧

No	種別	名称	所在地		管理者	時代・備考
1	絵画	紙本墨画寒山拾得図	安塚区	小黒	専敬寺	
2	絵画	紙本墨画花鳥人物図		小黒	専敬寺	桃山時代　海北友松筆
3	彫刻	木造阿弥陀如来立像		須川	個人	室町時代
4	彫刻	木造随神坐像		和田	菱神社	鎌倉時代
5	彫刻	木造阿弥陀如来立像		小黒	称専寺	室町時代　方便法身尊像
6	彫刻	銅造千手観音坐像		安塚	個人	鎌倉時代
7	彫刻	銅造如来立像		安塚	個人	南北朝時代　直峰城跡出土
8	彫刻	木造狛犬		安塚	安塚神社	室町時代
9	彫刻	鉄造観音立像		円平坊	円平坊町内会	
10	彫刻	銅造薬師如来立像		須川	菱神社	室町時代
11	彫刻	木造神像		坊金	坊金神社	室町時代～江戸時代
12	彫刻	石造地蔵菩薩立像		本郷	神明社	大永６年
13	工芸品	槍身		安塚	安塚神社	戦国時代　銘「兼則」
14	工芸品	銅釣燈籠		安塚	安塚神社	天正３年　銘「上杉御用」
15	書跡・典籍	紙本墨書九字名号		小黒	称専寺	天文９年　教如筆
16	書跡・典籍	紙本墨書俳諧三首		小黒	称専寺	伝一茶筆
17	書跡・典籍	紙本墨書六字名号		小黒	称専寺	寛正２年頃　実如筆
18	書跡・典籍	御文		小黒	称専寺	明応７年　実如筆
19	古文書	享保十年仕置状		上船倉	個人	享保 10 年　質地騒動文書
20	古文書	真荻平村宗門人別改帳		安塚	上越市教育委員会	明和６年～明治２年
21	古文書	高澤村検地水帳		安塚	上越市教育委員会	天和３年・４年
22	古文書	戸澤村検地水帳		大潟区土底浜	個人	天和３年～安永９年
23	古文書	妙高山先達定状		須川	菱神社	明暦３年
24	考古資料	武将図鍔		安塚	個人	直峰城跡出土　銘「宗典作」
25	歴史資料	絹本著色釈迦如来説法図		小黒	称専寺	
26	史跡	旧三国街道		安塚	上越市	
27	天然記念物	城山の大ケヤキ		安塚	直峰城保存会	樹齢約 800 年
28	天然記念物	須川の大コブシ		須川	個人	樹齢約 400 年

29	彫刻	木造薬師如来坐像	浦川原区	顕聖寺	城鎮寺	平安時代末期　顕聖寺管理
30	彫刻	木造狛犬		虫川	白山神社	鎌倉時代後期
31	彫刻	木造天部仏頭		虫川	白山神社	平安時代後期
32	彫刻	銅造千手観音立像		岩室	鞍馬寺	鎌倉時代後期
33	彫刻	木造広目天倚像		虫川	個人	室町時代　善徳寺（吉川区）旧蔵
34	彫刻	木造聖観音立像		横住	個人	平安時代後期
35	彫刻	石造阿弥陀如来坐像		法定寺	法定寺	鎌倉時代
36	彫刻	石造仏頭		法定寺	法定寺	平安時代末期
37	考古資料	珠洲焼甕		岩室	鞍馬寺	南北朝時代　北沖遺跡出土
38	考古資料	倉下経塚出土品		釜淵	上越市教育委員会	平安時代～鎌倉時代
39	考古資料	顕聖寺遺跡出土品		釜淵	上越市教育委員会	縄文時代早期後半～晩期
40	考古資料	多嘴瓶		釜淵	上越市教育委員会	平安時代前期　今熊窯跡出土
41	考古資料	経筒		法定寺	法定寺	平安時代末期～鎌倉時代　法定寺経塚出土
42	考古資料	銅鐘		法定寺	法定寺	室町時代　法定寺明堂跡出土
43	考古資料	越前焼甕		法定寺	法定寺	法定寺経塚出土
44	歴史資料	虫川の五輪塔		虫川	個人	南北朝時代
45	歴史資料	虫川の板碑		虫川	個人	南北朝時代
46	歴史資料	白山神社本殿棟札		虫川	白山神社	寛元３年～文化９年
47	歴史資料	下猪子田の板碑		下猪子田	下猪子田町内会	南北朝時代
48	歴史資料	蕨岡の板碑		小谷島	蕨岡町内会	南北朝時代
49	歴史資料	大栃山の板碑		大栃山	個人	南北朝時代
50	有形民俗	竜笛		谷	谷雅楽保存会	
51	無形民俗	飯室神楽		飯室	飯室神楽保存会	
52	無形民俗	月影雅楽		月影	月影雅楽保存会	元来は「谷雅楽」
53	史跡	虫川城跡		虫川	虫川振興協議会	
54	史跡	今熊窯跡		今熊	今熊窯跡保存会	平安時代前期
55	史跡	境原遺跡		飯室	上越市教育委員会	平安時代・鎌倉時代
56	彫刻	木造迦哩迦尊者像 木造蘇頻陀尊者像 木造那伽犀那尊者像 木造金毘羅大権現像 木造木喰上人像	大島区	大平	大安寺	文化２年　木喰作
57	彫刻	木造吉祥天像		大平	個人	文化２年　木喰作
58	彫刻	木造観音立像		田麦	竹林寺	平安時代後期
59	彫刻	木造聖観音立像		大平	大安寺	天文 18 年
60	彫刻	銅造十一面観音像懸仏		菖蒲	大日庵	室町時代

61	考古資料	珠洲焼甕		田麦	上越市教育委員会	鎌倉時代
62	歴史資料	延宝八年高札		大島	個人	延宝８年
63	歴史資料	明和七年高札		大島	個人	明和７年
64	史跡	板山洞窟石仏群		板山	板山町内会	板山不動尊
65	天然記念物	深沢諏訪神社の大ケヤキ		下達	諏訪神社	樹齢約 800 年
66	彫刻	木造如来坐像	牧区	宮口	領見寺	室町時代　牧歴史民俗資料館寄託
67	彫刻	木造聖観音立像		倉下	倉下町内会	室町時代
68	有形民俗	真宗門徒仏壇		池舟	上越市	明治時代
69	有形民俗	宇津俣の地蔵		宇津俣	宇津俣町内会	戦国時代
70	無形民俗	切光神楽		切光	切光神楽保存会	獅子天狗舞
71	天然記念物	琴毘沙神社の大ケヤキ		高尾	琴毘羅社	樹齢約 800 年
72	天然記念物	小川の大スギ		小川	風巻神社	
73	絵画	絹本著色柿崎和泉守夫妻像	柿崎区	芋島	楞厳寺	室町時代末
74	考古資料	深鉢形土器		柿崎	上越市教育委員会	縄文時代前期　鍋屋町遺跡出土
75	考古資料	深鉢形土器		柿崎	上越市教育委員会	縄文時代前期　鍋屋町遺跡出土
76	考古資料	石鏃		柿崎	上越市教育委員会	鍋屋町遺跡出土
77	考古資料	深鉢形土器		柿崎	上越市教育委員会	縄文時代前期　鍋屋町遺跡出土　刈羽式
78	考古資料	磨製石斧		柿崎	上越市教育委員会	鍋屋町遺跡出土
79	歴史資料	密蔵院護摩堂外壁装飾		下牧	密蔵院	文化 11 年
80	歴史資料	十三仏　附厨子		芋島	楞厳寺	明和７年
81	天然記念物	ハマナス群生地		竹鼻海岸 出羽海岸	上越市	
82	彫刻	木造千手観音坐像	大潟区	蜘ヶ池	瑞天寺	平安時代後期
83	彫刻	木造不動明王立像		蜘ヶ池	瑞天寺	平安時代後期
84	彫刻	木造聖観音坐像		蜘ヶ池	瑞天寺	平安時代後期
85	彫刻	木造毘沙門天立像		蜘ヶ池	瑞天寺	平安時代後期
86	彫刻	木造不動明王像		犀潟	円蔵寺	文化２年　木喰作
87	彫刻	木造毘沙門天像		犀潟	円蔵寺	文化２年　木喰作
88	有形民俗	どぶね		九戸浜	上越市	永越猪之松作
89	有形民俗	観音山三十三観音石仏群		蜘ヶ池	瑞天寺	施主小林信吾
90	無形民俗	八社五社		上小船津浜	大潟町八社五社保存会	

91	無形民俗	潟町米大舟		潟町	大潟米大舟保存会潟町支部	
92	無形民俗	土底浜米大舟		土底浜	大潟米大舟保存会土底浜支部	
93	天然記念物	瑞天寺のイチョウ		蜘ヶ池	瑞天寺	樹齢約 400 年
94	建造物	秋葉神社石鳥居	頸城区	森本	神明神社	大光寺石製
95	彫刻	木造十一面観音坐像		塔ヶ崎	神田山神社	
96	彫刻	金銅如意輪観音像懸仏		矢住	明蓮寺	南北朝時代～室町時代
97	考古資料	青白磁盒子		百間町	上越市教育委員会	しらみ経塚出土
98	考古資料	銅製経筒		百間町	上越市教育委員会	
99	考古資料	珠洲焼甕		百間町	上越市教育委員会	しらみ経塚出土
100	考古資料	小硯		百間町	上越市教育委員会	しらみ経塚出土
101	考古資料	珠洲焼甕		百間町	上越市教育委員会	
102	考古資料	一字一石経石		百間町	上越市教育委員会	
103	考古資料	深鉢形土器		百間町	上越市教育委員会	縄文時代中期　塔ヶ崎遺跡出土
104	考古資料	木簡		百間町	上越市教育委員会	8 世紀後半～末　榎井 A 遺跡出土
105	歴史資料	島田の五輪塔		島田	島田町内会	
106	彫刻	木造阿弥陀如来坐像	吉川区	東鳥越	大光寺	天文 5 年　仏師周防作
107	彫刻	木造阿弥陀如来坐像		石谷	石谷町内会	室町時代
108	彫刻	銅造観音像懸仏		顕法寺	顕法寺	南北朝時代
109	工芸品	伝瑚海仲珊禅師袈裟附納入袋		赤沢	雲門寺	辻が花染め
110	書跡・典籍	大般若経		顕法寺	顕法寺	鉄眼版　柿崎区西勝寺管理
111	古文書	顕法寺文書		顕法寺	顕法寺	戦国時代～江戸時代
112	古文書	小菅家文書		町田	個人	戦国時代～江戸時代初期　上杉景勝制札ほか
113	古文書	上杉景虎書状		赤沢	雲門寺	元亀元年～天正 6 年
114	考古資料	長峰遺跡出土品		山直海	上越市教育委員会	縄文時代早期～古墳時代前期
115	考古資料	八幡遺跡出土品		山直海	上越市教育委員会	平安時代　灰釉陶器・緑釉陶器
116	歴史資料	大乗寺の五輪塔		大乗寺	大乗寺町内会	永禄 11 年（一石五輪塔）、元亀 2 年
117	歴史資料	顕法寺の板碑		顕法寺	顕法寺	室町時代

118	歴史資料	報尽為期碑	中郷区	川谷	専徳寺	明治 20 年
119	歴史資料	鈴木昌司頌徳碑		代石	代石町内会	昭和 7 年
120	歴史資料	鈴木昌司筆墨跡　附書簡 5 通		下町	上越市	明治 20 年・明治 23 年
121	歴史資料	鈴木昌司筆扇		国田	個人	明治 23 年
122	歴史資料	鈴木昌司印章		下町	上越市	印文「鱸昌司印」
123	有形民俗	善徳寺の仏足石		国田	善徳寺	江戸時代後期
124	有形民俗	町田閻魔堂の十王像		町田	町田町内会	江戸時代
125	有形民俗	転輪寺の飯縄権現像		天林寺	転輪寺	室町時代
126	無形民俗	十三夜		西野島	十三夜保存会	
127	史跡	顕法寺城跡		顕法寺	顕法寺ほか	
128	史跡	河沢塚		河沢	個人	鎌倉時代
129	考古資料	小型石皿		片貝	上越市教育委員会	縄文時代中期　湯の沢Ｂ遺跡出土
130	考古資料	磨製石斧		片貝	上越市教育委員会	縄文時代中期　湯の沢Ｂ遺跡出土
131	考古資料	磨製石斧		片貝	上越市教育委員会	縄文時代中期　湯の沢Ｂ遺跡出土
132	考古資料	深鉢形土器		片貝	上越市教育委員会	縄文時代後期初頭　湯の沢Ｂ遺跡出土 三十稲場式
133	考古資料	深鉢形土器		片貝	上越市教育委員会	縄文時代中期後葉　加曾利Ｅ式 (再指定)
134	考古資料	把手付深鉢形土器		片貝	上越市教育委員会	縄文時代中期後葉　湯の沢Ｂ遺跡出土
135	考古資料	土偶		片貝	上越市教育委員会	縄文時代晩期後半　湯の沢Ｂ遺跡出土
136	考古資料	土偶		片貝	上越市教育委員会	縄文時代中期後葉以降　湯の沢Ｂ遺跡出土
137	考古資料	土偶		片貝	上越市教育委員会	縄文時代中期後葉以降　湯の沢Ｂ遺跡出土
138	考古資料	湯の沢Ｂ遺跡出土品		片貝	上越市教育委員会	縄文時代前期後葉
139	考古資料	飾玉		片貝	上越市教育委員会	縄文時代　湯の沢Ｂ遺跡出土
140	考古資料	石冠		片貝	上越市教育委員会	縄文時代晩期　小丸山遺跡出土
141	考古資料	石鋸		片貝	上越市教育委員会	縄文時代晩期　小丸山遺跡出
142	考古資料	石刀		片貝	上越市教育委員会	縄文時代晩期　小丸山遺跡出土
143	考古資料	天目茶碗		片貝	上越市教育委員会	室町時代　南田遺跡出土
144	歴史資料	片貝筆塚		片貝	片貝町内会	嘉永 3 年
145	歴史資料	二本木宿の石柱		二本木	白山神社	江戸時代後期
146	歴史資料	馬躰説明書		岡沢	個人	

147	歴史資料	馬具	板倉区	岡沢	個人	
148	歴史資料	壱岐文弥の墓		片貝	個人	明治時代
149	有形民俗	稲荷神社の庚申像		稲荷山新田	稲荷神社	江戸時代
150	無形民俗	岡沢の春駒		岡沢	岡沢春駒民謡保存会	
151	史跡	藤沢一里塚		藤沢	上越市	
152	史跡	小出雲坂と松並木		板橋	上越市	
153	建造物	塚之宮八幡宮本殿		針	塚之宮八幡宮	文政 8 年
154	絵画	絹本著色証如上人像		針	浄覚寺	天正 3 年
155	絵画	絹本著色法然上人像		長嶺	本覚寺	室町時代
156	絵画	絹本著色覚信尼像		久々野	福因寺	室町時代
157	絵画	絹本著色十三仏図		宮島	大廣寺	室町時代
158	彫刻	木造大日如来坐像		田屋	田屋町内会	天正 17 年
159	彫刻	針観音堂三十三観音石仏群		針	針町内会	室町時代
160	彫刻	木造金剛力士立像		宮島	大廣寺	江戸時代前期
161	彫刻	銅造薬師如来像懸仏		筒方	個人	南北朝時代
162	書跡・典籍	紙本墨書十字名号		菰立	個人	伝顕如筆
163	書跡・典籍	紙本墨書六字名号		菰立	個人	伝親鸞筆
164	古文書	延徳二年神明帳		東山寺	日吉神社	
165	考古資料	正浄寺跡出土銭		針	上越市教育委員会	7 ～ 15 世紀の古銭　正浄寺跡出土銭
166	考古資料	人柱人骨		猿供養寺	猿供養寺町内会	
167	考古資料	珠洲焼甕		猿供養寺	猿供養寺町内会	15 世紀前半～中期　人柱人骨と出土
168	歴史資料	恵信尼石塔		米増	本願寺国府別院	五輪塔
169	歴史資料	紙本淡彩関田嶺修路図		別所	別所町内会	嘉永 2 年
170	歴史資料	関田嶺修路碑文		別所	別所町内会	嘉永 2 年　佐藤一斉書
171	歴史資料	応永五年宝篋印塔		猿供養寺	猿供養寺町内会	応永 5 年
172	歴史資料	筒方の板碑		筒方	筒方町内会	南北朝時代
173	歴史資料	浄覚寺本堂装飾		針	浄覚寺	明治 20 ～ 30 年頃　北村正信、四海、正信作
174	歴史資料	元禄六年平塚神社分霊碑		福王寺	福王子町内会	元禄 6 年
175	有形民俗	大品百観音石仏群		関田	上関田町内会	安永年間
176	有形民俗	寛文二年庚申塔		福王寺	福王寺町内会	寛文 2 年

177	無形民俗	関田神楽		上関田	関田神楽保存会	
178	無形民俗	関田こうだいじ		上関田	関田神楽保存会	
179	無形民俗	高野しげさ		高野	高野しげさ踊り保存会	正徳年間
180	史跡	聖の窟		栗沢	栗沢町内会	伝信蓮房旧跡
181	史跡	箕冠城跡		山部	上越市ほか	
182	史跡	増村朴斎公宅跡		針	上越市	現在「増村朴斎記念館」が建つ。
183	史跡	塚之宮古墳		針	塚之宮八幡宮	円墳
184	史跡	山寺薬師境内並びに杉並木		東山寺	東山寺町内会	樹齢約 500 年
185	天然記念物	黒倉山山腹のミズバショウ群生地		筒方	上越市	
186	天然記念物	黒倉山山腹のモリアオガエル生息地		関田	上越市ほか	
187	天然記念物	関田八幡宮の大スギ		関田	上関田町内会	樹齢約 800 年
188	天然記念物	日吉神社の大スギ		東山寺	日吉神社	樹齢約 800 年
189	天然記念物	田屋鴨井家のゴヨウマツ		田屋	個人	
190	天然記念物	日吉神社社叢林		東山寺	日吉神社	
191	天然記念物	塚之宮八幡宮社叢林		針	塚之宮八幡宮	
192	彫刻	木造地蔵菩薩半跏像	清里区	梨平	宝積寺	南北朝時代
193	彫刻	金銅薬師如来像懸仏		岡野町	龍覚寺	鎌倉時代
194	古文書	僧浄日記		馬屋	専福寺	江戸時代
195	古文書	菅原神社文書		菅原	菅原神社	江戸時代　清里歴史民俗資料館に展示
196	古文書	上原家文書		上中條	個人	江戸時代～明治時代
197	考古資料	菅原古墳群出土品		岡野町	上越市	古墳時代
198	考古資料	黒保遺跡出土炉跡		菅原	菅原神社	縄文時代　現在地に移転復元
199	考古資料	金銅密教法具		馬屋	普泉寺	鎌倉時代
200	歴史資料	清里史蹟調査資料		岡野町	上越市	明治時代末～昭和初期　梅沢徳治翁著
201	歴史資料	櫛池村道路元標		棚田	上越市	明治時代
202	有形民俗	岡野町の市神		岡野町	岡野町町内会	文化 9 年
203	無形民俗	梨平古代詞		梨平	梨平古代詞保存会	
204	史跡	京ヶ岳城跡		青柳	個人	
205	史跡	黒保遺跡		馬屋	個人	縄文時代
206	史跡	菅原古墳群第 1 号墳 附同第 16 号墳移転復元石室 1 基		岡野町	個人	古墳時代

207	天然記念物	高禅寺のスギ・シンバク・ゴヨウマツ		上深沢	高禅寺	
208	天然記念物	岡野町の大ケヤキ		岡野町	岡野町町内会	
209	建造物	富永家住宅主屋・米蔵	三和区	神田	個人	
210	彫刻	銅造阿弥陀如来立像		本郷	西勝寺	室町時代　善光寺式
211	彫刻	木造不動明王立像		神田	個人	
212	工芸品	銅鏡		岡田	風巻神社	桃山時代～江戸時代　木瀬浄阿弥作ほか
213	古文書	上江用水堀継裁許状		大	上越市	安永９年
214	有形民俗	井ノ口の雨乞い地蔵		井ノ口	井ノ口町内会	
215	有形民俗	越柳の雨乞い地蔵		越柳	越柳町内会	
216	無形民俗	岡田の春駒		岡田	岡田郷土芸能保存会	
217	無形民俗	井ノ口古代詞		井ノ口	井ノ口郷土芸能保存会	
218	史跡	末野須恵器窯跡群		神田末野 本郷	個人	①神田長峰窯跡１号、②同２号、③同３号④末野窯跡、⑤新溜池窯跡
219	史跡	川浦代官所跡		番町	番町町内会	江戸時代
220	史跡	大間城跡		島倉、北代	個人	戦国時代
221	天然記念物	風巻神社のブナ林		岡田	風巻神社	
222	天然記念物	風巻神社のエドヒガン		岡田	風巻神社	
223	天然記念物	フサタヌキモ群生地		所山田	所山田町内会	
224	天然記念物	谷内池とオニバス		浮島	上越市教育委員会	
225	天然記念物	よしだの谷内と水生植物群		沖柳	個人	
226	天然記念物	こんやの谷内と水生植物群		沖柳	個人	
227	彫刻	木造聖観音立像	名立区	名立大町	名立寺	鎌倉時代　岩屋堂観音堂
228	彫刻	木造千手観音立像		森	善興寺	鎌倉時代
229	彫刻	木造阿弥陀如来立像及両脇侍		平谷	昌禅寺	江戸時代
230	書跡・典籍	紙本墨書六字名号		赤野俣	浄福寺	蓮如筆
231	考古資料	有孔鍔付土器		名立大町	上越市教育委員会	縄文時代　中期大イナバ遺跡出土
232	考古資料	深鉢形土器		名立大町	上越市教育委員会	縄文時代　中期大イナバ遺跡出土

233	歴史資料	竹田用水絵図		名立大町	上越市教育委員会	
234	歴史資料	竹田用水絵図		濁沢	個人	天保 10 年
235	歴史資料	竹田用水絵図		東蒲生田	東蒲生田町内会	天保 10 年
236	有形民俗	竜宮の鐘		名立小泊	宗龍寺	
237	無形民俗	祇園祭		名立大町	江野神社	
238	無形民俗	森の獅子舞		森	中部芸能保存会	
239	無形民俗	折平の獅子舞		折戸、平谷	折平芸能保存会	
240	史跡	岩屋堂観音堂		名立大町	名立寺	
241	史跡	いわおの石仏群		瀬戸	下瀬戸町内会	江戸時代後期
242	史跡	石油発掘井戸跡		東飛山	個人	明治 18 年頃　東飛山第 23 号井油釜泉
243	史跡	名立崩れ		名立小泊	名立小泊町内会	宝暦元年
244	天然記念物	ニホンマメシジミ生息地		瀬戸	不動生産森林組合	
245	天然記念物	夫婦モチノキ		名立大町	名立寺	樹齢約 250 年
246	天然記念物	イワヘゴ自生地		名立大町	個人	
247	天然記念物	コゴメウツギ自生地		折居 名立小泊 名立大町	個人	
248	建造物	国分寺山門	上越市	五智 3	国分寺	江戸期
249	建造物	惣門		中門前	林泉寺	室町期～江戸初期
250	建造物	山門		寺町 2	天崇寺	延宝 2 年
251	建造物	本堂		国府 1	本願寺国府別院	文化 2 年
252	建造物	岩乃原葡萄園第 2 號石蔵		北方	(株)岩の原葡萄園	明治 31 年
253	建造物	国分寺経蔵附棟札 1 枚		五智 3	国分寺	元禄 6 年
254	建造物	旧師団長官舎 附門柱 1 対 2 基		大町 2	上越市	明治 43 年
255	絵画	絹本著色二尊連座像		寺町 2	浄興寺	文明 15 年
256	絵画	絹本著色親鸞聖人御絵伝		寺町 2	浄興寺	明応 3 年
257	絵画	絹本著色親鸞聖人等身真影		寺町 2	浄興寺	江戸前期
258	絵画	「小牧山の陣」の絵		大手町	榊神社	明治 9 年

259	絵画	十七尊像高僧連座聖徳太子画像		南方町3	端泉寺	南北朝期
260	絵画	方便法身尊像		国府1	本願寺国府別院	室町期
261	絵画	紙本著色蓮如上人絵伝		下野田	本覚坊	江戸初期
262	彫刻	銅造聖観音立像		五智3	国分寺	奈良期
263	彫刻	金銅阿弥陀如来立像		東本町3	安養寺	平安～鎌倉初期
264	彫刻	関山系石仏		大町1	西光寺	平安後期
265	彫刻	木造地蔵菩薩立像		桐原	法光寺	室町期
266	彫刻	木造聖徳太子立像		寺町2	常敬寺	鎌倉後期
267	彫刻	陀羅尼大仏「盧舎那仏」		大貫	国厳寺	明治15年
268	彫刻	木造狛犬		五智6	居多神社	鎌倉後期
269	彫刻	木造十一面千手観音坐像		滝寺	宝陀羅神社	室町後期
270	彫刻	滝寺毘沙門天立像		滝寺	滝寺町内会	戦国期
271	彫刻	五輪塔		五智2	十念寺	鎌倉後期
272	彫刻	伝親鸞聖人坐像		五智3	国分寺	室町前期
273	工芸品	青銅菊花文和鏡		稲田1	諏訪神社	鎌倉期
274	工芸品	梵鐘		南本町3	端泉寺	寛文9年
275	工芸品	屈輪香合		寺町2	浄興寺	南宋～元（13世紀）
276	工芸品	軍配		国府1	愛宕神社	室町期
277	工芸品	神餞箱		西本町3	個人	江戸初期
278	工芸品	旗指物		仲町6	林西寺	戦国期
279	工芸品	織部柳図徳利		春日山町1	上越市	江戸初期
280	書跡・典籍	上杉謙信筆「第一義」額		中門前1	林泉寺	戦国期
281	書跡・典籍	上杉謙信筆「春日山」額		中門前1	林泉寺	〃
282	書跡・典籍	上杉謙信書翰		中門前1	林泉寺	〃
283	書跡・典籍	榊原藩歴代藩主書跡		大手町	榊神社	江戸期
284	書跡・典籍	仁和寺宮染筆の額		南本町3	端泉寺	明治元年
285	古文書	居多神社文書		五智6丁目	居多神社	室町期以降
						室町期以降
						室町期以降
286	古文書	府中八幡宮文書		西本町3丁目	府中八幡宮	戦国～江戸
287	古文書	本誓寺文書		寺町3丁目	本誓寺	戦国～江戸

288	古文書	田端文書	仲町3丁目	仲町3丁目町内会	江戸初期
289	古文書	称念寺文書	寺町2丁目	称念寺	南北朝～江戸
290	古文書	瑞泉寺文書	南本町3丁目	瑞泉寺	江戸期
291	古文書	本覚坊文書	下野田	本覚坊	戦国～江戸
292	古文書	上杉景勝朱印状	五智3丁目	国分寺	天正12年
293	古文書	長尾能景書状	本城町	上越市	明応6年
294	古文書	上杉謙信書状	本城町	上越市	永禄4年
295	古文書	上杉謙信書状	本城町	上越市	元亀元年～天正6年
296	古文書	上杉景勝書状	本城町	上越市	天正13年以前
297	古文書	上杉三郎景虎書状	本城町	上越市	天正6年～8年
298	考古資料	北塚出土品	本城町	上越市立総合博物館	中世
299	考古資料	銅印	本城町	上越市教育委員会	平安時代
300	考古資料	海獣葡萄鏡	本城町	上越市教育委員会	9世紀後半
301	有形民俗	俳諧奉納額	西本町4丁目	八坂神社	縦60㎝横362㎝
302	風俗・慣習	西横山の小正月行事	西横山	西横山小正月行事保存会	正徳5（1716）年
303	民俗芸能	八社五社	上曽根	八社五社保存会	
304	民俗芸能	米大舟	夷浜	米大舟保存会	
305	民俗芸能	春駒	西松ノ木	三郷松波会	
306	民俗芸能	獅子天狗舞	中正善寺	獅子天狗舞保存会	
307	史跡	越後国分寺境内	五智3	国分寺	
308	史跡	親鸞聖人本廟及び唐門	寺町2	浄興寺	
309	天然記念物	最賢寺の大イチョウ	南本町3丁目	個人	樹高約23㎝
310	天然記念物	お諏訪さんの大ケヤキ	稲田1丁目	大ケヤキ保存会	樹高約23㎝

②県指定文化財

No	種別	名称	所在地	時代・備考
1	建造物	五智国分寺三重塔	上越市	慶応元年　上棟
2	絵画	絹本著色法然上人絵伝	上越市	鎌倉末期
3	絵画	絹本著色少康和尚像附紙本著色同模写図	上越市	室町初期
4	彫刻	木造善導大師立像	上越市	鎌倉中期
5	工芸品	宝珠文刺衲袈裟並横被	上越市	鎌倉期

6	工芸品	梵鐘	上越市	室町初期
7	工芸品	鰐口（文安三年の銘がある）	上越市	室町期（文安 3）
8	書跡・典籍	真宗古写聖教類	上越市	室町初期
9	書跡・典籍	親鸞自筆六字名号	上越市	鎌倉中期
10	書跡・典籍	専修念仏張文日記	上越市	鎌倉中期
11	書跡・典籍	二枚起請文	上越市	室町中期
12	書跡・典籍	本願寺歴代門主書状	上越市	室町期
13	史跡	高田城跡	上越市	江戸期
14	史跡	直峰城跡	安塚区	中世の山城
15	記念物	坊金の大スギ	安塚区	樹高約 25m
16	彫刻	木造男神坐像 木造女神坐像	牧区	鎌倉時代
17	考古資料	宮口古墳群昭和五十年度発掘出土品一括	牧区	古墳時代
18	工芸品	太刀銘助宗	柿崎区	元和 9 年
19	彫刻	銅造薬師如来懸仏	吉川区	平安時代
20	史跡	籠峰遺跡	中郷区	縄文時代～ 奈良・平安
21	考古資料	籠峰遺跡出土品 1 括（1,242 点）附：石棺状配石墓 2 基	中郷区	縄文時代
22	記念物	菅原古墳	清里区	古墳時代
23	記念物	櫛池の大スギ	清里区	樹高約 30m
24	記念物	櫛池の隕石	清里区	大正 9 年落下
25	有形文化財	木造大日如来坐像	清里区	像高 147m
26	彫刻	木造十一面観音立像	浦川原区	平安時代後期
27	工芸品	金銅五鈷鈴・銅舌共銅五鈷杵	浦川原区	鎌倉時代
28	書跡・典籍	楞厳寺禅林記録	柿崎区	
29	考古資料	柿崎古墓出土品一括（5 点）附木炭槨木棺墓	柿崎区	平安時代
30	彫刻	木造薬師如来坐像	板倉区	
31	彫刻	木造釈迦如来坐像	板倉区	
32	彫刻	木造阿弥陀如来坐像	板倉区	
33	彫刻	石造仏頭	三和区	
34	工芸品	金銅虚空蔵菩薩懸仏	三和区	

③国指定文化財一覧

No	種別	名称	所在地	時代・備考
1	史跡	宮口古墳群	牧区	古墳時代
2	史跡	水科古墳群	三和区	古墳時代
3	天然記念物	虫川の大スギ	浦川原区	目通り 10.6m
4	建造物	浄興寺本堂	上越市	江戸時代
5	彫刻	木造大日如来坐像（奥の院安置）	上越市	平安後期
6	彫刻	銅造如来坐像	上越市	奈良後期
7	彫刻	木造一鎮倚像	上越市	文和 3 年（1354 年）
8	有形民俗文化財	どぶね	上越市	明治 34 年
9	史跡	春日山城跡	上越市	戦国期
10	史跡	斐太遺跡群吹上遺跡、斐太遺跡、釜蓋遺跡	上越市・妙高市	昭和 52 年指定 平成 17 年追加指定 平成 20 年追加指定

Ⅲ　妙高市の指定文化財（市・県・国）一覧

本一覧作成にあたり新潟県妙高市が作成した一覧表をベースにしている。編集については同市教育委員会の許諾を得ている。

くびき野文化事典編集委員会編

ID	名称	種別	所在地	管理者・所有者	時代	指定別
1	新井別院大イチョウ	天	下町	新井別院	樹齢 300~400 年	市
2	打ち鳴らしの鐘	工	赤倉	赤倉区長	文化 14 年	市
3	大けやき	天	乙吉	妙高市	樹齢 500 年	市
4	金子家文書	古	上町（市立図書館）	個人	近世・近代	市
5	亀石	彫	関山	関山神社	全長 120cm 甲幅 50cm	市
6	かめかち唄	民芸	上小沢	上小沢かめかち保存会	江戸時代	市
7	関東系大仏様式薬師如来坐像	彫	関川	妙高区	鎌倉後期	市
8	観音平・天神堂古墳群	史	宮町・籠町ほか	妙高市ほか	古墳時代	国
9	北沢一里塚	史	関山	個人	経 7m 高さ 3m 外周 22m	市
10	ギフチョウ	天	高床山周辺・鮫ヶ尾城跡周辺ほか	妙高市		市
11	金銘五輪塔	彫	関温泉春井沢スキー場地内	関温泉組合	天正 5 年	市
12	くつがた密教法具	考	五日市	妙高市	鎌倉時代	市
13	五社神社本殿御神体	彫	広島	五社神社	平安時代～	市
14	鮫ヶ尾城跡	史	宮町・籠町・雪森	妙高市ほか	戦国時代	国
15	猿橋城跡	史	猿橋	猿橋城跡保存会	戦国時代	市
16	十一面観音懸仏	工	大鹿	逢龍寺	円直径 15.5m 像高 7cm	市
17	十一面観音菩薩座像	彫	関山	関山神社	江戸時代　像高 23.5cm	市
18	十二光仏名号本尊	書	小出雲	照光寺	室町前期	県
19	上下一心の碑	彫	笹ヶ峰	杉野沢財産区	文政 11・12 年	市
20	杉野沢薬師の大杉	天	杉野沢	杉野沢氏子総代	推　600 年　右 3.99m　左 4.31m	市
21	石造地蔵菩薩像	彫	広島	五社神社	室町時代	市
22	石造大日如来像	彫	堀之内	菓成寺	平安末期	市
23	石造宝篋印塔	彫	両善寺	両善寺	鎌倉時代	市
24	石造薬師如来像	彫	姫川原	薬師奉賛会	鎌倉中期	市
25	関山神社の火まつり	民芸	関山	関山神社		市
26	関山神社龍旗	工	関山	関山神社	桃山時代　縦 72cm　横 53cm	市
27	関山石仏群　附　仏足石	彫	関山	関山石仏保存会	平安～鎌倉	県
28	関山宝蔵院跡	史	関山	個人	面積 3,392.83㎡	県
29	善光寺様式三尊薬師如来立像及び中尊台	彫	杉野沢	杉野沢協議会	戦国期	市

30	千部供養塔（牛供養）	彫	笹ヶ峰	杉野沢財産区	文化 6・7・13 年	市
31	田口山のウダイカンバ	天	田口	個人	推 80~100 年　3.5m	市
32	天神社の大杉	天	関川	天神社		国
33	銅像阿弥陀如来立像	彫	関山	関山神社	鎌倉末期　像高 20.3cm	県
34	銅像阿弥陀如来立像	彫	関山	関山神社	鎌倉末期　右脇侍 41.0cm 左脇侍 41.1cm	市
35	銅像観音菩薩像	彫	十日町	摩尼王寺	鎌倉時代	市
36	銅像善光寺仏	彫	雪森	個人	鎌倉時代	市
37	銅像大日如来懸仏	彫	高柳	四社神社	鎌倉時代	市
38	銅像菩薩立像	彫	関山	関山神社	朝鮮三国時代　座高 20.3cm	県
39	鳥坂城跡	史	姫川原	鳥坂城跡保存会	戦国時代	市
40	西条城跡	史	西条	西条城跡保存会	戦国時代	市
41	西条城跡のコナラークヌギ群落	天	西条	西条城跡保存会		市
42	春駒	民芸	杉野沢	杉野沢春駒保存会		市
43	春駒	民芸	西野谷	西野谷芸能保存会	江戸時代	市
44	東関　からこ祭	風慣	東関	東関	中世	市
45	毘沙門天像	彫	赤倉	赤倉区長	明暦～寛文	市
46	斐太遺跡群　斐太遺跡　吹上遺跡	史	宮内字上ノ平ほか　青田字江代田	妙高市ほか	弥生後期	国
47	姫川原の大水車	有民	五日市	妙高市	昭和期	市
48	日吉神社　堂根まつり	風慣	吉木	吉木	江戸時代	市
49	日吉神社　鳥居	有民	吉木	吉木	江戸時代	市
50	日吉神社　幡たて石	有民	吉木	吉木	江戸時代	市
51	平丸スゲ細工	工芸	平丸	平丸スゲ細工保存会		市
52	仏手	彫	関山	関山神社	鎌倉　長さ 21.4cm	市
53	宝蔵院文書　「朱印状」	古	関山	個人	江戸時代	市
54	宝蔵院文書　「宝蔵院日記」	古	関山	個人	江戸時代	市
55	宝蔵院文書　「宝蔵院日記」	古	関山	個人	江戸時代	市
56	万五郎古墳	史	梨ノ木	妙高市	古墳後期	市
57	宮ノ本遺跡出土二面硯	考	五日市	妙高市	平安時代	市
58	木造もぐさ観音	彫	下平丸	個人	室町時代	市
59	木彫方便法身尊像	彫	中宿	誓願寺	鎌倉後期	市
60	文殊菩薩立像	彫	関山	関山神社	貞享 3 年作　全高 48.5cm　像高 23.5cm	市
61	森蘭斎屏風絵	絵	五日市	妙高市	江戸時代	市
62	薬師如来立像	彫	赤倉	赤倉区長	寛政～文化	市
63	鰐口	工	赤倉	赤倉区長	文化 14 年	市

Ⅳ　糸魚川市の指定文化財（市・県・国）一覧

本一覧作成にあたり新潟県糸魚川市が作成した一覧表をベースにしている。編集については同市教育委員会の許諾を得ている。

くびき野文化事典編集委員会編

No.	指定別	種別	名称	員数	所在地	所有者（管理者）	指定年月日（追加指定日）
1	国	建造物	白山神社本殿　付棟札４枚	１棟付４枚	能生	白山神社	S.33.5.14
2	国	建造物	山口家住宅　付普請関係文書２冊	１棟付２冊	下出	個人	S.52.1.28
3	国	彫刻	木造聖観音立像	１軀	能生	白山神社	M.39.4.14
4	国	彫刻	木造十一面観音立像	１軀	水保	宝伝寺（水保・北山氏子信徒総代）	T.12.3.28
5	国	有形民俗	能生白山神社の海上信仰資料	97 点	能生	白山神社	S.62.3.3
6	国	有形民俗	越後姫川谷のボッカ運搬用具コレクション	706 点	山口、蒲池	塩の道資料保存会	H.16.2.6
7	国	有形民俗	糸魚川木地屋の制作用具と製品コレクション付木地屋関係文書	1421 点付40 点	大所	木地屋会	H.18.3.15
8	国	風俗習慣	青海の竹のからかい		青海	青海たけのからかい保存会	S.62.12.28
9	国	民俗芸能	糸魚川・能生の舞楽		一の宮１丁目、能生	天津神社舞楽会、白山神社文化財保存会	S.55.1.28
10	国	民俗芸能	根知山寺の延年		山寺	日吉神社奉賛会	S.55.1.28
11	国	史跡	長者ケ原遺跡		一の宮	糸魚川市	S46.5.27（S.60.5.14）
12	国	史跡	寺地遺跡		寺地	糸魚川市	S.55.12.5
13	国	史跡	松本街道		大野、根知地区	糸魚川市	H.14.3.19（H.19.7.26）
14	国	特別天然記念物	白馬連山高山植物帯		大所	農林水産省	S.27.3.29
15	国	特別天然記念物	ライチョウ			新潟県	S.30.2.15
16	国	特別天然記念物	カモシカ			新潟県	S.30.2.15
17	国	天然記念物	能生白山神社社叢		能生	白山神社（白山神社文化財保存会）	S.12.12.21
18	国	天然記念物	能生ヒメハルゼミ発生地		能生	白山神社（白山神社文化財保存会）	S.17.10.14
19	国	天然記念物	小滝川硬玉産地		小滝	国、法人（糸魚川市）	S.31.6.29
20	国	天然記念物	青海川の硬玉産地及び硬玉岩塊		橋立、外波、青海	国（糸魚川市）	S.32.2.22（H.13.1.29）
21	県	彫刻	木造奴奈川姫神像	１軀	一の宮１丁目	天津神社	S.29.2.10
22	県	彫刻	木造阿弥陀如来坐像・木造十一面観音立像	２軀	日光寺	日光寺	S.29.2.10
23	県	彫刻	舞楽面	４面付１面	能生	白山神社	S.56.3.27

24	県	彫刻	銅造十一面観音立像	1 軀	能生	白山神社	S.56.3.27
25	県	彫刻	木造泰澄大師坐像	1 軀	能生	白山神社	S.56.3.27
26	県	彫刻	舞楽面	3 面付 5 面	一の宮 1 丁目	天津神社	S.56.3.27
27	県	彫刻	木造女神坐像	3 軀	一の宮 1 丁目	天津神社	S.56.3.27
28	県	工芸品	経王寺の梵鐘	1 口	新鉄 1 丁目	経王寺	S.47.3.28
29	県	工芸品	梵鐘	1 口	能生	白山神社	S.51.3.31
30	県	考古資料	天神山姫塚経塚出土品	4 点	青海	青海神社（糸魚川市）	S.37.3.29
31	県	史跡	相馬御風宅		大町 1 丁目	糸魚川市	S.27.12.10
32	県	史跡	根知城跡		根小屋、栗山	根知城跡史跡保存会	S.63.3.25
33	県	名勝	親不知子不知		市振	国（糸魚川市）	S.37.3.29 (S.49.3.30)
34	県	天然記念物	クモマツマキチョウ及びヒメギフチョウ生息地		小滝～大所	糸魚川市	S.29.2.10
35	県	天然記念物	真光寺の大イチョウ		真光寺	真光寺区	S.35.3.28
36	県	天然記念物	杉之当の大スギとシナノキ		杉之当	白山神社（杉之当区）	S.50.3.29
37	市	建造物	小出山輪蔵及び鉄眼一切経	1 棟 2236 冊	柱道	能生地区仏教会	S.47.5.12
38	市	建造物	荻田氏墓	3 基	小見	龍光寺	S.47.5.12
39	市	建造物	出生寺	1 棟	柱道	個人	S.50.1.18
40	市	建造物	天津神社本殿	1 棟	一の宮 1 丁目	天津神社	H.3.3.26
41	市	建造物	松沢家住宅	1 棟	来海沢	個人	H.3.3.26
42	市	建造物	白山神社拝殿	1 棟	能生	白山神社	H.6.7.22
43	市	絵画	絹本双幅四所明神・弘法大師画像	2 幅	清崎	宝伝寺	S.48.3.26
44	市	絵画	絹本着色十三仏図	1 幅	上刈 5 丁目	個人	S.59.3.22
45	市	彫刻	木造兜跋毘沙門天立像	1 軀	山寺	金蔵院	S.47.3.25
46	市	彫刻	木造釈迦三尊像	3 軀	蓮台寺 2 丁目	蓮台寺区	S.47.3.25
47	市	彫刻	木造釈迦如来坐像	1 軀	羽生	耕文寺	S.47.3.25
48	市	彫刻	木造伝勢至菩薩立像	1 軀	日光寺	日光寺	S.47.3.25
49	市	彫刻	木造四天王立像	4 軀	日光寺	日光寺	S.47.3.25
50	市	彫刻	木造天津社隋神像	2 軀	一の宮 1 丁目	天津神社	S.47.3.25
51	市	彫刻	木造奴奈川社隋神像	2 軀	一の宮 1 丁目	天津神社	S.47.3.25
52	市	彫刻	白山神社神仏像群	43 軀	能生	白山神社（白山神社文化財保存会）	S.47.5.12
53	市	彫刻	木造十一面観音立像	1 軀	柱道	個人	S.49.3.31
54	市	彫刻	男神・女神坐像	1 対	平	大神社	S.50.1.18

55	市	彫刻	十一面観音立像	1 軀	平	大神社	S.50.1.18
56	市	彫刻	銅板懸仏	3 面	平	大神社	S.50.1.18
57	市	彫刻	大日如来像	1 軀	木浦	東陽寺	S.50.1.18
58	市	彫刻	木造阿弥陀如来坐像	1 軀	真光寺	真光寺区	S.50.3.27
59	市	彫刻	木造不動明王坐像	1 軀	中浜	禅雄寺	S.50.3.27
60	市	彫刻	木造如来形立像	1 軀	中浜	禅雄寺	S.50.3.27
61	市	彫刻	木造狛犬	2 対	宮平	劔神社	S.50.3.27
62	市	彫刻	木造大野社男神像	4 軀	大野	大野神社	S.50.3.27
63	市	彫刻	木造大野社随神像（頭部）	2 個	大野	大野神社	S.50.3.27
64	市	彫刻	木造大野社随神像（立像）	2 軀	大野	大野神社	S.50.3.27
65	市	彫刻	木造大野社十王像	1 軀	大野	大野神社	S.50.3.27
66	市	彫刻	木造大野社地蔵菩薩坐像	1 軀	大野	大野神社	S.50.3.27
67	市	彫刻	石造如来形坐像	1 軀	一の宮 1 丁目	天津神社	S.55.4.22
68	市	彫刻	石造阿弥陀如来坐像	1 軀	一の宮 1 丁目	個人	S.55.4.22
69	市	彫刻	木造釈迦如来坐像	1 軀	上刈 5 丁目	個人	S.59.3.22
70	市	彫刻	木造阿弥陀如来立像	1 軀	上刈 5 丁目	個人	S.59.3.22
71	市	彫刻	木造不動明王立像	1 軀	上刈 5 丁目	個人	S.59.3.22
72	市	彫刻	木造十一面千手観音立像	1 軀	槇	耕田寺	S.63.9.8
73	市	彫刻	上路十二社拝殿装飾彫刻	1 式	上路	十二社	H.5.9.27
74	市	彫刻	木造十一面観音立像	1 軀	能生	光明院	H.6.7.22
76	市	工芸品	白山神社古鏡	2 面	能生	白山神社（白山神社文化財保存会）	S.47.5.12
77	市	工芸品	天津社大懸仏	2 面	一の宮 1 丁目	天津神社	S.48.3.26
78	市	工芸品	懸仏御正体	44 面	越	越区	S.50.3.27
79	市	工芸品	刀（銘：絲魚川池原久補所持藤原弘繁作）	1 口	本町	個人	S.52.11.30
80	市	工芸品	刀（銘：越絲魚川住弘繁）	1 口	本町	個人	S.59.3.22
81	市	工芸品	刀（銘：越後絲魚川住北辰子弘繁作）	1 口	東寺町 1 丁目	個人	S.59.3.22
82	市	工芸品	刀（銘：越後絲魚川住北辰子弘繁作）	1 口	本町	個人	S.59.3.22
83	市	工芸品	銅製懸仏	1 軀	上刈 5 丁目	個人	S.59.3.22
84	市	書跡	旧千手院文書	11 通	山寺	金蔵院	S.46.3.26
85	市	書跡	得宗血書経巻並経画	経巻 600 巻・経画 17 幅	田伏	大雲寺	S.47.3.25
86	市	書跡	紺紙金字一切経	1 巻	能生	白山神社（白山神社文化財保存会）	S.47.5.12
87	市	書跡	七人待掛軸文書	2 通	御前山	御前山区	S.48.3.26
88	市	書跡	良寛遺墨　付坪内逍遥・相馬御風書	良寛遺墨 18 点・付書 2 点	一の宮 1 丁目	糸魚川市	S.48.3.26 (H.4.4.28)
89	市	書跡	劔三社前殿棟札	1 枚	宮平	劔神社	S.50.3.27

90	市	書跡	朱印状三代将軍徳川家光	11点	能生	白山神社（白山神社文化財保存会）	S.59.5.29
91	市	古文書	越後国頸城郡早川谷之内日光寺御検地帳	1冊	能生	個人	S.59.5.29
92	市	古文書	本庄宗緩書状	1点	能生	実相院	S.59.5.29
93	市	古文書	朝倉義景書状	1点	能生	実相院	S.59.5.29
94	市	古文書	服部暹栄副状	1点	能生	実相院	S.59.5.29
95	市	古文書	諏訪図書証状	1点	能生	実相院	S.59.5.29
96	市	古文書	上杉景勝過書	1点	能生	実相院	S.59.5.29
97	市	古文書	漢和連句昌叱筆	1巻	能生	個人	S.59.5.29
97	市	古文書	御公儀御用留	36冊	能生	糸魚川市教育委員会	S.59.5.29
98	市	考古資料	長者ケ原出土遺物	50点	一の宮	糸魚川市教育委員会	S.46.3.26
99	市	考古資料	深鉢（人物文）	1口	能生	糸魚川市教育委員会	S.63.4.21
100	市	考古資料	硬玉製大珠	1個	能生	糸魚川市教育委員会	S.63.4.21
101	市	歴史資料	村山軍旗	1旒	能生	糸魚川市教育委員会	S.47.5.12
102	市	歴史資料	銅製鰐口	1個	青梅	七社神明社	S.49.4.16
103	市	歴史資料	永和の墓塔	1基	山寺	金蔵院	S.55.4.22
104	市	歴史資料	正慶の板碑	2面	上刈5丁目	個人	S.55.4.22
105	市	歴史資料	棟札	1枚	能生	白山神社（白山神社文化財保存会）	S.59.5.29
106	市	歴史資料	神宮寺銅造薬師如来坐像	1軀	一の宮1丁目	糸魚川市教育委員会	H.19.3.20
107	市	有形民俗	堀清重願文絵馬	1面	御前山	雲台寺	S.46.3.26
108	市	有形民俗	日吉社棟札	1枚	来海沢	日吉神社（来海沢区）	S.46.3.26
109	市	有形民俗	上路山姥の伝説地	6点	上路	山姥里社・山姥奉賛会・個人	S.50.2.15
110	市	有形民俗	ドブネ	1隻	横町1丁目	糸魚川市	H.8.3.28
111	市	風俗習慣	百川小正月塞の神行事		百川	百川小正月塞の神行事保存会	H.3.3.28
112	市	風俗習慣	藤崎観音堂裸胴上げ		藤崎	藤崎区	H.17.2.28
113	市	民俗芸能	川詰神楽と踊り		川詰	川詰神楽保存会	H.3.3.28
114	市	民俗芸能	田伏まだら		田伏	田伏まだら保存会	H.8.3.28
115	市	民俗芸能	新町翁舞式		上覚	新町翁舞式保存会	H.9.7.22
116	市	史跡	不動山城跡		越	越区	S.45.3.26
117	市	史跡	田伏浜砂鉄製錬遺跡		田伏	個人	S.45.3.26
118	市	史跡	山口関所跡		山口	山口区	S.49.3.28
119	市	史跡	虫川関所跡		大谷内	個人	S.49.3.28
120	市	史跡	金山城跡		田伏	田伏生産森林組合	S.49.3.28
121	市	史跡	伝芭蕉の宿桔梗屋跡		市振	個人	S.50.2.15
122	市	史跡	佐多神社祭祀遺構　付社叢		北山	佐多神社	S.51.3.30
123	市	史跡	寺地遺跡		寺地	糸魚川市	H.10.2.17
124	市	史跡	徳合城跡		徳合	徳合城址保存会	H.17.2.28
125	市	天然記念物	シダレシナノキ		大所	大所区	S.46.3.26
126	市	天然記念物	ボッカトチノキ		大所	大所区	S.46.3.26

127	市	天然記念物	光照寺のギンモクセイ		蓮台寺2丁目	光照寺	S.47.3.25
128	市	天然記念物	光照寺のシイノキ		蓮台寺2丁目	光照寺	S.47.3.25
129	市	天然記念物	釜沢神社の大杉		釜沢	釜沢区	S.49.3.28
130	市	天然記念物	関所榎		市振	糸魚川市	S.49.4.16
131	市	天然記念物	海道の松		市振	糸魚川市	S.49.4.16
132	市	天然記念物	若宮社叢		外波	糸魚川市（荒戸集落）	S.49.4.16
133	市	天然記念物	須沢水芭蕉群生地		須沢	個人（糸魚川市）	S.50.2.15
134	市	天然記念物	桑の木		小滝	個人	S.52.11.30
135	市	天然記念物	浄法寺の乳母桜		東塚	浄法寺	S.61.6.27
136	市	天然記念物	善正寺のシダレザクラ		砂場	善正寺	S.61.6.27
137	市	天然記念物	オオバノハチジョウシダ・フモトシダ・シロヤマシダ・ヒカゲワラビ自生地、ヒメハルゼミ生息地		能生	糸魚川市	H.3.3.28（H.9.12.25）
138	市	天然記念物	雪見タブ		蓮台寺	個人	H.8.3.28
139	市	天然記念物	根知の糸魚川 - 静岡構造線露頭		根小屋	糸魚川市	H.8.8.27
140	市	天然記念物	根知の枕状溶岩		根小屋	個人（糸魚川市）	H.8.8.27
141	市	天然記念物	山王森大欅		水保	日吉神社（水保・北山氏子信徒総代）	H.10.3.24

V　頸城地方（糸魚川市・柏崎市・妙高市の一部を含む）の遺跡一覧

本一覧作成にあたって、参考資料として、新潟県立歴史博物館が作成した一覧表をベースにし、あらたに全国埋蔵文化財法人連絡協議会のデータベース、財団法人新潟県埋蔵文化財調査事業団が編集発行する広報紙『埋文にいがた』の発掘報告記事を参照している。

作成者：石塚正英、監修者：秦　繁治

新潟県立歴史博物館ホームページ内「新潟県内の遺跡」
http://www.nbz.or.jp/rekibun/iseki/iseki_n.html#joetu
財団法人新潟県埋蔵文化財調査事業団ホームページ内『埋文にいがた』
http://www.maibun.net/page6.htm
全国埋蔵文化財法人連絡協議会ホームページ内「抄録データベース」
http://zenmaibun.com/index.html

01. 家の前（いえのまえ）遺跡　所在地：上越市大字増沢字家の前　時代：縄文後期、室町時代　遺構：掘立建物跡　遺物：土器　調査：（財）新潟県埋蔵文化財調査事業団（2003年）

02. 池田（いけだ）遺跡　所在地：上越市大字木田字池田　時代：縄文晩期　調査：新潟県教育委員会（1982～83年）

03. 和泉（いずみ）A遺跡　所在地：上越市中郷区大字稲荷山新田字籠峰　時代：縄文中期～晩期、弥生　遺構：周堤　遺物：琥珀玉、滑石管玉　調査：（財）新潟県埋蔵文化財調査事業団（1994年）

04. 出雲（いずも）遺跡　所在地：上越市山屋敷町　時代：縄文早期、中期　調査：上越市教育委員会（1973年）

05. 岩倉（いわくら）遺跡　所在地：糸魚川市大字田伏字岩倉　時代：15世紀頃　遺構：礎石建物跡　遺物：人形（祭祀用）木簡、石製品、金属製品　調査：（財）新潟県埋蔵文化財調査事業団（2001年）

06. 岩野（いわの）遺跡　所在地：柏崎市大字土合字御供養　時代：縄文中期　調査：柏崎市教育委員会（1974年）

07. 岩ノ原（いわのはら）遺跡　所在地：上越市大字向橋字内沖　時代：8世紀後半～9世紀中頃　遺構：建物跡、土坑、溝　遺物：墨書土器、銭貨、木製品　調査：（財）新潟県埋蔵文化財調査事業団（2006年）

08. 裏山（うらやま）遺跡　所在地：上越市大字岩木字裏山　時代：縄文早期、弥生、古墳、中世、縄文　遺構：高地性（環濠）集落、住居跡　調査：（財）新潟県埋蔵文化財調査事業団（1996年）

09. 延命寺（えんめいじ）遺跡　所在地：上越市大字下野田字延命寺 258-1　時代：7 ～ 8 世紀　遺構：掘立柱建物、土坑、溝、畑の畝跡　遺物：祭祀具、土器（土師器・須恵器）　調査：（財）新潟県埋蔵文化財調査事業団（2006 年）

10. 大貝（おおがい）遺跡　所在地：妙高市大字大貝字和屋林　時代：縄文中期　調査：立教大学（1965 ～ 1966 年）

11. 大角地（おおがくち）遺跡　所在地：糸魚川市青海町大字今村新田字大角地　時代：古墳　調査：青海町教育委員会（1970 年、73 年）

12. 大久保（おおくぼ）遺跡　所在地：上越市柿崎区大字大久保　時代：縄文、古墳　遺物：古墳時代後期土器　調査：（財）新潟県埋蔵文化財調査事業団（1998 ～ 99 年）

13. 大塚（おおつか）遺跡　所在地：上越市大字灰塚字大塚　時代：旧石器、縄文、古墳、平安、中世　遺構：竪穴住居　遺物：土偶、磨製石器、須恵器、土師器　調査：（財）新潟県埋蔵文化財調査事業団（1995 ～ 97 年）

14. 大貫古窯（おおぬきこよう）跡　所在地：上越市大字大貫字狼谷　時代：平安　遺物：須恵器　調査：（財）新潟県埋蔵文化財調査事業団（2004 年）

15. 小野沢（おのざわ）遺跡　所在地：妙高市大字関山字小野沢　時代：弥生中期～古墳　遺物：波紋様弥生土器、古墳時代の土器　調査：（財）新潟県埋蔵文化財調査事業団（1994 ～ 95 年）

16. 大洞原（だいどうはら）C 遺跡　所在地：妙高市大字坂口新田　時代：弥生～古墳　遺物：土師器、須恵器、灰釉陶器　調査：（財）新潟県埋蔵文化財調査事業団（1997 年）

17. 大堀（おおほり）遺跡　所在地：妙高市大字関川字大堀　時代：縄文早期　調査：（財）新潟県埋蔵文化財調査事業団（1994 年）

18. 奥ノ城（おくのじょう）遺跡　所在地：上越市中郷区大字二本木字西峰　時代：縄文晩期　調査：中郷村教育委員会（1979 年、81 年）

19. 海道（かいどう）遺跡　所在地：上越市大字向橋字海道　時代：平安～中世　遺構：掘立柱建物、土師器焼成土坑　遺物：青磁、布目瓦、漆紙　調査：（財）新潟県埋蔵文化財調査事業団（1995 ～ 96 年）

20. 籠峰（かごみね）遺跡　所在地：上越市中郷区大字稲荷山新田　時代：縄文晩期　遺構：石棺状配石、土坑　遺物：土器、磨製石器、石刀　指定：1987 年県史跡　調査：中郷村教育委員会（1984 ～ 86 年）

21. カナクソ谷遺跡　所在地：下宇山字カナクソ谷　時代：縄文中期？　調査：新潟県教育委員会（1984年）

22. 釜蓋（かまぶた）遺跡　所在地：上越市大和5丁目字釜蓋　時代：弥生後期中葉～古墳中期　遺構：環濠、勾玉・管玉工房　遺物：木製品、土器、ヒスイ製勾玉製作資料、ガラス小玉、フイゴの羽口　調査：上越市教育委員会（2005～07年）

23. 兼俣（かねまた）遺跡　所在地：妙高市大字兼俣字越前　時代：縄文後期　調査：妙高高原町教育委員会（1974年）

24. 蟹沢（かんざわ）遺跡　所在地：上越市大字滝寺字蟹沢
時代：縄文、平安、中世　遺物：土師器、須恵器、磁器　調査：（財）新潟県埋蔵文化財調査事業団（1995～96年）

25. 観音平（かんのんだいら）古墳群　所在地：妙高市大字宮内字観音平　時代：古墳　指定：1978年国史跡　調査：新潟県教育委員会（1969年）、新井市教育委員会（1976年）

26. 木崎山（きざきやま）遺跡　所在地：上越市柿崎区柿崎　時代：縄文・弥生・古墳・古代・中世　遺物：墨書土器　指定：新潟県指定文化財　調査：（財）新潟県埋蔵文化財調査事業団（1992年）

27. 黒田（くろだ）古墳群　所在地：上越市大字黒田字田ノ入　時代：縄文前期古墳　遺構：竪穴住居跡、陥穴列（狩猟用）　遺物：石斧（蛇紋岩）、槍先、土器　調査：（財）新潟県埋蔵文化財調査事業団（2006～07年）

28. 顕聖寺（けんしょうじ）遺跡　所在地：上越市浦川原区大字顕聖寺字牧山　時代：縄文後期
調査：浦川原村教育委員会（1958年）

29. 剣野（けんの）E遺跡　所在地：柏崎市米山台二丁目
主な時代：縄文中期　調査：柏崎先史考古学会（1950年）

30. 郷清水（ごうしみず）遺跡　所在地：上越市中郷区大字藤沢　遺物：石器、土器　時代：縄文、平安　調査：（財）新潟県埋蔵文化財調査事業団（1987～88年）

31. 居多（こた）遺跡　所在地：上越市五智6丁目　時代：縄文中期～晩期　調査：未詳（上越市教育委員会の報告書1981年）

32. 居多浜（こたがはま）遺跡　所在地：上越市五智6丁目　時代：縄文中期　調査：未詳（上越市教育委員会の報告書1981年）

33. 五反田（ごたんだ）遺跡　所在地：上越市板倉区大字増字五反田　時代：奈良〜平安　遺構：掘立柱建物跡、土師器焼成遺構　遺物：土器　調査：（財）新潟県埋蔵文化財調査事業団（2003〜04年）

34. 子安（こやす）遺跡　所在地：上越市大字子安　時代：奈良〜平安、中世　遺物：海獣葡萄鏡　調査：新潟県教育委員会（1982〜83年）、上越市教育委員会（1993〜95年）

35. 三本木新田（さんぼんぎしんでん）B遺跡　所在地：妙高市三本木新田　時代：縄文　調査：（財）新潟県埋蔵文化財調査事業団（1996年）

36. 下沖北（しもおききた）遺跡　所在地：柏崎市大字下方字下沖北　時代：古墳、古代、中世　遺構：掘立建物跡、水田跡、井戸、柵、溝　遺物：製塩土器　調査：（財）新潟県埋蔵文化財調査事業団（2002、04年）

37. 下馬場（しもばば）遺跡　所在地：上越市大字下馬場字浦山　時代：縄文、弥生後期　遺構：防御的集落、竪穴住居跡　遺物：旧石器、管玉（鉄石英）　調査：（財）新潟県埋蔵文化財調査事業団（2007年）

38. 下割（しもわり）遺跡　所在地：上越市大字米岡字下割　時代：縄文、古墳、古代、中世　遺構：掘立柱建物跡　調査：（財）新潟県埋蔵文化財調査事業団（2002〜04年）

39. 十三仏塚（じゅうさんぶつづか）遺跡　所在地：柏崎市大字軽井字十三本塚　時代：縄文中期　遺物：火焔型土器、馬高式土器　調査：柏崎先史考古学会（戦後）

40. 新保（しんぼ）遺跡　所在地：上越市柿崎区大字上直海字新保　時代：縄文、弥生、古墳、平安、中世、近世　遺構：木炭槨木棺墓　遺物：土師器椀、内面黒色土器　調査：（財）新潟県埋蔵文化財調査事業団（1997〜08年）

41. 菅原（すがわら）古墳群　所在地：上越市清里区大字岡野町・菅原　時代：古墳　指定：1952年県史跡　調査：新潟県教育委員会（1960年）

42. 須沢角地（すざわかくち）遺跡　所在地：糸魚川市大字大坪　時代：奈良〜平安　遺構：竪穴住居跡　遺物：須恵器、土師器、紡錘車、硯　調査：（財）新潟県埋蔵文化財調査事業団（2004年）

43. 炭山（すみやま）遺跡　所在地：上越市大字中屋敷字炭山　時代：縄文早期後半、後期後半、平安、中世　遺構：集積土坑（縄文）、塚（中世）　遺物：磨製石斧、加曽利B3式土器　調査：（財）新潟県埋蔵文化財調査事業団（1996年）

44. 関川谷内（せきかわやち）B地点遺跡　所在地：妙高市大字関川字谷内　時代：縄文早期、前期　遺物：石鏃（つくりかけ多数）　調査：（財）新潟県埋蔵文化財調査事業団（1994年）

45. 善光寺浜（ぜんこうじがはま）遺跡　所在地：上越市五智二丁目　時代：縄文前期　調査：未詳（上越市教育委員会の報告書 1981 年）

46. 大イナバ遺跡　所在地：上越市名立区円田神社付近　時代：縄文中後期　遺物：石斧・石皿・石棒、翡翠、翡翠製の玉斧　調査：未詳（1995 年）

47. 高士（たかし）古墳群　所在地：上越市大字南方字塚田　時代：古墳　調査：小松芳男・桜井清彦等（1958 年）

48. 滝寺古窯（たきでらこよう）跡　所在地：上越市大字滝寺字下違　時代：平安　遺構：窖窯（あながま）跡　遺物：須恵器　調査：（財）新潟県埋蔵文化財調査事業団（2004 年）

49. 峪ノ上（たにのうえ）遺跡・台の上（だいのうえ）遺跡　所在地：上越市大字木島字峪ノ上　時代：奈良～平安　遺構：竪穴式住居跡、掘立柱建物跡　遺物：須恵器、土師器　調査：（財）新潟県埋蔵文化財調査事業団（2003 年）

50. 田伏玉作（たぶせたまさく）遺跡　所在地：糸魚川市大字田伏字ヒルタ　時代：古墳　遺物：子持勾玉（つくりかけ）　調査：糸魚川市教育委員会（1970 年）

51. 茶屋ケ原（ちゃやがはら）遺跡　所在地：上越市大字茶屋ケ原字竹のふた・梨子平・川原田　時代：縄文中期　調査：上越市教育委員会（1981 年）、新潟県教育委員会（1987 年）

52. 長者ヶ原（ちょうじゃがはら）遺跡　所在地：糸魚川市一の宮　時代：縄文中期　遺物：ヒスイ製大珠、土偶　指定：1971 年国史跡　調査：新潟県教育委員会、糸魚川市教育委員会（1954 ～ 58 年）

53. 鉄砲町（てっぽうまち）遺跡　所在地：上越市大字大豆字鉄砲町　時代：平安中～末期、中世　遺物：土師器、須恵器、井戸枠、木製品　調査：新潟県埋蔵文化財調査事業団（1985 年）

54. 寺地（てらじ）遺跡　所在地：糸魚川市青海町大字寺地字寺地　時代：縄文中期、晩期、室町、江戸　遺構：木柱と配石遺構、土坑、埋没林　遺物：ヒスイ製品、石棒、石剣、御物石器、土製円盤、木簡　指定：1980 年国史跡　調査：青海町教育委員会（1968、73 年、2001 年）

55. 天神堂（てんじんどう）遺跡　所在地：新井市大字籠町字天神堂　時代：古墳　遺構：古墳　遺物：鉄剣（破片）、土師器（壷形土器・高杯）、銅鏡　指定：1978 年国史跡　調査：東京大学考古学研究室（1955 ～ 58 年）、新潟県教育委員会（1969 年）、新井市教育委員会（1976 年）

56. 道灌林（どうかんばやし）遺跡　所在地：妙高市大字志字道灌　時代：縄文、平安　遺構：竪穴住居跡　遺物：埋甕　調査：（財）新潟県埋蔵文化財調査事業団（1994 ～ 95 年）

57. 得法寺廃寺（とくほうじはいじ） 所在地：妙高市大字青田字茨山 時代：縄文、室町～江戸 遺物：縄文土器、石器、陶器、銭貨 調査：（財）新潟県埋蔵文化財調査事業団（1995年）

58. 中ノ沢（なかのさわ）遺跡 所在地：妙高市大字関川字中ノ沢 時代：縄文後期、平安 遺物：石器、土器、土師器、須恵器、鉄製品 調査：（財）新潟県埋蔵文化財事業団（1993年）

59. 長峰（ながみね）遺跡 所在地：上越市吉川区大字長峰字大屋敷 時代：縄文中期 遺物：亀形土製品 調査：吉川町教育委員会（1972、1973年）

60. 梨ノ木（なしのき）古墳群 所在地：妙高市大字梨ノ木字万五郎 時代：古墳 調査：妙高市教育委員会（1975年）

61. 鍋屋町（なべやちょう）遺跡 所在地：上越市柿崎区大字柿崎字鍋屋町 時代：縄文前期 調査：柏崎市教育委員会（1958年）、柿崎町教育委員会（1959年）

62. 野林（のばやし）遺跡 所在地：上越市中郷区大字藤沢字野林 時代：縄文前期 遺物：石器、土器 調査：（財）新潟県埋蔵文化財調査事業団（1995～96年）

63. 萩清水（はぎしみず）遺跡 所在地：妙高市三本木新田字萩清水 時代：縄文前期 遺構：住居跡、陥穴状土坑 調査：（財）新潟県埋蔵文化財調査事業団（1986年）

64. 八反田（はったんだ）遺跡 所在地：上越市大字寺分あざ寺田 時代：縄文前期、平安、中世、近世 遺構：竪穴住居跡、掘立柱建物跡 調査：新潟県教育委員会（1982、84～85、87～88年）

65. 八斗蒔原（はっとまきはら）遺跡 所在地：上越市中郷区大字板橋新田字八斗蒔原 時代：縄文早期、前期 遺物：押型文土器、沈線文土器 調査：（財）新潟県埋蔵文化財調査事業団（1995、96年）

66. 東カナクソ谷遺跡 所在地：上越市下宇山 時代：縄文中初期 調査：新潟県教育委員会（1984年）

67. 東原町（ひがしはらまち）遺跡 所在地：柏崎市東原町下原 時代：中世～近世 遺物：カワラケ（土師質土器皿） 調査：（財）新潟県埋蔵文化財調査事業団（2003～04年）

68. 斐太（ひだ）遺跡 所在地：妙高市大字雪森字百両山、大字宮内字上ノ平・矢代山 時代：弥生～古墳 遺構：住居址（柱穴）、濠、古墳 遺物：土器（甕形・壷形）、器台、高杯、硬玉（翡翠）製品、玉砥（砂岩） 指定：1977年国史跡 調査：東京大学考古学研究室（1955～58年）

69. 吹上（ふきあげ）遺跡 所在地：上越市大字稲荷字吹上 時代：弥生中期中葉から古墳前期

遺構：管玉・勾玉工房跡、墓域、居住域　遺物：黒曜石製遺物、ヒスイ製の剥片・未成品、磨製石包丁、大型直縁刃石器、銅鐸形土製品、小松式土器、栗林式土器　調査：上越市教育委員会（2000～5年）

70. 蛇谷（へびたに）遺跡　所在地：上越市大字向橋字蛇谷　時代：旧石器、縄文中期、平安、室町　遺構：竪穴住居跡、陥穴状坑列、掘立柱建物跡　遺物：石刃　調査：（財）新潟県埋蔵文化財調査事業団（1996年）

71. 細池（ほそいけ）遺跡　所在地：糸魚川市大字日光寺字東田　時代：縄文晩期　遺物：石冠、御物石器　調査：糸魚川市教育委員会（1973年）

72. 細田（ほそだ）遺跡　所在地：上越市大字黒田字細田　時代：縄文、弥生末～古墳、平安　遺構：掘立柱建物跡、溝、井戸　遺物：磨製石斧、須恵器、土師器、 調査：（財）新潟県埋蔵文化財調査事業団（1997年）

73. 堀向瓦窯（ほりむかいがよう）跡　所在地：上越市大字黒田字堀向　時代：近世　遺構：登窯、瓦捨場、土坑、 遺物：赤瓦　調査：（財）新潟県埋蔵文化財調査事業団（1996年）

74. 前原（まえはら）遺跡　所在地：上越市中郷区大字西福田新田字前原　時代：縄文中期　遺構：竪穴住居跡、炭窯、土坑　遺物：埋甕　調査：（財）新潟県埋蔵文化財調査事業団（1994～95年）

75. 松ヶ峰（まつがみね）遺跡　所在地：妙高市大字武蔵野　時代：縄文早期　調査：新潟県教育委員会（1964年）

76. 松原（まつばら）B遺跡　所在地：上越市鍋ケ原　時代：縄文中期～後期　調査：新潟県教育委員会（1981年）

77. 丸山（まるやま）遺跡　所在地：上越市中郷区大字岡沢字汐下　時代：縄文、中世、近世　遺物：土器、石器、土師器　調査：（財）新潟県埋蔵文化財調査事業団（1994、96年）

78. 三角田（みつまた）遺跡　所在地：上越市大字下野田字三角田　時代：奈良～江戸　遺構：掘立柱建物跡、畑畝跡、土坑　調査：（財）新潟県埋蔵文化財調査事業団（2004年）

79. 宮平（みやだいら）遺跡　所在地：上越市浦川原区　時代：平安、中世　調査：（財）新潟県埋蔵文化財調査事業団（1994～95年）

80. 葎生（むぐろ）遺跡　所在地：妙高市大字葎生字高峰　時代：縄文晩期　遺物：石鋸、石剣、石棒　調査：中川成夫等（1960年）

81. 水科（みずしな）古墳群　所在地：上越市三和区大字水科字塚田・鷺之首　時代：後期古墳

遺物：金環、勾玉、ガラス玉　指定：1976年国史跡　調査：三和村教育委員会（1975年）

82. 宮口（みやぐち）古墳群　所在地：上越市牧区大字宮口字清水田・仏光田・八幡堂　時代：古墳　指定：1976年国史跡　調査：上越考古学会（1929年）、牧村教育委員会（1975、77年）

83. 谷地林（やちばやし）古墳群　所在地：妙高市大字谷地林字大林、大字五日市字四反田　時代：古墳　調査：新井市教育委員会（1977年）

84. 山田（やまだ）遺跡　所在地：上越市丹原　時代：縄文中期～後期　調査：新潟県教育委員会（1983、84年）

85. 山屋敷（やまやしき）I遺跡　所在地：上越市山屋敷町　時代：縄文前期～晩期　調査：上越市教育委員会（1977年）

Ⅵ　上越市城館砦跡等一覧　　植木　宏編

旧上越市区

No.	城館名	所在地	現状	遺構	備考
1	春日山城	中屋敷	山林ほか	曲輪、土塁、堀切、竪堀、井戸	国指定
2	沖見砦	五智国分	山林	曲輪、土塁、堀切	
3	番屋砦	牛池新田	山林	曲輪、土塁、堀切	
4	長沢砦	牛池新田	山林	曲輪、土塁、堀切	
5	長浜砦	長浜	山林	曲輪、土塁、堀切、竪堀	
6	滝寺砦	滝寺	山林	曲輪、土塁、堀切	
7	トヤ峰砦	宇津尾	山林	曲輪、土塁、堀切	
8	宇津尾砦	宇津尾	山林	曲輪、土塁、堀切、竪堀	
9	城ヶ峰砦	中桑取	山林	曲輪、土塁、堀切	
10	日の入城	茶屋ヶ原	山林	曲輪、土塁、堀切	
11	中ノ俣砦	中ノ俣	山林	曲輪、土塁、堀切	
12	黒田城	字城山	山林	曲輪、土塁、堀切、横堀、竪堀、畝形	(沢山城)
13	北方城	北方	山林	曲輪、土塁、堀切、横堀、竪堀、畝形	
14	寺館城	飯田	畑地		(高津城)
15	長池山砦	中門前２丁目	宅地	消滅	
16	東城砦	大豆	山林・墓地	曲輪、土塁、堀切	
17	高田城	本城町	公園	曲輪、土塁、水堀	県指定（近世城）
18	福島城	港町２丁目	宅地	消滅	(近世城)
19	御館	五智１丁目	宅地	消滅	
20	今泉城	大和２丁目	社地	曲輪、土塁、堀	
21	水上城	向橋	山林		
22	青木城	青木	社地		
23	小丸山城	国府	寺地	消滅	
24	荒川館	中央１丁目	公有地	消滅	

大島区

No.	城館名	所在地	現状	遺構	備考
1	保倉城	菖蒲地点未詳			
2	田麦城	田麦	山林	曲輪、堀切、櫓台	
3	岡城	岡	山林	曲輪、堀切、櫓台	
4	天ケ沢城	嶺	山林	曲輪、堀切、竪堀、櫓台	
5	城ノ腰	棚岡	山林	曲輪、堀切	

安塚区

No.	城館名	所在地	現状	遺構	備考
1	直峰城	安塚	山林・畑地	曲輪、土塁、堀切、竪堀、虎口	県指定
2	二ッ城	安塚	山林	曲輪、土塁、堀切、虎口	
3	石橋城	石橋	山林		
4	石塚城	高沢	山林		
5	坊金城	坊金	山林・田地		

6	江守城	板尾	山林	堀切	
7	樽田城	樽田	山林	曲輪、堀切、竪堀	未登録・仮称
8	細野城	細野	山林	曲輪、堀切	未登録・仮称

浦川原区

No.	城館名	所在地	現状	遺構	備考
1	虫川城	虫川	山林・荒地	曲輪、堀切、櫓台	市指定
2	家ノ浦城	岩室	山林	曲輪、横堀、竪堀、土橋	
3	唐野山城	岩室	山林	曲輪	
4	荒城	大栃山	山林	曲輪、堀切	
5	法定寺城	法定寺	山林	曲輪、堀切	(払沢城)

牧区

No.	城館名	所在地	現状	遺構	備考
1	吉坪城	吉坪	山林	曲輪、堀切	
2	今清水城	今清水	畑地	曲輪	
3	宮口城	宮口	山林	曲輪、土橋	
4	池舟城	池舟	山林・荒地	曲輪、横堀	
5	小川城	小川	山林・荒地	曲輪、堀切、土橋	
6	岩神城	岩神	山林・荒地	曲輪、堀切	

柿崎区

No.	城館名	所在地	現状	遺構	備考
1	木崎山館	柿崎	山林・畑地	曲輪、土塁、井戸	
2	岩手城	岩手	山林	曲輪、堀切、竪堀、畝形、虎口	(赤沢城)
3	猿毛城	城ノ腰	山林	曲輪、土塁、堀切、竪堀、畝形、虎口	
4	雁海城	下中山	山林・荒地	曲輪、土塁、堀切、竪堀、虎口	(柿崎城・下中山城)
5	川田城	川田	山林・荒地	曲輪、堀切、竪堀、虎口	
6	小野城	川田	山林	曲輪、堀切、竪堀、虎口	
7	米山寺城	岩手	山林	曲輪、土塁、堀切、竪堀、横堀、畝形、虎口	(篠窪城)
8	米山寺館	米山寺	畑地	曲輪、土塁、空堀、井戸、櫓台	
9	山谷館	山谷	山林	曲輪、土塁、堀、井戸	
10	下小野館	下小野	宅地・山林	曲輪(半壊)	
11	将軍屋敷	国有地	山林	曲輪、土塁	
12	立ノ内	岩手	畑地・山林		

吉川区

No.	城館名	所在地	現状	遺構	備考
1	町田城	町田	山林	曲輪、堀切、土塁、虎口	
2	顕法寺城	顕法寺	山林	曲輪、堀切、土塁、虎口	市指定
3	六角峰城	山方	山林	曲輪、堀切	(田尻城)
4	河沢城	入河沢	山林	曲輪、堀切、土塁、虎口	(牛ヶ頸城)

5	国田城	山直海・国田	山林	曲輪、堀切、土塁、井戸	
6	半入沢城	尾神	山林	曲輪	
7	泉城	泉	山林	曲輪、堀切、土塁	
8	川谷城	川谷	山林	曲輪、堀切	
9	長峰城	長峰	山林	曲輪、空堀、土塁、櫓台、虎口、土橋	
10	山直海城	山直海	山林	曲輪、堀切	未登録・仮称
11	山中城	山中	山林	曲輪、堀切	未登録・仮称

頸城区

No.	城館名	所在地	現状	遺構	備考
1	雁金城	花ヶ崎	山林	曲輪、堀切	
2	茶臼山城	矢住	山林	曲輪、土塁、堀切、桝形、虎口、土橋、橋台、井戸	
3	ふるかんどう館	塔ヶ崎	雑種地	曲輪、土塁	
4	中島ふるやしき	手島	水田・畑地	消滅	
5	古宮館	榎井	水田・畑地		
6	北大蒲生田城	大蒲生田	山林	曲輪、堀切、土橋	未登録・仮称
7	南大蒲生田城	大蒲生田	山林	曲輪、堀切、土橋	未登録・仮称
8	玄僧城	玄僧	山林	曲輪、堀切、竪堀、虎口	未登録・仮称

三和区

No.	城館名	所在地	現状	遺構	備考
1	桝形城	末野	山林	曲輪、空堀、土塁、虎口	(末野城)
2	大間城	北代	山林	曲輪、土塁、堀切、横堀、竪堀、土橋、虎口	市指定
3	大間館	北代	畑地	消滅	
4	錦要害	錦	山林	曲輪、土塁、虎口	
5	島の塁	下中	畑地・山林	曲輪、水堀	
6	鞍馬砦	山高津	山林	曲輪、堀切、横堀、土塁	未登録・仮称
7	城ノ腰	城ノ腰	墓地	曲輪、土塁	
8	中山館	本郷	山林		

清里区

No.	城館名	所在地	現状	遺構	備考
1	上深沢城	上深沢	山林	曲輪、土塁、空堀	
2	京ヶ岳城	青柳	山林	曲輪、土塁、堀切	市指定
3	白看板城	荒牧	山林	曲輪、堀切	(荒牧城)
4	三墓山城	寺脇	山林	曲輪、土塁、堀切	

板倉区

No.	城館名	所在地	現状	遺構	備考
1	箕冠城	山部	山林	曲輪、土塁、堀切、横堀、土橋、虎口、井戸、泉池	市指定
2	焼山城	曽根田	山林	曲輪、土塁、堀切	
3	御天山城	福王寺	山林	曲輪、土塁、竪堀	

4	小岳山城	別所	山林	消滅	

名立区

No.	城館名	所在地	現状	遺構	備考
1	名立城	小泊	山林	曲輪、空堀	

＊上越市史叢書9「上越の城」の城館跡等一覧表より、上越市関係を抜き出したものである（一部削除・加筆）

Ⅶ　石碑が語るくびき野紀行

平成21年（2009）11月現在
佐藤富司編・村山和夫監修

石碑・像の一覧表は『自治体史』を中心に出来る限り現地調査をして1055基を10区分して記載した。また、特段に興味・関心を呼ぶ碑86項目252基を「余韻嫋々の碑」として選んだ。

	区分	基数	区分内容
1	余韻嫋々の碑・像・案内板	252	特に当地と関係深いものや珍しいものを選んだ。
2	文学関係碑・像・案内板	98	和歌・俳句・短文などの紹介や文人の功績を讃えたもの。
3	顕彰碑・像・案内板	121	人物の功績などを讃え、これを世間に知らせることを目的に建てたもの。
4	記念碑・史跡碑・像・案内板	160	ある事がらを記念し、史的な事柄を後世に伝えるために建てたもの。
5	師匠・親方の碑・像・案内板	156	知徳、技量を称える筆塚、杜氏、角力。
6	街道・道路関係碑・基点	60	道しるべ、道路元標など街道や道路に関わる情報を記したもの。
7	墓碑・像・案内板	66	地域の歴史に関わり話題性のある人物を拾い出してあげて見た。
8	戦没者合祀碑墓碑・像・案内板	35	戦没者を弔って建てられた忠魂碑・慰霊碑・表忠碑など。
9	信仰・伝承碑・像・案内板	66	信仰・信心、伝承及びなりわいなど暮らしぶりを伝えられるもの。
10	皇室関係碑・像・案内板	41	行幸碑、紀恩碑など皇室関係の碑。
	計	1055	

1　余韻嫋々の碑・像・案内板

主題	所在地	参考事項

☆偉業を生地に伝える

主題	所在地	参考事項
(1) 前島密（像・碑）	下池部（前島記念館）	像・新海竹太郎制作昭和22年現在地に移転。大正5年作像 碑・「男爵前島密君生誕之処」渋沢栄一筆、碑陰市島謙吉撰文（原案会津八一、校閲坪内逍遥「日本文明の一大恩人がここで生れた。この人が維新前後の国務に功績の多かったほかに明治の文運に寄与して…」、阪正臣書大正11年逓信省に建立。 なお、横須賀市の浄楽寺（浄土宗）に夫妻の墓、密の衣冠束帯像がある。
(2) 川上善兵衛（像・碑・史跡碑）	北方（岩の原葡萄園）	像・「川上善兵衛翁之像」制作・峯田敏郎 碑・1990年岩の原葡萄園百周年記念事業建立碑・岩原葡萄園紀恩碑昭和17年 史跡碑：「史跡川上善兵衛住居跡」
(3) 芳沢謙吉（像・碑）	諏訪（芳沢記念公園）	像・滝川美一制作 碑・川澄農治撰文并書、吉田茂（元首相）篆額昭和33年建立昭和6年外務大臣昭和35年高田市名誉市民、犬養毅娘婿。庭前に謙吉建立の両親の為の孝心碑。芳沢記念公園には銅像、記念館、米南荘、観音堂、孝心碑が隣接。
(4) 増村度次（像・碑）	板倉区（有恒高校） 板倉区（増村朴斎記念館）	像・「誠」台座に自書 碑・「朴斉先生碑」会津八一筆、碑陰山田辰治撰文、内山義文書昭和26年 増村朴斎記念館と有恒高校は隣接。

☆文化勲章受章者を偲ぶ

(1) 小林古径（多宝塔）	本城町（高田公園）	文化勲章昭和 25 年受賞（吉田茂首相）「古径塔」設計及び題字、奥村土牛（日本画家）、製作者千野茂（元東京芸術大学教授、日本美術院同人）。小林古径記念塔建設委員会（代表植木公）、昭和 55 年建立。「小林古径記念塔」〈案内標柱〉植木公書。なお、多宝塔形の墓は奈良市西ノ京町、薬師寺。設計者安田靫彦（日本画家）。小林家先祖の墓は金谷山和親会墓地。古径邸・小林古径記念美術館・上越市総合博物館は隣接。
(2) 坂口謹一郎（歌碑）3 基	本城町（高田公園） 頸城区鵜ノ木（坂口記念館） 北方（岩の原葡萄園）	文化勲章昭和 42 年受賞（佐藤栄作首相） 「こしのくにのしるしのはなのゆきつはきともかきこそりてうえみてませり」1990年 「こしのくにのしるしのはなのゆきつはきともかきこそりてうえみてませり」 「すめろきもめでましにけむこのくににワインきわめのみちひらけしさと」1990 年岩の原葡萄園百周年記念事業建立。鵜ノ木の坂口記念館に隣接し楽縫庵、留春亭、雪椿園。
(3) 堀口大学（詩碑）	本城町（高田公園）	文化勲章昭和 54 年受賞（大平正芳首相）・『堀口大学先生詩碑・高田に残す』初出題名『留別』ひかるるおもいうしろがみのこるこころのなぞ無けんすめば都といふさえや高田よさらばさきくあれ（下略）昭和 55 年当初公園入口に設置。なお、南城町に「堀口大学ここに住む」の標柱あり。（1946 ～ 1950 年まで住む）

☆近代化に尽くした人々

(1) 大竹謙治（像・碑）	石橋 2（頸城自動車）	「大竹謙治翁之像」滝川美堂作。並列碑に顕彰板、川澄農治撰文並書頸城鉄道社長、頸城倉庫社長、高田病院理事長、衆議院議員。昭和 32 年。並立碑「飛翔・感謝の碑」同社創立 80 周年記念。平成 5 年。
(2) 国友末蔵（像・碑）	大手町	尾崎肸三撰文并書。上越電気会社を興し笹ヶ峰貯水池より板倉まで 13 の発電所を建造し 9 万キロワットの発電をして農村電化を促進した。高田市名誉市民。昭和 41 年（当初の設置地は高田公園）なお、水力発電タービン併設。
(3) 室孝次郎（碑）	本城町（高田公園）	「室孝次郎君碑」大隈重信篆額、矢野文雄撰文。明治 38 年建立。（当初の設置地は寺町 3 善導寺）
(4) 増田義一（碑）	板倉区戸狩（八幡社）	「元衆議院副議長増田義一先生誕生の地」明治 2 年誕生。32 歳「実業之日本社」創立。44 歳・衆議院議員。昭和 6 年衆議院副議長。昭和 24 年没。昭和 40 年建立有志
(5) 小林富次郎（碑）	柿崎区直海浜（光徳寺）	「堅忍遺愛（苦労の後に幸せが）碑巽来治郎撰文伊藤祐亭書 ライオン歯磨社を創立裏面に撰文及び略歴巽来治郎記

☆頸城の風土を賛美

(1) 小川未明（文学碑）6 基 （記念碑）	大手町（大手町小学校） 本城町（高田公園） 大豆 1（春日小学校） 大豆（春日山神社） 大豆（春日山神社） 中郷（中郷小学校） 幸町 2	「野ばら」野ばら碑建設委員会 1987 年 「赤い蝋燭と人魚」署名・未明、題字・植木公昭和 57 年 「雪やみて木は黙し」後援会昭和 31 年 「雲のごとく高く」後援会撰文坪田譲治昭和 31 年 「故山長へに未明が父母の為に」昭和 15 年 「夏が来るたび」中郷村松井泉吉村長昭和 28 年 「誕生の地」揮毫坪田譲治高田文化協会昭和 50 年
(2) 小田嶽夫（文学碑）	金谷山（医王寺）	雪国では春は徐々にしのび寄るのではなくて一辺にやってくる。天の岩戸がひらかれたようなわずかな明るさだ。（下略）『雪国の春』設計岩野勇三・斉藤三郎昭和 53 年碑建立の会

☆歌は世に継がれて

(1) 小山作之助（像・碑）	大潟区潟町 （大潟町中学校）	像・「小山作之助先生」大潟町建立横尾元則製作平成 6 年 碑・「夏は来ぬ」作詞は佐々木信綱昭和 52 年度大潟町中学校卒業生一同

(2) 小山直嗣（歌碑）2基	金谷山 北城1（北城神明宮）	「碑」①（金谷山）「日本スキー発祥の誉れが香るこの山に今日もさらさら雪が降る」小山直嗣詩碑建設の会昭和50年 「碑」②（北城1北城神明宮）「美しきふるさとわが詩魂を培う」 「校歌作詞」:（小学校）大町、大和、直江津南、谷浜、黒田、飯、和田、国府、八千浦、新井北、新井南、姫川原、下黒川、大潟町、吉川、山部、宮島、寺野、櫛池、豊原、岡沢、上名立、中能生、松之山、松里、旭、桐島、吉田北（中学校）城西、城東、頸城清里、牧、松代、（東京）桜田（高校）高田工業、高田南城、高田盲学校、高田養護学校

☆暮らしの工夫寸描

(1) 邨田清治（碑）	藤新田（富士神社）	「創造益世器簡用大」増村朴斉撰文并書田植え格子形定規の考案「格子枠」は田植え技術に画期的な進歩をもたらした。光源寺住持で俳人堀前小木菟に邨田清治の詞書を添えて「古障子枠とし田植こころみし」がある。
(2) 春日新田馬市跡（史跡碑）	春日新田1 （秋葉神社境内）	石柱「春日新田馬市跡」秋葉神社境内、「高浪忠太郎壽山天然信士墓」「天保十二年辛丑三月二十七日卒博労中」。「馬頭観世音」。上越市の建てた石柱には盛時1200頭以上の馬が売買されたとある。（覚信寺参道西脇）
(3) 頸城油田菻平臭水貯所	板倉区菻平玄藤寺	「史跡頸城油田菻平臭水貯所」明治天皇が行幸時に井上工部卿に現場視察を命じ施設改善勧告をさせた。明治12年に2.2キロの送油管が完成、坑数500本・稼働人員2000人・日産出油350石の記録がある。昭和30年地すべりのため廃坑。南城町佐藤高一

☆異郷に赴き、異郷より来る

(1) 中村十作（碑・モニュメント）	板倉区稲増（稲増公園）	板倉区稲増、人頭石（ぶばかりいし）のモニュメント併設。中村は宮古島、八重山諸島の人頭税廃止に尽力。戦前、「大和神御嶽」として祭られ、昭和39年、宮古島城辺町に顕彰碑建立。平成6年建立。
(2) 井田年之助（史跡碑）	中央2	「史跡井田年之助の生家跡」勤皇の志士。直江津生まれ、山形有朋に認められ活躍。功により衆議院に出仕を命じられたが応ぜず、27歳で病没。山形等がその死を惜しみ墓を、赤穂浪士の高輪・泉岳寺に作った。大石主税の墓と背中合わせ。
(2) 林義亮（碑）	板倉区戸狩	「狐松林君之碑」、旧会津藩士、高田謹慎解除後、当地に留まり私塾を開き、学制の施行に伴い公教育に尽力し郷邑の有為の人材を育成。篆額前島密撰保坂祐吉大正4年建立。
(3) 丸山正義（碑）	板倉区宮島（大廣寺）	「甲源一刀流丸山正義先生之碑」（丸山正義は旧会津藩士、高田謹慎生活後、清里村菅原に定着。剣道の師範を務め有恒学舎の剣道部を指導）明治43年門人一同建立。

☆寛政期の江戸大相撲力士

(1) 九紋龍（碑・墓）	上曽根（九紋遊園地）	「九紋龍出生之地」塚田十一郎（知事）書。幼名、細谷音松。江戸大相撲士力士。横綱谷風、小野川らと活躍。同所は「九紋遊園地」となり墓もある。明和元年（1764）生まれ。寛政2年東の関脇、身長6尺7寸（203cm）体重40貫（150k）。墓表「法名釈了眠霊」「時文化五戊辰年十二月晦日」、西面「俗名九紋龍清吉身丈六尺七寸余、行年四十六歳」、東面「江戸年寄常磐山小平治同門弟中細谷弥五衛門建之」昭和40年。
(2) 緑川（碑）	長者町（佐藤徳太郎家）	「大相撲力士緑川庄七の碑」末裔佐藤庄五郎記加藤僖一新潟大学教授書碑文、「緑川庄七宝暦12年生れ（中略）江戸伊勢海三代村右衛門弟子寛政元年（28歳）より文化8年（50歳）まで谷風・雷電らと共に番付表にのる（下略）平成2年
(3) 越ノ海（墓）	住吉町（延壽寺）	「越ノ海の墓」、越ノ海、宝暦から安永期にかけての力士。宝暦9年の番付表には「越州」の頭書で東上段五枚に越ノ海福松が初見。明和4年越ノ海勇蔵と改める。最高位は前頭筆頭。「墓石はみかげ石で鯖江藩主から贈られたもの」との伝承がある。

☆城跡歴々

(1) 直峰城跡（碑）	安塚区（直峰城址）	「忠臣風間氏遺蹟碑」布施秀治撰文、西忠義書大正15年

(2) 春日山城跡（史跡碑・像 案内板等 30 基	春日山	「史跡春日山城阯・昭和 11 年文部省」上杉謙信居城跡。「城跡碑」は 4 基。「上杉謙信公像」（滝川昆堂作）昭和 44 年。石柱及び案内板「本丸、天守台、大井戸、護摩堂、諏訪堂、毘沙門堂、不識庵、二の丸、三の丸、南三の丸、米蔵、御屋敷、千貫門、番所、鐘楼、景勝屋敷、影虎屋敷、直江屋敷、柿崎和泉守屋敷、監物堀」。平成 8 年「史跡広場・ものがたり館」として市が「土塁・堀・番小屋」を復元。（市の資料より）
(3) 福島城跡（史跡碑）	港町 2（古城小学校）	「史跡福島城址」堀秀治の築城。本丸、二の丸、三の丸を要した平城式の大城郭であったが、松平忠輝の高田への入府で廃城となった。奥田直栄書、港町小林石材店小林森祐。昭和 42 年、古城小学校創立二十周年に当り寄贈
(4) 高田城跡（史跡碑）	本城町	松平忠輝が 1614 年（慶長 19）に築城してから 1871 年（明治 4）の廃藩置県まで約 260 年間、8 藩 18 代続き、後半の 130 年間は榊原家が在城した。「史跡本丸跡・史跡大手橋跡・史跡二の丸土塁・史跡三の丸跡・復元三重櫓」。「史跡本城御門跡」碑は「極楽橋」復元の為め撤去。極楽橋に案内板。総面積 50ha。桜・蓮の名所。県指定史跡
(5) 茶臼山城跡（碑）	頚城区	「茶臼山城址追悼碑」（戦国の山城）城主手島氏昭和 62 年末孫代 15 世手島恵昭建立
(6) 焼山城跡（碑）	板倉区曾根田	「宮嶋若狭守吉房之城跡」（戦国の山城）城主宮嶋氏旧臣丸山家が江戸時代に建立。
(7) 寺館城跡（案内板）	飯田	「寺館城跡」（戦国の山城）春日山城の見張り城。
(8) 今泉城跡（案内板）	大和	「今泉城跡」南北朝時代。村山義信・隆義親子の居城。
(9) 黒田城跡（案内板）	灰塚	「黒田城跡」（戦国の山城）黒田秀忠の祖先の居城。
(10) 清里の山城標柱 4 基	清里区	「京ヶ岳城跡」「三墓山城跡」「白看板城跡」「上深澤城跡」
(11) 箕冠城（史蹟碑）・（案内板）	板倉区山岳字箕冠	箕冠城は大熊氏の居城、戦国期の遺構がよく残されている。城址には、「箕冠山城址」碑（昭和 48 年、大熊氏の子孫県立）、「史跡　箕冠城址」碑、「相成の碑」及び案内板がある。
(12) 大間城跡（案内板）	三和区北北代	戦国期の山城、城址の案内板あり

☆公園と大学のアイデンティティー

高田公園 (1) 櫻之碑（碑）	本城町（高田公園入口）	撰文、川合直次・篆額、正三位勲一等長岡外史帝国在郷軍人会 高田連合分会建立。「…高田町高城村在郷軍人団相計り郡内僚友の 後援を得て桜樹 2200 株を栽え以て其の美観を助く…」昭和 3 年 11 月建立
(2)「高田の四季」（歌詞板）4 基	本城町（高田公園蓮見橋四隅）	高田公園蓮見橋四隅に町田太郎作詞の「高田の四季」（一）高田の春は爛漫と古城を包む春霞（下略、以下同じ）（二）高田の夏は爽涼と日本海の波が呼ぶ…（三）高田の秋はさやけくて青田の川に紅葉浮く…（四）高田の冬は霏霏として繚乱薫る六の華…
(3) ブロンズ・プロムナード 16 基	本城町（高田公園外堀沿い）	峯孝「出」、戸張幸男「明」、滝川昆堂「旭光」、小池藤雄「蒼い空」、岩野勇三「BALANCE」、千野茂「フォーム」、堀内正知「はてなの蓴」、柳原義立「道標鴉」 岡本銕二「なぎさ」、船越保武「LOLA」、佐藤忠良「演技生」、建畠覚造「ＤＩＳＫ」 向井良吉「流木の渚のジャコメッティ」、峯田敏郎「西風の防波堤」、土谷武「蝉」 澄川喜一「そりのあるかたち’８４」・１６基。（昭和 57 年度～平成 5 年度設置）
(4) 岩野勇三ブロンズ コーナー 10 基	本城町（高田公園噴水の後）	「おまんた」「みどり」「まつり」「わかば」「けしとあさ子」「はぐれっこ」 「ゆき」「那有」「りか」「吹雪」・10 基（平成 3 年設置）
金谷山公園 (1) スキー発祥の碑	金谷山公園（男山）	「大日本スキー発祥之地」鶴見宣信撰、川合直次書昭和 5 年スキー発祥二十周年記念として設置。

(2) レルヒ像	金谷山公園	１本杖スキーのレルヒ像（新潟大学戸張幸男教授作）昭和 36 年スキー発祥五十周年記念として銅像を建立。
櫛池隕石落下公園	清里区上中条	「櫛池隕石落下公園」大正 9 年 9 月 16 日午後 6 時 30 分落下。4.5 キロ。落下穴の横に落下角度を示す三角形の標柱がある。現物の隕石は清里歴史民俗資料館に展示。県指定文化財。県内の現存する隕石資料な当館のみである。
大学 (1) 上越教育大学彫刻 4 基	山屋敷町 1（上越教育大学）	峯田敏郎「記念撮影ー旅のはじまり・子どもたちと」２基、「記念撮影ー遠い日の風音ー」、小池藤雄「みどりの園」
(2) 新潟県立看護大学（標識）	新南町（新潟県立看護大学）	「新潟県立看護大学」校名モニュメント（ステンレス製）

☆街道、往来の名残

(1) 伊勢町の日蓮宗宝塔の一里塚	南本町 1	横春日町の「南無妙法蓮華経」と刻された日蓮宗宝塔は、一里塚が置かれた地に立つ。賜紫身延日仲書（身延山久遠寺第 64 世）弘化 2 年立（推定）「史跡一里塚」「史跡伊勢町口番所跡」碑と一緒に平成 14 年道路新設工事に伴い現在地に移設。
(2) 陀羅尼新田の日蓮宗宝塔の一里塚	北本町 3	陀羅尼新田の宝塔は、前者同様、一里塚が置かれた地に立つ。 大光山法印大僧都日脱書（京都、本圀寺第 34 世）享和元年立（推定）
(3) 二本木の石柱	中郷区二本木（白山神社）	石文「従是内、口附無之、小荷駄乗通るべからず。邑の内、喀きせる無用二本木宿」とある。「二本木宿に入ったら、綱を放して、小荷駄の者（荷物を馬につけて通る者）は、馬に乗って通ってはいけない。村内はくわえきせるをするな」という注意書きで、二本木宿が立てたものである。
(4) 関田嶺修路碑	板倉区関田峠	「藤巻勘之丞顕彰碑」藤巻勘之丞は旧別所村の川上筋代表庄屋。地場産業の石油と農水産物の販路拡張に務め、商品輸送の隘路だった関田峠の改修に着手し、嘉永二年に五年がかりで竣工を果たした。佐藤一斉書嘉永 3 年

☆頸城の芸能・民俗行事を拾う

(1) 民謡「米大舟」発祥由来（碑）亀田伊兵衛（墓）	大潟区（潟町公民館）	酒田小屋の浜米ならよかろ沖の米大舟にただ積ましょ 黒井砂浜米ならよかろ沖の米大舟にただ積ましょ 「米大舟発祥之地・亀田伊兵衛彰徳」」碑昭和 37 年潟町米大船保存会建立。 「墓」は西念寺。
(2) 民謡「春駒」上演記念（記念碑）	中郷区岡沢	昭和 3 年、昭和天皇即位御大典記念式典が挙行、高田市において関連事業として郷土芸能の発表会が実施された。岡沢の岡田米吉らが「春駒」を披露した。これを記念して岡田家に「舞踏碑」が建立。爾後、岡田米吉の伝統芸能への思いは引き継がれ、県の芸能祭に参加するなど芸能保存活動が続けられている。（参考）民謡「古代詞・八社五社・春駒」も市指定文化財。碑はなし）
(3) 謡曲「竹の雪」竹の雪旧跡（碑）	中央 5（真行寺）	真行寺の玄関に「謡曲竹の雪旧跡」と刻まれた自然石が建てられ、奥座敷に「竹雪園」と書かれた額が掲げられている。十七世宝生九郎書直江津浪鼓会建立謡曲に因んで「長松」と名付けられた黒松の根本に石碑が建っている。
(4) 謡曲「金谷詣」金谷詣有縁の地（案内板）	金谷山公園	元禄 2 年、松尾芭蕉は、高田城下の町医者細川昌庵宅に三泊した。細川昌庵は金谷薬師参詣と眺望をふまえ「雲に嵐の隅々はいかなるところならむ…」に始まる謡曲「金谷詣」をつくっと云われる。謡われた旧跡は金谷山の明神、妙高山、高田城、塩荷谷虚空蔵地蔵、滝寺毘沙門天など 17 ヶ所に及ぶ。
(5) 謡曲「婆相天」 安寿と厨子王の供養塔 安寿と厨子王のレリーフ 3 枚 山椒太夫の墓 山岡太夫の墓 乳母嶽明神	中央 3 中央 1（直江津橋欄干） 本町 1（長徳寺） 寺町 3（妙国寺） 五智 3（居多神社北入口）	謡曲『婆相天』南北時代の作。直江津の人身売買物語。森鴎外『山椒太夫』、西行『撰集抄』。当初、荒川橋の畔にあったが、関川改修工事により、昭和 62 年現地に移転。レリーフ 3 枚「丹後へ送られる安寿姫と厨子王」、「佐渡へ送られる母と姥竹」、「母と再会を果たした成人厨子王丸」昭和 63 年設置。 山椒太夫は人買を生業。墓に参ると瘧（おこり）が治るとの伝承あり。 山岡太夫も人買を正業。瘧（おこり）治療の伝承あり。 姥竹を祀る

(6) 桑取谷の民俗行事(案内板) 3 基	桑取	「鳥追い」西横山集落。昭和 31 年写真家浜谷浩が『雪国』で紹介。雪上に展開される幻想的な農耕儀式で全国的に名を馳せた。ほかに横畑集落の「馬ごと」、北谷集落の「地蔵様年始」の案内板があるが現在は過疎のため中断。

☆直向きな庶民の信心

(1) お百度石 (2基)	中央 3 (琴平神社) 西本町 4 (泉蔵院)	「御百度」は、頼み事を叶えることを願い、同じ所を幾度も繰り返して尋ねる様で「御百参り」の略。奉納者:時田徳治郎、三太郎、留吉 (琴平神社)・笠原正二郎 (砂山) (泉蔵院)
(2) 経石の碑	清里区岡野町	経石 127.7 K が出土経石 (きょういし) は、仏教経典の文章の 1 字または複数の文字を黒墨または朱墨で書き写した「きょうせき」。
(3) 小丸山遥拝碑 (2 基)	安塚区上船倉、 大島区棚岡	親鸞聖人崇拝念宗寺住職昌善らが文政 12 年建立。他に「石ぼとけ」と称する「南無阿弥陀仏」の碑が朴の木と高尾間の峠にある。
(4) 米山遥拝碑 (2基)	大島区棚岡 大島区熊田	米山薬師崇拝「米山寺由来の碑」柿崎区下牧

☆酒呑の碑二題

(1) 大酒呑の碑	五智 3 (国分寺)	関温泉開発の功労者田中留六の庭師「山田長八像」。長八は大酒呑みで、「酒なら五升飲める」と豪語。「飲めたら褒美は望み次第」という留六の前で五升の酒を飲みほした。そして、「入る墓がないから作ってほしい」との願いに留六が作らせたもの。
(2) 禁酒の碑	和田 (鎮守神明社)	「禁酒十周年記念碑」酒のため青年会の会合が纏まり難く、「禁酒」を決定。記念碑の建立は昭和 6 年。碑の高さ 1 丈 1 尺 (3.3m)、幅 1 尺 6 寸、厚さ 1 尺 1 寸。碑面「禁酒十周年記念碑」。昭和 43 年、神社建て替えと県道拡張で廃碑となり跡地に石灯籠が建つ。

☆歴史の流れに命を落とした人々

川中島の合戦の戦死者	中門前 1 (林泉寺)	「川中島戦死者供養塔」(塔) 元和 9 年の法要に建立、軸部に (越前国石切大工内山源兵衛)
天明の飢饉での餓死者供養仏	寺町 3 (天崇寺)	「史跡天明地蔵」「乞食地蔵」。天明の飢饉において天崇寺住職教誉旭専は地蔵を建立し餓死者の霊を弔った

☆乃木・東郷揮毫の忠魂碑

(1) 安塚村の忠魂碑	安塚区内山(安塚神社)	「忠魂碑」希典書 (陸軍大将乃木希典) 明治 41 年 7 月建立
(2) 有田村の忠魂碑	春日新田 2	「表忠碑」(海軍元帥東郷平八郎書) 昭和 5 年仲春建立、旧有田村役場の地 (現、県営住宅敷地)。なお、春日山神社の社名碑は東郷平八郎の書になる。
(3) 津有村の忠魂碑	下池部 (明安寺)	「忠魂碑」(海軍大将東郷平八郎書
(4) 大島村の忠魂碑	菖蒲東	「戦役記念碑」(陸軍大将乃木希典書) 旧菖蒲小学校校地

☆平和を希求する記念碑

(1) 平和記念公園の像と碑	港町 1	「平和友好像」飛天の像 (2 体) 岡本錬二作、「オーストラリア兵士没者銘板碑」「捕虜収容所職員死没者銘板碑」直江津捕虜収容所跡地の公園、平和友好像を建てる会建設
(2) 平和を守る碑	名立区	「供養塔」竹内忠雄揮毫・名立漁港へ機雷が漂着し爆発。63 名が死亡(内 42 名が学童)。新潟県教職員組合・名立町昭和 24 年。
(3) 直江津空襲・黒井被爆の地	黒井 (黒井公園)	戦争のいたみをつねに思いおこし平和を考えるよすがとするために杉みき子 平成 3 年

☆軍務などにおいて斃れた馬を悼む

(1) 馬塚	南本町 2 (馬塚稲荷)	「馬塚古跡」川中島の合戦で負傷の後、死んだ上杉謙信の馬をこの地に弔ったと伝えられる。戦友として愛馬への慈愛が偲ばれる。

(2) 軍馬の像と碑	本城町(高田公園)	「…戦役に従い野戦に斃れ帰らざる百六十万頭の軍馬の霊を慰む…」戦没軍馬慰霊塔建立委員会建立、軍馬の碑、銅像並立、建立地は、騎兵第十七聯隊跡になる。昭和57年
(3) 牛馬頭観世音	三和区下田	「牛馬頭観世音」とあり「昭和22年11月18日建之」の銘がある。戦争中は徴用され、戦後は、食料増産の為文字どうり、牛馬の労をとった。時代を感じさせる碑である。

☆大雪の証言

(1) 後谷雪崩殉難碑	後谷	「殉難碑」昭和2年の旧金谷村後谷雪崩の惨事。(黒田小分校跡地) 最深積雪3.75m
(2) 川谷雪崩遭難碑	吉川区名木山	「川谷小学校児童雪崩遭難碑」昭和15年登校中の児童3名が雪崩に遭い遭難死。
(3) 人里積雪世界一記念碑	板倉区猿供養寺	昭和2年2月13日8.18 m平成4年建立新潟県妙高砂防事務所
(4)牧田音吉(像・碑)	大島区中野と十日町市峠部落の中間地	牧田音吉は奴奈川村(現十日町市峠)の住人。大島区中野から峠部落への冬期間の遭難救助で二度県知事表彰を受けた。遭難者の守護者として顕彰碑と像が建立された。

☆人魚の塚と像

(1) 人魚の塚	大潟区雁子浜	「人魚伝説の碑」大潟町が平成5年移転新設 伝:小川未明『赤いろうそくと人魚』のモデル
(2) 人魚の像(5基)	大潟区(人魚館) 大潟区(海水浴場) 稲田(稲田小学校) 大豆(春日山神社) 央4(船見公園)	人魚館の玄関前 海水浴場の浜 稲田小学校 春日山神社社務所前 船見公園の中央部

☆老木を追憶・天然記念物

(1) 本誓寺の杉	寺町3(本誓寺)	「老杉碑」増井潤一郎立、荒木貞夫撰、和田千一書、昭和9年。
(2) 木田の諏訪社の欅	木田2	「御神木大欅之跡碑」(木田の旧道、国道18号線開設に伴って伐採) 立札・十王社学問の神様であり頚城野でここだけである。受験合格祈願の神である。
(3) 上越市の天然記念物(29点)	上越市	安塚区(坊金の大杉・県指定、城山の大欅、須川の大辛夷)、浦川原区(虫川の大杉・国指定)、大島区(深沢諏訪神社の大欅)、牧区(琴毘沙神社の大欅、小川の大杉)柿崎区(ハマナス群生地)、大潟区(瑞天寺の銀杏)、板倉区(黒倉山の水芭蕉、関田八幡宮の大杉、日吉神社の大杉、田屋鴨井家の五葉松、日吉神社の社叢林、塚之宮八幡宮の社叢林) 清里区(櫛池の大杉・県指定、高禅寺の杉・槙柏・五葉松、岡野町の大欅) 三和区(風巻神社のブナ林、同神社の江戸ヒガン、房狸藻群生地、谷内池と鬼蓮、よしだの谷内と水生植物群、こんやの谷内と水生植物群)、名立区(夫婦もちの木、イワヘゴ自生地、コゴメウツギ自生地)、南本町の最賢寺の大銀杏、稲田の諏訪神社の大欅。国、県指定以外は市指定。

☆番外

(1) 潟町海岸線記録碑(2基)	大潟区(鵜の浜展望台と大潟シーサイドアスレチックの中間点)	潟町海岸の海岸線の状況を記録する碑が二基設置あり、前者は、「皇紀二千六百八年碑」(昭和23年) この年の海岸波打ち際(汀線)から100米地点に設置(設置者:歌代万吉外)。後者は「平成十年碑」(設置者:長沢善一外)。両者は並立されているが、「平成碑」は海岸より64.91米と記されている。当初の碑より50年後。資料『大潟町史』
(2) 二宮金次郎像(24基)	上越市小学校における「二宮金次郎像」の設置状況・寺田喜男調べ	二宮金次郎像は戦前、勤労の象徴として小学校に設置された。現在、次の小学校に存置す。・黒田小・飯小・稲田小・和田小・春日小・諏訪小・戸野目小・上雲小・高士小・直江津小・北諏訪小・小猿屋小・桑取小・高田西小・中保倉小・大島小・大潟小・南川小・針小・宮嶋小・山部小・豊原小・筒方小・上杉小

(3) 湧水の案内(6基)	板倉区宮嶋 大和 中屋敷 柿崎区東横山 牧区棚広 板倉区東山寺	「弘法清水どうまん井戸」(伝、弘法太子の錫杖によって穿たる) 平成12年設置。 「弘法太子の碑」があり清水が湧き出る。 「謙信公出陣御前清水」、春日山城大手道入口、御前清水の会建立平成16年設置。 「新潟県名水百選・大出口泉水」 「新潟県名水百選・弘法清水自然公園」(伝、弘法太子の錫杖によって湧出) 「延命清水」山寺薬師は山岳仏教の拠点、親鸞聖人ゆかりの地。薬師堂の清水を飲むと長生きでき、病人でもノドが通るとのことで「延命清水」と呼ばれる。
(4) 磐持石	新光町1 (神明宮)	磐持石(番持石)の由来「社創立の頃から氏子の若衆がお祭、お盆、農休日に境内に集まり、此の石を担いだり又担いで社の周囲を何回廻ったと云っては力を競ったものです」重量19貫弐百匁 (72k) 当時の価格金15銭平成14年由来板設置。なお、板倉町史に「各集落には番持ち場があり、一石石、五斗石、四斗石などが置いてあった」とある。自然石だが由来板の整備もあり碑に準じて記載した。

2 文学関係碑・像・案内板

碑名	所在地	碑文・撰文・書写名・篆額など	建立年など参考事項
石田峰雪	国府1 (五智公園)	雁ゆけ里大黒雲にさからいて	昭和43年知友・門下
石田指川	五智3 (国分寺)	笹の葉に霰こぼれて鳴く雀	大正3年片田三声 (直江津)
井東汎	北城1 (北城神明宮)	雪国の冬は時雨の前ぶれからはじまる本名・田中武『文芸たかだ』編集長 初代会長小和田毅夫	昭和57年友人建立
稲畑汀子	国府1 (光源寺)	梅雨晴れてそこに心のある如く	平成4年光源寺
井上政子	南本町3 (瑞泉寺)	裏面・千とせまでかぎれる松もけふよりはきみにひかれてよろづ代やへん政子 表面・蓮かほるほとけのくにににおはすともこのさととはに守らせたまえ直次	鏞宮政子伏見宮第10子 川合直次
飲河居士	寺町2 (天崇寺)	散り来るや人の桜も山さくら	文政10年没
植木樹東	三和区島倉	灯にうらなき花の光りかな	天保3年倉石勝孝倉石フミ宅
植木公1	国府1 (五智公園)	五智祭子供の髪に八重桜	昭和56年
植木公2	本城町 (高田公園)	蓮花繚乱と満ち有情孤愁を知る	図書館裏の外堀対岸
大谷句仏1	国府1 (光源寺)	御配所に我れなく夜半を郭公	平成14年光源寺
大谷句仏2	五智3 (国分寺)	御配所に我れなく夜半を郭公	明治40年句仏揮毫
大槻磐渓	中門前 (林泉寺)	春日山懐古・春日山頭鎖晩霞驊騮罷有鳴鴉憐君獨賦能州月不詠平安城外花	平成元年建立顕彰会
尾崎行雄	稲田1 (稲田小学校)	とぞ知れ人の世の便益ますは善事にてそれをへらすは悪事	昭和24年植木千次郎教育碑
貝川正治	中門前 (林泉寺)	佐渡の島影樹の間に浮び常葉の緑春日の山に	昭和43年謙信公賛歌作曲・佐藤幹一
垣上鶯池1	寺町3 (光栄寺)	万葉に仮名はなかりし霞かな	昭和15年碧梧桐系の俳人
垣上鶯池2	寺町3 (光栄寺)	甘露降れば花もふ片や倶会楽土	
花大	五智6 (居多神社)	荒婦流しは脱て待なり初日の出	紀元2541年 (明治14年)
月岱句碑	板倉区関根	世のちらぬ花は写真のまくらかな	宮下佐逸
金井建一	西本町4 (直江津高校)	潮騒のこの地乙女たちが集い学び浜千鳥のように飛翔していった	平成9年同校被服科閉科実行委
金谷山俳句会	大貫金谷山	レルヒ像雪を払いて毅然たり	平成4年上越市・レルヒの会・高田スキー団
木曽龍男	大豆 (春日山神社)	虫の音に名将偲ぶ春日山	昭和43年本人奉納
斉藤陶斎 (三郎)	寺町2 (久昌寺)	この男雪の中に窯をつき・詩	昭和62年久昌寺住職は実兄・泰全

斉藤武	寺町1（高田別院）	かえりみてくゆべきことのおおかりきゆるさせたまえみほとけのじひ	昭和43年高田市議会議長孫・千恵子書
佐藤伸葉	五智6（居多神社）	低く飛ぶ蝙蝠多し立話	昭和60年五智吟社
三楽1	国府1（国府別院）	勿体な祖師ふみませり雪五尺	-
三楽2	五智6（居多ケ浜記念堂）	波風よ心してきけ居多の浜聖はいまもここに満します	昭和47年林正寺
十返舎一九	南本町3（高橋孫左衛門商店）	「十返舎一九ゆかりの地」	昭和58年高田文芸協会設立二十年記念事業
柴田康三	牧区（牧地区公民館）	さ棚田を潤おし流る飯田川山深く源なしてたぎらぬ	平成11年山波短歌会
親鸞聖人1	五智6（居多ケ浜記念堂）	もしわれ配所におもむかずは何によりてか辺鄙の群類を化せん	平成6年直江津ロータリーC
親鸞聖人2	五智6（居多神社）	すゑ遠く法を守らせ居多の神弥陀と衆生のあらん限里は	昭和48年居多神社
親鸞聖人3	五智6（居多ケ浜記念堂）	すゑ遠く法を守らせ居多の神弥陀と衆生のあらん限里は	昭和46年見真堂
相馬御風1	大手町	にひゆきを手つかみにしてほほばりしかの日はるかなり老いて思うも	昭和25年知友
相馬御風2	港町2（古城児童公園）	妙高南葉米山の有姿千古に動きなく	昭和42年直江津高校同窓会二つの碑が交差し伏せて設置。
相馬御風3	三和区（上杉小学校）	偉名千古に朽ちせざる義烈の丈夫謙信が	
高野辰之	二本木（中郷小学校）	うさぎおいしかの山こぶなつりしかの川・唱歌	昭和60年中郷村長・桐山良文
高浜虚子	国府1（光源寺）	野菊にも配流のあとと偲ばるる	昭和31年光源寺
高浜年尾	国府1（光源寺）	穭田の実入り吹かれてゐることも	平成4年光源寺
竹田健	四ヶ所	詩賦謡曲謡曲の師範	保坂祐吉書
竹本仲政	寺町2（天崇寺）	夜渡しの筋を残し一筋にたのむは弥陀の浄土なりけり	-
千代垣素想	五智3（国分寺）	人よりもまず驚きて日盛りのあつさは弱る秋の初風	直江津武田氏
塚本敏男	大潟区鵜の池畔	命ある限りを風に向かいつつ叫び絶えしか水底の若子	昭和43年悲母観音裏
桐花歌碑	板倉区光が丘高原	ねもごろに芒につぶやく風ありて信濃路はまず夕づくらしも	昭和50年有志建立助役歌集・助役の歌
徳山ミサホ	寺町1（高田養護学校）	撚り合えば母の毛綱は強かりきこの子らの家かくも建ちけり	昭和47年記念像結願台座
戸畔	牧区東松ノ木（一念寺）	耕へしのさにいそしみ村のため月まれとすむ日をはまつの木大正丙寅夏（大正15年）	大正甲寅ノ夏東松ノ木農事会
中村雨紅	二本木（中郷小学校）	夕焼小焼けで日が暮れて山のお寺の鐘がなる・童謡	昭和60年中郷村長・桐山良文
梨本忠義	大手町（高田郵便局）	多羅葉に文をかよわす青葉かな・多羅葉の葉裏は昔ハガキに用いた。	平成13年郵便の里タラヨウの会
新田花月	南本町1（専念寺）	まだ覚めぬ越後の山や梅の月	昭和15年同寺生れ『久比岐』主宰
日瓛	住吉1（延壽寺）	鷲の嶺のうくいすを聞くや日の御影（日瓛は延壽寺先代住職）高橋泥舟揮毫、捺印。 泥舟は勝海舟、山岡鉄舟と並び「三舟」の一人。「一歩庵」などの墨蹟もある。	明治25年ころ
野村広吉	北城1（北城神明宮）	風吹けば紅蓮の花のなみたてて一望無辺そとぼりつづく	昭和58年高田文化協会上越歌人会
俳諧奉納額1	三和区（風巻神社）	奉納俳句額	寛政4年

俳諧奉納額2	西本町4（八坂神社）	陸夜「時至りて禰宜か鼓や餅の音」「植そろへてなをふかかれと花の苗」	正徳4年
芭蕉1	南本町3（正輪寺）	景清も花見の座には七兵衛	宝暦15年県内最古南嶺庵
芭蕉2	中央3（琴平神社）	文月や六日も常の夜には似ず	慶応年間に福永珍元再建 平成21年再建三八朝市周辺まちづくり協議会建立原本採拓者越路拓の会永井薫
芭蕉3	黒井（本敬寺）	さびしさや花のあたりのあすなろう	寛政年間昭和36年現在地へ 熊倉幸亭、香川黒魚浜千鳥会
芭蕉4	三和区島倉（月見塚）	雲折り折り人を休むる月見哉	寛政年間植木樹東
芭蕉5	北陸高速谷浜SA・下 北陸高速米山SA・上 北陸高速米山SA・下	文月や六日も常の夜には似ず 草臥て宿かるころや藤の花 荒海や佐渡によこたふ天河	昭和63年日本道路公団が芭蕉の『奥の細道』三百周年記念で北陸高速道に14基の句碑を建立した。新潟県内はこの3基。白倉南雀書
芭蕉6	頚城区上増田（平石邸）	世の人の見付ぬ花や軒の栗	延享～文化年間同7代目
芭蕉7	頚城区上増田（平石邸）	子に飽クと申す人には花もなし	文化4年平成6年平石隆一再建
芭蕉8	頚城区上増田（平石邸）	木のもとに汁も膾も櫻かな	初代平石彦江門
芭蕉9	頚城区高野	道のべの木槿は馬にくはれけり	寛政12年高野連中
芭蕉10	金谷山（対米館）	薬欄にいづれの花を草枕	文化3年松田祖明高城畔社中
芭蕉11	北城1（北城神明宮）	薬欄にいづれの花を草枕・文月や六日も常の夜には似ず（併刻）	昭和60年上越奥の細道会
芭蕉12	五智3（国分寺）	薬欄にいづれの花を草枕	明和7年（1770）明照和尚
芭蕉13	五智3（国分寺）	古池や蛙飛こむ水の音	五智4の山岸家別邸より移転
芭蕉14	寺町3（高安寺）	松尾芭蕉追善碑	
春山他石1	本城町（高田公園）	蜘蛛の囲のどこかに月の光かな	昭和34年知友
春山他石2	東本町4（直江八幡宮）	とこしえに御魂鎮まり風涼し	昭和40年知友慰霊塔裏
春山他石3	頚城区（鵜ノ木公民館）	大瀁の八千余石水涼し	昭和24年大瀁用水
春山他石4	寺町3（光栄寺）	父祖の墓洗ふ身ほとりあかりかな	墓石台座
藤戸円理	春日新田1（覚真寺）	死者に敵も味方もありゃせん	1995年揮毫・藤戸円理（先代住職） 直江津捕虜収容所の平和友好記念像を建てる会
布施水音	吉川区（源公民館）	暗の中灯は見えにけり村の灯はうれしきかぎり愛馬いななく	僻地医療の功労者歌人・俳人
古川悟	本城町（高田公園）	壽人園月好華月雪	-
古川フジ	寺町3（上越高校）	ときはうつり世はさだめなく変るともまことのみちをふみなたがいぞ	古川フジ（高田女子高校創立者）顕彰像碑裏面
文翁詠祥居士	寺町3（光栄寺）	我が学の宿もあかねの月の影	左角居士の句
星野八郎	中の俣	水音も鳥語もあふれ山若葉	平成19年南葉高原林道開設記念句碑
堀前小木菟	黒井（本敬寺）	浜すじといふ言葉あり北風強し	平成5年本敬寺住職藍綬褒章記念碑

増村朴斉 1	板倉区（増村朴斎記念館）	亡而為有虚而為盈約而為泰難乎有恒矣	昭和 51 年有恒高校八十周年記念建立
増村朴斉 2	板倉区（浄覚寺）	こころつよく生くへかりけり後の世を仏のおほせにまかせたる身は	昭和 18 年法号・専悟
増村朴斉 3	上中田（諏訪社）	日進循序日新執中	昭和 3 年御大典記念
増村朴斉 4	頸城区（明治小学校）	発揚国体之精華以養教育之淵源	
増村朴斉 5	板倉区不動新田	真清水のわきてたえぬを心としいそしめあはむ後世いのりつつ	昭和 15 年紀元 2600 年奉祝記念
増村朴斉 6	大貫金谷山	引泉移石補天工妙趣湧来方寸中	
増村朴斉 7	三和区（風巻神社）	前風巻山大権現大宮司従五位上遠藤延春大人歌墨	大正 4 年
松丘綱雄	西本町 4（直江津高校）	妙高のそびゆる限り名古の波いそうつきわみ師をば忘れじ	昭和 18 年同女学校後援会
松野自得	頸城区下荒浜（笠原光寅家）	魚寄り見ゆる砂丘に紅葉照る、他に「羽衣をかけばや庭に松もあり」金剛碑	ホトトギス同人『さいかち』主宰
間宮緑陰	大手町（大手町小学校）	雲がきぼうをよんでいる	校歌門柱
宮崎家先祖代々零位供養塔	三和区宮崎新田	あなとふと南無阿弥陀仏なむあみだおなじ仏になりたもふとは	誠実
村松苦行林	浦川原区（下保倉小学校）	この岡の千人いてふ師のきみの恵を受けてつぶらみゆたか	昭和 15 年同窓会
森鷗外	中央 3（琴平神社）	「ここは直江の浦である。」山椒大夫。平成 21 年三八朝市周辺まちづくり協議会建立。	
山崎大水	寺町 3（浄国寺）	土筆生きむ願ひの一すじに大地をわりて伸び出でにけり	-
山田あき 1	浦川原区菱田大池畔	うつしみの終のあふらをすてにゆく越の深山は水の音する	平成 12 年石碑建立実行委員会
山田あき 2	浦川原区飯室横川林道	杉山は七重八重なる雪の段うすむらさきのひかりをぞ生む	平成 13 年飯室横川林道竣工記念碑
山田枝明	頸城区百間町	月雪の後姿や夕桜	古流・花塚
横尾雅堂	南本町 3（瑞泉寺）	水打てばよみがえりくる仏たち	ホトトギス系俳人印刷業
横尾砂人	牧区（牧公民館）	水こだまして谷深き桜かな	春山他石書昭和 31 年若水吟社
与謝野晶子	中央 4（船見公園）	「落日が枕にしたる横雲のなまめかしけれ直江津の海」平成 22 年三八朝市周辺まちづくり協議会建立。	
吉田翡翠	寺町 3（本誓寺）	張板に隣りて高し葉鶏頭	昭和 3 年伊藤松宇嫩俳句会の中心
吉田十束	東本町 5（養福寺）	幾とせか末たり果てむたたえつつおのえの松も梢かすみて	平成 14 年

3　顕彰碑・像・案内板

主体者	所在地	碑名、由来、建立者、建立年など
荒井賢太朗（案内板）	西城町 3	大正 11 年、加藤友三郎内閣において新潟県出身者による最初の大臣として農商務大臣に就任。枢密院副議長、行政裁判所長官などを歴任。高田文化協会 20 周年を記念事業として生家の地に案内板建立。
荒井宗二	寺町 3（光栄寺）	「閑工翁宗匠碑」（荒井宗匠は江戸千家流の茶人、閑工庵と称する）榊原政啓題額　江坂香堂（熊蔵）撰、中根半嶺（聞）書　明治 43 年
有沢富太郎	南本町 1（有沢製作所）	「有沢富太郎碑」（ブレード製造を創業、細幅織物・バテンレースを特産品に導く）、増田義一篆額、倉石武四郎撰、竹内忠雄書 昭和 22 年建立

飯田蔦五郎	牧区岩神	「記念碑（飯田蔦五郎君の為に）」（耕地開墾、道路整備に尽力）渡辺幸之吉、飯田文平　大正 12 年建立
池田友吉	頸城区玄僧	「大山先祖池田友吉碑」（玄僧大山の開拓者）昭和 2 年建立
市川七十郎	三和区岡田	「市川七十郎の墓」（岡田芝居）門下生　明治 23 年建立
伊藤泰蔵	五智 3（国分寺）	「伊藤泰蔵君碑」（高田新聞社社長、立憲民政党）、片田九十八撰、安達謙蔵書、 昭和 7 年建立
伊藤守為	増沢（丸山）	「故伊藤守為の碑」（旧高田藩士、明治初年、桑取村設置に伴い役場吏員として永年勤務）
荊木一久	五智 3（国分寺）	「荊木一久胸像」（弁護士、衆議院議員）滝川昆堂作、台座銘外務大臣芳沢謙吉書 1956 年建立
荊木徳次郎	寺町 3（大岩寺）	「荊木徳次郎君碑」 構内人力車営業者一同建立　大正 4 年
井部健斉	大貫（医王寺）	「（高田藩の儒者）増村朴斎篆額并撰文　大正 6 年建立
岩佐彦右衛門	三和区	『中頚城郡誌』に、「岩佐彦右衛門、文政年間、姫川原村より水を導き美守を潤す。時に文政十一年なり。世人「行道大神」と称え其の徳を後世に伝えんがため功を石に刻す」と見えているが未確認。岩佐姓からして三和区本郷の地が推定。
岩崎八左衛門	板倉区山越	「岩崎喜叟碑」（謡曲の師匠）明治 23 年　門下生建立
植木千次郎	本城町（高田公園）	「植木千次郎翁之寿像」 新潟県知事塚田十一郎書
上杉謙信像	春日山（春日山神社入口）	滝川昆堂作「天と地と」放映を記念して、昭和 44 年大島農機（株）建立
上杉謙信像	下門前（リージョンプラザ）	「上杉謙信公之像　佐川急便会長佐川清寄贈　南部祥雲製作」平成 2 年
上杉謙信像	大豆 1（春日小学校）	「勇智　昆堂作 」寄贈　台座　川瀬淳　昭和 60 年　校舎改築記念
上杉謙信	本町 3（旧長崎屋ポスト上）	上杉謙信（像）日展作家田畑功　題字「謙信公像」田中弘邦
上原慶三	住吉町 3（直江津小学校）	「上原慶三像（台座に顕彰版）」「子女の教育を天職として…」昭和 25 年、直江津小学校同窓会建立
梅山寿三郎	清里区菅原（招魂社）	「梅山寿三郎翁頌徳碑」（坊ヶ池用水組合設立功労者）揮毫・遠藤盛延風　昭和 42 年建立
大滝石山	頸城区西福山（大滝家）	「大滝石山顕彰碑」（日本画家、山水画を良くす。本名、藤九太郎）　昭和 29 年建立
大滝伝十郎	吉川区梶（大滝家）	「大滝伝十郎胸像」（地域振興から国政に参画）昭和 14 年、村民建立
大滝八郎左衛門	吉川区梶（大滝家）	「大滝八郎左衛門顕彰の碑」（大滝新田開拓の功労者、碑の背面に梶溜開拓、新溜築堤の由来が刻印）
岡田保	五智 3（国分寺）	「岡田君碑」（直江津港開発の先駆者）南摩綱紀撰、中根聞書　明治 39 年建立
小倉右馬	大貫（医王寺）	（小倉右馬は書を良くし碑石にては、「明治天皇行在所碑」（大手町）、和久井太三郎題石などがある。謡曲、菊作りで知られる人）、小倉の知人有志の発起で建立
小栗美作	板倉区針（宝寿院）	「悠久の恩人小栗美作を称えて」（中江用水の恩人）碑の側に「ちょんまげ地蔵」が置かれる。小栗美作の墓は善導寺（寺町 2）にある。平成 8 年、中江用水組合建立。
小野田定育	柿崎区柿崎（浄福寺）	「小野田定育先生之碑」（柿崎小学校長として永年勤め功績大）広田直衛撰文并書、文部大臣中橋徳五郎篆額　大正 9 年、同窓会建立
笠原秀徳	清里区菅原（招魂社）	笠原秀徳碑（在郷軍人会会長）
笠原徳右衛門	藤野新田	「笠原徳右衛門碑」（大道用水の分水制の草分木を改め箱分水とする）大道用水組合建立
笠原文右衛門	大潟区蜘蛛ヶ池（瑞天寺）	「大川笠原君墓碣銘」勝海舟篆額、中村敬宇撰。新堀川開削の功労者
笠松宗謙	小猿屋	「史跡笠松宗謙住居跡」川浦郷学校設立功労者
風間寛治	清里区馬屋	「風間寛治頌徳碑」（明治初年の十大区の副区長、小五区の区長）、豊国神社に建立

樫野直一	本城町（高田公園）	「樫野直一翁之像」（寿像）（中頚城郡農業振興、高田市助役として地方自治に尽力）昭和 40 年、農業関係諸団体及び有志者建立
勝山喜作	清里区菅原（招魂社）	「勝山喜作頌徳碑」男爵前島密篆額　島田三郎撰　西川元譲書　明治 41 年建立
加藤貞盟	大貫（金谷山）	（自由民権運動家）星享撰文　明治 32 年
金子良意	大貫（和親会墓地）	金子良意碑（藤林玄仙と相計り高田病院［県立中央病院に継承］の創設に尽力）木村容斎撰
川室道一	北新保	「晩香川室翁碑」（地域医療、教育振興に尽力）、星野恒撰、前島密篆額、日下部東作（鳴鶴）書、大正 4 年建立
川瀬金作	春日山（春日山神社）	「川瀬金作翁像」
観音院雲峯	板倉区宮島	「観音院雲峯観禅大和尚之碑」宝暦元年建立
金井喜太郎	清里区北野	「金井喜太郎先生の碑」昭和 27 年　門下生建立
久米一	清里区鶯澤（樋口家）	久米一の墓碑（座頭を業とし、寛政 12 年没）座頭は剃髪の盲人、語り物の語り、按摩・鍼灸をなりわいとする。　弟子の政一建立
倉地正實	大豆（春日山神社）	「刀法真心影流倉地正實先生碑」（剣道師範家）中根半湖書　大正 2 年門人有志建立
釧雲泉	三和区大（善長院）	「釧雲泉墓誌」（肥後生れ江戸後期の画家、全国を遊歴）亀田鵬斉書　文化 11 年建立
倉石家の由来碑	東本町 2	「倉石家由来」倉石家伊勢屋敷跡地に　平成 10 年
倉石侗窩	大貫金谷山	侗窩倉石君碑（私塾文武濟美堂を開き前島密、室幸次郎など有為の人材を育成）撰文栗本鯤、長□書、東久世通禧篆額　明治 13 年建立
栗崎平七	中ノ俣	「栗崎平七乃碑」角間用水発起人　天明元年百七十周年記念　牛飼いの「しんでん」さんのご先祖。
丸山正義	板倉区宮島（大廣寺）	「甲賀流一刀丸山正義先生之碑」（旧会津藩士、有恒学舎の剣道師範を務める）明治 43 年、門人建立
甲野喜作	名立区丸田	「甲野喜作先生碑」（糸魚川中学校・下名立小学校教師を務め、私塾「此文館」を開く）門下生建立
小島彦造	寺町 2（旧高田盲学校）	盲人教育の先達者
小林百哺	五智 3（国分寺）	「小林百哺先生銘碑」（和算家、幕末期、海岸警備の台場を構築）　南摩綱紀撰文并書。 （付）塾跡に（中央 2）「史跡小林百哺牙籌堂塾跡碑」あり
小山杉渓	大貫（和親会墓地）	「杉渓小山君碑」（高田藩士蘭学者、西は長崎、北はカラフトに渡り情勢を調査）小野長愿撰文、金井己恭書　明治 20 年建立
小山松渓	大貫（和親会墓地）	「小山君松渓墓碑」（小山杉渓の養子、日本画家、詩文にも長ず）小野長愿篆額、保阪祐吉撰文、中根聞書　明治 44 年建立
小山孫右衛門	大潟区（潟町公民館）	「頌小山孫右衛門」　明治 24 年　門人建立
斉藤俊雄	大手町（高田公園入口）	「斉藤俊雄像」（洋画家、日展委員。当地の台所を描き台所の画家と称される）像作者、滝川美一（二紀会会員）斉藤俊雄画伯顕彰会立（代表：川澄農治）昭和 39 年
榊原政敬	大手町〈榊神社〉	「榊原政敬レリーフ」（詠題；瀧見直、像作者；濱口剛）（榊原政敬、高田藩最後の藩主）、平成 21 年、榊原慈善団財団法人認可百周年記念事業として旧高田藩和親会建立
沢田雄太郎	名立区東飛山	「沢田雄太郎君殉職碑」 昭和 4 年の大水害事故で殉死　有志建立
三先生顕彰碑	板倉区針（朴斎記念館）	「内山義文先生田中忠太先生富永大賢先生彰徳之碑」（三先生それぞれ全智全能を傾けて 教育に当り、学舎に多大な功績を残した）　昭和 55 年　有恒同窓会建立
島田伊三郎	板倉区上久々野（森乃木神社）	「島田対雅堂碑」（医師の傍ら熟を開く、門弟数百人）　宮沢瑞穂書、 明治 38 年

清水又左衛門	板倉区高野（清水家）	「清水又左衛門頌徳碑」（元禄期、中江用水開削に尽力）
清水伝次郎	板倉区山部	「清水伝次郎重信」岩木新田、大道新田開拓功労者
下鳥富次郎	三和区川浦（上江北辰神社）	三和区に顕彰碑。「鳥洗翁新鑿水道功徳之碑」（上江用水を掘り継ぎ、頚城の水田に豊かな水をもたらす）、亀田朋斎撰。文化 14 年建立。墓は寺町 3・大岩寺にある。
下鳥仲蔵	板倉区久々野	「頌徳碑」（久々野共有地のコチ池を改修し蔭影用水を設定）昭和 4 年蔭影用水組合建立
清水斎一	板倉区高野	「清水斎一君之碑」（高野消防組合頭） 高田警察署長宝井勇書 大正 13 年建立
菅村丂三	大潟区潟町（潟町駅ホーム）	「工学士菅村丂三君遭難記念碑」（山口県の人、北越鉄道の技師。積雪時の執務中に殉職）北越鉄道職員、明治 35 年建立。 昭和 53 年駅長村山秀次らが再建。駅舎側ホーム。名前の読み方不明。
鈴木昌司	吉川区代石（鈴が丘）	鈴木昌司顕彰碑（自由民権運動において自由党系の中核として活躍。大正 9 年、衆議院議員に当選）昭和 7 年、吉川村有志建立。
瀬尾玄弘	西城 3（知命堂病院）	「瀬尾玄弘翁頌徳碑碑」[寿蔵碑]（知命堂病院創始者）増村度次撰文并書、榊原政敬篆額 大正 7 年建立
関根干城	頚城区下三分一	「顕功碑」（南川村長、明治 30 年保倉川の増水に際して北越鉄道を破壊して危機を救う）渡部健蔵撰文、山岸俊蔵書 明治 33 年建立
関野貞	大手町（高田公園入口）	「碩学碑」（平城京、古社寺研究の第一人者。『朝鮮古蹟図譜』はフランス学士院賞を受賞）撰文の意匠は、伊東忠太、書は法隆寺館長佐伯定胤。冒頭に「高田に碩学あり、工学博士関野貞先生これなり…」大正 15 年建立。（付）平壌郊外の楽浪郡治址に「関野先生永思碑」が立つ。
染谷鉄丸	東本町 2（東本町小学校）	「染谷鉄松先生之碑」（教育者）倉石武四郎撰文、小倉右馬書、川合直次篆額
高橋佐平	春日新田	高橋佐平碑（謡曲の師匠）相馬御風撰、浅野松涛書 昭和 8 年門人建立
滝沢茂吉	柿崎区北黒岩	「滝沢茂吉功徳碑」（黒岩用水開削、犀ヶ池の開発の功労者）明治 36 年完成
竹田勘平衛	名立区杉野瀬（旧下名立小学校）	竹田勘平衛の碑（名立川上流幸倉から大菅に至る用水「竹田用水」を開削）新潟県知事岡田正平題字 竹内沈鐘書 昭和 26 年建立
田中文雄	安塚区高沢	「田中文雄先生殉難之碑」・「胸像」（濁流に流された児童とともに殉職）川合直次撰文 昭和 11 年建立（国道 403 号脇）。胸像は豊坂小学校校庭（現、やすづか自由学園）に建立。（付）大阪城「教育塔」（昭和 11 年完成）に最初の御霊として祀られる。
谷内九八郎	春日山 1（町内会館）	「谷内九八郎碑」（春日村村長、昭和 2 年の豪雪において現職にて殉死）塚田十一郎揮毫、中沢正治撰文 昭和 29 年建立
田村英玄	新光町 1（神明宮）	「田村英玄翁像」教育者 題字、上越市長植木公 レリーフ制作、浜口剛 昭和 60 年建立
高橋達太	中央 3	直江津の石炭王と称さる。ライオン像のある廻漕店。洋風建築としては上越最古。
塚本湛生	牧区岩神（福楽寺）	「塚本湛生墓」（薬草に通じ村人の医療に尽くし狢医者と称さる） 羽深修造、羽深順作 西山寿平治、明治 31 年建立
徳田矩行	寺町 2（常栄寺）	「徳田矩行教育頌徳碑」
東洋越陳人	国府 1（光源寺）	「画仙東洋越陳人翁之墓」（本名；服部郡平、三和区野に生れる。医業を学ぶため長崎に赴くも、絵に興味を持ち山水画を学び、郷里に戻り作品を残す）、世話人光源寺住職、大正 11 年墓碑建立
富永仙八	三和区神田	「富永君墓銘」（眼科医、文人、墨客との交流を重ねた風流文化人）南摩綱紀撰 明治 39 年
富永孝太郎	（旧上越総合病院敷地）	富永孝太郎寿像碑（富永家の木造像のレプリカ銅像） 平成 18 年病院が新築移転のため現在保管中。衆議院議員、新潟県農協会会長、新潟県信用組合連合会会長、上越総合病院開設功労者。
東條琴臺	大手町（榊神社）	「琴臺東條先生之碑」（高田藩儒者、詩文の造詣深く書を能くす）森林太郎（森鴎外）撰 西園寺公望篆額、中根半湖書、世話人清水広博 大正 10 年建立

長岡外史	金谷山公園（スキー資料博物館）	「長岡外史像」（第十三師団長、レルヒと共に当地にスキーを伝える）
中川源造	南城町（高田農業高校）	「中川源造君功徳碑」（高田新聞の創立、信越鉄道開通に尽力、高田町長を務め衆議院議員に当選）川合直次撰并書、前総理大臣若槻礼次郎題額。昭和 8 年建立
中川左門	牧区大月（はばたきの丘）	「中川先生の碑」（地域の教育に尽力）増村度次題額・金井長松撰、牧井安明書 昭和 9 年
中川彩	牧区神谷	「中川彩氏の像」（農業協同組合運営）牧村農業協同組合長西条寛撰、新潟県知事君健男題字、 県内有志、昭和 58 年建立
永田道伯	板倉区高野（永田家）	「永田道伯頌徳碑」（高田藩、本道医 [内科医] 道順に入門し、医業を修め、嘉永元年に開業）明治 14 年建立
長野宇平治	寺町 3（長遠寺）	「長野博士頌徳碑」（工学博士、日本銀行を設計監督、佐々木信綱の指導で短歌を詠む）佐々木信綱撰、岡山尚陰書、日本銀行総裁結城豊太郎題額　昭和 12 年建立
中村三代太郎	上雲寺（上雲寺小学校）	「頌徳之碑」（上雲寺小学校初代校長、退官後、板倉村村長を務める）
中村柳坡	柿崎区米山寺	「中村柳坡翁碑」（井部香山について学び家塾を開く）文学博士重野安繹撰、金井之恭書 枢密院顧問福島種臣篆額　明治 25 年建立
西山寿平冶	牧区小川	「西山寿平冶翁頌徳碑」（牧村村長、県議会議員宮口線整備に尽力）増村度次撰、世話人：小川・国川両里人 大正 7 年建立
野口常保	滝寺（赤坂山）	「野口常保先生碑」（関流算学の師）明治 11 年、弟子建立
野股佐平治	米岡	「野股佐平治君碑」（中江用水統括）山岸俊蔵撰并書、明治 27 年建立
濃野忠治	牧区山口	「濃野忠治殉職之碑」宮沢貞治撰、昭和 17 年平田幸作建之
長谷川八郎	脇野田（脇野田駅前）	「故長谷川八郎君之碑」（脇野田駅新設に尽力）鉄道大臣内田信也書 昭和 9 年建立
羽深父子	牧区桜滝	「羽深父子の頌徳碑」（牧村農業協同組合の運営に尽力）　渡辺庸一郎撰・書　牧村農業協同組合昭和 36 年建立
服部素堂	浦川原区釜淵	「服部素堂之碑」（幕末、寺子屋を開き、明治になり顕聖寺小学校開校に尽くし、道路開削に意を注ぐ）南摩綱紀撰并書、女子師範学校校長貴族院副議長細川潤次郎篆額。明治 24 年建立
濱谷朝	大潟区渋柿濱（専念寺）	「寸雪庵茶筅塚」濱谷朝は写真家濱谷浩の妻、茶人であり「寸雪庵」は茶室の名前。なお、名付け親は堀口大学。専念寺の住職は、寸雪庵において茶道の指南を受ける。師匠濱谷朝を偲び「茶筅」塚を建立。塚の揮毫は会津八一（渾斎）。参考；濱谷朝の随想記として『女人日々』あり
平田早苗	清里区（菅原招魂社）	「平田早苗像」（高田新聞、新潟日報など言論界を経て県会議長に）製作者；多摩美術大学教授早川純一郎、昭和 43 年建立
平野秀吉像	西城 1 （上教大付属小）	「平野秀吉像」（高田師範学校国漢の教官、万葉集の研究家。製作者；池亀輝治（高田師範卒）、撰丸山林平（前同）、昭和 9 年建立。本像は戦時の金属供出対象となり、戦後、昭和 26 年、新潟大学教授戸張幸男により再建。
福永十三郎	中央 4（福永神社）	「福永十三郎君紀功之碑」芹渓渡邊巌撰文并書 明治 15 年建立
藤野才一平	板倉区萩平玄藤寺	「泉勇仙心」（藤野才一平は石油開発に尽力）明治 10 年、当村有志立
藤田橘斉	板倉区針（藤田家）	「藤田橘斉顕彰碑」（藤田家は代々医業を継ぎ、橘斉は医師であり漢学の師であった）嘉永元年建立
藤縄清治	大潟区土底浜（藤縄家）	「藤縄清治像」戸張幸男制作　昭和 31 年。　藤縄清治は県会議長、大潟町町長。柿崎の三上廉平と協力して帝国石油を動かし潟町ガス田の開削に成功。また、大潟土地改良区理事長として潟川・新堀川工事に取組み江戸時代よりの 300 年の悲願を解決した。（参考）三上廉平は生前、戒名は「開発院ガス石油居士」にせよとのエピソードを残したが、浄善寺の法名は「謙徳院釈教真」。

布施義顕	頚城区森本	「布施校長頌徳碑」（明治南小学校初代校長）大正９年建立
布施定六	浦川原区大平	「布施定六翁表徳碑」（文久年間、米騒動の危機に際し、関係双方に対し説得に務め末遂に治めた）樋口敬之撰文并書、榎本武揚篆額
布施正次	吉川区尾神	教育頌徳碑
古澤文太郎	清里区上田島	「頌徳碑」（菅原村初代村長、県議会副議長を歴任。道路の開設、昇格に尽す）県会議長平田早苗揮毫
牧野虎雄	西城１	「画人牧野虎雄誕生之地」（洋画家、帝展審査委員、多摩美術学校洋画科主任を務める）
丸沢常哉	富岡（安証寺）	「満鉄中央試験所長丸沢常哉誕生之地」（石炭液化、冶金化学、電気化学の研究に努力、戦後も中国の発展に貢献）平成５年、顕彰碑建設会建立
丸山豊冶郎	清里区武士	「奇功碑」（高田日報社創立、衆議院三期、地元諸問題として、水利権の設定、利集水事業、道路整備に尽力） 昭和８年建立
宮川胆斉	寺町（孝厳寺）	「膽齋宮川頼安君墓」（名は頼安、精義堂塾主、水戸派の学風を継ぐ、明治 15 年没）東京大学教授島田重禮撰文
宮崎誠実	三和区宮崎新田	「誠実翁碑陰之碑」（宮崎新田一帯は江戸後期、田村の宮崎家が拓いた。誠実もこれを引き継ぎ豊かな地にした）南摩綱紀撰文
宮本正尊	頚城区百間町	「顕彰碑 [一色一香　無非中道]」（仏教の実践哲学 [中道哲学] を研究。宮本沙海書、平成９年建立
宮尾辰男	中郷区（中郷小学校）	「オリンピック選手宮尾辰男君を送る歌」。1956 年コルティナダンペッツオ冬季オリンピック大会出場、 種目クロスカントリー　日本曹達所属　上石巌書　昭和 31 年
村松蘆渓	大貫（医王寺）	高田藩の儒者
柳沢徹隆	高崎新田（諏訪神社）	「柳沢徹隆翁之碑」川澄農治揮毫　昭和 48 年
吉原久造	清里区北野	「吉原久造頌徳碑」（郡会議員、観光事業を推進）昭和 35 年、清里村観光協会
和久井太三郎	寺町２（光樹寺）	「和久井太三郎先生壽碑」（謡曲、茶の湯の師匠）題字犬養毅、台石に献碑銘あり書は小倉右馬。大正 14 年、門人「謡曲、茶の湯、囲碁有志一同」の発起で建立。
渡辺芹渓	西本町３（府中八幡宮）	「渡辺芹渓碑」（府中八幡宮の社家に生れ、社務の傍ら国漢の学塾を開く。書道、茶道に練達、謡曲に通じ、八幡先生と称される。
渡部健蔵	南城町（高田高等学校）	「魯庵渡部先生碑銘」（藩校修道館教師、高田中学校校長、中頚城郡長を歴任）江坂熊蔵撰、南雲清策書、前島密篆額、門人故旧、大正４年建立

4　記念碑・史跡碑・像・案内板

碑名	所在地	碑題・撰文・書写名・篆額など
安国寺跡石柱	西本町２	「史跡安国寺跡」越後府中文化を代表する寺院。上杉景勝の移封に伴い会津に移る
赤煉瓦の異人館	港町２	「赤煉瓦の異人館」案内板明治 30 年、駐日アメリカ公使エドウイン・ダンの洋館跡。
稲荷山古墳群・南山古墳群	下馬場	「案内板」７世紀前半の二つの古墳群が並存。
上杉時代の環濠屋敷	三和区井ノ口	「案内板」上杉時代の村の中心豪族の屋敷。環濠をめぐらし防衛した屋敷。
小栗美作居住地跡石柱	大手町（高田公民館脇）	「史跡小栗美作居住地跡」小栗美作は越後中将松平光長の家老、頚城の開発に尽力。光長の嫡子綱賢が病死し、跡継ぎ問題をめぐりお家騒動（越後騒動）により関係者は処分、高田藩は改易。
御館跡石柱	五智１	「史跡御館跡」戦国期越後府中の中心で政庁が置かれた。御館の乱で消滅した
鏡ヶ池	五智４	親鸞聖人旧跡
兜（伝源義経）（1）	中央５（観音寺）	義経伝説義経記義経が投宿して兜を残した。（兜池）
兜（伝源義経）（2）	寺町２（華園寺）	観音寺と同じ言い伝えがある。元、華園寺は観音寺の場所にあり高田開府で移転した。
上田島火葬場跡供養塔	清里区上田島	「上田島火葬場跡」昭和 62 年毘沙門院による法要。
カクレ小口阯	本城町（高田公園）	「カクレ小口阯」昭和 13 年旧高田師範学校同窓会創立四十周年記念事業として高田城址跡鳥瞰図、標柱１１個を寄付。小口は虎口。

潟町開駅記念碑	大潟区（神明宮）	「潟町開駅弐百五拾年記念碑」潟町宿は、黒井・柿崎の両宿から高田藩に設置願いが出され、常時役夫25人、馬25匹を備える駅として設置された。明治41年（1908）、開宿250年を祝して記念碑を建立
潟町市場開設免許許可記念碑	大潟区潟町	「謝恩碑」内藤左八郎翁の顕彰碑大正12年増村度次撰、書
学校関係記念碑（1）	西城1（上越教育大付属小）	「公孫樹下の八十年」（高田師範学校、新潟第二師範学校、新潟大学高田分校の沿革）、昭和57年公孫会建立
学校関係記念碑（2）	頚城区手島	「明治中学校閉校記念碑」松縄蔀書、昭和54年建立
学校関係記念碑（3）	頚城区千原	「大瀁中学校閉校記念碑」吉崎太一書、昭和54年建立
学校関係記念碑（4）	五智3（国分寺）	「国分小学校発祥の地」
学校関係記念碑（6）	清里区青柳	「青柳分校閉校記念碑」百余年学び舎の灯消えされど心の母校永遠に不滅なり
学校関係記念碑（7）	清里区菅原	「菅原小学校跡の碑」「門柱」（旧菅原小学校正門）
学校関係記念碑（8）	牧区小川（風巻神社前）	「國川校舊在之碑」明治6年閉校
学校関係記念碑（9）	牧区小川（旧牧分校跡地）	「蛍雪之碑」西条寛書平成5年安塚高校牧分校閉校記念実行委員会
学校関係記念碑（10）	牧区小川（牧小学校）	「全日本健康優良学校全国特別優秀校表彰記念」県知事君健男書昭和56年
学校関係記念碑（11）	牧区原（旧原校跡地）	「つよく正しく百周年記念碑」牧村長高波一三書昭和49年
学校関係記念碑（12）	牧区原（旧原校跡地）	「小学校改築記念」明治32年
学校関係記念碑（13）	牧区原（旧原校跡地）	「閉校記念碑原小学校の跡」木村廣書平成8年
学校関係記念碑（14）	牧区棚広（旧宇津校跡地）	「やりぬく子ども」昭和57年同窓会
学校関係記念碑（15）	牧区高尾（旧高尾校跡地）	「高尾校百周年記念」昭和49年
学校関係記念碑（16）	牧区高尾（旧高尾校跡地）	「高尾校跡地」平成元年
学校関係記念碑（17）	牧区切光（旧川上校跡地）	「川上小学校之跡」平成6年
学校関係記念碑（18）	牧区大月（旧沖見校跡地）	「沖見小学校之跡」平成9年
学校関係記念碑（19）	牧区（はばたきの丘）	「記念公園はばたきの丘」昭和50年
学校関係記念碑（20）	牧区（はばたきの丘）	「大空にはばたけ」昭和50年
学校関係記念碑（21）	三和区本郷（美守小学校）	「心身健やかに」県知事平山征夫書平成6年すこやか賞受賞記念
学校関係記念碑（22）	三和区今保（上杉小学校）	「よろこびに満つ」昭和61年保健康全国優良学校受賞記念
学校関係記念碑（23）	頚城区花ヶ崎	「花ヶ崎校跡碑」旧明治小学校、明治49年建立
学校関係記念碑（24）	頚城区手島	「明治小学校百周年記念碑」
学校関係記念碑（25）	頚城区森本	「手島分校跡布施校長頌徳碑」昭和49年
学校関係記念碑（26）	頚城区手島	「明治中学校閉校記念碑」昭和54年
学校関係記念碑（27）	頚城区千原	「大瀁中学校閉校記念碑」昭和55年
学校関係記念碑（28）	頚城区玄僧	「明治東小学校閉校記念碑」、旧明治東小学校昭和49年建立

学校関係記念碑（29）	大貫（高田西小学校）	「のびる子供」像
学校関係記念碑（29）	大島区大平	「心身健康日本一」（健康優良学校受賞記念の碑、昭和 51 年度）、文部大臣小川平二書
学校関係記念碑（30）	夷浜	「夷濱校跡」（明治初年の学制施行当初の学校）
学校関係記念碑（31）	木田 3（高志小学校）	「高志ヶ丘」昭和 52 年新築記念碑新進商事（株）
上田島多目的広場記念	清里区上田島	平成 16 年同窓会建立
川浦代官所跡	三和区川浦	「川浦代官所跡」（川浦稲荷）頚城天領の中心として貞享元年〈1684〉創設された。最盛時 449 ヵ村 82 千石。36 代 116 年間支配。
簡易水道整備記念碑	板倉区山越	「水道通水記念碑」、田中省三撰文、竹内忠雄書昭和 34 年建立
紀元二千六百年記念(1)	牧区桜滝	「紀元二千六百年記念塔」
紀元二千六百年記念(2)	清里区菅原（菅原神社）	「紀元二千六百年記念塔」
紀元二千六百年記念(3)	春日新田（春日新田小学校）	「紀元二千六百年教育勅語渙発五十周年記念」
基盤整備記念碑（1）	板倉区高野	「天時人和」亘四郎（知事）書、昭和 48 年建立
基盤整備記念碑（2）	三和区今保	事業期間、昭和 37 ～ 44 年完工
基盤整備記念碑（3）	大島区足立	兼営地すべり対策
基盤整備記念碑（4）	大島区嶺・田麦	「竹平団地造林記念碑」里山開発パイロット事業
基盤整備記念碑（5）	頚城区大池	「土地改良記念塔」新潟県知事亘四郎書、昭和 44 年建立
基盤整備記念碑（6）	高士	「農魂之碑」高士地区圃場整備完工碑、昭和 52 年建立
基盤整備記念碑（7）	北城町	「風雨中島耕地」中島田圃場整備完工碑
基盤整備記念碑（9）	板倉区	「天恵地利人和」板倉第二区圃場整備完工
基盤整備記念碑（10）	清里区菅原	「農魂の碑」昭和 49 年建立
基盤整備記念碑（11）	清里区上中条	「圃場記念碑」事業期間、昭和 54 ～ 57 年
基盤整備記念碑（12）	清里区梨平	事業期間、昭和 56 ～ 61 年
基盤整備記念碑（13）	清里区東戸野	「圃場記念碑」事業期間、昭和 57 ～平成 3 年
基盤整備記念碑（14）	清里区青柳	「農魂の碑」平成 17 年事業完了
基盤整備記念碑（15）	清里区上田島	「記念碑」上田島多目的広場完成碑平成 4 年
基盤整備記念碑（16）	牧区宮口	「土地改良記念碑」題字高波一三書、区長梨木久一ほか、昭和 53 年建立
基盤整備記念碑（17）	牧区平方	「土地改良記念碑」題字中川耕平書、宮内浩一はか 16 名、昭和 63 年建立
基盤整備記念碑（18）	大島区菖蒲	「開墾記念」（大野団地開墾記念の碑）、昭和 9 年完了
基盤整備記念碑（19）	清里区梨平	「清滝川砂防ダム記念碑」
宮城遥拝標柱	清里区菅原	「宮城遥拝標柱座」
教育勅語碑	春日山〈春日山神社〉	「教育勅語」全文を刻印昭和 51 年建国記念日奉祝会
草競馬記念碑	板倉区寺野	「幼駒場」豊岡重治・池田杉松、昭和 9 年建立
黒保遺跡	清里区馬塚	縄文前期から晩期の遺跡明治 43 年発掘調査
建国記念日制定記念碑	大手町	「建国記念日制定記念碑」従三位篠原誠一郎書
郷津（港）	郷津	「史跡郷津」郷津港、越後国府の国府津で、戦国時代は春日山城の兵站基地、江戸時代は直江津今町港の避難港となる。
庚申塔	板倉区関田	上関田記念銘碑 3 基、下関田 4 基
五ヶ条ノ誓文碑	教育大付属小	「明治天皇追悼五ヶ条誓文之碑」一、廣ク會議ヲ興シ萬機公論ニ決スヘシ（下略）。中根聞書
小町問屋街跡碑石柱	本町 6	「史跡小町問屋街跡」小町は「小町三町」と呼ばれ上・中・下の三町に問屋が置かれた。

子持勾玉	青野十文字（富士川神社跡）	「子持勾玉」案内板実物は上越総合博物館大正 12 年発掘（旧森成コレクション）
犀浜の製塩	西ヶ窪浜	揚浜式製塩法
三分一原古戦場碑	頚城区三分一	「三分一原合戦地碑」
三郷解村碑	天野原新田	「三郷解村碑」知事岡田正平篆額村長小山元一撰文木村秋雨書昭和 30 年
至徳寺跡石柱	東雲町 2	「史跡至徳寺跡」徳泉寺門前
集落関係記念碑（1）	牧区落田（落田神社）	「落田之碑」大字落田施行記念、牧村長高波一三書、昭和 50 年集落一同建立
集落関係記念碑（2）	牧区柳島（柳島神社）	「柳島大字設定之碑」昭和 31 年大字柳島集落民一同
集落関係記念碑（3）	牧区棚広	「当村元祖之墓」慶応元乙丑年当邑羽深氏
集落関係記念碑（4）	大島区嶺	「嶺集落閉村の碑」
集落関係記念碑（5）	寺町 3	「土橋村発祥記念」昭和 40 年住居表示法施行により寺町 3 丁目に編入
集落関係記念碑（6）	大潟区渋柿浜	「渋柿浜村」碑
集落関係記念碑（7）	頚城区上増田	「明治村碑」村長堺俊治書昭和 32 年
消防組合記念碑	板倉区達野（貯水池）	「先公後私」（増村朴斎書）、昭和 7 年、達野消防組合鈴木菊五郎建立
正心学舎の跡	横曽根	南摩羽峯の私学。岡田保、増村度弘、室孝次郎、小林百哺等に影響を与えた。
菅原古墳	清里区菅原（菅原神社）	「史跡菅原古墳」県指定史跡新潟県最大規模の前方後円墳
住吉神社石灯籠	住吉町	阿波の国藍商人手塚六三郎、江之島屋利助が奉納安政 2 年
対面所跡石柱	大手町（榊神社）	「史跡対面所跡」松平光長の別邸。明治初年、高田藩知事となった榊原政敬はここで政務を執り行った。
高田事件記念碑	金谷山公園	「明治十六年国事犯高田事件記念碑」「史跡高田事件記念碑」並列鉄窓会建立
高田銭座跡石柱	東本町 5	「史跡高田銭座跡」銭貨を鋳造。
田端町	仲町 3	「史跡田端町」平成 15 年火災に遭い現在市役所に保管中。
高士古墳群	南方	「史跡高士古墳群」竪穴式石室
町村合併記念碑（1）	頚城区上増田	「明治村碑」廃村記念昭和 32 年頚城村に統合
町村合併記念碑（2）	板倉区玄藤寺	合併記念造林碑井手農相揮毫
町村合併記念碑（3）	牧区神谷	「沖見村役場跡の碑」昭和 62 年地区民有志
町会所跡	本町 3（本町駐車場入り口）	「史跡町会所跡」
時の鐘	南本町 3（瑞泉寺）	「史跡時の鐘」瑞泉寺の梵鐘は藩政期、呉服町に置かれた時を告げる「時の鐘」であり、高田姫が鍋屋町の土肥左平衛に鋳造させたものであった。 「佐渡に迄きこゆ鐘とや秋日和」白民
戸野目陣屋・郷蔵	戸野目	「戸野目陣屋・郷蔵」案内板天領の陣屋と米蔵。
富川保	上富川	南北朝から室町前期の「保」。案内板
どんどの石井戸	大潟区九戸浜	弁天池の清水池に石の井戸跡と鳥居がある
直江津モニュメント	港町 1（佐渡汽船前）	「直江津」モニュメント鋼鉄製で上越最大規模の記念物、ハマナスの蕾、米、雪の結晶、魚などのオブジェ題字植木公、作者田辺光彰 昭和 63 年、直江津ローターリークラブ建立
日露戦役出征記念	板倉区曽根田	日露戦役 14 名出征記念（諏訪神社）
日清・日露戦役記念	牧区宇津俣	佐藤兵治外 9 名出征
日中戦争凱旋記念	牧区棚広	「菱神社」綿貫清隆書紀元二千六百年日中戦争凱旋記念羽深信治外 12 名
農協記念碑	牧区柳島	一人は万人のために万人は一人のために
農地解放	板倉区高野	農地集団化記念

母子の像	本城町（高田公園）	「母子の像」高田市長川澄農治書、滝川美一作昭和 34 年「みどりの会」満 10 周年記念
人柱供養塔	板倉区猿供養寺	「人柱供養塔」地すべり資料館
百間堀跡	南本町 1	「史跡百間堀跡」百間堀は一部が残存する。
布施長者伝説	長者原	「布施長者伝説」案内板
歩兵第 58・30・130 連隊兵営跡記念碑	南新町（連隊兵舎入口）	「歩兵第五十八・三十・百三十聯隊兵営跡記念碑」生存戦友建之昭和 44 年（裏面に連隊沿革碑）、「歩兵第 130 連隊の歩み碑」並立
宝暦の地震の供養塔	寺町 3（海隣寺）	「大地動□□萬霊之塔」
坊ヶ池開発記念碑（1）	清里区坊ヶ池	「坊ヶ池整備事業竣工記念碑・龍神の池にさざ波光り大地にこがね波打つ」保阪一成書
坊ヶ池開発記念碑（2）	清里区坊ヶ池	「記念碑」田中彰治書
奉納戦捷記念燈	下門前（諏訪神社）	「奉納戦捷記念燈」明治 38 年日露戦役建之
本誓寺跡	佐内	「本誓寺跡」案内板
町奉行所跡	大町 2	「史跡町奉行所跡」東北電力高田営業所敷地内
水科古墳群	三和区水科	「史跡水科古墳群」古墳時代後期の横穴式石組石郭円墳、国指定史跡
宮口古墳群	牧区宮口	「史跡宮口古墳群」古墳時代後期の横穴式石組石郭円墳、国指定史跡
本長者原廃寺跡	長者原	国分寺跡との説がある。
矢代川改修記念	石沢	「矢代川改修記念碑」新潟県知事坂仲輔撰文
遊廓開設記念碑	北本町 2	「遊廓開設記念碑」（陀羅尼八幡宮）
養爺清水	五智 3（国分寺）	「親鸞聖人旧跡やう也清水」国分寺境内親鸞聖人が，竹之内草庵で暮した時に、飲み水や炊事や硯・筆を洗う水に使ったとの伝承がある。
用水整備記念碑（1）	板倉区	「上江用水開削記念碑」（上江用水記念公園）
用水整備記念碑（2）	浦川原区	「地潤流碧」用水完成記念
用水整備記念碑（3）	浦川原区顕聖寺	「顕聖寺堰堤工事記念碑』石黒長五郎書、大正 5 年建立
用水整備記念碑（4）	頸城区塔ヶ崎	「大池溜池組合記念碑」堺俊治篆額、市村重雄書、昭和 28 年建立
用水整備記念碑（5）	頸城区鵜ノ木	「大瀁用水記念碑」渡辺慶一撰文、小林澄仙書
用水整備記念碑（6）	頸城区両毛	「南谷用水記念碑」
用水整備記念碑（7）	三和区川浦	「上江用水開設記念碑」
用水整備記念碑（8）	正善寺	「正善寺ダムの碑」人は水を治め水は人を潤す：植木公
用水整備記念碑（10）	板倉区	「福田底樋伏設記念碑」小原新三書（新潟県知事）、中江用水組合（立）（別所川の上を「掛樋」通水していたのを「伏樋」に改善。
用水整備記念碑（11）	板倉区大池	「池恩碑」久々野・大池・機織三集落を潤す大池溜池に感謝
用水整備記念碑（12）	牧区棚広	「棚広用水碑」昭和 43 年棚広用水組合
用水整備記念碑（13）	牧区下昆子（白山神社）	「三ヶ村用水記念碑」「松野氏労赤心投資財…」天保 13 年建立を平成 3 年現在地に移転
用水整備記念碑（14）	牧区東松ノ木（一念寺）	「大地」松野純孝書平和講 30 周年記念昭和 57 年平和講講員一同
用水整備記念碑（15）	牧区倉下（十二神社）	「用水記念碑」為大塚七郎君難波多四郎君大正 7 年区長大塚清蔵
用水整備記念碑（16）	牧区田島（田島神社）	「用水遺愛塚」宮沢勇治書明治 11 年田島邑中
用水整備記念碑（17）	三和区善言谷	「多能用水溜記念碑」北村一男知事書
用水整備記念碑（18）	清里区東戸野	「長池改修記念碑」（県営工事）、昭和 45 年完成
用水整備記念碑（19）	三和区下百々	「竣工記念碑」新潟県営ほ場整備事業平成 21 年建立
用水整備記念碑（20）	重川	「重川地区事業完了記念碑」平成 14 年
用水整備記念碑（21）	上千原	「上千原地区第 2 号揚水機場竣工記念碑」平成 13 年

用水整備記念碑（22）	桐原	「桐原堰改築記念碑」平成 14 年
用水整備記念碑（23）	東中島	「東中島地区第 1 号揚水機場竣工記念碑」平成 15 年
用水整備記念碑（24）	真砂	「真砂堰用水組合解散記念碑」平成 14 年
用水整備記念碑（25）	四辻町	「常照の記念燈」
用水整備記念碑（26）	大潟区犀潟	「新堀川開削由来記碑」渡辺慶一撰文浅野平四郎書昭和 27 年 川岸の遊歩道・サイクリングロードの入口に「先人の努力により美田化された新堀川潟川農耕地、今はなつかしい田植風景碑」がある
用水整備記念碑（27）	大潟区犀潟	「新堀川暗渠排水工事竣工記念碑」、「竣工記念碑」岡部三郎書
用水整備記念碑（28）	長者原	「大道用水跡」新長者原から下門前までの旧用水路。12 キロ、受益面積 246 ヘクタール。
老母屋敷阯	春日山〈春日山神社）	「老母屋敷阯」上杉謙信母の屋敷阯

5　師匠・親方の碑・像・案内板

氏名	所在地	名称・参考事項・建立者・建立年
（筆塚）		
飯田玄順	牧区岩神	「筆塚」・「近思堂門人建之」元治元年建立
石田孫次衛門	頸城区下中村	「一道貫之碑」寺子屋師匠、文政 3 年建立
石田指川	浦川原区顕聖寺（顕聖寺）	寺子屋師匠、明治 12 年、門人建立
石塚仙堂・石塚菱畝	五智 3（国分寺）	「仙堂菱畝筆塚」（壽碑）昭和 43 年建立
壱岐文弥生	中郷区片貝	表面「壱岐文弥墓」裏面「紀州三重県下鵜川原村父壱岐文太夫長男壱岐文弥明治 11 年没」壱岐父子は「伊勢先生」の愛称で呼ばれていた。建立者、学黌生中（台座）。
伊野宮長徳	吉川区梶	「伊野宮長徳先生墓石碑」医業の傍ら塾を開き、学制施行に伴い授業生ととなり邑の子弟の教育にあたる。明治 33 年、墓碑が建立され、裏面に人となりが刻されている。撰文併書は渡辺巌。
井部米峰	吉川区西野島（井部家）	「井部翁之碑」門人田中穆撰文併書。明治 7 年建立
井部和太郎	浦川原区上岡	「筆塚」
今井法順	牧区大月（領見寺）	「筆塚明治六年建立父子相伝」（領見寺住職）明治 6 年建立
池田顕明	安塚区真萩平（妙玄寺）	池田顕明は生家の妙玄寺で寺子屋の師匠を勤めるも、明治 14 年、26 歳で夭折。同寺の墓所に筆塚 が建立さる。なお、学制施行により寺子屋は学校に引き継がれる。
岩野正雄	大島区大平	「筆塚」
上野潤斉	頸城区中柳町新田	「上野潤斉の墓」（昌平黌に入り安積艮斎に学び帰郷し集義塾を開き門人を指導）
上原幸内	板倉区栗原	「筆塚」明治 12 年建立
牛木金蔵	後谷（松村菊春家）	明治初期
遠藤権四郎	木島	「筆塚」
江口寿平	大島区菖蒲	「筆塚」
江口諦聴	大島区菖蒲	「筆塚」
大島善吉	儀明芋畑	文政、嘉永年間、大島武治家
大貫筆塚	大貫（重円寺）	江戸時代屋号「おししょうさん」
大貫筆塚	大貫（医王寺）	江戸時代
大貫筆塚	大貫（七観音）	江戸時代

太田治三郎	吉川区山方	「忠信篤敬勤此語代碑銘以頌太田治三郎先生遺徳」。(明治・大正30余年間、郷土の教育に尽力) 増村朴斎撰并書、大正15年建立。
岡沢米蔵	頚城区中城	「岡沢米蔵筆塚」明治28年建立
角澤文三郎	中央4(泉蔵院)	「松華亭先生筆塚」明治16年門人中建立
風間義直	下正善寺	明治時代
風間信居	中正善寺	明治時代
金子龍蔵	頚城区柳町新田	「宮城流金子龍蔵碑」(私塾、算法師匠)慶応4年建立
金子里山	上千原	「筆塚」
金子俊清	浦川原区飯室	「筆塚」
川澄修平	石沢	「筆塚」
上正善寺筆塚	上正善寺	「筆塚」
北島新五衛門	安塚区本郷	天保15年建立(安塚区において最も古い筆塚)
公田権右衛門父子	中郷区片貝	「龍と龍影やかげろう塚の上鱗二」伊勢国、津藩士公田父子が当地に留まり、塾を開いて子弟を教導した。公田父子が当地を去るにあたって片貝村・江口村の有志が嘉永3年、本碑を建立。
倉石侗窩塾跡碑	東本町2	「済美堂」篆額揮毫者不詳、背面に塾の由来が記るさる。
古海岩吉	板倉区曽根田	明治44年建立
近藤彦左衛門	牧区国川(近藤家跡地)	「筆塚近藤彦左衛門門人中」、近藤彦左衛門明治15年建立
近藤嘉平次	小滝	近藤嘉壽直家安政元年から文久3年頃まで習字
近藤勘十郎	安塚区須川	「筆塚」
甲野喜作	名立区丸太	「甲野喜作先生碑」糸魚川中学校に勤め学生を指導。自宅において私塾「此文館」を開設し漢学を講じ地域の人材を育成
郡氏	灰塚	「筆塚」黒田小学校北方の丘の上の建立江戸時代から明治初期台石に門人中
斉藤奥次郎	飯(観善寺)	顕彰碑屋号「しょうさま」
佐藤官蔵	安塚区須川	弘化3年建立(法名を入れて築かる)
佐藤吉五郎	吉川区石谷	「佐藤吉五郎筆塔」明治12年建立
佐藤彦十郎	大潟区九戸浜(佐藤家)	明治24年、門人建立
釈慈寛	大島区仁上	「釈慈寛筆塚」明治28年建立
島田鼎治	寺町3(日朝寺)	「筆塚・島田」明治11年門弟建立
収兵	茶屋町	「筆塚」
菅原春住	牧区小川	「筆塚」
善導寺筆塚(氏名不詳)	寺町2(善導寺)	明治12年、門人建立
千名勇健	頚城区北方新田(最尊寺)	千名は、京都の高倉学寮で学び、「擬講」の学階を授けられ郷里に戻り 塾を開き、21歳から80歳まで講述。廟碑に「宝海尊者真宗学沙法門 解行規矩準縄」と見える。明治23年建立
千保道閑	牧区高谷	「筆塚・石工源右衛門」、安政6年建立
清輝	大潟区九戸浜	「筆塚」
積善塾	三和区今保(本善寺)	「北照先生正善先生門弟中」
大慈院境内の筆塚	頚城区日之出町(大慈院)	「筆塚」(師匠名不詳)裏面に清水治太郎外9名の名が記されている
竹内吉左衛門	吉川区山方	「釈聴聚筆子中建立」慶応2年建立
竹内角之丞	横曽根	「筆塚」
竹田法言	大島区下達	「筆塚」

武田二治	吉川区赤沢（赤沢神社）	「筆塚」塚主は竹田仁左衛門、後年「二治」と改名、自家に子弟の教育にあたる。明治 7 年建立
田中義貞	板倉区達野	豊前小倉藩の浪人、幕末〜明治初年において寺子屋を開く。明治 5 年、「筆塚」建立
高野	寺町 2（善導寺）	「筆塚」
竹内良平	安塚区坊金	「筆塚」
田辺先生	大貫（医王寺）	「筆塚」
滝寺筆塚	滝寺	「筆塚」
田中彦九郎	大潟区潟町	「泰翁塚」、慶応 2 年、筆子建立（旧国道、松岡河原屋所有地内）
塚田三良治	吉川区貝川	「塚田三良治先生筆塚」（書、田原謙斎）大正 8 年建立
長沢清左衛門	板倉区東中島	幕末期の人、嘉永 5 年建立
長門秀誓	吉川区東鳥越	「唯釈庵釈秀誓碑」大正寺住職長戸秀誓は、明治初年、寺子屋を開き読み書きを教え慕われた。明治 8 年、筆子中により建立
長沢清左衛門	板倉区南中島	「筆塚」
長崎筆塚	大潟区長崎	「筆塚」
中村	西松之木	「筆塚」
馬場彦右衛門	牧区今清水	「釈明願之墓、発起総社中天保辛丑建立」、天保 12 年建立
灰塚筆塚	灰塚	「筆塚」
原東敬	浦川原区中猪子田	「筆塚」
平山法観	吉川区平等寺（満願寺）	「筆塚」満願寺八世平山法観。明治 10 年建立（現在、満願寺は廃寺）
平原先生	佐内	
福田香雲	頚城区市村新田	「福田香雲碑」（私塾、自習館開設）明治 22 年建立
藤原閑斎	安塚区下船倉	開塾、弘化 2 年、閉塾、明治 8 年。門人 800 人に及ぶ。明治 24 年、顕彰碑建立（良寿居士撰文、県知事楠本正隆揮毫）
藤井寅吉	寺町 3（日朝寺）	「二代豊竹相模」浄瑠璃の師匠下田端相模太夫藤井寅吉明治 30 年門人中
布施民三郎	頚城区手島	「布施良毅先生筆塚｝（寺子屋師匠）明治 22 年建立
本多（氏名不詳）	頚城区百間町	「本多先生筆塚」（寺子屋師匠）明治 13 年建立
松苗源五郎	安塚区朴ノ木	松苗家は歴代塾を開き子弟の教育に勤める。明治 16 年建立
松野沖一郎	安塚区樽田	「筆塚」
丸山文蔵	板倉区山越	「春堂丸山三之蔵安政六年、門弟中敬建立之」幕末期の人、近在、数ヶ村の子弟を集め習字、漢籍を教える。
蓑和先生	安塚区板尾	「筆塚」
宮内民蔵	浦川原区横住（宮内家）	「筆塚」宮内塾（幕末期〜明治 7 年）明治 12 年建立
宮腰佐平治	板倉区不動新田	号賛山、明治初期、不動新田・機織・小濁の子弟に修身、習字、珠算、読書を教える
宮崎直和	吉川区赤沢（星野家）	「筆塚」宮崎直和は旧高田藩士で星野家において塾を開いた。明治 6 年筆子中建立
本山歴山	大島区仁上	「歴山先生筆塚」弘化 2 年、門人建立
本臼千代三郎	板倉区田井	「筆塚」
柳沢嘉七	大潟区土底浜（養性寺）	「墓内山山義」内山山義は、柳沢嘉七の号、寺子、安政 2 年建立
山田泰治	頚城区島田新田	「山田氏筆塚」（寺子屋師匠）明治 34 年建立
山田惟軏	大潟区長崎	「山田惟軏先生碑」門人中明治 17 年建立
矢野治右衛門	安塚区高沢	「筆塚」
安田宗利	大貫（医王寺）	「筆塚」

吉野寿作	大島区下達	「筆塚」
励芳華山	三和区山高津（入光寺）	「華山之碑」盈科塾昭和４年
渡辺九右衛門	牧区高谷	「筆塚千保道閑居士安政六巳未来」石工源右衛門、安政６年建立
渡部信応	新長者原	「筆塚」
（杜氏）		
石田忠義	頚城区鵜ノ木	「石田忠義顕彰碑」題字；国税庁醸造試験所長山田正一、昭和 28 年建立
石野武太郎	吉川区六万部	「石野武太郎寿碑」昭和７年建立
市村平治	吉川区原之町	「市村平治寿碑」大正 15 年建立
荻原七蔵	頚城区川袋	「荻原七蔵顕彰碑」橘幸平撰、浅野平四郎揮毫
大滝銀作	頚城区花ヶ崎	「大滝銀作顕彰碑」題字；中頚城郡長島田博、有志 182 名、大正８年建立
大竹軍八郎	頚城区両増田	「大竹軍八郎頌徳碑」昭和 28 年建立
上村重三郎	頚城区森本	「上村重三郎顕彰碑」昭和２年、「笑亀正宗」を宮中に献上）昭和５年建立
高倉丹蔵	吉川区西野島	「高倉丹蔵寿碑」大正 14 年建立
武田重作	頚城区森本	「武田重作顕彰碑」有志 250 名、昭和４年建立
内藤軍平	吉川区土尻	「内藤軍平翁寿碑」昭和７年建立
橋爪才吉	吉川区天神林	「橋爪才吉寿顕彰碑」明治 37 年建立
藤井兵作	吉川区泉	「藤井兵作寿碑」昭和 29 年建立
山崎貞吉	吉川区高沢人	「山崎貞吉寿碑」後年、衆議院議員、山梨県知事を歴任昭和 29 年建立
渡辺熊治	三和区塔の輪	「酒造杜氏渡辺熊治氏碑」藤井暉堂撰文并書、藤井酒造（長野市）昭和５年建立
（角力）		
朝日川碑	三和区水吉	大正５年建立
朝日山浅五郎	牧区岩神（鹿島神社）	「朝日山浅五郎」本名：岩角与吉、岩神青年団、前田貞斎（大正９年立）
荒瀧六郎	上千原	「荒瀧六郎之碑」大正期の草相撲力士「千歳野」の名で横綱を張る。引退後は年寄「荒瀧」を襲名。
荒緑	北新保	
飯の森重三郎碑	飯（宝陀羅尼神社）	陀羅尼町石工・玉吉
岩角与吉相撲塔	牧区岩神	岩角与吉鹿島神社大正９年岩神青年団・前田貞斉
浦錦	牧区宮口	大正８年世話人宮口青年中
榎木川	頚城区榎木	「榎木川」（大正 13 年立）
男山源助	板倉区上長嶺	江戸で活躍した力士。相撲地方巡業に尽力した。文久２年熊谷雅文宅
春日森	大豆２	明治 32 年世話人四ヶ所若者中
木村常之助	板倉区下長嶺	一市三郡の相撲協会の立行司、有志により建碑（昭和 28 年）
桐上権平・桐山金太郎	大潟区（潟町公民館）	江戸で活躍した力士。
桐ノ海長吉	大潟区（潟町公民館）	江戸で活躍した力士。
九代伊勢ノ海五太夫	大島区大平	「伊勢ノ海水五太夫江戸相撲角力小結」八代木鏡山勘太夫書、「伊勢ノ海手形」 本名：江口富治、昭和 22 年没。
越ノ森墓	三和区窪	明治 15 年建立
小町川墓	三和区野	明治４年建立
小紫碑	三和区水吉	大正２年建立
桜川友吉	大島区	嘉永５年秀ノ山雷五郎に入門。東幕下
桜木	大豆（春日山神社）	大正 13 年森ノ宮要蔵外
榊山	大潟区潟町	桐山繁蔵
新龍軍吉	三和区水科	明治 45 年建立
陣ヶ関利八	戸野目	江戸大相撲後帰郷して地方角道の為尽す。嘉永４年 80 余歳没。同家庭先に碑。
杉ノ音	名立区	「杉ノ音碑」

墨田川墓	三和区川浦	明治 13 年建立
相撲塚	三和区中野	明治 14 年建立
相撲塔	三和区川浦	明治 9 年建立
相撲日本海	三和区水科	昭和 15 年建立
曽根嵐（初代）	高士地区上曽根	
曽根嵐（二代）	高士地区上曽根	
外ヶ浜浪五郎	吉川区坪野	九代目春日山・春日山鹿右衛門を襲名。前頭 3 枚目。
高田川要吉（兄）	吉川区小苗代	高浜松之助と改名後、三代年寄鳴門を襲名。46 歳没。法名「松厳学楽信士」小苗代の逆修墓「高浜 松之助法名釈祐詮墓」背面「天保五甲午年首秋建立」
高田山	寺町 2（浄興寺）南口	「高田山」昭和 3 年高田山門人建立
立岩	寺町 2（浄興寺）入口	草相撲大関、42 歳から木村八之助と名乗り一市三郡の立行司となる。
谷風	牧区田島（田島神社）	「谷風」昭和 14 年
玉風	飯（宝陀羅尼神社）	昭和 46 年市川又蔵建立
中瀬川	頚城区下中村	
中の川	大豆（春日山神社）	明治 34 年中ヤシキ
広瀬川碑	三和区上広田	大正 6 年建立
藤ノ川繁司	大島区	飯田繁司十三代目春日山名跡を襲名。関脇。
万力墓 2 基	三和区川浦	明治 13 年建立佐藤勘右衛門・林十蔵
都川団八（弟）	吉川区小苗代	縄張綱右衛門と改名。四代年寄鳴門を襲名。
宮の森	中門前 1（林泉寺山門前）	林泉大禅書、嗣子高野銀太郎建立、昭和 25 年建立
吉野山	板倉区吉増	「吉野山」本名：山岸亀吉、一市三郡の草相撲の名士。門人一同立（昭和 20 年）
若之石	清里区北野	「若之石」本名：樋口称左衛門、慶応 3 年没、世話人小金石花五郎立（明治 22 年）

6　街道・道路関係碑・基点

名称	所在地	由来・建立者・建立年・関係事項・参考事項など
稲田口番所跡	東本町 5	「史跡稲田口番所跡」奥州街道の取締り。口留番所は藩内の人や物の移動を取り締まり治安を維持することが任務であった。城下には、稲田口、伊勢町口（南本町 1)、陀羅尼口（北本町 2）があった。
伊勢町口番所跡	南本町 1	「史跡伊勢町口番所跡」信州街道の取締り。現在「南無阿弥陀仏」の碑がある。
柿崎新町通りの道標	柿崎区五区	「右山みち左奥州道」
蟹田の道標	板倉区蟹田	「右山寺薬師に至る、左信州温井に至る」
春日新田駅跡	春日新田 3（春日神社）	前島密が明治 27 年「北越鉄道」を創設。明治 31 年に上越市「春日新田」から新潟市「沼垂」まで鉄道を完成した。「春日新田駅」は上越市の始発駅。関川に鉄橋が出来て廃駅となる。明治 40 年国有化で信越本線となる。上越市の「案内板」がある。前島密の鉄道への先見性を示す史跡。
春日新田宿場跡	春日新田西	「春日新田宿場跡」本陣。
金谷山方向盤	大貫金谷山	「方向盤」昭和 13 年旧高田師範学校創立四十周年記念事業
木田の追分地蔵	木田新田	追分地蔵は道案内と無事息災の守仏。木田地蔵の挙身「左かゝかいとう右いまゝちみち」。当初の明和 7 年の追分地蔵は左り半分が破損し隣接の諏訪神社に置かれている。
口留番所跡碑	牧区（上・下昆子の境界）	「口留番所跡碑」昭和 39 年旧牧村教育委員会
栗沢の追分地蔵	板倉区栗沢	栗沢地蔵の挙身「右猿供養寺村へ左山寺村へ」
黒井宿	黒井（本敬寺）	「黒井宿』案内板本陣、脇本陣などがあった。

御番所跡	牧区屋敷田	「御番所跡」大正 14 年上牧青年会中
小萱鉱泉への道標	柿崎区（米山寺）	「渡是北湯本道」
五智如来道標	五智 3（国分寺）	「左かゞ道五ち」台座に刻印文化 14 年中央部に亀裂あり。台座が動き不安定。
佐内の道標	佐内	「右さいみち左於う志う道」「さいみち」は在の村々への道
三角点（1）	黒井（黒井神社）	「一等三角点」北緯 37.11 度・東経 138.16 度標高 14.90m。外に山間部・菱ヶ岳、米山。
三角点（2）	名立区（シーサイドパーク）	「一等三角点」北緯 37.09 度・東経 138.06 度標高 13.51m。外に山間部・菱ヶ岳、米山。
三角点（3）	本城町（高田公園）	「二等三角点」北緯 37.06 度・東経 138.15 度標高 19.46m。外に山間部 9 箇所
三角点（4）	大潟区（九戸浜）	「二等三角点」北緯 37.13 度・東経 138.20 度標高 48.23m。外に山間部 9 箇所
水準点（1）	清里区今曽根	県営水準点
水準点（2）	清里区今曽根	村営水準点
高田本町七丁目の道標	本町 7	「右於う志う道左加かみち」宇賀魂神社境内に移され、案内板あり
道路元標（1）	木田新田	春日村道路元標、当初の位置から移動、木田新田の三叉路にあり
道路元標（2）	三和区今保	上杉村道路元標、当初の位置から移動、上杉小学校校庭にあり
道路元標（3）	清里区棚田	櫛池村道路元標
道路元標（4）	頚城区百間町	大瀁村道路元標
道路元標（5）	黒井（黒井神社）	八千浦道路元標
道路元標（6）	中郷区二本木（元役場）	中郷村道路元標
道路元標（7）	石沢和田（元役場）	和田村道路元標
道路元標（8）	戸野目（旧道三叉路）	津有村道路元標
道路元標（9）	中央区 2（深堀印刷所前）	直江津町道路元標
道路元標（10）	大潟区（潟町交差点）	潟町道路元標
道路元標（11）	長者町（交差点）	三郷村道路元標
道路元標（12）	柿崎区（米山寺）	黒川村道路元標
道路元標（13）	牧区（元役場）	牧村道路元標大正 11 年旧牧村
道路元標（14）	安塚区（警察署三叉路）	安塚村道路元標
道路元標（15）	大島区（ふれあい会館）	保倉村道路元標
道路元標（16）	三和区錦	美守村道路元標
道路元標（17）	吉川区梶	旭村道路元標
道路元標（18）	増沢	桑取道路元標
道路元標（19）	名立区仲町	名立町道路元標
道路元標（20）	高津	高士村道路元標
道路関係記念碑（1）	下稲塚（六合神社）	「県道三郷線記」新潟県知事勝間田稔篆額、渡部健蔵撰、巻政一郎書。明治 37 年建立 裏面「千代かけて道を太らす月と花」櫛池・菅原・高田有志建設
道路関係記念碑（2）	牧区上牧	「上牧林道開通記念碑」昭和 39 年着工、52 年竣工上牧集落
道路関係記念碑（3）	牧区屋敷田	「牧嶺修道碑」南摩綱紀撰市川三鼎書明治 19 年牧村 24 カ村有志 407 人
道路関係記念碑（4）	牧区高谷	「道標」（右落田、上高尾、左小黒、下谷・浦河原）大正 15 年高谷青年会

道路関係記念碑（5）	牧区高谷	「道標」（右小黒、左高谷）高谷青年会
道路関係記念碑（6）	板倉区山越	林道山越～飯喰沢線（4.8 ｋ）完成記念（貝バミ地内に建立）
筒方の道標	板倉区筒方	「右東山寺ニ至ル、左猿供養寺ニ至ル」
新潟県鉄道発祥の地	直江津駅連絡通路	「新潟県鉄道発祥の地」「あすか通」（直江津駅連絡通路）にプレート。「直江津～関山間」鉄道開通 120 周年記念実行委員会。2006 年
針の追分地蔵	板倉区針（観音堂境内）	「右いいやま左山みち」大熊川の川原から移転
日時計（1）	春日野 1（春日中学校）	「宝在心」（上杉家家訓）日時計一基第三回卒業生昭和 60 年下酉正博設計
日時計（2）	飯（飯小学校）	水平型日時計下酉正博設計
日時計（3）	大貫（金谷山）	日時計
日時計（4）	清里区坊ヶ池	箱形日時計
日割沢の道しるべ	清里区梨平	梨平峠
札の辻跡	本町 2	「史跡札の辻跡」藩の掟・禁令などの高札や里程の基点。
牧嶺修道碑	牧区	「星野宗吉碑」（牧峠改修を偲ぶ「阪路険峻」）南摩綱紀撰、市川三鼎書、明治 19 年、上牧・府殿・北野他 24 ヶ村有志建立
林道開設記念碑	名立区東飛山・瀬戸	「久保埜庄冶郎・霜越猪松顕彰碑」林道開設功労者昭和 24 年不動森林組合

7　墓碑・像・案内板

名称	所在地	由来・建立者など
会津墓地	大貫金谷山	戊辰戦争で敗れた会津藩兵は高田で謹慎生活中を過し、60 有余名の人々が命を落とした。墓碑の中には事跡が刻されたものもある。
赤井景韶	大貫金谷山	「赤井景韶之墓」高田事件
石田治部大輔三成の墓	本町 7（本覚寺）	口伝によると寺内の「本姓石田・志田の墓」は石田三成を始祖とす
池垣市右衛門	名立区小泊	池垣家の墓石（池垣市右衛門は上杉輝虎の退士、名立谷の大肝煎）元和 5 年建立
伊那重久戦没碑	大貫金谷山	日露戦役大野孝撰、石黒忠悳書
伊那良男戦没碑	大貫金谷山	日露戦役山形有朋書明治 39 年高田尚武会建之
上杉謙信の供養塔（1）	中門前 1（林泉寺）	上杉謙信の墓塔堀氏建立
上杉謙信の供養塔（2）	虫生岩戸（明静院）	明静院国重文（木造大日如来坐像）
内田弘戦没碑	大貫金谷山（和親会墓地）	南摩綱紀撰文、中根聞書、東郷平八郎篆額（日露戦争にて戦死）
大森隆碩墓	寺町 3（高安寺）	高田盲学校創立者平成 17 年墓誌を新設し、点字の案内板も併設
荻田三代の五輪塔	能生区（竜光寺）	荻田主馬外三代の墓
荻原井泉水の祖先の墓	大貫金谷山（医王寺）	俳人荻原井泉水の祖萩原周甫（高田藩医）の墓。なお柏崎市上輪と妙高市に井泉水の句碑。
小栗美作の墓	寺町 2（善導寺）	「霊了院殿斷譽陽念蘊空大居士」（表面）「小栗美作正矩」（裏面）なお妻「お勘」の墓は天崇寺にある。
おとめ塚	安塚区須川	「南無阿弥陀仏」（吹雪殉難碑）文久 2 年
金子金治墓銘	大貫金谷山	「義戦忠死碑」日露戦役渡部健蔵篆額江坂熊蔵撰南雲清策書

垣上銀治碑	大貫金谷山（和親会墓地）	日露戦争戦没者安西広文撰并書
家畜慰霊碑（1）	牧区田島	「蓄魂碑」昭和 51 年
家畜慰霊碑（2）	牧区小川	「万霊塔」牧実業公民学校家畜の慰霊碑
家畜慰霊碑（3）	大島区	牛馬組合結成記念大正 11 年
柿崎和泉守景家墓	柿崎区（楞厳寺）	「柿崎和泉守景家墓」
北前船遭難者之墓	黒井（本敬寺）	明治 14 年の創設の墓を平成 6 年修復。黒井米大舟会
慶応丙寅戦死之碑	大貫金谷山（和親会墓地）	表面「高田藩士慶応丙寅戦死之碑」側面「当五十年祭列記英明以伝不朽・旧高田藩有志建立（氏名略）大正 4 年
佐田介石の墓	五智 3（国分寺）	「等象斎介石翁墓」（佐田介石、熊本県出身の宗教家、思想家、高田遊説中死去）墓石の書は高橋泥舟（署名、捺印を刻す）、明治 19 年、栽富社（牛乳を飲むなどもっての外等、外来文明拒否団体）小林群鳳刻有志建立
榊原政岑の墓	中門前（林泉寺）	「榊原政岑の墓」
榊原政賢の墓	中門前（林泉寺）	「榊原政賢の墓」
榊原藩士・家族の供養塔	大貫金谷山（和親会墓地）	「榊原藩士・家族の供養塔」昭和 60 年建立
三究斎の墓	大貫金谷山（医王寺）	寛政、享和期の画家、太岩寺の「涅槃像」文政年間
心中池墓	板倉区沢田	身寄りのない四ツ屋村の若者と上沢田村の娘同士が、村の溜池に身を投じて悲恋の最後を遂げた。以後、池は「心中池」と称せられ、悲恋の墓が建てられた。
鈴木甘井の墓	大貫金谷山	「鈴木甘井穂積保之墓」
西南戦争戦病死者墓	大貫金谷山	「西南戦争戦病死者墓」旧高田藩士
高田姫の墓	寺町 3（天崇寺）	「天崇院殿穏譽安豊壽大禪定尼」、高田姫は二代将軍秀忠の三女で越前宰相忠直に嫁ぎ、光長、亀姫のほか一女を生んだ。高田に入部し高田姫と呼ばれる。
高田藩士戊辰戦死碑	大貫金谷山公園	「高田藩士戊辰戦死碑」明治 7 年同盟士造立之
高田藩士明治戊辰戦死之碑	大貫金谷山公園	「高田藩士明治戊辰戦死之碑」大正 6 年旧高田藩有志建之
高松宮初代妃好仁親王	寺町 4（天崇寺）	「宝珠院殿光譽寥郭沖意大姉」高田姫の子亀姫。母の墓の横に並ぶ。
高峰譲吉家先祖の墓	寺町 3（善行寺）	「タカジアスターゼ」の発明者高峰譲吉の先祖の墓地。先祖は松平光長時代の家臣で、その後、富山の高岡へ移住した。同市の生家跡は現在、高峰公園。
竹内三千三碑	大貫金谷山	「竹内三千三碑」日露戦役依田百川撰藤井善言書明治 37 年
太郎宮の碑	牧区小川	
田丸直昌墓	寺町 3（太岩寺）	「濃州岩村城主田丸中務大輔直昌」「太岩寺殿本秀心空大居士」「慶長十四巳酉三月七日」
天室光育墓	柿崎区（楞厳寺）	「天室光育墓」
富田彦三郎墓碑	大貫金谷山（和親会墓地）	「富田彦三郎墓碑」題字：乃木大将新妻英馬書
巴御前の墓（1）	東城町 3（出丸稲荷神社）	「巴御前の墓」三長史稲荷の境内に巴御前の墓として伝えられる。外に横須賀市、木曽町にある。稲荷前大橋裏。
巴御前の墓（2）	北城 1（北城神明宮）	「巴御前の墓」
東洋越陳人の墓	国府 1（光源寺）	「画仙東洋越陳人翁之墓」大正 5 年
虎御前の墓	宮野尾	上杉謙信の母
長尾能景の墓	中門前（林泉寺）	上杉謙信の祖父、越後守護代
長尾為景の墓	中門前（林泉寺）	上杉謙信の父、越後守護代

名立崩れの無縁塚	名立区小泊	「魏然法界塔」宝暦元年4月25日未明大地震、名立小泊村宗龍寺ある限り有縁無縁の佛果菩提のため面積28歩の水田寄進主村中
永見市正長頼墓	寺町3（善行寺）	「永見市正長頼墓」越後騒動で小栗美作と対立
野本右近	寺町3（太岩寺）	正面「俗名野本右近高正」「久山天良大居士」干時承応三甲午歳十月六日
平出修の墓	寺町3（性宗寺）	「平出修の墓」平出修は、大逆事件の弁護を担当、被告の菅野は「力ある御論、千万言の法律論にもまして嬉しく承り…」と書き残し、友人の石川啄木の思想に影響を与えたと言う。大町2に顕彰碑が昭和57年に建立
悲田塚	三和区上田（称名寺）	天明の飢饉の行倒れを葬った墓。昭和40年代に移転したもの。
戊辰役薩摩藩戦死者の墓	大貫金谷山公園	「戊辰薩摩藩戦死者墓」（合同墓碑）西郷隆盛の弟隆広の名もあり
戊辰役長州藩戦死者の墓	大貫金谷山公園	「戊辰役長州藩戦死者の墓」「身はここに朽ち果つるともいとはしな君に捧げし命なりせば」沓屋兵衛 「よしや身は越路の雪に埋るともくる清水に名をやながさむ」（鹿児島藩士・中原猶介） 「君のため世のためなればおしからん捨ててかいある命なりけり」（山口藩士・英次郎） 長州藩士の墓に並んで豊浦藩士の墓も設けらる。
戊辰役殉難者の墓	中央2（観音寺）	「中山正路の墓」若狭藩
戊辰役殉難者の墓	中央3（観音寺）	「若狭三方郡白屋村伊助」若狭藩
戊辰役殉難者の墓	春日新田1（光明寺）	「山田盛房」小浜藩
堀秀重の墓	中門前（林泉寺）	堀秀治の祖父
堀秀政の墓	中門前（林泉寺）	堀秀治の父
堀秀治の墓	中門前（林泉寺）	福島城築城上杉遺民一揆を平定し越後支配を確定。
松平光長妻（土佐）	中門前（林泉寺）	松平光長の妻・光長の墓は東京・天徳寺
松平綱賢の墓	中門前（林泉寺）	松平光長の子
松本斧次郎の墓	寺町3（日朝寺）	松本斧次郎は、赤倉温泉奉行として赤倉温泉開湯に尽す。
村上義清の供養塔	国府1（光源寺）	「史跡村上義清建立の供養塔」永禄11年
山路清兵衛栄業の墓	大貫（観音院）	榊原政令時代の勘定奉行同所に山路家の地蔵と墓塔群
六太郎の碑	頚城区川袋	伝説：享保10年打ち首追悼碑

8　戦没者合祀碑・墓碑・像・案内板

名称	所在地	由来・建立者など
戦没者合祀碑（1）	本城町（高田公園）	「忠霊塔」5300余柱を納める。市民延べ5万人の勤労奉仕により昭和17年建立。
戦没者合祀碑（2）	本城町（高田公園）	「忠魂碑」高田連隊区管内1市8郡共同建立
戦没者合祀碑（3）	本城町（高田公園）	「日露戦役忠死者」日露戦役戦没者慰霊、高城村建立
戦没者合祀碑（4）	本城町（高田公園）	「忠魂碑」日露戦役戦没者慰霊、高田町建立
戦没者合祀碑（5）	本城町（高田公園）	「忠魂碑」シベリヤ出兵戦没者慰霊
戦没者合祀碑（6）	西本町4（八坂神社）	「表忠碑」日清戦役以降の戦没者慰霊、直江津尚武会明治33年建立
戦没者合祀碑（7）	春日新田3〈春日神社）	「紀念碑」元帥侯爵山形有朋書
戦没者合祀碑（8）	春日山（春日山神社）	「忠魂碑」陸軍大将男爵田中義一書対象13年春日村尚武会・軍人会
戦没者合祀碑（9）	大町5（五ノ辻稲荷神社）	「慰霊碑」高田市長元一書昭和43年
戦没者合祀碑（10）	諏訪	「忠霊碑」荒木貞夫陸軍大将書、昭和7年建立
戦没者合祀碑（11）	清里区菅原（招魂社）	「紀功碑」日清戦役戦没者慰霊、陸軍大将侯爵大山巌篆額、南摩綱紀撰明治29年建立
戦没者合祀碑（12）	清里区菅原（招魂社）	「傷痍碑」不戦と平和を希求、昭和50年建立
戦没者合祀碑（13）	清里区菅原（招魂社）	「忠魂碑」237柱昭和54年
戦没者合祀碑（14）	牧区田島（牧公園）	「忠魂碑」川村景明陸軍大将書、大正13年建立

戦没者合祀碑（15）	牧区大月（はばたきの丘）	「忠魂碑」（戦没者名を刻入）沖見村尚武会・同在郷軍人分会・同青年会大正4年建立
戦没者合祀碑（16）	牧区雨路	「慰霊碑」第二次大戦戦没者名を刻す。世話人横尾信一郎外7人。昭和27年建立
戦没者合祀碑（17）	牧区樫谷（諏訪神社）	「忠魂碑」日清戦争戦没者牧村樫谷有志、建立年不詳
戦没者合祀碑（18）	牧区岩神（鹿頭神社）	「慰霊碑」新潟県知事岡田正平書、昭和28年建立
戦没者合祀碑（19）	牧区岩神（福楽寺）	「戦没者慰霊碑」、（日清戦争戦没者）明治29年建立
戦没者合祀碑（20）	牧区宇津俣	「慰霊碑」太平洋戦争戦没者慰霊碑、牧村村長高波一三書、宇津俣集落建立（年不詳）
戦没者合祀碑（21）	牧区宇津俣	「慰霊碑」明治37・8年戦役戦没者2名明治39年宇津俣中
戦没者合祀碑（22）	中郷区	「慰霊碑」第二次世界大戦戦没者慰霊、昭和27年建立（中郷尋常高等小学校校庭の隣地）
戦没者合祀碑（23）	中郷区	「忠魂碑」鈴木壮六陸軍大将書、昭和7年建立
戦没者合祀碑（24）	名立区下瀬戸	「忠死碑」明治30年、有志上名立村若者中建立
戦没者合祀碑（25）	名立区大町（名立寺）	「忠魂碑」元帥川村景明書、大正12年建立（昭和30年現在地に設置）
戦没者合祀碑（26）	頚城区南川地区	「忠魂碑」
戦没者合祀碑（27）	大潟区土底浜南高山クロボ	「忠死者記念碑」日清戦争後に建立、背面に戦没者氏名が刻され、日露戦争戦没者も追刻。
戦没者合祀碑（28）	大潟区土底浜南高山クロボ	「平和記念、慰霊之碑」背面に日清・日露戦争以来、今次大戦迄の戦没者の名を刻む。昭和60年、大潟町戦没者遺族会建立
戦没者合祀碑（29）	大島区大平（大平の岩栗グランド）	旧保倉村忠魂碑
戦没者合祀碑（30）	大島区田麦（竹林寺境内）	旧旭村忠魂碑
戦没者合祀碑（31）	板倉区東山寺（山寺薬師境内）	「出征軍士碑」、日清戦争における旧寺野村の戦死者の碑、明治29年建立
戦没者合祀碑（32）	板倉区上筒方（白山神社）	「招魂碑」「義勇奉公克尽臣民之分其功績烈…」増村度次撰并書、明治39年
戦没者合祀碑（33）	板倉区曽根田（諏訪神社）	「忠誠日清・日露従軍記」、明治39年
戦没者合祀碑（34）	板倉区針（塚ノ宮八幡宮）	「彰忠碑」在郷軍人会板倉村分会、大正4年建立
戦没者合祀碑（35）	板倉区久々野（森ノ木神社）	「忠魂碑」一戸兵衛陸軍大将書、寺野村尚武会、在郷軍人会分会、青年会、昭和3年建立

註、安塚村、旧大島村、有田村、津有村、忠魂碑については、第一項「余韻嫋々」にあり、戦後、市町村合併によって成立した高田市及び直江津町については、資料に欠け、調査の要がある。また、自治体史に記載のないものもあり、調査の要がある。

9　信仰・伝承に関する碑・像・案内板

氏名	所在地	由来・建立者など
伊都岐島神社由来碑	本城町（高田公園）	「お城弁財天のご縁起」昭和6年、高田公園の外堀に面して、弁財天を主神とする伊都岐島神社が創建された。碑には、弁財天の由来が記されている。
梅原真隆1	板倉区栗沢	栗沢や五輪の塔に風薫る昭和14年
梅原真隆2	板倉区栗沢	念力はついにほろひす栗沢のやまに五輪の塔きつかれぬ顕真学苑聖跡参拝団記念奉献昭和27年
梅原真隆3	板倉区栗沢	栗沢の寿塔仰げば尼公の面影も見ゆ公達も見ゆ讃・梅原真隆井上明海建立賛・梅原真隆昭和7年
上真砂の板碑	上真砂（勝名寺）	「板碑」とは石造りの板状の塔婆。勝名寺のものは、薬研彫りの梵字や地蔵像が刻まれ、頂部は三角形で笠のように突き出している。
鶯澤のホクラ様	清里区鶯澤	流行病の治癒信仰大沢田地域から大正末期に現在地の箸供養に移籍。

恵信尼公顕彰碑（五輪塔）	板倉米増	恵信尼は三善為教の息女で親鸞の妻
恵信尼公顕彰碑（六字名号）	板倉米増	南無阿弥陀仏
恵信尼公顕彰碑（法語碑）	板倉米増	「…ことしは八十三歳になり候か」
恵信尼公顕彰碑（レリーフ）	板倉米増	恵信尼の線刻石板
恵信尼公顕彰碑（五輪塔）	板倉栗沢	昭和７年
恵信尼公顕彰碑（法語碑）	板倉栗沢	「我身事前日より…」恵信尼公御臨末の御法語
大国主命外３像	五智６（居多神社）	大国主命・奴奈川姫・建御名方命の石像
清正公碑	寺町２（浄法寺）	「清正公描画碑」浄法寺は日蓮宗の寺院で加藤清正は宗門の外護者として知られる。本碑は旧高田藩士安藤達二の母仲子が寄進したもの。
経石書写納碑	大潟区渋柿浜（神明神社）	「龍神咸恭敬」
経石之碑	清里区岡野町	「経石之碑」経石 127 キロ出土、大正７年
清里の具足石	清里区上田島	安塚の殿様が坊ヶ池に雨乞いに出掛けたとき具足を置いた石の伝承。
清里の夜泣神	清里区上田島	赤子の夜泣にご利益がある伝承。耕地整理で治知館前に移動。
清里の牛石	清里区上田島	上杉謙信が武田信玄に塩を送ったとき牛が動かなくなった伝承。
清里の塩石	清里区上田島	牛石の伝承で牛の代わりに人が担いだが投出して岩塩になった石。
清里の石塔四基	清里区東戸野	諏訪道の石塔・享保６年、天満天神石碑・慶応３年、十王堂、道才塚。
首切地蔵	三和区大門田	堂百石造仏頭
国府庵直跡の碑	大潟区渋柿浜（専念寺）	「親鸞聖人直跡の碑国府庵」
五大文字碑	柿崎区（楞厳寺）	「空・風・火・水・土」米山寺普白行人明暦４年
五輪塔	三和区（諏訪神社）	大光石採掘跡
光明寺	稲田２	本願寺高田別院の支院
親鸞聖人越後七不思議碑	五智居多ケ浜	「親鸞聖人越後七不思議第一番片葉の葦」
親鸞聖人越後七不思議碑	国府１（光源寺）	「親鸞聖人越後七不思議八ツ房の梅碑」
親鸞聖人像（1）	五智３（国分寺）	「親鸞聖人」
親鸞聖人像（2）	国府１（小丸山別院）	「親鸞聖人」主従三人の像がある。外に「袈裟懸けの松」「二代目袈裟懸けの松」碑
親鸞聖人像（3）	五智（居多ヶ浜）	「親鸞聖人」堂主釈香雲書昭和 57 年
親鸞聖人像（4）	南本町３（瑞泉寺）	「親鸞聖人御像」寝屋川市飯吉信親平成３年建立
親鸞聖人像（5）	柿崎区（浄善寺）	「親鸞聖人」広瀬精一建立昭和 32 年パゴダ風寺院
親鸞聖人像（6）	今泉（願清寺）	「親鸞聖人」西脇雄治郎寄進昭和 53 年
親鸞聖人像（7）	寺町３（浄興寺）	「親鸞聖人」
親鸞聖人上陸の地碑	五智居多ケ浜	「見真堂」「末遠く法をまもらせ居多の神弥陀と衆生のあらんかぎりは」昭和 47 年建碑
聖徳太子像（1）	南本町１（専念寺）	「斯民仰厥徳」昭和５年建立「太子園」の門柱

聖徳太子像（2）	灰塚	「聖徳太子像」江戸時代
鹿頭神社	牧区岩神	「村社鹿頭神社」海軍大将子爵加藤隆義書村社昇格記念
自害谷の遊魂碑	吉川区（顕法寺）	「弔自害谷遊魂碑」大正 8 年
諏訪神社境内整備記念碑	旧和田村石沢	村人の神にささぐる真心はすゑの世までも伝へゆくらむ氏子・横田惣太郎
聖観音足跡石	吉川区田尻（善林寺）	「聖観音足跡石台石・開帳記念」大正 10 年俗称「あくと石」
大地主神	清里上深澤荻平	「大地主神」地すべり地帯の大地安定を神に祈る石碑
太郎宮の碑	牧区小川・国川	「太郎宮の碑」一対安政 2 年題太郎宮東條琴台作詞
竹の内草庵跡碑	五智 3（国分寺）	「竹の内草庵跡碑」親鸞聖人配所
武古修榊神社社殿落成祝	大手町（榊神社）	さざれ石のいはほとならむ末遠くいや栄えてぞ真さかきの宮明治 9 年宮殿落成記念
乳観音	飯田（日月神社）	一石三尊仏の石仏、姿が顔と乳房に見える事からこの名があり、乳の出ない母親の信仰をあつめている。
戸野目地蔵	戸野目	天明の飢饉被災者の供養。台座「寛政十年」。天崇寺の地蔵と並び有名。
鍋ヶ浦の三十三観音	鍋ヶ浦	観音菩薩が三十三の仏に姿を変えて苦しみを救うという信仰。
日蓮上人像	柿崎区（妙蓮寺）	「日蓮上人像」
灰塚地蔵尊	東雲町（徳泉寺）	「福永十三郎翁遺徳碑」
人柱供養塔	板倉区	「人柱供養塔」
日枝神社碑	寺町 3（日枝神社）	「日枝神社」神社名碑増村朴斎書
仏教の塔	清里区上深澤	「仏教の塔」亮貞寺佐土家の跡地
法然聖人歌碑	寺町 2（善導寺）	月かげのいたらぬ里ハなけれどもながむる人の心にぞすむ平成 4 年本堂落成記念として池田覚、昌子建立
宝筐印塔	板倉区猿供養寺	宝筐印塔は各地で見られるが、本塔の設立は応永 5 年（1398）であり、年代の古さで知られる）
枕石	柿崎区（浄善寺）	親鸞聖人が寝た石枕と伝えられる。
馬屋の永代供養塔	馬屋（専福寺）	「永代供養塔」平成 15 年
馬屋の馬頭観音	馬屋	黒保遺跡のところ。安政 3 年
耳だれ地蔵（1） 耳だれ観音堂(2)	浦川原区中猪田 清里区岡嶺新田	治癒すると柄杓に穴をあけて奉納する風習が伝えられている。平癒祈願に椀に穴を開けて奉納する風習がある。
夜泣石	清里区寺脇	二つの石が合いたくて夜泣する伝承
竜神の井戸	寺町 2（善導寺）	「竜神井」は清里の坊ヶ池とつながり、坊ヶ池の主の竜が美女の姿になって万部会の法要に参加した。法要が終って座を立ったあとがビッショリと湿っていたとの伝説が伝わる。
蓮光寺案内碑	木田新田〈諏訪神社）	「親鸞聖人御直作御真影安置蓮光寺・右十二丁」
蓮光寺親鸞聖人御旧蹟碑	木田薄袋	「親鸞聖人御直作御真影」「親鸞聖人御旧蹟碑」

10　皇室関係碑・像・案内板

碑名	所在地	碑題・撰文・書写名・篆額など
皇室紀恩碑（1）	南城町 3（高田高校）	「紀恩碑」（明治天皇行在所、大正天皇行幸を記念して）三島毅撰、日下部東作書、威仁親王篆額明治 39 年。昭和 16 年の火災で焼失現存しない。
皇室紀恩碑（2）	北方（岩の原葡萄園）	「大正天皇（東宮）行啓紀恩」、撰文倉石武四郎昭和 17 年内務省に建設を申請したが敷地が公有地でない理由で却下。碑は保管され川上善兵衛死後、昭和 21 年に建立された。

皇室紀恩碑（3）	本城町（高田公園）	「昭和天皇紀恩碑」
皇室紀恩碑（4）	西本町4(直江津中学校)	「紀恩碑」（昭和天皇行幸を記念して）直江津町長川澄農治撰、侍従長大金益次郎染筆
皇室記念碑（1）	新保古新田	「東宮殿下御通輦記念樹」大正天皇（東宮）の岩の原葡萄園行敬
皇室記念碑（2）	東稲塚新田	「東宮殿下御通輦」大正天皇（東宮）の岩の原葡萄園行幸
皇室記念碑（3）	辰尾新田	「東宮殿下御通輦碑・記念樹」大正天皇（東宮）岩の原葡萄園行啓
皇室記念碑（4）	大豆（春日山）	「雍仁親王殿下お手植の松」秩父の宮
皇室記念碑（5）	藤巻（藤巻神社）	「閑院宮殿下御駐蹕碑」衆議院議員塚田十一郎書昭和3年
皇室記念碑（6）	下荒浜	「順徳天皇御駐輦之所」増村度次（朴斎）書
皇室記念碑（7）	大手町（榊神社）	「高松宮同妃殿下お手植えの松」昭和57年、高松宮家初代好仁親王妃300年祭にあたり、高松宮同妃殿下、天崇寺（寺町2）の墓所を参拝、次いで榊神社を参拝。（木柱）
皇室慶事碑（1）	板倉区山部（長谷川家）	「皇太子嘉仁親王慶事碑」、明治31年唯四郎建立
皇室慶事碑（2）	板倉区山部（神明社）	「大典記念碑」、昭和3年青年会建立
皇室慶事碑（3）	清里区菅原	「大正天皇御成婚記念碑」
皇室慶事碑（4）	中央3（住吉神社）	「皇太子殿下御成婚記念碑」大正13年信徒総代建立
皇室慶事碑（5）	牧区荒井（荒井神社）	「御即位記念碑」大正4年青年有志
皇室慶事碑（6）	牧区上牧倉	「御即位記念碑」大正4年上牧青年会
皇室慶事碑（7）	牧区中条	「御即位記念碑」大正14年中条青年会
皇室慶事碑（8）	牧区坪山	「大典記念碑」昭和3年同字青年会
皇室慶事碑（9）	五智6（居多神社）	「大典記念碑」
皇室慶事碑（10）	新光1（神明宮）	「大正天皇即位記念鳥居」大正4年薄袋・三交氏子中
皇室慶事碑（11）	春日新田（春日神社）	「御大典記念櫻樹」大正4年有田村在郷軍人会
皇室慶事碑（12）	仲町6（仲六会館）	「御大典記念燈」大正4年共親講中
皇室慶事碑（13）	仲町7（仲六会館）	「御大典記念燈」昭和3年共親講中
皇室慶事碑（14）	北本町3(陀羅尼八幡宮)	「御即位記念玉垣」左右一対大正4年奉納丸山巌太郎外
皇室慶事碑（15）	中の俣	「皇太子殿下御降誕記念」昭和9年中の俣青年会
皇室慶事碑（16）	大豆（春日山公園）	「雅子妃の森」雅子妃の出産を祝して敬宮愛子内親王のお印「五葉ツツジ」を記念植樹。
明治天皇北陸巡幸碑（1）	石沢	「明治天皇駐蹕之碑」（小休所）
明治天皇北陸巡幸碑（2）	大手町	「明治天皇高田行在所碑」（行在所、高田学校跡）
明治天皇北陸巡幸碑（3）	中央2（直江津郵便局）	「旧福永家」現在碑はない
明治天皇北陸巡幸碑（4）	黒井	「明治天皇聖蹟碑」（小休所）（関川家跡）
明治天皇北陸巡幸碑（5）	大潟区行野浜	「明治天皇行野浜御小休所御膳水」（山田家）
明治天皇北陸巡幸碑（6）	大潟区潟町	「明治天皇潟町行在所附御膳水」（田中家）
明治天皇北陸巡幸碑（7）	柿崎区（浄福寺）	「明治天皇御駐蹕所」（行在所・浄福寺）
明治天皇北陸巡幸碑（8）	茶屋ヶ原	「明治天皇茶屋ヶ原御小休所」（青木家）
明治天皇北陸巡幸碑（9）	名立区名立大町	「明治天皇名立行在所阯」（行在所・名立寺）

明治天皇御製碑(1)	五智 3（国分寺）	「よとともにかたりつたへよ国のためいのちをすてしひとの勲功越」明治 37 年永続講
明治天皇御製碑(2)	清里区（菅原神社）	「国もると身越きず佐けしひとひとのうへを志おもゆ阿さにゆふへに」
順徳天皇御製碑	西本町 3（府中八幡宮）	「なけばきくきけはみやこのこひしさにこのさとすきよやまほとときす」佐渡泉村にて

Ⅷ　くびき野ストーン分布一覧

作成：石塚正英・髙野恒男

本表は、上越市に分布する上越特産の石材（大光寺石・中山石・切越石）をもちいた石造物の分布一覧である。備考に「中山石」「切越石」と記したもの以外はすべて大光寺石である。以下にくびき野ストーン採掘場跡を列記する。いずれも閉鎖されて久しい。

★大光寺石
①東山　　　三和区大東字大峯
②西山　　　三和区大東字京塚
③桑曽根　　三和区桑曽根布附
★中山石
上越市柿崎区上中山　通称「石山」
★切越石
上越市安塚区切越　（切越集落附近を流れる朴ノ木川沿いの岸壁）

なお、三和区には多数の大光寺石造物が残存するので、その一々は掲載を割愛する。

No	資料名	所在地	備考（数量無記は単体）
01	鳥居	上越市北城町　北城神明宮	
02	燈篭	〃	5基
03	六地蔵石塔	上越市仲町6丁目　高田山浅渓院	
04	雁木敷石	上越市仲町6丁目　幸村光泰宅	4枚
05	井戸側	上越市仲町6丁目　大鋸町ますや（石塚正英宅）	明治元年築
06	流し台支柱	〃	〃、現在使用
07	雁木敷石	上越市北本町1丁目　高野醤油屋	5間間口一列
08	土蔵土台	上越市北本町2丁目　八木酒舗	四囲にわたる
09	燈篭	上越市土橋　諏訪神社	1対
10	燈篭	上越市東本町1丁目　大仙寺	1基
11	支柱石	上越市東本町1丁目　高野麻商店（高野恒男宅）	
12	流し台支柱	〃	
13	鐘楼土台	上越市東本町2丁目　善念寺	
14	燈篭土台	上越市寺町3丁目　常国寺	
15	燈篭	上越市津有戸野目古新田　戸野目神社	
16	雁木敷石	上越市戸野目四ケ所　旧小柳医院	雁木一面すべて
17	家屋外壁	〃	9枚
18	土蔵土台	上越市戸野目四ケ所　丸山信蔵宅	四囲にわたる
19	燈篭	上越市稲田　稲田諏訪神社	1対
20	標柱	〃	1基
21	燈篭	上越市飯　滝寺諏訪神社	1基、他方は倒壊
22	狛犬土台	〃	1対
23	階段	上越市滝寺　滝寺毘沙門堂	
24	石祠	上越市滝寺奥院　滝寺不動	
25	水盤	上越市稲田3丁目　中山弘文宅裏庭	

26	水盤	上越市今池　八幡社境内	
27	幟杭	〃	
28	風呂桶	上越市諏訪　芳澤謙吉記念公園	2個
29	井戸側	〃	2個
30	手洗い	上越市飯田　建入定男宅庭	
31	水車用臼	上越市飯田　太子堂	
32	水盤	上越市中ノ俣　石川正一宅玄関先	
33	バラ石	上越市今池　諏訪神社	
34	祠	上越市金谷　薬師社	
35	階段	上越市三郷東稲塚新田　六合神社	拝殿前
36	祠	上越市小滝　薬師社	
37	祠	上越市諏訪高森 582-1　諏訪神社	
38	祠土台	上越市諏訪北新保 32-1	
39	祠	上越市津有四ケ所 170-17　四ケ所神社	
40	社殿土台	上越市津有上富川　矢板神社境内	周囲すべて
41	祠土台	上越市津有門田新田 1 16-1　諏訪神社	
42	燈篭	上越市保倉駒林　剣神社	塔身
43	祠	〃	
44	社殿土台	〃	
45	社殿土台	上越市保倉長岡　十二神社	
46	支柱土台	上越市北諏訪横曽根 54　諏訪神社	
47	踏石残欠	〃	
48	狛犬土台	上越市有田小猿屋新田 161　神明社	
49	祠	〃	
50	なつかわ	上越市三和区　林富永邸庭	風雅を楽しむ水盤
51	風呂	〃	
52	手洗い	〃	
53	沓石	〃	
54	水盤	〃（屋内）	現在使用
55	家屋基礎支石	〃	
56	大正四年御即位礼記念塔	上越市三和区　旧美守小学校跡	
57	石垣	上越市三和区神田　富永邸本家旧宅	
58	井戸側	〃	
59	五輪塔	上越市三和区宮崎新田 124-1　米本陣前	三和区にのこる代表的な石造文化財を保管
60	風呂	〃	
61	燈篭	〃	
62	雨降り地蔵	上越市三和区越柳	阿弥陀如来、埋込式
63	雨降り地蔵	上越市三和区北代	阿弥陀如来、埋込式
64	祠	上越市三和区大東	大光寺岩上
65	仏頭	上越市三和区堂百	
66	卍石仏	上越市浦川原区　鞍馬寺付近	埋込式
67	浜神様	上越市柿崎区三ツ屋浜	中山石
68	狛犬台座	上越市柿崎区 1 区　玄川（黒川）神社	中山石
69	馬頭観音	上越市柿崎区上小野　地蔵堂脇	中山石、文字塔
70	手水鉢	上越市柿崎区三ツ屋 502　神明社	中山石？

71	水盤	上越市大潟区土底浜　諏訪神社	
72	石祠土台	上越市大潟区潟町３区 176　どんと池弁天様	
73	石畳	上越市大潟区犀潟 120　円蔵寺	
74	犬走り	〃	
75	宝篋印塔	〃	
76	手水鉢	上越市頸城区森本　神明宮	
77	燈篭	〃	
78	燈篭	上越市頸城区片津　片津神社	火袋の下
79	祠土台	〃	
80	土台角石	上越市安塚区切越 199　池田甲一宅	切越石、13 個
81	水盤	上越市安塚区切越小黒 1211　教願寺	切越石
82	踏石	〃	切越石
83	踏み石破片	〃	切越石
84	敷石	〃	切越石、２箇所
85	井戸側	〃	切越石
86	鉢	〃	切越石
87	鉢立方形	上越市安塚区切越　専敬寺（せんきょうじ）	切越石、裏返し
88	石垣	上越市安塚区小黒	切越石
89	とび石	上越市安塚区小黒　松苗一正宅庭	切越石
90	鉢	〃	切越石、破損
91	石段	〃	切越石、門前
92	石仏	上越市安塚区切越 1030-3　池田三（みつ）宅（屋号：かつぼ）	切越石、３代前まで石工で、その「まもりがみ」
93	墓石	上越市安塚区切越	切越石、故長谷川しんいち
94	祠	上越市板倉区上関田　八幡宮左脇	
95	燈篭	妙高市広島１丁目　五社神社	市外、六角の火袋のみ

Ⅸ　上越郷土研究会編『頸城文化』総目次

石塚正英編

1952年に機関誌『頸城文化』を創刊して以来半世紀をこえて文化活動を継続している上越郷土研究会（現会長：花ケ前盛明）では、平成17年11月、研究会活動のさらなる活性化を意図して頸城文化講演会「上越の石造文化」（講演者：石塚正英）を開催した。本活動は、郷土頸城野の人と自然、人と文化（財）の共生をもとめる運動の一環となり、さらには、環日本海諸地域交流の一環となることを目的にしている。

地方という概念と違って、郷土という概念には中心もなければ辺地もない。例えば頸城野を郷土とする人々は、かの地ですべてを受け止め、また、かの地に立ってすべてを見通してきた。頸城野に生まれ育った者と、この地に根を張って生きるようになった者は、頸城野を郷土とする。ここに生きる者たちは、環日本海を介して、否が応でも世界史の現場とダイレクトに接触してきた。彼らは、日本史と世界史の展開をこの地でダイレクトに観察し受け止め、これをもって郷土史の素材としている。

上越郷土研究会の初代会長は、夏目漱石の主治医をつとめ、漱石を高田（上越市の一部、旧高田市）に招いたことで知られる郷土出身の医師・森成麟造である。森成はまた考古学者でもあり、郷土頸城の文化を学問的に調査研究し、それを郷土に生きる人々の共有財産とするべく奔走した。上越市立総合博物館に「森成コレクション」が収蔵されている。同会は、創立以来のそうした文化的進取の精神を継承している。

以下において、そのような伝統と理念をもつ上越郷土研究会の学術誌『頸城文化』の総目次（1952～2009年）を掲載する。

第1号（昭和27年6月1日）　創刊の辞、森成麟造　郷土史研究の態度について、伊東多三郎（1）　封建制度下の越後の農村、北島正元（6）　越後松平家没落に於ける家臣の土着形態の一例、渡辺慶一（11）　上越における領主の市場政策、中村辛一（30）　潟町の生んだ音楽家、石井乙麿（43）　執筆者紹介（45）趣旨書（45）上越郷土研究会会則（46）　編集後記、渡辺慶一（47）

第2号（昭和27年11月15日）　巻頭の辞、森成麟造　私の家の古文書から、金子建二（1）　城下町高田の近代化について（其の一）、小島眞（12）　親鸞聖人の越後の居緒は果して流罪なりしか、白銀賢瑞（21）　瀝青土製玉類について、小松芳男（27）　瑞天寺と笠原文右衛門氏、石井乙麿（34）　上越石仏に対する調査中間報告、平野団三（41）　相馬御風氏の三周忌に臨んで、渡辺慶一（43）　くされ鯨、池田嘉一（46）　豊田武著『日本の封建都市』中村辛一（49）　執筆者紹介（51）編集後記、、稲荷弘信（52）

第3号（昭和28年5月15日）　考古学から見たる我が頸城（1）、森成麟造（1）　板倉町上中古史の研究、清水泰次（6）　宮本豊後大椽日記、桑山太市（22）　恵信尼公の住所、佐藤扶桑（39）　百年前の上越、中村辛一（50）　桑取村訪問記、渡辺慶一（65）　役人と賄賂、稲荷弘信（71）　執筆者紹介（72）編集後書き、渡辺慶一（73）

第4号（昭和28年11月20日） 考古学より見たる我が頸城（2）、森成麟造（1） 姫川街道とその周邊（1）、青木重孝（6） 高田における芭蕉、松本義一（13） 越後國頸城郡質地騒動御仕置一件（1）、白銀賢端（17） 田川鳳郎の上越に於ける俳諧日記、曙庵幾山（38） 長州遠征記、稲荷弘信（58） 和田村小作争議、新大高田分校歴史学研究会（75） 編集後記、渡辺慶一（109）

第5号（昭和29年5月25日） 近代精神の成長、中村辛一（1） 高田築城と堀河に就いての考察一、二、齋藤考美（11） 城下町高田市に残存せる足軽屋敷の分布、中村憲三（17） 鈴木魚都里の俳諧識見、渡邊慶一（39） 郷土の地質について、歌代勤（45） 越後國頸城郡質地騒動御仕置一件（2）、白銀賢端（57） 榊原藩日記（高田図書館所蔵）（1）、中村辛一（65） 執筆者紹介（79） 編集後記、渡辺慶一（80） 表紙写真榊原藩日記

第6号（昭和29年11月20日） 石山戦争と越後真宗寺院の活躍、渡辺慶一（1） 文禄の越後検地図について、齋藤秀平（21） 荒川と儀明川、池田嘉一（24） 姫川街道とその周邊（2）、青木重考（6） 櫛池隕石について、近藤良之（56） 高田と新道村、稲荷弘信（63） 質地騒動御仕置一件（3）、白銀賢端（73） 榊原藩日記（2）、中村辛一（81） 子どもの勤労意識の歪みの実態及び対策、尾藤武（92） 戸野目役場襲撃事件、菅山久貞（112）「新平家物語」に紹介された巴御前の墓（113） 編集後記、渡辺慶一（114） 表紙表写真本願寺顕如書状と利劔の名号 表紙裏写真文禄の越後検地図

第7号（昭和30年7月5日） 考古学より見たる我が頸城（3）、森成麟造（1） 古代頸城文化の内証、平野団三（11） 姫川街道とその周邊（3）、青木重考（17） 高田の古墳と甕葬、加藤義知（46） 関所通行簡便法、池田嘉一（56） 高田の俳諧、春山他山（64） 質地騒動御仕置一件（4）、白銀賢端（74） 榊原藩日記（3）、中村辛一（90） 編集後記、渡辺慶一（99）

第8号（昭和30年12月25日） 相馬御風記念館所蔵の古鏡について、吉田貞治（1） 姫川の「おててこ舞」、桑山太市（13） 上杉謙信、中村辛一（17） 赤倉山荘にいた岡倉天心、渡辺慶一（25） 糸魚川黒川騒動について、上坂元熙（30） 越後國頸城郡質地騒動御仕置一件（5）、白銀賢端（58） 指上申五八組長、西山篤郎（75） 偶然の機会から得た先祖のことども、富永浩（84） 榊原藩日記（4）、中村辛一（92） 頸城の古墳時代私考、小松芳男（98） 森成先生の思い出を語る座談会（119） 森成先生を偲ぶ、小田亀雄（128） 編集後記、中村辛一（131）

第9号（昭和31年6月5日） 近世農村史料について、金井円（1） 中世に於ける信越国境の交通、渡辺慶一（13）「熊膽真偽弁」とその著者鈴木甘井、蒲原宏（19） 高田事件（1）、江村栄一（30） 米騒動時の高田、中村辛一48） 高田の歌壇、（高田市資料）（64） 名立小泊の漁村考察、直江津高校社会科クラブ（68） 福沢諭吉の招待状、渡辺慶一（75） 質地騒動御仕置一件（6）、白銀賢端（80） 榊原藩日記（5）、中村辛一（95） 編集後記、小田亀雄（100）

第10号（昭和31年12月31日） 瑞天寺の観音、桑山太市（1） 田端（肴町）の御条目（1）、池田嘉一（6） 恵信尼文書「とひたのまき」に就ての私見、白銀賢端（21）「頸城文化」第十号記

念座談会（25）　小川村検地、西山篤郎（30）　小木町の竹細工、中村憲三（37）　明治の新政と旧藩士達、稲荷弘信（45）　布施先生手記「越佐史料編纂の経過について」、小松芳男（55）　庄田直道、中村辛一（60）　高田事件（2）、江村栄一（65）　炉辺（82）　編集後記、池田嘉一（83）

第11号（昭和32年6月1日）　川上平十郎翁と頸城門徒の関東移民（1）、白銀賢端（1）　田端（肴町）の御条目（2）、池田嘉一（13）　上越三市の朝市、高田市新道中学校社会科クラブ（24）　越後で捕縛された桜田門外の変志士関鉄之助と広木松之助、渡辺慶一（30）　高田事件の顛末、竹内久夫（37）　わがスキー界の恩人鶴見宜信さんを語る、長谷川増吉（54）　増村朴斎作「五賢詠」（五言古詩）について、内山義文（59）　村上義清の系譜の一つ、豊田蘭治（64）　榊原藩日記抄（6）、中村辛一（68）　第五次県文化財指定（76）　あとがき、稲荷弘信（78）

第12号（昭和32年11月6日）　渡部健蔵翁と梅田雲浜先生、植木直一郎（1）　庄田直道翁と布施思文先生、渡辺慶一（5）　八丈島に流された越後騒動関係者、菊地和雄（11）　川上平十郎翁と頸城門徒の関東移民（2）、白銀賢端（15）　田端（肴町）の御条目（3）、池田嘉一（24）　高田事件の顛末（続）、竹内久夫（39）　硬玉雑記、小松芳男（52）　榊原藩にあらわれた榊原村上時代の処刑者調（その一）、中村辛一（58）　榊原藩日記抄（7）、中村辛一（61）　あとがき、無署名（68）

第13号（昭和33年8月10日）　わが硬玉問題の回顧と展望、中川成夫（1）　熱田神宮の唐鏡について、吉田貞治（12）　恵信尼文書「とひたのまき」と「五輪塔」、白銀賢端（19）　余韻、桑山太市（34）　高田事件の顛末（完）、竹内久夫（39）　山寺三千坊堂方と板倉倉院に就て、島田善治（57）　続山寺三千坊堂方と地頭方に就て、同（64）　安政の志士渡部多惣治、渡辺慶一（67）　神楽舞台地芸能について、齋藤孝美（78）　風間信濃守贈位申請書（89）　編集後記、中村辛一（98）
第14号（昭和34年7月1日）　獅子舞の幻想、桑山太市（1）　高田ゴゼ、市川信次（4）　上越「余荷」考序説、本間邦彦（8）　和田村小作争議前史、五百川清（33）「とひたのまき」追補、白銀賢端（49）　榊原村上時代の処刑者調（その二）、中村辛一（52）　榊原藩日記抄（8）、中村辛一（54）　雑報編集後記、中村辛一（60）

第15号（昭和35年9月1日）　犀浜砂丘集落の変遷、内藤堯一（1）　高田市大曲地域の開発事情について、木下浩（11）　猿供養寺部落研究、霜田巌（20）　倉石侗窩と文武済美堂について、村山和夫（36）　まなべ祭り、池田嘉一（44）　庄田直道翁に接した二名士、渡辺慶一（51）　顕聖寺遺跡調査の動機と経過概要、秦繁治（54）　榊原村上時代の処刑者調（その三）、中村辛一（56）　榊原藩日記抄（9）、中村辛一（57）　執筆者紹介編集後記、池田嘉一（61）

第16号故小松芳男先生特集（昭和36年3月31日）　小松先生略歴　ごあいさつ、会長大竹太郎（1）　遺稿、小松芳男（2）　小松さんをしのぶ、藤田亮策（4）　故小松芳男氏を悼む、白銀賢端（10）　頸城古墳群をめぐる諸問題、中川成夫、秦繁治ほか（11）　信越国境紛争裁判序説、稲田泰策（29）　編集後記、池田嘉一（46）

第17号（昭和36年9月25日）　上越後に分布する懸仏、平野団三（1）　高田を中心とした俳諧史、木村秋雨（12）　直江津海岸の変遷、中沢肇（28）　上越の快男児岡田保、渡辺慶一（37）　野尻湖

の水力発電、中村憲三（44）　頸城郡の町村合併、池田嘉一（52）　榊原藩日記（10）、中村辛一（57）　書評『新潟の歴史』、稲荷弘信（61）　あとがき、池田嘉一（62）

第18号（昭和36年12月25日）　北国街道新井宿の成立とその発達（1）、渡辺慶一（1）　頸城郡の町村分合（続）、池田嘉一（9）　高田を中心とした上越地方未解放部落の史的調査覚（1）、木下浩（21）　松之山町の村山文書、本山幸一（38）　根知の笹ゆり（上）、稲田泰策（46）　松苧神社の七ツ祭り、市川牧人（55）「三郷村誌」書評、中村辛一（57）　執筆者紹介あとがき、無署名（58）

第19号（昭和37年7月10日）　上杉時代の春日山城下について、小村弌（1）　高田を中心とした上越地方未解放部落の史的調査覚（2）、木下浩（7）　根知の笹ゆり（下）、稲田泰策（23）　佐渡の山伏、桑山太市（31）　エドウィン・ダン氏、渡辺慶一（42）　昔の戸籍、西山篤郎（46）　直江津海岸の変遷（続）、中沢肇（51）　宝暦時代の古文書、市川牧人（56）　あとがき、池田嘉一（59）

第20号（昭和38年12月10日）　伝説と歴史、会長大竹太郎（1）　日本海沿岸の一漁村の歩み、滝沢定春（2）　近世魚沼郡の支配構造変遷の展望（上）、青木不二夫（12）　宮嶋作右衛門（上）、池田嘉一（36）　高田市正善寺文化財資料、平野団三（44）　岩殿山、中沢肇（53）　藩政当時の西城町三丁目、中村憲三（57）　高田を中心とした上越地方未解放部落の史的調査覚（3）、木下浩（67）　文禄三年上杉家定納員数目録（上）、稲田泰策（80）　あとがき、稲荷弘信（105）

第21号（昭和39年12月10日）　近世魚沼郡の支配構造変遷の展望（中）、青木不二夫（1）　宮嶋作右衛門（下）、池田嘉一（40）　文禄三年上杉家定納員数目録（下）、稲田泰策（52）　正善寺獅子舞随想、市川信次（89）　高田を中心とした上越地方未解放部落の史的調査覚（4）、木下浩（94）　郷土の懐古、白銀賢瑞（105）　柏崎の酒屋打ちこわし一揆、渡辺慶一（108）　あとがき、中沢肇（111）

第22号（昭和40年9月30日）　小栗家譜、中江土地改良区（1）　小栗美作執政之間有功記（15）　仙台小栗氏について、渋谷鉄五郎（17）　実元迎立問題と守護上杉家の断絶、花ケ前盛明（27）　築城前の高田とその周辺文化、平野団三（33）　滅びゆく酒造りの歌とその作業、渡辺慶一（39）　高田を中心とした上越地方未解放部落の史的調査覚（5）、木下浩（49）　越訴のほうび、池田嘉一（56）　榊原藩日記抄（11）、中村辛一（59）　あとがき、池田嘉一（64）

第23号（昭和41年9月15日）　父子―渡部多惣治と健蔵、近藤啓吾（1）　松平忠輝夫人五郎八姫について、渋谷鉄五郎（24）　風間信濃守、花ケ前盛明（32）　高田を中心とした上越地方未解放部落の史的調査覚（6）、木下浩（41）　榊原藩日記抄（12）、中村辛一（78）　あとがき、渡辺慶一（82）

第24号（昭和42年4月25日）　越後国頸城郡と伊能忠敬、増村宏（1）　庚申信仰（講）―実例二題―、尾身栄一（18）　高田を中心とした上越地方未解放部落の史的調査覚（7）、木下浩（27）　榊原藩三家老の知行所について、剣持利夫（37）　古代中世上越後（頸城）の交通路、平野団三（51）　山口・虫川・宿場・沖ノ口諸運上銀目録、稲田泰策（60）　榊原藩日記抄（13）、中村辛一（64）　あとがき、渡辺慶一（67）

第25号（昭和42年8月1日） 交通史料から見た越後騒動後日談、渡辺慶一（1） 古代中世上越後（頸城）の交通路（続）、平野団三（10） 越後頸城山間部における地主制の成立と「歩延び」について、松永栄一（20） 上越地方の庚申信仰（1）、尾身栄一（39） 高田を中心とした上越地方未解放部落の史的調査覚（8）、木下浩（44） あとがき、無署名（54）

第26号明治百年特集号（昭和43年6月20日） 交通の変遷による生活文化の進歩発展―信越国境の山村について―、渡辺慶一（1） 前島密―近代的日本人の典型―、中村辛一（10） 上越の漁村百年の移りかわり、滝沢定春（17） 高田最後の藩主榊原政敬（1）、稲荷弘信（22） 和田一郎博士の事績、西山篤郎（29） ”鷺流”の流れ、桑山太市（33） 恵信尼と上越後、平野団三（34） 春日山城から高田城まで、池田嘉一（52） 天和検地以降の小農自立（研究ノート）―越後荒井周辺の場合―、松永靖夫（59） 編集後記、渡辺慶一（61）

第27号（昭和44年3月1日） 上杉謙信は越後国府（直江津）で生まれた、渡辺慶一（1） 府内の館址について、中沢肇（9） 武州豊島城主等一族の亡命を手引きしたと思われる福王寺氏、山崎寛隆（15） 上杉謙信と三国街道、平野団三（18） 近世初期における越後の真宗教団 ―頸城を中心とした東本願寺教団の形成―、大場厚順（23） 維新哀史会津降伏人預り、池田嘉一（34） 新刊紹介中村辛一氏編著「高田藩制史研究」、渡辺慶一（42） 編集後記、渡辺慶一（43）

第28号上杉謙信特集号（昭和44年7月30日） 上杉謙信と頸城の文化財、平野団三（1） 柿崎景家について、室岡博（13） 上杉謙信と越後府内、中沢肇（16） 鬼小島弥太郎、稲荷弘信（24） 上杉謙信に関する三つの疑問、渡辺慶一（28） 春日山城周辺の支砦（その一）、植木宏（35） 謙信公文庫を失える文化的損失、渡辺慶一（45） 史料紹介、滝沢定春（57） 編集後記、渡辺慶一（64）

第29号（昭和45年8月） 公孫樹下の学園史―高田師範から新大高田分校へ―、渡辺六郎（1） 能生町白山神社蔵”ハガセ船”船絵馬考、伊藤信太郎（20） 座談会”恵信尼”、池田嘉一・大場厚順・中戸賢亮・中村辛一・平野団三（31） 恵信尼の住所”とひたのまき”考―最近の学界の成果をめぐって―、大場厚順（46） 中世越後における曹洞禅（前編その一）、田浪龍之（56） 国宝大清水観音堂、平野団三（73） 竹の鼻の庵主さん、桑山太市（79） 峠の茶屋の語り合い、渡辺慶一（85） あとがき、池田嘉一（87）（奥付なし、よって発行日は未詳）

第30号満二十周年記念号（昭和46年9月30日） 歴史研究における切添式と飛地式、伊東多三郎（1） 高田藩の役屋制度、北島正元（5） 越中と越後との交渉史小考、橋本芳雄（8） 上越市の誇り国宝大日如来（郷津岩殿山）、平野団三（17） 恵信尼の子女の出生順について―小黒女房の出生をめぐって―、大場厚順（21） 謙信の死因となった「虫気（むしのげ）」という病気、渡辺慶一32 春日山城と桑取谷、中沢肇（45） 福島築城、池田嘉一（52） 中世越後における曹洞禅（前編その二）、田浪龍之（63） 川浦陣屋の考察、藤田昭治（79） 山間地の一地主の歴史―妙高村寺尾古川家の歴史と原通地区―、松永靖夫（90） 頸城における徴兵忌避、中村辛一（97） 「越後騒動」の首謀者荻田・本多の自筆書状、花ケ前盛明（102） 執筆者紹介編集後記、渡辺慶一（105）

第31号（昭和47年8月） 新潟県の条理遺制、多賀有志（1） 親鸞離越に関する考察、太田空賢（8） 恵信尼消息第七通考―「ゑちう」をめぐる諸問題―、大場厚順（17） 市振の関、加藤義平（24） 笠市を繞る直江津・高田の紛争（特権商業最後の姿）、渡辺慶一（29） 戊辰戦長岡城討伐官軍資料、稲田泰策（39） 新刊紹介、中村辛一（50） 編集後記、渡辺慶一（53）

第32号（昭和48年4月）「マナコ」のありかとその門徒の性格、大場厚順（1） 福島城の瓦、中沢肇（7） 九条幸家書状、細山勝吉（11） 近代直江津の夜明（その一）、太田一成（15） 頸城地方の私塾―寺子屋・郷学校―、滝沢定春（28） 米騒動（新平のたたっこわし）―明治二十三年能生町の場合―、高橋起美子（44） 史料紹介西南ノ役出張日誌1、稲荷弘信（54） あとがき、池田嘉一（62）

第33号（昭和48年12月） 固くない話二話、渡辺慶一（1） 顕聖寺遺跡の復元住居址、秦繁治（6） 聖寺山至徳寺廃寺あとの考察、田浪龍之（11） 越後安国寺と伽耶山海印寺、中沢肇（15） 専敬寺の教如消息について、大場厚順（20） 松平光長家の村落支配組織―越後国魚沼郡を中心に―、本山幸一（25） 近代直江津の夜明（その二）、太田一成（40） 重要文化財旧開智学校、稲田泰策（44） 稲田泰策の急死を惜しむ、渡辺慶一（48） 上越市文化財（1）、上越市文化財審議委員会（51） 史料紹介西南ノ役出張日誌2、稲荷弘信（54） 執筆者紹介編集後記、渡辺慶一（59）

第34号（昭和49年11月） 一つとせ―瓦版―、桑山太市（1） まだら唄漫談、桑山太市（6） 越後国荘園の特徴と頚城の荘園、平野団三（10） 山里の御影について、大場厚順（23） 堀氏と茶の湯、中沢肇（29） 天和3年頚城郡杉野沢村検地帳の記載について、滝沢定春（41） 妙高村寺尾薬師について、松永靖夫（47） 光間村伝蔵の「夫人足帳」について―戊辰戦争のひとこま―、中村辛一（52） 無名人の手紙、渡辺慶一（58） 直江津五智地区溜池用水の概要、田浪龍之（67） 史料紹介西南ノ役出張日誌3、稲荷弘信（78） 名簿執筆者紹介（83） 入会のおすすめ・会則（88） 編集後記、渡辺慶一（89）

第35号池田嘉一先生喜寿記念特集号（昭和50年12月） 人と学風、中村辛一（1） お祝詞と思い出、坂口謹一郎（3） ひろがる波紋―池田嘉一先生の影響の大きさを思いつつ―、赤城源三郎（6） 地方史研究の事始め――冊の本の仲立ちから―、中嶋次太郎（15） 池田先生、稲田文子（18） 教育者としての池田嘉一先生、青山正久（19） 上杉氏の都市掌握過程について―特に府内を中心に―、小村弌（22） 笹倉荘・関荘・三善荘（見栄荘）、平野団三（33） 小字名と越後安国寺、田浪龍之（45） 檄文「本願寺抱様」と越後の真宗教団、大場厚順（50） 甘粕近江守長重、花ケ前盛明（56） 春日山城下の一里塚遺跡について、中沢肇（62） 松平光永高田藩の藩政改革について、松永靖夫（67） 荒井村と岡沢村・岡川村の山論―貞亨初年の場合―、滝沢定春（71） 高田から江戸間での街道図―東都道中分間絵図を主として―、稲荷弘信（80）「瞽女」という称呼について、市川信次（90） 生田万の乱と桑名藩論―武家社会の賞罰―、新沢佳大（95） ニューヨークで日本料理店を経営した塚田数平氏のことども、高橋起美子（104） 相馬御風先生と私、渡辺慶一（110） あとがき、中澤肇（128）

第36号平野団三先生古稀記念特集号（昭和51年7月） 美術鑑識眼で新分野開拓、中村辛一（1）

有隣、佐藤策次（4） 上越文化財調査の思い出━平野先生古稀を記念して━、宮栄二（6） 平野先生、稲田文子（10） 平野団三氏の古稀を祝う、小栗文雄（10） 平野先生と私、中戸賢亮（11） 平野団三氏の古稀を祝う、古海香雲（14） 回心、深沢一雄（16） 古稀を寿ぐ、石田保夫（20） 関山仏足石の梵字宝塔について、川勝政太郎（22） 越後における親鸞研究の一課題、松野純孝（26） 材質から見た新潟県下の木彫について、西川新次（33） 関山仏足石と平野先生、森貞雄（39） 倉下経塚の概要、秦繁治（49） 地方史と仏像について、玉木哲（52） 越後時代の親鸞について━批判精神と布教━、大場厚順（56） 風間信濃守開基の寺院、花ケ前盛明（64） 塩の道━千国街道をたずねて━、青山正久（70） 中世城郭の井戸（勝山城の場合）、植木宏（76） 地境取極、山論関係の資料について、関谷哲郎（81） 上杉転封随伴寺社考（2）、田浪龍之（88） 越後質地騒動に関する一考察━新しい史料をとおして━、滝沢定春（97） 血書を残した得宗和尚の研究━州伝寺と大円寺について━、青木不二夫（100） 堀秀政の二百五十回法要のこと、中沢肇（111） 珍しい高田藩士の仇討事件、渡辺慶一（123） 高田榊原藩の解体、剣持利夫（131） まちがい随想、池田嘉一（139） 高田のバテンレース、稲荷弘信（144） イッチョマエの民俗、駒形覚（149） わらべ歌の伝播について━採集の歌と若干の文献から━、鈴木栄太郎（154） 梅沢左吉翁聞書━我が政治信念━、堀川達英（162） 執筆者紹介（169）あとがき、中沢肇（170）

第37号（昭和52年7月） 今日の鉄鋼学からみた日本刀━前編━、川合熙（1） 越後桑取谷の祭日・里神楽と民俗━名立谷との比較━、高岡功（9） 幕末・明治初期における高田塩商人の動向、清沢聡（22） 松之山郷土浦田村と西浦田村について、鈴木栄太郎（39） 本龍寺「しげさ踊り」について、竹田恵示（53）「なんぼいさん」について━「なんぼい」の由来━、安達恩（57） 松平忠輝の婚姻と後裔など、中沢肇（60） 上野田の西方寺について━天正・文禄・慶長初中期を中心として━、大場厚順（71） 柏崎地方の城館跡、花ケ前盛明（79） 韓国古代史の旅、高橋起美子（86） 執筆者紹介あとがき、中沢肇（90）

第38号高田榊原藩の研究（昭和52年10月） 榊原八代藩主善教院政岑と高尾、渡辺慶一（1） 本丸の全焼、池田嘉一（13） 榊原藩における国役普請、中沢肇（19） 松野木勝念寺事件研究序説、大場厚順（32） 井部香山と榊原藩の学問、太田空賢（37） 高田榊原藩士の苦境時代、大橋武夫（40） 居多神社蔵の「榊原家制札」、花ケ前盛明（45） 今日の鉄鋼学からみた日本刀━後編━、川合熙（51） 吉川指月の松尾延好の筆塚、藤戸信也（65） 関山神社火祭り見学記、高橋栄（70） 執筆者紹介あとがき、青山正久（74）

第39号（昭和54年8月） 榊原八代藩主善教院政岑と高尾（2）、渡辺慶一（1） 糸魚川市天津神社・通称一の宮の舞楽について、相沢悦二（19） 幕末の頸城宿布行商人、鈴木栄太郎（36） 恵信尼、平野団三（52） 本誓寺所蔵の教如消息、大場厚順（55） 府中八幡宮の私塾について、中沢肇（59） ビルマ紀行、中村辛一（76） 米沢市における謙信公四百年祭式典に参列して、貝川正治（85） 新刊紹介━薄袋・三交・石橋三百年史━、花ケ前盛明（90） 春日山城の植物を考える、小川清隆（92） 宮口古墳公園、秦繁治（95） 執筆者紹介あとがき、青山正久（97）

第40号特集直江津（昭和56年11月） 中世における直江津港、渡辺慶一（1） 直江津砂丘と古い石造物、平野団三（15） 御朱印地五智五箇領、中沢肇（23） 安政6年今町往来道一普請、田

浪龍之（41） 真行寺年表と続直江津こぼれ話、中戸賢亮（50） 林覚寺について、大場厚順（54） 居多神社と越後国一宮、花ケ前盛明（60） 明治天皇の黒井駅御駐輦所、渡辺留吉（67） 明治天皇の北陸御巡幸と直江津及びその周辺、太田空賢（75） 五智焼高野久太郎について、平丸誠（82） 直江津健児クラブのこと、佐藤策次（89） 糸魚川市天津神社・通称一の宮の舞楽について（2）、相沢悦二（100） 幕末の頸城宿布行商人（2）、鈴木栄太郎（117） 上越の史跡探訪その2大日如来、青山正久（132） 執筆者紹介あとがき、青山正久（134）

第41号故池田嘉一先生・青山正久先生・稲荷弘信先生追悼号（昭和58年8月） 池田先生の業績をたたえる、中村辛一（4） 青山正久さんを懐う、渡辺慶一（8） 稲荷弘信先生追悼の言葉、平野団三（13） 池田嘉一さんの思い出、坂口謹一郎（14） アラシコと池田嘉一さん、櫻井徳太郎（16） 池田先生を偲ぶ、小泉孝（19） 嗚呼嘉山温良居士―池田嘉一先生、石倉文次郎（21） 池田先生を偲んで、永野一郎（23） 歩いて行く人、杉みき子（25） 池田嘉一先生と私、高橋起美子（27） 行雲流水、高橋佐公（30） 青山正久先生の思い出―土の家学、中川成夫（33） 先生を偲ぶ、佐藤策次（35） 青山正久先生の想い出、深沢一雄（37） 青山正久先生を語る、歌代勤（39） 情熱は仕事を通して（青山先生の思い出）、藤田剛（43） 青山先生の思い出、江口武正（46） 心の人青山正久先生、貝川正治（48） 遺稿英霊回帰、故稲荷弘信（51） 弔詞、吉村繁次郎（55） 稲荷先生を偲びて、中沢肇（57） ありし日の寸景、玉泉典夫（59） 日本的な特色をもっている上越後の石仏群、平野団三（60） 「どぶね」語原考、中村辛一（66） 越後安国寺と関興庵、田浪龍之（70） 今泉の勝願寺門徒―永正期を中心に、大場厚順（74） 続春日山城と桑取谷、中沢肇（78） 西頸城の城（1）―その配置と役割、植木宏（85） 浦川原村の山城、花ケ前盛明（89） 頸城地域の口留板書について、清沢聡（93） 浦川原村文書にみる近世後期の村方騒動、松永靖夫（97） 松之山町の石仏について、相沢和夫（101） 岡田村庄屋与右衛門の「戊辰戦中当所記」について、鈴木栄太郎（105） 大正デモクラシー期の官僚と民衆―第一次世界大戦後経営の意味―、本間恂一（109） 生活綴り方教育研究ノート―池田和夫の歩み、木下浩（113） 松之山町川手地区における出機の実態、久保田好郎（117） 春駒の歌詞について、太田空賢（121） 婚礼に見られる降雨の光景、佐藤和彦（125） 執筆者紹介（131）編集にあたって、中沢肇（132） あとがき、花ケ前盛明（132）

第42号中村辛一先生古稀記念特集号（昭和59年7月） 中村辛一先生の古稀を祝って、渡辺慶一（1） 中村辛一先生にささぐる小論境界紛争にみる越後人気質、林正巳（3） 中村先生の古稀をお祝いして、小村弌（5） 祝中村先生古稀、平野団三（7） 良寛を連想、中村憲三（9） 茨山A遺跡―炭焼窯址の調査、秦繁治（11） 奈良東大寺領越後国石井荘の所在地、平野団三（15） 越後国府所在地考、井上慶隆（21） 「米山より奥」という言葉―上越後と下越後の意識、中野豈任（25） 中世刈羽村赤田城主渡辺（赤田）氏並びに斎藤氏に関する史的考察、磯貝文嶺（30） 春日山城址秘話、中沢肇（36） 西頸城の城（2）―青海町の山城、植木宏（41） 牧村の山城―池舟城、花ケ前盛明（45） 越後頸城質地騒動について、松永靖夫（49） 子安堰余荷について、本間邦彦（53） 西廻り航路と直江津今町湊、西山芳夫（57） 近世出雲崎湊の一断面、永井洋一（61） 近世出雲崎湊における廻船の展開（素描）、渡辺孝行（65） 江戸中期の稲刈り・稲抜きについて―大瀁郷増田村平石家の場合、清沢聡（74） 安永検地について―福島村に残る史料より、西潟浩平（78） 越後にみる天保期幕領の年貢金為替替納、本山幸一（82） 高野長英探索の厳しさ、渡辺慶一（86）

隠れキリシタン考、久保田好郎（90）　旧大鹿村出身の修那羅大天武について、池田一男（94）　幕末庶民の幕政批判とはげ村解明のこと、滝沢定春（98）「神木隊」に関する覚書、村山和夫（101）　越後における古屋佐久左衛門、上坂元熈（106）　浦川原村の石油開削の一事例、清水万蔵（110）　中村辛一先生に学び続けて、江口武正（114）　執筆者紹介（118）上越郷土研究会会員名簿（119）　あとがき、花ケ前盛明（123）

第43号中澤肇先生古稀記念特集号（昭和60年7月）　中沢肇先生の古稀を祝って、渡辺慶一（1）　中沢先生の人と学風中村辛一（3）　敬して近づいている中沢先生、佐藤策次（5）　中沢肇先生の古稀をお祝いして、笹川元祥（7）　春日山城と上杉謙信、南條範夫（9）　月岡古墳群―沖積地の初期群集墳、秦繁治（12）　吉川町大乗寺の石仏、平野団三（17）　室町戦国期における越後新田氏一族―「大井田文書」と「小森沢文書」、赤沢計真（21）　蓮如の来越と越後の教団、大場厚順（25）　西頸城の城（3）―糸魚川市の城、植木宏（29）　頸城村の山城―雁金城、花ケ前盛明（34）　高田城本丸の調査、小島幸雄（38）　米山・もう一つの道、田中圭一（42）「西の国の人」は「佛」―寺院文書にみる異体字について、田子了祐（50）　天明元年高田藩文書、平丸誠（54）　文化八年二本木組関川村明細帳について、滝沢定春（58）　下名柄のうつりかわり、堀川達英（66）　即身仏（ミイラ）と入定伝説、高橋栄（70）　異国船来朝の一件から、関谷哲郎（74）　明治維新の神社界しらべ、風間瑞穂（78）　百年前の直江津停車場、田浪龍之（82）　上越軽便鉄道の発起から頸城鉄道へ、久保田好郎（86）　電力と上越工業の変遷、古海基（93）　池田和夫と「北方教育」、木下浩（97）　妙高高原における民宿の発展とその問題点、杉田幸治（101）　東西日本の民俗上の接衝地帯としての頸城、石田耕吾（106）　糸魚川、西頸城の祭りと舞楽の特色について、土田孝雄（110）　岡田の春駒、太田空賢（114）　執筆者紹介（119）上越郷土研究会会員名簿（120）　あとがき、花ケ前盛明（124）

第44号故北島正元先生追悼号（昭和61年7月）　嗚呼！北島正元先生、渡辺慶一（1）　共に学んだころ、中村辛一（3）　北島正元君の思い出、児玉幸多（5）　北島正元君を偲ぶ、小西四郎（7）　北島正元氏と愛知県史、岡本堅次（11）　静かで温い人柄だった、津吉英雄（14）　北島正元先生と私、村上直（17）　恩師北島正元先生を偲びて―史料探訪のお供をしてなど、堀川喜久司（20）　城国と関国について―越後城の所在をめぐって、横山貞裕（22）　新井市川倉遺跡―地すべり地域における縄文遺跡、小島正巳・早津賢二（26）　関之庄、平野団三（30）　浄興寺蔵『蓮如上人塵拾抄』について―越後国に関連して、大場厚順（33）　吉川町の山城―顕法寺城、花ケ前盛明（37）　村殿の城―佐渡における中世城館址の一つの性格、山本仁（41）　御館の乱余聞、中沢肇（45）　真宗教団における消息の意義、太田空賢（49）　溶姫お国入り道中記（上）、岩嶋裕（53）　良寛と交わった富川大塊、大森正雄（57）　弘化の大地震による大谷部落の惨状について、池田一男（61）　高柳郷岡野町維新一揆、桑山省吾（65）　中里村にみられる「神仏分離」、剣持利夫（69）　上越市内の筆塚、藤戸信也（73）　戦前に於ける高田の地方紙の興亡、村山和夫（78）　小松芳春氏と上越の古墳調査―横穴墓の調査例、関雅之（82）　陶片紹介―善光寺浜遺跡周辺出土請来陶磁器のこと、平丸誠（87）　長岡藩主牧野駿河守―高田城請取記録、渡辺慶一（92）　執筆者紹介（97）上越郷土研究会会員名簿（98）　あとがき、花ケ前盛明（102）

第45号故渡辺慶一先生追悼号（昭和63年9月23日）　遺稿大越家文書上杉景勝の朱印状につい

て（1） 続長岡藩主牧野駿河守—高田城請取記録（6） 身に余る光栄（18） 故渡辺慶一先生を追悼して、中村辛一（21） 渡辺さんの思い出、村上直（24） 渡辺慶一先生を偲びて、小村弌（27） 渡辺慶一先生を偲んで、加藤章（31） 渡辺慶一先生との出会い、河西英通（33） 継続は力なり—故渡辺慶一先生を偲んで、中村憲三（34） 渡辺慶一先生と新潟県史編さん事業、本間恂一（36） 故渡辺慶一先生の弔辞、久保田好郎（39） 弔辞、江口武正（41） 嗚呼！渡辺慶一先生、石田耕吾（43） 嗚呼渡辺慶一先生、本間邦彦（45） クラス担当主任の渡辺慶一先生を偲んで、清水孝（49） 故渡辺慶一先生追悼歌、平野団三（51） 新井市新井新田溜遺跡—縄文早期・後期資料、小島正巳・早津賢二（52） 旧大潟汀線文化—意外に古かった頸城村、平野団三（56） 粉挽き臼の普及期について、坂井秀弥（59） 頸城村の城館—茶臼山城、花ケ前盛明（64） 高田城本丸の構造と三重櫓、植木宏（70） 高田常敬寺について—改派に関連して、大場厚順（78） 高田の城下町と士族・町民・農民の関係、石田耕吾（86） 今町出身江戸相撲—越の海勇藏について、田波龍之（90） 苦難にみちた榊原藩の所替、中沢肇（94） 塚田五郎右衛門、中村辛一（102） 近世農民の諸国巡禮—福島村、忠藏の場合、西潟浩平（106） 松之山郷伊之助用水掘削工事の挫折—元文・寛保年間の大事業、久保田好郎（110） 北越戊辰戦争と高田藩（その一）、剣持利夫（115） 戊辰戦争と春日神社、風間瑞穂（119） 高田雑話、渡辺六郎（125） 障害者教育の先覚者—大森隆碩略伝、市川信夫（133） 越後五智国分寺薬師尊船後光再建趣意書について、平丸誠（137） 史料紹介焼失した五智国分寺本堂を支えた人々、中澤肇（141） 執筆者紹介（143）上越郷土研究会会員名簿（144） あとがき、花ケ前盛明（148）

第46号（平成2年5月） 妙高三題、中村辛一（1） 妙高火山の火砕サージ—飯吉一徳さんに捧ぐ、早津賢二・小島正巳（11） 上杉謙信と無量光院清胤、加澤昌人（15） 奇僧佐田介石、金子以策（25） 遊行上人と越後・佐渡、田浪龍之（31） 恵信尼晩年の生業を考える—恵信尼消息からの推理、寺島恒一（36） 上杉謙信を偲ばせる上越後の石造文化、平野団三（40） 花ケ前家と堯恵・冷泉為広、花ケ前盛明（50） 松之山にみえる元禄期の宿役銀納入形態について、本山幸一（58）「村極」の変遷—山方村、小田信夫（62） 初田堰用水裁許地図、内藤堯一（66） 北越戊辰戦争と高田藩（2）、剣持利夫（71） 戊辰戦争における高田藩—江戸詰・釜子詰藩士の動きを中心にして、村山和夫（76） 河本杜太郎と三島氏家譜、相沢和夫（84） 上越市の山村中ノ俣—明治初期の通婚圏と山道往来、佐藤幸雄（88） 財政支出からみた過疎山村集落の集落機能の変化 —東頸城郡松代町小屋丸集落の事例、寺田嘉男（92） 大島村の民家、広田敏郎（96） 越後五智国分寺の焼失印印譜、平丸誠（104） 松平忠輝と松平忠昌の書状、中沢肇（109） 執筆者紹介（113）上越郷土研究会会員名簿（114） 役員名簿（119）あとがき、花ケ前盛明（119）

第47号（平成4年5月） 越後府内善光寺と十念寺、小林計一郎（1） 新出の柿崎文書と中魚沼地方、赤澤計眞（14） 祭神不詳の産土神—神道の一特色、中村辛一（18） 焼山の噴火に対して新井市は安全圏にあるか、早津堅二（24） 奴奈川姫と古代祭祀に関する一視点、土田孝雄（30） 上越地方の板碑と板石塔婆、平野団三（36） 松之山町の山城、花ケ前盛明（48） 近世出雲崎の「慶長期」、渡辺孝行（60） 越後の木綿栽培について、滝沢定春（83） 直江津今町湊の北前船と回米—江戸中期の蔵納のこと、中澤肇（89） 安政の大獄のころ—高田藩江戸屋敷と頸城の動向、村山和夫（100） 明治初期における松之山農民の北海道移民、久保田好郎（107） 直江津今町庶民生活の中の伊萬里、平丸誠（113） 石橋のお地蔵さん、木沢賢二郎（119） 関温泉の姥堂伝説につ

いての一考察、池田一男（128）　史料紹介「赤井景韶の書簡」（132）　上越郷土研究会会員名簿（134）役員名簿（140）　あとがき、花ケ前盛明（140）

第48号（平成7年2月）　名立新田について、中村辛一（1）　陥穴外二題、秦繁治（12）　石仏調査の視野から五智国分寺の考察、吉川繁（21）　新井市高柳の中世館跡―遺構と遺物からみた館の存在年代と性格、鳴海忠夫（26）　小木遺跡―三島郡出雲崎町、花ケ前盛明（38）　出雲崎附天領頸城郡下村々の代官御役所（陣屋）誘致運動（1）、渡辺孝行（43）　続直江津今町湊の北前船と回米―江戸中期の蔵納のこと、中沢肇（61）　榊原政令時代の参勤交代―文政五・六の往還の場合、村山和夫（67）　五智如来御胎籠略縁起配所草庵親鸞聖人真像略縁起、平丸誠（76）　東本願寺両堂再建について―直江津木揚場と史料、大場厚順（80）　梶屋敷浦船頭清次郎船難顛末記、西山芳夫（87）　近代学校誕生をめぐる諸問題―東頸城郡牧村の場合、本山松郎（94）　歴史地理的に見た観光地佐渡、久保田好郎（100）　新潟県の地名考―曽根・潟・崩・平、久保田好郎（108）　頸城郡上美守郷・小泉村青山次郎衛一件書留〔史料紹介〕、滝沢定春（110）　史料紹介、中沢肇（121）執筆者紹介（125）上越郷土研究会会員名簿（126）役員名簿（131）　あとがき、花ケ前盛明（131）

第49号田浪龍之・秦繁治先生特集号（平成9年12月）　田浪・秦両先生の業績を称えて、中村辛一（1）　田浪先生の米寿を祝って宗祖親鸞は越後で生まれた、草間文秀（5）　秦先生のこと、翡翠文化のこと、土田孝雄（9）　近年発見の水田跡三例、高橋勉（15）　ヒスイ生産集団の様相―縄文時代中期をモデルとした試案、木島勉（28）　頸城郡下の天領村々における代官御役所（陣屋）誘致運動（2）、渡辺孝行（35）　続2直江津今町湊の北前船と回米―江戸中期の蔵納のこと、中沢肇（53）　続々幕末の頸城の宿布商人、鈴木栄太郎（59）　桑取谷の年中行事、市川信夫（70）　京都にもある越ノ海勇蔵の墓、竹森章（77）　山岳信仰の妙高山と関山三社権現、池田一男（80）鉢ケ嶺用水溜新築設置趣意書、平丸誠（87）　史料紹介、中澤肇（93）　花ケ前家系図、花ケ前盛明（95）　執筆者紹介（116）上越郷土研究会会員名簿（117）　あとがき、花ケ前盛明（122）

第50号（平成12年12月）　直江津砂丘にあった古寺について、中澤肇（1）　弥生の砦裏山遺跡、秦繁治（8）　新潟県上越地方の古墳に関する記録―明治期から昭和前半（戦前）まで、関雅之（25）大間城跡の考察―戦国期山城の土塁・空堀の種類とその利用のしかた、植木宏（35）　春日山城とその支城―三国街道ぞいの支城群、花ケ前盛明（44）「神葬祭出入始末」覚書、田中圭一（62）関田峠道の改修について、鴨井英雄（72）　福田理軒輯編・小林百哺校閲和洋・普通・算法玉手箱の紹介、平丸誠（72）　北一輝と長谷川楽天、本間恂一（83）　庄田直道翁のことども―「高田新聞」の記事を中心に、村山和夫（89）　人頭税撤廃運動の指導者中村十作、久保田好郎（94）　関山神社の主祭神、国恒立尊とはいかなる神でいかにして伝えられたのか、 池田一男（106）　米山縁起と飛鉢譚、花ケ前薫（113）　執筆者紹介（117）上越郷土研究会会員名簿（118）　あとがき、花ケ前盛明（123）

第51号故中村辛一・平野団三・中澤肇先生追悼号（平15年9月）　中村辛一・平野団三・中澤肇先生の業績を称える、花ケ前盛明（7）　夕蛙―父、辛一を想う、中村たかし（8）　父、団三のこと、平野宏（9）　中村辛一先生と上越教師の会、山賀昭治（12）　北島正元先生と中村辛一先生の学恩、剣持利夫（14）　中村辛一先生の佐渡、本間邦彦（19）　中村辛一先生お世話になりました、高橋

起美子（21） 中村辛一先生の御洪恩に報いぬままに、青木不二夫（23） 平野団三著『頸城古仏の探究』（平成十二年六月刊）を編集して、石塚正英（26） 中沢先生を悼む、安藤喜悦（30） 古代人のタマ観念について、土田孝雄（32） 頸城地方にかかわる古代文芸資料、井上慶隆（39）
越後時代の親鸞—平野団三先生の業績に触発されて、大場厚順（44） 清里村の山城、植木宏（50）
本誓寺屋敷等についての考察—小山から左内へ・左内から高田へ、渡邉昭二（63） 近世前期高田領の郷村支配、本山幸一（80） 二枚の村絵図、松永靖夫（96） 東本願寺寛政の再建（資料提供）、太田空賢（101） 食二題—作法とケ検見役人接待のおしながき、田子了祐（110） 嘉永四年十月「中江取締議定証文」について、清沢聡（118） 旧高田藩主榊原政敬が幹事を務めた徳川慶喜を囲む「徳川諸代家会」、村山和夫（123） 明治期新潟県の知事と県会—『新潟県議会氏明治篇Ⅰ・Ⅱ』を編纂して、本間恂一（128） 明治の農事改良を推進した金子長治の一足跡、中山冨士雄（134） 塩の道だった関田山脈の峠道、杉田幸治（137） 藤田家三代の村医者—橘斎・佐作・和太郎、佐藤幸雄（146） 貸鍬慣行と鍛冶屋、坂井龍輔（150） 足半の採集と瞽女—「市川信次の瞽女研究」から、市川信夫（156） 埋もれた画家石野東耕、平丸誠（168） 板倉町の近代教育、宮腰英武（177）
延喜式内社頸城十三座、花ケ前盛明（181） 執筆者紹介（207）上越郷土研究会会員名簿（208）
役員名簿（213） あとがき、大道智紘（213） 第52号（平成16年7月25日） 郷土史研究と歴史知的視座、石塚正英（1） 新潟県青海町寺地遺跡の特殊な葬例 —縄文晩期の炉状配石と人焼骨ピット、関雅之（1） 観音平古墳群の再検討、佐藤慎（22） 新潟県東頸城郡浦川原村境原遺跡の調査概要、秦繁治（34） 長尾景虎の初期政権について、諸井幸枝（40） 城と交通路—飯山道ぞいの長沢原城と長沢砦、植木宏（48） 頸城村史における「慶長二年越後国頸城郡絵図」の疑問、渡邉昭二（56） 才浜の人口激増、倉部繁夫（67） 近世真宗寺院と梵鐘—鋳造の年代に関連して、大場厚順（84） 北国街道と新井宿、金子潤次（96） 松本街道・塩の道、土田孝雄（104）
宮大工の儀式（資料提供）、太田空賢（111） 糸魚川市新町の「翁舞」について、近藤忠造（118）
新井別院庫裏の移築再建について、寺島恒一（120） 上越発展夢物語—温故知新百年の計に立つ（その1）、杉山文雄（125） 庶民の目に映じた明治期—鴨井庄一郎日誌から、佐藤幸雄（130） 新井市東志村の明治期迄の発展について、滝沢定春（134） 相馬御風と石川啄木—御風に一目置いた啄木、金子善八郎（136） 童話作家小川未明の結婚、小川清隆（141） 坂口謹一郎先生と私、池田稔（143） 日本音楽教育の母小山作之助 —小山作之助資料収集委員会調査とともに、山本栄美（150） 太平洋に架ける平和友好の橋 —直江津・カウラ捕虜収容所の悲劇を越えて、下村省一（159）「上越の偉人」連載余話、大倉徹（166） 太子信仰と太子講、坂井龍輔（171） 延喜式内社—古志郡六座三嶋郡六座、花ケ前盛明（176） 執筆者紹介（196）上越郷土研究会会員（198）
あとがき、大道智紘（203）

第53号（平成17年10月25日） 神話の中の族外婚—ヤチホコ・ヌナカハヒメを事例に、石塚正英（1） 奴奈川姫神像考、土田孝雄（10） 越後有縁の親鸞のことども、田中正（17） 西頸城の城（四）糸魚川の城（2）—上野城・沼ノ城城、植木宏（26） 上杉謙信とその信仰、諸井幸枝（32）
福嶋城（一）—立地・縄張り、渡邉昭二（39） 史料紹介照行寺文書、大場厚順（48） 北国街道の中山道、金子潤次（59） 信越地方に於ける飢饉、青山始義（68） 東本願寺寛政の再建と御影巡回法座、太田空賢（83） 五智五ケ領の歴史（一）—国分寺領・五智国分村、太田一成（91）
鍬柄（平鍬）作りの職人、久米満（101） 近世柿崎地域の神社について、花ケ前薫（106） 郷土高田の直心影流剣士倉地志摩正實先生について、酒井一也（116） 地名と清音・濁音、下村省一（127）

山本慊「絵入り道中記」(明治三年) について、本間眞珠 (132) 相馬御風と糸魚川歴史民俗資料館、富岡隆一 (139) 高田盲学校創立者・大森隆碩 (一)、中野聡 (144) 宮本正尊博士と仏教研究、坂井龍輔 (153) 頸城の酒造業を覗く—戦時統制、前後の様子について、村山和夫 (163) 潟町青年会歌誕生の経緯、旧大潟町資料収集委員会 (169) 「古代製鉄コンビナート」出現—柏崎市軽井川南遺跡”見聞記”、大倉徹 (173) 青年教師・室岡博先生と京都大学・浜田耕作博士 —越後の考古学と神話国史教育の狭間で、関雅之 (178) 廃村にみる石造物と歴史—上越市板倉区の旧三集落、佐藤幸雄 (184) 延喜式内社—魚沼郡五座、花ケ前盛明 (189) 執筆者紹介 (198) 上越郷土研究会会員 (200) あとがき、大道智紘 (205)

第54号 (平成18年10月25日) 上越郷土研究会創立前後のエピソード—『頸城文化』を創刊号から読む (その一)、石塚正英 (1) 宮口古墳群発掘調査の回顧と展望—発掘から国指定・史跡整備へ、関雅之 (6) 越後の親鸞再考—「親鸞御影」の帽子、大場厚順 (16) 長尾景虎と栃尾に関する一考察、諸井幸枝 (21) 謙信と栃尾郷、土井重男 (29) 福嶋城 (二)、渡邉昭二 (48) 五智五ケ領の歴史 (二) —毘沙門国分村、太田一成 (60) 年貢帳から見た関川村、青山始義 (70) 達如の「御消息」—その背景と意義、太田空賢 (81) 高田藩最後の剣術師範倉地陽次郎正久先生について、酒井一也 (88) 幕末期柿崎地域の海岸防備、花ケ前薫 (100) 明治・神仏分離令と文化財破壊、土田孝雄 (106) 高田盲学校創立者・大森隆碩 (二)、中野聡 (118) —東郷元帥の直筆がある—日本海海戦「三笠艦橋の図」始末記、渡辺文雄 (137) 南川用水組合員をひとつにまとめ、鉄道線路を破壊して洪水から村を救った関根干城、宮島清 (148) 五輪塔考 (今保・極楽寺)、久米満 (156) 「古代製鉄コンビナート」出現—柏崎市軽井川南遺跡”見聞記2”、大倉徹 (163) アメリカ人形使節の来越、村山和夫 (168) 《資料紹介》上越養老保険貯蓄講—明治三〇年代に於ける保険事業例、村山和夫 (175) 延喜式内社—蒲原郡十三座、花ケ前盛明 (188) 執筆者紹介 (210) 上越郷土研究会会員 (212) あとがき、大道智紘 (217)

第55号 (平成19年10月25日) 親鸞聖人と恵信尼さま、千葉乗隆 (1) 越後の親鸞—伝承と旧跡、松野純孝 (11) 親鸞伝の深相—佐渡から越後へ、古田武彦 (16) 親鸞越後配流の背景、草野顕之 (21) 親鸞・恵信尼・真宗事始め—『頸城文化』を創刊号から読む (その二)、石塚正英 (27) 『教行信証』後序にみる流罪記録、松金直美 (32) 親鸞聖人の名告り、井上円 (38) 初期真宗教団の成立と善光寺信仰、太田空賢 (43) 親鸞と恵信尼の結婚、坂井龍輔 (51) 越後の親鸞再考 (二) 上—配所にまつわる問題、大場厚順 (55) 親鸞伝の一、二の問題、村山教二 (60) 越後を中心とした親鸞・恵信尼の出版物紹介—特に戦後、安達恩・大場厚順 (65) 切越縄文遺跡、発掘の経過、佐藤幸雄 (68) 「上越考古学会」と初代会長の相馬御風、関雅之 (73) 謙信と北信濃、土井重男 (83) 一次史料でみる川中島の合戦、諸井幸枝 (105) 福嶋城 (三)、渡邉昭二 (123) なぎ鎌神事と諏訪大社の御柱、土田孝雄 (133) 近世田口村の発展と衰微、青山始義 (142) 朴ノ木に芸能人集団?、久米満 (154) 善九郎用水、堀川喜久司 (157) 高田市呉服町の直心影流剣士町田市三郎について、酒井一也 (164) 延喜式内社—沼垂郡五座・磐船郡八座、花ケ前盛明 (175) 執筆者紹介 (199) 上越郷土研究会会員名簿 (202) あとがき、大場厚順 (206)

第56号 (平成20年10月25日) 頸城農村社会の史的展開を分析する—『頸城文化』を創刊号から読む (その三)、石塚正英 (1) 青木重孝先生と佐渡産黒曜石の本土流入問題、関雅之 (6) 恵

信尼の出自・終焉の地を考える、寺島恒一（16） 謙信の武威と威令―威勢が生んだ京都政変と塩の道、土井重男（26） 上杉謙信後期政権と上杉景勝の地位、諸井幸恵（42） 上杉謙信と栃尾・瑞麟寺の歴史検証、石田哲弥（51） （時宗）称念寺文書の紹介、堀川喜久司（73） 直江兼続、花ケ前盛明（88） 福嶋城（四）、渡邉昭二（102） 長岡藩の幻の国替えと北国街道、青山始義（112） 高田藩定府直心影流剣術師範役酒井良佑成大について、酒井一也（120） 善光寺地震の記録、渡辺孝行（135） 旧新井市（妙高市）東関のからこ祭について、土田孝雄（149） 小栗栖香頂と真宗大谷派高田教区。太田空賢（158） 地租改正について（西ケ窪浜村の状況）、渡邉戈樹（165） 我が郷里の歴史・文化的遺産考―身近に存在する遺産を発見する目、丸山正男（170） 執筆者紹介（180） 上越郷土研究会会員名簿（182） あとがき、大道智紘（187）

第57号（平成21年10月25日） これはと思う史料にめぐり逢えた歴史家・渡邊慶一―『頸城文化』を創刊号から読む（その四）、石塚正英（1）「ヒスイ原石」についての覚書、関雅之（12） 上杉謙信の密教と毘沙門―秋葉の里から空海入定の高野山へ（24） 守門神社（守門大明神）の研究、石田哲弥（44） 長尾上杉氏を研究する際の史料について―歴代古案、謙信公御書集について、諸井幸枝、（63） 福嶋城（五）、渡邉昭二（68） 糸魚川地域の稚児舞楽の一考察、土田孝雄（78） 関川御関所勤方を巡る農民の闘い（前）、青山始義（91） 鈴木都魚里著『東都道中分間絵図』と都魚里の紹介、佐藤富司（103） 東本願寺天保の再建と頸城の門徒、太田空賢（113） 古文書で読む別所村、佐藤幸雄（120） 拓本による転写技術と歴史・文化遺産―寺子屋師匠の筆塚から観えてくるもの、丸山正男（124） 高田城址外堀の蓮植生過程の一考察、堀川喜久司（135） 資料紹介火打山山頂採集「能生白山御正躰」銘の懸仏鏡面、小池義人（144） 長岡藩預所の年貢について、本山幸一（150）「天地人」放映に寄せて、花ケ前盛明（165） 執筆者紹介（194） 上越郷土研究会会員名簿（196） あとがき、大道智紘（201）

X　上越市の文化施設・憩いの施設・スポーツ施設一覧

くびき野文化事典編集委員会編

本表は、上越市教育委員会ポータルサイト「みんなの広場」（Copyright©2009 JOETSU BOARD-OF-EDUCATION）を参考に作成されている。

施設名	所在地（すべて上越市内）	概要
上越文化会館	新光町 1-9-10	各種催し物
リージョンプラザ上越	下門前 446-2	各種催し物
上越市立総合博物館	本城町 7-7	上越地方の考古資料や雪に関する民俗資料
市民アートギャラリー「雁木通り美術館」	本町 5-4-1	市民文化・芸術文化の鑑賞と普及の場
小林古径記念美術館	本城町 7-7	小林古径コレクション展示
小川未明文学館	本城町 8-30（高田図書館内）	小川未明作品展示・未明ゆかりの品々紹介
上越市立高田図書館	本城町 8-30	図書館
上越市立直江津図書館	西本町 4-17-5	図書館
上越市総務部総務課 公文書館準備室	木田新田 1-1-10	地域の歴史資料・公文書の保存
春日山ゲートボール場（屋外）	大豆 964	スポーツ施設
上越市埋蔵文化財センター	春日山町 1-2-8	埋蔵文化財の発掘・調査・整理・保存及び展示
上越青少年文化センター	国府 1-12-27	小学生を対象とした各種クラブ活動、親子の催し物
上越環境情報センター	大字土橋 1914-3 上越市市民プラザ	地域の環境マネジメント
上越ＢＭＸ（バイシクルモトクロス）場	大貫 698-1	数々の障害物が設けられたコースを走るサイクルスポーツ
直江津ゲートボールハウス（屋内）	佐内町 1-1	スポーツ施設
中部ゲートボールハウス（屋内）	大字富岡 3100	スポーツ施設
高田西ゲートボールハウス（屋内）	大字本新保 564	スポーツ施設
日本スキー発祥記念館	大字大貫 1453-1	スキー資料・レルヒ少佐の遺品展示
春日山城跡ものがたり館	大字大豆 334	上杉謙信公や春日山城を紹介
前島記念館	大字下池部神明替 1317-1	郵便の父前島密を記念
上越市立水族博物館	西本町 4-19-27	水族館
上越観光物産センター	藤野新田 175-1	上越の物産・特産品を展示、販売
正善寺工房	下正善寺 1027-2	特産品の加工製造、販売
町家交流館高田小町	本町 6-3-4	町家文化紹介・イベント会場
五智歴史の里会館	国府 1-18-28	五智歴史を学ぶ多目的施設
増村朴斎記念館	板倉区針 555	有恒学舎創立者記念
体験交流施設 そば処いたくら亭	板倉区針 894-3	地元の光ヶ原産そば粉でそば打ち体験
板倉郷土館	板倉区針	中門づくり農家・民具保存
ゑしんの里記念館	板倉区米増 27-4	恵信尼に関する資料展示
地すべり資料館	板倉区猿供養寺 402-1	地すべりのメカニズム学習
中村十作記念館	板倉区稲増 109-1	宮古・八重山諸島で人頭税廃止に尽力した人物記念
板倉保養センターやすらぎ荘	板倉区久々野 1624-1	雄大な景色を望む大浴場
浦川原コミュニティプラザ	浦川原区釜淵 5	市民ホール等、地域活動・まちづくり施設

浦川原地域文化伝承館	浦川原区顕聖寺 109	地域住民の交流・文化的活動の活性化
浦川原里山地域活性化センター	浦川原区飯室 25-1	田舎体験、各種イベント
浦川原谷ゲートボールハウス（屋内）	浦川原区谷 571	スポーツ施設
まちづくり大潟	大潟区土底浜 1081-1	地域生活文化の継承・発展
大潟コミュニティスポーツハウス（屋内）	大潟区雁子浜 305-41	スポーツ施設
大島まちづくり振興会	大島区岡 3320-3	ほたるの里を軸に大嶋区をピーアール
大島多目的ホールふれあい館	大島区岡 3320-3	健康・音楽・文化の多目的ホール
大島音楽協会	大島区大平 314-2　新堀学園内	音楽関連の催し物
柿崎まちづくり振興会	柿崎区柿崎 6405	地域づくり活動・コミュニティ活動の推進
柿崎ハマナスふれあいセンター	柿崎区上下浜	温泉と夕陽を楽しむ保養施設
上越清里星のふるさと館	清里区青柳 3436-2	プラネタリウム
清里歴史民俗資料館	清里区岡野町	文化財・歴史資料・民具展示
櫛池隕石落下公園	清里区上中条	隕石の落下した様子を再現
ユートピアくびき希望館	頸城区百間町 716	学習・創造・保健・福祉ほか各種催し物
大池いこいの森ビジターセンター	頸城区日根津 116-1	レクリエーションや体験学習・研修施設
香り高き楽縫庵と酒づくりの里「坂口記念館」	頸城区鵜ノ木 148	「酒の博士」故坂口謹一郎博士の遺品や業績を展示
米と酒の謎蔵	三和区宮崎新田 124-1	米処・酒処の博物館
ネイチャーリングホテル米本陣	三和区宮崎新田 124-1	宿泊施設
三和ふれあいホール（屋内）	三和区島倉 2447-3	スポーツ施設
は～とぴあ中郷	中郷区二本木 1763	音楽ほか各種催し物
片貝縄文資料館	中郷区片貝 92-2	遺跡出土品展示
泉縄文公園	中郷区藤沢 986	太古のミステリー体験広場
シーサイドパーク名立	名立区小泊 798-1	スポーツ、イベント、各種催し物
うみてらす名立	名立区名立大町 4280 ー 1	観光・宿泊・レジャー施設
牧歴史民俗資料館	牧区宮口、史跡宮口古墳公園内	古墳出土品・石油関連民俗資料の展示
マウンテンリバー川上笑学館	牧区切光 1438	閉校となった学校跡地での農業体験民宿
牧ゲートボール場（屋外）	牧区田島 705-10	スポーツ施設
牧ふれあい体験交流施設やすらぎの里	牧区原 991	農作業体験、郷土料理体験など
越後田舎体験推進協議会	安塚区安塚 722-3（財）雪だるま財団内	修学旅行・体験教育旅行・組織研修旅行など
安塚歴史民俗資料館	安塚区安塚	歴史民俗資料の収集・保存
かやぶき美術館	安塚区安塚 804-4	かやぶき屋根家屋画・写真・ミニチュア展示
工房 ほその村	安塚区細野 994	木工製品製造販売
安塚多目的交流施設（屋内）	安塚区安塚 1138-1	スポーツ施設
横尾義智記念館	安塚区行野	ろうあ村長・社会事業家記念
みなもとユニティ	吉川区下町 1126	緑の山里地域づくり事業
よしかわ杜氏の郷	吉川区長峰	第三セクターの酒蔵

XI　上越市野外施設・公園一覧

くびき野文化事典編集委員会編

本表は、上越市ホームページ内の「野外施設・公園」http://www.city.joetsu.niigata.jp/contents/institution/index.html#yagai を参考に作成されている。

野外施設・公園名	所在地
なおえつ海水浴場	上越市五智
たにはま海水浴場	上越市谷浜
柿崎中央海水浴場	上越市柿崎区柿崎
鵜の浜海水浴場	上越市大潟区九戸浜
高田公園	上越市本城町 6-1
海洋フィッシングセンター	上越市虫生岩戸 719 番地地先
金谷山	上越市大貫
くわどり市民の森	上越市横畑
五智交通公園	上越市五智 6 丁目 1569
上越市野外施設・公園一覧	
五智公園キャンプ場	上越市五智 6 丁目 768
正善寺ダム周辺	上越市上正善寺
南葉高原キャンプ場	上越市後谷 251-8
上越市地球環境学校	上越市大字中ノ俣 4652-2
船見公園	上越市中央 3 ～ 5 丁目
マリーナ上越	上越市春日新田 4 丁目 30-1
三の輪台いこいの広場	上越市五智国分 1609-4
安塚キラメキキャンプ場	上越市安塚区真荻平字キラメキ 1297 番地
菖蒲高原緑地休養広場	上越市大島区菖蒲 2962-1
あさひの里田麦ぶなの森園	上越市大島区田麦
牧ふるさと村自然と憩の森	上越市牧区池舟 2 番地
ふすべ山森林施設	上越市牧区高尾 1396
弘法清水自然公園	上越市牧区棚広
柿崎大出口公園	上越市柿崎区東横山
大潟キャンプ場	上越市大潟区四ツ屋浜
新潟県立大潟水と森公園	上越市大潟区潟町 1381
泉縄文公園	上越市中郷区稲荷山 388-1
吉川スカイトピア遊ランド	上越市吉川区坪野 1458-2
光ヶ原高原	上越市板倉区関田
清里坊ヶ池湖畔公園	上越市清里区青柳坊ヶ池湖畔
櫛池隕石落下公園	上越市清里区上中条
シーサイドパーク名立	上越市名立区名立小泊 798-1

XII　上越市温泉入浴施設一覧

くびき野文化事典編集委員会編

本表は、上越市ホームページ内の「観光情報」http://www.city.joetsu.niigata.jp/kankou/kannkou_info/kannkou_info.html を参考に作成されている。

温泉入浴施設	所在地
くわどり湯ったり村	上越市皆口
ゑしんの里 やすらぎ荘	上越市板倉区久々野 1624-1
霧ヶ岳温泉ゆあみ	上越市浦川原区小谷島
鵜の浜温泉	上越市大潟区九戸浜
鵜の浜人魚館	上越市大潟区九戸浜
大山温泉あさひ荘	上越市大島区田麦 2807-90
ハマナスふれあいセンター	上越市柿崎区上下浜
山荘 京ヶ岳・フォークハウス湖畔	上越市清里区青柳 3438
ネイチャーリングホテル米本陣	上越市三和区宮崎新田 124-1
松ヶ峯温泉 ひばり荘	上越市中郷区江口 1003-1
うみてらす名立	上越市名立区名立大町 4280-1
花立温泉ろばた館	上越市名立区西蒲生田 155
牧　湯の里「深山荘」	上越市牧区宇津俣 285
鷹羽鉱泉	上越市牧区宇津俣
ゆきだるま温泉雪の湯	上越市安塚区須川
長峰温泉ゆったりの郷	上越市吉川区長峰
まるたき温泉	上越市吉川区上名木 3444-1